ZHONGGUO HANGHAI KEJI YOUXIU LUNWENJI

中国航海科技优秀论文集

中国航海学会 编

2010

人民交通出版社
China Communications Press

图书在版编目（CIP）数据

中国航海科技优秀论文集.2010/中国航海学会编.—北京：人民交通出版社，2010.12
ISBN 978-7-114-08788-2

Ⅰ.①中… Ⅱ.①中… Ⅲ.①航海学－文集 Ⅳ.①U675-53

中国版本图书馆 CIP 数据核字（2010）第 231066 号

书　　名：中国航海科技优秀论文集（2010）
著 作 者：中国航海学会
责任编辑：钱悦良
出版发行：人民交通出版社
地　　址：(100011) 北京市朝阳区安定门外外馆斜街 3 号
网　　址：http://www.chinasybook.com
销售电话：(010) 64981400，59757915
总 经 销：北京交实文化发展有限公司
印　　刷：北京鑫正大印刷有限公司
开　　本：787×1092　1/16
印　　张：29.75
字　　数：548 千
版　　次：2010 年 12 月　第 1 版
印　　次：2010 年 12 月　第 1 次印刷
书　　号：ISBN 978-7-114-08788-2
定　　价：150.00 元

前　言

航海科技论文是航海科技工作者的劳动结晶,是航海生产力的重要组成部分,是航海科学进步的标志。优秀的航海科技论文对于引领航海科学的进步,促进航海事业发展,提升航海生产力水平,发展社会经济等的作用是不可估量的。为此,中国航海学会每年都要在全国范围内开展航海科技论文的征集活动,并开展一系列学术交流活动。

本论文集所载55篇论文是中国航海学会优秀论文评选委员会本着择优和文责自负的原则,结合学科发展的实际以及论文内容对学科研究的领衔程度和在指导航海科研、管理、生产等活动方面发挥作用的大小等,从征集到的166篇论文中评选出来的。这些论文涉及了船舶驾驶、船舶机电、船舶通信与导航、海道测量和航标、水运技术经济、水运管理、船舶危险货物运输、集装箱运输、海事管理、船舶检验、内河航运开发和建设、船舶污染防治、海运法规研究、航海心理学研究等领域和学科,紧密结合了近年来航海科研、教育、生产实践、行业管理中的热点、难点和重点问题,展示了研究成果,提出了解决这些问题的思路、方法、技术路线等,对于人们在各自领域内开展航海科学研究、应用科技研究成果、实践航海生产活动等具有一定的指导意义和参考价值。

本文集所载论文的优秀等级与收录的顺序无关。

本文集在编辑过程中统一了论文的书写格式,在尊重原著的基础上,对论文作了适当调整,并按其内容和议题的科技类别予以分类编排,以便于阅读。

中国航海学会秘书处

2010年12月

目 录

海洋船舶驾驶

内河船舶驾驶

引 航 技 术

船舶通信与导航

船舶机电

水运管理

内河海事

船闸管理

集装箱运输

船舶危险货物运输

船舶防污染

海运法规

内河航运开发

航海心理学研究

水运技术经济

船舶检验

航标管理

海洋船舶驾驶

船舶转向避让时机与行动的确定及估算误差对其影响

毕修颖

（广东海洋大学航海学院，湛江，524025）

摘　要：从船舶运动数学模型出发，用曲线图的方式给出了确定船舶转向避让时机与行动的方法，同时给出了估算误差对它们的影响。避让时机用最简单的到目标船的距离表示，避让行动用转向角度的大小表示。因而对避碰规则中的“早、大、宽”给出了定量的概念，避免了无谓的精神紧张和航程浪费，使驾驶员在采取避让行动前就能够预计避让结果。

关键词：船舶避碰；估计误差；最小安全会遇距离（DSPA）；最近会遇距离（DCPA）；最近会遇时间（TCPA）

Abstract: Based on ship's movement formula, a method of ship's alter course collision avoidance opportunity and action taking is given using a diagram. The estimate error effect on these results is also given at the same time. The optimum opportunity is simply expressed by the distance to the target vessel. The action taking refers to the alter course values. So this paper gives navigators clear concepts of "positive, in ample time and with due regard to the observance of good seamanship" in the International Regulations for Preventing Collisions at Sea when taking action. The navigators' mental stress can be lessened; the extra voyage wastes can be avoided. The collision avoidance results can be predicted before action taking.

Key words: ship's collision avoidance; estimate error; DSPA; DCPA; TCPA

1　前言

船舶避碰决策是航海人员经常面对的问题，随着全球海上遇险与安全系统

(GMDSS),全球卫星定位系统(GPS),以及电子海图系统(ENC, Electronic Navigational Charts)等现代高新科技在航海中的应用,有关船舶航海决策和航行安全的问题越来越受到人们的重视。其中,船舶碰撞损失惨重,极大地威胁着人们生命和财产的安全,也给环境和生态带来灾害[1]。现有的雷达自动标绘系统(ARPA, Automatic Radar Plotting Aid)所提供的信息满足不了现代航海的要求。如何有效地避免船舶碰撞,以及在采取避让行动时如何确定最佳避让行动与最佳避让时机一直是航海人员最关心的问题。国内外许多著名学者对这一问题都曾作过深入细致的研究,并取得可喜结果[2-4]。

大量的海上碰撞实例表明,让路船的避让行为和避让时机掌握得恰当准确可以极大程度地避免船舶碰撞。本文在前人的基础上从让路船的角度出发就船舶转向避让行动和时机的问题以及估算误差对此结果影响作进一步的讨论。

2 船舶运动数学模型

设本船的速度和航向分别为 V_0 和 C_0,目标船的速度和航向分别为 V_1 和 C_1,方位为 B,距离为 D,船速比 $k=V_1/V_0$。那么,本船对于目标船的相对速度 V_{01} 和相对航向 C_{01} 以及最近会遇距离 $DCPA$(distance of the closest point of approach)和最近会遇时间 $TCPA$(time to closest point of approach)分别为[2]:

$$V_{01} = V_0[1 + k^2 - 2k \cdot \cos(C_0 - C_1)]^{\frac{1}{2}} \tag{1}$$

$$C_{01} = C_0 + \cos^{-1}\left[\frac{V_0(1 - k \cdot \cos(C_0 - C_1))}{V_{01}}\right] \tag{2}$$

$$DCPA = D \cdot \sin(C_{01} - B) \tag{3}$$

$$TCPA = \frac{D \cdot \cos(C_{01} - B)}{V_{01}} \tag{4}$$

本文研究的是我船相对于目标船的运动,并且规定 $DCPA$ 有正负之分,与以前研究避碰问题的思路有所区别。当目标船位于相对航迹线的左面时,定义 $DCPA$ 为“正”;目标船位于相对航迹线的右面时,$DCPA$ 为“负”,作为让路船应该避免经过目标船的船首,$DCPA$ 的大小和符号对于避碰决策都有直接的影响,因此,有必要找一种简单的方法定义 $DCPA$ 的符号。

根据当时的环境和本船的条件设置最小安全会遇距离 $DSPA$(distance of the safe point of approach),是考虑航行环境和船舶状态,认为使两船能够安全通过的最小会遇距离。当 $|DCPA| < DSPA$ 时,本船作为让路船应适时采取行动,并拟定一套避让行动方案。根据船舶性能和海上操船习惯,大洋航行周围有宽阔的可航水域时,只采取转向避让;狭窄水道航行转向行动对本船构成新的危险或无法采取

转向避让行动时，采取变速避让；船舶可航水域受限或者说船舶转向行为受限，单凭转向避让不能在最小安全会遇距离 *DSPA* 通过时，可采取转向和变速避让行动，也可以单独采取变速避让[5,6]。

3 转向避碰行动与时机

如图 1 所示，为船舶转向避让相对运动图，设本船（O）的速度和航向分别为 $V_0=16\text{kn}$ 和 $C_0=000°$，目标船（T）的速度和航向分别为 $V_1=20\text{kn}$ 和 $C_1=270°$，$k=1.25$，目标船的方位 $B=50°$，距离 $D=8\text{n mile}$，那么，根据式（1）~（4），可以计算出本船相对于目标船的速度 $V_{01}=25.6\text{kn}$，相对航向 $C_{01}=51.3°$，最近会遇距离 $DCPA=OL=+0.2\text{n mile}$，最近会遇时间 $TCPA=18.7\text{min}$。

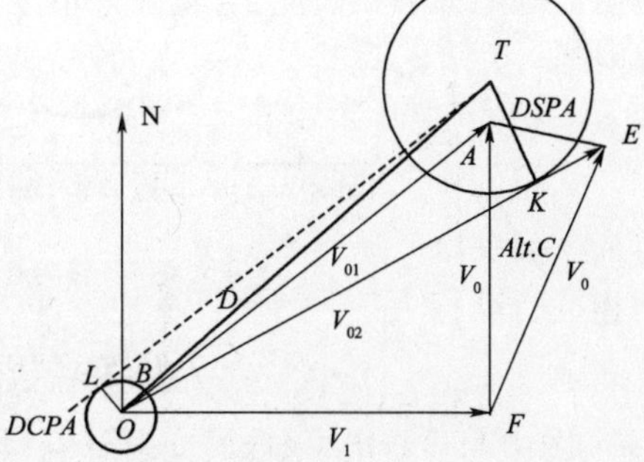

图 1　船舶转向避让相对运动图

$$\alpha_1 = \angle TOA = \angle LTO = \sin^{-1}(OL/OT) = \sin^{-1}(DCPA/D) \tag{5}$$

$$\alpha_2 = \angle TOE = \sin^{-1}(TK/OT) = \sin^{-1}(DSPA/D) \tag{6}$$

本船向右转向 *Alt. C* 角度后，相对于目标船的速度为：

$$V_{02} = V_0[1 + k^2 - 2k \cdot \cos(C_0 + Alt.\,C - C_1)]^{1/2} \tag{7}$$

那么

$$AE = [V_{01}^2 + V_{02}^2 - 2V_{01}V_{02} \cdot \cos(\alpha_2 - \alpha_1)]^{1/2} \tag{8}$$

$$Alt.\,C = 2 \cdot \sin^{-1}(AE/2V_0) \tag{9}$$

本船为让路船，根据公式（1）和（2），本船改变航向后相对目标船的速度（V_{01}）和航向（C_{01}）的变化如图 2 所示。从图中可以看出，向右转向相对速度增大，可以在短时间内驶过让清，有利于避让，也符合避碰规则的要求。

取一定的最小安全会遇距离（图中 *TK*），如 $DSPA=0.3,1.0,2.0,3.0\text{n mile}$，根据公式（5）~（9），利用软件编程可以得到一组本船转向避让时航向改变量 *Alt. C* 随着相对距离 *D* 变化的曲线，如图 2 所示。

图 2 中 3 个纵轴依次表示相对航速、到目标船的距离和相对航向，横轴表示转向避让角度的大小，向右转向为正，向左转向为负。随着目标船的接近，我船转向避让的角度不断增大。为了表示出这种转向避让的角度随距离的变化情况，定义航向改变率为本船采取避让行动时航向的改变对于相对距离的变化率。

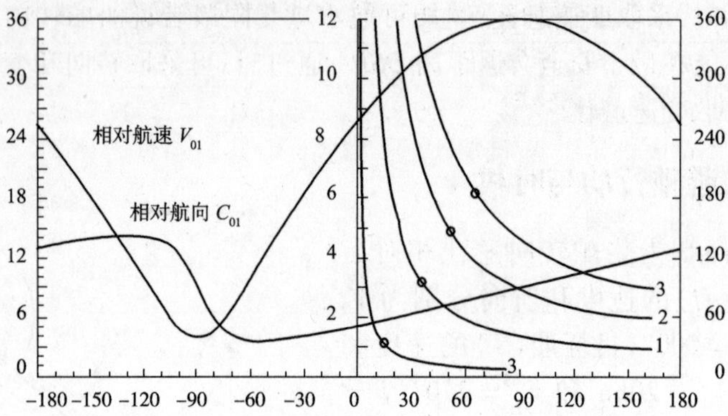

图 2 转向避让行动与时机曲线图

$$C.Rat = \lim_{(D_2 - D_1) \to 0} \frac{Alt.C_2 - Alt.C_1}{D_2 - D_1} \tag{10}$$

图中明显看出,采取转向避让行动的有利时机在曲线最弯曲处的附近。过早行动,转向的角度相对于距离的变化很小,因而没有必要,既浪费了航程又可能遭遇新的危险,或者给他船以模糊的行动概念。过晚行动显得被动,距离减少 1 链时航向改变量的增加值却很大,换句话说,避让行动的代价很大,可能出现紧迫局面,导致船舶碰撞。这个有利的最佳转向时机就是在航向改变率明显增加的地方,也就是曲线的"弯曲处",可用到目标船的距离表示出来。转向角度的大小也能用图示和文字的形式直接给出。这样,利用此图就可以方便地确定本让路船转向避让时机与转向角度的大小了。

例如,取最小安全会遇距离 $DSPA = 1.0$n mile 通过,则距离目标船 3.2n mile 时,向右转向 36°就可以满足要求;取最小安全会遇距离 $DSPA = 0.3$n mile 通过,则距离目标船 1.1n mile 时,向右转向 14°就可以满足要求。

该软件程序也能随着本船到目标船距离的变化随时给出转向角度的大小,如取最小安全会遇距离 $DSPA = 0.3$n mile,距离目标船 $D = 8.0$n mile 时,需要向右转向 2°,这时的相对航向和相对速度分别为 52.1°和 26kn,驶过让清的时间为 18min。

4 估计误差对转向避碰行动与时机的影响

本船的速度和航向,他船的速度和航向以及用雷达测定他船的距离和方位都有误差。为了探讨这些误差对于最佳转向避让时间和行动的影响有多大,我们做了下面一组计算。取船速估计误差 $DV_0 = DV_1 = \pm 0.5$kn,航向估计误差 $DC_0 = DC_1 = \pm 0.5°$,雷达测量距离和方位的误差分别为 $D_{dist} = 0.2$n mile 和 $D_{br} = 0.2°$,则图 1 例中的计算结果如表 1 所示。

估算误差对于转向避让时机和行动的影响　　表 1

DV_0	DC_0	DV_1	DC_1	D_{dist}	D_{br}	V_{01}	C_{01}	$DCPA$	$TCPA$	D	$Alt.\ C$
0.5	0.5	0.5	0.5	0.2	0.2	26.3	51.7	0.2	18.7	3.2	35.2
-0.5	0.5	0.5	0.5	0.2	0.2	25.7	53.4	0.5	19.1	2.5	31
-0.5	-0.5	0.5	0.5	0.2	0.2	25.5	53	0.4	19.3	2.9	31.6
-0.5	-0.5	-0.5	0.5	0.2	0.2	24.7	51.6	0.2	19.9	3.3	34.6
-0.5	-0.5	-0.5	-0.5	0.2	0.2	24.9	51	0.1	19.7	3.5	36.4
0.5	-0.5	-0.5	-0.5	0.2	0.2	25.5	49.3	-0.1	19.3	3.6	40.6
0.5	0.5	-0.5	-0.5	0.2	0.2	25.8	49.7	-0.1	19.1	3.8	38.4
0.5	0.5	0.5	-0.5	0.2	0.2	26.5	51.1	0.1	18.5	3.4	37
-0.5	0.5	0.5	-0.5	0.2	0.2	25.9	52.8	0.4	19	2.9	31.4
-0.5	-0.5	0.5	-0.5	0.2	0.2	25.7	52.4	0.3	19.1	3.1	34
0.5	-0.5	0.5	-0.5	0.2	0.2	26.3	50.7	0.1	18.7	3.5	36
0.5	-0.5	0.5	0.5	0.2	0.2	26.1	51.3	0.2	18.9	3.3	34.2
0.5	-0.5	-0.5	0.5	0.2	0.2	25.3	49.8	-0.1	19.4	3.7	39.6
0.5	0.5	-0.5	0.5	0.2	0.2	25.5	50.3	0	19.3	3.5	38.2
-0.5	0.5	-0.5	0.5	0.2	0.2	24.9	52	0.3	19.7	3.1	32.4
-0.5	0.5	-0.5	-0.5	0.2	0.2	25.1	51.4	0.2	19.6	3.3	34.4

选取一个对本船最不利的情况，船速估计误差 $DV_0 = +0.5$kn，$DV_1 = -0.5$kn，航向估计误差 $DC_0 = +0.5°$，$DC_1 = -0.5°$，雷达测量距离和方位的误差分别为 $D_{dist} = 0.2$n mile和 $D_{br} = 0.2°$，取最小安全会遇距离 $DSPA = 1.0$n mile 通过，这时的最佳避让时机为 $D = 3.8$n mile，最佳转向角度为 $Alt.\ C = 38.4°$，与没有误差影响时的差分别为 $3.8 - 3.2 = 0.6$n mile 和 $38.4 - 35.4 = 3.0°$。用图形描述如图 3 中的虚线所示。

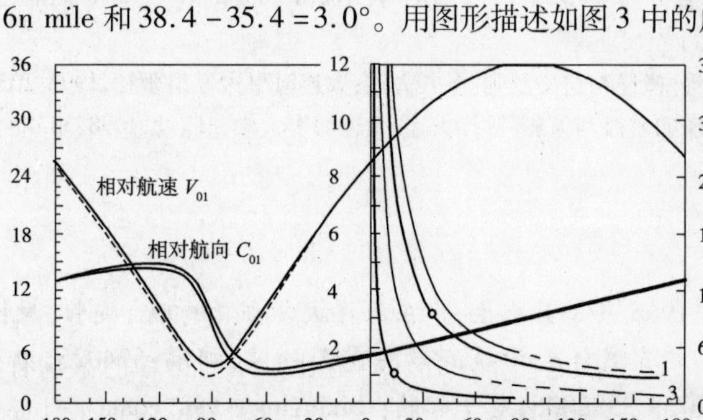

图 3　估计误差对转向避让时机和避让行动的影响

由此可见,在采取转向避让行动时,要有一定数量的保留。不论是避让时机的保留还是行动的保留都是必要的。他们的大小与估计误差和选取的最小安全会遇距离 *DSPA* 有关。从图中可以看出,最小安全会遇距离越小,该保留量越大。对于前面描述的会遇态势中的船舶来说,若最小安全会遇距离为 *DSPA* = 1.0n mile,避让时机的保留量取 1.0n mile,避让行动的保留量取 5°,则能够满足要求。

5 结束语

以上从让路船的角度出发,就船舶转向避让的最佳行动与最佳时机的问题作了进一步讨论,给出了船舶避让行动与时机的曲线图,也给出了估算误差对它们的影响。其中,避让时机用最简单的到目标船的距离来表示。利用此图驾驶员再也不会为所采取的避让行动是否有效以及采取行动的时机是否恰当担忧了,这无疑增加了船舶的航行安全性能。

另外,避让时机选择得恰当,也对避碰规则中的“早,大,宽”给出了明确的度量,避免了无谓的精神紧张和航程浪费,使船舶驾驶员能够根据规则定量避碰在采取避让行动前就能预计避让结果。

参考文献

[1] 毕修颖. 船舶碰撞危险度及避碰决策模型的研究[D]. 大连:大连海事大学,2000

[2] 严庆新. 船舶避碰的定量研究. 武汉交通科技大学学报[J],1997,21(6):12-15

[3] K. H. Kwik. Collision Prevention by Precalculated Evasive Manoeuvres[C]// Eleventh Ship Control Systems Symposium. Southampton, UK. 1997:11-21

[4] Hayama IMAZU. Study on the Time Required for Collision Avoidance[C]// 日本航海学会. 日本航海学会论文集. 第 87 号. Tokyo University of Mercantile Marine. 1992,9:123-129

[5] 赵劲松,等. 碰撞与避碰规则[M]. 大连:大连海事大学出版社,1997:205-218

[6] 吴兆麟. 船舶避碰与值班[M]. 大连:大连海事大学出版社,1998:35-40

作者简介

毕修颖,男,1965 年 1 月出生,广东海洋大学航海学院,院长,教授,专业:航海技术,通信地址:广东海洋大学航海学院霞山校区,邮编:524025,办公电话:0759-2362187,传真:0759-2382006,电子邮箱: Bixiuying@ tom. com。

大型集装箱船舶急顺流离泊技术的研究

潘国华

（宁波引航站，宁波，315020）

摘　要：随着港口之间的竞争日趋激烈，如何提高码头的利用率、缩短船舶在港时间变得越来越重要。由于港口海事部门对诸如大风、雾、强对流天气等自然因素造成的交通管制或者封港现象日趋频繁，致使码头的年使用天数呈逐年下降趋势，船舶在港时间不断增加。本文对大型集装箱船舶的离泊过程进行深入的理论分析、科学计算，结合实践中累积的经验作指导，试图通过人的主观努力，缩短每一次船舶的离泊时间，最大限度地提高码头和船舶的运营效率！

关键词：集装箱船；顺流离泊

1　课题背景及研究意义

北仑二期码头的大型集装箱船舶（涨水头、右舷靠泊）如遇落流即顺流离泊，一般有两种操纵方法。一是平行拉开后向右掉头出口；二是平行拉开后直接往前冲。如果采用向右掉头的操纵方法则存在两个问题，其一当船舶转到与码头成80°～90°角度时，船舶受横流作用，整个船身会非常明显地往下游方向漂移，向右转动的角速度非常缓慢，甚至不会转动，尤其当船舶吃水超过12.5m，处于低潮、吹拢风、急落流的时候，即使用两条拖轮（功率均在3200马力及以上）加上自身的侧推器在艏部全速顶推，转头效果仍然不佳，船舶极易压向下游的北仑矿石中转码头的海上钢引桥，形成紧迫局面或紧迫危险；其二是整个掉头过程需要非常长的操纵时间，通常需要45～60min，这对于以分钟计算在港时间的集装箱船舶和港口来说是难以接受的。

如果采用拉开后往前冲的操纵方法，则作业时间可大大缩短，一般20～30min左右即可，但在操纵上同样存在困难，原因是北仑矿石中转码头位于北仑二期码头的下游，600多米长的海上钢引桥和矿石码头挡住了船舶前进的方向，大型集装箱船舶顺流（落流）离泊时，受风压、流压的共同作用，前冲时极易压向前方的矿石码头和海上钢引桥，业已发生多起紧迫危险，态势如图1所示。

造成船舶发生紧迫局面的根本原因是:船舶驾、引人员给予船舶的加速距离、时间不够或者部分船舶的加速性能较差,在较短的时间内达不到足够的船速,船舶无法克服风流合压力的作用而压向引桥和码头。如果设定通过矿石码头的最小安全距离为0.25n mile,那么航进中的船舶需要多少船速或者说需要什么样的加速能力才能安全通过矿石码头和钢引桥呢?

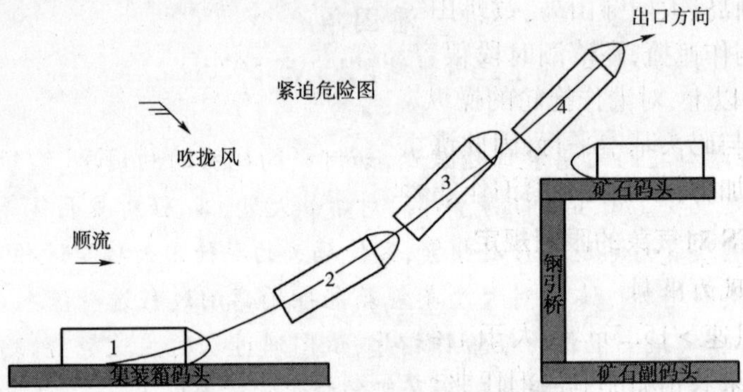

图 1

2 主要技术数据

2.1 研究船舶的尺度

北仑二期码头常靠的大型集装箱船舶有“LT tape”、“COSCO tape”及“CMA-CGM tape”三种,它们均为班轮航线,船舶主要资料见表1,其中吃水和受风面积均为常年进出口时的平均值。

表1

船舶资料 / 船型	船舶总长(m)	船宽(m)	吃水(m)	受风面积(m^2)	舵面积(m^2)	主机功率(马力)
LT	285	40	10.5	7150	55	68000
COSCO	300	42.8	11	7425	60	77000
CMA-CGM	334	42.8	11	8580	72	86000

2.2 潮流及气象状况

2.2.1 潮流特征

本地区潮汐性质属不正规半日浅海分潮流。每天二涨、二落,涨落幅度不匀称,潮流作单一的东西向往复流动。落潮流大于涨潮流,落潮最大流速在0.71~1.41m/s之间,涨潮最大流速0.19~0.87m/s之间。码头前沿的潮流向几乎和码头平行,涨流始于镇海低潮后2~2.5h,落流始于镇海高潮时;小潮汛或者冬季受西北大风影响,码头附近水域可能整天没有涨流。

2.2.2 风的特征

该码头夏季盛行东南风,一般在3~4级(除台风外),对船舶操纵影响不大。冬、春季盛行西北风,吹拢风较大。强冷空气、台风影响时,风力可达8~10级及以上。虽然金塘岛、大榭穿山岛、黄蟒山等是港区的天然屏障,但其西北方向海面没有很大的岛屿作遮掩,在落潮时段很容易起浪。5级风时海面起小白花,6级风时浪高可达2m以上,对港作拖轮的操纵影响相当大,增加了船舶的操纵难度。由于涨、落流方向与码头基本平行,因此涨潮流对涌浪有很强的抑制作用,但落潮时流和浪、涌相叠加,对船舶的靠离泊作业影响极大。

2.3 VTS对气象的限制规定

2.3.1 风力限制

当实测风速>15.5m/s(大于七级)时,VTS发布大风警报,实行局部交通管制,禁止大型集装箱船舶靠离泊作业。

引航站规定:当风速≤13.8m/s(六级)时,必须进行正常的靠离泊作业;当13.8m/s<风速≤15.5m/s(六~七级)时,应克服困难进行靠离泊;当风速>15.5m/s(大于七级)时,可以不靠离。

2.3.2 能见度限制

如果虾峙门附近和北仑山信号台监测到的能见距离小于1000m,VTS发布雾航管制信息,禁止船舶进出虾峙门航道和金塘跨海大桥,已经进口的或者离泊的船舶因择地抛锚,严格控制船舶的靠离泊行为。2007~2010年风、雾对港口影响统计如表2所示。

表2

年份	因雾封港次数	因风封港次数	累计影响时间
2007年	42次/280h	12次/200h	480h=20天
2008年	48次/396h	11次/142h	538h=22.4天
2009年	52次/440h	12次/140h	580h=24.1天
2010年上半年	38次/387h	12次/168h	555h=23.1天

可见港口生产受自然因素影响非常大,封港次数呈逐年增长趋势,年平均生产天数越来越少,而本课题研究目的就是为了缩短离泊时间,增加生产天数,提高码头使用率,所以蕴藏着巨大的经济效益。

3 船舶顺流离泊的科学分析

设某一船舶停靠在北仑二期码头位1(图2),在拖轮和自身车舵、侧推器的作用下移至位 2、3 后开始往前冲，设驾驶台 A 到码头的 D 点的最近距离为 100m，船首向为 AE，与码头的夹角为 θ，初始速度为零，为了克服风和流的作用，操纵者以主机能够承受负荷的能力，以最快的速度不断地给船舶加速，以避免被风、流压向钢引桥的趋势。问题是：要使涨水头靠在 $3^{\#}\sim4^{\#}$、$4^{\#}\sim5^{\#}$和 $5^{\#}\sim6^{\#}$泊位的各种类型的船舶分别在顺流 1、2、3kn，吹拢风 5、6、7 级的作用下，安全地从矿石码头西端 F 点外 2.5 链处的 C 点并在锚泊船与矿石码头 0.5n mile 之间驶过，请问航进中的船舶各需要加到多少速度？A、B、C、D、E、F 各点位置详见图 2。

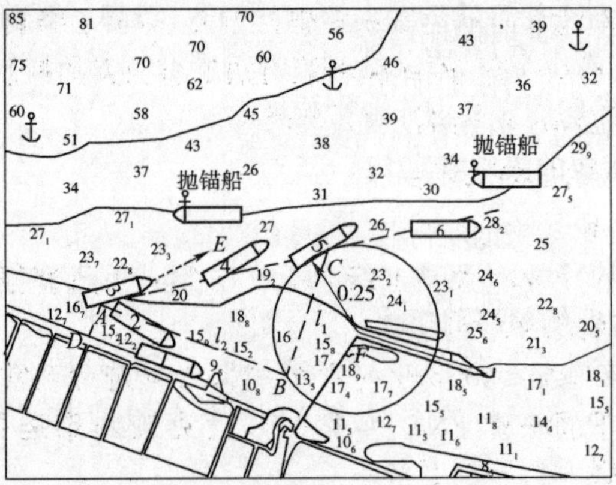

图 2

3.1 船舶顺流离泊的运动分析

由图 2 可知，随着船舶所靠码头地理位置的不同，A、B、C 三点都是变化的，即 l_1、l_2、l_3 都是变化着的，但是$\angle ABC$ 始终等于 90°，$\angle BAC$ 可以依据船舶停靠位置测出。已知 l_1 和 l_2 求船舶到 C 点的速度和时间，必须知道船舶为了实现在 C 点驶过，预先配置多大的风、流合压角，即确定$\angle EAC$ 等于多少度？设船舶选择的出口角为$\angle\theta$，则$\angle\theta=\angle BAC+\angle EAC$。

3.2 θ 值的探讨

因为码头的走向为 110°—290°，理论上讲，$\angle\theta$ 的取值范围在 0°～110°之间。$\angle\theta$ 的大小既要考虑船舶能按预定的要求即离开矿石码头 0.25n mile 外经过，然后在矿石码头和北仑锚地抛锚船之间的 0.5～0.6n mile 距离范围内顺利通过，但同时又要考虑前方的锚泊船、C 点处的旋回性和大风浪、急顺流作用下船舶的保向性。

一方面，如果船舶所受顺流、吹拢风的作用越大，那么，船舶的航向线 AE 即$\angle\theta$ 就应该越大，也就是预配的风流合压差角应越大；但是随着 θ 的增大，船舶左舷受流的流舷角也就增大，流压力系数也会增大，船舶所受的流压力也就增大；由于船舶处于前进之中，所以风流的合压力作用在船舶的重心之后，船舶向上风、流偏转的力矩增大，船舶为了保持航向向下风侧所施右舵角也增大，那么船舶压向引桥和矿石码头的趋势也就增大。另外，即使能够保向，但在大舵角状态下航行，船舶的失速现象十分严重，如果船舶的前进速度加不起来，船舶就无法实现保向和在安全距离外通过矿石码头、引桥的双重目标。

另一方面，船舶航行至 C 点后，必须马上向右转向以避让抛在矿石码头对开定点锚位的超大型矿船。此时船舶已经具有一定的速度，而 C 点离抛锚船的距离已知，大约 0.6n mile 左右，为使船舶在尽可能短的时间内完成向右转向，同时考虑航行波不致对位于右舷的靠泊在矿石码头的超大型矿船产生浪损作用，当然要求 $\angle\theta$ 越小越好。

综上所述，结合多年来的实际操纵经验，可得出如下结论：船舶的最佳出口航向 $\frac{110^0}{2}-5^0\leqslant\theta\leqslant\frac{110^0}{2}+5^0$，即 050°～060°之间。因码头走向 110°—290°，故 $\angle\theta$ 的取值范围控制在：$50°\leqslant\theta\leqslant60°$

为了省略计算上的麻烦，以后 $\angle\theta$ 将只分 50°、55°和 60°三种情况来计算。

4　船舶顺流离泊过程的运动分解

船舶在 A 点启动后不断加车到达 C 点，受风、流的共同作用，其运动轨迹为一弧线，风、流作用力越大，则弧线弯曲越厉害；反之则然。船舶启动后其加速度的绝对值理论上呈现由小到大，再由大到小直至为零的过程，但是根据经验得出：船舶在到达港内速度的加速时间内，其加速度值几乎没有太大的区别，为了便于以后的计算，我们设船舶启动后最初的运动状态为匀加速运动。

因此，船舶的运动状态大致可看作三种运动的合成，见图 3。

(1)船舶自身动力下的匀加速直线运动，它的运动方向和码头成 θ 角；

(2)流作用下的匀速直线运动，它的方向始终和船舶的首尾线垂直；

(3)风作用下的匀速直线运动，它的方向始终和船舶的首尾线垂直。

本文作者通过多年的实船试验，发现集装箱船舶启动惯性有如下规律：

(1)自静止启动以主机能承受的负荷不断加车，直至开到海上转速为止，其加速性能呈现“慢—快—慢”的特点，即加速度 a 由小到大，再由大到小，直至加速度为零。

(2)自静止启动到达到任一速度所需的时间(分钟)接近她的船速值。比如，速度从 0 到 6kn，需要 6min 左右；达到 10kn，需要 10min；达到 13kn 需要 13min；以次类推,一直到港内前进三为止,即船舶最初的平均加速度为每分钟 1kn。

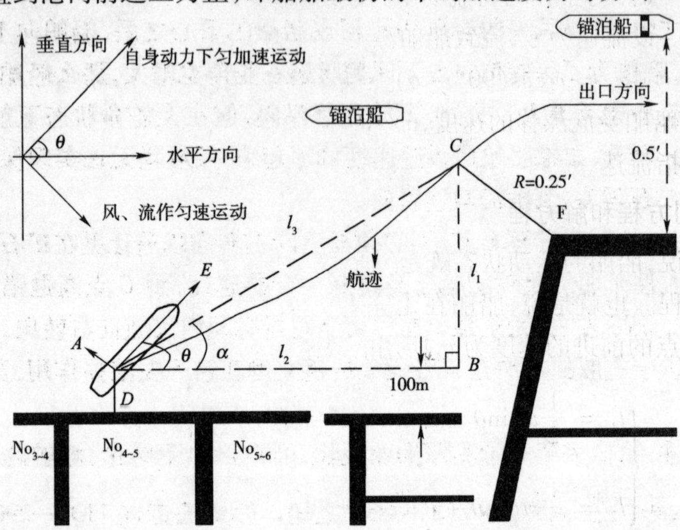

图 3

5 顺流离泊的科学计算

5.1 运动分解

为了便于计算和理解得更加清楚,把船舶的运动分解成沿码头走向和垂直于码头走向两个方向的合运动,见图 4。

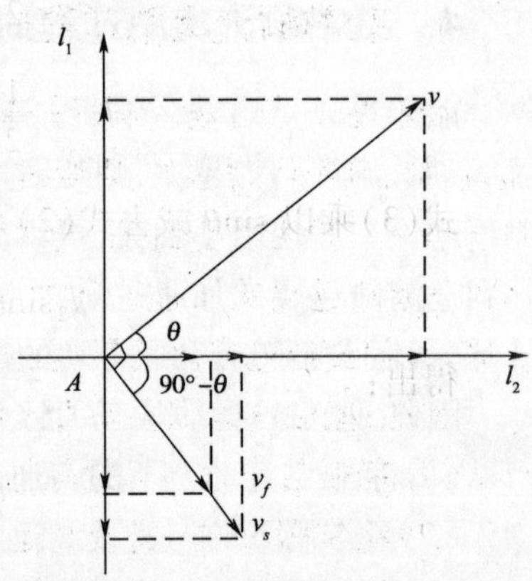

图 4

图中,v:指船舶与码头成 θ 角出口时的航速;v_f:船舶在风中漂移的速度,其大小与风速、风舷角、富余水深、水上水下面积等有关;v_S:船舶在流作用下的漂移速度,其大小与流速、流舷角、水上水下面积等有关,方向如图 4 所示。

5.2 风致船舶漂移的速度

对于刚起步的大型集装箱船舶,其在风中漂移的速度 v_f,大致上可视作静止中受风。

$$v_f = 0.0375 v_a$$

5.3 流致船舶漂移速度

对于本课题研究的大型集装箱船舶来说,船舶在顺流的作用下作斜航运动,流

舷角为 $180° - \theta$。对于在均匀流场中斜航运动的船舶来说,流致船舶飘移的速度绝对不是流速。设流速为 v_c,流致船舶漂移速度为 v_s,其方向与船舶首尾线垂直。

$$v_s = v_c\cos(90° - \theta) = v_c\sin\theta \quad (0° \leqslant \theta \leqslant 90°)$$

式中:v_s——船舶受流漂移的速度,m/s;

v_c——指流速,m/s。

5.4 列方程和解方程

形象地说,船舶的运动状态既是一个平行于码头的前进过程,同时也是一个往上爬高的过程。也就是说,船舶在走完 l_2 这段路时,必须同时爬过 l_1 这个坡。设船舶到达 C 点的前进的速度为 v,所用的时间为 t,则有:

$$\begin{cases} l_1 = \dfrac{1}{2}vt\sin\theta - v_f t\sin(90° - \theta) - v_s t\sin(90° - \theta) \\ l_2 = \dfrac{1}{2}vt\cos\theta + v_s t\cos(90° - \theta) + v_f t\cos(90° - \theta) \end{cases} \tag{1}$$

即:

$$l_1 = \frac{1}{2}vt\sin\theta - v_f t\cos\theta - v_s t\cos\theta \tag{2}$$

$$l_2 = \frac{1}{2}vt\cos\theta + v_f t\sin\theta + v_s t\sin\theta \tag{3}$$

式(3)乘以 $\sin\theta$ 减去式(2)乘以 $\cos\theta$ 得:

$$l_2\sin\theta - l_1\cos\theta = (v_f + v_s)t \tag{4}$$

得出:

$$t = \frac{l_2\sin\theta - l_1\cos\theta}{v_f + v_s} \tag{5}$$

$$t = \frac{l_2\sin\theta - l_1\cos\theta}{v_f + v_c\sin\theta} \tag{6}$$

式中:$v_s = v_c\sin\theta$;

v_c——流速,m/s;

v_f——风之漂移速度,m/s;

θ——出泊角。

各泊位相关数据见表3。

表 3

泊位 \ 数据	l_1(m)	l_2(m)	$\angle BAC = \alpha$
3# ~4#泊位	754	1141	34°
4# ~5#泊位	710	846	40°
5# ~6#泊位	668	500	53°

5.5 通过 C 点的时间

把已知的 l_1、l_2、v_f、v_s 等数据代入式(6),那么:各种船型的船舶自 A 点加速通过 C 点的时间 t 即可求得,具体数据如表 4 所示。

表 4

过 C 时间(s) \ 风、流状况		五级风 1kn	五级风 2kn	五级风 3kn	六级风 1kn	六级风 2kn	六级风 3kn	七级风 1kn	七级风 2kn	七级风 3kn
3# ~4#泊位 开船时的时间 t	$\theta=50°$	520	337	254	440	305	233	412	291	225
	$\theta=55°$	647	420	311	550	377	287	516	361	277
	$\theta=60°$	764	492	363	653	444	336	614	425	325
4# ~5#泊位 开船时的时间 t	$\theta=50°$	256	168	125	216	150	115	202	143	111
	$\theta=55°$	368	239	177	313	215	163	294	210	158
	$\theta=60°$	472	304	224	403	274	207	380	263	201
5# ~6#泊位 开船时的时间 t	θ = 50°	-62	t 值太小,只有 1 ~3min 时间,甚至还有负的,船舶不可能在那么短的时间或者相反方向行驶以通过矿石码头,不再计算。							
	θ = 55°	32								
	θ = 60°	124								

5.6 通过 C 点的速度

式(2)乘以 $\sin\theta$ 加上式(3)乘以 $\cos\theta$,得:

$$v = 2 \cdot \frac{l_1\sin\theta + l_2\cos\theta}{t} \tag{7}$$

如果把船舶通过离矿石码头最近点 C 的时间 t 代入式(7),就可以算出船舶到达 C 点应有的速度 v(m/s),见表 5。

表 5

t 和 θ \ 风、流		五级风 1kn	五级风 2kn	五级风 3kn	六级风 1kn	六级风 2kn	六级风 3kn	七级风 1kn	七级风 2kn	七级风 3kn
3# ~4#泊位 开船时的速度 v	$\theta=50°$	5.04	7.78	10.32	5.96	8.60	11.26	6.36	9.02	11.66
	$\theta=55°$	3.94	6.06	8.18	4.62	6.76	8.86	4.94	7.04	9.18
	$\theta=60°$	3.20	4.98	6.74	3.74	5.52	7.28	3.98	5.76	7.52

续上表

t和θ \ 风、流		五级风			六级风			七级风		
		1kn	2kn	3kn	1kn	2kn	3kn	1kn	2kn	3kn
4# ~5#泊位开船时的速度 v	θ=50°	8.50	12.98	17.40	10.08	14.5	18.92	10.78	15.22	19.60
	θ=55°	5.80	8.92	12.06	6.82	9.92	13.10	7.26	10.16	13.50
	θ=60°	4.40	6.82	9.26	5.16	7.58	10.02	5.46	7.90	10.32
5# ~6#泊位开船时的速度 v	θ=50°	-26.8	v值远远超过船舶能具有加速能力,不再计算。							
	θ=55°	52.2								
	θ=60°	13.36								

5.7 船舶应该具有的加速度

知道了船舶达到 C 点处的速度和时间,那么也可以求出船舶的加速度 a（表6）。

$$a = \frac{v}{t}$$

式中:v——船舶到达 C 点的速度,m/s;

t——船舶到达 C 点的时间,m。

表6

加速度 \ 风、流状况	五级风			六级风			七级风		
	1节	2节	3节	1节	2节	3节	1节	2节	3节
3# ~4#泊(θ=50°)时的加速度 a	**0.0096**	**0.0230**	**0.0406**	**0.0136**	**0.0282**	**0.0484**	**0.0154**	**0.0310**	**0.0518**
3# ~4#泊(θ=55°)时的加速度 a	0.0060	**0.0144**	**0.0262**	0.0084	**0.0180**	**0.0308**	**0.0094**	**0.0196**	**0.0332**
3# ~4#泊(θ=60°)时的加速度 a	0.0042	**0.0102**	**0.0186**	0.0058	**0.0124**	**0.0216**	0.0064	**0.0136**	**0.0232**
4# ~5#泊(θ=50°)时的加速度 a	**0.0332**	**0.0772**	**0.1400**	**0.0466**	**0.0966**	**0.1646**	**0.0534**	**0.1064**	**0.1766**
4# ~5#泊(θ=55°)时的加速度 a	**0.0158**	**0.0374**	**0.0682**	**0.0218**	**0.0462**	**0.0804**	**0.0246**	**0.0484**	**0.0854**
4# ~5#泊(θ=60°)时的加速度 a	**0.0094**	**0.0224**	**0.0414**	**0.0128**	**0.0276**	**0.0484**	**0.0144**	**0.0300**	**0.0514**
5# ~6#泊(θ=55°)时的加速度 a	**-0.4336**	加速度 a 的数值非常大,远远超过船舶加速能力,计算结果已没有意义,省略。							
5# ~6#泊(θ=60°)时的加速度 a	**1.6290**								
5# ~6#泊(θ=65°)时的加速度 a	**0.1078**								

6 船舶顺流离泊计算结果的分析

6.1 哪些船舶将开不出去

船舶离开码头后自静止状态加速,为了安全地通过 C 点必须不断加车,如果需要的加速度大于每分钟一节,即 $a > \frac{1852}{3600 \times 60} = 0.0086\text{m/s}^2$。那么,往前冲就会变得非常的危险,由于船舶的加速时间不够,船速将无论如何加不上去,所有船舶也就无法安全通过 C 点。

例 1:当船舶在 $3^{\#} \sim 4^{\#}$泊位开船,吹拢风 5 级,顺流 1kn 以与码头成 55°方向出口,为安全通过 C 点,船舶的加速度需要 0.0060m/s^2,即船舶必须在 647s 也就是 10 分 47 秒时间内把速度从 0 加到 7.88kn,否则无法安全通过 C 点。因加速度 $0.0060 < 0.0086$,这个加速能力船舶显然可以满足的。

例 2:当船舶在 $4^{\#} \sim 5^{\#}$泊位开船,吹拢风 5 级,顺流 1 节以与码头成 55°方向出口,为安全通过 C 点,船舶的加速度需要 0.0158m/s^2,也就是船舶必须在 368s 也就是 6 分 8 秒的时间内把速度从 0 加到 11.6kn,由于加速度 $0.0158 > 0.0086$,所以船舶理论上不能够满足加速要求。

例 3:当船舶在 $5^{\#} \sim 6^{\#}$泊位开船,吹拢风 5 级,顺流 1kn 以与码头成 55°方向出口,为安全通过 C 点,船舶的加速度需要 1.6290m/s^2,这是一个什么概念呢?即船舶必须在 32s 时间内把速度从 0 加到 52kn,这等于要求我们像开汽车那样把船舶开出去,可想而知是绝对做不到的。

为了便于查阅,本文已将船舶的加速度每分钟超过 1kn 的,无法安全通过 C 点的出口船,在表 6 中用黑体字显示。

6.2 冲不出去的船舶如何安全驶离

显而易见,要使停靠在 $4^{\#} \sim 5^{\#}$、$5^{\#} \sim 6^{\#}$两个泊位的船舶能够安全驶离,必须离泊后往后倒,以加大船舶与钢引桥和矿石码头的距离,一般情况下,应退到 $3^{\#} \sim 4^{\#}$泊位对开,当流速≥2~3kn 时,需要甚至更远的距离。操纵思路见图 5,受篇幅限制,具体的离泊方法不再介绍。

6.3 l_1、l_2 的计算

因 l_1 的距离根据 ΔABC 的位置而定,C 点是由 A 点向以 F 点为圆心,2.5 链为半径之圆弧所作切线的切点,所以 l_1 的大小随着 α 的增大而反而减小,其极大值为 754m。

因为: $l_1 = \frac{1}{2}vt\sin\theta - v_f t\cos\theta - v_s t\cos\theta, l_2 = \frac{1}{2}vt\cos\theta + v_f t\sin\theta + v_s t\sin\theta$

$$v = at$$

故有:

$$l_1 = \frac{1}{2}at^2\sin\theta - v_f t\cos\theta - v_s t\cos\theta \quad (8)$$

$$l_2 = \frac{1}{2}at^2\cos\theta + v_f t\sin\theta + v_s t\sin\theta \tag{9}$$

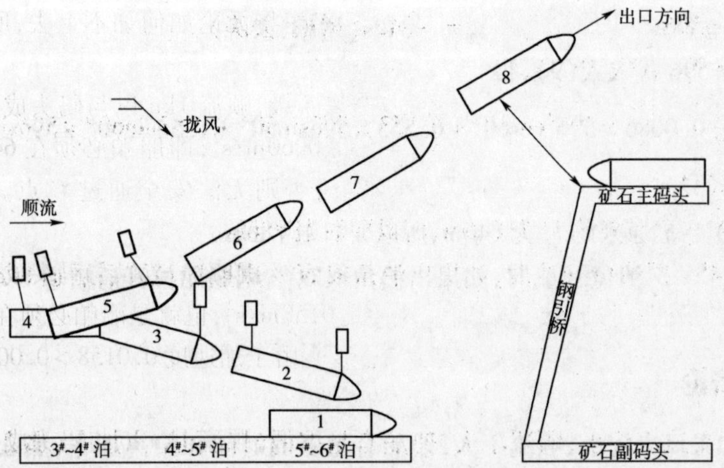

图 5

例如：靠泊在4#～5#泊位的大型集装箱船舶，当吹拢风7级风、顺流3kn流离泊时，为安全通过C点，问拉开后须后退至多少米(l_2)，选择什么样的出泊角才能向前冲出？

解：如果4#～5#泊位拉开后直接往前冲，由于l_2值太小，船舶没有足够的时间加速，所以无法冲出去。我们采用拉开后往后倒的办法，加大l_2的值可以有效解决这个问题。

设船舶的出泊角为60°。

因：$l_1 = \frac{1}{2}at^2\sin\theta - v_f t\cos\theta - v_s t\cos\theta$

$$l_2 = \frac{1}{2}at^2\cos\theta + v_f t\sin\theta + v_s t\sin\theta$$

其中：$v_s = v_c\sin\theta$，当$\theta = 60°$时

$$\frac{1}{2}\cdot 0.0086t^2\sin60° - v_f t\cos60° - v_s t\cos60° = 754$$

$$0.0037t^2 - 0.5v_f t - 0.5v_s t = 754$$

当7级风、3kn流时，$v_f = 0.553\text{m/s}$；$v_s = 1.53\sin60°$

$$0.0037t^2 - 0.5\times0.553t - 0.5\times1.53\times0.866t = 754$$

整理后得：

$$37t^2 - 9390t - 7540000 = 0$$

则：$t = \dfrac{9390 \pm \sqrt{9390^2 + 4 \times 37 \times 7540000}}{2 \times 37} = \dfrac{9390 \pm 34700}{74}$

得：$t_1 = 596\text{s}$ $\qquad t_2 = -342\text{s}$(增根,去除)

将 $t_1 = 596$ 代入式(9),得

$$l_2 = \frac{1}{2}0.0086 \times 596^2\cos60° + 0.553 \times 596\sin60° + 1.53\sin60° \times 596\sin60°$$

$$l_2 = 1732\text{m}$$

因为 $4^\# \sim 5^\#$ 原来的 l_2 为 846m,所以要后退 886m。

所以,$4^\# \sim 5^\#$ 泊位开航时,如果出泊角取 60°,则船舶拉开后后退 886m 才能往前冲。

7 结论

(1)如果风力较小、顺流不大,船舶有足够的时间和距离加车,那么拉开后选择适当的出泊角直接往前冲就行;如果船舶的加速能力有限,那么,一要加长加速的时间和距离,那就是说尽量让船舶往西退;二是在倒退中开进车,及时获得舵效调整出泊角。刚拉开时,以较小的 θ 角往前走,尽量减小船舶受流压的影响,使用小舵角保持航向,减少速度的滑失,当速度明显上来后再慢慢地左转,加大风流合压角,也就是加大出泊角 θ,及早把船舶摆在有利的出口位置。

(2)大型集装箱船舶急顺流离泊时要准确计算所需拖轮的功率,当风力在 6 ~ 7 级之间时,应使用 3 条拖轮;风力大于 7 级,应该使用 3 ~ 4 条拖轮离泊。

(3)课题研究的操纵方法经笔者和其他资深引航员反复验证,目前已经普遍使用,安全上没有发生任何事故,但对于吃水超过 13.0m 的大型集装箱船来说,当吹拢风风速大于 6 级时,强风作用时间超过 6h,海面有很大涌浪时,应避免在低潮急落流时离泊。

(4)由于每次离泊能够平均节约 30min,以每天平均 2 次来计算,全年多出 15 天工作日,可产生巨大经济效益。

作者简介

潘国华,男,1965 年 1 月出生,宁波引航站高级引航员,引航科长,通信地址:浙江宁波市槐树路 36 号 16 楼,邮编:315020,办公电话:0574-27691291,电子邮箱:pangh@ nbport. com. cn。

浅谈船舶的走锚事故

刘　涛

（大连海事局，大连，116100）

摘　要：本文从以往发生的多起船舶走锚事故入手，通过作者在船亲身实践经历以及相关专业知识的总结，分析锚泊中船舶走锚的各种原因，并相应地提出预防措施，以及船舶走锚后可采取的应对措施，同时作者通过分析与总结展望了未来锚泊中走锚事故的发展趋势。

关键词：走锚背景；发展趋势；事故原因；防走锚措施

1　船舶走锚事故背景

对于船舶来说，锚始终扮演着一个十分重要的角色。在日常船舶的操纵过程中，锚的作用特别大，比如说船舶在等待检疫、等泊位、候潮、锚地过驳和避风时，都需要抛锚来系留船舶；船舶在狭水道航行时，可用出短链抛锚来帮助掉头或转向；紧急避让时，若水深等条件许可，抛锚可以起到减速的作用；在靠离码头时，抛锚有利于控制船身和协助离泊；当船舶发生搁浅事故后，可通过移锚来稳定船位或帮助脱浅等。日常船舶操纵中锚泊作业相当频繁，由于经常使用，以及环境的不断变化，用锚过程中出现的事故越来越多，特别是船舶的走锚事故。根据相关报道，在船舶用锚的过程中由于操作不当走锚事故经常发生，由此引发的搁浅碰撞等事故造成了十分巨大的经济损失与人员伤亡，这些事故引起了人们极大的重视与关注。

随着时代的不断进步，日新月异发展的高新技术对各行各业都提出了更高的要求，对于航运界来说，近年来船舶的吨位越来越大，船舶周转速度越来越快，很多港口的锚泊情况变得越来越复杂，这些情况无疑给船舶驾驶员提出了更高的要求。与此同时，由于航运事业的飞速发展，“全民航海”的势头越来越猛，各式各样的船员培训机构使大量船员投入到航运市场，水平的参差不齐加上外界因素的影响，近些年来船舶走锚事故时有发生，因船舶走锚而引发的水上安全事故，造成了比较大的经济损失以及人员伤亡。近些年来锚泊船舶由于走锚引发的事故频频出现，以下便是几起近年来因船舶走锚而引发的水上安全事故。

(1)1988年10月26日,宁波港虾峙门巴西福禄塔国家石油公司"Juru Pema"轮,锚泊期间,由于在锚地发生走锚,碰撞上海海兴轮船有限公司"HUAX工"轮,造成严重海难事件。

(2)2003年5月16日1348时,中国香港籍杂货船"NEGO VICTORIA"轮在常熟海轮锚地锚泊期间因走锚与另一艘巴拿马籍杂的锚泊杂货船"NEW EMERALD"轮在长江白茆沙北水道B12号浮附近发生碰擦,造成"NEGO VICTORIA"轮及"NEW EMERALD"轮严重受损。

(3)2004年9月19日,由南京开往越南的中国海运集团所属"建设51"轮载汽油9737t在常熟海轮锚地锚泊时走锚,在采取避让措施时与另一艘在此锚泊的巴拿马籍船舶发生触碰,"建设51"轮的螺旋桨触碰到外轮锚链,造成锚链缠绕车叶,情况十分危急。

(4)2007年6月9日长江马桑溪大桥附近水域,停泊江心的货轮涪港819突然走锚,径直撞上邻船,因泊船区各船相距较近,"涪港836"、"天府503"、"天府503"等6艘货轮连环相撞,事故导致两货轮搁浅,损失严重。

(5)2008年8月11日,停靠在嘉兴乍浦港二期码头附近海域的一艘新加坡籍"沥青快车"货轮由于潮汐作用突然走锚失控,船舶右舷顺流撞击了正在建设中的杭州湾跨海大桥,船舶的驾驶台和桅杆卡在梁下,导致船舶与桥严重受损。

(6)2008年11月10日,外籍滚装货轮"格兰德红宝石"在长江口1号锚地因风力过大而发生走锚事故,导致该轮漂移后船尾与原本相距700m处的另一艘外籍散货船"KOUTALIANOS"发生碰擦,"格兰德红宝石"轮严重受损。

2 发展趋势

近年来,随着世界航运业的飞速发展,对船舶的需求量越来越大,船舶吨位也越来越大,船舶大型化专业化成了一种发展趋势,船舶数量的增加,吨位的增大,使船舶航行、锚泊环境越来越复杂,各种各样的外界因素促使船舶在操作难度上越来越大,锚泊中船舶出现的事故越来越多,特别是因为走锚而引发的事故时常发生,造成了很大的经济与人员伤亡。船舶走锚事故有不断加重的趋势,很多时候锚泊船舶都有发生走锚的潜在风险。

纵观船舶走锚事故的发生与发展过程,很多事故都是可以避免的。在各种引发事故的诱因中人的因素是很重要的一点,由于抛起锚作业对于船员来说简直是太常见了,在其航海生涯总中可能会有成百上千次抛起锚作业,这样一来很容易就会给人一种懈怠感,认为相对自己的经验来说,船舶锚泊作业都是轻车熟路,只要锚抛下后就万事大吉了,这样的懈怠情绪使很多问题没有得到很好的重视,更有甚者,有的船员对锚泊班根本就置之不理,以至于船舶走锚后发生事故了才知道出问题了。外界环境变化对船舶的锚泊来说也是影响十分巨大,往往在避风条件不好的锚地,一场大风之后,很多船舶会发生走锚。正是这么多人为的疏忽与外界因素的影响造成了船舶走锚事故时有发生且损失越来越大。

对于船舶的走锚事故来说最好的办法就是未雨绸缪,做好预防工作。很多时候在船舶驾驶员心中没有一个明确的安全观念,对于船舶在航行锚泊期间存在的安全隐患没有给予足够的重视,在日常的工作中没有把"预防为主,防治结合"放在心里,使很多能避免的事故最后还是发生了。在航运业的发展中,为了保证船舶在锚泊中能更加安全,首先要增强船员责任心,加强船员责任意识,使船舶驾驶员在船期间能保持一种认真负责的态度,对于锚泊作业中的各种操作能认真负责起来,减少人为因素造成的事故。其次就是要提高船员综合素质,很多时候对于锚泊中出现的问题,会因船舶驾驶员知识层面的不足而没有得到及时有效的解决,从而引发了事故的发生,有时对于事故发生前的安全隐患没有得到足够的重视,也会增加事故发生的可能性,所以要提高船舶驾驶员的综合素质,在提高船员的操作技能的同时,还要加强船员的心理素质,使船舶驾驶员能适应新形势的发展。再次要加强船舶用锚安全的科学研究,通过科学的手段来研究船舶走锚发生的各种诱因,研究船舶在锚泊作业中的各种注意事项,使船舶在锚泊时能准确地确定自己的状态,通过科学的办法来减少事故的发生。

3　船舶走锚事故原因

事故的发生常常不是一种原因造成的,总是在多种因素的影响下发生。对于一艘船来说,可能几点没处理好就会造成不可挽回的事故。船舶的走锚事故是一种常见且多发的事故,往往就是因为我们的一些不经意,对于一些小的细节没有注意而导致的。船舶走锚的原因很多,而且每一条船的走锚原因可能都不尽相同。众所周知,锚泊中的船舶经常受到风流海浪等外力的作用,同时自身状态也对其锚泊时的情况产生影响,如船舶自身新老程度,船舶所载货物的因素,驾驶人员的因素等等,这些构成了一个复杂的整体,如果其中一个或几个因素没有处理好,那么就有可能造成船舶走锚事故的发生。本文对以往案例进行了分析与研究,总结出一些导致船舶走锚事故的因素。

3.1　锚地选择不合理引起走锚

船舶锚地又称泊地,是指港口设立的有天然掩护或人工掩护条件能抵御强风浪的水域,船舶可在此安全停泊,接受检查和检疫,等候泊位、引航,进行过驳作业等。船舶在锚泊时选择锚地不合理,可能会引起走锚。船舶锚泊时要注意应选择流向稳定,底质合适,水深适当的锚地。

首先,锚地要有足够的富余水深,实验证明如果富余水深不足,锚泊船在涨潮打横时船底过水断面会很小,船舶受到的流压短时间内会成倍的增加,短时间的流压会引起船受力急剧增大,一旦超过锚设备所能提供的抓力就可能导致船舶走锚。

其次,锚地底质一定要合适。砾石、岩石等的底质较硬,抛锚后锚爪很难深入底中,这样锚设备所能提供的抓力会大大减小,一旦遇到大风浪等比较大的外力作用就很容易发生走锚事故;同时如果由松散粉末、细沙等组成,底质结构松散抗冲性较差很容易陷锚,也不宜选作锚地。

如果所选锚地地形上不理想,经常受到大风浪、大潮流的影响,船所受的外力影响就会很大,容易发生走锚事故。正如发生在长江马桑溪大桥附近水域的"涪港819"轮走锚,造成"涪港836"、"天府503"、"天府503"等6艘货轮连环相撞的事故,就是因为船舶锚泊时选择在江水暴涨、水流湍急的锚地等因素造成的。

锚地基础设施缺陷也是造成船舶走锚的一个重要因素,通常海事管理机构应当对锚地进行经常性的测量,并对基础设施进行及时的维护。如果海图中锚地底质状况不清楚,锚地边界标志不明确,由于不能通过观测灯标来了解情况,很容易造成锚泊船舶不能准确确定锚地范围,不清楚锚地底质情况,从而给船舶安全锚泊带来隐患。

如果锚地水域空间的大小及旋回余地的范围受限,对船舶的锚泊作业也是很不利的。如锚位旁的潮流主要流向、船首尾延长线上有浅滩、暗礁、其他船舶、危险碍航物等,并且与这些危险物没有留出足够的安全距离,走锚后很可能发生危险,造成更为严重的事故。

综上所述,船舶在锚泊时,一定要选择合适的锚地。

3.2　船舶自身因素引起走锚

通过对以往诸多事故发生概率、事故诱因的分析可以发现,船舶自身因素是造成走锚的重要因素。

(1)船舶吨位的大小:走锚事故中大吨位船舶发生概率明显高于其他船舶。

之所以船舶吨位会影响到锚泊情况,是因为吨位的大小常常影响到船舶的惯性、舵效、回旋半径、航向稳定性等因素。由于大吨位船舶需要的旋回半径比较大,停车冲程也较大,操作时机动灵活性差,在没有拖轮的协作下,很难操作船舶在合适的锚位抛下锚,提供不了足够的锚抓力和锚链系留力;再者锚泊过程中,如果只考虑船舶吨位大惯性大,抵达锚位前把船速降到很低,船速越慢,水流对船的影响就越大,船会被流压向下方偏离原航向,不能在合适的位置抛下锚;大吨位船舶主机备车时间也较一般船舶长,在有走锚危险时备车很难在第一时间达到预期效果,从以往事故来看，若船舶有走锚危险时，驾驶员很难及时备车利用车来控制船舶走锚的态势，从而发生走锚事故的概率也相对增大。以上这些因素都降低了大吨位船舶锚泊作业的有效性，为船舶走锚事故的发生埋下安全隐患，所以说大吨位船舶在锚泊时走锚的概率较一般船舶要大。

(2)船型：大型船比小型船舶易于走锚，滚装船和甲板上层建筑较大的船舶也容易发生走锚。

船型的不同会影响到船舶受外力作用的大小，因为大型船舶船体尺度比较大，水线上下的面积均较一般船大出许多，船空载受风影响大，满载受流的影响大，要求驾驶员对风流的情况要更加准确地掌握；大型船舶一般尺度都比较大，操纵不便，浅水效应岸壁效应比较突出，要求的回旋半径也比较大，在环境复杂的锚地，船舶以及危险物较多的区域要求的操作很高，因此锚泊作业难度较一般船舶来说大大的增加；大型船在操作要求的条件较一般船高出很多，若锚泊时用锚不规范则较一般船舶更容易造成走锚事故的发生。

滚装船、集装箱船等甲板上层建筑较大的船舶也较一般船舶更容易发生走锚事故，因为巨大的上层建筑受外力的影响较大，有统计资料说明对于上述船舶来说，当两舷合计的偏荡角超过90°或者最大风速达到20～30 m/s时，船舶就很容易出现走锚现象。

(3)船舶设备及船龄：老旧船舶由于锚泊设备老旧、船舶抗风能力差等因素较其他船易于走锚。

船舶设备情况能影响到操作性的好坏，对于一艘船来说设备老旧很难获得足够的操纵性能，在锚泊作业时很难像普通船一样抛锚、落锚、拖锚，这样锚设备的抓地效果会大打折扣；在锚泊时遇到外力的作用，往往老旧船舶抗风抗浪能力差的缺点就会显现出来。船舶操纵性不好，加之抗外力能力差，老旧船舶很容易就会发生走锚事故。

3.3 用锚不规范引起走锚

近些年来由于人为因素造成的船舶事故越来越多，我认为船舶驾驶员在用锚时操作不认真或是对附近情况掌握得不好，没按规范进行，常常会引起船舶的走锚事故。通常在锚泊时需要考虑的因素很多，但根本的一点还是应保证船舶的锚抓力能抵御外力的作用。

首先，抛锚的时机很重要，必须根据各种因素选择合理的时机。通常锚泊时应考虑到船舶船速、吃水、载重、回旋半径、风流情况、锚地船舶密度、潮汐资料等，选择流速相对较缓的时机进入锚地，控制好船舶余速。抛锚时机选择不好，锚地风流较大，余速较大，没有足够的空间等都不利于锚泊的安全。

其次,船舶锚泊时应及早申请,如果没有及早预报申请,可能会造成海事管理部门不能合理地安排锚泊,不能进行有效的管理,为事故的发生埋下隐患。锚泊时船舶未遵守有关规定,没有向主管部门预报申请,也没有按向海事部门报告船位,这样相关部门很难对锚泊船进行监控管理,可能会造成锚地船舶过多、船舶间安全距离过小、船舶抛锚超出锚地范围等情况。这些情况都是很危险的,很容易造成船舶走锚事故,且一旦走锚,会使走锚船舶在很短的时间里与他船发生碰撞或造成搁浅等更为严重的事故。

再次,抛锚过程中要按规范进行,不能疏忽大意。在抛锚时应抛出足够长度的锚链,如果锚链长度不够,锚设备提供不了足够的抓力,外力作用增加很容易引发船舶走锚事故;抛锚时如果船舶后退速度不够或松链速度太快,锚爪在着底后没有切实抓底,如果锚地底质又不是很好的话,锚设备所能提供的拉力就会比正常时小很多,一遇外力作用很容易发生走锚事故。

3.4 锚泊船管理不善引起走锚

锚泊中的船常常要受到外界环境的影响,当班驾驶员要根据当时环境的变化来判断船舶的锚泊情况,特别是转风、转流、大风浪即将来临前都需要提高注意程度,采取积极并有效的措施来预防事故的发生。很多时候驾驶员认为既然锚已经抛下就"下班了",根本没有认真注意船舶周围的环境改变,正是这样的疏忽常常会引起走锚事故的发生。

当班驾驶员值锚更班时,要保持正规的瞭望及守听,利用各种手段来判断船舶是否走锚。如果船舶锚泊时对"锚更班"重视程度不够,责任心不强,没有认真的关注外界情况,没有利用各种手段来判断本船是否走锚,对一些走锚前期的预兆没有注意到,没有采取足够并有效的措施,这样走锚的事故就很容易发生。锚泊中船舶驾驶员应随时与周围锚泊船进行沟通,观察周围锚泊船舶情况,若发现他船走锚,应及时发出信息,危及自身安全时,应迅速作出反应并起锚驶离,如果没有及时沟通,采取积极有效的措施,很容易造成事故的发生。

驾驶员在船舶锚泊时同样也是需要高度的责任感需要认真负责,可是由于很多船员在锚泊时锚更班值班不认真,导致走锚事故时常发生,很多时候船舶已经发生走锚,且危险事故已经不可避免时船上人员还不知道,这样就错过了避免事故或将损失降到最小的时机,造成严重事故的发生。

3.5 风流作用引起走锚

3.5.1 风流致船舶偏荡引起走锚

锚泊中的船舶,一般要受到风、流、浪、水动力以及锚链对船舶的约束力作用,同时,锚链也受到船舶的反作用力。当有台风、锋面过境时引起大风大浪,外力作用急剧增大,由于锚链的约束作用,船舶要产生周期性的偏荡运动,这种运动会使锚链上除受定常张力外,还受周期性的冲击张力,这种张力叠加的效果,将通过锚链传递到锚杆上,海底的锚体在锚链的带动下也发生动荡,由于锚体的不断动荡,锚的抓力会急剧降低,如没采取适当的措施,当船体随风摆动到一定程度,到一侧受风也就是受风面积最大时,常常就会因为锚抓力不够(当锚杆上所受到的拉力大于锚所能产生的抓力时)锚被拖动,而引起走锚。

3.5.2 风流变化引起的走锚

风和流是经常运动变化的,对于风流的变化如果船舶驾驶员没有采取适当的预防措施,便可能导致船舶的走锚。锚地中的船通常在风和流的作用下,船首迎着水流来的方向,在转流船掉头时流速特别小,这时锚链没完全受力,锚抓在海底也很松懈,如果流的方向改变,会使船舶方向也有所改变,锚链会随着船舶方向的改变而不断地抖动,锚链拖动锚杆、锚爪转动,破坏原来的抓底姿势,所以转流时特别在强流作用下,容易引起走锚抓底不稳发生走锚事故。同理,风向的改变,也会改变锚链的方向,进而拖动锚杆锚爪转动,使锚设备抓力发生变化引起走锚。

3.5.3 大风浪引起的走锚

船舶抛锚后,船舶在某一时间段里,由于水流方向不会发生改变或者变化不大,锚的抓力和方向也相对固定,水流的作用力与抓力和系留力保持平衡,船舶处于相对静止状态,船舶不会发生漂移现象。一旦大风浪来临,船舶在大风浪的作用下所受的外力急剧增加,加上船舶的偏荡运动,锚的抓力和抓力方向会随着外力的变化而发生改变,随着风流的加大,在一定的时间内,锚爪的抓力和锚链系留力以及锚的抓力方向不能和风流作用力的大小方向一致,如果风流与船舶夹角较大,船舶就可能发生走锚事故,常常是一个台风或风暴潮过境后船舶集体走锚。

3.5.4 潮汐作用引起的走锚

走锚事故很多都发生在天文大潮汛期间。涨潮时,当涨潮流接近高平潮前,此段时间水流速度很快,锚的抓力和方向在水流作用下会很快发生改变,船舶在瞬间受力大小和方向发生改变,受力平衡被打破,船舶偏荡不定,锚设备抓力减少,极易造成船舶走锚现象。同时小潮期间锚地潮流变缓,从水深角度考虑,小潮期间水深相对减少,致使船舶富余水深降低,这样水流对船舶的作用力及浅水效应就相对增加,因此对于船舶来说,并不因小潮期间的流速减缓,而降低锚泊期间的走锚概率。所以潮汐作用期间要应防止船舶走锚,重视锚泊安全。

4 防止走锚可采取的措施

4.1 合理选择锚地

选择一个良好的锚地是很重要的,也是最基本的。通常海港中的锚地分港内锚地和港外锚地。港内锚地设在港池内,其面积根据到港船舶密度和过驳作业情况确定。锚地边缘应与航道边线保持安全距离,通常港外锚地不应小于2~3倍设计船长,港内锚地采用单锚浮筒系泊时不应小于1倍设计船长,采用双浮筒时不应小于2倍设计船宽。港外锚地设在港池外,可靠近进港航道,但不能占用进港航道。在河港中,一般分设到港锚地和离港锚地,供船舶进行装卸货作业。如自然条件允许,到港锚地应布置在专业码头的下游侧,离港锚地布置在专业码头的上游侧,以利船舶运转。危险品船舶的锚地应布置在港区和城镇的下游,并保持一定的安全距离。

在选择锚地时一般要综合考虑以下几点:底质要合适,不能是岩石等太硬底质,也不能是岩礁、障碍物、沉船残骸及海底电缆等危险物,最好是泥沙混合,软泥,沙底,粘土,这样才能提供足够抓力;地形要符合遮蔽风浪的要求,选择有天然掩护或人工掩护条件,能较好地避开风、浪、涌正面袭击的水域;锚泊水域应避开潮流变化比较大的水域,不应在高潮的主流地带或其近岸侧地带抛锚,通常应选择潮流不急,以无流或稳定的缓流为好;对于河段来说由于受到潮汐以及河床地形和径流顶托等作用的影响,水流易变不稳定,所以应尽量选择水流稳定的水域抛锚;锚泊地点应当比较宽敞,与其他锚泊船和危险物留有安全距离;不要选择在航道附近,更不要选择在沉船或防波堤端部附近;选择有显著可供定位物标的水域,可以便于参照船舶是否走锚;对于天然河流在枯水期、中水期和洪水期水位不同,水流情况也有变化,所以锚地的位置往往按不同水期分别布置;水深一定要适当,通常可以取到船舶吃水的2倍左右为好,便于锚能很好地抓底;所选锚地应有足够的空间,不妨碍其他船舶的正常航行,同时与桥梁、闸坝、水底过江管线等都要保持足够的安全距离。

4.2 提高特殊船舶锚泊重视程度

大型船舶以及一些特种船、老旧船锚泊过程中一定要多加注意,自身的缺陷本已很容易造成危险,如果再有人为的疏忽大意就会大大增加事故发生的可能性。

通常大型船舶锚泊时应认真观察锚地周围环境,根据本船吃水、载货、回旋半径等因素,综合考虑锚地水深、风、流、潮汐、周围碍航物等情况,正确选择锚位。抛锚前应及早地向主管机关申请,锚地容量经常是有限的,不及时申请很可能会造成小船占用锚地,大型船舶无处锚泊的可能,因此大型船舶锚泊应提前预报申请,以便能合理地选择泊位。抛锚完毕,应将锚位、链长等情况向海事主管部门报告,便于船舶能得到有效的监管与帮助。对于大型船舶来说,在进入锚地前要减速淌航试车,使船舶处于随时可操控状态。预算好风速流速,以合适的速度缓速进入锚地,备妥锚,到达预定锚泊点,控制船处于停止状态,再抛下锚。

大型船舶由于吃水等原因常常在水深较大的锚地抛锚,通常要采用深水抛锚法。一般水深超过25m(1节链长)以上的水深,就有必要进行深水抛锚的预防措施。深水抛锚时先用锚机松出部分锚链(或使锚接近于水底),然后用制动带控制锚链,将锚抛下。水深达到50m时,用锚机将锚链放出,到锚触海底为止,然后船身极慢后退使锚爪得力,再缓慢松链或是仍用锚机把全部所需的锚链放出。锚地水深变化很大时,在水深变化很大、海底坡度陡峭的情况下,必须经过测深以后,才能依照上述作法,把全部要放的锚链用锚机放出,以防止锚链重加上骤然的加速度作用使锚链受力过度,易使锚与海底碰击受损变形。若直接抛锚,锚机很难控制锚和锚链落下的速度所引起的悬空张力极易使锚机损坏,使锚链损伤或使锚丢失,锚链与锚链筒猛烈的碰撞,使锚链受到剧烈的震动,产生了所谓的冷却硬化,使链条变脆,很难使锚和锚链处于良好的系留状态。

特种船舶因为船舶甲板上方的面积较大,受外力作用较强。遇到大风浪时,可在锚泊前准备好空舱或事先做好打压载水的准备工作,未做此项准备的船舶在增加吃水时应重新计算稳性。锚泊后根据需要随时都可以通过打压载水的方法来增加船舶吃水。这样既可以增加排水量,又可以减小船舶受风面积,还可以减缓偏荡。

4.3 选择合理的锚泊方式

船舶用锚时,一定要根据周围环境选择合理的锚泊方式。

锚泊方式可根据锚地底质、水深、风流、潮流、船舶密度,再结合本船吃水、载货、抗风能力等情况来决定。船舶锚泊分单锚法和双锚法,双锚法有一字锚、八字锚以及一点锚。通常锚泊时外界因素允许的情况下抛单锚,在遇大风天气时,在大风浪的作用下,往往会导致抛单锚的船舶因锚链张力太大而发生走锚,这种情况必须用车舵配合来缓冲锚链的张力,并视情况改抛双锚应对。大风浪锚泊要选择双锚法中的八字锚或一点锚,同时加放锚链来增加抓力,缓和偏荡运动以及风浪引起的冲击力,以降低走锚事故发生的概率。

通常在抵达锚地前要注意及时利用甚高频、雷达及望远镜等有效手段及早掌握锚地的有关情况,如风流情况、涌浪、锚地底质、水深、船舶船况、船舶吃水、载货情况、抗风能力、附近船舶密度等,以安全合适的速度驶入锚地,确保船舶到达的安全。在抛锚前要合理估算船舶旋回圈、旋回进距或拖锚淌航距离等方面,留有足够的安全余地。船舶在选择锚位和落锚点时,若当时锚地中已有其他船舶锚泊范围有限,可采用适当倒车并结合拖锚与旋回的办法以达到减少船舶余速的目的,只要客观条件允许,应将锚位选在已抛锚船舶的尾部方向为好,以避免对本船的冲程或旋回余地估计不足,发生尾扫他船或与它船舶发生碰撞等意外事故。对于流水港来说,抛锚时由于水流相对较急,因此多采用(掉头后)顶流抛锚法,抛锚时船舶对水流的交角也不宜过大,一般应掌握在10°以内。

锚泊船之间要控制好安全距离,需要根据锚地条件,风、流及船舶大小、类型、载重情况等因素决定。通常两船抛锚点距离大于两船长度加两船抛出的锚链长度,即使拉直了锚链转到一起也不会发生危险。抛锚时应避免与他船在同一流水线上,防止船舶走锚时直冲他船。锚泊时驾驶员必须提高戒备程度,转流掉头时采取绞短锚链和备车等措施,以避免事故发生。

总之,要根据情况的不同选择合适的锚泊方式。

4.4 认真值守防走锚

锚泊后当班驾驶员应认真值锚更班,保持公共频道连续值守,通信畅通及时接收安全信息,随时同周围锚泊船进行沟通,按时巡视全船检查锚链受力情况,校核锚位并将检测结果记入航行日志,保持正规瞭望观测、掌握周围船舶动态,若发现他船走锚及时发出信息,危及自身安全时迅速作出反应,防止本船走锚和及早发现他船走锚。锚泊中的船舶,在潮流急涨急落、转潮期间或大风浪时应密切注视船舶状况和周围环境,必要时应主机应备车,根据情况随时准备抛下双锚,对于超大型船舶或无动力船舶应备拖轮值守。

锚泊时值锚更班是非常重要的,驾驶员一定要认真负责,利用各种手段来判断船舶是否走锚。

4.4.1 船位测量法

抛锚时,利用GPS准确记录锚落下的时间和船位,设定好锚泊船的回旋半径,若走锚则会发出走锚报警。另外,也可以在大比例尺海图上,进行人工作图,先标出锚位点,值班时经常读取GPS船位,从船位与锚位的偏差距离可判断是否走锚。

4.4.2 船舶运动观察法

锚泊中的船舶受到风浪或强流的作用,会产生周期性的偏荡运动,船舶左右来回移动,并伴随着航向角在有限范围内变化,如果这种移动和变化呈有规律周期性,说明锚位正常无走锚现象。一旦周期性的偏荡消失,风或流仅作用于抛锚一舷,并与之成大致垂直方向,则说明船舶已经发生走锚,应立刻采取应急措施。

4.4.3　锚链受力判断法

通常船在外力作用下锚链会出现有规律性地时紧、时松，表明没有走锚。一旦发生走锚，锚链拉出水面的长度减少，而且几乎保持定值，不再有时紧、时松的现象，船向下风方向漂移，可判断船已走锚。

4.4.4　物标比对法

船舶抛锚时可选择附近几个孤立显著的物标，测定锚抓底后物标的方位和距离，经常核对物标方位距离，如果有显著的变化就能判断船舶可能已发生走锚。如果水深较浅，能见度比较好，观察船舶上风侧水域出现混浊现象则可能已经走锚。

4.5　充分应对风流影响

风流对锚泊船的影响很大，特别是风浪增大风流转向时很容易引起走锚事故，因此在大风浪天气时一定要提高警惕，采用多种预防措施来避免走锚事故的发生。

4.5.1　大风浪及时改抛双锚

遇到大风浪时，应视情况及时改抛八字锚或一点锚，同时加放锚链来增加抓力，缓和偏荡运动以及波浪引起的冲击力。为了抑制偏荡运动，同时又能依靠两舷得到较大的抓力，可以将预计风速最大时的风向置于两链之间，锚链之间的交角宜为60°，巨型船舶约为90°。在双锚的作用下可以大大减少船舶在大风浪天气发生走锚的概率。

4.5.2　增加船舶吃水

大风浪前为减少船舶所受的外力作用，可适当的增加船舶吃水。通常锚泊船可通过打压载水的方法来增加船舶吃水，这样既可以增加排水量，又可以减小船舶受风面积，还可以减缓偏荡，能有效地降低大风浪对船舶造成的影响。

4.5.3　减少吃水差或增加船舶首倾

锚泊中的船舶减小吃水差或增加首倾，可以使风压中心移向船尾方向，水动力作用中心移向船首方向，这样有利于减轻偏荡作用，减小风浪对锚泊船的影响。通常在准备增加船舶吃水时，应计划进一步增加船首吃水以便造成首倾状态。

4.5.4　加抛止荡锚

风浪增大时，可将另一只首锚备妥，当船舶偏荡至未抛锚一舷的最大位置向回荡时，将锚抛下。止荡锚的出链长度一般选在1.5～2.5倍水深之间，但锚链的长度不宜超过2节。

4.5.5　备车待航

当风浪增大时，对于易走锚船舶最好能"备车"值锚更班，利用主机、舵或者利用首推器，将船首逼近风向进行操船，以此减小传到锚链上的风压力。同时可备好另一个锚以备走锚时应急使用。

5 走锚后可采取的措施

发现船舶走锚一定要保持冷静的头脑，根据实际情况采取积极的应对措施，防止事故进一步恶化。如果驾驶员发现走锚时未能对本船所处的环境和态势作出正确判断，在面临紧急危险局面时又惊慌失措，采取了不当措施，盲目用车用舵，将扩大事故带来的损失。如2004年的"建设51"轮，当其走锚逼近一外轮时，船长未对局势认真分析判断，盲目用车舵避让，最终导致螺旋桨缠上了外轮的锚链而失控，造成严重事故。

发现走锚应立即报告船长，并发出警报。及时开动主机使船舶处于可操控状态，减缓锚链的受力，同时可悬挂和鸣放"Y"信号，以警告附近船舶我船已处于走锚状态，如有需要，用高频联系附近船舶，请求他船采取相应的避碰行为。如果锚泊时抛的是单锚应注意加抛另一锚，尽量阻止继续走锚，谨慎地松长锚链来提供更大的抓力，但是也不要太长。如果发现船舶走锚是锚地风流、底质等引起的，可以起锚重新选择合适锚地或出海滞航。

6 结束语

近年来，由于锚在船舶作业中应用的相当频繁，加之外界环境及人为因素的影响，船舶锚泊作业中走锚以及由此引起的碰撞、搁浅等事故时有发生，引起了社会上极大的关注，本文根据曾经发生的一些事故来分析走锚事故发生的原因，根据自己在船实习经验以及相关专业知识，讨论船舶锚泊的防范走锚事故的安全措施。锚是船舶航行停泊中必不可少的设备，对船员来说锚泊作业更是"家常便饭"，本人在船期间经历过无数次的抛锚、起锚，每次感受都不同。锚泊作业的重要性不言而喻，单锚泊事故的发生也是层出不穷。本文总结了一些船舶锚泊作业事故发生的原因，是本人实际工作中的心的体会，希望能为船舶驾驶员提供一点参考。

参考文献

[1] 许培金. 对大型船舶判断走锚方法的新探索. 航海技术，1994.2

[2] 王志明. 对锚泊船舶的事故原因及其防范对策的探讨. 航海技术，1998.5

[3] 赵伯龙. 大型船舶的操船及锚泊. 航海技术，2001.2

[4] 陈孔杰. 走锚原因与对策. 中国水运，2002.4.

[5] 苗华. 关于弃锚丢链的思考. 航海技术，2006.2

[6] 唐菊良. 大型集装箱船舶的操纵. 航海技术，2007.1

作者简介

刘涛，男，1985年5月4日出生，2008年毕业于大连海事大学航海学院，毕业后在中海集团上海分公司船舶上任职，现就职于大连海事局长兴岛海事处筹备组，主要研究领域为航海技术。通信地址：大连长兴岛国家经济技术开发区管委会15楼，邮编：116100，联系电话：85279011，电子邮箱：liut226@ sina. com。

船舶拖航操纵运动的模拟计算

李宝忠

（中国船级社天津分社，天津 300457）

摘　要：本文以操纵性数学模型为基础，结合拖缆的悬链线数学模型，建立了由拖船—拖缆—被拖船组成的拖航系统的操纵性数学模型，同时考虑了风、浪、流以及浅水等环境因素的拖航系统操纵性的影响。使用牛顿迭代法求解拖缆悬链线方程得到拖缆拉力，通过龙格—库塔法可求解操纵性微分方程中各运动参数的数值解。通过对一拖船拖带无自航能力驳船的拖航系统的计算，分析了拖缆拉力的影响因素，以及缆长和航速对拖航系统直线稳定性的影响。通过对拖航系统回转性的计算，探讨了拖航系统大幅度机动时的操纵性。通过对拖航过程中拖缆水下部分阻力的计算，讨论了拖缆阻力对拖航系统的影响。

关键词：船舶拖航；数学模型模拟；阻力计算

1　引言

目前，如大型集装箱船的引航以及港内作业的海上定位等需要多船辅助定位的拖航作业系统还没有一套较为有效的控制手段，主要依靠船长的经验，由船长制定完整的航线计划，具有一定的主观性，在多船协调作业时，很难实现准确的多船辅助定位，以及对预定航线的控制。因此，对于船舶拖航作业的理论预报和仿真研究具有一定的现实意义。

2　拖航系统操纵运动的数学模型

2.1　基本假设

为了便于研究和实际应用，本文引入如下假设与简化：

（1）船舶之间的距离足够大，因而可以忽略它们之间的水动力干扰，拖船与被拖船之间的运动仅由拖缆耦合。

（2）被拖船无自航能力，不考虑螺旋桨及舵的作用力。

（3）拖缆是位于拖力点之间垂直平面内的悬链线。

2.2　运动方程

对于图 1 所示的单船拖航系统，根据 MMG 操纵性模型，可得到如下的操纵运动数学模型：

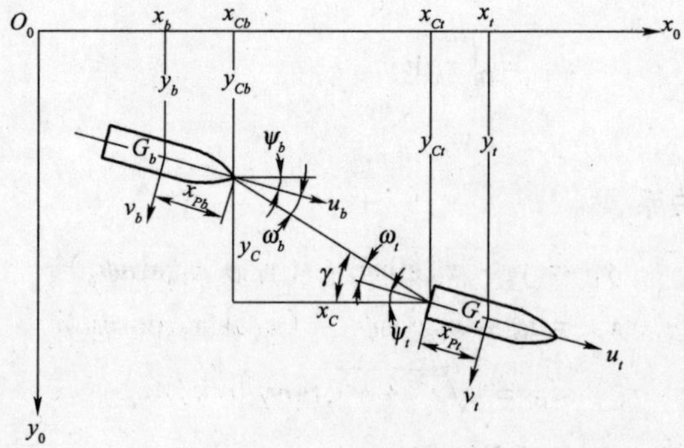

图 1　拖航系统

$$\left.\begin{aligned}
(m_t+\lambda_{11t})\dot{u}_t-(m_t+\lambda_{22t})r_tv_t &= X_{Ht}+X_{pt}+X_{Rt}+X_{Wt}+X_{Ft}\\
&\quad +X_{Ct}-(T+R_t)\cos\omega_t\\
(m_t+\lambda_{22t})\dot{v}_t+(m_t+\lambda_{11t})r_tu_t &= Y_{Ht}+Y_{Pt}+Y_{Rt}+Y_{Wt}+Y_{Ft}\\
&\quad +Y_{Ct}+(T+R_t)\sin\omega_t\\
(I_{zt}+\lambda_{66t})\dot{r}_t &= N_{Ht}+N_{Pt}+N_{Rt}+N_{Wt}+N_{Ft}\\
&\quad +N_{Ct}-x_{Pt}(T+R_t)\sin\omega_t
\end{aligned}\right\}\tag{1}$$

$$\left.\begin{aligned}
x_t &= \int_0^t(u_t\cos\psi_t-v_t\sin\psi_t)\,\mathrm{d}t\\
y_t &= \int_0^t(u_t\sin\psi_t+v_t\cos\psi_t)\,\mathrm{d}t\\
\psi_t &= \int_0^t r_t\,\mathrm{d}t
\end{aligned}\right\}\tag{2}$$

$$\left.\begin{aligned}
(m_b+\lambda_{11b})\dot{u}_b-(m_b+\lambda_{22b})r_bv_b &= X_{Hb}+X_{Wb}+X_{Fb}+X_{Cb}\\
&\quad +T\cos\omega_b\\
(m_b+\lambda_{22b})\dot{v}_b+(m_b+\lambda_{11b})r_bu_b &= Y_{Hb}+Y_{Wb}+Y_{Fb}+Y_{Cb}\\
&\quad +T\sin\omega_b\\
(I_{zb}+\lambda_{66b})\dot{r}_b &= N_{Hb}+N_{Wb}+N_{Fb}+N_{Cb}\\
&\quad +x_{Pb}T\sin\omega_b
\end{aligned}\right\}\tag{3}$$

$$\left.\begin{aligned} x_b &= \int_0^t (u_b\cos\psi_b - v_b\sin\psi_b)\,\mathrm{d}t \\ y_b &= \int_0^t (u_b\sin\psi_b + v_b\cos\psi_b)\,\mathrm{d}t \\ \psi_b &= \int_0^t r_b\,\mathrm{d}t \end{aligned}\right\} \tag{4}$$

2.3 辅助性关系

$$y_C = y_t - x_{Pt}\sin\psi_t - (y_b + x_{Pb}\sin\psi_b)$$
$$x_C = x_t - x_{Pt}\cos\psi_t - (x_b + x_{Pb}\cos\psi_b)$$
$$l_C = \sqrt{x_c^2 + y_c^2},\tan\gamma = r_C/x_C$$

$x_C \geqslant 0$ 时:$\omega_t = \psi_t - \gamma, \omega_b = \gamma - \psi_b$

$x_C \geqslant 0$ 时:$\omega_t = \psi_t - \gamma - \pi, \omega_b = \gamma - \psi_b + \pi$

式(1)、式(2)为拖船的操纵运动方程,式(3)、式(4)为被拖船的操纵运动方程,下标 t 和 b 分别代表拖船和被拖船,下标 H、P、R、W、F、C 分别代表船体粘性水动力、螺旋桨力、舵力、风作用力、浪作用力、流作用力。x_p 为拖点位置坐标,l_c 为拖点间直线距离,T 为拖缆水平拉力,R_t 为拖缆阻力。

3 拖缆模型

在拖航系统中,拖船与被拖船之间完全依靠拖缆的作用力进行耦合。拖缆在水平方向的张力,是被拖船运动的唯一动力。同时,拖缆的张力也反作用于拖船,对其运动状态产生影响。因此,拖缆张力模型的选取对于拖航系统操纵运动仿真的精度有很大影响。在保证一定精度的同时,还应该使得该拖缆张力模型尽量简便,下面简要介绍以往对于拖航系统操纵性的研究中,学者们所采用的几种拖缆张力计算模型。

因此选择合适的拖缆模型对于计算拖航系统操纵运动显得十分关键,既要保证达到一定的计算精度,同时还要便于工程上的应用。目前,关于拖缆的计算模型比较多。下面介绍几种比较有代表性的模型:

(1) $\tau = p(\varepsilon)^q = 9.78(\varepsilon)^{1.93}$ 或 $\tau = 1.76(\varepsilon)^{1.86}$ (5)

式中,τ 为拖缆应力,$T = \tau \cdot A$,A 拖缆拉力,A 为拖缆横截面积,$\varepsilon = \dfrac{L_c - l_c}{L_c}$ 为拖缆伸长量,L_c 为拖缆长度。该模型比较简单,但由于没有考虑拖缆自重和悬垂,将拖缆简化为一有弹性的直线,未免有粗糙之感。

(2)

$$\left.\begin{aligned}H&=\frac{T(\sec\theta-1)}{\omega}\\\tan\theta&=\frac{L_c\omega}{2T}\\l_c&=\frac{2T}{\omega}\sinh^{-1}(\tan\theta)\end{aligned}\right\}\tag{6}$$

式中,H 为拖缆悬垂值;ω 为每米拖缆的重量;θ 为拖缆与水平面的夹角。

(3)

$$\frac{\partial \boldsymbol{T}}{\partial S}+\boldsymbol{W}+\boldsymbol{F}+\boldsymbol{B}=0\tag{7}$$

其中,$\boldsymbol{T}$ 为拖缆断面张力矢量;$\boldsymbol{W}$、$\boldsymbol{B}$ 分别是单位缆长重力和浮力矢量;$\boldsymbol{F}$ 是单位缆长流体动力。基于上述的矢量方程,在拖缆局部坐标系下构建拖缆的动力学方程,将有限长度的拖缆离散为若干段,通过拖缆两个端点的边界条件确定拖缆运动的唯一性,拖缆拉力可通过离散后封闭的拖缆动力学方程求得。综合考虑后,本文决定采用悬链线模型来计算拖缆拉力,并加入拖缆弹性的影响。公式如下:

$$\left.\begin{aligned}H&=\frac{T(\sec\theta-1)}{\omega}\\\tan\theta&=\frac{L_c\omega}{2T}\\l_c&=\frac{2T}{\omega}\sinh^{-1}(\tan\theta)+\frac{TL_c}{EA}\end{aligned}\right\}\tag{8}$$

其中,E 为拖缆的杨氏模量。

在实际的拖航过程中,由于拖缆存在一定的悬垂,拖缆入水的部分产生的阻力不容忽视,在远洋拖航中,拖缆阻力可达总阻力的10%以上,因此在计算时有必要将拖缆阻力计入到拖船的阻力中。拖缆阻力的计算是一个相当复杂的问题,国内拖航企业通常采用的拖缆阻力计算公式为:

$$R_t=1.224\frac{S}{1000}\frac{d}{10}V^2\left[1+\frac{1.22}{1000T}\frac{d}{10}\left(\frac{S}{1000}\right)^2\right]\tag{9}$$

$$S=1673.3\frac{\sqrt{TH}}{d}\tag{10}$$

式中,d 为拖缆直径(mm),V 为拖船航速,S 为拖缆浸入水中两端间距,计算公式见式(10),式中,T 为拖缆拉力,H 为拖缆的悬垂度。

4 计算实例

根据以上拖航系统操纵性数学模型,结合船舶操纵运动中的水动力计算方法,使用四阶龙格—库塔法求解船舶操纵运动微分方程,使用牛顿迭代法求解拖缆拉力,对一单船拖航系统的操纵性进行计算,该拖航系统由拖船、拖缆、被拖船(驳船)组成。拖船的主尺度及附件尺寸见表1、表2。

拖船主尺度　表1

排水量Δ(t)	船长 L(m)	船宽 B(m)	吃水 d_m(m)	方形系数 C_b
1463.7	54	11.6	4.44	0.53

拖船附件尺寸　表2

桨直径 D(m)	桨螺距比 P/D	舵面积 A_R(m^2)	舵高 H(m)	舵展弦比 λ
1.863	0.338	6.4	2.0	1.6

驳船及拖缆的信息见表3、表4。

驳船主尺度　表3

排水量Δ(t)	船长 L(m)	船宽 B(m)	吃水 d_m(m)	方形系数 C_b
7073	113.75	25.5	3.0	0.793

拖缆要素　表4

直径(mm)	剖面积(mm^2)	参考质量(kg/100m)	杨氏模量(N/mm^2)
43	701.1	8840	2.0×1011

4.1　理想状态下的直拖

模拟计算的初始条件如下:

$u_t=0.1\text{m/s}, v_t=0, r_t=0, x_{pt}+x_{pb}+L_C>x_t>x_{pt}+x_{pb}, y_t=0, \psi_b=0, n>0$;

$u_b=0.1\text{m/s}, v_b=0, r_b=0, x_b=0, y_b=0, \psi_b=0$;在拖带速度 $v=1.76$ m/s ($n=3$rps),相对位置 $x_t=150$m 的条件下,拖缆长度 $L_C=100$m 时,拖缆拉力曲线见图2,拖船和驳船的航速曲线见图3和图4。

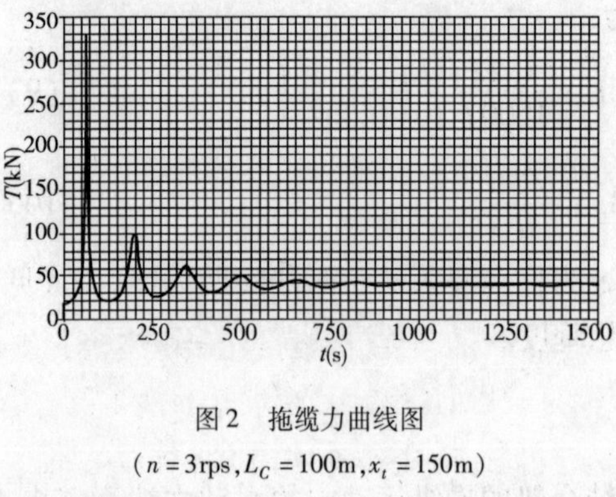

图2　拖缆力曲线图

($n=3$rps, $L_C=100$m, $x_t=150$m)

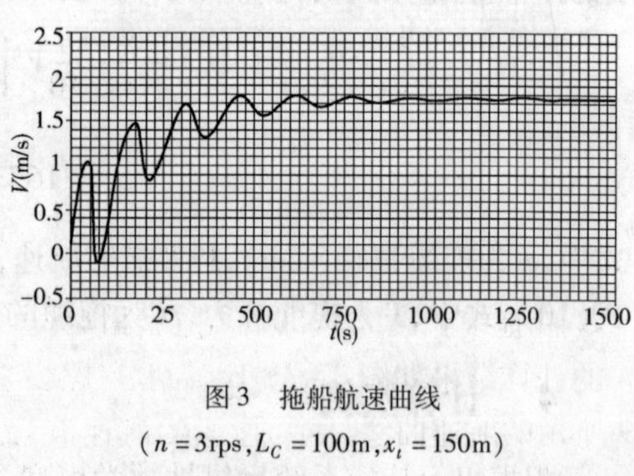

图3　拖船航速曲线

($n=3$rps, $L_C=100$m, $x_t=150$m)

图 2 显示拖缆拉力在拖航初始阶段出现剧烈波动，随着时间的增加拖缆拉力波动幅值逐渐衰减，最后在某一稳定值附近呈微幅波动。从图 3 和图 4 所示的航速曲线可以发现，在该初始条件下的拖航系统中拖船的航速有一定的波动，其中拖船航速在初始时刻波动幅度很大，以致出现了负值，说明拖船出现了倒行，即拖航过程中出现了倒拖，严重的倒拖会使拖船很快地接近被拖船，最终导致拖船和被拖船的碰撞。倒拖是运用拖船不当而出现的极其有害的现象，应严格防止。

在拖船螺旋桨转速 $n=3\text{rps}$，拖船相对位置 $x_t=150$ 的条件下，变换拖缆长度 L_C 后的计算结果如图 5 ~ 图 7 所示。

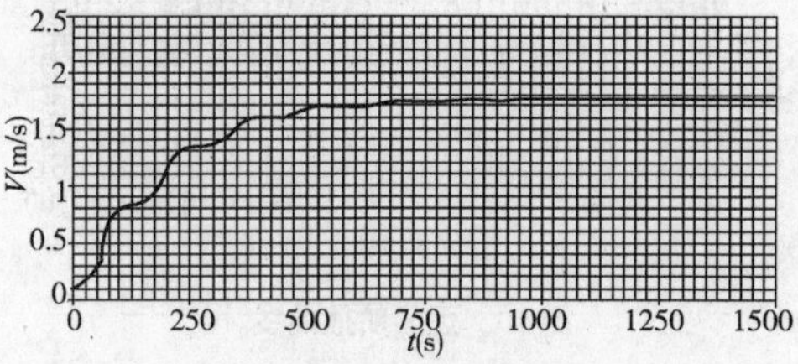

图 4　驳船航速曲线

（$n=3\text{rps}, L_C=100\text{m}, x_t=150\text{m}$）

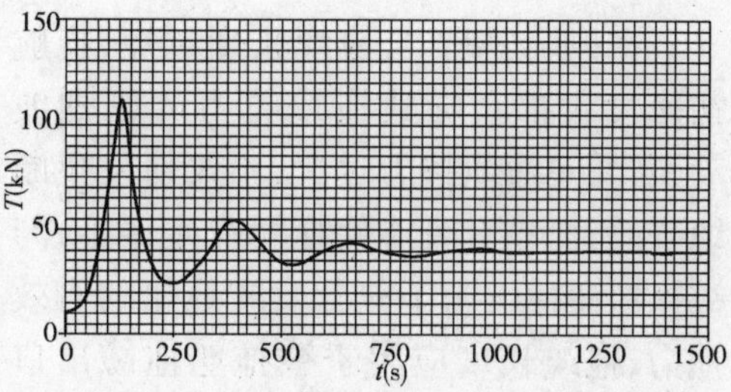

图 5　拖缆力曲线

（$n=3\text{rps}, L_C=200\text{m}, x_t=150\text{m}$）

对比图 2 和图 5 所示的拖缆力曲线发现，在拖缆长度 L_C 增加到 200m 后，拖缆拉力的最大值明显下降，拖缆拉力的波动周期亦有所增加。图 6 和图 7 的航速曲线显示，缆长增加后，拖船和驳船的航速波动剧烈程度都有所下降，拖船倒航现象得到了控制。

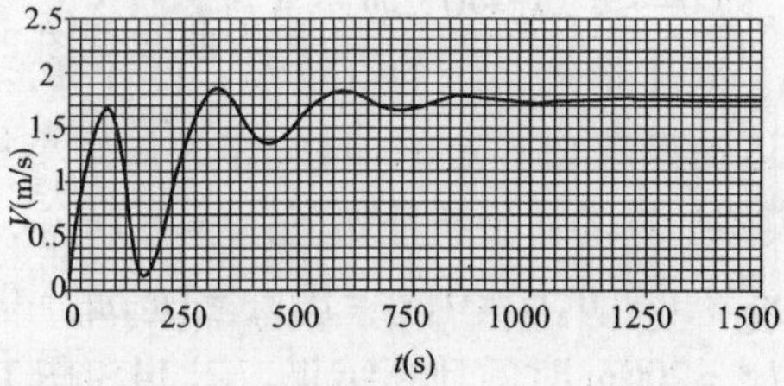

图 6　拖船航速曲线

（$n=3\text{rps}, L_C=200\text{m}, x_t=150\text{m}$）

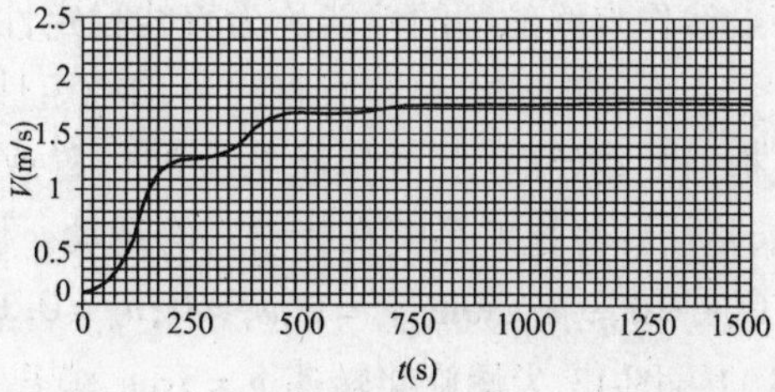

图 7　驳船航速曲线

（$n=3\text{rps}, L_C=200\text{m}, x_t=150\text{m}$）

在拖缆长度 $L_C=200\text{m}$，拖船相对位置 $x_t=150$ 的条件下，变换拖船螺旋桨转速 n 的计算结果如图 8 ~ 图 10 所示。螺旋桨转速下降后，拖航的速度亦有所下降，图 9 所示的航速曲线显示，拖船的航速波动幅度也开始下降，图 10 的驳船航速曲线也更加平缓。从图 8 的缆力曲线可以看出，在航速降低后，由于拖航阻力的下降，拖缆拉力的最大值和稳定值均有大幅度下降,且缆力的波动也更加平缓。

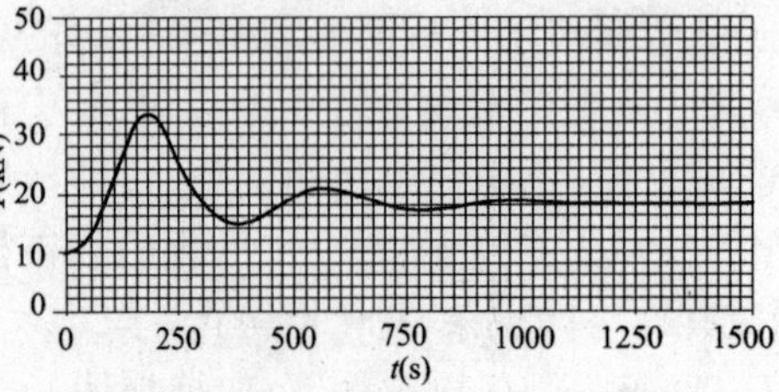

图 8　拖缆力曲线

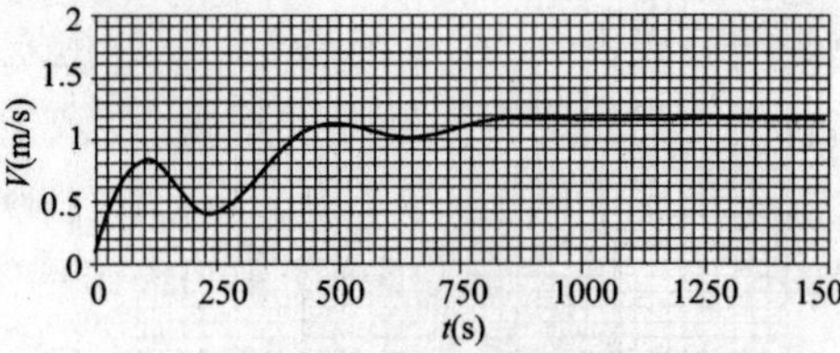

图 9　拖船航速曲线

在拖航过程中,拖缆长度过短,拖航初速过大都会导致拖缆拉力的剧烈波动,若瞬间拖缆拉力过大,不仅易发生断缆事故,而且有可能使拖船产生倒拖,与被拖船碰撞。为了充分发挥拖船的有效拖力,拖缆长度应大于被拖船拖缆出口至水面高度的 4 倍,即使被拖船拖缆出口至水面高度很低,一要保证拖缆长度不少于 45m,实际上一般取拖缆长度为拖船长度的 2 倍左右。在能充分发挥拖船拖力的前提下,通过对上述直拖模型的计算可以发现增加缆长,降低航速能有效地降低拖缆拉力的波动和避免出现拖船倒拖现象。

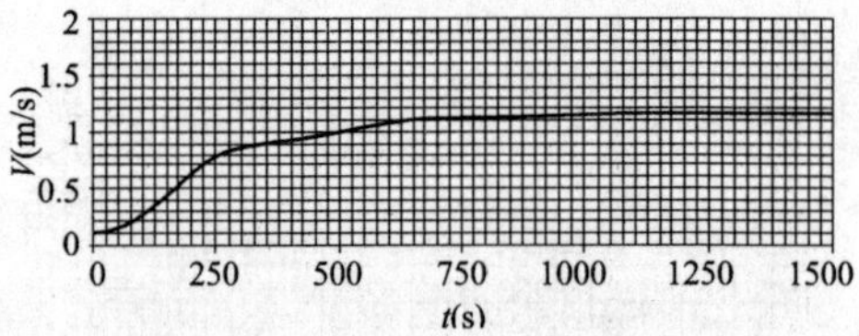

图 10　驳船航速曲线

4.2　拖航系统的稳定性

船舶沿直线航行时,若受到某种扰动,当扰动消除后,经过一段时间,船舶沿另一航线作直线航行的性能称为直线稳定性,即:$t \to \infty$,$\Delta r \to 0$,$\Delta \psi \to$常数。

水面船舶基本都具有直线自动稳定性。对于拖航系统的直线稳定性计算,可在拖航的初始时刻,对拖航系统的位置或运动参数加一定的偏移,作为初始小扰动,然后计算拖航系统在扰动后的运动。模拟计算的初始条件如下:$u_t = 0.1\text{m/s}$,$v_t = 0$,$r_t = 0$,$x_t = 150\text{m}$,$y_t = 0$,$\psi_t = 0$;$u_b = 0.1\text{m/s}$,$v_b = 0$,$r_b = 0$,$x_b = 0$,$y_b = 1\text{m}$,$\psi_b = 0$;图 11 ~ 图 13 为螺旋桨转速 $n = 3\text{rps}$,缆长 $L_C = 200\text{m}$ 时的计算结果。图 14 ~ 图 16 为螺旋桨转速 $n = 4\text{rps}$,缆长 $L_C = 200\text{m}$ 时的计算结果。图 17 和图 18 为螺旋桨转速 $n = 4\text{rps}$,缆长 $L_C = 400\text{m}$ 时的计算结果。

图 11 和图 12 显示,在螺旋桨转速 $n = 3\text{rps}$,缆长 $L_C = 200\text{m}$ 时,拖航系统受到扰动后,拖船和驳船的艏向角和转艏角速度均开始波动,并且波动幅度随时间变大,最后在一稳定的范围内波动,拖船和驳船均开始产生艏摇现象,驳船的艏摇幅度要大于拖船。从图 13 所示的缆力曲线可看出,随着拖航系统艏摇幅度的增加,

拖缆拉力也逐渐开始产生波动。

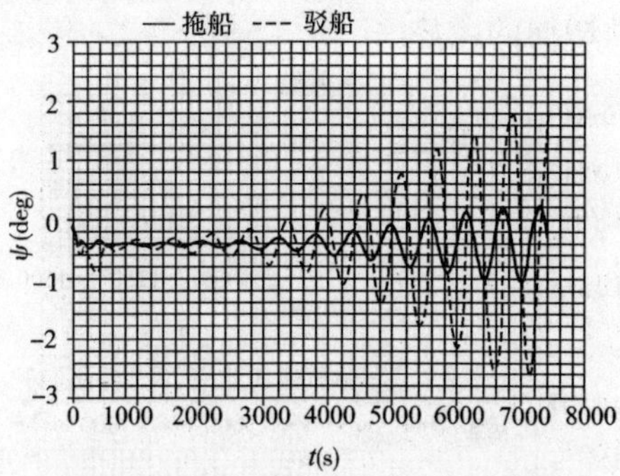

图 11　扰动后的艏向角曲线（$n=3$rps）

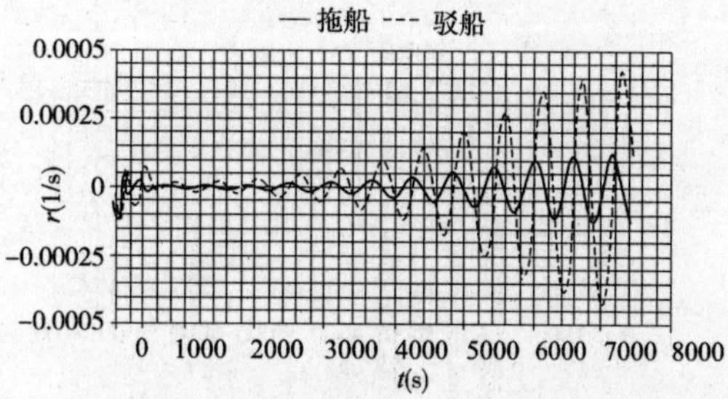

图 12　扰动后的转艏角速度曲线（$n=3$rps）

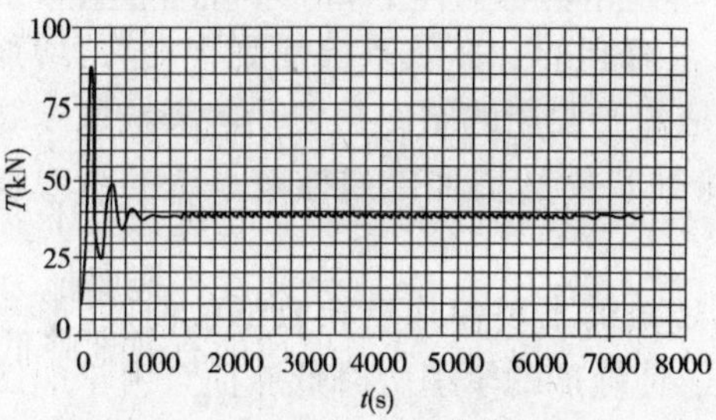

图 13　扰动后的缆力曲线（$n=3$rps）

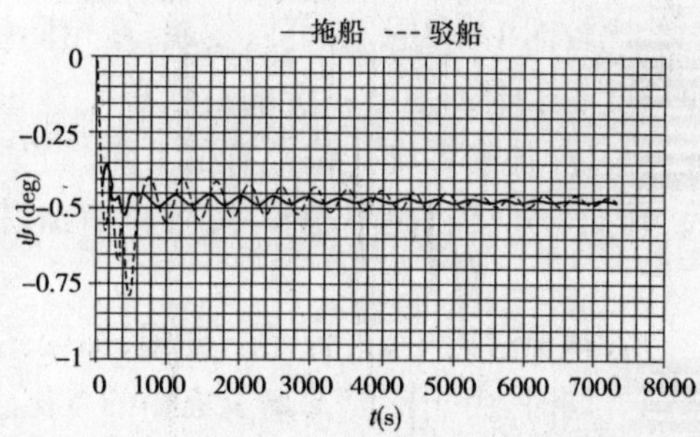

图 14　扰动后的艏向角曲线（$n=3$rps）

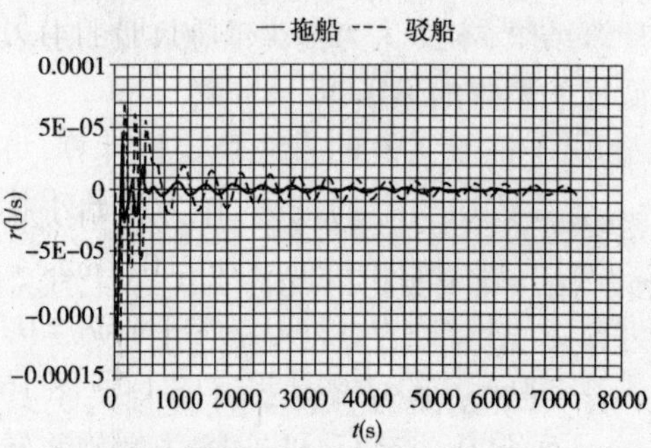

图 15　扰动后的艏向角曲线（$n=4$rps）

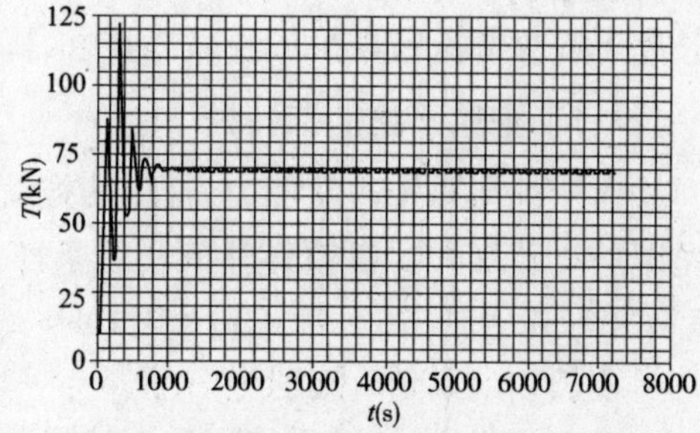

图 16　扰动后的转艏角速度曲线（$n=4$rps）

对比图 11 和图 14 可以发现，在相同扰动、相同缆长的条件下，拖航航速的则增加对提高拖航系统的直线稳定性是有利的。拖航系统受到扰动后，增加螺旋桨转速增加，拖航系统的偏航明显变小，拖船和驳船的转艏角速度和转艏角加速度的波动均逐渐衰减，拖船和驳船的艏向角稳定与某一固定值，转艏角速度逐渐趋于零,可认为此时拖航系统具有直线稳定性。图16的缆力曲线显示,由于拖航系统具有直线稳定性,受扰动后拖缆拉力没有波动增加的趋势。

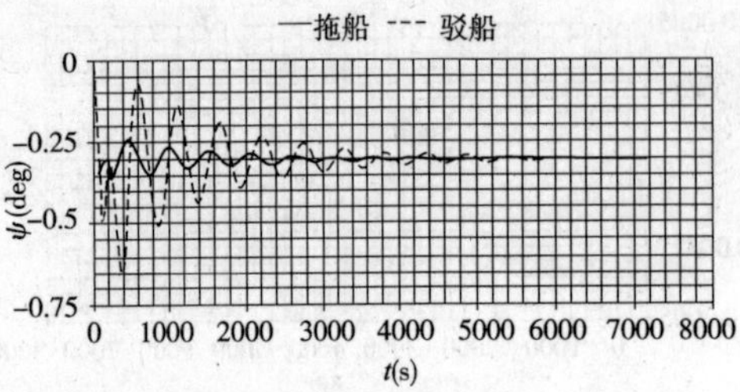

图17　扰动后的艏向角曲线(n = 4rps)

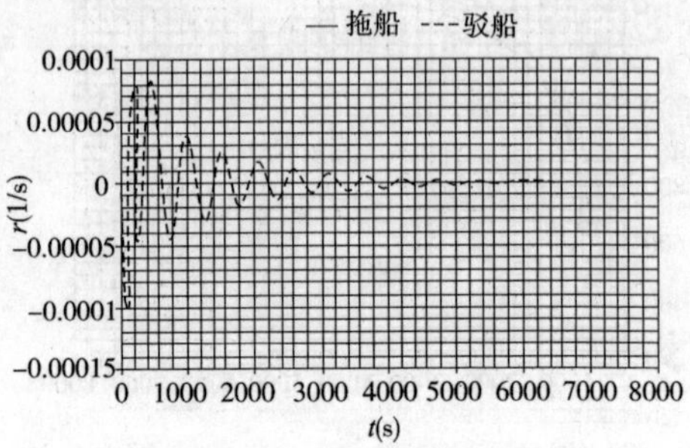

图18　扰动后的转艏角速度曲线(n = 4rps)

比较图14和图17可以发现,在相同扰动,相同螺旋桨转速的条件下,增加拖缆长度对于增加拖航系统的直线稳定性也是有利的。拖航系统受到扰动后,增加拖缆长度,拖航系统的偏航有所下降,同时拖船和驳船的艏向角波动的衰减速度更快,转艏角速度也更早趋于零,可以看出,拖航长度的增加提高拖航系统的直线稳定性。

在拖航过程中,被拖船的摇艏,即偏荡现象的出现使拖航轨迹形成曲线,航程增加。同时,由于拖缆偏离了拖船的首尾线,使拖船的牵引力降低。而且由于船队的偏转摆动,容易发生断缆事故。在偏荡发生时,拖船需操舵调整,增加了拖航的阻力,也降低了拖船的牵引力。偏荡的出现降低了拖航系统得直线稳定性,因此必须控制拖航系统的偏荡现象,总结本节的计算结果,本文认为提高航速和增加拖缆长度可以改善拖航系统的直线稳定性,降低拖航系统的偏荡。

4.3　拖航系统的回转性

由于被拖船无自航能力,这里的拖航系统回转性为拖船在操一定舵角下,拖航系统的运动规律。模拟计算的初始条件如下:$u_t = 0.1\text{m/s}, v_t = 0, r_t = 0, x_t = 150\text{m}, y_t = 30\text{m}, \psi_t = 15°, n = 4\text{rps}; u_b = 0.1\text{m/s}, v_b = 0, r_b = 0, x_b = 0, y_b = 0, \psi_b = 0$;

缆长 $L_C = 200\text{m}$,拖船操右舵($\delta = -25°$)的计算结果如图19~图22所示。

图19所示为拖航系统运动轨迹显示,该拖航系统在回转过程中驳船的回转圈要大于拖船。图21的艏向角曲线显示进入定常回转后,该拖航系统的驳船的艏向角要明显落后于拖船。从图22所示的航速曲线可以看出,由于驳船的回转圈要大于拖船,驳船的航速要略大于拖船。比较图7和图22,可发现,由于在回转过程中拖缆偏离了拖船的首尾线,虽然在回转时的螺旋桨转速要大于直航,但是航速却低于直航。比较图13和图20,可以看出,在相同缆长,相同转速的条件下,拖缆拖航

系统做回转运动时的拖缆拉力要明显大于拖航系统直航时的情况。

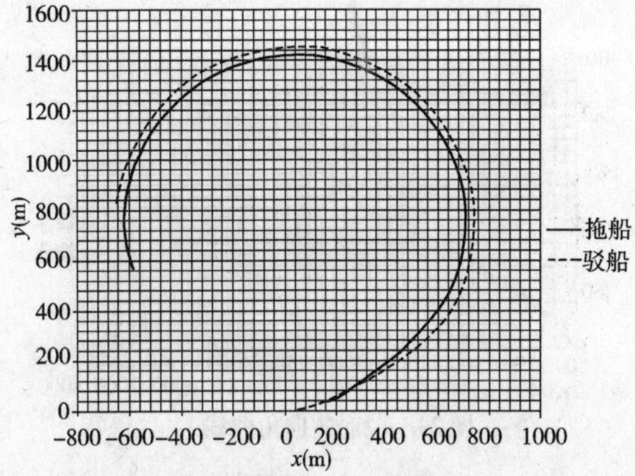

图 19　拖航系统的回转运动轨迹

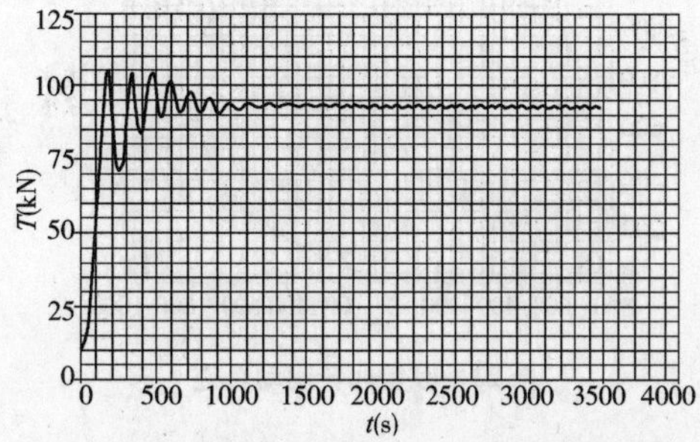

图 20　拖航系统的回转运动的缆力曲线

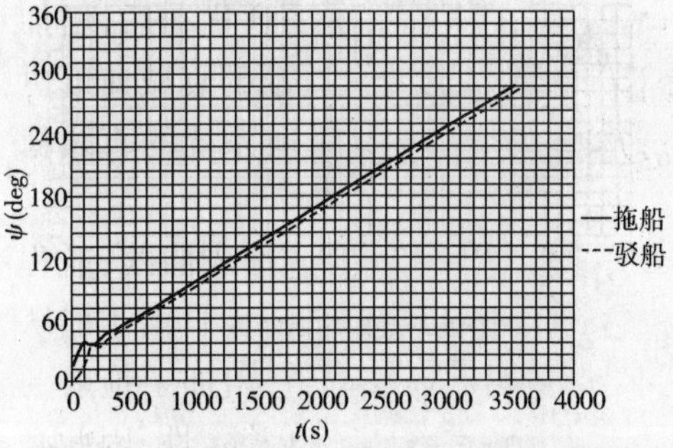

图 21　拖航系统的回转运动的艏向角曲线

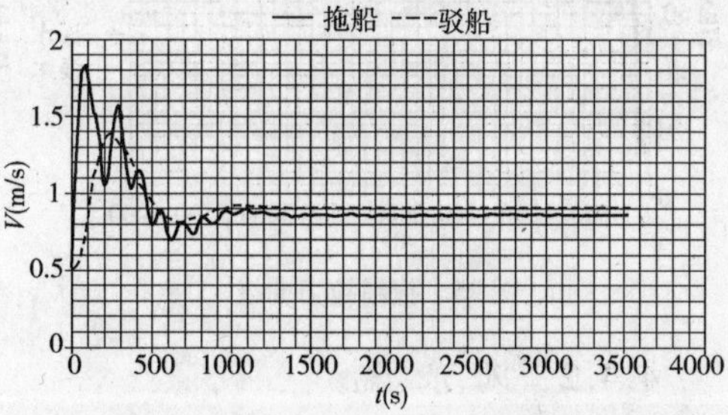

图 22　拖航系统的回转运动的航速曲线

4.4　环境因素对拖航系统的影响

4.4.1　浅水效应

模拟计算的初始条件如下：$u_t=0.5\text{m/s}, v_t=0, r_t=0,\ x_t=150\text{m}, y_t=0, \psi_t=15°, n=4\text{rps}$；$u_b=0.5\text{m/s}, v_b=0, r_b=0, x_b=0, y_b=0, \psi_b=0$；在水深 $H=10\text{m}$ 的浅水中，拖缆长度 $L_C=200\text{m}$ 时，拖航系统在拖船操舵 $\delta=-25°$时的回转运动计算结果与无限水深对比如图 23 ~ 图 26 所示。

从图 23 的拖航系统运动轨迹可以看出，在拖船操相同舵角，相同的初始条件下，在浅水中拖航系统的回转圈要明显大于在无限水深的情况。同时，在浅水中的拖缆拉力要略低于深水中的情况，拖航速度要低于深水。

由于拖缆较长，在拖航过程中悬垂度较大，导致拖缆大部分在水面以下，因此在浅水中拖缆可能接触海底，以上计算没有考虑拖缆在浅水中触底的影响。

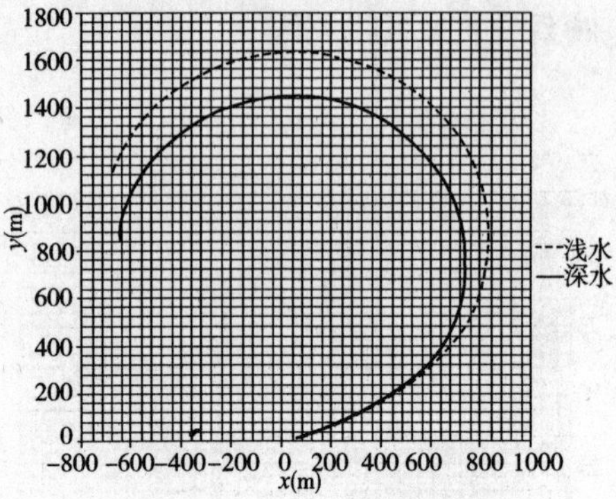

图 23　驳船回转运动轨迹

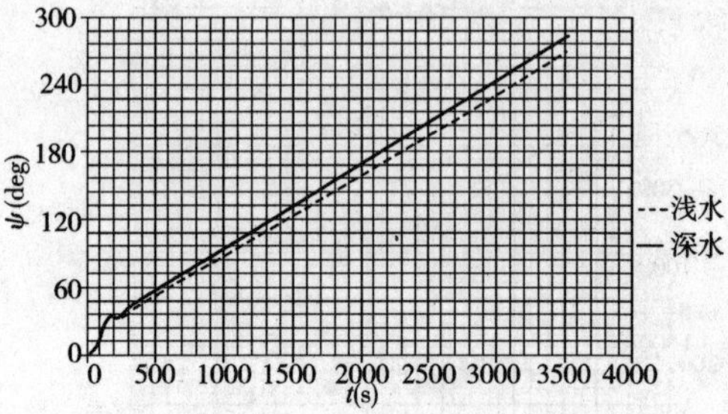

图 24　驳船艏向角曲线

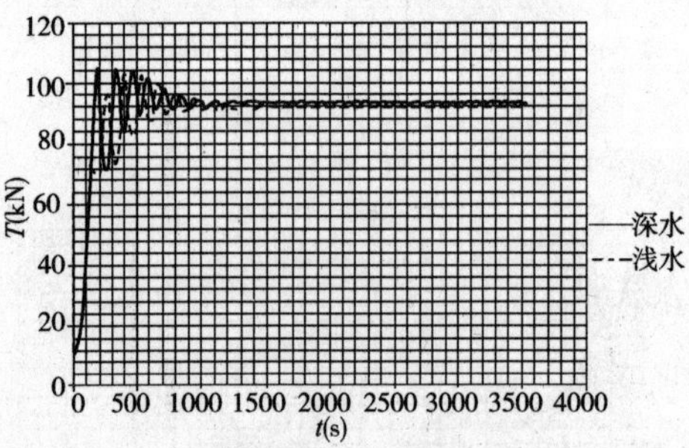

图 25　拖缆拉力曲线

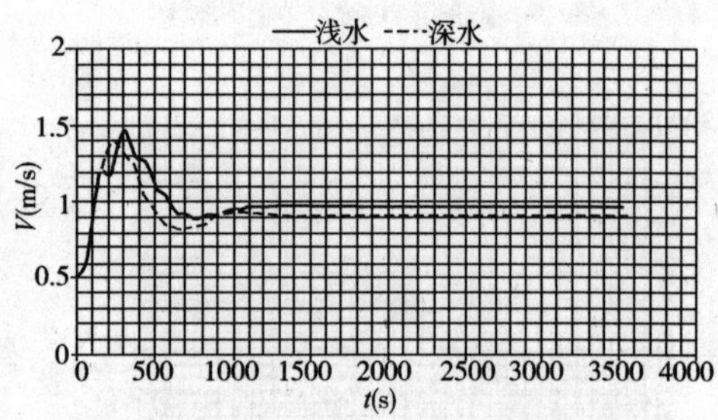

图 26　驳船航速曲线

4.4.2　风、浪、流

模拟计算的初始条件如下：$u_t = 0.1\text{m/s}, v_t = 0, r_t = 0, x_t = 250\text{m}, y_t = 0, \psi_t = 0, n = 4\text{rps}$；$u_b = 0.1\text{m/s}, v_b = 0, r_b = 0, x_b = 0, y_b = 0\text{m}, \psi_b = 0$；在拖缆长度 $L_C = 400\text{m}$，绝对风速 $V_T = 10\text{m/s}$(5 级风)，绝对风向角 $\theta_T = 30°$下，拖航系统直航遭遇斜风的结算结果如图 27 和图 28 所示。在拖缆长度 $L_C = 400\text{m}$，波向 $\theta_w = 30°$，波长 $\lambda = 10\text{m}$，波高 $H_W = 0.1\text{m}$ 的海况下，拖航系统直航遭遇斜浪的计算结果如图 29 和图 30 所示。在拖缆长度 $L_C = 400\text{m}$，波向流速 $V_C = 0.1\text{m/s}$，流向 $\theta_C = 30°$的海况下，计算结果如图 31 和图 32 所示。

4.5　拖缆阻力的影响

模拟计算的初始条件如下：$u_t = 0.1\text{m/s}, v_t = 0, r_t = 0, x_t = 250\text{m}, y_t = 0, \psi_t = 0, n = 5\text{rps}$；$u_b = 0.1\text{m/s}, v_b = 0, r_b = 0, x_b = 0, y_b = 0, \psi_b = 0$；

拖缆长度 $L_C = 400\text{m}$ 时的计算结果图 33 ~ 图 35。

图 35 的拖船航速曲线显示，由于拖缆阻力的影响，拖船的航速要比不计拖缆阻力时低一些。拖航速度的下降使驳船的阻力下降，因此拖航总阻力下降，导致图

33 中的拖缆拉力要比不计拖缆阻力时低。从图 34 的拖缆阻力曲线可以看出,在拖缆长度较长时,拖缆阻力的数值较大,不能忽略。

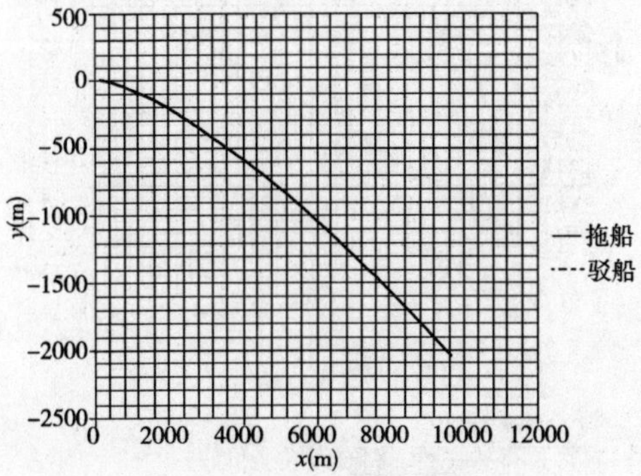

图 27　运动轨迹

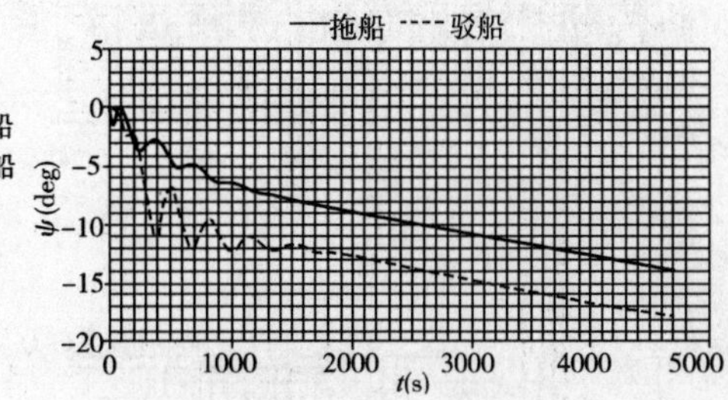

图 28　艏向角曲线

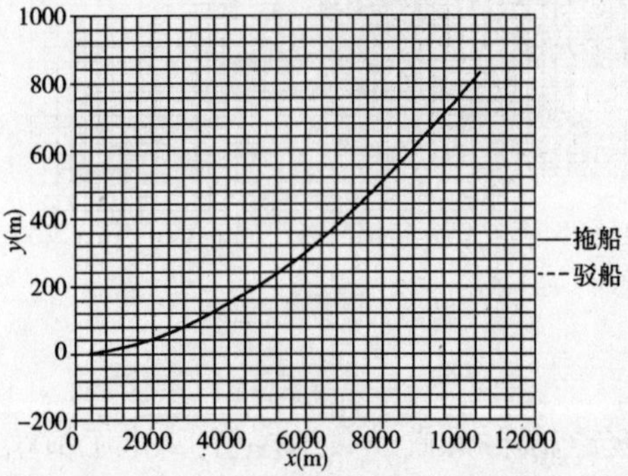

图 29　运动轨迹($\theta_w = 30°$)

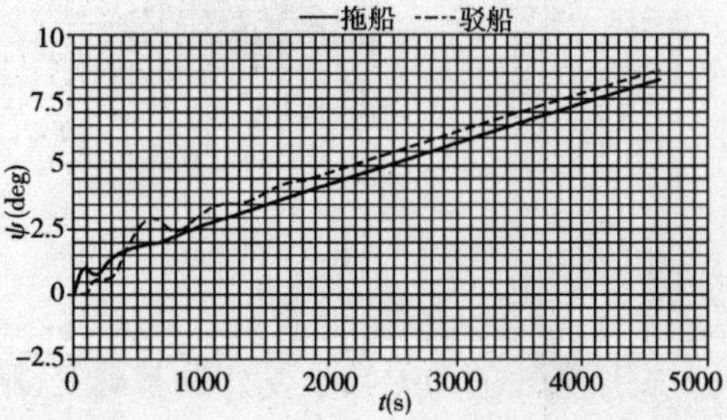

图 30　艏向角曲线($\theta_w = 30°$)

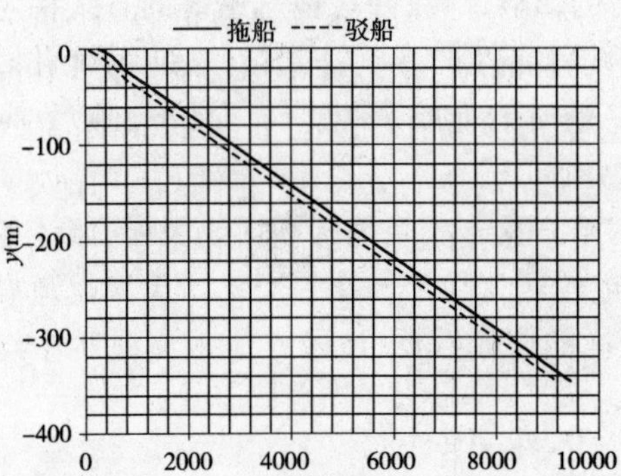

图 31　运动轨迹

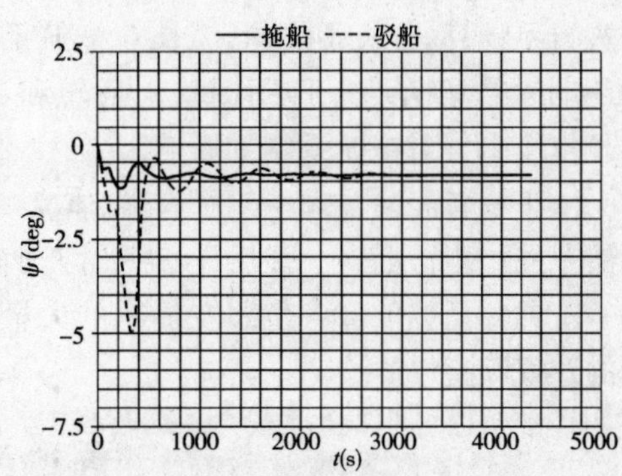

图 32　拖航系统的艏向角曲线

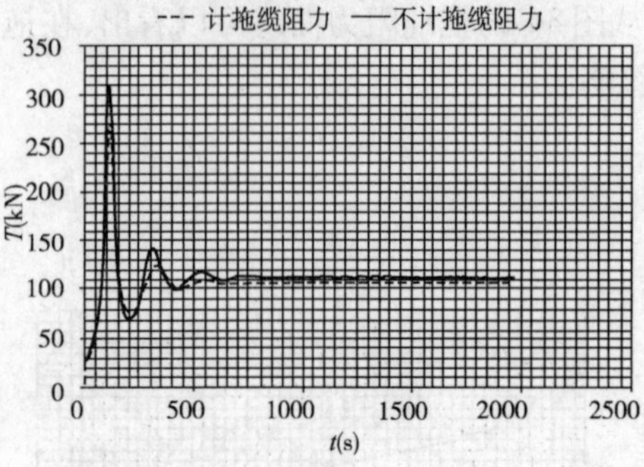

图 33

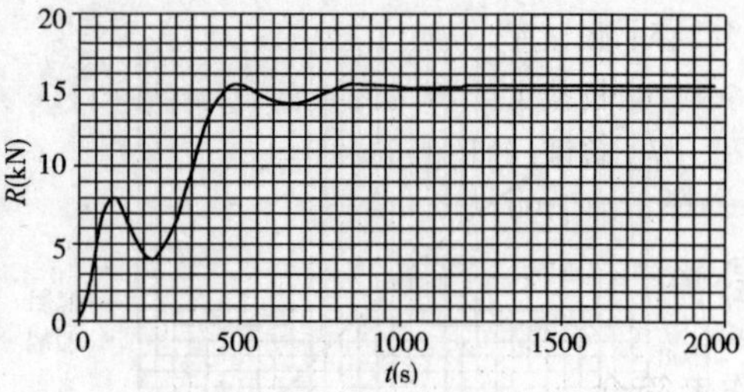

图 34

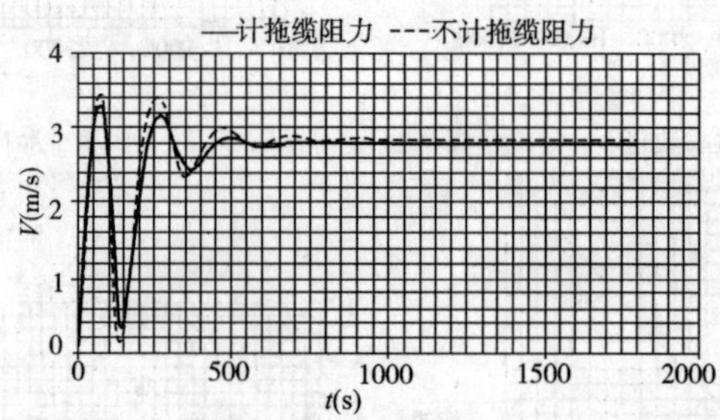

图 35

5 结论

在经典船舶动力数学模型的基础上,结合拖缆的悬链线数学模型,给出了拖航系统的操纵运动方程组。通过对一拖船拖带无自航能力驳船的拖航系统的计算的理想直拖模型进行了计算,讨论了拖缆拉力的影响计算;并对拖航系统的直线稳定性进行了计算,分析了航速、缆长对拖航系统稳定性的影响;同时对拖航系统做回转运动时的操纵性进行了计算,对回转和直航时的拖航系统进行了比较;最后,探讨了拖缆阻力对拖航系统的影响。

由于笔者经验及理论水平有限,本文的思路及方法难免有不详或失误,诚请各位前辈同仁指正勘误。最后衷心感谢天津港轮驳有限公司及中交集团天津航道局第一工程公司船舶部各位朋友提供的大量拖航作业数据,以及本文成文过程中给予的建议和指导。

参考文献

[1] 海上拖航法定检验技术规则(1999)

[2] 武汉水运工程学院造船系船舶原理教研组. 船舶动力学

[3] 刘应中. 船舶在波浪上的运动理论. 上海:上海交通大学出版社,1987
[4] 李殿璞. 船舶运动与建模. 哈尔滨:哈尔滨工程大学出版社,1999
[5] 张显库,贾欣乐. 船舶运动控制. 北京:国防工业出版社,2006
[6] 杨盐生. 不确定系统的鲁棒控制及其应用. 北京:科学出版社,2004
[7] 鲁谦. 各种船舶和水上浮动装置的操纵性及其设计计算. 哈尔滨:黑龙江科技出版社,1991

作者简介

李宝忠,男,1980 年生于辽宁本溪。1999 ~2003 就读于天津大学船舶与海洋工程专业,2005 ~2008 年就读哈尔滨工程大学船舶与海洋工程专业。现就任中国船级社天津分社验船师。通信地址:天津开发区南海路 11 号明珠园 A 座七楼,邮编:300457。电子邮箱:bzli@ ccs. org. cn。

船舶运动模糊逻辑 PID 混合控制研究

王立军
(广东海洋大学航海学院,湛江,524025)

摘　要:本文提出将模糊逻辑与 PID 控制算法结合起来构成模糊逻辑 PID 混合控制器,设计出一种船舶航向模糊逻辑 PID 混合控制自动舵系统。以野本模型(Nomoto)作为船舶运动控制系统的受控对象,讨论了外界干扰下的不确定模型,采用大连海事大学实习船"育龙"号的船舶资料具体建立了船舶运动模型,仿真试验结果表明模糊逻辑 PID 混合控制自动舵比单一 PID 型自动舵具有超调小、响应快的动静态性,并针对船舶模型的摄动具有一定的鲁棒性。

关键词:模糊逻辑控制;PID;自动舵

Abstract: A new autopilot was brought up based on FLC combined with PID, which might improve the control characteristics of the traditional PID autopilot. Simulation tests were taken on certain and uncertain Nomoto models of training ship "YULONG" of DMU. The simulation results indicated that the autopilot based on FLC-PID has swifter responding less overshoot and of strong robustness.

Key words: Fuzzy Logic Control; PID; Autopilot

1　引言

自动舵是船舶自动化系统中至关重要的设备,是船舶航向保持性能好坏的标志。传统 PID 自动舵在航向保持方面缺乏对船舶动态特性及外界干扰的快速适应能力,同时要求精确的数学模型。而模糊逻辑控制对被控对象的数学模型要求较为宽松,在系统模型参数变化方面表现出较好的鲁棒性,与传统 PID 控制有一定的互补性。一般的模糊控制自动舵是基于模糊规则的控制系统,但是船舶的受控制过程表现出非线性、时变性、不确定性和延迟特性,从而使模糊控制规则不适合和不全面,影响了船舶控制效果。PID 是线性控制器,其输出控制量平稳,稳态误差较小,但动态性能相对较差。而 FLC 为非线性控制器,具有动态响应快,对扰动变化适应性强的特点，但在论域“0”值附近易产生自振荡。将模糊逻辑控制和 PID 控制器两者进行合理组合，使之既具有模糊逻辑控制响应快而适应性强的优点，又像 PID 控制器具有较高的控制精度。

2　模糊逻辑 PID 混合控制器设计

2.1　模糊逻辑 PID 混合控制自动舵系统结构

采用模糊逻辑 PID 混合控制器的自动舵系统结构如图 1 所示。FLC 与 PID 两个控制器是彼此独立的。首先将航向偏差(e)作为输入传输到选择开关，根据 Threshold 确定由那一个控制器工作。初始时刻航向偏差绝对值较大，远离论域零区，系统启动具有动态响应快特点的 FLC 控制器，使航向偏差迅速减小，输出航向回到设定航向附近，这时航向偏差接近论域零区，模糊逻辑控制效果变差，航向输出产生振荡，此时选择开关自动切换到 PID 控制器，由于 PID 控制器稳态性能较好且灵敏度高，处于微幅自由振动的航向施加控制，最终船舶稳定在设定航向上。

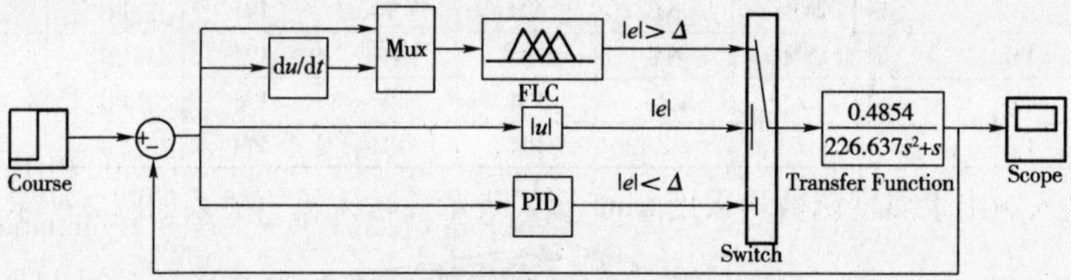

图 1　模糊逻辑 PID 混合控制自动舵系统结构

2.2　PID 自动舵

PID 自动舵的控制算法为：

$$\delta = K_p e + K_d \dot{e} + K_i \int_0^t e \mathrm{d}\tau \tag{1}$$

假设设定航向为 ψ_d，航向偏差为 $e = \psi_d - \psi$，其中 K_p、K_i、K_d 分别是 PID 型自动舵的比例、积分和微分参数。通常可由如下经验公式求得。

$$K_p = \frac{T_0 \omega_n^2}{K_0} K_i = \frac{\omega_n^3 T_0}{10K_0} K_d = \frac{2T_0 \zeta \omega_n - 1}{K_0} \tag{2}$$

PID 型自动舵由于其实现简单以及控制效果良好的特点，得到了广泛的任何。但与此同时，以精确数学模型为基础的 PID 自动舵很难适应船舶本身动静特性和外界干扰的不断变化，表现为参数难以恰当确定、操舵幅度过大、操舵频率过高，从而产生了过多的船舶航行阻力和舵机磨损。

2.3 模糊控制器设计[2]

FLC 在形式上是一个双输入单输出的控制器，输入变量分别是航向偏差 e 和航向偏差的变化率 e_c，输出变量为舵角控制信号 u。FLC 的输入输出论域设置见表 1。

FLC 中输入输出的论域设置 表 1

论域类型	输入量 e	输入量 e_c	输出量 u
基本论域	−25 ~ 25	−1 ~ 1	−1 ~ 1
量化论域	−6 ~ 6	−6 ~ 6	−7 ~ 7

模糊控制规则表如表 2 所示。

模糊控制规则库 表 2

u \ e \ e_c	NB	NM	NS	Z	PS	PM	PB
NB	NB	NB	NM	NM	NS	Z	Z
NM	NB	NB	NM	NM	NS	Z	Z
NS	NB	NB	NM	NS	Z	PM	PM
Z	NB	NB	NM	Z	PM	PB	PB
PS	NM	NM	Z	PS	PM	PB	PB
PM	Z	Z	PM	PM	PM	PB	PB
PB	Z	Z	PM	PM	PM	PB	PB

输入输出隶属度函数均采用 trimf 形式表示。输入输出关系如图 2 所示。

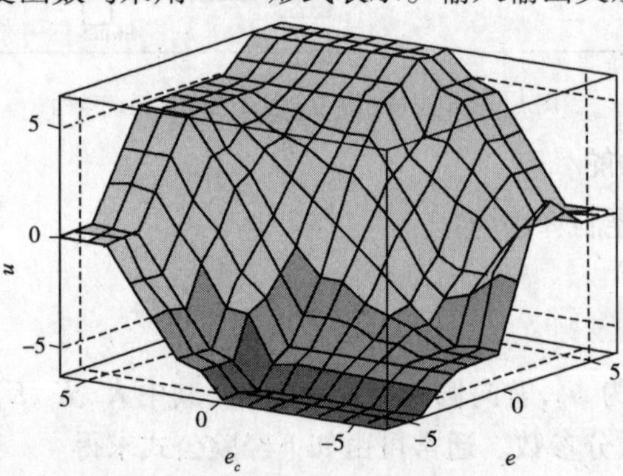

图 2 输入输出曲面图

3 模糊逻辑 PID 混合自动舵的仿真实验

3.1 非线性 Nomoto 船舶运动模型

野本模型基于船舶操纵线性方程，从工程控制的观点研究了船舶的操纵性问题，建立了线性船舶操纵响应数学模型：

$$\frac{\psi(s)}{\delta(s)} = \frac{K}{s(Ts+1)} \tag{3}$$

写成微分方程的形式为：

$$T\ddot{\psi} + \dot{\psi} = K\delta \tag{4}$$

式中，系统动态参数 T、K 是无量纲化常数，通常可以通过船舶操纵性试验获得；ψ 是航向角，δ 是舵角。线性 Nomoto 船舶运动模型的特点是结构简单，参数确定容易，因此在船舶操纵自动舵设计中被广泛应用[4,5]。

船舶在航行过程中，船舶运动模型通常是不断变化的。首先船舶本身的动静特性在变化，如船速、装载状态等都是变化的；再者还受风、浪、流等外界干扰因素的影响。所以船舶航向控制系统模型一般具有不确定性。在 Nomoto 模型的基础上，本文建立了如下非线性模型[6]。

$$(T_0 + \Delta T)\ddot{\psi} + \dot{\psi} = (K + \Delta K)\delta + \omega \tag{5}$$

其中，ΔK、ΔT 为参数不确定项，ω 为外界扰动的不确定性项。

把最高阶项放在等式左边，式(5)可写成：

$$\ddot{\psi} = \frac{1}{T_0 + \Delta T}\dot{\psi} + \frac{K_0 + \Delta K}{T_0 + \Delta T}\delta + \frac{1}{T_0 + \Delta T}\omega \tag{6}$$

取 $x_1 = \psi$，$x_2 = \dot{\psi}$，$u = \delta$，上述二阶微分方程写成状态方程为：

$$\begin{bmatrix} \dot{x}_1 \\ \dot{\psi}_2 \end{bmatrix} = \begin{bmatrix} 0 & 1 \\ 0 & -\dfrac{1}{T_0} + \alpha \end{bmatrix} \begin{bmatrix} x_1 \\ x_2 \end{bmatrix} + \begin{bmatrix} 0 \\ \dfrac{K_0}{T_0} + \beta + \gamma\omega \end{bmatrix} u \tag{7}$$

式中，$\alpha = \dfrac{\Delta T}{T_0(T_0 + \Delta T)}$

$$\beta = \frac{T_0\Delta K - K_0\Delta T}{T_0(T_0 + \Delta T)}; \quad \gamma = \frac{1}{T_0 + \Delta T}$$

式(7)简记为：

$$\dot{x} = Ax + bu + bD(x,t) \tag{8}$$

其中，$A = \begin{bmatrix} 0 & 1 \\ 0 & -\dfrac{1}{T_0} \end{bmatrix}$，$b = \begin{bmatrix} 0 \\ \dfrac{K_0}{T_0} + \beta \end{bmatrix}$

不确定项为 $D(x,t) = V_1x_1 + V_2x_2 + f$。$D(x,t)$ 代表系统的不确定部分，包括参数不确定（与状态 x 成比例）和外干扰（与状态 x 无关）。取：

$$V_1 = 0, \quad V_2 = \frac{\alpha}{K_0/T_0 + \beta}, \quad f = \frac{\gamma\omega}{b}$$

若系统参数的不确定项是由船速的变化量ΔV引起的,则模型中的不确定参数可以计算为

$$\Delta K = K_0 \Delta V / V_0, \quad \Delta T = -T_0 \Delta V / (V_0 + \Delta V)$$

干扰项ω的计算具体参考文献[7]。可求出$D(x,t)$。

3.2 仿真方案

本文采用大连海事大学实习船"育龙"轮船舶资料进行仿真研究[1],该船的船长L为126m,船宽B为20.8 m,满载吃水d为8m,方形系数C_b为0.681,满载排水量14278t,Ld/A_R为53.6。经过计算Nomoto模型的无量纲参数为$K' = 7.9269$,$T' = 13.88$。假设船舶的初始航速为$V_0 = 15$kn,则模型的标称参数为$K_0 = K'V_0/L = 0.4854$、$T_0 = T'L/V_0 = 226.637$,若取$\omega_n = 0.0475$、$\zeta = 1.74$,则根据式(2)可求得自动舵PID型控制律的参数为$K_p = 1.053$、$K_i = 0.005$、$K_d = 75.0$。

考虑系统不确定性时,假设航速降为10kn,$\Delta V = -5$ kn,干扰项ω取0.2。此时的系统可以表示为:

$$\begin{bmatrix} \dot{x}_1 \\ \dot{x}_2 \end{bmatrix} = \begin{bmatrix} 0 & 1 \\ 0 & -0.002942 \end{bmatrix} \begin{pmatrix} 1 & 0 \\ 0 & 1 \end{pmatrix} \begin{bmatrix} x_1 \\ x_2 \end{bmatrix} + \begin{bmatrix} 0 \\ 0.001540 \end{bmatrix} u$$

$$y = \begin{bmatrix} 1 & 0 \end{bmatrix} \begin{bmatrix} x_1 \\ x_2 \end{bmatrix} \tag{9}$$

利用Matlab的SIMULINK模块构建如图1所示的系统方框图。将选择开关Switch模块的参数"Threshold"设置为1.5。当航向偏差的绝对值$|e| \geqslant 1.5$时,选择开关只启动FLC控制器;当$|e| < 1.5$时,选择开关只启动PID控制器。启动模糊逻辑控制器,并将对应模块存入工作空间,设定仿真时间为1000s,解算器为od3,固定步长0.5s。将输入信号设定为幅度为5°的阶跃航向信号,分别采用单独PID控制和模糊逻辑PID混合控制模式进行仿真运算。

为了对本系统进行更加全面的控制指标分析,设置了如表3所示的仿真试验方案。

仿真试验方案设置 表3

序号	PID类型	船舶运动模型	对比自动舵
TEST1	PID	线性Nomoto	常规PID
TEST2	PD	线性Nomoto	常规PD
TEST3	PID	非线性Nomoto	TEST1

3.3 仿真试验结果分析

图3和表4是模糊逻辑PID混合控制自动舵对线性船舶模型的仿真试验结果(TEST1)。采用模糊逻辑PID混合控制比常规PID控制各项指标均有明显提高,上升时间减小约60%,调节时间减小33.3%,超调量减小55.8%,具体参考表4。因此,采用模糊逻辑PID混合控制自动舵的航向阶跃响应速度加快,系统能较快地达到稳态,且超调量明显减小,较大地改善了自动舵系统的动态性能,体现出较好的适应能力和控制效果。

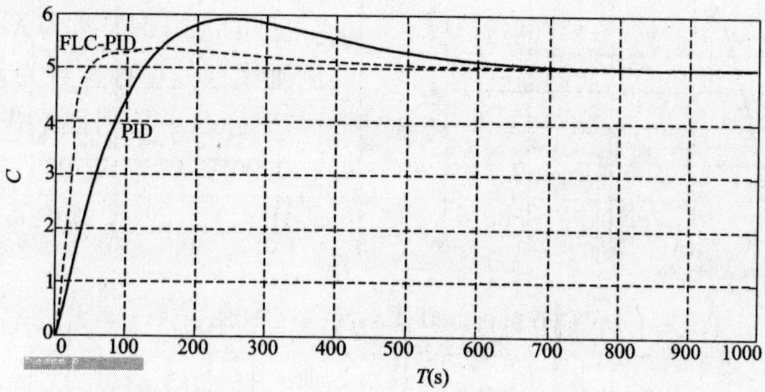

图3 PID和模糊逻辑PID自动舵仿真结果比较图(TEST1)

PID和模糊逻辑PID自动舵的控制指标比较(TEST1) 表4

自动舵种类	超调量(%)	上升时间(s)	调整时间(s)
PID	18	125	600
FLC-PID	8	50	400

由于TEST1中的船舶模型没有考虑风浪的影响,PID中的参数 K_i 处于空转状态,并由此产生了超调,见图3。现将 K_i 设为0,图1所示的系统变成FLC-PD混合控制自动舵(TEST2)。其他仿真参数保持不变,进行仿真,结果如图4和表5所示。

PD和FLC-PD自动舵的控制指标比较(TEST2) 表5

自动舵种类	超调量(%)	上升时间(s)	调整时间(s)
PD	0	50	50
FLC-PD	0	350	350

由图4和表5可知,在将积分系数设为零后,系统的超调消失,上升时间和总调整时间大幅度减小,进一步说明这种混合控制自动舵具有较好的动静态性能。

TEST3研究了模糊逻辑PID混合控制自动舵对考虑了风流干扰时的非线性船

船模型(见式9)的控制效果。并与 TEST1 的试验结果进行了对比,如图 5 所示。对比结果显示:当航速降低时,超调增加 5%,但响应快速性没有变化,进一步说明模糊逻辑 PID 混合控制器自动舵在具有良好动静特性的同时也具备一定的鲁棒性。

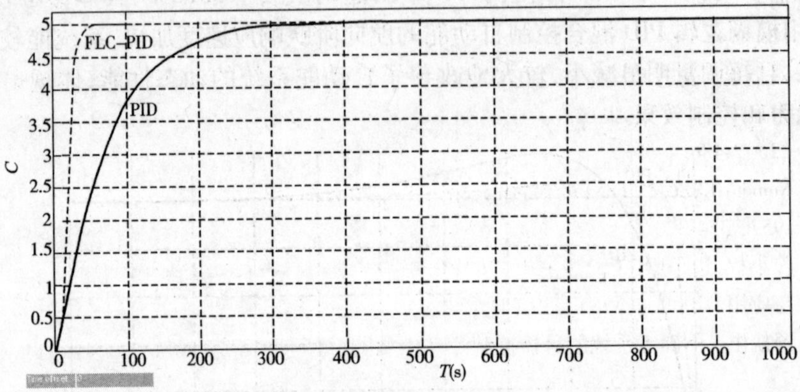

图 4　单独 PD 和 FLC-PD 自动舵仿真结果比较图(TEST2)

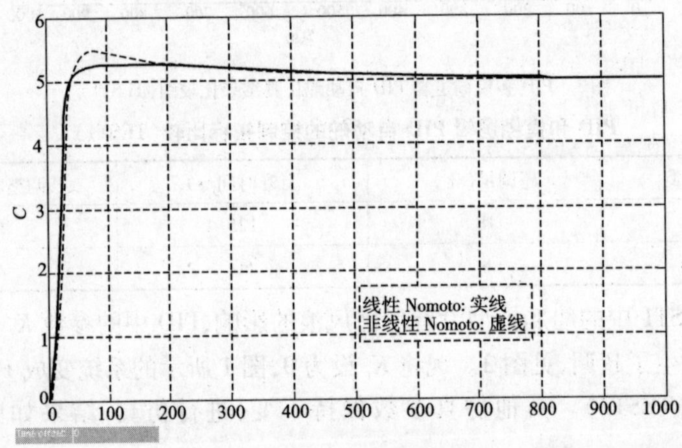

图 5　FLC-PD 自动舵对线性与非线性 Nomoto 船舶模型的仿真结果比较图(TEST3)

4　结语

本文针对传统 PID 自动舵调节时间较长、鲁棒性差、不利于改善控制系统的快速性的问题,设计出一种船舶航向模糊逻辑 PID 混合控制自动舵系统。然后以 Nomoto 模型为基础,讨论了线性和非线性船舶运动模型,并以大连海事大学实习船"育龙"号的船舶资料进行了仿真研究,仿真结果表明模糊逻辑 PID 混合控制自动舵相对单一 PID 型自动舵具有响应快速性明显提高,超调较小,并具有较好的鲁棒性。

参 考 文 献

[1] 杨盐生,于晓利,贾欣乐. 船舶航向鲁棒 PID 自动舵设计[J],大连海事大学学报,1999. 11(4):11-15

[2] 向阳. Matlab 在 Fuzzy-PID 控制器用于船舶操纵仿真中的应用[J],机电设备,2004. 4(3):5-8

[3] 刘金琨. 先进 PID 控制及其 MATLAB 仿真[M]. 北京: 电子工业出版社, 2003

[4] 张显库,王新屏,朱璐. 关于船舶 Nomoto 模型的进一步思考[J]. 航海技术,2008,3(2):2-4

[5] Nomoto K, et al. On the steering quality of ships[J]. International Shipbuilding Progress, 1957, 354-370

[6] 曾小权,边信黔,王元慧. 基于 GM(0,2)模型的灰色 PID 自动舵设计[J]. 计算机工程与应用, 2008,44(28):239-241

[7] 杨盐生. 不确定系统的鲁棒控制及其应用[M]. 北京,科学出版社,2004:185-244

作者简介

王立军,男,1980 年 11 月出生,广东海洋大学航海学院,硕士、博士在读;交通信息工程及控制专业;讲师;航海技术专业教师。通信地址:广东省湛江市解放东路 40 号航海学院,邮编:524025,电话:13229559811,电子邮箱:wanglij@ gdou. edu. cn。

浅谈船舶载运精选矿粉货物的运输安全

李　宇
（营口海事局，营口，115007）

提　要：通过分析目前海上矿粉运输船舶事故频发的原因，探讨船舶运输安全注意事项，管理中存在的问题，建议进一步提高安全管理和防控事故的措施。

关键词：矿粉；船舶；货物；运输

随着我国经济建设的飞速发展，海运各种精选矿粉及含水矿产品的品种、数量必将日益增多。但近年来，载运精选矿粉船舶事故险情频繁发生，据不完全统计，从1995年1月至2009年12月，我国沿海航行船舶因载运精选矿粉不当而发生的事故险情多达60多起，造成了30余艘船舶沉没，3000～5000吨级船舶尤为集中，给国家和人民生命财产造成了严重损失。

1　近期事故原因分析

1.1　货物自身特性及装载问题

我国矿粉磨制的方法基本为水选矿，铁/镍等精矿粉属于A类“易流态化货物”，具有产生矿、水游离的自然特性。此类货物即使外观比较干燥，但内部含有大量水分，在海上运输时，由于船舶的摇摆、振动，造成水分析出，进而造成货舱内货物移动甚至在货物表面形成自由液面，降低船舶稳性。若装船运输的矿粉货物含水率超过8%，如遇天气情况恶劣等因素，极易发生海上交通事故险情。

1.2　恶劣天气影响

装载矿粉类货物的船舶，由于所载货物自身特性易导致船舶稳性降低，其受天气影响尤其严重，因此装载矿粉类等特殊货物的船舶，航行中更应注意避开恶劣天气，安全航行。

1.3　船舶状况因素

船舶改扩建、造船质量缺陷、船舶技术状况不良、重要设备维修保养不当操纵不当等，以及运输中货仓进水，舱底排水设施保养使用不当，间接因素都可能使船船倾覆或破损进水沉没。

1.4　公司运营及船员素质因素

统计发现,出事的船公司基本为中小型公司,部分是单船公司,基本是挂靠管理。其船舶的船员更换频繁,流动性很大,船员工作责任心不强,对船舶安全积载不够重视;装货时监装不力,检查不实,没有有效进行装货前后、航行中货物检查等;对恶劣气象的影响估计不足,贸然航行,导致险情频发。

因此,精选矿粉的矿水游离降低了船舶稳性,再受到风浪影响而倾覆,这是酿成险情的主要原因。强化船公司和船员安全责任意识,杜绝不达标货物上船,避免恶劣气象海况航行是管理的重中之重。

2　安全管理上存在的主要问题

2.1　货物检验方面存在空白点

海上船舶载运精选矿粉的含水率超标是海上事故频发的主要原因之一。但目前矿粉货物含水率检测方面依然存在较大问题,因船舶送检货物与装载货物不符、批次不全等原因,造成检验结果与实际不符的情况频频发生。因此,检验单位在货物检验时应严格按《海运精选矿粉及含水矿产品安全检验方法》的规定进行,检验报告中应尽可能全的标明货物资料,包括堆场位置、货物票数等,并注重加强对样品真实性的确认和管理。检验部门还应和港方及海事部门联合起来,形成网状监管模式,环环相扣,杜绝超标货物装船出港。

2.2　船舶安全积载缺乏具体监管标准

中国籍国内航行船舶虽然有《海运精选矿粉及含水矿产品安全管理暂行规定》等相关规定,但大部分规定均是20多年前制定的,缺乏详细的积载、运输等技术规范和标准,对相关的标准界定不够清晰,已经不能适应当先航运业快速发展的需要,也使海事、船舶、港口、检验等方面管理和使用缺乏实操性。

2.3　责任划分不够严格和明确

海上精选矿粉运输安全涉及到货主、代理、船舶、港口、检验、海事等多家单位,目前的相关规定对相关单位和人员的责任划分细化程度不够,存在责任推诿现象。而且目前国内海上货物运输基本是货方市场,面对竞争激烈的航运市场,港方和船方均处于被动地位,承运人为了获得有效的利润,往往采取超载、对货物放松要求等冒险行为。这也是国内载运精选矿粉船舶事故频发的原因之一。因此,更应通过安全责任共担,减少工作漏洞,避免隐患。在含水率报告的出具和审验中,船舶装货前、后及运输中等环节,要求港方、船方,检验、海事等相关的人员作出书面记录,出现问题有据可查,也便于其责任心的增强及责任的划分和追究。

3 船舶载运矿粉的安全管理措施

3.1 合理考虑船舶稳性

由于精选矿粉的积载因数较小,载运船舶重心很低,但过大的 *GM* 值会使船舶在风浪中摇荡加剧;另外,由于矿粉颗粒易发生货物移动,若积载过高或不均匀,在船舶发生摇摆,特别是发生横摇时,频繁的不均匀摇动使货物移动越来越严重。因此,精选矿粉的最佳装载位置为底舱,装载高度要均匀,不允许在舱面上和二层舱内积载。另外,波浪和自由液面对 5000 吨级船舶的稳性影响尤其突出:中国沿海海浪的波长为 90 ~ 120m,与国内沿海航行船舶占有比例最大的 5000 吨级船舶长度接近。据测算,随波航行船舶初稳性高度的减幅可达 0.3 ~ 1.0m。仍以 5000 吨级船为例,参照自由液面对稳性影响的计算公式进行计算:

$$\Delta GM_1 = \frac{LB^3\gamma}{12D} \times 2$$

$$= (30 \times 12^3 \times 1.1) / (12 \times 6200) \times 2 = 1.53\text{m}$$

货舱长 30m,货舱宽 11.5m,满载排水量为 *D*,液体密度 γ 取平均值约 1.1g/cm^3。而几万吨以上的大型船一般不到 1m。因此,5000 吨级船舶在沿海航线运输精选矿粉时,尤应注意航运安全。

3.2 保证船舶水密完整性及航行观测

海上运输中,船舶甲板时常上浪和遇风雨,若舱盖水密性不佳,则海水或雨水可能浸入舱内,造成货物含水率上升,进而促进货物移动或自由液面的形成。矿粉类货物流态化约需要 2 天左右(一般开航后 4 ~ 6h 开始表面析水,10 ~ 24h 渗水最多),而且一般货物是自下而上形成的,前期不易观察出来,可在货物后部挖观测坑,利于观察和判断。日常航行中要经常检查货物状况,并在航海日志(或货物记录簿)中记录,天气状况不良时尤应注意。装货前船方应对货舱内污水井、管系等做好清洁保护工作,以防堵塞或受损,装货后立即进行污水测量及抽水试验,以保证其畅通,航行中应经常检查其畅通情况或将污水沟盖板拆开,以便矿粉中析出的水流入及排出。

3.3 精选矿粉含水率简易检测方法

在无测试仪器的情况下测定精矿粉是否超过 8% 的概略办法:

(1)把矿粉灌入透明瓶子,摇动后如矿粉挂壁。

(2)把矿粉放在一个平盘上堆成圆锥形,将盘底敲击平地或桌面,如出现边流边坍,最后盘子上仅剩下薄薄的一层。

(3)手掌握矿粉,如果成团状。

(4)脚踏在矿粉上,如表层出现松软现象,时间稍长即呈流动现象。

(5)将矿粉放在一平底小容器内,摇动5min,如表面粥化析水。

一般来说,不同湿度的矿粉其颜色都不相同,尤其是铜矿、锰矿等,可将已知湿度的样品矿粉装入瓶内密封,每次比色也可粗略知道这些矿粉的湿度。

3.4 港口作业安全

船体甲板各部位承受载荷的能力并不相同,由于矿粉属于高密度货物,应尽量避免大高度向舱内抛货,抓斗要尽量放到舱底,避免冲击造成船体受损。货物装载严禁局部堆高,以避免造成舱底结构型损伤,装妥后应平舱。应了解所装载舱的局部甲板负荷,应充分考虑船舶局部强度和纵向强度。货仓后部污水井上尽量不要装载,装货完毕最好保持船舶一定的尾倾,以便排水。雨雪天严禁作业。港口应选择地势较高的场地堆存水选精矿粉,雨季期间装载尤应加强检查,在露天堆存的精选矿粉,雨天须加盖苫布。在装船前,港方应认真审核含水率检测报告,不足8%方可作业。

4 加强运输安全管理的建议

综合分析影响船舶航行安全的因素,结合国内精选矿粉海上运输的现状及海事工作实际,提出如下建议。

4.1 加强和完善精选矿粉海上运输的技术规范

建议相关部门以当前载运矿粉等"特殊货物"船舶事故频发为契机,尽快修改完善《海运精选矿粉及含水矿产品安全管理暂行规定》、《海上运输船舶安全开航技术要求》等相关的规定,并针对性的制定精选矿粉安全装载、运输的技术规范和标准,出台具体的解释或实施细则,明确责任和义务,便于航运企业、船舶、货主、检验单位、港口、海事等相关单位的实际操作。

4.2 注重人员素质培养和宣传教育

人是安全生产的第一要素,参与操作人员的素质和责任心。从业人员的专业技能直接关系到事故的预防和控制。因此,要通过强化安全宣传教育和专项培训等手段,切实提高人员素质,促进船员等相关人员对矿粉特殊货物载运的安全防范意识。

4.3 加强对船公司安全管理体系的监督检查

安全管理体系是被国内外实践证明了的先进而有效的安全管理模式。2007年7月1日起,拥有500GT以上沿海航行船舶的公司要求建立安全管理体系,但目前很多公司存在“只挂不管”的情况。另据IMO统计,海上事故的发生约有80%是由于人为因素引起的,而人为因素中约有80%可以通过有效的管理加以控制的,即通过强化公司内部管理和船舶安全管理加以控制。因此,应加强体系文件在船运行、执行情况的监督检查力度。对不符合规定的公司坚决依法采取相应的管理措施,以促使其自觉实行对其船舶的管理和实时跟踪。

4.4 对海事管理的建议

海事管理中,应加强现场监督检查,重点核查实际装载货物与含水率报告相符情况,还要依据《海运精选矿粉及含水矿产品安全管理暂行规定》等规定的要求,对积载、舱盖板水密性、航行中检查记录等情况进行核查。对船舶主要人员加强针对性的实操性检查,从船员、装载、营运、检测等源头环节加强管理,真正起到“预控风险、保障安全”的作用。

5 结束语

通过船舶载运精选矿粉货物运输安全的探讨,船东和船员要提高安全意识,杜绝不达标货物上船,掌握船舶航经水域天气海况,确保船舶安全航行。还应加快建立和完善载运矿粉货物安全管理机制,重视船舶质量及船舶适航性,提高抵御风险的能力,最大程度避免险情的发生,保障海上人命财产的安全。

参 考 文 献

[1] 沈玉如. 船舶货运. 大连:大连海事大学,2006年1月

[2] 于希斌. 钢材海上运输的安全管理. 航海技术,2008年 增刊Ⅱ

作者简价

李宇,营口海事局,工程师,电子邮箱:13840734550@139.com。

以计算中间点的方法绘制大圆航线及 Excel 辅助计算

仇　健　康卫民

（大连海事局，大连，116001）

摘　要：本文介绍了一种绘制大圆航线的方法，即根据起始点、终点经纬度，利用球面三角形的数学特性，以选定中间点经度，计算出中间点纬度，将起始点、终点及各中间点在海图上连接，即为需要绘制的大圆航线。本文还介绍利用 Excel 软件的函数功能，将计算方法编写为一个 Excel 文件。通过打开文件，输入起始点、终点坐标及中间点经度，立刻可以计算出中间点坐标，迅速绘制出大圆航线。这样绘制大圆航线，具有绘图时间很短、精度极高的优点，是一举两得的好方法。

关键词：大圆航线；球面三角形；计算机；Excel；函数

1　绪论

船舶跨大洋航行时，驾驶员需要设计大圆航线，以缩短航程。海上通常做法是在星射海图上画直线，在整数经度上用作图工具截取纬度，再移到航用海图上。这种做法受到设计者的熟练程度以及海图配备、作图工具精度等的客观因素的制约，在航程很远时，作图误差很大。

本文将介绍一种精确的、利用计算中间点来绘制大圆航线的方法，并利用 Excel 软件的函数功能将计算过程简化。Excel 函数计算具有编程简单，灵活性大，共享方便的特点。近年来，越来越多的驾驶员较好地掌握了计算机技术，也喜欢利用 Excel 函数进行各种辅助计算。笔者根据计算方法编制了一个 Excel 计算文件，将在第三部分详细介绍制作方法。

2　计算方法

2.1　大圆总航程与初始航向

如图 1 所示，以从 *A* 地船位（LAT1，LONG1）航行到 *B* 地船位（LAT2，LONG2）为例。首先，需要计算大圆总航程及初始航向，下面的公式（2），（3）是常见的大圆航线计算公式,各类涉及大圆航线的航海资料里都有介绍。计算原理是利用出发点 A(LAT1,LONG1)和终点 B(LAT2,LONG2)以及极点围成的球面三角形,利用最基本的球面三角形公式,推导出的计算公式,本文不做具体分析。

其次,计算大圆航线最高点 O(LAT0,LONG0)的坐标。由于 O 为最高点,则该点上,大圆航线的切线垂直于经线,因此,球面角$\overset{\frown}{NAO}$为 90°。

根据球面直边三角形公式:

$$\sin \overset{\frown}{NO} = \sin \angle \overset{\frown}{NAO} \sin \overset{\frown}{NA}$$

而如图 1 可以看出

$$\overset{\frown}{NO} = 90° - \text{LAT0}, \quad \angle \overset{\frown}{NAO} = \text{IC}, \quad \overset{\frown}{NA} = 90° - \text{LAT1}$$

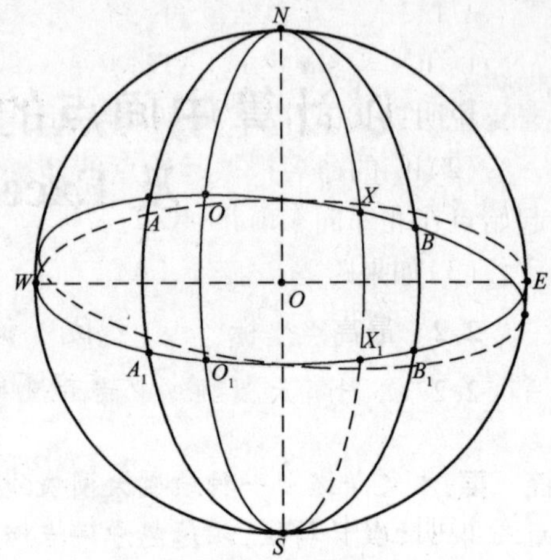

图 1　大圆航线简易示意图

根据三角函数特点,即可推导出公式(1):

$$\cos \text{LAT0} = \cos\text{LAT1} \sin \text{IC} \tag{1}$$

与公式(1)的推导过程类似,其他公式均利用球面直边三角形公式进行推导得出,限于篇幅,本文不再介绍更多推导过程。

在后面各计算式中,为了让表达式更易读,参数使用了英文简写,表示的意义如下:

LAT—纬度;LONG—经度;DIST—distance 的缩写,表示航程;IC—initial course 的缩写,表示初始航向;sin—正弦函数;cos—余弦函数;tan—正切函数。

2.1.1　计算总航程

$$\cos \text{DIST} = [\cos \text{LAT1} \cos \text{LAT2} \cos(\text{LONG2} - \text{LONG1})] + (\sin \text{LAT1} \sin \text{LAT2}) \tag{2}$$

说明:(1)本式及后面公式中各坐标按照"北正南负,东正西负"原则,代入计算。例如 38°N 为 +38°,120°W 为 -120°;

(2)式中 DIST 是总航程,用"度"来表示;

(3)将 DIST 乘以 60,即得两点间球面距离(n mile),该数值应该略小于船舶实际航行总航程。可用于检验最终计算结果。

2.1.2 计算初始航向

$$\cos IC = [\sin(\pm|LAT2|) - \cos DIST \sin|LAT1|]/(\sin DIST \cos LAT1) \quad (3)$$

说明:(1)式中 IC 是初始航向,以“度”表示;

(2)IC 的命名根据起始点的纬度名称和 LONG2 - LONG1 的方向确定,例如,起始点在北纬向东航行,IC 的名称为“北东”;

(3)如果跨赤道航行,LAT2 前“ ± ”取“ - ”号。

2.2 最高点坐标

2.2.1 计算大圆航线中最高点纬度

$$\cos LAT0 = \cos LAT1 \sin IC$$

说明:式中 LAT0 是最高点纬度值,其名称与初始点的纬度 LAT1 相同。

2.2.2 计算大圆航线中最高点的经度

$$\sin LONG0 = \cos IC/\sin LAT0 \quad (4)$$

$$LONG0 = \Delta LONG + LONG1 \quad (5)$$

说明:(1)式中 LONG0 是最高点的经度;

(2)ΔLONG 是出发点的经度 LONG1 与最高点经度 LONG0 之差;

(3)ΔLONG 的名称,根据初始航向 IC 来确定。

如果在北半球,IC 小于 90°,说明航线上的最高点在出发地的前方,因此,其名称与 LONG2 - LONG1 相同。IC 大于 90°,说明最高点在出发地的后方,因此,其名称与 LONG2 - LONG1 相反。在南半球,与上述情况相反。

2.3 计算中间点 X 坐标

选择中间点 X(LATx,LONGx):

$$\tan LATx = \cos(LONGx - LONG0) \tan LAT0 \quad (6)$$

说明:(1)式中 LATx 是驾驶员在自行选取的经度线上的纬度值;

(2)LONGx 是驾驶员自行选取的中间点经度值;

(3)LAT0, LONG0 是航线最高点的经纬度。

2.4 作图

驾驶员根据航线及船上航用海图的实际情况,选择若干个合适的中间点经度,通过上面介绍的计算方法,得到各个点的坐标。在各张海图上,用直线连接起始点及各中间点,这样该航次的大圆航线就作图完毕。

3 Excel 辅助计算实现

通过计算中间点来绘制大圆航线的方法,精度虽然很高,但有的驾驶员可能认为计算过于繁琐,本部分会介绍如何利用 Excel 的函数功能,来辅助计算,最终实现利用编制好的 Excel 文件,只需输入起始点坐标及选择的中间点经度,立刻可以得到该中间点纬度。

3.1 建立 Excel 计算文档

新建一个 Excel 文档,根据下面表 1,在新建的 Excel 文档里,在各相对应的单元格里输入相应的内容。例如,表 1 中,A 行 1 列(下文中将简称为 A1 格,以此类推)内容为"出发点纬度 LAT1 度数(DEG)",A2 格内容为空白,在对应的 Excel 文件中,A1 格输入"出发点纬度 LAT1 度数(DEG)",A2 格留空白就可以了。

值得注意的是,表 1 中的第一行"A－D"和第一列"1,2,…,23"表示的是 Excel 文件中自带的行和列的标识符,不需要填写到 Excel 文档。第 5,10,18,22 行都是空白行,是为了将各计算区块分割开来,使文档清晰易读。

3.2 表格说明

该表格中 A 列和 C 列是描述性文字,是为了增加 Excel 表格的可读性,看起来直观明了,B 列和 D 列是关键输入、输出数据及计算公式。

表格内容中 B16、D13 等,代表的是 B16、D13 单元格的值,主要用到的函数包括 IF、OR、AND、DEGREES、RADIANS 等,都可以在 Excel 帮助文件里找到具体解释和用法。

表格中第 1 到第 4 行的作用是输入出发点经纬度,再换算为弧度。因为 Excel 函数里的三角函数默认计算弧度值。表格中第 6 到第 9 行的作用是输入目的点经纬度,再换算为弧度。第 11 到 13 行的作用是计算大圆航程和初始航向;第 15 到 17 行的作用是计算最高点经纬度。B 列第 19 到 23 行的作用是根据输入的中间点经度,计算出中间点纬度。D 列 19 到 23 行的作用是,判断中间点的南北纬问题,并在 D23 格得出直观纬度。

本文在第二部分介绍的是计算方法的基本公式,根据这些公式计算,得到的值,有时用户自行判断南北纬等情况。为了解决这些判断问题,表 1 中新增了一些公式,由于内容较多且并不复杂,不再一一解释,有兴趣的朋友可以参阅 Excel 帮助文件,解读这些公式。

3.3 计算表格使用方法

表中 B1、B2 格为出发点纬度的度数和分数,D1、D2 格为出发点经度的度数和

Excel 文件中各单元格内容

表 1

	A	B	C	D
1	出发点纬度 LAT1 度数(DEG)		出发点经度 LONG1 度数(DEG)	
2	出发点纬度 LAT1 分数(MIN)		出发点经度 LONG1 分数(MIN)	
3	LAT1(换算为度数)	= B1 + SIGN(B1) * (B2/60)	LONG1(换算为度数)	= D1 + SIGN(D1) * (D2/60)
4	LAT1(换算为弧度)	= RADIANS(B3)	LONG1(换算为弧度)	= RADIANS(D3)
5				
6	目的点纬度 LAT2 度数(DEG)		目的点经度 LONG2 度数(DEG)	
7	目的点纬度 LAT2 分数(MIN)		目的点经度 LONG2 分数(MIN)	
8	LAT2(换算为度数)	= B6 + SIGN(B6) * (B7/60)	LONG2(换算为度数)	= D6 + SIGN(D6) * (D7/60)
9	LAT2(换算为弧度)	= RADIANS(B8)	LONG2(换算为弧度)	= RADIANS(D8)
10				
11	是否跨越赤道	= IF(SIGN(B4) = SIGN(B9),“否”,“是”)	南半球还是北半球	= IF(SIGN(B4) = 1,“北”,“南”)
12	总航程 DIST	= DEGREES(ACOS(COS(B4) * COS(B9) * COS(D9 - D4) + SIN(B4) * SIN(B9))) * 60		
13	初始航向 IC 计算值	= DEGREES(ACOS((IF(B11 =“是”, - 1, 1) * (SIN(ABS(B9))) - COS(RADIANS(B12/60)) * SIN(ABS(B4)))/(SIN(RADIANS(B12/60)) * COS(B4))))	初始航向 IC 符号	= IF(ABS(D8 - D3) < 180, SIGN(D8 - D3), - SIGN(D8 - D3))

续上表

	A	B	C	D
14				
15	最高点纬度 LAT	= DEGREES (ACOS (COS (B4) * SIN (RADIANS(B13))))	最高点纬度 LAT0	= IF(D11 = "北","北纬","南纬")&ABS(TRUNC(B15))&"度"&ABS(ROUND((B15 - TRUNC(B8,0)) * 60,2))&"分"
16	出发点与最高点经度差 ΔLONG 值	= DEGREES (ASIN (COS (RADIANS (B13))/SIN(RADIANS(B15))))	最高点经度 LONG0 计算值	= D3 + B16 * D13
17	最高点经度 LONG	= IF (ABS (D3 + B16 * D13) < 180, D16, - SIGN(D3 + B16 * D13) * (360 - ABS(D3 + B16 * D13)))	最高点经度 LONG0	= IF (SIGN (B17) = 1,"东经","西经")&ABS (TRUNC (B17)) & "度" &ABS (ROUND((B17 - TRUNC(B17,0)) * 60, 2))&"分"
18				
19	中间点经度 LONGx (DEG)		若过赤道,交点经度	= IF(ABS(B17 + D13 * 90) < 180, B17 + D13 * 90, - SIGN(B17 + D13 * 90) * (360 - ABS(B17 + D13 * 90)))
20	中间点经度 LONGx (MIN)		交点与出发点的经度差	= IF(ABS(D19 - D3) < 180, D16, - SIGN (D19 - D3) * (360 - ABS(D19 - D3)))
21	中间点经度 LONGx	= B19 + SIGN(B19) * (B20/60)	中间点与出发点的经度差	= IF(ABS(B21 - D3) < 180, D16, - SIGN (B21 - D3) * (360 - ABS(B21 - D3)))
22				
23	中间点纬度 LATx	= ABS(DEGREES(ATAN(COS(RADIANS(B21 - B17)) * TAN(RADIANS (B15)))))	中间点纬度 LATx 为:	= IF(OR(B11 = "否", AND(B11 = "是", B10 < D21 * D13, D21 * D13 < D20 * D13)), D11&"纬", IF(D11 = "南","北纬","南纬"))&TRUNC(B23 + 0.00001)&"度"&ROUND((B23 - TRUNC(B23 + 0.00001)) * 60,2)&"分"

分数,输入时请同样遵守“北正南负,东正西负”的原则。例如假设始发点为01°30′N,090°00′W,分别在B1、B2、D1、D2单元格里输入1、30、-90、0。目的点经纬度B6、B7、D6、D7格和选定的中间点经度B19、B20的输入方法,以此类推。可以将上述单元格设置一个特殊的填充颜色,方便使用。

如图2所示,将假定的出发点(01°30′N,090°00′W)、目的点(32°10′N,140°00′E)以及经纬度和中间点经度170°00′E输入完毕后,D23格会立刻直观显示出中间点的纬度坐标。从而可以立刻在航用海图上标注该中间点,输入需要的各经度坐标,计算出各纬度值,并在各海图标注,用直线连接起始点及各中间点,即得到该航次的大圆航线。

	A	B	C	D
1	出发点纬度LAT1度数(DEG)	1	出发点经度LONG1度数(DEG)	-90
2	出发点纬度LAT1分数(MIN)	30	出发点经度LONG1分数(MIN)	0
3	LAT1(换算为度数)	1.5	LONG1(换算为度数)	-90
4	LAT1(换算为弧度)	0.0261799	LONG1(换算为弧度)	-1.570796327
5				
6	目的点纬度LAT2度数(DEG)	32	目的点经度LONG2度数(DEG)	140
7	目的点纬度LAT2分数(MIN)	10	目的点经度LONG2分数(MIN)	0
8	LAT2(换算为度数)	32.166667	LONG2(换算为度数)	140
9	LAT2(换算为弧度)	0.5614142	LONG2(换算为弧度)	2.443460953
10				
11	是否跨越赤道	否	南半球还是北半球	北
12	总航程DIST	7320.3233		
13	初始航向IC计算值	49.879753	初始航向IC符号	-1
14				
15	最高点纬度LAT	40.143541	最高点纬度LAT	北纬40度8.61分
16	发点与最高点经度差LONG0	88.220745	最高点经度LONG计算值	-178.2207453
17	最高点经度LONG	-178.2207	最高点经度LONG	西经178度13.24分
18				
19	转向点经度LONGx(DEG)	170	若过赤道,交点经度	91.77925471
20	转向点经度LONGx(MIN)	0	交点与出发点的经度差	-178.2207453
21	转向点经度LONGx	170	转向点与出发点的经度差	-100
22				
23	转向点纬度LATx	39.543674	转向点纬度LATx为:	北纬39度32.62分

图2　计算示例

4　结束语

该公式计算方法过程看上去很繁琐,但在熟练掌握计算方法后,实际应用性很强,可以很好地提高作图精度。如根据本文介绍,将计算过程用Excel编写成文件储存在电脑里,只要输入几个数字,计算结果便一目了然,更是可以大大提高绘制大圆航线速度和精度。对于一些需要在远洋航行,走大圆航线的驾驶员,具有一定的借鉴意义。

作者简介

仇健,男,出生于1983年10月。2005年于大连海事大学航海技术专业本科毕业,2007 年 12 月于大连海事大学交通信息工程及控制专业研究生毕业。现任职于大连海事局交管中心,助理工程师。通信地址:辽宁省大连市长江路 25 号,辽宁海事局 19 楼交管中心,邮编:116001,电话:0411-82622716,82622342,82622230(传真),手机:13998469346,电子邮箱:storm_xxxx@126.com。

康卫民,男,1969 年 10 月出生,1993 年毕业于大连海事大学,1993 年至 2004 年 通过北京中海海员对外技术服务有限公司外派到国外多家船公司工作,历任实习生、三副、二副、大副和船长,2004 年至 2007 年在大连奥世达船舶管理有限公司任职 DPA(指定人员)兼船员管理部经理。2007 年 10 月至今就职于辽宁海事局交管中心,工程师。通信地址:辽宁省大连市长江路 25 号,辽宁海事局 19 楼交管中心,邮编:116001,电话:0411-82622716,82622342,82622230(传真),手机:13390516910,电子邮箱:kang_weimin01@yahoo.com.cn。

浅析重大件货物驳运安全

季凯朋　张安超
（大连海事局，大连，116001）

摘　要：随着经济和重工业的发展，重大件货物驳船运输业也得到了长足的发展。我们如何确保重大件货物驳船运输的安全就成了首要问题。本文通过分析重大件货物驳船运输中船舶稳性计算、货物系固绑扎、驳船强度校核三个方面，详细地阐述了影响驳运安全中的因素，以更有效地监管和服务载运重大件货物的船舶。

关键词：重大件货物；船舶稳性；系固绑扎；强度校核；拖航安全

1　引言

重大件货通常指单件重量或体积或尺寸过大或兼有的货物。目前各国都有规定海运重大件货物（Awkward & Lengthy Cargo）的标准，且限定标准不一。我国规定，国际航运中凡单件重量超过5t或者单件长度超过9m的货物，沿海运输中凡单件重量超过3t或者单件长度超过12m的货物，均属于重大件货物。按国际标准规定，凡单件重量超过40t为超重件；单件长度超过12m为超长件货；单件高度或宽度超过3m为超高或超宽件货物。

重大件运输业是海洋运输业不断细化分工而形成的分支，在海洋运输中占据着难以替代的重要地位，由于该类货物具有超大、超重、形状不规则等特点，普通的集装箱船及散货船难以承担运输任务，国际上用于运输重大件的船舶有以下三种船舶；普通货船、驳船和专用重件运输船，其中以驳船运输最为普遍，驳船指无动力的顶推/拖带驳船，按船型分有半潜驳、全潜驳、坞式驳、叉式驳、平板驳、舱口驳等，有的船舶还装配有重吊（起重能力可达600t或更大），尤以半潜驳的用途最为广泛。所以重大件货物驳运安全问题一直以来备受关注。

2　驳船稳性计算

2.1　船舶稳性

船舶稳性是船舶在使其倾斜的外力消除后能自行回到原来平衡位置的性能。

根据倾斜方向,船舶有横稳性和纵稳性,后者一般不危及船舶的安全。在驳船运输重大件货物时,驳船稳性是至关重要的因素,是首先要考虑的问题。在海上运输若稳性不足,运输重大件,特别是运输超高件时,船舶一旦失去稳性,则翻倾就在瞬间发生,且没有任何征兆。因此,船舶稳性如果不满足,该拖航任务就不能执行,系固绑扎再好也没有用。

由于重大件货物的特点,装运时也有特殊的要求。如果采用吊装特别是利用船吊进行装卸重大件货物时,由于货物重心在垂向位置上移动,对船舶的稳性产生不利影响,主要是使船舶初稳性减小,同时货物的重心在横向也有移动,产生横倾力矩,使船舶产生横倾角。如果初稳性减小,会使船舶抵抗外界倾斜力矩的能力降低,装卸过程中货物的横移作业就可能导致船舶倾覆;而横倾角的产生不仅会使静稳性曲线下移,船舶大倾角稳性和动稳性降低,而且过大的横倾还会导致舱内货物的横向移动,增大横倾力矩,造成货损事故甚至引发船舶倾覆。因此在装卸重大件货物之前,应该计算由于装卸重物而引起的横倾角及稳性的变化。在计算出装卸货时的横倾角值时,如果过大,则应采取相应的办法来调整,一般都是用压载水来调整,以保证在实际装卸货过程中不产生过大的横倾角;如果采用滚装作业,重大件货物先装到车组上,然后滚装车组再通过连接跳板滚装到驳船上,在滚装过程中,需要进行调倾配载计算,因此压载水舱分为两种:一种舱室是起到压载作用,即注入适量的压载水后使船体具有一定的吃水,压载水舱一般选择中部舱室;另一种舱室是用来进行调倾计算,这部分舱室内的压载水量会因为船体受力的大小和位置而发生变化,根据计算注入或排出一定的压载水,以保证船体平衡,这种作用的压载舱一般选择首尾舱室。由于重大件货物重量很大,当大件上船时会引起装载船舶吃水的较大变化,这时要通过调节船舶压载舱的压载水来调节吃水,进而使船尾甲板和码头保持水平,以利于滚装的进行。

2.2 船舶稳性表

船舶在不同的压载状况下,稳性情况略有不同,我们可以多计算一些状态,找出最为有利的一种压载状态作为航行状态。为了方便计算驳船稳性,特制定以下表格可参照进行计算。

(1)重物重心的计算(表1)

表1

序号	项目	重量(t)	垂向		纵向	
			力臂	力矩	力臂	力矩
01	空船					
02	重大件货物					
03	其他					
04	合计	Δ	KG		x_g	

(2)初稳性和浮态的计算(表2)

表2

序号	项　目	符号及公式	单位	数　值
01	排水量	Δ	t	合计重量值
02	型排水体积	V	m^3	
03	平均吃水	d_M	m	静水力图表
04	重心纵向坐标	x_g	m	根据表1计算
05	浮心纵向坐标	x_b	m	静水力图表
06	每厘米纵倾力矩	MTC	t·m/cm	静水力图表
07	吃水差	$t=\Delta(x_g-x_b)/100MTC$	m	
08	漂心纵向坐标	x_f	m	静水力图表
09	艏吃水改变量	$\delta d_F=t(L/2-x_f)/L$	m	
10	艉吃水改变量	$\delta d_A=-t(L/2+x_f)/L$	m	
11	艏吃水	$d_F=d_M+\delta d_F$	m	
12	艉吃水	$d_A=d_M+\delta d_A$	m	
13	重心距基线高度	KG	m	根据表1计算
14	横稳心距基线高度	KM	m	根据 t 查有确定
15	自由液面惯性矩	$\sum i_x$	m^4	
16	自由液面修正值	$\delta GM_f=\sum \rho i_x/\Delta$	m	
17	初稳性高度	$GM=KM-KG$	m	
18	修正后的初稳性高度	$GM_0=GM-\delta GM_f$	m	

3　系固绑扎

船舶在航行中受风浪影响会引起横摇及纵摇,尤其是驳船载运重大件货物,因为驳船无动力,而且重大件货物一般装在驳船的甲板之上,风浪作用下,驳船的摇摆幅度比较大,所以必须对载运重大件的驳船货物进行系固绑扎,以防止在航行中出现货物横移、纵移和横向倾覆。如果系固绑扎不牢固,会引起重大件货物的移动,后果轻则造成事故,重则导致船毁人亡。有资料显示,许多重大件货物运输船舶发生事故的原因多是由于对货物的系固绑扎不牢引起的,因此系固绑扎问题对于重大件货物运输来讲是一个关键。

由于货物千差万别,装载形式各有不同,加固方式也形式多样,货物系固的方法通常有:垫、堵、支撑、系扎、焊接等,但总的来说,有硬加固和软加固之分。硬加固即是用各种形式的钢材焊接加固,或顶推,或支撑,或压紧,或反扣;软加固就是利用钢丝绳及松紧器等加固。在大多数运输中,主要是以硬加固为主。SOLAS 74要求除液货船和原木船(原木船另有规定)外的其他船舶都必须配备经主管机关批准的《货物系固手册》。现在的重大件运输船舶都按 IMO 的要求配备了《系固手册》,该手册中明确规定了相对于本船及所装重大件货物特性所应选用的绑扎方法及工具。在进行重大件货绑扎时,要严格按照其要求进行绑扎,以确保安全。

船舶在大海中航行,经受的是前后左右的颠簸、摇摆,作用在重大件货物单元上的外力按船舶坐标系分解为纵向力、横向力和垂向力。就货物积载和系固而言,主要是纵向力和横向力。它们是导致货物单元移动和翻倒的主动力,当向上的垂向惯性力大于向下的货物单元的重力时,货物单元将随着向上的惯性力暂离船上装载位置。解决惯性力所造成的危害就要将重大件货物积载于驳船上适当位置;减小摇荡幅度和增大摇荡周期;采取适当的航向和航速。保持重大件货物与船体形同一体,无论驳船如何摇摆,货物都不会自行移动。例如对重大件货物绑扎部位最好是大件的本身部位或起吊部位,决不能绑扎在大件上临时焊上的环上,绑扎钢丝的两端至少一端要用花兰螺丝,便于航行中发现松动可随时缩紧。如重大件底部与舱底接触面是平的,防滑材料绝不可以“以草代木”来作衬垫。

制定了系固方案之后,我们如何来判断此方案是否正确,是否能保证驳船及重大件货物的航行安全。作为海事监管人员只需要校核其中的几个参数:横向作用力与横向约束力、纵向作用力与纵向约束力、倾覆力矩与约束力矩,并比较其大小。

只有当:

$$\begin{cases} F_x \leqslant [F_x] \\ F_y \leqslant [F_y] \\ M_y \leqslant [M_y] \end{cases}$$

才满足系固要求。

为便于核查,特制成如下系固效果校核表。在具体校核时,按表列顺序将有关材料和计算数据依次填写在各校核表的空白处,即可得出校核结果。

(1)横向作用力计算(表3)

表3

序号	项　目	符号	单位	计算公式及说明	数　值
01	货件重量	M	t		
02	货件重心横向坐标	Y	m	根据配载图计算	
03	货件重心垂向坐标	Z	m	根据配载图计算	
04	货件重心旋转半径	r_φ	m	根据配载图计算	

续上表

序号	项　　目	符号	单位	计算公式及说明	数　值
05	最大横摇角	ϕ_0	°	$\phi_0 = 109.3k \cdot X_1 \cdot X_2 \sqrt{r \cdot s}$	
06	驳船宽度	B	m		
07	初稳性高度	GM	m	稳性计算中求得	
08	横摇周期	T_ϕ	s	$T_\phi = 2C \cdot B / \sqrt{GM}$	
09	横向加速度	A_y	m/s^2	$A_y = r_\phi(\phi_0 \pi/180)(2\pi/T_\varphi)^2 + g\sin\phi_0$	
10	货件受风面积	S_1	m^2		
11	甲板2m高度下面积	S_2	m^2		
12	风作用力	F_w	kN	$F_w = 1.0S_1$	
13	海水波溅力	F_s	kN	$F_s = 0.7S_2$	
14	横向作用力	F_y	kN	$F_y = MA_y + F_w + F_s$	

(2)纵向作用力计算(表4)

表4

序号	项　　目	符号	单位	计算公式及说明	数值
01	货件重量	M	t		
02	货件重心距船中距离	X	m	根据配载图计算	
03	货件重心距水线距离	Z	m	根据配载图计算	
04	货件重心旋转半径	r_ψ	m	根据配载图计算	
05	最大纵摇角	ψ_0	°	$\psi_0 = k_1 k_2 \psi$	
06	纵摇周期	T_ψ	s	$T_\psi = 2.01 \sqrt{(0.77C_b + 0.26)(0.92d + 0.44B)}$	
07	纵向加速度	A_x	m/s^2	$A_x = r_\psi(\psi_0 \pi/180)(2\pi/T_\psi)^2 + g\sin\psi_0$	
08	货件受风面积	S_1	m^2		
09	甲板2m高度下面积	S_2	m^2		
10	风作用力	F_w	kN	$F_w = 1.0S_1$	
11	海水波溅力	F_s	kN	$F_s = 0.7S_2$	
12	纵向作用力	F_x	kN	$F_y = MA_x + F_w + F_s$	

(3)垂向作用力计算(表5)

表5

序号	项　目	符号	单位	计算公式及说明	数　值
01	货件重量	M	t		
02	驳船船长	L	m		
03	自然对数	e			
04	垂向加速度	A_z	m/s^2	$A_z = 3.75e^{-0.0033L}$	
05	垂向作用力	$F_z(+)$	kN	$F_z = M(g + A_z)$	
06	垂向作用力	$F_z(-)$	kN	$F_z = M(g - A_z)$	

(4)横向防滑力计算及评估(表6)

表6

序号	项　目	符号	单位	计算公式及说明	数　值
01	安全负荷(弯曲)	CS_i	kN	$CS \cdot (\sigma_s/K_1)$	
02	安全负荷(剪切)	CS_i	kN	$CS \cdot (\sigma_s/K_2)$	
03	水平系固角	α	°	根据系固方案	
04	纵向系固角	β	°	根据系固方案	
05	摩擦系数	μ			
06	材料屈服点	σ_s			
07	弯曲安全系数	K_1			
08	剪切安全系数	K_2			
09	垂向作用力	$F_z(+)$	kN		
10	垂向作用力	$F_z(-)$	kN		
11	横向防滑力		kN	$\mu F_z(-)$	
12	横向防滑系数	f_y		$\mu\sin\alpha + \cos\alpha\sin\beta$	
13	横向防滑力(剪切)	F_h	kN	$CS_i \cdot f_y$	
14	横向作用力	F_y	kN	表3中已计算	
15	横向防滑力总和		kN	$\sum CS_i \cdot f_y$	
16	结果比较			是否满足 $F_y < \mu F_z(-) + \sum CS_i \cdot f_y$	

(5)纵向防滑力计算及评估(表7)

表7

序号	项　目	符号	单位	计算公式及说明	数　值
01	安全负荷(剪切)	CS_i	kN	$CS\cdot(\sigma_s/K_2)$	
02	水平系固角	α	°	根据系固方案	
03	纵向系固角	β	°	根据系固方案	
04	摩擦系数	μ			
05	材料屈服点	σ_s			
06	弯曲安全系数	K_1			
07	剪切安全系数	K_2			
08	垂向作用力	$F_z(+)$	kN		
09	垂向作用力	$F_z(-)$	kN		
10	纵向摩擦力		kN	$\mu F_z(-)$	
11	纵向滑动系数	f_x		$\mu\sin\alpha+\cos\alpha\sin\beta$	
12	纵向防滑力(剪切)	F_h	kN	$CS_i\cdot f_x$	
13	纵向作用力	F_x	kN		
14	纵向滑动力总和		kN	$\sum CS_i\cdot f_x$	
15	结果比较			是否满足 $F_x<\mu F_z(-)+\sum CS_i\cdot f_x$	

(6)横向倾覆计算及评估(表8)

表8

序号	项　目	符号	单位	计算公式及说明	数　值
01	横向作用力	F_y	kN	来自横向力计算	
02	横向作用力臂	l_z	m		
03	横向作用力矩	M_y	kN · m	$F_y\cdot l_z$	
04	垂向作用力	$F_z(-)$	kN	来自垂向力计算	
05	垂向作用力臂	l_z	m		
06	垂向作用力矩	$M_z(-)$	kN · m	$F_z(-)\cdot l_z$	
07	杆件内力(弯曲)	CS	kN	$CS\cdot(\sigma_s/1.5)$	
08	杆件力臂	l_i	m		
09	杆件力矩	$[M_y]_i$	kN · m	$CS\cdot l_i$	
10	防横翻总力矩	$[M_y]_{(总)}$	kN · m	$[M_z](-)+\sum[M_y]_i$	
11	结果比较		kN · m	$M_y^{\circ}\leqslant[M_y]_{(总)}$	

4 强度校核

驳船运输超高、超重大件货物,运输安全性能上还应考虑船舶强度,应按照相关规定对船舶的强度进行计算,既是船舶运输重大件货物的前提条件,也是航运公司到海事部门办理行政审批手续和签证的必要依据。这就要求我们须合理配置载荷重量、优化载荷装卸顺序、限制载荷就位速度、减小航行风浪的冲击。对于装载重大件的驳船,我们主要考虑驳船的总纵强度和局部强度。

4.1 总纵强度

总纵强度是由于重力和浮力沿着船长方向分布的规律不一致造成了船舶总纵弯曲变形,船舶抵抗这种沿船长方向产生剪力和弯曲变形的能力。在总纵强度计算中,强度衡准要依中国船级社《钢质海船入级与建造规范》中对总纵强度的要求。按照"船体梁"理论,驳船某横剖面(计算剖面)的总纵弯曲应力由下式决定:

$$\sigma = \frac{M}{I}Z$$

驳船某横剖面的总纵弯曲应力 σ 与船舶的建造规范中的许用应力$[\sigma]$比较,如果$\sigma < [\sigma]$,则符合船舶总纵强度;如果相反,则不符合。一般情况下,船舶总纵强度都是符合要求的。

4.2 局部强度

重大件重量大,而且尺寸不规矩,因此在装载时还应注意局部强度,避免超过局部强度的许可负荷,造成船体受损,装载时应从选用合适的积载位置及用适当的衬垫来尽量减少局部负荷,以确保安全。在航运中,由于船体局部损伤,最终导致整个船体毁坏的事例越来越多。"局部强度"问题在航运界受到日益严重的关注。

对驳船进行局部强度校核时,特别是甲板强度校核中一定要考虑到有些船舶船龄较大,甲板厚度因锈蚀等原因而变薄,强度降低,在使用中需要根据船舶具体情况来决定其允许的负荷量。在实践中,对实船进行局部强度的分析和校核有两种基本的方法,即常规的经验公式法和基于有限元的系统分析法。

船舶在设计时,对局部强度已进行过校核,有关资料已记入"局部强度计算书"中。船舶装载时,上甲板、中间甲板、内底板等结构上承受的货重不能大于设计时所采用的计算载荷(或称允许负荷量)。常规的经验公式法虽然比较简单易懂使用方便,但是计算精度不够准确,而且引进了很多假设条件,所得数据只能在一定程度上对船舶的承载能力给予宏观的说明,而且不能对船舶在不规则波浪运动中的受力情况做出细致分析。在大型计算机发展之后,采用新的基于有限元的计算方法来校核船舶强度越来越普遍。它可以将总强度问题与局部强度一起考虑,在确定了船舶的整体受力情况之后，将船体各组成结构中的应力与变形一起计算。这种计算方法对整个船舶系统进行整体计算，避免了在经验公式中引进的各种假设条件，同时采用了新的模型计算法，所以计算精度得到很大提高，在行业中得到推广和应用。经过几十年的发展，有限元方法在结构分析中得到长足的发展，现在很多商业性有限元软件都已经开发完成（例如 NASTRAN、ANSYS、ABQUS、ADINA、SAPS 等现在广泛应用在结构分析中）。这些软件都可以用于船舶结构分析，还在造船中广泛应用。

驳船载运重大件货物一般装载于甲板上并采用衬垫，所以对甲板强度进行校核是十分必要的。为便于校核，特制成如下局部强度（甲板）校核表（表 9）。

表 9

序号	项　目	符号	单位	计算公式及说明	数　值
01	重大件货物重量	M	t		
02	甲板受力面积	S	m^2		
03	甲板单位面积实际载荷	p_d	t/m^2	M/S	
04	极限载荷	p_m	t/m^2	$3.5p_a$	
05	许用载荷	p_a	t/m^2	由船舶资料查出	
06	载荷是否满足要求			$p_d \leqslant p_a$	
07	按极限载荷确定衬垫面积	S_m	m^2	M/p_m	
08	按许用载荷确定衬垫面积	S_a	m^2	M/p_a	
09	衬垫面积是否满足要求			$S \leqslant S_m$；$S \leqslant S_a$	

5　结语

大连沿海船舶重工业比较发达，如大连造船厂、中远船务、旅顺今冈船厂、辽南船厂，这就会使一些船体分段等船舶重大件运输市场繁荣发展；近些年海上石油勘探及开采业的发展也给海上石油钻井平台等重大件运输带来发展；另外在水电设施、能源建设、建筑行业、机械制造等行业中的设备日趋大型化使重大件货物运输在航运市场占的比重越来越大。对航运公司来说，载运重大件一定要科学合理地研究装载和运输的可行性，制订切合实际的可行性报告和方案，来确保航行的安全；对运输重大件货物的船舶来说，应积极主动向相应的海事主管机关报告船舶及航行相关信息，并注意接收航行安全气象的信息；对海事监管部门来说，我们应当对载运重大件货物的船舶进行严格的检查，重新评估船方制订的各个方案包括配载方案、系固绑扎方案、衬垫方案及拖航方案等，本文就重大件驳运涉及的三个重大方面做了详细的说明，只有严把检查关才能确保重大件运输船舶的安全。

作者简介

季凯朋,男,1982 年 10 月出生,大连海事局,助理工程师。研究领域:船舶货物运输、船舶通航管理。通信地址:大连市中山区长江路 25 号 1901 室,邮编 116001,办公电话:0411-82622716,传真:0411-82622230,电子邮箱:jikaipeng@ 163. com。

张安超,男,1981 年 9 月 30 日出生,大连海事局交管中心 VTS 系统管理,助工。研究领域交通信息系统和船舶通航管理。通信地址:大连市中山区长江路 25 号 1916 室(116001),办公电话: 0411-82625625,传真:0411-82625615,电子邮箱:zhanganchao@ lnmsa. gov. cn。

浅谈新建造海船在长江下游航行的安全措施

马　遥　黄红文

（长江引航中心武汉引航站，武汉，430014）

摘　要：近年来，中国抓住全球船舶建造基地转移的机遇，造船工业取得了突飞猛进的发展。长江中下游地区因为人工成本低，深水岸线长，造船企业纷纷在长江两岸摆摊设点，沿江船厂已经超过100家，2009年，武汉引航站承担的新建造海船引航任务达到37艘次。新建造海船出厂后，在长江内河水域航行受到诸多限制，本文旨在探讨新建造海轮在内河水域航行应该采取的引航安全措施。

关键词：新建造海船；长江航行；安全措施

1　长江下游新建造海船的特点

（1）新建造海船种类繁多。随着造船技术进步，沿江船厂造船种类日益齐全，既有普通商船，也有海巡艇、消防、环保、测量等公务船，还有军用船舶；既有螺旋桨推进的常速船，也有喷流泵推进的高速船；既有拖轮、杂货船、集装箱船，也有化工品船、油船以及多用途船舶等等。

（2）船舶大型化趋势明显。湖北、江西、安徽等地船厂已经着手建造5万吨级的散货船，该船型船长近200m；南通地区船厂已经定型生产长度达330m，载重30万吨级的超大型油轮。

（3）新出厂海船水面高度受到长江大桥、架空电缆净空高度限制。为了降低水面以上最大高度，许多新出厂海船没有安装主桅杆，船舶的信号灯、雷达、无线电设备不能正常使用，给航行避让增加难度。2009年10月，武汉引航站通过压载成功引领最大高度达到35.2m的新建造船舶安全通过芜湖、南京大桥。

（4）海船的吃水受到浅槽河段水深限制。长江下游枯水期有些浅槽河段维护水深仅4.0m，该时段出厂的新建造海轮只能空压载航行，有时甚至三分之一以上螺旋桨露出水面,对船舶操纵造成较大的影响。

(5)新出厂的海船配员全部是临时聘请。他们对船舶的各种设备性能和运行规律缺乏了解;船舶主、辅机还处于调试、磨合阶段,各种设备质量参差不齐,且操作人员对各种机器设备的情况不熟悉,航行中因人员操作失误导致船舶失电、主机失灵等现象时有发生。

2 长江下游航道通航环境

(1)航道狭窄、弯曲、浅险航道较多。武桥水道、罗湖洲水道、代家洲水道、牯牛沙水道、鲤鱼山水道、武穴水道、新洲水道、张家洲南水道、马当水道、太子矶水道、黑沙洲南水道等都是长江下游著名的浅险航段,某些航段在枯水期航宽不足200m,水深甚至难以保证4.0m。如长江安徽段的太子矶航段,航道走向呈S形倒挂金钩,长约250m、宽约100m的太子矶礁石群是长江下游著名的水下碍航物,矶头处水流湍急,航道曲率半径小,滩势凶险,水位上涨时,礁石全部被水淹没,枯水期则部分露于水面,历史上曾多次发生船舶触礁搁浅事故。大型海船在枯水期通过该航段时操纵非常困难!

(2)水位落差大。长江下游水位分为洪水期、中水期和枯水期,在洪水期航道水深可以满足吃水7.0m以下的海船直航武汉,但跨江桥梁的自由通航高度随水位上涨而减小;在枯水期,跨江桥梁的通航净空高度增加了,但浅区航段的水深又限制了船舶的吃水。

(3)部分航段水流紊乱。如牧鹅洲、道士袱、掀棚嘴、小孤山、马当嘴、东流、太子矶、尹公洲等航段,在高洪水位时水流紊乱、湍急,单车独舵的海船驶入这些航段时,舵工稍不留神就有可能酿成跑舵倒头等紧张危险局面。

(4)船舶流量大、航行秩序不尽如人意。长江下游是世界上运输最繁忙、运量最大的河流,南通江面24小时断面监测流量超过4000艘次;在鱼汛期或捕蟹高峰期,引航员通过渔区往往心有余悸。渔船、采砂船占据航道的现象时有发生,山西嘴、马鞍山港区、大港、五峰山、鹅鼻嘴等航段,大量渔船占据航路,航行船舶不得不使用大舵角避让,造成险象环生;为了节油降低成本,成批的个体经营船舶经常占据航道主流采取顺流慢车甚至停车淌航,在狭窄弯曲航段给海轮航行避让造成很大困难。

3 引航安全措施

3.1 开航前的准备

(1)引航员接受引航任务时,尽量多了解一些该型船舶的数据和资料,并结合当时的水文气象,制定好详细周密的引航计划、航行安全措施、注意事项和各种应急预案。

(2)对于受高度限制没有安装主桅的海船,要求船厂加装活动式 VHF 天线和临时雷达天线支架,保障 VHF 和雷达能够正常运行。

(3)准确测量船舶水面最大高度。密切关注每天水位变化,精确计算出通过桥梁水域时船舶应保留的水面最大高度和通过浅区时船舶的最大吃水,按引航计划调整好船舶吃水。

(4)召集船厂领队、船长、轮机长及各部门负责人开好航行预备会。详细布置靠离码头、中途抛锚的方案和航行中的应急措施,明确责任分工和联络方式。

(5)强调航行期间纪律。一是船厂领队必须指派专人在驾驶室组织、协调;二是严格限制随船保障人员自由出入驾驶台,无关人员在驾驶台高谈阔论会带来诸多不安全的因素。三是轮机部门、电航仪器调试人员在进行有可能影响正常航行的操作前,必须提前告知引航员,经同意后才能操作。

(6)精心压载。船厂领队应指派专人实地测量船舶最大高度或者潜在的最大高度并签字,交引航员存档;引航员随时关注水位变化,准确计算船舶通过每一个浅区或者大桥、架空电缆时的压载状况;对于不得不通过货舱压载的船舶,必须由船舶设计单位提供稳性高度计算结论;多数海船通过南京长江大桥前的压载难度最大,我们一般选择在梅子洲锚地抛锚压载,在压载过程中,要做好甲板物品的绑扎加固,密切注意船舶横倾状况。

3.2 航行中的安全措施

(1)全程备双锚航行,安排专人在船首瞭望值班,以应对突发事件。

(2)加强瞭望,随时注意周围环境和来往船舶的动态,避免在弯曲、狭窄、船舶密度大的航段追越。南京以上航段因受航道水深限制,船舶压载少,水面以上受风面积大,在低速航行时还要特别注意风压影响,随时修正船位。

(3)主动与 VTS 指挥中心保持联系,随时了解通航环境和前方船舶动态,服从指挥,遵章航行。当船舶出现主机故障和舵机失灵等突发事件时,要沉着冷静,按事先制定好的应急预案处理,并及时通报船舶动态,按章显示失控信号。

(4)通过复杂险要航段和桥区、港区时由带队引航员亲自操作;在通过弯曲狭窄航段如太子矶水道、尹公洲水道、福江沙南水道等航段,应及时联系海事部门申请现场维护,必要时还应申请拖轮护航,以策安全

(5)严格使用安全航速,防止造成浪损。

3.3 停泊时的安全措施

(1)在规定的锚地和停泊区停泊,并抛出足够的锚链,加强值班。

(2)由于大部分新建海船没有安装主桅杆,夜间抛锚后,必须在驾驶台顶最高点安装临时锚灯,还要开启所有的甲板照明灯,以引起他船的警觉。

(3)长江下游从武汉港至南京可供海轮选择的锚地主要有:阳逻下锚地、泥矶下锚地、路家湾北岸边、大山下锚地、富池锚地、九江姚港锚地、太字号红浮下、雷港口对开南岸、官洲9号红浮至8号红浮之间、七里矶对开南岸一侧、梅梗锚地、铜陵锚地、194号红浮下、陈家洲锚地、马鞍山小黄州锚地。以上这些锚地基本上水流较为平缓,且对正常航行的船舶没有影响。

4 结语

为新建造海船提供引航服务确实有一定的难度和风险,但是,只要我们在思想上高度重视,在组织上加强各方面的沟通配合,在措施上多准备几套应急预案,在操作上严格执行技术规程,按章航行和停泊,就一定能够安全优质地完成引航任务。

作者简介

马遥,男,生于1966年10月,现任长江引航中心武汉引航站党支部书记,高级引航员。

黄红文,男,生于1970年5月,现任武汉引航站三级引航员。

通信地址:武汉市江岸区合作路13号君安大厦六楼武汉引航站,邮编:430014,办公电话、传真:027-82765558,电子邮箱:pilotma@163.com。

关于南京长江大桥通航桥孔调整的必要性与可行性探讨

陈勇保　王瑞勤

（长江引航中心，江阴，214431）

摘　要：随着长江航运的迅速发展，长江通航船舶数量和载重量不断增加，一些桥区现有的航路设置和通航管理规定已经不能满足当前船舶通航的需求，航行在长江上的船舶特别是重载船舶，对长江大桥的安全和桥区船舶之间的安全已经造成了巨大威胁。本文根据当前南京长江大桥桥区水域的通航现状进行风险分析，对存在的问题和风险加以评估，结合实际经验提出南京大桥通航桥孔调整方案，并进行必要性和可行性分析。

关键词：南京长江大桥；调整；通航桥孔；可行性分析

目前，长江江苏段水域已经形成桥梁群，已建成的跨江大桥有南京长江大桥、南京二桥、南京三桥、润杨大桥、江阴大桥、苏通大桥等，大桥作为重要的交通基础设施，在促进江苏省乃至全国经济社会发展方面发挥着不可替代的重要作用。但是随着改革开放的不断深入和沿江经济的迅速发展，长江航运得到了巨大发展，有些桥区现有的航路设置和通航管理规定已经不能满足当前船舶通航的需求，航行在长江上的船舶对长江大桥的安全和桥区船舶之间的安全已造成了巨大威胁，特别随着船舶大型化、快速化和船种多样化，桥梁和桥区航行的安全风险越来越高，而这里又以南京长江大桥桥区的航行安全威胁为最大。本文根据当前南京大桥桥区水域的通航现状进行风险分析，对存在的问题和风险加以评估，结合实际经验提出南京大桥通航桥孔调整方案，并进行必要性和可行性分析。

1　南京大桥桥区当前航标配布和水文分析

1.1　航道及航标配布

南京长江大桥位于长江下游 345km 处的南京水道，距上游梅子洲约 5km，距下游八卦洲约 4km。大桥水域位于南京水道和草鞋峡水道的交接处，航道呈东北走向并且基本顺直。大桥共设 9 墩 10 孔，桥孔宽度均为 140m，通航宽度 120m，桥区上界距桥1350m,下界距桥1000m,具体航标配布见表1。

表1

通航桥孔	4	6	8
桥墩布置	3# ~4#	5# ~6#	7# ~8#
第一对标宽度	140m	140m	140m
第二对标宽度	160m	160m	150m
第三对标宽度	单标白灯船	230m	200m
通航桥孔划分	上行船舶(队)	下行400马力以上船舶(队)	下行船舶(队)

另外,根据《南京长江大桥水上航行通告(第一号)》文件,桥区每对航标与桥墩的距离为:六孔、八孔的三对航标距桥墩分别为200m、600m、1350m,四孔的三对航标距桥墩分别为300m、600m、1000m。第三孔仅供非机动船舶上行。

1.2 桥区水文条件分析

南京大桥位于南京水道,上游的梅子洲将水道分为二汊,左汊为南京水道,右汊为大胜关水道;梅子洲下游潜洲又将南京水道分为左右两槽,主流航道在左槽,这二股分汊水流在中山码头对开水域会合,形成花水,偏右岸而下,洪水期花水可延伸至大桥上600m处。由于南京水道的水流受潜洲影响而分汊,北槽流量大于另两股水流流量,形成大桥以上水流自左岸向右岸略有推压的流态,大桥水域水流亦向右岸推压,大桥第六孔孔下水航道处水流流向与大桥引航道走向最大夹角约为8°,第八孔水流流向与大桥引航道走向约为5°,至第一对标处,水流向右岸推压明显,随水位升高,花水增大,其中又以六孔花水为最强烈,五孔、七孔次之,四孔和八孔相对较小。

2 南京大桥桥区的通航状况和风险分析

近几年来随着长江航运的不断发展,船舶流量不断增加,通过大桥的船舶也越来越多,其原因有二:一是上游经济的不断发展,对原材料的需求加大,经过南京长江水域到达芜湖、马鞍山等上游港口的装载铁矿砂、沥青、电煤和钢材的重载船舶明显增多;二是装运建材的船舶和海进江的重载海轮数量进一步加大。据海事部门统计,南京长江大桥水域日均船舶流量为2300艘次,高峰期间近3000艘次。同时由表1可知,目前下行船舶有第六孔和第八孔通过,其中第六孔供400马力以上单船、顶推船队选择通过,实行了大、小船舶分流,基本上能够满足下行通航要求;上行船舶从第四孔通过,特别自2005年3月1日起,江苏段定线制撤销太平圩航行警戒区和子母洲航行警戒区后,供小型船舶上行的第九孔通航也随之取消,所有上行船舶仅有第四孔一个桥孔可供通过,大、小船舶共过一孔,使得第四孔的通航压力和风险加大。

2010 年 3 月 20 日,本人引领巴拿马籍 H 轮装载沥青到安徽芜湖,该轮船长 99.9m,吃水 5.8m。当引领至西方角时,发现上行通过南京大桥四孔的船舶较多,过西方角后开始慢车尾随上行,当上行到桥区时,由于本船最慢车比上行小船还快(因为大部分黄沙船为了节约成本基本上低速航行),随即停车;但是重载海船受流压影响较大,停车后舵效很差(特别是一些加长船舶和老旧船舶慢车航行舵效都差),难以控制船舶,开车后又比前方桥区的上行船舶要快,此时本船右面又有上行船舶,这些小船船员素质较差,根本不会根据海船的操纵性配合避让,致使我船在桥区引航道内一直处于齐头并进状态,基本上没有空档让我船安全通过大桥,而我船为重载海船,与小船同时通过有效航宽为 120m 的桥孔,对大桥和通航的安全都构成巨大威胁;如果强行与小船同时过桥,势必会形成紧迫局面,甚至会酿成事故。就在这前无进路、后无退路的危险时刻,为避免危险过桥,本人决定在大桥引航道下 100m 处紧急掉头,重新选择机会过桥。同时,据芜湖引航站调查显示,很多内外贸引航员在引领海轮上行过南京大桥时,经常遇到此种危险局面。

由此可见,南京大桥目前的通航风险主要存在于上行通航桥孔中,如此大的船舶流量仅从一个桥孔上行通过,致使南京大桥桥区的上行船舶通航压力巨大,很多船舶在桥区上行都是齐头并进,笔者最多时见过 3 条船舶同时通过大桥,再加上一些驾引人员素质的参差不齐,对大桥和桥区船舶的通航安全已经造成了巨大威胁。

3 调整南京大桥通航桥孔建议方案和可行性分析

目前,南京大桥现有的通航规定已经远不能满足桥区的通航要求,桥区通航已经危机四伏,据海事部门官员披露,由于船舶吨位远大于桥梁桥墩实际最大防撞能力,长江大桥桥墩事实上都不堪一撞,一旦发生大型船舶碰撞大桥事故将会造成严重后果,船毁桥塌并非杞人忧天。为保障桥区的通航安全,南京大桥桥区的航路改革势在必行,必须实行大、小船舶分流,避免争抢一孔过桥,让大、小船舶有各自通航桥孔航行,才能保障桥区的通航安全。在此,笔者根据实际工作经验,拟订两个方案可供参考。

3.1 方案一

3.1.1 通航桥孔设置

保持现有的下行通航桥孔不变,即仍然保持第六孔和第八孔为下行船舶通航,其中第六孔供 400 马力以上单船、顶推船队选择通过;开通第五孔供上行大型船舶和重载海船通航,上行小型船舶仍从第四孔通过。

3.1.2　利弊分析

开通第五孔供上行大型船舶和重载海船通航后,上行船舶和下行船舶均有两个通航桥孔,既符合定线制大小船舶分流的原则,又大大提高了桥区船舶的通航效率,对船舶和桥区的航行安全大大有利;此方案会造成第五孔的上行船舶和第六孔的下行船舶会遇距离较近,水位升高,第六孔的流压增大,下行船舶过桥后向右转向迟缓时,受流压影响船位易垮向北岸,与第五孔上行船舶会遇较近。

3.1.3　问题解决

延长桥区下界,将第四孔、第五孔的桥区引航道航标设为4~5组对标,让船舶上行时船位尽早靠近北岸,可增大与第六孔下行船舶过桥后的会遇横距;为第六孔的下行船舶设置流速、流向显示牌,以及转向点、吊向点标志,夜间显示相应灯光,让下行船舶过桥时尽早转向,减少船位受流影响漂移,也可增大会遇距离。

3.2　方案二

3.2.1　通航桥孔设置

开通第五孔、第七孔分别供上、下行大型船舶通过,取消目前的第六孔通行,即上行大型船舶从第五孔通过,小型船舶从第四孔通过,下行大型船舶从第七孔通过,小型船舶从第八孔通过。

3.2.2　利弊分析

开通第五孔、第七孔分别供上、下行大型船舶通过,上、下行小型船舶分别从第四孔、第八孔通过,上行船舶和下行船舶均有两个通航桥孔,既符合定线制大小船舶分流的原则,又大大提高了桥区船舶的通航效率,同时有第六孔作为分隔带,将上、下行船舶分开,对船舶和桥区的航行安全大大有利;此方案使第七孔原来作为下行大、小船舶的分隔带作用随之取消,同向行使的大、小船舶流只有中央浮和单个桥墩分开,对同向行驶的大、小船舶在桥区航行时横距较近。

3.2.3　问题解决

延长桥区上界和下界,在原基础上将上、下行桥区引航道航标增设至4~5组对标,利用中央浮较早的将大、小船舶分流,可大大减少同向船舶在桥区并列行驶和追越;设置流速、流向显示牌,以及转向点、吊向点标志,夜间显示相应灯光,提醒船舶及时调整并控制船位,减少船舶受流压影响。

4　其他安全管理建议

(1)建议海事部门加大对桥区船舶的通航管理和现场监察,加大查处力度,狠抓桥区违章,确保大桥安全和桥区船舶航行安全。

(2)建议有关部门组织专家对南京大桥第五孔、第七孔进行水文测量和实船实验，海事部门联合航道部门根据通航要求尽早对南京大桥桥区航路和通航桥孔进行调整，科学合理配布桥区航标，实行上、下行船舶大、小船舶分流，保障桥区航行安全。

(3)建立和健全桥区防碰撞安全管理制度和应急处置预案，并报海事管理机构备案；同时，配备完善的应急设施、设备，确保通航安全。

(4)配备先进的桥梁水域监控设备，对通过桥梁水域的船舶实施有效监控，坚决打击船舶在桥梁水域淌航、并绑航行、掉头和横驶、穿越非通航桥孔和其他影响通航安全的行为。

参 考 文 献

[1] 李炳基，顾剑秋. 长江下游引航指南图册. 武汉：武汉航海学会，1985

[2] 中华人民共和国南京海事局通告(2010 第 5 号). 武汉：中国水运报刊社，2010

[3] 张同斌，长江江苏段船舶定线制指南. 大连：大连海事大学出版社，2003

[4] 南京长江大桥水上交通安全管理规定(宁政发[1986]71 号). 1986

[5] 南京长江大桥水上航行通告(第一号)(宁航政监(86)字第 028 号). 1986

作者简介

陈勇保，1981 年出生，王瑞勤，1964 年出生，长江引航中心引航员，通信地址：江苏江阴文化西路 40 号，邮编：214431，电话：0510-86848831，0510-86824253(传真)，电子邮箱：xiaobao929@163. com。

福姜沙南水道海船失控应急操作探讨

汤荣干

(长江引航中心张家港引航站,张家港,215600)

摘　要:每位引航员都应该熟练掌握船舶应急操作方法,应急操作方法的正确程度,直接关系到处在紧迫状态下的船舶能否化险为夷。针对长江江苏段福姜沙南水道这一航行条件较为复杂的受限水域,本文结合典型事故案例深入探讨了海船在该水道航行遇险时的各种相对应的应急操作,对避免或减轻事故损失提出了较实用的操作建议,对船舶在受限水域遇险时的应急操作具有一定的参考价值。

关键词:福姜沙南水道;海船;失控;应急操作

1　引言

鉴于多方面原因,航行于长江的进江海船有很多是老旧船舶,船况较差。同时,长江下游沿岸修、造船工业日趋发展壮大,船舶下水试航也使得近年来航行于长江江苏段的船舶因主、辅、舵机等的故障引发的失控险情和事故数呈不断上升趋势。特别是在航道弯曲狭窄的福姜沙南水道(简称"福南水道"),由于船舶失控引起的碰撞事故时有发生,给水上交通安全带来极大隐患,同时也给人民的生命财产造成重大损失。2009 年 7 月 9 日下午,自引试航海船"A 轮"(船长 199.99m,型宽 32.26m)在福姜沙南水道下行至 48#浮附近时,全船突然断电,导致主机、舵机失控,结果舵角停在"右舵 20°"上,由于应急舵未能启用,加上抛锚不及时,结果该船触碰张家港东华优尼科化工码头,致使码头主体坍塌,输油臂、管损坏倒入江中,码头方两人落水,一人死亡。事故同时,尾随"A 轮"下行的黄砂船"B 轮"(船长 76m)因避让不及,横向撞压"A 轮"螺旋桨后,"B 轮"翻沉并堵塞在航道中央,福姜沙南水道临时封航,直接和间接的经济损失巨大。因此,探讨海船在福南水道发生失控时的各种应急操作就显得非常重要。

2　福南水道概况

福姜沙水道位于长江江阴至张家港之间，长约30km，分南、中、北三汊。其中南汊为福南水道（图1），水道全长约17.7km，虽然该航道弯曲狭窄，但由于其水深条件在三汊中最好，目前是大型船舶通航的主航道。

根据有关规定，船舶在该航道内航行时，须严格遵守“长江江苏段船舶定线制”有关福南水道的安全管理规定[1]。福南水道航道弯曲狭窄，呈大弧形弯道，3km内连续转向达110°，平均航宽约350m，最窄处仅200m，设标水深10.5m[2]。该水道是长江南京—浏河口深水航道的重要组成部分，水道内码头林立，其中化工码头大多建在弯曲航段内（47#浮～52#浮），它是长江内河保税港区——张家港港所在地，同时也是大型海船特别是大吃水船舶通过张家港海事局辖区的必经之路，因此通航密度很大，一旦发生事故，特别是在化工码头群附近水域发生事故，后果将不堪想象。鉴于此，引航员引领海船通过福南水道时，船长须在驾驶台监航，如果发生船舶失控的情况，船长应及时接过指挥权，引航员必须临危不乱，沉着果断，协助船长采取恰当的应急操作措施。

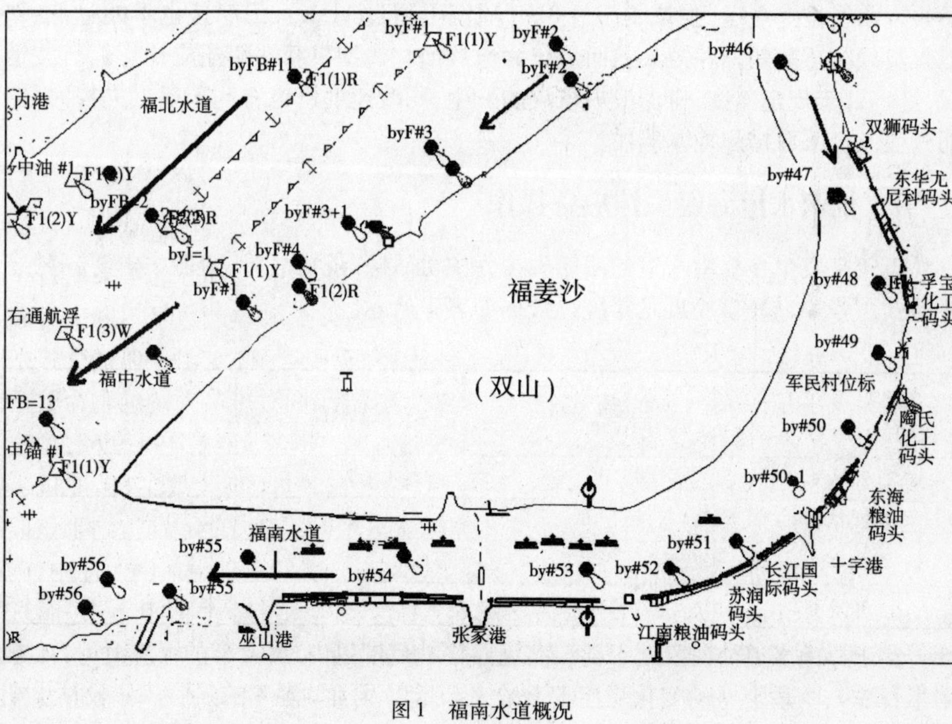

图1　福南水道概况

3 海船进出福南水道的安全措施

3.1 海船自身应做好的工作

无论是老旧船、航修船，还是船况好的船舶，将进入福南水道时，船长、轮机长、电机员须上岗，船头派人值班，备双锚，检查主、辅机、汽笛等工况，要求舵工了解舵系统转换开关的位置，船况差的船舶还应派人去机舱舵机室值班以备不测。

3.2 拖船护航

航修船、新造船以及张家港指挥中心规定的吃水受限的重载船还应落实护航拖船，如有可能，应尽量给护航拖船在首舷处系缆（如采用两艘拖船护航，另一艘可系缆于船尾巴拿马孔）。为了拖船的安全，一般应把拖船系在所护航海船的靠北岸舷侧。如被护航的船舶发生失控现象，应立即通知拖船采取行动，协助紧急停船或针对当时情况采取其他应急措施。

3.3 严格控制航速

福南水道是港口水域，进入福南水道的海船应严格遵守张家港海事指挥中心的福南水道控速规定（逆流不超过 8kn，顺流不超过 11kn），但船速也不能过低，驾引人员须防止船舶因舵效太差而形成紧迫局面。大型重载海船还应注意船行波情况，适当低于规定速度，避免浪损事故的发生，同时速度慢也有利于船舶失控时，船舶驾引人员采取措施控制船舶。

4 福南水道海船失控应急操作

近年来发生在福南水道的海船失控为主机故障、舵机故障、全船失电等三种主要形式。张家港海事局近几年统计数据如表 1 所示。

表 1

种类 / 年份	主机故障	舵机故障	全船失电
2006 年	9	2	1
2007 年	10	2	2
2008 年	7	3	1
2009 年	5	2	2

鉴于福南水道全河段处于长江潮流界移动范围以内，属典型的潮流河段（不规则半日潮），河段流态的变化受控于上游来水量以及河口潮汐的强弱。一般枯水期为双向流，洪水期有时为双向流，有时为单向流，以双向流为主[1]。因此，本文从逆

流和顺流两种流态来分析应急操作方法。

4.1 主机故障

4.1.1 逆流航行时的应急操作

首先利用船舶的余速,用舵尽力控制船舶远离轮渡航线及码头等重点区域,与此同时,立即将险情报告张家港指挥中心,申请拖船协助,同时按“内河避碰规则”的要求显示本船失控信号,并在甚高频电话6频道上通知过往船舶,要求它们尽早作好避让准备。如舵效较差,无法用舵有效控制船首向,在航行安全有任何隐患的情况下,应立即抛双锚制动,抛锚时先抛下船首偏转反方向一舷的锚,以抑制船首偏转,再抛下偏转方向一舷的锚,或同时抛下双锚,出链长度以1~2节为宜,在速度慢下来后再适当松锚链。

根据试验,当底质为泥沙时,锚的抓力与链长、水深的关系如表2所示。

表2

出链长度/水深	1.5	2.0	2.5	3.0	3.5
抓力/锚重(空气中)	0.66	1.01	1.39	1.74	2.09

注:水中锚重(W'_a)=空气中锚重(W_a)×0.87。

由表2中所列数据可知,当出链长度为水深的2倍时,抓力只相当于锚的重量,但随着出链长度的增长,抓力将逐渐增大。当出链长度超过3倍水深时,抓力将超过锚重的1.7倍,此时,锚爪插入海底的概率很大,锚将不易被拖动,如船速过高,则可能导致丢锚断链。通常情况下,为了充分发挥拖锚助操效果,又不致拖不动或发生断链事故,万吨以下重载船在拖锚助操时,出链长度为水深的2.5倍以内为妥[5]。根据福南水道实际水深为15m左右的情况,因此,应急抛锚首先抛1~2节为宜。

如有拖船护航,可及时用拖船控制船舶偏转。在控制好船舶后,再在海巡艇引导下由拖船协助把失控船拖到安全水域系浮筒检修。

4.1.2 顺流航行时的应急操作

首先利用余速用舵把船控制到相对有利的水域掉头抛锚,如果是处在弯曲航段内(48#浮—53#浮),这一过程要始终保持船首向北岸偏转趋势,如系重载海船要做好往北岸搁浅的准备。如舵效太差以致用舵无法控制船舶偏转方向,有碰撞南岸码头等重要水工设施的危险时,应立即先抛下船首偏转方向一舷锚,具体做法是先出链1~2节刹住,并借势掉头;再抛下偏转反方向一舷锚,出链1~2节刹住,借以控制船舶前冲的趋势。如果情况危急,可适当再松出一点锚链后刹住,以增加锚抓力。一般此类情况下抛双锚出链不宜超过3节,重载海船不宜超过2节,松链过多会有刹不住锚链,或造成锚链崩断、锚机超负荷损毁,海损事故反而无法避免。

如果有拖船护航,可及时用拖船控制住失控船舶,并选择有利水域,在拖船的协助下掉头抛锚,避免失控海船威胁港口的通航安全。在海船失控的同时,还应立即报告张家港海事局指挥中心,申请拖船协助(如无拖船护航),并按"内河避碰规则"的要求正确显示失控信号,并在甚高频电话 6 频道上通知过往船舶,遇有对驶船,要求对方主动避让。在控制好船舶后,再在海巡艇引导下由拖船协助把失控船拖到安全水域系浮筒检修。

4.2 舵机故障

4.2.1 逆流航行时的应急操作

海船应立即将驾驶台的主操舵模式进行两个舵机 1 和 2 号之间转换,如果仍然不行,则转换到手柄操舵控制系统(NFU),并派人去舵机室值守(进入福南水道的海船如船况较差,有舵机故障历史的,应该提前派人去舵机室值守)。第二套舵系统(NFU)手柄处没有舵角指示器,操舵相对困难,主机相应采取慢车措施,及时报告海事局指挥中心,并驶出福南水道抛锚检修主操舵系统(无拖船护航应及时申请拖船伴航)。如条件许可,可申请在驶移弯曲航段后,系浮筒抢修。

如果手柄操舵控制系统也失灵,应立即通知舵机室值守人员在舵机室操舵,SOLAS 公约第Ⅱ-Ⅰ章第 29 条操舵装置对主操舵要求能在最深航海吃水和最大营运航速前进时在不超过 28s 内将舵自一舷 35°转至另一舷 30°,而对辅助操舵装置则要求能在最深航海吃水和以最大营运前进航速的一半或 7 节前进时(取最大者),在不超过 60s 内将舵自一舷 15°转至另一舷 15°[6]。因此,应急舵应舵时间长,舵效不太好,如果这时不能较好地操控船舶,可立即车、锚配合使船舶停止前进,具体执行方法是抛下船首偏转反方向一舷的锚进行制动,必要时抛双锚制动,以避免紧迫危险和便于及时抢修。

船舶在舵机失控期间,应始终按"内河避碰规则"的要求显示本船失控信号,并在甚高频电话 6 频道上通知过往船舶,要求对方早作好避让准备。

4.2.2 顺流航行时的应急操作

和逆流航行时遭遇舵机故障一样,海船应立即将驾驶台的主操舵模式进行两个舵机 1 和 2 号之间转换,如果仍然不行,则转换到手柄操舵控制系统(NFU),并派人去舵机室值守准备应急操舵,主机慢车,及时报告海事局指挥中心,并驶出福南水道抛锚检修或就近选择安全水域掉头抛锚检修(无拖船护航应申请拖船伴航)。

如果手柄操舵控制系统也失灵,应该立即启用应急舵,由于应急舵的操作相对有难度,同时又是在弯曲狭窄的福南水道,这时引航员要综合考虑周围环境,及时选择好的水域掉头抛锚检修。如果应急舵不能较好地发挥作用,可立即停车、倒车以控制船势,必要时抛双锚制动协助掉头(抛双锚方法同前主机失控顺流抛锚方法所述一样)。如果有拖船护航,可及时叫拖船协助掉头抛锚。

和逆流的情况一样,船舶在舵机失控期间,应始终按"内河避碰规则"的要求显示本船失控信号,并在甚高频电话6频道上通知过往船舶,要求对方早作好避让准备。

4.3 辅机故障(船舶失电)

4.3.1 逆流航行时的应急操作

虽然SOLAS公约第Ⅱ章对辅机故障造成失电,有许多严格要求,要求应急发电机或蓄电池能够很快启动并并入主配电板给通信、舵机等系统供电,但实际上由于各种原因很难短时间做到,甚至有许多老旧船根本就没有这些应急措施,而在狭窄水道没有时间可供等待,因此应立即同机舱取得联系使用应急舵,利用余速把船驶离航道北侧紧急抛锚抢修,抛锚时要选择偏转反方向一舷锚,可先抛1~2节刹住,等船速降低后,再根据实际情况慢慢松出足够锚链,必要时抛双锚。同时立即利用手提甚高频电话或手机报告张家港指挥中心,申请拖船协助,按"内河避碰规则"的要求显示本船失控信号,并利用手提甚高频电话通知过往船舶,要求对方早作好避让准备,避免碰撞。在控制好船舶后,再在指挥中心和拖船的协助下把船拖到安全水域系浮筒抢修。

4.3.2 顺流航行时的应急操作

立即同机舱取得联系使用应急舵,如果转向有利则顺势掉头抛锚抢修,转向不利且应急舵不能有效改变时,应立即抛双锚制动(抛双锚方法同前主机失控顺流抛锚方法所述一样),避免事故。如果有拖船护航,应立即利用拖船协助海船掉头抛锚抢修,重载海船还应做好到航道外搁浅准备,避免失控海船威胁港口的通航安全。同时立即利用手提高频电话或手机报告张家港指挥中心,按"内河避碰规则"的要求显示本船失控信号,并利用一切可用办法通知过往船舶,要求对方早作好避让准备,避免碰撞。由于全船失电对船舶安全非常不利,特别是在狭窄的福南水道,引航员应采取一切有效措施,尽量使损失减小到最低限度。

5 结语

海船进出福南水道,引航员和船长应密切配合,把各项安全工作做到实处。一旦遇到海船失控,须要临危不乱,严格按应急预案的程序正确操作。如果各项措施得当及时,往往能避免事故的发生,或将事故损失降到尽可能低的程度。

参考文献

[1] 汤荣干. 弯窄潮流河段内大型船舶顺流离泊掉头操纵的实践与探索[C]. 中国航海学会科技优秀论文集. 北京:人民交通出版社,2009,24-30

[2] 中华人民共和国交通部. 长江江苏段船舶定线制规定(2005)[M]. 2005

[3] 中华人民共和国江苏海事局. 海船长江安全航行与避让行为导则[M]. 2007

[4] 长江引航中心. 长江引航安全操作规程[M]. 2008

[5] 陆志材. 船舶操纵[M]. 大连:大连海事大学出版社,1999

[6] 国际海上人命安全公约2004[S]. 北京:人民交通出版社,2005

作者简介

汤荣干,男,1969年3月出生,江苏高邮人,大学本科,长江引航中心张家港引航站高级引航员,从事船舶引航工作。江苏省张家港市张家港引航站,邮编:215600,电子邮箱:tangrg88@163.com,联系电话:13801561976。

船舶通信与导航

光纤陀螺仪的应用及发展

谷 军 蔺晓利 何 南 姜凤娇 邓长辉

(大连海洋大学信息工程学院,大连,116023)

摘 要:本文介绍了光纤陀螺的工作原理,并根据光纤陀螺的特点介绍了在各个领域的应用,阐述了光纤陀螺在国内外的发展现状,并指出了光纤陀螺的发展趋势。从发展角度看,光纤陀螺仪将成为21世纪前期的发展重点。

关键词:光纤陀螺;现状;应用

1 引言

萨格纳克(Sagnac)在1913年首先论证了运用无运动部件的光学系统能够检测出相对惯性空间的旋转的奇特现象,现在统称为萨格纳克效应。1976年Vali和Shorthill首次提出了光纤陀螺(Fiber optic gyro)的概念,它标志着第二代光学陀螺的诞生。光纤陀螺一问世就以其明显的优点、结构的灵活性以及诱人的前景引起了世界上许多科学家和工程师的普遍关注。国内对光纤陀螺的研究也有20多年的历史,经历开环到闭环的研究历程。在20多年的研究过程中,光纤陀螺的广泛应用前景已经得到了专家的认可,光纤陀螺作为惯性技术的核心器件,已经逐渐成为陀螺市场的主流产品。人类对光纤陀螺的需求也变得十分迫切。

光纤陀螺的应用非常广泛,是基于Sagnac效应的原理工作的。作为继激光陀螺仪之后出现的新一代陀螺,各国的研制工作已经取得了重大的进展。光纤陀螺仪的研制对惯性导航和控制领域十分重要,随着计算机、微电子和光纤技术的发展和应用,它将取代传统的机械陀螺和平台惯导系统。与机械陀螺相比,光纤陀螺无运动部件、使用寿命长;全固化结构、抗冲击能力强;测量动态范围大、无预热时间、启动时间短;不受地球吸引力影响;工艺相对简单,价格便宜;对捷联应用有先天优势。与激光陀螺相比,光纤陀螺的成本低、性价比高;体积小、功耗低、应用灵活;克服了激光陀螺闭锁带来的负效应;随着工艺和信号处理方案的发展,精度也可以和激光陀螺相当。

2 光纤陀螺仪

光纤陀螺仪是光学陀螺仪的一种。所谓光学陀螺仪就是利用萨格纳克(Sagnac)效应构成的陀螺仪。利用光纤线圈构成的干涉仪效应来敏感角运动的装置称为干涉型光纤陀螺仪(IFOG);采用光纤作为谐振器来敏感角运动的装置称为谐振型光纤陀螺仪(RFOG);利用布里渊光纤环形激光器的频率变化原理构成的测角装置称为布里渊光纤陀螺仪(BFOG)。由于光学陀螺仪不像传统陀螺那样,依靠自转子的动量矩来敏感角运动。所以国外学术界也把这类陀螺定义为非陀螺仪角运动敏感器。

2.1 光纤陀螺仪的特点

光纤陀螺仪作为一种新兴传感器件,具有许多深受欢迎的特点:(1)无运动部件,仪器牢固稳定,耐冲击和抗加速度运动;(2)结构简单,零部件少,价格低廉;(3)启动时间短(原理上可瞬间启动);(4)检测灵敏度和分辨率高(可达 10^{-7} rad/s);(5)可直接用数字输出并与计算机接口联网;(6)动态范围极宽;(7)寿命长,信号稳定可靠;(8)易于采用集成光路技术;(9)克服了激光陀螺因闭锁现象带来的负效应。

光纤陀螺最大的特点是可根据不同的用途,选择不同的光纤长度和线圈直径及不同的信息处理方法,可覆盖陆地、航空、航天、航海等所有陀螺仪应用范围。与传统陀螺仪(液浮陀螺仪、动力调谐陀螺仪、静电陀螺仪)相比,光纤陀螺仪的特点如表 1 所示[1]。

光纤陀螺仪与其他陀螺仪比较 表 1

种类 性能	液浮陀螺	动力调谐陀螺	静电陀螺	环形激光陀螺	光纤陀螺
价格	高	低	高	低	低
可靠性	普通	普通	普通	高	高
耐环境性	良	普通	良	优	优
动态误差	小	大	小	小	小
对数字系统适应性	良	良	良	优	优
启动	慢	普通	慢	快	快
精加工要求	高	普通	高	高	无
超精组装室要求	高	普通	高	高	无

2.2 光纤陀螺仪的基本工作原理

光纤陀螺仪的基本工作原理是 Sagnac 效应，即在一闭合回路中，沿顺时针(CW)方向和逆时针(CCW)方向传播的两束光光程差 ΔL 与闭合回路的旋转角速度 Ω 及回路面积 A 成正比，与真空中的光速 C_0 成反比，即：

$$\Delta L = \Delta t \cdot C_0 = C_0\left(\frac{2\pi R}{C_0 - R\Omega} - \frac{2\pi R}{C_0 + R\Omega}\right) = \frac{4A}{C_0} \cdot \Omega \tag{1}$$

实际的光纤陀螺闭合回路是由 N 圈光纤绕制而成的，则积累的光程差为：

$$\Delta L_M = \frac{4AN}{C_0} \cdot \Omega \tag{2}$$

相应的 Sagnac 相位差为：

$$\Delta \Phi_S = \frac{2\pi}{\lambda_0} \cdot \Delta L_M = \frac{8\pi AN}{\lambda_0 C_0} \cdot \Omega \tag{3}$$

式中，λ_0为真空中的波长；A 为一圈光纤所包围的面积，即设光纤圈的面积；设光纤圈直径为 D；L 为光纤敏感环的光纤总长度，则：

$$\Delta \Phi_s = \frac{2\pi LD}{\lambda_0 C_0} \cdot \Omega = K_S \cdot \Omega \tag{4}$$

式中：$K_S = \dfrac{2\pi LD}{\lambda_0 C_0}$被称为比例因子，它表征光纤陀螺灵敏度的大小。所以通过检测相位差 $\Delta \Phi_s$，就可以确定旋转角速度 Ω，这就是 Sagnac 效应。再通过角速度的时间积分即可确定旋转体的角位置或方位角。

2.3 光纤陀螺仪的类型

就原理与结构而言，光纤陀螺仪可以分为三大类，即干涉型光纤陀螺仪(I-FOG)、环形谐振腔光纤陀螺仪(R-FOG)、受激布里渊散射环形激光陀螺仪(B-FOG)。

干涉型光纤陀螺是迄今为止，发展比较完善的一类光纤陀螺。广泛应用于各领域，称为第一代光纤陀螺。它又可分为：消偏型；全保偏光纤型；集成光学器件型。

环形谐振腔光纤陀螺是采用光纤作为谐振器来敏感角运动的装置，被称为第二代光纤陀螺。又可分为：光纤式；光波导式。

受激布里渊散射环形激光陀螺是一种利用光纤环形腔中的受激布里渊散射的方向性增益效应来实现利用 Sagnac 效应检测谐振速率，其原理与激光陀螺仪完全相似。被称为第三代，正在进行理论研究，比前两代具有更大的优越性。由于无需复杂的调制解调检测技术，国际上备受重视。

他们具有不同的结构,决定了各自的特点及使用范围,工作原理都是采用直接检测干涉后的 Sagnac 相移来得到旋转角速度[2,3]。

从检测相位的方法来看,它又可分为开环与闭环两种类型。开环陀螺直接探测干涉后的 Sagnac 相移,而闭环陀螺则是利用反馈回路由相位调制器引入与 Sagnac 相移等值反向的非互异相移。

2.4 光纤陀螺仪的关键技术

光纤陀螺仪需要突破的主要技术为灵敏度消失、噪声和光纤双折射引起的漂移。

(1)灵敏度消失是指在旋转速率接近零时,灵敏度会消失。这是由于检测器中的光密度正比于 Sagnac 相移的余弦量所引起。

(2)光纤陀螺仪的噪声是由于瑞利背向散射引起的。为了达到低噪声,应采用小相干长度的光源。

(3)光纤双折射引起的漂移:如果两束相反传播的光波在不同的光路上,就会产生飘移。造成光路长度差的原因是单模光纤有两正交偏振态,此两种偏振态光波一般以不同速度传播。由于环境影响,使两正交偏振态随机变化。

光纤陀螺仪与激光陀螺仪相比,有许多突出的优点,若用于导弹制导以及飞机、舰艇导航和卫星跟踪,尚存在某些关键技术需要解决。根据光纤陀螺仪的工作原理及其光纤环的绕制方法和绕制工艺,其核心部件光纤对温度极为敏感,加上激光源的光程差、偏振变化、光 的后向散射、光纤端面的菲涅尔反射以及光接收器的散粒噪声等影响,使检测误差较大。因此必须查明原因,找出光纤陀螺仪的误差源,提出消除误差的有效途径。表 2 列出了光纤陀螺仪的误差源及其有效解决途径[4]。

光纤陀螺仪的误差源及其解决途径 表 2

产生误差源	有效解决途径
两束光间的光程差	进行温度补偿,用光隔离器消除回光的影响
温度漂移 Shupe 误差	采用温度系数小的光纤和被覆材料,打破常规圆柱形绕法,采用国际上通用的四级对称方法来绕制光纤环
温度相位噪声	采用温度系数小的光纤和被覆材料,在光纤环本振频率上进行调制/解调
偏振变化	采用保偏光纤或采用偏振面补偿装置及退偏振镜
后向瑞利散射	采用超发光二极管等低相干光源或对后向散射光提供频差并对光源进行脉冲调制

续上表

产生误差源	有效解决途径
光纤端面的菲涅尔反射	采用消除后向瑞利散射的办法或者采用折射率匹配的方案
光接收器的散粒噪声	采用光量子效率光检测器、低损耗保偏光纤和大功率激光光源
法拉第效应	进行电磁屏蔽和使用保偏光纤和大功率激光源
克尔效应	采用低相干光源

3 光纤陀螺仪的发展及应用

3.1 光纤陀螺仪的发展现状

由于光纤陀螺无以伦比的优点,使其在机动载体和军事技术的应用非常理想,因此颇受用户,特别是军方的高度重视,并在近几年进行了大量的研究和实验,其中以美、日、德、法为主体的光纤陀螺研究工作已取得很大进展。在国内,光纤陀螺的研究起步较晚且集成光学技术和保偏光纤技术相对落后,又由于发达国家的技术封锁,所以发展较慢。但在国外光纤陀螺的迅猛发展形势下,自 1987 年起光纤陀螺的研制被列入重点发展计划,北京航空航天大学、航天部 13 所、33 所、浙江大学、哈尔滨工程大学等单位投入很大力量进行研究,并取得一定成绩,目前,国内光纤陀螺的研制水平已接近惯性导航系统的中、低精度要求。表 3、表 4 是目前国内外各单位光纤陀螺应用水平[5,6]。

国内各公司光纤陀螺应用水平　　表 3

单 位 名 称	主要性能:零偏稳定性	应 用 情 况
北京航空航天大学	0.005°/h	有完整的光纤陀螺生产线,光纤陀螺的实验室水平达到国际水平
浙江大学	0.7°/h	主要研究中低精度、低成本的消偏型光纤陀螺
中国兵器工业系统总体部	0.01°/h	大量应用于路用装甲车辆、自行火炮以及布撒器等弹载系统。捷联惯导系统已经可以取代法国的 SICMA300
航天时代电子公司	0.01°/h	应用于航空、航天领域

国外各公司光纤陀螺应用水平　　表 4

公司名称	主要性能:零偏稳定性	应 用 情 况
利顿(美国)	0.0081°/h	1987 年为美国陆军设计火炮制导系统,能承受 2000g 的加速度。20 世纪 90 年代初应用于海军舰载机导航和火控系统

续上表

公司名称	主要性能:零偏稳定性	应用情况
霍尼韦尔(美国)	0.0003 8°/h	主要研究高精度光纤陀螺,主要用于潜艇导航系统和深层空间飞行。民用方面包括波音777飞机和石油钻井导向
EuroFOG(法国)	10°/h到0.01°/h系列化	0.1°/h以下采用三轴一体方案,0.01°/h采用单轴方案
Fizoptika(俄罗斯)	0.05°/h	全光纤型集成光学型光纤陀螺,以商业化
日立(日本)	10°/h的中低精度民品	主要用于车载导航如警车、高端轿车等,产能达到每月5000套

3.2 光纤陀螺的应用

由于光纤陀螺与传统陀螺相比具有许多重要特征,如启动时间短、重量轻、稳定可靠、宽动态范围、功耗小、成本低等,所以在航海、宇航、空中运载器、交通运输以及机器人等军用、民用的许多领域都有着广阔的应用前景[7-9]。光纤陀螺的应用领域如表5所示。

光纤陀螺的应用领域　　表5

零偏稳定性(°/h)	应用领域
>10	陆地交通工具导航,机器人姿态控制,照相机或者天线稳定装置
1~10	无人驾驶飞机,战术导弹制导
0.1~1.0	导航参考系统(SHRS),卫星姿态测量
0.01~0.1	火炮捷联惯导,航空器导航,地球测量,卫星定位
0.001~0.01	航空航天惯导系统,航海导航
<0.001	精密航天器应用,精密瞄准与跟踪

3.2.1　光纤陀螺在军用领域的应用[10,11]

(1)军用直升机、运输机、战斗机和战略轰炸机,以及军用人造卫星等惯性导航系统。要求用高性能陀螺,其容许漂移误差在$(10^{-2}\sim10^{-4})$°/h的范围。光纤陀螺不仅能满足捷联系统的大动态范围、高线性度、高稳定度和数字输出的要求,而且价格低廉。

(2)战术武器制导和飞行姿势方位基准装置用陀螺。不少空军战术武器系统,诸如改进的中近程空对地导弹、空对空导弹、大面积扫装甲弹等都需要惯性参考系统。

(3)战略巡航导弹用陀螺。战略巡航导弹要求陀螺具有高精度性能(容许漂移误差一般为0.01°/h左右),而且要求其体积小、重量轻。一个小而精确的捷联惯性系统将能给战略巡航导弹提供制导、自动驾驶以及其他参考功能所必需的一切惯性信息。

(4)综合孔径雷达、火力控制、高纬度姿势参考系统等都需要高精度惯性传感器。

(5)对陆军来说,陀螺主要用于陆地惯性导航系统和惯性大地测量系统。

(6)在海军方面,陀螺主要用于一般军舰、攻击型核潜艇和弹道导弹核潜艇的惯性导航系统。

3.2.2　光纤陀螺在民用领域的应用

(1)光纤陀螺在汽车工业中的应用[12,13]

作为旋转角速度传感器之一的光纤陀螺具有适应于汽车工业应用的特征:①无可动部分,结构简单;②启动时间短;③小型,重量轻;④功耗低;⑤动态范围宽。

目前光纤陀螺在汽车工业中的应用主要是:①在汽车自动导航系统中的应用;②在汽车姿态控制系统中的应用;③在汽车控制仪器中的应用。

(2)光纤陀螺在列车导航中的应用[14]

以光纤陀螺为基础的定位系统能够给出列车运行平面轨迹及列车前进过程中的速度、加速度、方位角,方位角速度、侧滚角、俯仰角等信息。这些信息通过天线发射到漏泄波导再传输到列车指挥中心,经中心计算机综合性的实时处理,然后再传至各次列车,供司机参考执行。从而可以增加行车的安全度,缩短行车间隔时间,提高车速和运输能力。这就是以光纤陀螺为基础的智能化指挥系统。

(3)光纤陀螺还广泛地应用于航海航运领域,如民用运输机、客机、商船、客轮、深井钻探、隧道开掘机、机器人、农用无人驾驶直升机、自动草坪整修机以及惯性大地测量系统中。

4　光纤陀螺的发展趋势及展望

光纤陀螺成本低、维护简便,正在许多已有系统上替代机械陀螺,从而大幅度提高系统的性能、降低和维护系统成本。现在,光纤陀螺已充分发挥了其质量轻、体积小、成本低、精度高、可靠性高等优势,正逐步替代其他型陀螺。

目前,光纤陀螺的研究趋势有:(1)采用三轴测量代替单轴,研发多功能集成光学芯片、保偏技术等,加大光纤陀螺的小型化、低成本化力度;(2)深入开发中、低精度光纤陀螺的应用,特别是民用惯性导航技术;(3)加强精密级光纤陀螺的技术与应用研究,开发新型的光纤陀螺 B-FOG 和 FRLG 等。

光纤陀螺与第一代光学陀螺激光陀螺相比,最大的优点是不用在石英块或其他材料中精密的加工光学回路,制造成本低;而且光纤陀螺能根据使用对象的要求,实现高、中、低不同精度的产品,激光陀螺由于加工工艺复杂,制造成本高,只适用于制作高精度的产品。因此,光纤陀螺具有更广阔的应用领域。比如战术导弹、制导炸弹(炮弹)等只有几分钟甚至几秒钟的飞行时间,对陀螺仪的精度要求不是很高,但对陀螺的尺寸大小及抗冲击性能有较高要求,又由于它们是一次性使用,要求陀螺仪的成本尽可能的低,能大批量生产,光纤陀螺是非常理想的选择。

5 结束语

到目前为止,光纤陀螺已从供战术应用的低精度型向导航用的中精度和高精度型发展,以光纤陀螺为基础的惯性系统也开始在越来越多的场合得到应用。随着我国工业现代化的发展,各领域对光纤陀螺的需求越来越大。北京理工大学、北京航空航天大学等都开展了光纤陀螺的研制并取得了较大的成果。总体而言,我国在光纤陀螺关键技术及实用化上与国外先进水平相比仍有较大差距。光纤陀螺技术将成为21世纪惯性技术重点发展方向,必将在我国获得更大发展,在军民两用领域得到更广泛应用。

参考文献

[1] 翁炬,田赤军. 向高精度发展的干涉型光纤陀螺仪技术[M]. 中国惯性技术学报,2005,13(5)

[2] Hotate K, Yamaurbi R. Impact of Advanced Optical Communication Technology on Lightwave Sensing. IEICE Turns Commun, 1992, F75-B: 256-266

[3] Dandridge A, Tveten A B. Phase Compensation in Interferometric Fiber-Optic Servos. Optic Lett,1982,7(6):279-281

[4] 陆永红,钟生新. 光纤技术及其军事应用. 光电子技术,2004, 24(1)

[5] 谭宇. 光纤陀螺的发展与应用前景[J]. 光电子技术与信息,1995,8(3):1-5

[6] 张俊杰. 闭环干涉式光纤陀螺仪温度补偿技术的研究[D]. 北京:燕山大学,2005

[7] 朱蕊巅,刘玉昕. 干涉型光纤陀螺仪的关键技术[J]. 现代防御技术,2004,32(1):43-48

[8] 陈娅冰,赵尚弘,朱蕊蘋,等. 干涉型光纤陀螺技术及其应用发展[J]. 激光与光电子学进展,2003,40(9)

[9] [佚名]. 光纤陀螺仪在航天、航海和航空上的应用[J]. 飞弹导航,1997(8)

[10] 高希才. 光纤陀级的发展趋势. 压电与声光,1988, 10(6)

[11] Sanders G A, Zafraniec B S, Liu R Y, et al. Fiber Optic Gyros for Space, Marine and Avi-

ation Applications. SPIE, 1996, 2387:61-71

[12] 阎永志.光纤陀姗及其在汽车工业中的应用.压电与声光,1991, 13(4)

[13] Kajioka H, Kumagai T, Yuhara T. Commercial Applications of Mass-Produced Fiber Optic Gyros. SPIE, 1996, 2387:18-32

[14] 简永生.光纤陀螺与铁路现代化.北方交通大学,1996,9

GSOS 系统的原理及其在海上应用初探

卢红洋[1,2]　刘　建[1,2]　陈　伟[2]　李　晶[1]　张莉婷[2]

（1. 中国交通通信信息中心，北京：100011；2. 武汉理工大学，武汉，430063）

摘　要：针对目前我国海上有效的通信手段匮乏，以及海事救捞部门对海上辅助定位手段的需求，中国交通通信信息中心和中国联通网络通信有限公司联合开发了GSOS系统，为海上作业人员提供移动通信服务，为海事救捞部门提供辅助的定位手段，本文针对GSOS系统的关键技术、系统架构和应用前景较深入探讨。

关键词：GSOS；海上手机通信；搜救；手机定位

1　引言

GSOS（GSM Service on Ships，船舶GSM服务）系统是中国交通通信信息中心与中国联合网络通信有限公司联合开发研制的面向海上作业人员和海事救捞部门的手机通信定位系统，该系统综合利用移动通信、卫星通信、卫星导航、无线电测向等众多国内外前沿技术，通过VSAT（Very Small Aperture Terminal）卫星链路承载GSM（Global System for Mobile Communications）网络，实现移动通信网络从陆地到海上的无缝连接，将陆地移动通信网络延伸到VSAT卫星信号可以覆盖的地方，为海上作业人员提供包括手机通信、遇险搜救、海况广播等多业务全方位的服务；利用船载IP化基站和无线电测向定位系统的相结合的方式实现较高精度的AOA/TOA手机定位，为交通运输部海事救捞部门提供较高精度的海上辅助定位手段。

2　VSAT和GSM系统简介

2.1　VSAT卫星通信系统

VSAT卫星通信系统是20世纪80年代中期开发的一套新型卫星通信系统，在最近几年得到了非常快速的发展。目前，VSAT卫星通信系统已经广泛应用在新闻、气象、民航、银行、证券、电信、石油、地震和军事等部门，以及各行各业的专网通信、应急通信和边远地区的通信。随着通信技术的飞速发展，VSAT通信系统功能逐步提升，且成本价格逐步下降，呈现出“低成本，低功耗，广覆盖，易维护”的经济和技术优势,不但支持传统的数据、语音、传真业务,还支持视屏会议、远程教学、远程医疗、宽带接入等高速率、大容量业务。

2.2 GSM 移动通信系统

GSM 系统是一种起源于欧洲的第二代移动通信系统,尽管最近几年 3G 移动通信系统发展势头迅猛,但以 GSM 为代表的 2G 移动通信系统无论是在网络覆盖上,还是在用户数量上都占据较大优势。GSM 移动通信系统主要由移动交换子系统(MSS),基站子系统(BSS),移动台(MS)三大部分组成,其中 MSS 与 BSS 之间的接口为 A 接口,BSS 与 MS 之间的接口为 Um 接口,BSS 两网元基站控制器(BSC)和基站收发信台(BTS)之间的接口为 Abis 接口。因为在 GSM 移动通信系统中 BTS 相对于网络中的其他网元更多,Abis 接口最常用在通过卫星进行 GSM 回传的系统中。目前,中国移动和中国联通拥有全球最大的两个 GSM 移动通信网络。

3 GSOS 系统的关键技术

GSOS 系统在保障通信质量的情况下能有效降低 VSAT 卫星通信系统中 GSM 的带宽占用率,并且在搜救船舶数量有限的条件下实现单船对海上目标手机用户的定位,所涉及到的关键技术主要有 Abis over IP 传输组网技术和 TOA/AOA 单站手机定位技术。

3.1 Abis over IP 传输组网技术

Abis over IP 技术是将原本由 E1 线路来承载的 Abis 业务使用 IP 链路来承载。传统的基站采用面向连接的电路交换技术和 TDM 传输技术,一旦建立连接,无论用户是处在通话状态还是静音状态,占用的带宽资源和时隙时钟始终固定,直至通话结束。Abis over IP 技术通过对 E1 帧格式和内容进行处理,提取有效的 Abis 数据,去除空闲帧和空闲信道的相关信息,再以 IP 数据包对 Abis 数据进行封装,实现 Abis 数据的 IP 化,具体处理流程如图 1 所示。IP 传输可以根据实际使用流量按需分配带宽,这样使得用户在通话和静音时占用不同的带宽,大大提高带宽资源的利用率。尤其在带宽资源紧张的卫星通信系统中,带宽利用率的提高可以很好地降低运营成本,实测数据显示,通过 Abis over IP 技术带宽占用率可以减少 30% ~40%。

图 1 Abis over IP 处理流程

通过 Abis over IP 技术在卫星通信系统上实现 TDM over IP,能继承卫星宽带通信的各种优点,不仅能达到广域范围的无缝覆盖,而且当如地震、洪水等能摧毁地面通信系统的自然灾害发生时,建立在 Abis over IP 平台上的 IP 化基站还能正常工作。

3.2 TOA/AOA 单站手机定位技术

TOA/AOA 单站手机定位是利用船载基站作为目标手机的服务基站,通过船载基站测量目标手机的 TOA 和 AOA 值,对目标手机的位置进行粗略的估计。在定位过程中,船载基站首先确定目标手机的大概方位,搜救船舶再朝着目标手机的方位前进,定时提取目标手机的 TOA 和 AOA 值,以对定位结果进行优化。TOA/AOA 单站手机定位模型如图 2 所示。

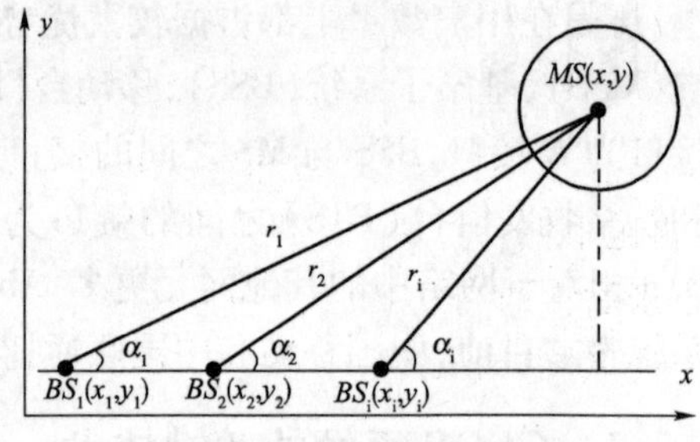

图 2 TOA/AOA 单站定位模型

令船载基站进行第 i 次测量时的位置为(x_i, y_i),测量的 TOA 值为 τ_i,测量的 AOA 值为 α_i,目标手机的位置为(x, y),电波传播速度为 c,则目标手机的位置可表示为:

$$
\begin{aligned}
x &= x_i + c\tau_i\cos\alpha_i \\
y &= y_i + c\tau_i sin\alpha_i
\end{aligned}
\tag{1}
$$

写成矩阵的形式为:

$$
\begin{bmatrix} x \\ y \end{bmatrix} = \begin{bmatrix} x_i \\ y_i \end{bmatrix} + \begin{bmatrix} r_i\cos\alpha_i \\ r_i\sin\alpha_i \end{bmatrix} \tag{2}
$$

其中 $r_i = c\tau_i$,通过多次定位,利用最小二乘法可以求的目标手机的精确位置。

4 系统的架构

GSOS 系统的架构如图 3 所示,船载移动基站通过 VSAT 卫星通信系统实现与陆地移动通信网络的对接,IP 网关利用 Abis over IP 技术实现移动通信系统中 E1 信号和 VSAT 卫星通信中 IP 信号的转换,船端服务基站在实现手机通信的同时将目标手机测距信息的回传至定位处理器,定位处理器用于测向天线接收的无线电波进行比幅比相处理,结合服务基站的回传信息计算目标手机与船载基站的相对距离和相对角度,实现船端系统对目标手机的 TOA 测距和 AOA 测向功能,船端应用服务器用于对目标手机 TOA 和 AOA 信息进行处理,可视化的显示目标手机的位置。当有陆地基站参与组合定位时,陆地应用服务器对移动通信网络中的 TDOA 信息以及船端系统的 TOA 和 AOA 信息进行联合定位处理,同时通过 VSAT 卫星通信系统传送至船端应用服务器上可视化显示。

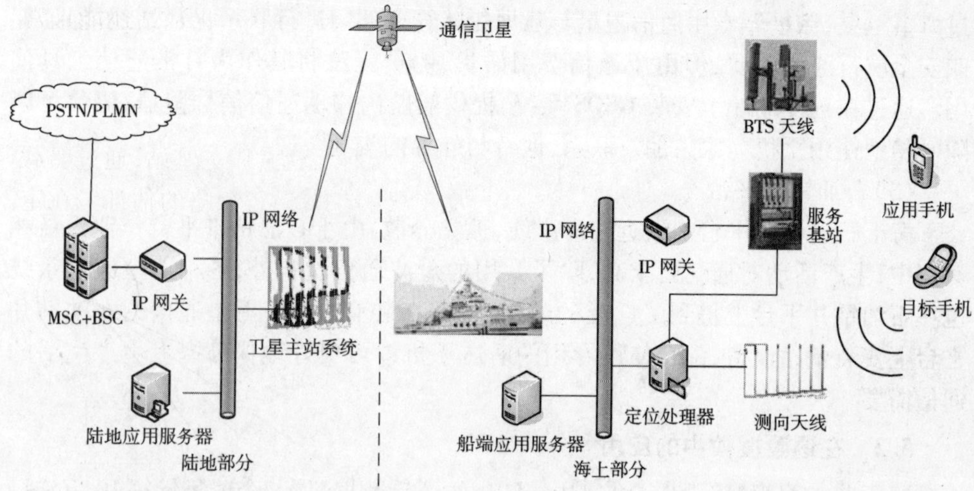

图 3　GSOS 系统的架构

5　GSOS 系统的应用

随着我国国民经济的持续快速发展,运输、渔业、石油、科学考察等海上生产生活作业日益频繁,海上作业人员对通信设备的小型化、低功耗、低成本、易用性提出了更多的要求,另外由于海上特殊地理环境,在海上遇险事故呈逐年上升的趋势下,如何更加便捷、有效的针对海上遇险等突发事件提供应急保障,也对我国海上通信、定位提出了更高要求。GSOS 系统在为海上作业人员提供手机通信服务的同时还能为海事救捞部门提供辅助的手机定位手段,具有广阔的应用前景。

5.1　在海上通信中的应用

(1)渔业船舶

我国渔业船舶一般为非公约船舶,没有统一的船载应急无线电通信设备,通常依靠手机作为主要的通信手段,而陆地基站的覆盖范围大多在 4 ~ 8km 之间,少数位置较好的基站覆盖范围在 25km 以上,随着海洋环境和水质日益恶化,以及捕捞的泛滥,渔业船舶捕捞作业呈现出向远海推进的趋势,一旦离开陆地基站信号的覆盖,渔业船舶的通信能力将大大削弱。通过在大型执法船舶、大型灯塔、热点作业区安装 GSOS 系统,将陆地移动通信信号向远海无限延伸,为渔船等缺少有效通信手段的非公约船舶提供移动通信服务。

(2)远洋船舶

远洋船舶均为公约船舶,一般都配置了精良的通导设备,出海作业期间大多通过海事卫星、铱星等专用通信卫星与陆地船队管理部门进行联系,虽然能够保证船舶安全航行通信需要,但由于通信费用昂贵,船员无法将其作为日常通信工具使用。通过在远洋船舶上安装 GSOS 系统,提供船舱内移动通信信号覆盖,船员可以随时随地使用手机与家人朋友联系,保持与外界的沟通。

(3)石油钻井平台

海上石油钻井平台一般远离海岸线,孤立分散,由于石油钻进平台作业人员相对集中,生产活动对通信要求高,除了常用的短波通信设备外,各种卫星通信系统也在石油钻井平台上得到了广泛的应用,只需在装有 VSAT 卫星通信的石油钻井平台上安装基站设备,配合使用专用的防爆手机即可更好地保障海上生产生活的通信需要。

5.2 在遇险搜救中的应用

国际劳工组织《渔业安全与健康报告》的统计数据显示,全球每年每 10 万渔民中大约有 80 人死于各种海上事故。2006 年 7 月,国际海事组织(International Maritime Organization, IMO)在伦敦总部召开小型渔船安全通信组专题会议,起草了《小型渔船安全标准》"草稿"规定手机可以代替传统无线电设备使用。2006 年,海南海事局累计使用手机定位技术 5 次,均能通过相关信息推算出失去联系渔船的大致位置,其中有 3 次是通过中国移动海南分公司进行定位,2 次是通过中国联通海南分公司对手机进行定位。种种迹象表明海上遇险事故的概率呈现增长趋势,手机定位技术在海上搜救中已经初步崭露头角。

我国海上手机定位均采用 CELL-ID 或 CELL-ID + TA 的方式使用陆地宏蜂窝基站实现定位,只能将目标手机的位置确定在某一片区域,并且随着小区覆盖面积的增加,定位精度急剧下降。GSOS 系统通过准确测量目标手机相对船载服务基站的距离和方向角,支持 TOA/AOA 对目标手机的精确定位。通过在海事救捞船舶上安装 GSOS 系统,部署遇险救助软件,配合电子海图可视化显示目标手机的位置,提供最便捷的搜救路径,提高遇险救助的反应时间,减少遇险救助过程中的能源消耗。

6 结束语

目前,北海救 113、东海救 115、南海救 115 三条搜救船舶已完成 GSOS 系统的安装调试工作,自系统试运行以来取得了一定的示范效果。根据前期研究试验已取得的成果,交通运输部领导对海上移动通信覆盖及手机定位技术高度重视,提出计划在交通运输部所属的海事、救捞等船舶上安装具有定位功能的移动通信基站,并探索在运输船舶及大型灯塔上安装船载移动通信基站的可能性。同时中国联通讨论并通过了“大洋通”产品推广方案，计划针对 GSOS 系统的科研成果同步投入数十亿元。可以预见，一旦 GSOS 系统在海上形成规模，将开创海上通信和搜救领域的新局面。

参考文献

[1] 储钟圻. 数字卫星通信[M]. 北京:机械工业出版社,2006

[2] 啜钢,等. 移动通信原理与系统[M]. 北京:北京邮电大学出版社,2005

作者简介

卢红洋，男，1986 年 1 月出生，湖北省潜江人，硕士学位，主要研究领域为现代通信网络理论与技术。基金项目：国家 863 计划项目资助（批准号：2009AA12Z323）。通信地址：北京市朝阳区安外外馆后身 1 号 A-606；邮编：100011，电子邮箱：luhongyang@ ctitc. org；电话：15120015562。

高雄港船舶交通管理系统现况及未来发展

张宪章[1]　徐国裕[2]

(1. 高雄港务局航管科长(VTS主任)/高雄海洋科技大学航管硕士;

2. 高雄港引水人办事处资深引航员/大连海事大学交通运输工程博士)

1 前言

高雄港务局为服务船舶及航商,于2001年建置船舶交通管理系统(VTS),在世界各港口中虽属较后期建置,然经多年的积极作为终能后来居上成为后起之秀,在港航各界及效益评估中皆获得肯定。港务事业的经营是国际业务,船舶每天航行于世界各港,对各港口之服务质量可随时予以比较,优劣高下立判。高雄港船舶交通管理中心随时兢兢业业,力求向前迈进,期以最先进之设备及作为,与世界各先进港口并驾齐驱,甚至超越其他港口来服务船舶与航商。本文简述高雄港VTS的系统设备及近两年来船舶交通管理系统软硬件之改善作为,提供各界参考。

2 高雄港务局船舶交通管理系统简介

高雄港船舶交通管理系统由财团法人中华港埠技术顾问社规划设计。于1999年12月8日决标,法商SOFRELOG公司承造。2001年12月6日完工启用。主要设备包含:

(1)雷达5部:共5座,分别设在VTC塔台、旗后山、58号码头、旅运大厦、第一信号台,五座雷达经多雷达追踪处理系统整合成一个完整的动态画面,可对港区及港外20n mile范围内之海上船舶实施追踪监控。

(2)无线电通信设备:计有特高频16、14、13、12、11等5个常备海事频道及5个港区专用频道与一个高频频道,可与港区及海上之船舶与渔船进行双向交谈。

(3)特高频定向设备:计有两座,分别设在VTC塔顶及寿山,藉由发话讯号之两条方位线交叉,迅速找出通话船舶之位置,并确认其身份。

(4)闭路电视摄影机:计有6座,分别安装于VTC塔顶、58号码头、25号码头、16号码头、旅运大厦及第一信号台,可监视各航道、码头船舶动态。

(5)信号设备:计有信号板5面,分设在第二港口VTC塔台、第一港口入口南岸,提供船只了解进出港现况动态指示。

(6)气象计设备:提供风速、风向、能见度、气压、气温及潮高。

(7)电力设备:有不断电系统保护计算机程序及重要信息,不因电力中断而造成损失。

(8)船舶数据库设备:整合来自局本部主计算机之船舶基本数据、进出港预报、引航申请单等相关信息。管制员得以完全掌控船舶动态数据并提供外界最新船舶动态信息。

(9)显控设备:负责整合雷达系统、多雷达追踪处理系统及船舶数据库之数据,配合电子海图妥善安排船舶进出港,提供船舶避碰建议,维护海上交通秩序及安全。

(10)另于2004年1月20日完成安装船舶自动识别系统AIS一套,可自动识别及显示来港船舶船名及船位动向等相关资料,有利管制员掌控40n mile内500t以上船舶动静态数据。

(11)于2006年12月27日完成将VTS与AIS整合,并办理VTS系统升级。

其效能为:实时监控港区20n mile范围内海上船舶动态,并利用数据库及计算机网络联机,将实时船舶信息传送全港各作业单位,提供准确服务,可加速船舶进出港,有效提升船舶航行安全,增进港埠营运效率,并提供助航服务,预防海洋污染及协助海难救助。

3 近二年来之改进作为

3.1 设置港外灯浮标4具

于高雄港外海航道四周建置4座海上警示灯浮标系统,包括设置到港导航灯浮标两座,引航站灯浮标两座,同型灯浮标备品各1座,已于2010年2月完工启用。位置如图1所示。

导航灯浮标2座分置于第一、二港口距第一信号台或VTC塔台4~5n mile处,安装雷达信标机(RACON),并安装AIS设备及监控设备,可于移位或导航灯熄灭时前往复位及修复,引航站灯浮2座位于第一、二港口南防波堤顶端西方2n mile处,不安装雷达信标机(RACON),但仍安装AIS设备及监视设备及雷达反射器,每套海上警示灯浮标系统包括警示灯浮标结构本体,灯具、灯具电源供应系统、灯浮标远程定位监控系统及其专用电源供应系统等附属设备及锚碇系统之整组设备。

安装位置水深第一港口导航灯:36m。第一港口引航站灯:27m。第二港口导航灯:58公尺。第一港口引航站灯:28m。可抗最大风速60m/s,最大波高10.59m,潮流流速3.0kn。

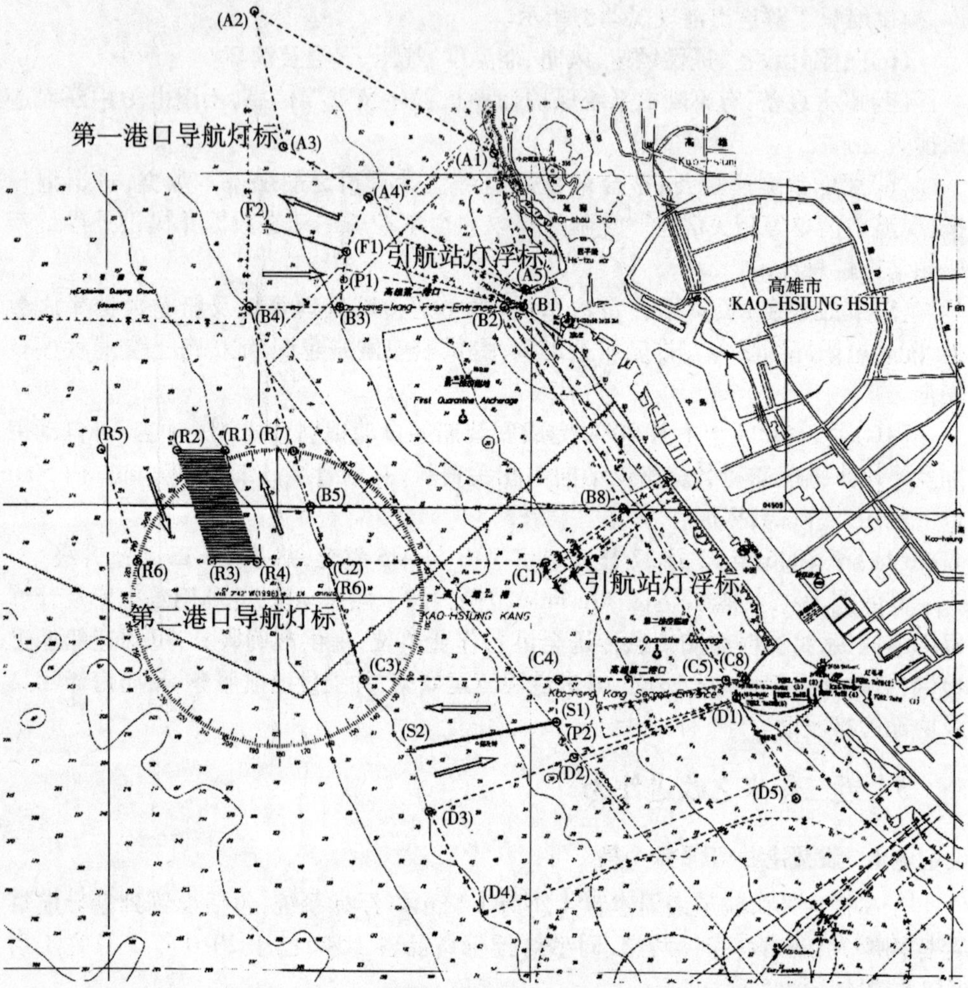

图1　高雄港外海导航灯浮标位置图

海上警示灯浮标系统适合连续操作,可长期暴露于无遮蔽之外海海域,灯具可于天色阴暗及夜间时发出警示灯号警告附近船只,灯浮标远程定位监控系统能由陆上基地台监控灯浮标之位置及灯具、电源供应系统之状况,并于状况异常时在陆上基地台以人体可感应之声音信息或其他信息型式发出警告信号提醒使用单位。

(1)型式:遵照国际航道标志协会(I. A. L. A.)有关浮标体制 B 区之规定而设计,足以耐高浪。

(2)浮筒诸元:导航灯浮筒直径 3.6m,浮筒外壳厚度 12mm,引航站灯浮筒直径 2.5m,浮筒外壳厚度厚度 10mm,浮筒本体内部填充聚氨基甲酸乙酯发泡剂以避

免海水侵入 。

(3)灯具焦距面高(Focal Plane Height):5.5m。

(4)主要材质:浮筒本体采用钢质材料,材质合于 BS 4360 Grade43A、JIS G-3101 SS 400。

(5)雷达反射器:雷达反射器反射角 360°,反射面积 $250m^2$,材质为防锈铝合金。

(6)颜色:红白杠条。

(7)主灯发光体:LED 式发光二极管构成。灯色:白色。灯质:第一港口导航灯:MO(A)8s(0.8s 明 0.8s 暗 2.4s 明 4.0s 暗) 。第一港口引航站灯:MO(P)。第二港口导航灯:MO(S)。第二港口引航站灯:MO(Q)。光达距离:T=0.74 时,可达 10n mile 以上。副灯(备用灯)灯质:同主灯。光达距离:T=0.74 时,可达 6.4n mile 以上。主灯与副灯需能自动切换,当主灯故障时副灯即刻递补发光。

(8)雷达信标机(RACON)频率扫描范围:X-BAND 9300~9500MHz;S-BAND 2900~3100MHz。第一港口导航灯雷达标杆回复识别码:Z。第二港口导航灯雷达标杆回复识别码:S。

(9)电源供应设备为太阳能板搭配电池组及控制和充电设备,电源能供给灯具,在无日照下可使灯具运作 10 日(含)以上。

(10)灯浮标远程定位监控系统:高性能低耗电量监控系统,包括一套陆上基站设备及海上各灯浮标信号接收及发射装置。信号传输以 VHF 无线电方式传输。监控及警示项目,由陆上主基地台可监控以下事项:浮标位置,电池电压之显示,可设定电池之最高及最低安全电压,可以设定灯浮标偏离距离之方式设定浮标运动目标区。警示项目:于浮标漂移至目标区外,灯具无法正常作用,在陆上基地台所在地位置以明显且能为人体所直接接收之声音或灯光信号发出警报信号及显示移动位置。

(11)海上灯浮标信号接收及发射装置:定位系统:采用 GPS 卫星定位系统或其他可标定灯浮标位置之装置。信号发送装置:能无线方式传送定位系统接收之位置信号,航标名称及型式,并将监测项目所述各项警示信号以无线方式回传岸上接收系统,每日至少能自动向陆上基地台回报四次警示灯浮标相关资料。岸上基站基地可直接在海图上灯浮标标示点上截取灯浮标信息,可帮助灯浮万一于台风期间断链漂浮时立即寻获。

3.2 建置"船舶到港自动传送简讯系统"

此服务系统系经由港务局信号台(VTS)管制员于船舶于外海用 VHF 报到后立即键入相关时间,直接经由简讯平台自动传送相关信息至航商(航运公司或船务代理公司、引航员办事处、港安检所),所传送信息内容有:船长报告 ETA 时间、船舶通过港口时间、港口管制信息、台风期间风力状况,即船舶于到港前 2h 或 20n mile,船舶报到之际,航商即可得知该船预计抵达时间,并预先作装载或卸载或其他相关事宜安排;当船舶进防波堤口通报该船预计泊靠码头时间,航商也能迅速确认预计泊靠时间;港口管制之实时通报,以及台风期间风力达到 5 级立即通报,以利船舶及时安排出港避风,以免风力达到 7 级港口已管制无法出港。

系统完成后,为航商提供准确、迅速、便捷的服务,强化船舶到港动态信息,船务代理商业同业公会表示会员反应均相当良好,可随时自简讯中得知所代理船舶到港动态,方便航商作业,免除航商为掌握到港船舶之状况,而需经常以电话向港务局信号台查询之手续。

3.3 提供业界最新水文资料

高雄港务局 VTC 塔台及高雄港引航员办事处过去均因未安装测波仪,故对进港船舶询问应准备何舷领港梯时,总是以“下风舷”含糊的答复,不够确实;而且船舶在港口水域航行时无法实时提供当前流向流速,提供船舶航行参考。

本案经协调交通部运输研究所于高雄港第二港口外海装设测波流仪一台,位置在高雄港第二港口南防波堤堤头西南方 500m 海底,取得最新港外波向、波高、流向、流速、潮汐等数据,直接透过中华电信公司网络传回交通部运输研究所计算查核后上网公告。

高雄港务局同时透过网络联机运输研究所水文系统取得该所数据,图型化显示于 VTS 管制画面如图 2 所示,管制员可立即从图型判断立即提供领港梯摆放位置、目前流向流速,以及判断港口管制。

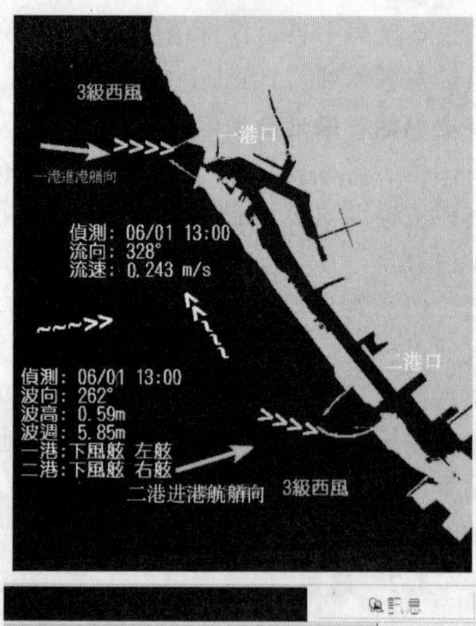

图 2 VTS 波流风显示画面

3.4 改善及时风力通报网页

目前高雄港务局与运输研究所合作,除协调由该所提供高雄港最新港外波向、波高、流向、流速、潮汐等数据,并提供第一、二港口实时画面以供船公司及港航业者在办公室或居家可实时看到船舶抵达港口之画面等。另高雄港务局亦同步将港务局测风仪及潮位计测得之第一及第二港口实时风向风速、最近 15 分钟、30 分钟、60 分钟之平均风力上网公告于港务局网页上,以利船公司于台风期间判断何时应安排出港的依据,以免风力太大时要出港已不及因应;实时潮汐及过港隧道上方实时水深等资料,可供吃水深的船舶分析何时进港。以上数据除了让船公司方便于计算机查询,亦可让船务人员用手机登入网页查询最新资料,近日更将该数据开放供电话语音查询,船务人员以普通电话或手机均可随时得知最新海、气象资料以便船舶排班之需。高雄港务局网页如图3所示。

WWW/VDMSWWW_MET.html

高雄港 目前風力風向

位置	日期	時間	風速(公尺/秒)	蒲福風級	風向(度)
一港口	2010/06/24	10:05	1	1	310 (西北)
二港口	2010/06/24	10:04	1	1	234 (西南)

最近平均蒲福風級

位置	15分鐘內	30分鐘內	60分鐘內
一港口	1	1	1
二港口	1	1	1

海象資訊

位置	日期	時間	隧道頂水深
過港隧道	2010/06/24	10:04	14.96 公尺

日期	時間	波向	波高	流向	流速
2010/06/24	07:00	226°	0.64 公尺	181°	0.05 公尺/秒

图3　高雄港务局风力及水文资料图

3.5　增加海事安全广播讯息

为使外海到港船舶能知道本港外海军事演习消息、漂流物或危险沙滩暗礁消息、台风或海啸警报、港口管制信息、海事作业通报、人员落水或海难事件转发等等,高雄港务局特别购买自动无线电广播系统,并向国家通信委员会申请海事第9频道,定时每天两次广播海事安全信息,如有需要或台风期间再加强更密集广播,增进船舶航行安全。

3.6　办理船舶交通管理系统数据库升级

信息设备日新月异,更新速度与日俱进,高雄港船舶交通管理系统数据库系统完成于2001年,迄今交通部及该局信息系统已改版数次,故船舶交通管理系统数据库系统也需更新,于今年(2010)6月份完成升级,新系统除画面更人性化、输入更简易化、以点选代替打字输入,多方面查询功能,除具有上述连接运输研究所显示波流风画面外,另有以下功能:

(1)禁止进出港船舶的信息计算机化:管制进出港船舶名单由交通部船舶管理系统直接撷取于进出港系统变色处理,且台长可自行输入,管制方便。

(2)进出港排班计算机化:等待进出港船舶可按引航出发次序,分区排列变色处理,方便管制员排班,且可将数据传送相关单位以利各单位配合作业。

(3)免引航、免逐次签证船舶数据查询计算机化:相关数据皆直接撷取高雄港务局航政系统,不需再到港栈系统去搜寻。

(4)内部简讯传送及交接事项与长官指示均可在本系统内输入传送,重要事项以跑马灯形式提醒管制员注意。

3.7 修改船舶进出港管制基准

高雄港过去因无波高资料,船舶进出港管制基准系分别以第一、二港口各自测得之平均风力为基准,风力达 7 级以上,暂停该港口船舶进出港,未考虑波浪之影响,导致引航员出港后因风浪太大无法登轮才开始管制进出港;而实施暂停进出港后,以平均风力降到 6 级风持续 1 小时后就开放解除管制,常有引航员出港后发觉波浪太大无法登轮才再管制进出港,浪费人力物力。本年度起因已取得波高资料,可视波高状况,于波高大于 4m 立即港口管制,开放时以风力降到 6 级风持续 1 小时后,先开放船舶出港作业,波高降至小于 4m 后再开放引航员出港领航进港,于引航员可安全登轮后再全面恢复进出港作业,可避免引航员、交通艇及船舶的时间浪费。

在能见度管制进出港船舶之基准方面,过去原规定一港口能见度小于 1000m,二港口能见度小于 1n mile 管制船舶进出港。今年起考虑小船冲程较小,运转灵活,故参考其他港口状况,修订放宽总吨位小于 500,船舶能见度小于 500m 才管制于港区航行,总吨位 500 以上船舶维持上项规定。但要求小船舶应加强瞭望,客轮并应增派助手 1 人协助瞭望。

3.8 管制船舶航行速度

因 2009 年高雄港发生数起船舶航速过快导致附近船舶舷梯、舱盖及货载受损情形,今年(2010)又发生汉堡快轮因倒车不来撞损码头及谷仓装卸机等事故,特别召集航港各界共同会议研议,订定以下改善措施:

(1)船舶于港外在情况许可下(如漂航中或起锚后)应先测试主机倒车性能,引航员上船后应先洽询船长主机状况,如情况许可引航员应再行测试主机状况再进港。

(2)船舶于进入防波堤前应以安全速度航行,但进防波堤后应立即减速,至第一信号台前必须减速至 6kn 以下,第二信号台前则必须减速至 5kn 以下,通过信号台后速度应考虑附近水域大小及船舶分布状况以最安全速度(不影响他船安全之速度)缓轮慢行,但8万总吨以上且吃水超过10m的船舶,信号台以内的航行水域,速度仍不得超过5kn。

(3)超过4万总吨船舶于二港口回船池严禁边进边左转,应倒车停船,由拖船协助左转,转正后再进车北上。

3.9 增进防台作为

于去年(2009)莫拉克台风期间,高屏地区外海船搁浅了5~6艘,都是因为在近岸锚区下锚所致,故自今年(2010)起要求台风期间风力达七级(含七级)以上,外海锚区一律禁止下锚,船舶应移往外海航行避风,而港内系泊于浮筒的船舶一律移靠码头,泊靠码头的船舶应加强系览。

4 未来预定改进事项

4.1 AIS上网

目前航商及港航各界虽能藉由高雄港VTS系统及网页、简讯得到最新船舶动态,但这些都是冷冰冰的文字数字或表格,脑中较难有鲜明具体的位置概念。为使航商能以图像立即看到船的位置,高雄港务局预定在近期内,将塔台既有的AIS影像数据配合电子海图实时上网以供各界查询,港航各界只要在办公室或居家上网即可得知具备装有AIS设备船舶的实时位置。

4.2 建置实时水文信息告知系统

目前运输研究所及高雄港务局虽已建置有最新水文信息通告系统,提供港内外水文气象数据,但因该水文资料仍有一个多小时落差,也就是目前显示之水文数据是一小时以前的,且一小时才更新一次。在这高效率、高科技、高传输的电子时代确属不足,因此高雄港务局预定于最近自行采购波流仪,用以提供航港各界实时同步的海流、波浪数据。

4.3 整合性船舶交通组织之构建

高雄港船舶进出第一、二港口均属单向航行,涉及进出顺序的安排。为避免船舶在港口水域因等候进出造成拥挤招致碰撞,保障和增进港口水域的交通安全,保持航道通行的顺畅和提高效率,船舶交通管理中心正规划建构整合性交通组织系统,通过科学化的进出港排序,提升高雄港VTS的服务功能。

5 结语

船舶交通管理系统属国际海事组织IMO积极推展之工作,其基本功能是以增进海事安全为重点。高雄港之船舶交通管理系统隶属于高雄港务局。因高雄港务局本质上是事业单位,因此 VTS 除需达到增进海事安全功能外,并更注重和加强增进港埠营运效率。利用 VTS 信息功能服务航商及船舶,提供航商及船舶最新最佳的信息,以供客户决策支持,增进船舶进港速度与港埠效率。高雄港 VTS 近 2 年来积极改进革新,提供船舶与航商最佳支持服务,现在的服务功能事实上已符合当今的要求,甚至优于世界各国中大部分的 VTS 水平。未来高雄港 VTS 仍将再继续搜集国内外最新 VTS 进展并接受各界策励,以提供更先进之服务,亦请各界不吝指教以提升其功能,维持世界第一流的服务。

参考文献

[1] 徐国裕,胡延章,等. 高雄港船舶交通服务系统之效益评估与分析. 航运季刊,2007

[2] 徐国裕,郭涂城,吴兆麟. 整合性船舶交通组织构建之研究. 航海季刊,2009

[3] 卢能宗. 港口航行安全之服务质量研究—以高雄港为例. 国立高雄海洋科技大学,2007

[4] 刘正恩. 船舶进出港口人为碰撞过失及奶酪模式之研究—以高雄港为例. 国立高雄海洋科技大学,2008

[5] 张德隆. 船舶交通服务人员专业能力之实证研究. 国立高雄海洋科技大学,2009

[6] 张宪章. 高雄港增进船舶进出港效率之研究. 高雄港务局 2009 年业务研究发展成果报告,2010

[7] 高雄港务局网页,http://www.khb.gov.tw,2010

[8] 高雄港务局. 高雄港务局导航浮灯标采购合约规范. 高雄港务局,2009

基于嵌入式系统的航海雷达数据采集系统

应士君　崔宇顺

（上海海事大学商船学院，上海，200135）

摘　要：航海雷达数据广泛应用于VTS、IBS以及船舶远程监控，雷达数据的高速采集和传输是其中的关键技术。本文设计了一种基于ARM9的航海雷达高速数据采集系统，此系统具有可移植性好，扩展性强等优点。文章从系统的硬件设计、电路实现、工作时序等角度介绍了系统的工作原理，并从系统的要求出发详细描述了ARM的配置过程及其在实际应用中系统的抗干扰设计。

关键词：嵌入式；ARM9；航海雷达；数据采集

Abstract: Marine radar data has been applied extensively in VTS, IBS, as well as remote monitoring and controlling of ships, and in the practical application the high-speed data acquisition and transmission are the key technologies. In this paper, a high-speed marine radar data acquisition system based on ARM9 has been proposed, which has characteristics of high expansibility and portability. The basic principle of the system is described in terms of hardware design, circuit realization and working time sequencing. Finally, according to system requirements, the article gives a detailed account of the anti-interference design in the process of ARM's configuration and practical application.

Key words: Embedded; ARM9; Marine Radar; Data Acquisition

1　引言

雷达信号的采集处理一般以FPGA为处理芯片[1-3]或与DSP联合实现[4,5]。传统的数据采集一般基于PCI总线[1,6,7]或USB总线[2,8,9]将数据传输给用户终端。这样的系统架构继承了软件无线电思想，具有较好的整体性能，但同样也存在很多缺点：功耗较大、系统可移植性差、驱动程序不易编写、数据传输受限等。

虽然DSP具备众多优点，但不适合做系统控制，对于任务管理、通信、人机交互等功能的实现较难。DSP没有强大的操作系统、完备的网络协议和可靠的文件系统,所以当其运行控制指令时无法进行并行处理,分支判断和高速缓存访问失败(cache miss)都会极大降低运行效率,而这些正好是嵌入式 RISC 处理器的强项。ARM9 通过全新设计,使用了更多的晶体管,其运算能力接近 DSP,同样采用哈佛结构,因此用 ARM9 代替 DSP 实现信号处理是可行的。

此外,ARM9 还具有其自身优点:功耗小、价格低、支持厂商多、外围 module 丰富:如串口、USB 接口、网口、LCD 控制器等,且接口灵活,可移植性强,大大减轻了设计的复杂度。在常用的数据采集系统软件设计中多采用单任务顺序机制,这样就存在系统安全性差的问题。这对于稳定性、实时性要求很高的高速数据采集装置来说是不允许的,因此有必要引入嵌入式操作系统[10]。再加上内核源码开放的 Linux 与 ARM 体系处理器相结合,可以发挥 Linux 系统支持各种协议及存在多进程调度机制的优点,从而使高速数据采集系统开发周期缩短、扩展性增强。

本文设计了基于 ARM9 的航海雷达高速数据采集系统,其处理芯片采用 Intel 公司 XScale 处理器的 PXA270 芯片,A/D 转换芯片采用 8 位的 AD9481 芯片,两种芯片的组合使得航海雷达信号高速采集及处理成为可能。

2 硬件电路设计

根据数据采集系统的要求,硬件电路由数据采集模块、ARM 处理器模块、显示模块和存储模块、网络通信模块组成[11,12]。整体硬件系统电路框图如图 1 所示。

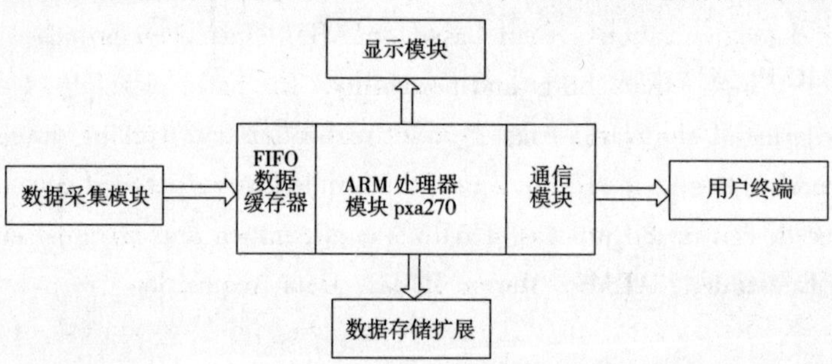

图 1 整体硬件系统电路框图

2.1 数据采集模块设计

数据采集的关键是采集精度和采集速度。采集速度主要与采样频率、A/D 转换速度有关,采集精度主要与 A/D 转换器的位数有关。因此高速的数据采集系统的设计主要需要解决的问题是系统在速度、精度等方面矛盾。

为了保证采集数据的速度与精度,系统采用 8 位高速模数转换芯片 AD9481,它是由 ADI 公司推出的双 8 位单片 ADC,最高采样速度可达 250MHz,且具有较低功耗（在250MSPS工作时功耗仅为439MW）和较高的信噪比[13,14]。数据采集模块整体的方框图如图2所示。

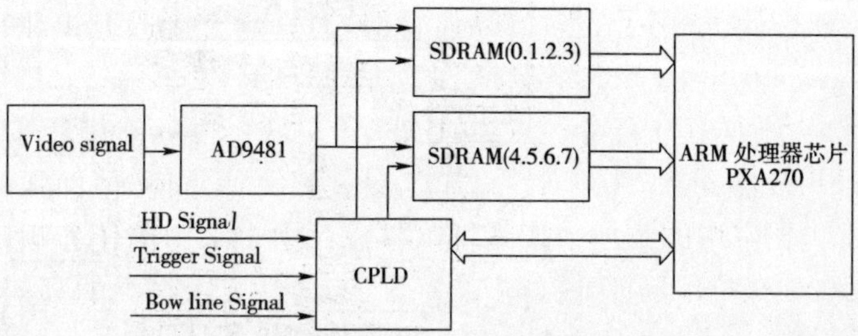

图2　采集模块整体框图

AD9481的模拟输入为差分缓冲，CLK+和CLK-为差分时钟输入端口。为了获得好的动态特性，在VIN+和VIN-两个模拟输入端口的阻抗需要匹配。输入时可使用AD8138/8139或AD8351作为ADC的驱动器。采集模块中视频信号采集电路的原理图见图3。

在采集模块中，视频数据的存储采用了双buffer机制。用两块SDRAM区来实现高速数据采集，每一块SDRAM区存放一幅雷达视频图像。当ADC中向其中的一块SDRAM写入雷达视频信号的同时，ARM9可以从另一块SDRAM区中读出雷达图像数据。一幅雷达图像读取完毕后，ARM9通过CPLD控制双SDRAM区的切换，两块buffer区依次交替读写工作。

2.2　ARM9处理模块

ARM9处理器模块包括以ARM处理器为主芯片模块和显示模块两部分。

2.2.1　ARM9处理器芯片

数据处理的核心是ARM9处理器，它应具有高性能、小体积、低功耗、性价比高等优点。因此系统采用XScale系列处理器PXA270，它是Intel公司推出的基于ARMv5TE体系结构的ARM处理器，最高可在624MHz频率下工作。PXA270是源于它wireless MMX技术和SpeedStep动态电源管理技术。SpeedStep技术原用于英特尔移动处理器，这种技术用通俗的表述就是系统需要多高的主频，它就调节到多高的频率，当系统不需要时，它就将处理器主频调节到最低，绝不浪费一点。在系统完全空闲时，PXA270可以运行在26MHz的主频以下，而且此时它的功耗低于0.1mA。

2.2.2　显示模块

MagicARM270开发平台上带有液晶屏，并且内置液晶控制器。此液晶屏型号是LQ080V3DG01，它是8英寸256色的TFT屏，点阵为640×480，分辨率最大支持800×600，可以清晰的显示系统采集到的数据和图像。

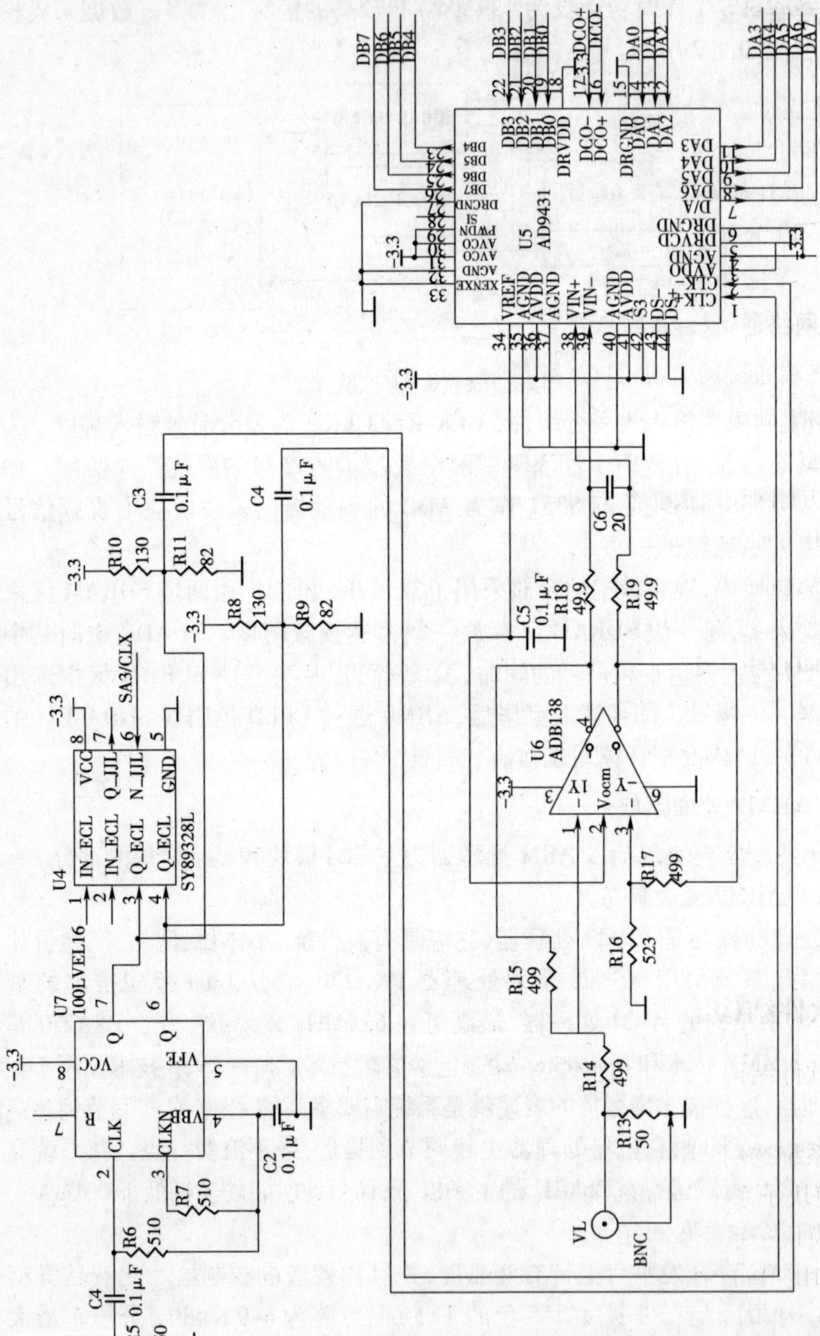

图3 视频信号采集电路原理图

2.3 存储模块

系统的要求是高速数据采集,所以对采集数据的存储也有相当的要求,存储介质要具有抗震动,容量大,体积小等特性。存储模块采用性价比较高的 NAND Flsah 作为存储介质。由于所需要的存储容量较大,我们采用了多片 NAND Flsah 级连的方式扩展存储容量[4]。基于 PXA270 的 CPU 为 MagicARM270 试验箱。ROM 扩展采用了 FLASH 芯片 SST39VF160,每片存储容量为 16MBit,用来存储处理完的数据。

2.4 网络通信模块

用户终端通过网络通信,向 ARM 处理器下达命令或接受采集的数据和图像。且系统可以单独工作来采集、处理和存储数据,并通过以太网传输到用户终端分析和解决问题。

通过以太网口,可以很方便实现交叉编译,极大地缩短开发周期,在 MagicARM270 开发平台上有 1 路 10/100M 的以太网接口。在开发平台上用 DM9000E 芯片控制器来控制以太网。他的工作基地址是 0x300,对其进行操作的地址是 0x300(地址端口)或 0x304(数据端口),结合到 MagicARM270 的片选得到的 32 为地址为 0x04000300(地址端口)或 0x000304(数据段口)。网络通信模块框图如图 4 所示。

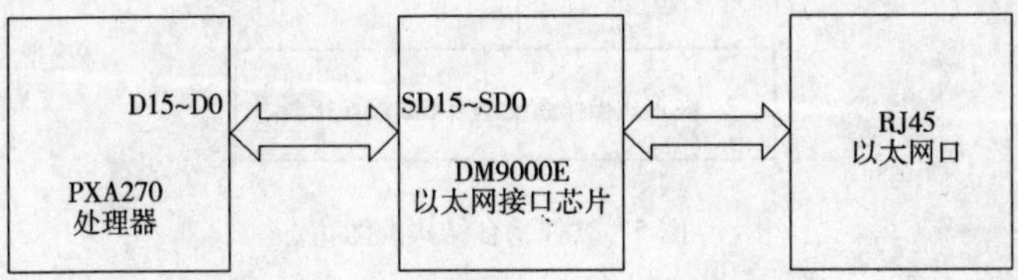

图 4　网络通信模块框图

3　软件结构

整体软件结构平台分为三个部分:操作系统部分、驱动程序部分和应用程序部分。

操作系统选用 ARM linux2.6 版本,相比 linux2.4,linux2.6 有很多的优点[15]:

(1)模块子系统(Module Subsystem)、统一设备模型(Unified Device Model)和 PnP 支持模块子系统发生了重大变化。(2)稳定性有所提高。(3)统一设备模型。(4)即插即用(PnP)支持 。(5)线程模型,NPTL。(6)支持更多的设备。(7)Sys 文件系统。

驱动程序属于底层程序,直接和硬件外设打交道,包括用于以太网络的驱动程序、用以 RS232 接口的串行驱动程序、用来显示图像和数据的 LCD 液晶显示驱动程序,以及用于存储器 NAND Flsah 读写驱动程序和雷达信号的 A/D 芯片驱动程序等等。

应用程序包括各种与硬件驱动程序和底层硬件打交道的上层程序。主要分为两个部分:一个是一直运行在后台的精灵程序(Daemon),另外一个是统一的一个多线程应用程序。二者的通信可以通过命名管道,也可以通过可读写文件系统传递信息[12]。

软件整体结构框图如图 5 所示。

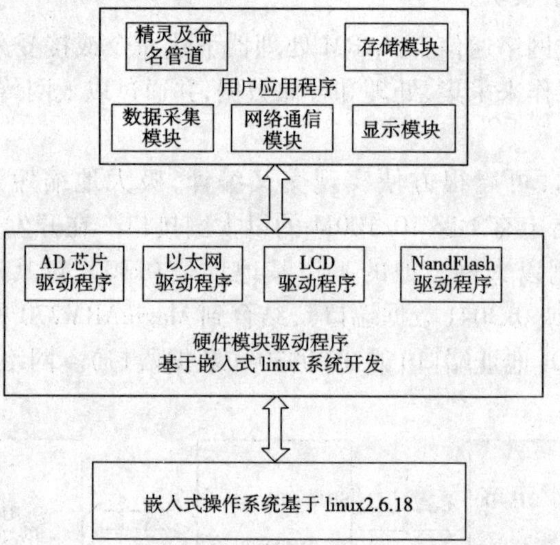

图 5　软件平台结构框图

软件系统的设计方案吸收了网络通信协议的分层处理思想,以一操作系统作为系统的资源平台,使用集成开发环境,自底向上依次构建硬件模块驱动层和用户应用层。

4　系统抗干扰设计

高速数据采集系统在抗干扰方面的问题远远大于中低速系统,例如信号连线上的延迟、反射、串扰、器件内部过度干扰和热噪声,电源干扰,地噪声等[15,16]。因此在高速数据采集系统设计中,整个系统的采集精度主要取决于系统的抗干扰设计。本文主要从以下两个方面进行考虑:

(1)根据高速电路设计理论,AD 采集系统中的电源应当采用线性电源,以避免开关电源引入噪声。为了降低电源阻抗,减小噪声对电源的干扰,通常采用电源层设计,尽可能增大电源面积。在设计每个芯片的供电电路时,在每个芯片的电源附近并联去耦电容和旁路电容。去耦电容为芯片提供局域化的直流。旁路电容可以消除高频辐射噪声和抑制高频干扰。

(2)高速数据采集系统的模拟地和数字地应严格分开,最后单点共地。共地点通常选择在 ADC 芯片管脚所需电流最大的位置,这样可以使大电流对地回流最近,以避免对模拟电路的干扰,提高系统的采集精度。

5 结束语

高速数据采集一直以来都是研究热点。本文设计了基于 ARM9 的航海雷达高速数据采集系统。系统在设计过程中,充分考虑了嵌入式系统对功耗、尺寸和成本的敏感性,在硬件的选择及设计上不仅强调了低功耗、小尺寸、低成本,还对可能产生的干扰做出分析。软件方面,系统移植了一个微型实时操作系统内核并对其进行扩展,达到增强数据管理、实现多任务调度、缩短开发周期、提高程序可维护性的目的。

参考文献

[1] 宋杰,何友,唐小明. 基于 FPGA 的超高速雷达信号实时采集存储系统[J]. 电子技术应用,2005.11:18-20

[2] 宋杰,何友,唐小明. 基于 FPGA 的雷达信号模拟. 采集与处理系统[J]. 海军航空公工程学院学报,2006,21(6):631-636

[3] 于洪,闫晓燕. 基于雷达信号的高速数据采集系统的设计[J]. 微计算机信息,2006,22(6):150-153

[4] 张伟. 基于 ARM 的雷达信号处理系统的研究[J]. 南京理工大学硕士学位论文,2008.06

[5] 王虹现,苏涛,冯大政. 一种通用雷达信号处理机的设计[J]. 雷达与对抗,2003 年第 4 期. 13-17

[6] 万红,李申堂,王志刚. 高速采集卡在雷达信号中频采样中的应用[J]. 现代雷达,2005,27(12):84-90

[7] 林连雷,杨英,姜守迭. 基于 PCI 总线的雷达信号采集分析系统设计[J]. 电子测量与仪器学报,2007,21(4):82-86

[8] 罗浩,谢华成. 一种新的基于 ARM 的数据采集系统设计[J]. 信阳师范学院学报,2006,19(2):203-205

[9] 罗军,孙海善,魏家祥,曾浩. 基于 CPLD 和 DSP 的雷达信号数字采集接口模块设计[J]. 电视技术,2006(5):136-140

[10] 陈平,欧阳斌林. 基于 ARM 的数据采集系统的设计[J]. 东北农业大学学报,2008,39

(4):99-101

[11] 何超. 基于 DSP 的嵌入式数字船舶导航雷达信号处理系统的设计与实现[J]. 电子科技大学硕士学位论文,2007. 06

[12] 张顶飞,谭或,王书茂,吴刚. 基于 ARM 的数据采集和无线传输系统[J]. 第十三届全国设备监测与诊断学术会议论文集,2008:631-633

[13] 田西宁,林勇,宋海杰. 高速 A/D 转换器 AD9481 原理及应用[J]. 现代电子技,2006,27(12):84-90

[14] 梁艳,梅同杰. 高速模数转换器 AD9481 及其应用[J]. 电脑知识与技术(学术交流),470-418

[15] 应士君,航海模拟器雷达接口的设计,上海海运学院学报,1997,18(2):29-33

[16] 程言奎,李英. 基于 ARM9 的高速数据采集系统的实现[J]. 现代通信技术,2008. 11:140-142

利用 AIS 信息进行岸基雷达标定

黄　玮[1]　李文博[1]　刘冬利[1,2]

（1. 海军大连舰艇学院学员旅 27 队，大连，116018；2. 大连海事大学，大连，116026）

摘　要：岸基警戒雷达需要定期进行标定以保证高的测量精度，受地形的限制目前尚缺乏有效的标定方法。由于船舶自动识别系统可以显示邻近船舶位置信息，本文讨论了应用 AIS 信息进行雷达标校的方法，介绍了该方法的原理，并进行了精度分析。该方法已在多部雷达的标校中得到应用。

关键词：岸基雷达；船舶自动识别系统；标定；位置

Abstract: It is necessary for the shore-base radars to be termly calibrated to ensure the high precision. Due to the special landform, it has no effect calibration method at present. Because the Automatic Identification System can display ship's position information, In this paper, the method of using AIS information to calibrate a shore-base radar was discussed, and explained the principle and analyzed the accuracy. This new technology has been applied to many radar's calibration.

Key words: shore-base radar; Automatic Identification System; calibrate; position

1 引言

随着现代化军事战争对侦查、警戒的迫切需求，岸基警戒雷达已成为现代海防不可缺少的重要组成部分。而岸基警戒雷达较之其他雷达连续工作时间长，受元器件老化、工作环境恶劣和机械磨损等因素的影响，一般岸基雷达使用一年方位系统误差可达 0.5°以上。为了保证雷达的测角和测距精度需要对雷达进行标定，以消除或减小系统误差。当标准设备测得的目标数据即真值的精度比雷达的精度指标高 5 倍以上时，可认为标准设备给出的目标真值是可信的。雷达测距的系统误差用雷达多次测量所得的平均值与被测距离的真值之差来表示。求得系统误差后，再对雷达测距零值和测角零值进行修正，完成对雷达的校准。岸基雷达一般安装在高山上，周围有很多地物杂波，受地形因素的影响，基本无法找到孤立的点目标用于标定,本文讨论利用 AIS 进行雷达标校的方法。

2 船舶自动识别系统(AIS)介绍

2.1 AIS 基本结构简介

AIS 由四部分组成,AIS 结构如图 1 所示。

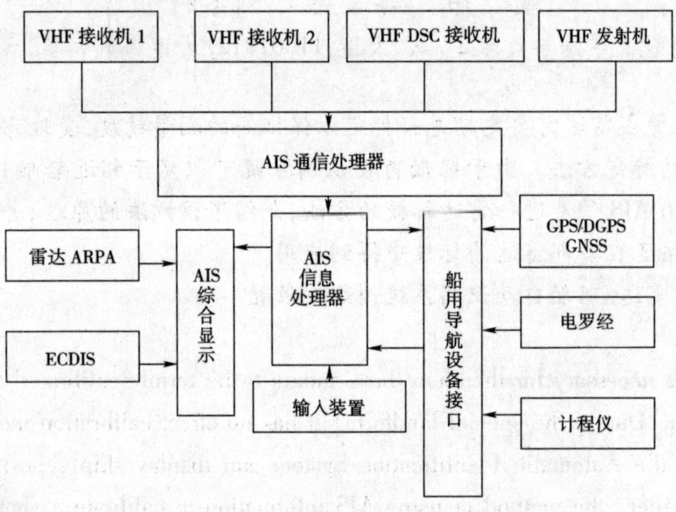

图 1 AIS 结构示意图

(1)AIS 通信处理器。用 VHFCH87B、88B 两个国际专用频道自动发射和接收通信协议方案规定的高斯滤波最小偏频移键控信号,AIS 同时在这两个频率上接收信息,而发射信息是在这两个频率上交替进行。

(2)信息处理器。将存储的本船最新航行数据和必要的静态信息以及与航行相关的其他信息进行编码后送发射机;对所接收的来自周围船舶的航行数据进行解码并存储;将本船和其他船舶的航行数据等信息送 AIS 综合显示器显示,信息处理器中包括船舶静、动态数据库以及对信息的处理、管理控制、时隙选择、同步监测、显示等相应软件。

(3)信息显示器。用于显示各种船舶数据和航行状态信息,监视系统运行状况,通常在实际应用中的信息显示器可能与雷达,ARPA 及电子海图显示器一体化。

(4)其他传感器数据自动输入装置。接收同步世界时 UTC 及来自陀螺罗经的本船对地航向,将来自计程仪的本船对地航速等信号转换为数字信号并输入信息处理器[1]。

2.2 AIS 的主要功能

(1)系统可在无需人工介入的情况下,主动连续地向具有适当配备的主管当局的岸台和其他船舶(飞机)提供信息,其信息包括船舶识别码、船型、船位、航向、航速、航行状态和其他与安全有关的信息。

(2)系统能接受、处理船位、航向、航速等传感信息,自动接受来自具有相同配备船舶、管理当局及其他来源的上述信息。

(3)以适当的更新速率提供船位和操纵信息以便于管理当局和其他船舶精确跟踪和监视船舶动态。自主模式下的信息更新率因船舶类型不同而不同。对高优先级的以及有关安全的呼叫以最快的速率确定。

(4)与 AIS 岸台交换数据,以使主管部门指配工作模式,控制数据传输的时间和时隙,指配工作模式,使用广播式或受控应答式。

(5)系统有内设测试设备。

(6)系统提供国际海事标准界面,并有人工输入和输出数据的接口。

3 雷达与 AIS 目标位置信息融合

3.1 雷达与 AIS 位置的坐标变换

本文采用以岸基雷达为原点的直角坐标系,如图 2 所示。

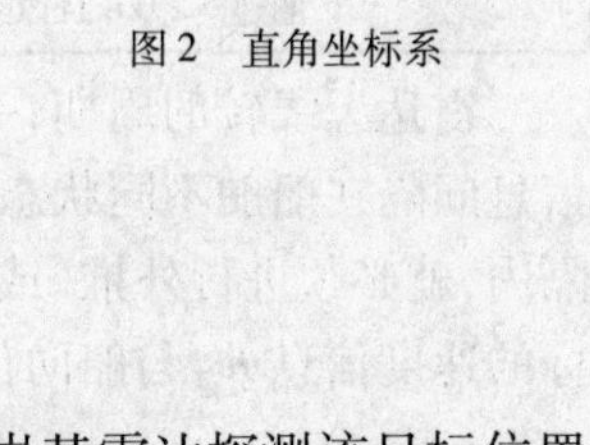

图 2 直角坐标系

图中:

O——坐标原点(本船位置);

X 轴——经度方向;

Y 轴——纬度方向;

T_r——雷达探测到的目标位置;

T_a——AIS 提供的目标位置;

X_r——雷达的目标位置在 X 轴分量;

Y_r——雷达的目标位置在 Y 轴分量;

X_a——AIS 提供的目标位置在 X 轴分量;

Y_a——AIS 提供的目标位置在 Y 轴分量。

目标船 AIS 播发的目标位置信息是经度与纬度。而岸基雷达探测该目标位置的信息是距离与舷角。因此,首先应把两者转换在同一坐标下。

设在某 k 时刻,雷达与 AIS 的目标位置在坐标中的分量如下:

$$\begin{cases} X_{rk} = R_{rk}\sin\theta_{rk} \\ Y_{rk} = R_{rk}\cos\theta_{rk} \end{cases}$$

$$\begin{cases} X_{ak} = (\lambda_{ak} - \lambda_{ok})\cos\theta_{ak} \\ Y_{ak} = (\phi_{ak} - \phi_{ok}) \end{cases}$$

式中:R_{rk}——k 时刻雷达探测到的目标距离;

θ_{rk}——k 时刻雷达探测到的目标方位;

λ_{ak}——k 时刻 AIS 提供的目标位置经度;

λ_{ok}——k 时刻岸基雷达位置的经度数值;

ϕ_{ak}——k 时刻 AIS 提供的目标位置纬度;

ϕ_{ok}——k 时刻岸基雷达位置的纬度数值;

其中,本船位置的经纬度可以由本船的 GPS(或 DGPS)提供。

3.2 AIS 位置的外推方法

为了适应船舶在不同工作状态下:对动态信息更新的不同需求,按照 IMONAV43 次会议附录规定:AIS 在“自动模式”下,动态信息报告间隔如表 1 所示[2]。

动态信息更新速率 表 1

船舶航行状态	报告更新时间
抛锚船	3min
船速 0 ~ 14kn	12min
船速 0 ~ 14kn 且改变航向	4min
船速 14 ~ 23kn	6min
船速 14 ~ 23kn 且改变航向	2min
船速 > 23kn	3min
船速 > 23kn 且改变航向	2min

雷达天线转的周期,一般为 15 ~ 30r/min。在“自动模式”下,AIS 广播的动态信息间隔在船舶不同状态下是不同的。因此,利用 AIS 动态信息,在其两次广播间隔内,就必须进行外推(或内插),插入其位置信息。由于 AIS 动态信息中,含有目标的速度信息 R_{ak} 与船向信息 θ_{ak},即其外推的下一时刻的目标位置为:

$$X_{a(k+1)} = X_{ak} + V_{ak}\sin\theta_{ak} \cdot \Delta T$$

$$Y_{a(k+1)} = Y_{ak} + V_{ak}\cos\theta_{ak} \cdot \Delta T$$

式中,ΔT 为雷达天线旋转周期。船用雷达的 ΔT 一般约为 3s。

3.3 目标点迹关联与合并

目标点迹关联与合并,或称为目标航迹关联与合并。本文所指的是把雷达探测到的目标点迹(位置),与 AIS 所提供的目标点迹(位置),进行关联与合并。

点迹关联的方法,通常可分为两类,一类是基于统计的方法,另一类是基于模糊数学的方法。在基于统计的点迹关联算法中,包括有加权法、独立序贯法、经典分配法、相关双门限法等。

本文采用的是基于统计的加权法,即为精度加权法。采用这种方法的原因,一是由于这种方法比较简单,减少雷达的复杂程度。二是这种方法比较适用于船用雷达这种天线同步扫描的体制。

(1)目标点迹关联

设 R_{rk},θ_{rk} 为雷达在 k 时刻所测得目标的距离与舷角。R_{ak},θ_{ak} 为 k 时刻 AIS 提供的目标位置信息所计算出的目标的距离与舷角。则:

$$\begin{cases} R_{ak} = (X_{ak}^2 + Y_{ak}^2)^{1/2} \\ \theta_{ak} = \arctan(X_{ak}/Y_{ak}) \end{cases}$$

若满足:

$$\begin{cases} \theta_k = \dfrac{1}{\sigma_{r\theta}^2 + \sigma_{a\theta}^2}(\sigma_{a\theta}^2 R_{rk} + \sigma_{r\theta}^2 R_{ak}) \\ V_{ar[\theta_k]} = \left(\dfrac{1}{\sigma_{r\theta}^2} + \dfrac{1}{\sigma_{a\theta}^2}\right)^{-1} \end{cases}$$

$$|\theta_{rk} - \theta_{ak}| \leqslant \theta_T$$

则两点迹关联。其中 R_T、θ_T 为关联波门。

(2)目标点迹合并

对于关联的点迹(R_{rk},θ_{rk})和(R_{ak},θ_{ak}),通过下式进行点迹合并。

$$\begin{cases} R_k = \dfrac{1}{\sigma_{rr}^2 + \sigma_{ar}^2}(\sigma_{ar}^2 R_{rk} + \sigma_{rr}^2 R_{ak}) \\ V_{ar[R_k]} = \left(\dfrac{1}{\sigma_{rr}^2} + \dfrac{1}{\sigma_{ar}^2}\right)^{-1} \end{cases}$$

$$\begin{cases} \theta_k = \dfrac{1}{\sigma_{r\theta}^2 + \sigma_{a\theta}^2}(\sigma_{a\theta}^2 R_{rk} + \sigma_{r\theta}^2 R_{ak}) \\ V_{ar[\theta_k]} = \left(\dfrac{1}{\sigma_{r\theta}^2} + \dfrac{1}{\sigma_{a\theta}^2}\right)^{-1} \end{cases}$$

从上式可以看出,目标点迹合并是基于统计的加权估计,其结果是按雷达测量的位置信息与 AIS 提供的位置信息按精度加权合并,合并后的点迹精度得到提高。

4 关键技术

4.1 时间校准技术

假设在一个时间段内 AIS 和雷达的采样时刻分别如下。

AIS 采样时刻序列:$T_A = t_{A1}, t_{A2}, \cdots, t_{Af}$;雷达采样时刻序列:$T_R = t_{R1}, t_{R2}, \cdots, t_{Rt}$。把这个时间段内,AIS 和雷达的采样时刻不分彼此聚为一个集合$\{t'_1, t'_2, \cdots, t'_n\}$。式中:$n = f + t$。依据这一集合进行采样时间校准,即确定统一的采样时刻序列。采用最邻近规则的试探[3]。

第 1 步:设 $T = \{t'_1, t'_2, \cdots, t'_n\}$,$T_K = \phi$,$K = 1,2,\cdots,n$。对于任意 $t \in T$,令 $T_1 = T_1 + t''_{11}$;$T = T - t$;$r = 1$。

第 2 步:若 $T = \phi$,则 $m = r$,将 T_K 中的所有时刻均聚为一类($K = 1,2,\cdots,n$),共聚出 m 个类,聚类结束。若 $T \neq \phi$,转到第 3 步。

第 3 步:对于任意 $t \in T$,若对于已有的 $T_i(i = 1,2,\cdots,r)$,只要有 $|t''_{i1} - t| < \varepsilon$,则取 $T_i = T_i + t$;$T = T - 1$。若对于 $i = 1,2,\cdots,r$,否则令 $r = r + 1$,$t''_{r1} = t$,$T_r = T_r + t''_{r1}$,$T = T - t$,转到第 2 步。

第 3 步中,ε 的选取可根据实际的时间序列 $t'_1, t'_2, \cdots, t'_n$ 来确定,也可根据精度和计算量的要求来取值。

当上述算法运行结束时,得到 m 个聚类集合 $T_i(i = 1,2,\cdots,m)$。然后,就可以根据这 m 个集合,获得 m 个采样时刻。用简单易行的取算术平均值法获得每个聚类集合的聚类中心。

$$t_i = \frac{t''_{i1} + t''_{i2} + \cdots + t''_{il}}{l}$$

假设第 i 个集合中总共有 l 个元素,$i = 1,2,\cdots,m$。

于是可求得 m 个采样时刻 $t_1, t_2, \cdots, t_m$。对于雷达和 AIS 在这些时刻的位置取值,可由以下方法求得。AIS 目标位置取值计算。

对于每一个 t_i,从 T_A 中选取一个离 t_i 最近的时刻 T_{Aj},根据目标在 t_{Aj}时刻的数据求得目标在 t_i 时刻的数据,在(t_i, t_{Aj})(没有考虑时间先后)的时间间隔中,假设目标做匀速直线运动,则在 t_i 时刻目标的位置。

在 x 轴上的分量为:

$$x_{A_{ti}} = v_{Aj}(|t_i - t_{Aj}|) \pm x_{Aj}$$

式中,v_{Aj}为目标在 t_{Aj}时刻的速度;x_{Aj}为目标位置在 x 轴上的分量。

在 y 轴上的分量为:

$$y_{A_{ti}} = v_{Aj}(|t_i - t_{Aj}|) \pm y_{Aj}$$

式中，v_{Aj}为目标在t_{Aj}时刻的速度；y_{Aj}为目标位置在y轴上的分量。$i=1,2,\cdots,m$。

同样可求得多个雷达目标（设共有g个目标）在标准采样时刻的位置数据。

雷达的第h个目标，在t_i时刻的位置数据在x轴上的分量为：

$$x_{hR_{t_i}} = v_{hRj}(|t_i - t_{hRj}|) \pm x_{hRj}$$

雷达的第h个目标，在t_i时刻的位置数据在y轴上的分量：

$$y_{hR_{t_i}} = v_{hRj}(|t_i - t_{hRj}|) \pm y_{hRj}$$

式中，$i=1,2,\cdots,m$；$h=1,2,\cdots,g$。

至此，数据时间校准完成。

4.2 DGPS技术进行雷达标定

由于AIS的发布的目标位置信息是利用GPS卫星导航定位系统的定位信息。我们使用DGPS接收机作为标准设备。由于基准台的位置是已知的，可以利用卫星星历数据计算出基准接收机到卫星的距离，将测量的伪距和计算的距离的差值作为DGPS修正信息，通过航海无线电指向标播发给用户DGPS接收机，DGPS接收机将距离改正数用于测距码伪距单点定位的修正，定位精度由原来GPS接收机的15m（2DRMS，L1，C/A code，HDOP≤4 without SA）提高到1～5m（2DRMS，L1，C/A code，HDOP≤4）。“中国沿海RBN-DGPS系统”单站信号作用距离为海上300km，DGPS接收机的定位精度与DGPS接收机和基准台之间的距离有关。

将AIS接收机设置在雷达站点T_o并将与DGPS相连接的AIS设置在目标点T，进行几十分钟的观测，测出雷达站点T_o和目标点T在地心大地坐标系的坐标(ϕ_o, J_o, H_o)和(ϕ, J, H)。任一点T在地心大地坐标系中的坐标可表示为(ϕ, J, H)，任一点T在地心空间直角坐标系中的坐标也可表示为(X, Y, Z)，这两种坐标相互可以转换。转换公式为：

$$\begin{cases} X = (N+H)\cos\phi\cos J \\ Y = (N+H)\cos\phi\sin J \\ Z = [N(1-e^2)+H]\sin\phi \end{cases} \tag{1}$$

式中：N——椭球的卯酉圈曲率半径，$N=\dfrac{a}{\sqrt{1-e^2\sin^2\phi}}$；

a——地球长半径；

e——椭球的第一偏心率。

由公式(1)将雷达T_o的地心大地坐标(ϕ_o, J_o, H_o)和目标点T的地心大地坐标(ϕ, J, H)转换为地心空间直角坐标系的坐标(X_o, Y_o, Z_o)和(X, Y, Z)。

由公式(2)完成地心空间直角坐标(X_o, Y_o, Z_o)和(X, Y, Z)与站心空间直角坐标(x,y,z)的转换：

$$\begin{bmatrix} x \\ y \\ z \end{bmatrix} = H \begin{bmatrix} \Delta x \\ \Delta y \\ \Delta z \end{bmatrix} \tag{2}$$

其中：

$$\begin{bmatrix} \Delta x \\ \Delta y \\ \Delta z \end{bmatrix} = \begin{bmatrix} x \\ y \\ z \end{bmatrix} - \begin{bmatrix} x_o \\ y_o \\ z_o \end{bmatrix}$$

站心空间直角坐标系的定义为：原点位于雷达 T_o，Z 轴与 T_o 的椭球法线相重合，X 轴垂直于 Z 轴指向椭球的短轴，而 Y 轴垂直于 ZT_oZ 平面，构成左手坐标系。目标点的坐标表示为(x,y,z)。

站心极坐标系以 XT_oZ 平面为基准，以 T_o 为极点，以 X 轴为极轴。目标点 T 的坐标表示为(r,α,β)，r 为观测点 T_o 和目标点 T 距离，α 为目标点 T 在站心极坐标系的方位角，β 为目标点 T 在站心极坐标系的俯仰角。站心极坐标系适用于雷达探测目标。

再用公式(3)完成站心空间直角坐标(x,y,z)与站心极坐标(r,α,β)的转换：

$$\begin{cases} r = \sqrt{x^2 + y^2 + z^2} \\ a = \arctan \dfrac{y}{x} \left(\text{或} \ \pi + \arctan \dfrac{y}{x} \ \text{或} \ 2\pi + \arctan \dfrac{y}{x} \right) \\ \beta = \arctan \dfrac{z}{\sqrt{x^2 + y^2}} \end{cases} \tag{3}$$

这样标准设备 AIS 接收机测出雷达 T_o 和目标点在地心大地坐标系的坐标(ϕ_o,J_o,H_o)和(ϕ,J,H)后，经过坐标转换可得到(r,α,β)；这是一种间接测量。若$u(x)$、$u(y)$、$u(z)$分别为 x、y、z 的标准不确定度，$u(r)$、$u(\alpha)$、$u(\beta)$为合成标准不确定度，则根据不确定度的传递律[4]，有：

$$\begin{cases} u(r) = \dfrac{xu(x) + yu(y) + zu(z)}{\sqrt{x^2 + y^2 + z^2}} \\ u(\alpha) = \dfrac{xu(y) - yu(x)}{x^2 + y^2} \\ u(\beta) = \dfrac{(x^2 + y^2)u(z) - xzu(x) - yzu(z)}{x^2 + y^2 + z^2 \sqrt{x^2 + y^2 + z^2}} \end{cases}$$

由于 DGPS 接收机的定位精度为 1 ~ 5m(2DRMS)，则归算到雷达站心极坐标系中的方位角和仰角误差在0.02°之内,距离误差在5m之内,高于雷达精度数倍,可认为标准设备AIS接收机给出的目标真值是可信的。雷达测量值与真值之差就是系统误差,再对雷达测距零值和测角零值进行修正,完成对雷达的校准。

5 结束语

本文探讨了岸基雷达利用AIS接收来自目标船AIS播发的信息,提取其中的目标位置信息(AIS所发布的目标位置信息是利用GPS卫星导航定位系统的定位信息),然后与岸基雷达探测到的目标位置信息进行融合、时间同步、航迹相关等,以得到可靠性更高的目标位置信息。进而过对雷达的系统误差进行校准和消除,使得雷达站心极坐标系中的方位角和仰角误差在0.02°之内,距离误差在5m之内,高于雷达精度数倍(符合军用地面雷达通用规范中对雷达校标的要求)。再对雷达测距零值和测角零值进行修正,从而实现利用AIS信息进行岸基雷达标定。

参考文献

[1] 方祥麟.通用船载自动识别系统[J].世界航运,2000(3):4-5

[2] Draft Recommendation of Performance Standards for an Universal Shipborne Automatic Identification Systems (AIS) [S]. IMONAV43.1997

[3] 张军英.多雷达站数据融合处理的聚类方法[J].计算机仿真,2000,17(3):8-10

[4] GJB 3756—99,测量不确定度的表示及评定[S]

作者简介

刘冬利,通信地址:大连舰艇学院作战指挥系,邮编:116018,联系电话:0411-85856363-802;13591827845,电子邮箱:radar2006@126.com。

船舶机电

船舶应急电源的检查及其要点

张　平　杨兴忠

(天津海事局船舶安全检查站,天津,300456)

摘　要:本文对《国际海上人命安全公约》中关于船舶应急电源的要求进行了分析,结合实际检查经验讲述了应急电源检查要点和分析了典型案例。

关键词:应急电源;起动

1　序言

对于一艘现代商船来讲,电源的重要性不言而喻,电力对于船舶就像人的血液一样,而电站就是船舶的心脏。船舶电站由主电源和应急电源组成,而应急电源是主电源唯一的替补。当船舶发生事故,主电源出现故障失电情况下,应急电源应立即对船舶应急照明和应急设备进行供电,来保障船舶应急控制和船上人员的安全撤离。所以,应急电源是关系到船舶和人员安全的重要设备,在船舶管理和PSC检查中应得到足够的重视。

统计表明,天津海事局船舶安全检查站在2008~2010年期间,对外籍船舶进行PSC检查中,被禁止离港措施的外籍船舶中涉及到应急电源方面缺陷的船舶艘数约占滞留船舶总数的三分之一,2010年上半年就有12艘外籍船舶由于应急电源存在严重缺陷,在PSC检查中被滞留。所以探讨船舶应急电源的检查要点,对船舶及人员安全有重要的意义。

2　SOLAS公约中关于应急电源的分析和理解

SOLAS公约关于应急电源规定主要分为应急电源和应急发电机的起动装置两部分。SOLAS 74公约对应急电源的规定相对比较简单,81修正案进行了重新改写,并全文替代,增加第44条应急发电机的起动装置,此后的83修正案、88修正案、92 修正案、96 修正案和 00 修正案只做了少量补充和修改。下面对各次修正案公约条款进行分析。

2.1 设置和安装位置

500 总吨以上的货船和客船均应设有一独立的应急电源,应装于最高上层连续甲板以上和机舱棚以外的处所。

2.2 供给对象及其容量

应急电源应能保证船舶应急照明和应急设备供电 18 小时(客船为 36 小时)。应急照明处所包括控制站、服务和居住舱室的走廊、梯道和出入口、机器处所和主发电站、操舵装置处、消防泵、喷水系统消防泵和应急舱底泵起动位置。其中甲板上和舷外的每一登艇站满足应急照明 3 小时即可。应急设备包括无线电设备、航行设备、操舵装置、探火和火灾报警系统等。注意对于无线电设备,应加装不同于应急电源的备用电源,备用电源应独立与船舶电力系统。

2.3 船舶供电系统(图 1)

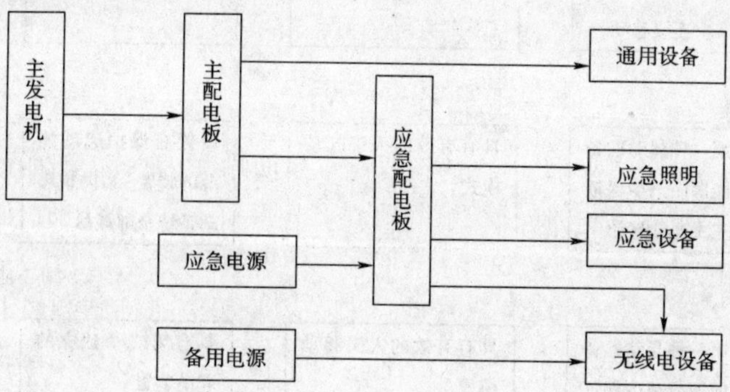

图 1 船舶供电系统示意图

2.4 供电形式和起动方式

应急电源可以是一台发电机或一组蓄电池。当应急电源为发电机时,根据 SOLAS 74 公约 81 修正案和 92 修正案的第 II-1 章 42、43、44 条,建造于 1984 年 9 月 1 日之后船舶,其应急发电机起动方式配备应满足:

若设有临时应急电源,应急发电机可以设置成不能自动起动。当主电源发生故障时,首先通过临时应急电源进行供电,然后再手动起动应急发电机,对应急配电板进行供电。若无临时应急电源,主电源发生故障时应急发电机必须能在 45s 内自动起动,自动与应急配电板接通供电(图 2)。

起动方式配备可归纳分为 4 类,见图 3。

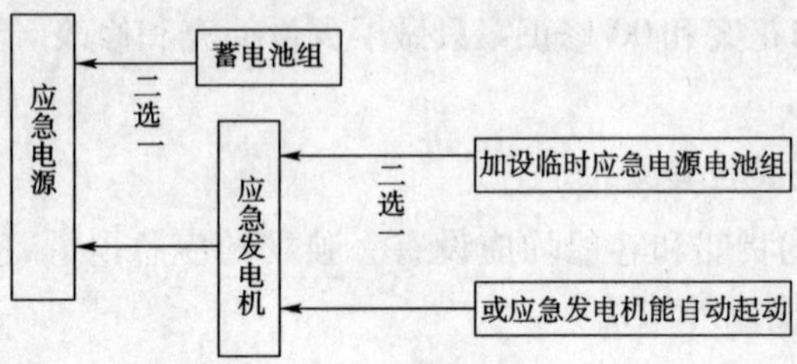

图2　应急电源供电形式

图3　起动方式

2.5　临时应急电源

不同于应急电源,临时应急电源是由位于紧急时适用于使用处所的蓄电池组来组成,应具有足够的能量和布置成主电源或应急电源发生故障时能自动地对部分应急照明和应急设备进行供电。

2.6　起动贮备能源

电池组、压缩空气以及液压起动能源均可以作为起动贮备能源。电力和液压起动系统应由应急配电板来维持;压缩空气起动系统用主或辅压缩空气瓶或应急空气压缩机来保持。

2.7 瘫船起动

96 修正案规定对于 1998 年 7 月 1 日以后建造的船舶，应急电源其功率应能在全船失电后 30min 内，使之连同其他机械一起从瘫船状态恢复船舶推进。

2.8 定期试验

对整个应急系统要进行定期试验，同时包括自动起动装置的试验。

3 应急电源的检查要点

3.1 检查船舶应急电源形式

首先判断受检查船舶应急电源形式是应急蓄电池还是应急发电机，如是应急发电机，是否配有临时应急电源（蓄电池组）。

判断船舶是否应装配临时应急电源条件：

当应急发电机设置成不能自动起动，船舶应配备临时应急电源，当船舶主配电板断电后，临时应急电源应首先对应急设备进行供电。如应急发电机能够自动起动，则不需配临时应急电源。当船舶主配电板断电后，应急发电机能在 45s 内自动起动并对应急配电板进行供电。

3.2 检查应急电源处所位置和布置是否符合公约要求

应急发电机间和蓄电池间是否在机器处所外、最高连续甲板之上，并应从露天甲板易于到达，并且不应置于防撞舱壁的前面。

注意：应急发电机与应急配电板应设置在同一处所；应急蓄电池组或临时应急蓄电池组，不应与应急配电板设置在同一处所。

3.3 检查应急发电机起动方式配备

通过实船常用配备来说明如何检查应急发电机的起动贮备能源和第二个独立的起动装置。

方式一：应急发电机是电起动（或压缩空气起动），配有一个电起动马达（或一个空气马达）和两组并联起动电瓶（或两组气瓶），则两组并联起动电瓶（或两组气瓶）则为两个起动贮备能源，满足公约要求。但是，这样配备只有一种起动装置，无第二个独立的起动装置，所以应急发电机系统应设置起动能源保护装置，当其中一组起动电瓶（气瓶）在连续自动起动三次失败后，保护起动能源保护装置发挥作用，自动切断起动电路并发出报警，直到人工将应急发电机的故障排除后，才能再次自动起动。

方式二;应急发电机由压缩空气起动,配有一个空气起动马达和一个气瓶,此气瓶同时由主空气系统供气和手动应急空压机(或手动起动柴油机为原动机带动应急空压机)供气,一个气瓶为一种起动贮备能源,不具备第二种,但是手动应急空压机可为气瓶供气,满足公约要求的有效的人工起动模式。同样,这种配备只有一种起动装置,无第二个独立的起动装置,所以应急发电机系统应设置起动贮备能源保护装置。

方式三:应急发电机同时能够由电起动和压缩空气起动,同时配有电起动马达和空气起动马达,配有一组电瓶和一个气瓶,即两种起动贮备能源和两种独立的起动装置,可以不设置起动贮备能源保护装置。

方式四:应急发电机是电起动(或压缩空气起动),配有一个电起动马达(或空气马达)和一组起动电瓶(或气瓶),同时具有人工初始化能源起动(包括手摇液压、弹簧储能、人工曲柄、惯性起动器、火药填充筒等等),既满足一种起动贮备能源加人工起动模式,又满足两种独立的起动装置,可以不设置起动贮备能源保护装置。

3.4 检查应急发电机起动及供电

(1)可以首先让轮机员对应急发电机进行机旁起动试验(包括电起动、气起动和手动起动等等),但此种方式只能测试原动机(柴油机)状况,未检查应急配电板供电情况。原动机起动后,应检查原动机的转速表、压力表、温度表等仪表是否正常。还应注意听原动机起动过程的声音是否正常,观察振动情况,是否有滴油、漏水、漏气等。

(2)测试应急发电机在45s内自动起动并对应急配电板进行供电。应急配电板一般有模拟测试断电自动起动的联络开关,使用模拟试验开关,可以使船舶在航行期间无需船舶电网断电进行试验。正常状态下,主配电板通过应急配电板对应急设备进行供电,当把模拟试验开关从“0”位扳到试验位置,自动应急控制系统立即发出断电模拟信号,使主配电板与应急配电板脱开,应急设备失电,可观察到应急发电机室内的应急灯灭。然后,应急发电机应能够在45s内自动起动并对应急配电板进行供电,应急灯亮,表明应急电源系统供电良好。此时,船舶主配电板由主供电系统供电和应急配电板由应急发电机供电,处在同时供电状态,只是两路电没有交叉,要结束试验时,将模拟试验开关扳回“0”位,自动应急控制系统检测到有电,应急配电板与主配电板连接,应急发电机停。

(3)测试应急发电机起动贮备能源保护装置,要测试此装置,应首先假设应急发电机存在故障,不能正常起动。例如,笔者认为在测试时可以通过切断燃油管路(关闭燃油柜速闭阀),来模拟原动机燃油系统存在故障,然后拨动模拟试验开关,来测试应急发电机在连续自动起动三次失败后，贮备能源保护装置能否自动切断起动电路并发出报警。

3.5 检查应急电源间的防火

(1)对防火分隔的检查

应急电源间属于控制站，若其相邻舱壁处所为起居处所(不包括走廊)、A类机械处所、货物处所(包括这些处所的围阱通道和舱口)、具有较大失火危险服务处所(包括厨房、设有烹调设备的配膳室、桑拿房、面积为$4m^2$及以上的油漆间和储物间、存放易燃液体的处所和不构成机械处所一部分的工作间)、滚装和车辆处所，则相邻舱壁应采用A-60分隔。

若应急电源间相邻甲板上面处所为A类机械处所及滚装和车辆处所，则相邻甲板应采用A-60分隔。若相邻甲板下面处所为起居处所(不包括走廊)、A类机械处所、货物处所(包括这些处所的围阱通道和舱口)、具有较大失火危险服务处所(同上)、滚装和车辆处所，则相邻甲板应采用A-60分隔。

(2)对应急发电机间通风关闭装置的检查

在检查应急发电机间时，经常能见到通风筒和百叶窗。在检查其关闭装置时，应注意：按照SOLAS 74公约2000年修正案的要求，对建造于2002年7月1日以后的船舶，除非应急发电机间内部安装了固定式气体灭火系统，否则应急发电机间和开敞甲板的分隔可以设有不带关闭装置的空气进入口；按照LL66公约要求，在“位置1”的通风筒，其围板高出甲板以上4.5m，和在“位置2”的通风筒，其围板高出甲板以上2.3m，除主管机关有特殊要求外，均不需装设封闭装置。

(3)对发电机燃油柜速闭阀的检查

按照SOLAS 74公约2000年修正案的要求，对建造于2002年7月1日以后的船舶，对于设在双层底以上的容积500 L及以上的燃油柜，应为其在油柜上直接装设遥控速闭阀。同时应注意：对应急发电机燃油柜阀门的遥控操作控制应位于一单独的位置，与位于机器处所内的油柜的其他阀门的遥控操作控制的位置相分开。

此项应理解为：假设机舱失火，导致全船断电，应急发电机起动进行供电。当船员要控制火灾，首先要关闭油柜速闭阀，但是此时应急发电机正在供电，它的燃油柜速闭阀不能关闭，所以在设计上它的燃油柜速闭阀遥控操作控制应与其他位置相分开。

在实际检查中，如果船舶油柜速闭阀遥控操作控制设计成通过气动控制来实现时，那么应急发电机燃油柜速闭阀空气控制管路应与机器处所其他油柜速闭阀空气控制管路单独控制，才能到隔离的目的。当应急发电机燃油柜速闭阀的操作是通过单独钢丝来控制，也可以达到隔离的目的。

4 案例分析

在实际 PSC 检查中涉及到应急电源方面的缺陷很多,以下例举几个比较典型的案例:

4.1 案例一

(1)船舶概况

船名:JIN BIN　　国籍:巴拿马　　IMO 编号:8863202　　总吨:6910

船舶种类:杂货船　　建造日期:1993-02-28　　船级社:IRS

(2)检查概况

2010 年 4 月 7 日,天津海事局船舶安全检查站两名检查员对靠泊在天津新港 G22 号泊位进行卸货作业的巴拿马籍"JIN BIN"轮进行了 PSC 检查,共发现 23 项缺陷,多项为可滞留缺陷,其中一项涉及到应急发电机起动贮备能源。

检查中发现船舶应急电源为应急发电机,应急发电机只能电动起动,配有一台电起动马达,无其他起动方式,起动贮备能源为两组电瓶。经过试验应急发电机的机旁起动测试和断电自动起动供电测试都良好,但是检查员发现两组起动电瓶为串联,无转换开关,只能视为配备一种起动贮备能源,与 SOLAS 公约 81 修正案第 II-1 章 44 条(S74-1/CII-1/R44)中必须配备第二种起动贮备能源,保证在 30 分钟内另加三次起动或者提供有效的人工起动模式的要求不符。

(3)采取的措施

检查员考虑到此项缺陷严重违反了公约要求,经领导批准,对船舶实施禁止离港措施,同时要求船级社对船舶进行附加检验,递交检验报告。进行复检时,发现船舶采取的修理方法是增加一组并联的起动电瓶,并加装转换开关,相当于配备第二种起动贮备能源,满足公约要求。

检查时所拍照片见图 4 和图 5。

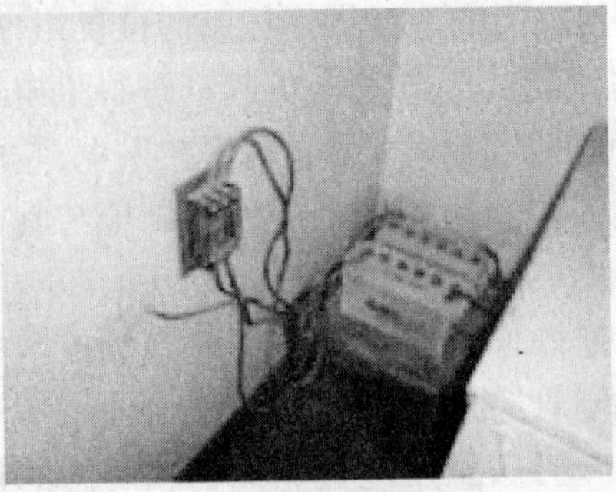

图 4　纠正前照片

图 5　纠正后照片

4.2 案例二

(1)船舶概况

船名:RAPHAEL　国籍:马绍尔群岛　IMO 编号:9197894　总吨:157833

船舶种类:油船　建造日期:1999-10-12　船级社:LR

(2)检查概况

2010 年 3 月 31 日,天津海事局船舶安全检查站两名检查员对靠泊在天津新港 G 南 1E 号泊位的 30 万吨级油船"RAPHAEL"进行了 PSC 检查,共发现 5 项缺陷,其中一项缺陷涉及应急发电机自动起动供电。

此船应急电源为应急发电机,并且没有配备临时应急电源。当检查员要求船员通过应急配电板上模拟断电试验开关进行模拟测试应急发电机自动起动供电时(将模拟试验开关从"O"位扳到试验位置,此时应急发电机间应急灯熄灭),应急发电机未能在 45s 内自动起动并对应急配电板进行供电(此时应急配电板无电源供应,应急发电机间应急灯依旧熄灭)。发现此问题后,检查员与轮机长沟通,要求进行全船断电试验(将机舱主配电板与发电机脱开,全船断电),应急发电机仍不能自动起动供电。此项不符合 SOLAS 公约 81 修正案第 II-1 章 43 条(S74-1/CII-1/R43)中若船舶不配备临时应急电源,当主电源发生故障时应急发电机必须能在 45s 内自动起动,自动与应急配电板接通供电的要求。

(3)采取的措施

应急发电机不能自动起动供电,将导致若主电源故障,船舶应急设备和应急照明不能迅速获得供电,严重影响危急情况下船舶应急控制和船员的安全撤离。考虑到此项缺陷严重性对船舶实施禁止离港措施,同时要求船级社对船舶进行附加检验,复检时检查员与验船师沟通,发现问题出现在应急发电机的控制电路,船舶通过修理排除了故障。

检查时所拍照片见图 6 和图 7。

图 6　应急配电板无电压

图 7　模拟试验开关

4.3 案例三

(1)船舶概况

船名:SITC PROGRESS　国籍:安提瓜巴布达　IMO 编号:9322243　总吨:9590

船舶种类:集装箱船　建造日期:2006　船级社:GL

(2)检查概况

检查中发现一项关于应急发电机燃油柜速闭阀遥控控制位置的缺陷比较具有典型性,此船所有燃油柜速闭阀的操作都是由消防站内空气控制系统集中遥控操作,应急发电机燃油柜速闭阀空气控制管路应与机器处所其他油柜速闭阀由同一空气控制管路进行控制,没有将应急发电机燃油柜速闭阀的遥控操作控制的位置相分开。该项违反了 SOLAS 74 公约 2000 年修正案第 II-2 章 4.2.2.3.4 条(S74-24/CII-2/R4.2.2.3.4)的要求,对造于 2002 年 7 月 1 日以后的船舶,应急发电机燃油柜阀门的遥控操作控制应位于一单独的位置,与位于机器处所内的油柜的其他阀门的遥控操作控制的位置相分开。

(3)采取的措施

将应急发电机速闭阀遥控控制设置于一单独位置,能防止在紧急状况下船员的误操作,保障应急发电机正常迅速起动供电,对于船舶应急电源系统非常重要。检查员考虑到此项缺陷严重性和船舶整体状况,要求船舶立即纠正,同时通知船级社进行附加检验,出具检验报告。

检查时所拍照片见图 8。

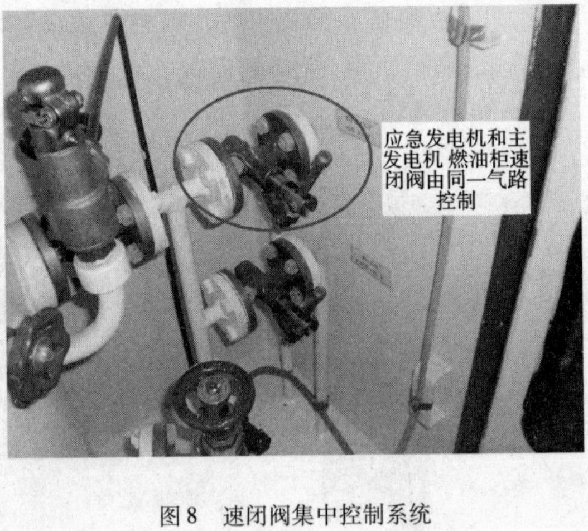

图 8　速闭阀集中控制系统

5 结语

应急电源作为在应急情况下为船舶提供能源必不可少的设备,船员应对其高度重视,熟练掌握操作程序,平时注意维护保养,定期进行测试,保证其随时可用。在检查中,若应急电源的安装位置、应急电源的防火、起动方式配备、应急发电机的起动测试和断电自动起动测试、应急发电机对应急配电板及应急设备的供电测试等存在缺陷,都应对船舶采取强制措施,要求必须纠正后才能开航。

作者简介

张平,男,1983 年 8 月出生,天津海事局船舶安全检查站,工程师,轮机工程研究生,港口国检察官,专业领域:港口国监督检查与研究工作;通信地址:天津市塘沽区新民街202 号;邮编:300456;办公电话:02266705699;传真:02266272038;电子邮箱:zhangping1983816@ yahoo. com. cn。

杨兴忠,男,1968 年 7 月出生,天津海事局船舶安全检查站,船长,高级工程师,A 类检察官,专业领域:港口国监督检查与研究工作;通信地址:天津市塘沽区新民街 202 号;邮编:300456;办公电话:02266272033;传真:02266272038;电子邮箱:yx-zhmsa@ 163. com。

基于证据理论的消防安全评价

王雪章
（中国船级社天津分社，天津，300457）

摘　要：消防安全管理在安全管理中占有极重要的地位。证据理论用于当评价一个复杂系统的安全性时，底层因素由于缺少数据而必须采用主观判断时，如何评价一个系统的安全性问题。本文针对“胜利十号”钻井平台消防安全评估过程中的诸多不确定因素，根据证据理论的思想和方法，提出了一种基于证据理论的消防安全评估方法。

关键词：消防安全评估；不确定性；证据理论

Abstract: Fire safety management at the Safety Management occupies a very important position. Evidence theory has been applied when assessing a complex system of security, the underlying factors because of lack of data and subjective judgments must be used, how to evaluate a system's security issues. In this paper, aim at many uncertainties of "SHENG LI NO. 10" in the course of the fire security assessment, according to evidence theory and methods, a theory based on evidence of the engine room fire safety assessment methods are put forward.

Key words: Fire safety assessment; Uncertainty; Evidence theory

1　引言

伴随着世界经济的全球化，世界各国对石油、天然气等能源的需求不断加大，人类开发海洋资源、利用海洋资源不仅已成为必然趋势，而且在进入21世纪以来得到了飞速发展。世界范围内的油气勘探与开发相应地从陆地转向辽阔的海洋，目前更是从近海浅水区域向更为复杂、危险的深海区域发展。海洋油气的开发必然对我国的海事安全产生越来越重要的影响。

火灾一直是各类事故中最致命的一种,防止钻井平台机舱火灾除了要在设计建造阶段将各种火灾隐患通过各种标准规范控制在最低程度外,更多的工作是投入作业后的消防安全管理,而机舱消防安全评价正是机舱消防安全管理的一个重要环节。但在评估过程中,存在评估标准不清晰、评估数据的缺乏、知识的不完备性、系统建模的不完整性以及危险识别的不充分性等等,这些不确定性都在一定程度上增加了安全评估的难度。

证据理论凭借其能够很好地表示"不确定性"和"未知"等认知学科上重要概念的优点,被成功地应用于诸如机器人、医疗诊断、决策分析、信息融合等领域中,来解决不确定信息的处理问题.它无需预先知道先验概率和条件概率,即可进行证据融合;符合人类决策的推理过程,而且推理形式简单,用信任测度 Bel 和似然测度 PL 刻划其不确定性。

2 系统安全分析模型

图 1 表示一个系统可分解成几个子系统,子系统又可细分为各部件(或下层子系统)。系统的安全性由各子系统的安全性综合而得,即各子系统为影响系统安全性的因素,子系统的安全性由其部件安全性综合而得,部件为影响子系统安全性的因素。这个"综合"过程采用证据理论的证据结合准则.对于每个底层因素的安全性在缺少数据的情况下,可由专家根据经验给出。例如:判断 i>因素 1 的安全性属于"较好"的相信度为 0.3,属于"好"的相信度为 0.6。这里将安全性等级分为"很好"、"好"、"较好"、"一般"、"较差"、"差"、"很差"。相信度 0.3 与 0.6 代表评价的不确定性,这里总的相信度为 0.9,小于 1,这是符合人们的直观判断的.在证据理论中,总的相信度可以小于等于 1。

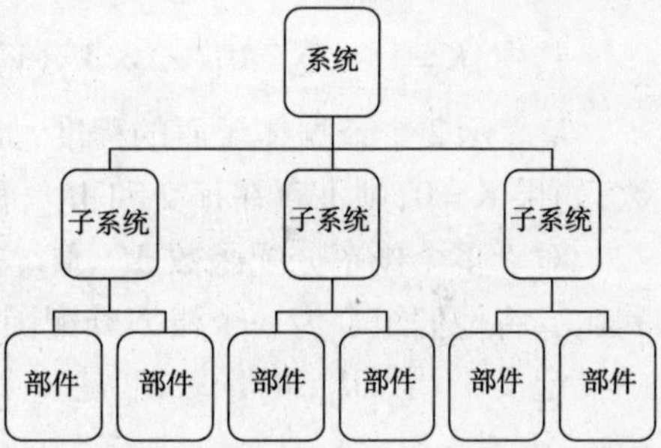

图 1　系统安全分析图

3 证据理论与证据结合准则

证据理论又称为 Dempster-Shafer(D-S)理论或信任函数理论。证据理论是经典概率论的一种扩充形式。在证据理论中,证据指的不是实证据,而是经验和知识的一部分,根据这些证据建立一个信度的初始分配,即确定出证据对每一命题的支持程度。如果有一批证据,则可根据 D-S 理论中的证据结合准则,计算出它们共同作用对每一命题的支持程度。

D-S 证据理论是建立在一个非空集合 D 上的,它描述了构成整个假设空间所有元素的集合(也称为样本空间),要求其中各元素互相排斥。由 D 的所有子集构成的幂集记为 2^D。下面给出与 D－S 证据理论有关的定义。

定义 1　设函数 M: $2^D[0,1]$,且满足:

$$M(\Phi)=0$$

$$\sum_{A\subseteq D}M(A)=1$$

则称 M 是 2^D 上的概率分配函数,称 $M(A)$ 为 A 的基本概率数(Function of Basic Probability Assignment)。基本可信数反映了对 A 本身的信度大小。条件 1 反映了对于空集(空命题)不产生任何信度;条件 2 反映了给所有命题所赋的信度值的和等于 1,即总信度为 1。值得注意的是,如果 $m(A)=s\ (A\subseteq D)$,且 D 中其他任何子集未分配可信度,则 $m(D)=1-s$,即将剩余可信度分配给 D,而不是 A 的补集。

定义 2　设 M_1 和 M_2 是 2 个概率分配函数,则其正交和 $M=M_1\oplus M_2$,为:

$$M(\Phi)=0$$

$$M(A)=M_1\oplus M_2=K^{-1}\times\sum_{x\cap y=A}M_1(x)\times M_2(y)\quad A\neq\Phi$$

其中,$K=1-\sum_{x\cap y=\Phi}M_1(x)\times M_2(y)=\sum_{x\cap y\neq\Phi}M_1(x)\times M_2(y)$

K 表示 2 个证据体矛盾的程度,如果 $K\neq 0$,则正交和 M_1 也是一个概率分配函数;如果 K＝0,则不存在正交和 M_{12},称 M_1 与 M_2 矛盾。

对于多个概率分配函数 $M_1,M_2,\cdots,M_n$,如果他们可以组合,也可以通过正交和运算将他们组合为一个概率分配函数,其定义如下:

定义 3　设 $M_1,M_2,\cdots,M_n$ 是 n 个概率分配函数,则其正交和 $M=M_1\oplus M_2\oplus\cdots\oplus M_n$ 为:

$$M(\Phi)=0$$

$$M_n=K^{-1}\times\sum_{\cap A_i=A}\prod_{1\leqslant i\leqslant n}M_i(A_i)$$

其中,$K=\sum_{\cap A_i\neq\Phi}\prod_{1<i<n}M_i(A_i)$。这就是 D-S 证据结合准则。

4　算例

以“胜利十号”钻井平台消防安全系统为例,说明如何使用证据理论,最后用证据结合准则对整个系统进行安全评估。

“胜利十号”钻井平台设有固定式水灭火系统、二氧化碳灭火系统泡沫消防系统、。水灭火系统主要对平台主体各舱室、主甲板、生活楼、钻台甲板等处消防。在钻台甲板井口区、钻台底部井口区和钻台节流管汇区设有水雾喷淋系统,其用水由消防泵供给；二氧化碳没货系统用于消防泥浆泵舱、泥浆加药泵舱、左/右泵舱、主发电舱、变压器舱、配电间、液压站、乙炔瓶间、油漆间、应急发电机房、中控室、蓄电池及充放电等围壁处所的火灾；泡沫消防系统主要用于消防钻台甲板，主甲板泥浆净化区、泥浆舱和直升机甲板。泡沫消防泵性能为：

流量：$180m^3/h$

扬程：80m

功率：55kW

(1)确定评定分数

$$H=\{H_1,H_2,H_3,H_4,H_5,H_6,H_7\}$$

即安全评价等级 $H=$｛很差，差，较差，一般，好，好，很好｝

将这些评价分数量化为：

$$p\{H\}=\{-1,-0.8,-0.4,0,0.4,0.8,1\}$$

$$\sum_{n=1}^{7}P(H_n)=0$$

(2)确定影响该系统安全的因素集

$$E_P=\{E_{P1},E_{P2},E_{P3}\}=\{\text{设备系统,人员系统,消防管理}\}$$

式中：$E_{P1}=\{e_1^1\}$ =｛可能引发火灾的设备系统，灭火的设备系统｝

$E_{P2}=\{e_2^1,e_2^2,e_2^3\}$ =｛人员状况，环境状况，技术状况｝

$E_{P3}=\{e_3^1,e_3^2,e_3^3\}$ =｛消防组织制度，消防安全制度，消防档案制度｝

(3)确定权重系数

$\omega=(\omega_1,\omega_2,\omega_3)^T=(0.3,0.4,0.3)^T$ $\qquad$ $\omega_1=(\omega_1^1,\omega_1^2)^T=(0.5,0.5)^T$

$\omega_2=(\omega_2^1,\omega_2^2,\omega_2^3)^T=(0.5,0.2,0.3)^T$ $\qquad$ $\omega_3=(\omega_3^1,\omega_3^2,\omega_3^3)^T=(0.3,0.5,0.2)^T$

$\alpha=0.9$，α 表示“优先系数”($\alpha\leqslant1$)，它表明最关键因素在评价整个因素集时的重要程度

$$\lambda=\alpha\frac{\omega}{\omega_{\max}}=(0.675,0.9,0.675)^T \qquad \lambda_1=\alpha\frac{\omega_1}{\omega_{1\max}}=(0.9,0.9)^T$$

$$\lambda_2=\alpha\frac{\omega_2}{\omega_{2\max}}=(0.9,0.36,0.54)^T \qquad \lambda_3=\alpha\frac{\omega_3}{\omega_{3\max}}=(0.54,0.9,0.36)^T$$

(4)基本可信度分配表(表1)

表1

子系统	下层子系统或设备	评价分数						
		H_1	H_2	H_3	H_4	H_5	H_6	H_7
设备系统	可能引发火灾的设备			0.1	0.2	0.5	0.1	
	灭火的设备系统				0.1	0.2	0.7	

续上表

子系统	下层子系统或设备	评价分数						
		H_1	H_2	H_3	H_4	H_5	H_6	H_7
人员系统	人员状况			0.05	0.2	0.6	0.1	
	环境状况				0.2	0.7	0.1	
	技术状况				0.1	0.8	0.1	
消防系统	消防组织制度				0.08	0.21	0.6	0.08
	消防安全制度				0.03	0.06	0.35	0.55
	消防档案制度					0.5	0.3	0.05

(5)根据证据结合准则计算各层总的可信度分配表(表2~表4)。

设备系统总的可信度分配表 表2

基本可信度分配		评价分数						
		H_1	H_2	H_3	H_4	H_5	H_6	H_7
因素	e_1^1			0.09	0.18	0.45	0.09	
	e_1^2				0.09	0.18	0.63	
总的可信度				0.04	0.07	0.36	0.26	

人员系统总的可信度分配表 表3

基本可信度分配		评价分数						
		H_1	H_2	H_3	H_4	H_5	H_6	H_7
因素	e_2^1			0.045	0.18	0.54	0.09	
	e_2^2				0.072	0.252	0.036	
	e_2^3				0.054	0.432	0.054	
总可信任度				0.001	0.103	0.501	0.082	

消防管理系统总的可信度分配表 表4

基本可信度分配		评价分数						
		H_1	H_2	H_3	H_4	H_5	H_6	H_7
因素	e_3^1			0.027	0.072	0.108	0.54	0.072
	e_3^2				0.011	0.022	0.126	0.198
	e_3^3					0.27	0.162	0.027
总的可信任度			0.006	0.024	0.05	0.193	0.415	0.309

由表5得出:整个平台消防安全系统的安全性属于"一般"的相信度为0.056,属于"较好"的相信度为0.52,属于"好"的相信度为0.26,总的偏好度为0.403,整个平台消防系统的安全性为较好。

消防系统总的可信度分配表 表5

可信度分配		评价分数						
		H_1	H_2	H_3	H_4	H_5	H_6	H_7
因素	E_{P1}				0.05	0.30	0.18	
	E_{P2}				0.03	0.27	0.06	
	E_{P3}			0.01	0.009	0.11	0.32	0.09
总的可信度						0.056	0.52	0.26

5 结束语

由此可见,针对评估过程中的一些不确定因素,由于证据理论的引入,不但发挥了综合评判的作用,而且还尽量减小了个人主观臆断所带来的弊端,从而为船舶机舱消防安全管理提供了一个科学的评价手段和方法,提高了评估的精度和有效性,同时使决策者在缺少数据的情况下,减少决策的盲目性和主观性。

参考文献

[1] 樊红,冯恩德.一种基于证据理论的船舶综合安全评估(FSA)方法[J].武汉理工大学学报(交通科学与工程版),2004,28(4):546-549

[2] 姜晓燕,敬标,守香.糊综合评价方法在舰船机舱消防安全管理中的应用.火灾科学,2001年10月

[3] 段新生.证据理论与决策人工智能[M].北京:中国人民大学出版社,1993:95-112

[4] IMO Msc/Circ.1023&MEPC/Circ 392. Guidelines for Formal Safety Assessment(FSA) for use in the IMO Rule-Making Process,5 April 2002,3-5

作者简介

王雪章,男,1980年12月出生,中国船级社海工审图中心,验船师,助理工程师;专业领域:轮机工程。通信地址:天津市经济技术开发区南海路11号明珠园A座,邮编:300457,电话:022-62022888-5115,传真:022-62022018,电子邮箱:wangxuezhang@ccs.org.cn。

基于模糊聚类分析的海上交通事故原因的评价研究

李春晓　兰培真　刘晓佳
（集美大学航海学院，厦门，361021）

摘　要：应用模糊聚类分析的思想与方法，综合考虑海上交通事故的各种影响因素，建立海上交通事故原因分类数学模型。通过对事故原因的分类，进一步反映事故原因之间的内在联系，为海上交通安全应急预案的建立提供依据。

关键词：海上交通事故原因；模糊聚类分析；安全评价；应急预案

Abstract: Considering the factors that influence maritime traffic accidents, we establish mathematical model of maritime traffic accidents applying fuzzy cluster analysis. Through careful classification and evaluation of the data on the accidents reflect the inherence affiliation among the accidents, and find the main cause of the accident, thus, provide a basis for the marine safety emergency preplan.

Key words: Maritime accidents cause; Fuzzy cluster analysis; Safety assessment; Emergency preplan

1　引言

海上交通运输中最令人关注的首要问题是事故和安全，纵观海上交通设施、海上助航设备和设施、航行章程和船舶交通管理系统等几乎都是出于防止事故、保证安全的目的[4]，所以只有对海上交通事故原因进行深入分析才能防患于未然。海上交通事故的原因很多，一般事故的发生均是由多种原因同时引起的，为保障海上运输通道的安全，需要对已发生事故的原因进行归类分析，以防止类似事故的再次发生[3]。事故原因归类的更深层次的目的是建立海上交通安全应急预案，当一种紧急事件出现时，相关操作人员和管理人员可以根据目前的现状，比对预先已分类事故的相应状况，迅速获得相应的应急处置方案，做出应急反应，以防止事故的发生。以往单纯根据事故发生概率或经济损失等进行分类的方法，不足以体现事故原因之间的内部联系，而模糊聚类分析方法可以克服以上的不足，综合多方面因素，并反映出事故原因之间的内在联系，本文即采用模糊聚类分析的思想与方法，建立海上交通事故原因分类数学模型，对事故原因进行综合聚类分析[2]。

2 海上交通事故数据处理

根据南中国海域近10年海上事故统计数据，选取海上交通事故原因中具有代表性的几种情况——避碰不当、恶劣天气、瞭望不充分、主机失灵、操作不当作为5个单元，每个单元按事故后果分为4个因素[5]。

设5种事故原因组成一个分类集合：$X=(x_1,x_2,x_3,x_4,x_5)$，分别代表避碰不当、恶劣天气、瞭望不充分、主机失灵、操作不当。每种事故原因均采用代表性的方面（发生起数，死亡人数，受伤人数，经济损失）作为四项统计指标，即有：$X_{ij}=(x_{i1},x_{i2},x_{i3},x_{i4})$。$X_{ij}$表示第$i$种事故原因的第$j$中指标（$i=1,2,3,4,5;j=1,2,3,4$）原始数据如表1所示。

原始数据表　　表1

指　标	避碰不当	恶劣天气	主机失灵	瞭望不足	操作不当
发生起数（起）	21	26	10	17	22
死亡人数（人）	17	14	7	7	5
受伤人数（人）	10	3	1	1	7
经济损失（万元）	1640.2	4186.3	625.5	1285.3	1093

采用一定的数学方法对原始数据进行标准化处理，本文根据实际情况将原始数据做归一化处理，应用极差转化公式：

$$x_{ij}=\frac{x_{ij}-x_{ij\min}}{x_{ij\max}-x_{ij\min}} \tag{1}$$

对表1数据进行标准化处理，标准化后的数据如表2所示。

标准数据　　表2

指　标	避碰不当	恶劣天气	主机失灵	瞭望不足	操作不当
发生起数	1	0.524	0	0.796	0.988
死亡人数	0	0.468	1	0.702	0.887
受伤人数	0	1	0.110	0.688	0.346
经济损失	1	0.188	0.795	0.061	0

3 海上交通事故原因分类数学模型

应用模糊聚类分析法建立海上交通事故原因分类数学模型。首先，建立模糊相似关系,设 $U=\{u_1,u_2,\cdots,u_n\}$ 为待分类的全体对象。其中每一待分类对象由一组数据表征:$u_i=\{x_{i1},x_{i2},\cdots,x_{in}\}$,应用模糊数学最大最小法和绝对值减数法建立模糊相似关系 $\hat{R}$。第二,改造相似关系为等价关系,通过采用平方法求出 R 的传递闭包 $\hat{R}$,则 $\hat{R}$ 便是所求的 F 等价矩阵。最后应用模糊聚类分析方法,通过对 $\hat{R}$ 求 λ 截矩阵,便可获得动态聚类图,以实现对 U 进行分类[6]。

3.1 应用最大最小法进行聚类分析

3.1.1 最大最小公式

$$r_{ij}=\frac{\sum_{k=1}^{m}\min(x_{i_k},x_{j_k})}{\sum_{k=1}^{m}\max(x_{i_k},x_{j_k})} \tag{2}$$

应用公式(2)对表2数据进行处理,得到相似矩阵 R:

$$R=\begin{bmatrix}1 & 0.214 & 0.257 & 0.253 & 0.315\\ 0.214 & 1 & 0.236 & 0.449 & 0.434\\ 0.257 & 0.236 & 1 & 0.264 & 0.320\\ 0.253 & 0.449 & 0.264 & 1 & 0.713\\ 0.315 & 0.434 & 0.320 & 0.713 & 1\end{bmatrix}$$

3.1.2 改造相似关系为等价关系

运用平方法求解传递闭包 $\hat{R}$:

$$R^2=R\cdot R=\begin{bmatrix}1 & 0.315 & 0.315 & 0.315 & 0.315\\ 0.315 & 1 & 0.320 & 0.449 & 0.449\\ 0.315 & 0.320 & 1 & 0.320 & 0.320\\ 0.315 & 0.449 & 0.320 & 1 & 0.713\\ 0.315 & 0.449 & 0.320 & 0.713 & 1\end{bmatrix}$$

计算得 $R^4=R^2$,由上述计算可知是 R^2 模糊等价矩阵,R^2 是传递闭包,记 $\hat{R}=R^2$。

3.1.3 通过 $\hat{R}$ 进行分类

当 $0\leqslant\lambda\leqslant0.315$ 时,将 U 分成一类 $\{u_1,u_2,u_3,u_4,u_5\}$,当 $0.315<\lambda\leqslant0.320$ 时,将 U 分成两类 $\{u_1\}$,$\{u_2,u_3,u_4,u_5\}$,当 $0.320<\lambda\leqslant0.449$ 时,将 U 分成三类 $\{u_1\}$,$\{u_3\}$,$\{u_2,u_4,u_5\}$,当 $0.449<\lambda\leqslant0.713$ 时,将 U 分为四类 $\{u_1\}$,$\{u_2\}$,$\{u_3\}$,$\{u_4,u_5\}$,当 $0.713<\lambda\leqslant1$ 时,将 U 分为五类 $\{u_1\}$,$\{u_2\}$,$\{u_3\}$,$\{u_4\}$,$\{u_5\}$

聚类图如图1所示。

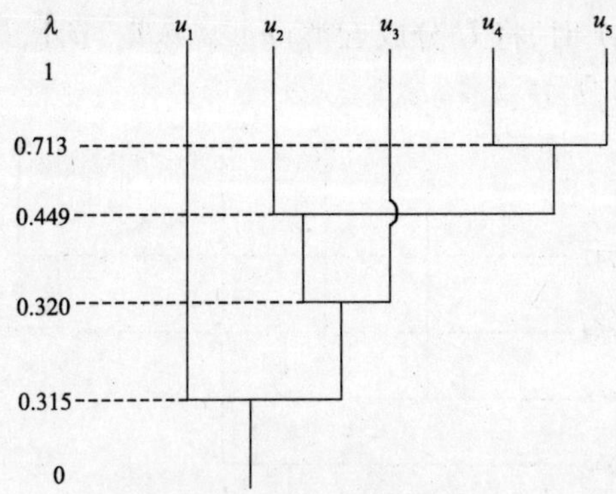

图1　最大最小法动态聚类图

3.2　用绝对值减法进行聚类分析

3.2.1　绝对值减法公式

$$r_{ij}=\begin{cases}1 & \text{当 } i=j\\ 1-c\sum_{k=1}^{m}|x_{i_k}-x_{j_k}| & \text{当 } i\neq j\end{cases} \tag{3}$$

将表2数据代入绝对值减法公式(3),得到 F 相似关系矩阵 R:

$$R=\begin{bmatrix}1 & 0.331 & 0.412 & 0.411 & 0.467\\ 0.331 & 1 & 0.356 & 0.658 & 0.580\\ 0.412 & 0.365 & 1 & 0.388 & 0.455\\ 0.411 & 0.658 & 0.388 & 1 & 0.747\\ 0.467 & 0.580 & 0.455 & 0.747 & 1\end{bmatrix}$$

3.2.2　改造相似关系为等价关系

$$R^2=R\circ R=\begin{bmatrix}1 & 0.467 & 0.455 & 0.467 & 0.467\\ 0.467 & 1 & 0.455 & 0.658 & 0.658\\ 0.455 & 0.455 & 1 & 0.455 & 0.455\\ 0.467 & 0.658 & 0.455 & 1 & 0.747\\ 0.467 & 0.658 & 0.455 & 0.747 & 1\end{bmatrix}$$

由计算得 $R^4=R^2$,得到传递闭包 $\hat{R}=R^2$。

3.2.3　通过 $\hat{R}$ 进行分类

当 $0\leqslant\lambda\leqslant0.455$ 时,将 U 分成一类 $\{u_1,u_2,u_3,u_4,u_5\}$,当 $0.455<\lambda\leqslant0.467$ 时,将 U 分成两类 $\{u_1,u_2,u_4,u_5\}$,$\{u_3\}$,当 $0.467<\lambda\leqslant0.658$ 时,将 U 分成三类 $\{u_1\}$,$\{u_3\}$,$\{u_2,u_4,u_5\}$,当 $0.658<\lambda\leqslant0.747$ 时,将 U 分成四类 $\{u_1\}$,$\{u_2\}$,$\{u_3\}$,

$\{u_4, u_5\}$ 当 $0.747 < \lambda \leqslant 1$ 时,将 U 分成五类 $\{u_1\}, \{u_2\}, \{u_3\}, \{u_4\}, \{u_5\}$

聚类分析图如图 2 所示。

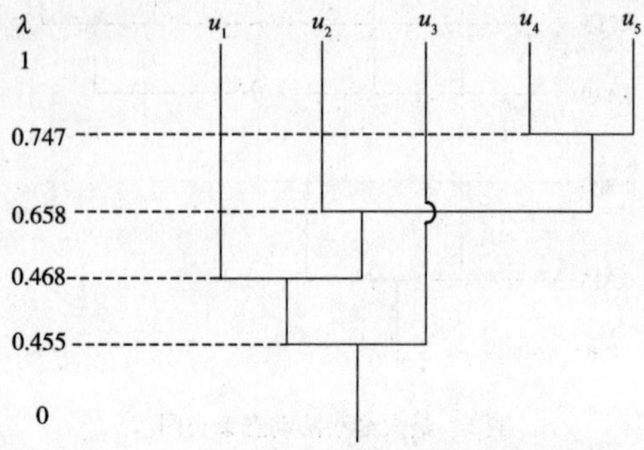

图 2　绝对值减法动态聚类图

3.3　海上事故原因分析

通过对南中国海域近 10 年海上事故统计数据的分析,应用模糊聚类分析的思想,选用最大最小法和绝对值减法建立模糊相似矩阵,并分别取 $0 \leqslant \lambda \leqslant 0.315$, $0.315 < \lambda \leqslant 0.320$ 和取 $0 \leqslant \lambda \leqslant 0.455$, $0.455 < \lambda \leqslant 0.467$ 进行聚类分析,结果显示该取法忽略了五种事故原因产生后果的差异性,分类结果过于粗陋;而分别取 $0.713 < \lambda \leqslant 1$ 和取 $0.747 < \lambda \leqslant 1$ 进行分类时,则过分强调了统计数据上的差异性,没有达到实际的分类目的;当选取 $0.320 \leqslant \lambda \leqslant 0.449$, $0.449 \leqslant \lambda \leqslant 0.713$ 和选取 $0.467 < \lambda \leqslant 0.658$, $0.658 < \lambda \leqslant 0.747$ 进行分类比较时,结果较清晰的将相同特征指标的事故原因划分为一类,不同特征指标的事故原因区分开来。从两种运算结果的差异性比较来看,最大最小法的结果更符合南中国海域的实际情况,因此在不同情况的实际应用操作中,可运用绝对值减法进行修正。

从分析结果可以得出避碰不当造成的事故后果指标较强,而恶劣天气,瞭望不足,操作不当指标比较接近,主机失灵事故指标较低[1]。因此,若在海上交通实况监管系统中发现船员没有按照海上实际状况进行正确操作时,我们应该根据划分为同类的事故原因做出预警反应,并通过 AIS 等通信设备提醒船员进行充足的瞭望和注意海上自然环境的变化,做出正确操船决策,避免意外发生。

4　结束语

本文应用模糊聚类分析的思想与方法,根据实际情况综合考虑海上交通事故的各种影响因素,建立海上交通事故原因分类数学模型,对南中国海域近 10 年海上事故统计数据进行模糊聚类分析,从分析结果可以看出避碰不当造成的事故后果指标较强，而恶劣天气，瞭望不足，操作不当指标比较接近，主机失灵事故指标较低。通过对事故原因的聚类分类，不仅可反映事故原因之间的内在联系，还可找出主要的事故原因，从而为海上交通安全应急预案的建立提供依据。

参考文献

[1] 郭禹. 航海学[M]. 大连:大连海事大学出版社,1998:379-387

[2] 邱志雄，彭国均，金一丞. 模拟器中船舶搁浅危险性评价方法的研究[J]. 中国航海,2001

[3] 邵哲平，吴兆麟，方祥麟. 海上交通系统安全定量评价方法[J]. 大连海事大学学报,2002

[4] 吴兆麟，朱军. 海上交通工程 [M]. 大连:大连海事大学出版社,2004:160-183,249-259,271-282

[5] 张娜，任玉清，张彬，刘国栋. 渔船交通安全状况的多级模糊模式识别评价方法研究[J]. 水产科学,2008

[6] 杨纶标，高英仪. 模糊数学原理及应用 [M]. 广州:华南理工大学出版社,2005:70-79

作者简介

李春晓，女，1985 年 2 月出生，集美大学航海学院交通信息工程与控制专业研究生，通信地址：福建省厦门市集美区集美大学航海学院，邮编：361021，电话：13616066016，电子邮箱：lichunxiao2527@ yeah. net。

兰培真，女，1962 年 10 月出生，工学博士，集美大学航海学院教授，专业领域：交通信息工程及控制、视频智能监管、交通安全与应急指挥，通信地址：福建省厦门市集美区集美大学航海学院，邮编：361021，电子邮箱：peizlan@ 163. com。

刘晓佳，女，1979 年出生，工学博士，集美大学航海学院副教授，专业领域：交通运输规划与管理，交通安全与应急指挥，通信地址：福建省厦门市集美区集美大学航海学院，邮编：361021。

从 NSM 规则对船舶安全和营运要求上建议修正《配员规则》的不足

黄国隆　陈云生

（湛江海事局，湛江，524001）

摘　要：《中华人民共和国船舶安全营运和防止污染管理规则》（以下简称《NSM 规则》）实施以来，适用该规则的 500 及以上至未满 3000 总吨的中小型船舶（以下简称"中小型船舶"）实施安全管理体系工作存在有职不履、有责不循，或做而不记、记或缺漏的"两张皮"现象相当普遍。笔者分析认为，其根本原因是船长对体系在船上实施运行的监控不力所为，而导致船长监控不力的客观因素是现行《中华人民共和国船舶最低安全配员规则》（简称《配员规则》）在对中小型船舶驾驶员的配备存在不足，致使船长必须参与日常的操作性工作而难以有效地履行管理船舶的职责所致，要解决这个问题，就应为船舶配备足够的值班驾驶员。本文从相关法规赋予船长管理船舶的职责要求上指出了现行《配员规则》存在的不足，提出了修改《配员规则》，对适用 NSM 规则且连续航行时间超过 8 小时的中小型船舶应至少配备船长、大副、二副、三副各 1 人的建议。

关键词：船舶；配员；问题；对策

1　前言

《NSM 规则》生效后，适用规则的公司和船舶实施了安全管理体系。根据统计，公司和船舶实施体系后，海上交通事故数、沉船艘数、死亡人数、直接经济损失"四项指标"呈现了逐年递减、且保持在低位运行的良好趋势。但体系的实施，也大大增加了公司和船舶的工作量。根据公司和船舶的反映，船舶实施体系后，从工作量上统计，至少比没有实施体系时增加了三分之一。海事部门在对船舶实施体系检查和监管工作中也发现了 500 及以上至未满 3000 总吨的中小型船舶在执行体系要求上存在着"两张皮"的现象，尤其是有职不履、有责不循，或做而不记、记或缺漏的现象相当普遍。中小型船舶出现这些情况，集中反映了船长对船舶监控力度的不足的问题。根据一些船舶反映，船长以及船员都有按照体系要求开展并做好安全和防污染管理工作的愿望,但因中小型船舶航程短、周转快、航次频繁,泊港时间短、在航时间也短,船员尤其是船长的主要精力和时间都花费在船舶的航行值班及货物装卸等具体事务上了,船长完全熟悉公司的安全管理体系成了空话,船长监控不到位,船上的安全和防污染活动自然难以按照要求落实"做我所写、记我所做"的规定。客观上,这些中小型船舶按照最低配员证书的规定配齐了相关船员,但包括船长在内一般最多只要求12人(含兼职GMDSS通用操作员2人),其中甲板部一般要求配员5~6人(船长1人,驾驶员1至2人,值班水手3人),因此,实际工作中,对连续航行时间超过16小时的船舶就意味并要求船长必须参加航行和停泊值班才能满足船舶的值班时间要求(可从船上的"值班安排计划"得到证实),导致船长难以有充足的时间和精力来完全熟悉公司的安全管理体系及监控体系在船上的运行;主观上,部分中小型船舶的船长自身素质不够高,责任心不够强,运行体系的能动性不足,对《NSM规则》和公司体系文件的理解、执行以及落实体系要求方面也存在着实际的困难,从而就出现了应做而不做或监控不到位情况的发生。要消除中小型船舶在运行体系上的"两张皮"现象,解决船舶在运行体系工作中执行不力、落实不到位的情况,除应解决主观上的原因外,更重要的是能够解决船长在实际工作中有充足的时间和力量履行管理船舶、监控体系在船舶运行的问题。但现行《配员规则》对中小型船舶的最低配员尤其是在对船舶驾驶员的配备规定上,着重考虑了船舶的值班工作要求,轻忽了船长管理船舶和监控体系运行的职责,不符合STCW 78/95公约、《中华人民共和国海船船员值班规则》、《NSM规则》等法规赋予船长主要且重要职责是安全管理船舶的要求。因此,笔者认为,现行《配员规则》在对中小型船舶的配员规定上,既存在着法规上的缺漏,也存在着法不符实的情况。

2 相关法规对船长的职责规定和要求

船长作为船舶的最高指挥官,肩负着管理船舶安全的重要职责,其主要工作应是宏观性地管理船舶,实时地监控船舶执行和实施相关安全管理制度的情况,对船舶的整个营运和安全负总责。这在相关法规中有明确的规定。

2.1 STCW 78/95公约赋予船长管理船舶的职责要求

我国是国际海事组织的缔约国,对海船船员的专业技术要求、适任标准以及职责规定完全执行STCW公约的规定。STCW 78/95公约附录1《海员培训、发证和值班(STCW)规则》A部分"关于SCTW公约附则的强制性标准"中将船员在船上任职的适任标准应具有的能力归纳为航行、货物装卸和积载、船舶作业管理和人员管理、船舶轮机、电气、电子和控制工程、维护和维修、无线电通信7项职能,将船员的责任级别分为管理级、操作级、支持级三个责任级别。管理级是指作为船长、大副、轮机长或大管轮在海船上服务和确保正确履行指定责任范围内的所有职能;操作级是指作为负责航行或轮机值班的高级船员或被指定为周期无人机舱的值班轮机员或作为无线电操作员在海船上的服务以及在相同责任范围的管理级人员的指导下,按照正规的程序,对指定责任范围内的所有职能的履行保持直接的控制的责任级别;支持级是指在操作级或管理级人员的指导下,在海船上与履行指定的任务、职责和责任有关的责任等级。STCW 公约对“船长”定义为“是指指挥船舶的人”,对“高级船员”定义为“是除船长以外的、根据国家法律或法规所指定,或在没有这种指定时根据集体协议或习惯做法指定的任一船员”。《中华人民共和国海船船员适任考试、评估和发证规则》(交通部令 2004 年第 6 号)对“船长”的定义为“是指在海船上任职并负责指挥一艘船舶的人”,对“高级船员”定义为“是指大副、二副、三副、轮机长、大管轮、二管轮、三管轮、GMDSS 一级无线电电子员、GMDSS 二级无线电电子员和 GMDSS 通用操作员的统称”。上述的定义、要求和规定,明确说明了船长的主要职责是指挥和管理船舶,船长的职责就是履行管理级的工作要求,负责航行或轮机值班是高级船员的操作职责。事实上,海事主管机关在对船长签发的适任证书中,在船长的“级别”上都明确规定为“管理级”。

2.2 《中华人民共和国海船船员值班规则》对船长的职责规定及船员的值班时间要求

1998 年 1 月 1 日起施行的《中华人民共和国海船船员值班规则》(交通部令 1997 年第 11 号)中对“船长”定义为“是指船员中负责指挥和管理船舶的人员”,对“驾驶员”定义为“是指大副、二副、三副的统称”,对“高级船员”定义为“是指参加值班的驾驶员、轮机员、无线电人员”。该规则从船舶在航、停泊(或锚泊)以及装卸货物、值班交接、工作联系等状态规定了驾驶员、轮机员、GMDSS 人员以及组成值班工作的普通船员的值班工作职责和要求,对船长则从如何维护和保持船舶安全、确保船舶正常生产和营运上规定船长的管理职责。在船员值班时间上,该规则第 136 条规定“船长应采取有效措施防止疲劳操作。所有参加值班的船员在 24 小时内必须有至少 10 小时的休息时间。休息时间可以分开,但不超过两段时间,其中一段时间至少要有 6 小时”;第 137 条规定“本规则第 136 条规定的 10 小时最短休息时间可以减少到不少于 6 小时,条件是这种降低不得超过每周 2 天,同时,每周提供的休息时间不得少于 70 小时”;第 139 条规定“一定时间内的平均工作小时最长每天不应超过 12 小时”。《中华人民共和国交通行业标准船舶管理》(JT/T 368—1997)中规定:“船员原则上实行综合计算工时工作制,采用在船连续工作(每天工作 8 小时)、离船集中休息(休假)方式,确保船员的休息(休假)权利”。上述的要求,既明确了船长管理船舶的责任,规定了驾驶员、轮机员以及组成值班工作的普通船员的具体值班任务,也对值班船员的工作及作息时间进行明确的规定和要求。

2.3 《NSM 规则》对船长的履职要求

《NSM 规则》第五章“船长的责任和权力”中规定了船长五项责任,分别是执行公司的安全和环境保护方针、激励船员遵守该方针、以简明方式发布相应的指令、核查具体要求的遵守情况、复查安全管理体系并向公司岸上管理部门报告其存在的缺陷;第六章“资源和人员”中则明确要求公司保证船长完全熟悉公司的安全管理体系。实际上,在经海事主管机关审核批准实施的航运公司的安全管理体系中,不仅将对上述船长的职责进行了细化,进一步明确了船长管理船舶的具体工作要求,还根据船舶岗位设置规定,把航行、货物装卸和积载、船舶作业管理和人员管理、船舶轮机、电气、电子和控制工程、维护和维修、无线电通信等职能,分别赋予了大副、二副、三副等管理级、操作级和支持级人员,规定他们的工作职责是具体操作船舶、执行船长的指令,船长在正常情况下不需要参加船舶的航行值班和具体操作。只有在特殊情况下,如能见度不良时、在交通繁忙航区、航经航行受限制的水域、值班驾驶员要求,主机、推进机械的遥控装置、舵机或者任何重要的航行设备、报警或指示仪发生故障时、无线电设备发生故障时、在恶劣天气中,值班驾驶员怀疑可能有天气危害时,船舶遇到航行危险时(诸如冰或海上弃船)以及其他紧急情况或感到疑虑时才规定船长必须到驾驶台指挥船舶的航行。规则的规定以及体系文件的具体要求,都明确了船长的职责就是管理船舶,确保船舶的安全和营运正常。

3 现行《配员规则》对中小型船舶的配员规定和实施状态

2004 年 6 月 18 日,交通部以部令 2004 年第 7 号发布了《中华人民共和国船舶最低安全配员规则》,自 2004 年 8 月 1 日起施行;2006 年 4 月 13 日,部海事局再下发了《关于修改船舶最低安全配员表的通知》(海船舶[2006]145 号)对《配员规则》中的配员表进行了修改,并于 2006 年 5 月 1 日起施行。该《配员规则》作为我国政府履行国际公约在国内对船舶配员方面的法规,从船舶种类、航区、吨位或总吨方面规定了船舶配员的最低标准。根据该《配员规则》附录 1《海船甲板部、轮机部和客运部最低安全配员表》的一般规定,3000 总吨及以上或 3000kW 及以上海船(包括非港内生产的拖轮)应最低要求配备船长、大副、二副、三副、轮机长、大管轮、二管轮、三管轮各 1 人,值班水手、值班机工各 3 人;对 500 总吨及以上至未满 3000 总吨海船的甲板部配员一般规定为“船长、大副、三副各 1 人,值班水手 3 人”,附加规定为“连续航行时间不超过 36 小时,可减免值班水手 1 人,连续航行时间不超过 8 小时,可再减免三副 1 人”。各级海事机关按照《配员规则》的规定,对

3000 总吨及以上的海船颁发的最低配员证书最多只能要求船舶配备 14 名持证的适任船员(包括兼职 GMDSS 通用操作员);对 500 总吨及以上至未满 3000 总吨海船颁发的最低配员证书最多只能要求配备 12 名持证船员(包括兼职 GMDSS 通用操作员)。实际工作中,大型的船舶,公司对船舶的配员实际上往往超过最低配员标准的规定而配备更多的船员在船上工作,从而保证了船舶有足够的人员和力量实施和运行体系工作,船舶日常生产活动中,船长不需要参加日常的值班,船长能够集中精力做好对船舶的管理事务。而一些中小型的公司和船舶,其公司经济实力有限,船舶自身条件受到限制,绝大部分的船舶都仅是按照最低配员要求配备了规定配备的船员,其中在甲板部只配备 1 名船长、2 名驾驶员和 3 名值班水手。这样的配员实况,对连续航行时间超过 16 小时的中小型船舶来说,船长为了满足船员值班规则规定驾驶员正常生产情况下每天工作时间不超过 8 小时的要求,船长就必须参加船舶的航行、停泊(或锚泊)以及装卸货物值班等具体工作了;船长既是管理者,也是操作者,甚至还作为支持级的船员工作,导致了船长无法从繁忙的具体工作中脱身出来管理并监控船舶。船长不是不能参加航行值班等具体工作,问题的关键是船长作为船舶的最高指挥官,其重点应是做好船舶的管理工作,协调、处理船舶的各种问题和情况,其一旦参与了日常的具体的操作性事务,其管理船舶的力度就一定大打折扣,监控体系在船上的运行,执行和落实各项工作要求等无疑一定受到极大的影响。事实已经证明,目前中小型船舶的船长的工作就处于顾此失彼的尴尬状况。当然,海事主管机关根据《配员规则》的规定对船舶签发的是最低配员证书,是对船舶配员的最低门槛和要求,公司和船舶完全可以按照其自身的条件和情况增配更多的船员来保证各项工作的开展和实施,但在目前的航运形势下,航运市场经营竞争激烈,中小型船舶经济效益不佳,公司以及船舶的安全管理理念局限,为船舶配备更多的人员和力量的自觉性或迫切性低,由相关公司和船舶自愿自觉为船舶配备超过配员标准数量的船员是不现实的设想。就算有这样的中小型公司和船舶,能够根据船舶的实际需求自愿地为这些船舶配备了超过配员证书规定数量的驾驶员,但如无法规上的硬性规定,对这些公司和船舶的自觉性和自愿性也是一种打击和伤害。因此,如果不根据目前的实际需求修正现行配员规则的规定,在法规上要求中小型船舶配备符合实际需求的足够合格的驾驶员,就难以保证船长能够真正地履行和落实管理船舶的职责,“最严格的监管就是最优质的服务”的海事监管理念也就难以真正实现。

4 对策或建议

SOLAS 公约规定:“各缔约国政府应承担义务,各自对本国船舶保持实行或在必要时采取措施,以确保所有船舶从海上人命安全观点出发,配备足够数量和胜任的船员”。多年来,我国政府作为国际海事组织的A类理事国,严格履行缔约国政府的义务,根据国际海事组织的规定和要求,公布实施了诸多保证海上船舶航行安全的规定和要求,其中在对船舶的配员上就先后实施了《中华人民共和国航行国际航线船舶最低安全配员表》(安监字[1992]171号)、《中华人民共和国船舶最低安全配员规则》(交通部令1997年第9号)、《中华人民共和国船舶最低安全配员规则》(交通部令2004年第7号)以及《关于修改船舶最低安全配员表的通知》(海船舶[2006]145号)等,这些规定和规则的实施,对确保海上交通安全、保证人命和船舶安全、维护社会经济良好健康发展起到了巨大的促进和保障作用,对提高我国船舶在国际航运事业上的声誉、维护国家主权做出了积极有效的贡献,得到了社会的肯定和认可,这是举世共睹、无可争议的事实。但是随着国际航运形势的发展、科学技术的进步、国际公约的修订和更新、国内社会经济发展的变化和要求,尤其是航运公司安全管理体系的实施后,要求适用《NSM规则》的船舶自身管理职责和自我完善功能发生了很大的变化,重点表现在船舶开展各项工作、执行落实各项制度以及保存记录工作证据等工作上有了更高的要求和规定。毫无疑问,这就要求船舶必须投入更多的人员和力量开展和完成这些工作。《中华人民共和国船舶最低安全配员规则》(中华人民共和国交通部令1997年第9号)附录1“海船甲板部、轮机部和客运部最低安全配员表”对500GT及以上至未满3000GT的船舶在甲板部的配员规定上与对3000GT及以上船舶对甲板部的配员要求一致,即均规定应配备“船长、大副、二副、三副各1人,水手3人”,在“减免规定”上再规定:“航程不超过300海里或连续航行时间不超过36小时,可减免三副和水手1人;连续航行时间不超过8小时,可再减免二副”。应该说,在国内船舶还没有实施《NSM规则》的情况下,这样的配员规定能够满足当时的实际情况要求。但《中华人民共和国船舶安全营运和防止污染管理规则(试行)》自2003年1月1日起实施后[2003年1月1日起对国内跨省航行载客定额50人及以上的客船(包括客滚船、旅游船、高速客船)、150总吨及以上的气体运输船和散装化学品船生效;自2004年7月1日起对500总吨及以上的国内航行油船(港内作业的除外)以及其公司生效;2007年7月1日起对500总吨及以上沿海跨省航行的散货船和其他货船生效],从2004年8月1日起施行的《配员规则》对500GT及以上至未满3000GT的中小型船舶对甲板部的配员在一般规定上反而不要求配备二副而少了一名驾驶员,恰恰存在着对《NSM规则》的实施及工作要求的变化考虑不足的问题,导致了中小型船舶在驾驶员值班安排上数量的不足、船长需参加值班工作而难以更加有效地履行管理船舶职责的矛盾显得尤其突出。因此,笔者建议,修改现行《配员规则》的规定,将交通部令

1997 年第 9 号《中华人民共和国船舶最低安全配员规则》附录 1“海船甲板部、轮机部和客运部最低安全配员表”对 500GT 及以上至未满 3000GT 的船舶在甲板部的配员规定为“船长、大副、二副、三副各 1 人,水手 3 人”作为现行《配员规则》对 500GT 及以上至未满 3000GT 的船舶对甲板部的“一般规定”,即 500GT 及以上至未满 3000GT 的船舶对甲板部的配员的“一般规定”应为“船长、大副、二副、三副各 1 人,水手 3 人”,在“附加规定”中相应修改为“不适用 NSM 规则的船舶,连续航行时间不超过 8 小时,可减免驾驶员 1 名”。这样修订,有《中华人民共和国船舶最低安全配员规则》(中华人民共和国交通部令 1997 年第 9 号)的实施基础,不会增加船舶更多的困难,在操作上容易实施,在法规上则是更加完善且符合实际情况,更加符合安全管理体系在船舶的实施需求,起到了确保船长真正实现履行管理职责的作用。

5 结束语

海上船舶运输是一种特殊的高风险的行业。船舶营运中,无论是在航还是在港,均要求船员保持正常的值班工作状态。海上环境、情况复杂多变,船员工作强度大且精神高度紧张,船舶可能遭遇突发事情难以估测,对船员的配备除应结合船舶的实际营运航线和连续航行时间来决定外,还应综合全面地考虑船舶可能遇到额外的诸多因素和影响而需要更多的应对力量,防止船员疲劳工作和带病上岗。《NSM 规则》以及航运公司安全管理体系的实施,根本的目的就是进一步合理明确地设置船舶的岗位需求以及各岗位的责权利,确保各项制度能够得到执行和落实,确保船舶能够处置各种意外事件。体系的实施是一项系统性、连贯性的工程,一蹴而就或临时性的突击都无法达到体系的规定和要求,要确保体系的规定和要求能够畅顺实施,保证船长的履职环境就显得更加重要了。因此,修正现行《配员规则》的不足,不仅是船舶自身的要求,更是安全管理体系的要求,如将对中小型船舶增配驾驶员的要求以法规的形式给予确定,相信对船舶的安全营运、对船舶运行体系工作起到极大的促进作用。

作者简介

黄国隆,1958 年 9 月出生,湛江海事局监管三处工作,工程师,毕业于广东海洋大学海洋船舶驾驶专业,自 1995 年以来在本局从事船舶登记、海事调查处理、SMS 审核和船员管理等工作。通信地址:广东省湛江市霞山区人民东一路 12 号,湛江海事局监管三处,邮编:524001,电话:13610380496,0759-2316061,电子邮箱:hthgl@163.com。

陈云生，1963 年 7 月出生，湛江海事局政务中心副主任，高级工程师，毕业于上海海事大学海洋船舶驾驶专业，多年来一直在海事部门从事船舶载运危险货物管理、船舶防污染管理、船舶监督管理、PSC 和 FSC 工作以及船员管理等工作，持有 ISM/NSM 审核员 A 证和船员质量管理体系审核员证书。通信地址：广东省湛江市霞山区人民东一路 12 号，湛江海事局政务中心，邮编：524001，电话：13828228241，0759-2292702，电子邮箱：ZJHSJCYS@163.com。

浅谈小型旅游船艇的监管

石宏伟　袁　钢　倪常宇
（辽宁葫芦岛兴城海事处，葫芦岛，125000）

摘　要：随着我国沿海地区水上旅游业发展，小型旅游船艇数量呈现出逐年递增趋势，由于小型旅游船艇存在着分布区域广、经营季节性强、个体化经营管理不正规等特点，给水上人命财产安全带来了隐患，也给海事监管工作提出了更高要求。本文结合笔者一线监管实际及监管经验，在分析小型旅游船艇监管中面临的主要问题基础上，详细探讨了加强小型旅游船艇管理的具体方法。

关键词：小型旅游船艇；监管问题；监管措施

1　引言

改革开放以来，水上旅游业发展迅猛，旅客人数的逐年增长也带动了小型旅游船艇数量的增长。仅以葫芦岛地区各海滨浴场而言，从20世纪90年代初的几艘发展到现在的几十艘，水上旅游业的发展在促进地方经济建设的同时，也因其存在的季节性强、流动性大等特点，造成在监管中存在着一定的难度，也给水上交通安全带来了严重的隐患。随着笔者从事小型旅游船艇现场监督管理多年，现就小型旅游船艇安全监管方面谈一点粗浅的认识。

2　小型旅游船艇监管中面临的主要问题

(1)有关小型旅游船艇管理的法律、法规和规章存在空白。由于小型旅游船艇的迅速发展是近几年的事，因此有关小型旅游船艇管理的法律、法规和规章没能及时制定和更新。例如征收旅游快艇船舶港务费，各地都是自行制定标准，差异很大，显示出海事执法中存在的漏洞和不规范性。对于小型旅游船艇违法和违章行为作出的行政处罚，在我国的现有海事管理方面的法律、法规和规章中也很难一一对应，给海事执法人员在现场执法时带来很大困难。

(2)基础设施不完善，通航环境差。多数小型游艇是在海滨浴场的基础上发展起来的，因此没有专用的停靠码头，大部分游艇靠自然抢滩停靠，造成停泊地点的分散;有的则是在水中下几个木桩,搭建一个临时木质码头,这种码头既未报经海事部门审批,也未经海事部门验收,存在着较大的安全隐患,无法保障游客上下船的安全;而且游艇也无专用的航道,或即使有专用航道,但也无明显标志,甚至存在着渔船乱穿越的现象,严重影响游艇航行的安全;有的游艇航行区域与游泳区划分不清,对游泳者的生命安全也构成威胁。

(3)游艇船况差。游艇公司大多着眼于小型游艇中存在的经济效益,多数的公司负责人原本也未搞过航运,因此缺乏必要的海运管理知识,甚至出现购买游艇过程中因不了解海上运输有关规定而购买了只能在内河航行的快艇的情况。在对葫芦岛海事局辖区小型旅游船艇的安全检查中发现,部分游艇船壳和发动机严重老化,但船公司老板基于经济原因未进行及时更新,同时在小型旅游船艇强制报废年限方面是我国海事法律、法规方面的一个空白,因此这些游艇仍在参加营运,存在着一定的安全隐患。

(4)船员素质差,安全意识淡薄,存在"不服管"的现象。游艇的驾驶员多数来自当地的渔民和社会闲散人员,有的人甚至有过违法和犯罪前科。他们的文化素质很低,许多连小学还未毕业。他们有的经过考前培训,经过船员考试发证机关考试取得证书,但也有相当一部分未经过专业的小型旅游船艇驾驶员培训,而且他们内在的综合素质低决定了他们的安全意识淡薄,遇紧急情况的应变能力差。而游艇公司则认为船员只要会开船即可,同时也不愿投资于提高船员驾驶水平、熟悉了解航行规则上,加上思想上也不重视安全问题,存在侥幸心理,即使是已取得小型游艇驾驶员证书的也不按规定进行年审,因此给小型旅游船艇的安全航行带来了严重的隐患。个别游艇驾驶员面对海事管理人员态度蛮横,行为过激,给海事执法带来一定难度。

(5)游艇违规营运。由于游船公司的负责人及从业人员安全意识淡薄,加上利益为重的心理,因此在旅游旺季游客多的情况下,游船超载、超越法定航区航行等违法行为屡禁不止,而且对于游客穿着救生衣等情况也疏于管理,极大地威胁着游客的生命、财产安全。

(6)责任分工不明确,未建立有效的安全管理体系。根据国务院国办发[1987]98号《国务院关于加强乡镇船舶交通安全管理责任制的通知》和各省制定的乡镇船舶安全管理办法,对于小型旅游船艇的管理应实行以地方人民政府负责制为核心,以交通主管部门和相关部门行业管理为重心,以海事部门的监督检查为保障的安全管理模式,各尽其责,多头管理。但在实际中,有些地方政府认为旅游船艇不属于乡镇船舶,应由海事部门管理;有些地方旅游船艇以前由交通主管部门管理,在国家水监体制改革后改由海事局管理,但游艇公司根本不知道海事局是何部门,往往置海事部门监督于不顾,甚至出现你来我停业,你走我营运的现象。造成了海事部门的监督无效果。

综上所述不难发现,小型旅游船艇监管之所以困难主要是由于旅游船艇经营单位负责人及从业人员安全意识淡薄,缺乏必要的海运知识,加上部门地方政府各相关部门对小型旅游船艇安全管理工作的不重视,才导致了旅游船艇营运基础设施落后、综合治理困难,人命和财产的安全得不到保障。

3 加强小型旅游船艇管理的方法

(1)加强法制建设,逐步填补小型旅游船艇管理方面法律、法规和规章的空白。各级海事部门应加强调研,整理收集各地小型旅游船艇监管的实际情况,提出针对性意见,及时向有关部门反馈,以期尽快制定相关法律、法规和规章,使我们海事部门对小型旅游船艇的监管更加法制化、规范化。

(2)落实安全责任,建立健全安全管理体系。各级政府包括行业主管部门要严格执行《安全生产法》、《国务院关于加强乡镇船舶交通安全管理责任制的通知》(国办发[1987]98号)文件要求,对小型旅游船艇的管理工作要实行以地方人民政府负责制为核心,以交通主管部门和景区旅游行政管理单位进行日常管理为重点,以海事部门实施安全监督检查和业务指导为保障的管理模式。并且按照"安全第一"、"预防为主"的方针,由地方人民政府督促各级部门逐级签定安全管理责任状,层层落实安全管理责任,建立起地方人民政府、景区行政管理单位、旅游船艇经营单位、船舶安全管理员和船员的五级安全责任体系,将责任落实到基层,确实改变以往自由、散漫的生产经营方式,切实形成"企业负责、行业管理、国家监察、劳动者遵章守纪"的管理格局。

(3)立足防范、做好事故预防工作。根据《安全生产法》的规定,本着"安全第一"、"预防为主"的方针,各生产经营单位应组织制定并实施本单位的生产安全事故应急救援预案。基于海上搜救的特殊性及涉及部门的广泛性,笔者认为作为主管部门的地方人民政府应组织海事、渔政、公安、邮电、消防、财政、气象、新闻、医疗、浴场和景区经营人、当地驻军和其他相关单位共同制定小型旅游船艇水上遇险应急救援预案,建立应急救援体系,并报当地海上搜救中心备案。各游船公司则应根据预案定期进行应急演习,以使各从业人员都能从容应付各种突发性事件,以保障船艇和游客的安全。

(4)设立安全管理员,加强现场监管。依据《国务院关于加强乡镇船舶交通安全管理责任制的通知》及交通部《关于设置乡镇船舶监督管理员的若干规定》要求,地方人民政府应确定一名领导分管旅游船艇交通安全工作,并设立足够的小型船艇安全管理员,由海事部门负责对安全管理员进行相关业务的培训和指导,而小型船艇安全管理员应负担起贯彻落实各项水上交通安全政策法规及规章制度、小型旅游船艇日常安全与防污染管理、维护通航环境和通航秩序、协助船检机构和海事部门做好小型船艇的检验发证、船员的培训、考试和发证等工作,将小型旅游船艇的监督管理工作日常化、具体化。

(5)完善设施、设备,消除硬件上的安全隐患。针对小型旅游船艇实际运营中存在的靠泊设施简陋、船艇不适航、通航环境差等隐患,政府部门可充分形式政府职能,加强对景区安全工作的领导,花大力气,下真功夫,加大投入,并严格按照《中华人民共和国水上水下施工作业通航安全管理规定的要求》建立和完善船艇码头及配套设施,强制取缔"三无"船舶、清除景区内渔船,更新不适航船艇,对景区水域进行功能划分,设置警示、隔离等标志,强制、彻底治理通航环境,从根本上解决散、乱状态,消除隐患。

(6)充分发挥海事监督作用。作为对沿海水域的交通安全实施统一监督管理的主管机关,笔者认为海事局应从以下几个方面入手,充分发挥监管的作用,保障小型旅游船艇的安全。首先投入一定的人力、物力,加强监督管理力度,对小型旅游船艇实行动态管理和静态管理相结合的办法,即采用现场巡视与定期签证相结合的办法,在对旅游船艇证书、船员证书监管的同时,加强对现场监管的力度,对发现的各种诸如超载等违法行为监督制止,对屡禁不止的违法行为可依据国家法律、法规进行行政处罚;其次要加强与地方人民政府的联系,海事部门应积极争取地方政府的支持和配合,将小型旅游船艇的监管由部门行为转变为政府行为,与地方政府建立定期的信息交流会议制度或其他互通信息制度,及时反馈小型旅游船艇的状况,包括船舶技术状况、设备状况、持证船员状况、近期通航环境状况等,共同制定小型旅游船艇安全管理的近期和长远管理计划,有目的有计划地逐步加强小型旅游船艇的安全管理,达到有效遏制违章行为,逐步消除安全隐患,实现长效管理的目标。

作者简介

石宏伟,男,1979 年 11 月出生,葫芦岛兴城海事处副处长;通信地址:葫芦岛市龙港区龙湾南大街 9 号;邮编:125000;办公电话:0429-5415189;电子邮箱:shihongwei@ lnmsa. gov. cn。

袁钢,男,1979 年 1 月出生,葫芦岛兴城海事处处长;通信地址:葫芦岛市龙港区龙湾南大街 9 号;邮编:125000;办公电话:0429-5415189;电子邮箱: yuangang@lnmsa. gov. cn。

倪常宇,男,1982 年 12 月出生,葫芦岛兴城海事处监督员;通信地址:葫芦岛市龙港区龙湾南大街 9 号;邮编:125000;办公电话:0429-5415189;电子邮箱: nichangyu@ lnmsa. gov. cn。

浅谈航运企业风险管理

孙占廷

（大连海事局执法支队，大连，116100）

大连新港“7.16”事故的发生，使我们对于企业风险管理有了更加深刻的认识。此次事故暴露出来方方面面的问题，如设计管理、操作规程、人员配备、监督机制等，参与事件调查评估的相关部门都会给出详细具体的事故原因分析、事故后果评估，但是笔者认为，要想从根本上杜绝此类事件的发生，就需要企业对于自身风险要有充分的预判和管理，从源头上做好企业风险管理。本文将对于航运企业的风险管理进行剖析，希望能与航运界相关人士进行探讨，给相关企业的风险控制提供源头上的控制渠道。

1 航运公司风险管理及与风险相关术语介绍

1.1 为什么实施风险管理

尽管我们以前不经常把文件化的安全管理体系的持续保持和实施归于风险管理，但实际上起草或修改考虑公司活动的文件化的程序、须知等，识别什么情况可能出问题，决定需要做什么才能阻止事故和问题的发生，这种使程序文件化的过程就是这种风险控制的应用方法。

关于风险没有一个广泛的可以接受的定义，但在众多行业领域一个通常应用较有权威性的说法是：

一个可定义的危险发生的概率或频率同危险发生后果量级（大小）的结合。换句话说，风险有两个要件：发生的可能性和后果的严重性。

ISM CODE1.2.2.2 条“评估所有所认定的对其船舶、人员和环境的风险并确定防护措施”（ MSC 273(85)），尽管规则仅对安全和防污染提出了明确的要求，规则中对其他部分风险没有进一步明确涉及，但风险评估作为一种或另外一种模式实质上是与之许多条款要求是一致的。最重要的是，要认识到公司有责任识别和其特定的船舶、操作及航运相关的风险。再也不能充分依赖满足于一般的法定和船级的要求，或一般的行业导则。ISM CODE 的修正案把“评估风险”这一新的理念强制性的引入了航运安全管理，必将改变我们以往对 SMS 的编制和修订的做法和理念,使我们船舶安全管理和操作开始了一个新起点。

IACS 2004 年 3 月推荐船舶运营风险评估的导则。

1.2 建立先进的风险管理体系带来的效益

(1)无漏洞

建立全面风险管理框架对风险防患于未然。

(2)全企业范围

找出由世界范围内供方和客户(供应链)产生的风险以及可能对公司内不同运作部门或公司同时产生影响的风险。

(3)降低风险损失

使得管理层能够把风险化归为可在内部实施良好管理进行缓解的风险和必须进行风险理财的风险,从而能对保险和其他风险转移策略实行优化。

(4)改进运作

对运作风险的识别使得管理层获得对现时运作的了解,并获得集减低风险、改进运作有效性和减低成本于一身的可能战略。

1.3 与风险有关的基本术语

(1)风险(RISK)

传统定义:风险是损失的不确定性;

现代定义:风险是预期与实际结果的差异;

ISO 的定义:一个可定义的危险发生的概率或频率同危险发生后果量级(大小)的结合。

风险有两个要件:发生的可能性和后果的严重性。

(2)风险因素(HAZARDS)

也称危险,是指潜在的能导致危害的物质、环境或实践,是能引起风险事故、增加损失概率和损失程度的条件,是风险事故发生的潜在原因。

风险因素一般分为有形风险因素和无形风险因素。

有形风险因素是指那些看得见的、影响损失概率和损失程度的环境条件。如位置、构造和用途等都是财产的有形风险因素。

无形风险因素是指观念、态度、文化、形势等看不见的影响损失程度的因素,主要的无形因素是道德危险因素。

(3)风险事故(PERIL)

又称风险事件,是指引起损失的直接或外在的原因,风险之所以会导致损失是因为风险事故的作用,即风险事故的发生使得潜在的危险转为现实的损失,因此,风险事故是损失的媒介。如火灾、爆炸、雷电、船舶碰撞、船舶沉没、地震、台风、污染等都是风险事故。

(4)损失(LOSS)

风险管理中的损失是指非故意、非计划、非预期的经济价值减少的事实。

损失可分为直接损失和间接损失。直接损失是指风险事故对于标的本身造成的破坏事实,间接损失是指由于直接损失所引起的破坏事实。

损失还可以分为有形损失、收入损失、费用损失和责任损失等形式。

(5)风险因素、风险事故和损失三者的联系

风险因素引起或增加风险事故,风险事故导致损失的可能,而这种具有不确定性的损失就构成了风险。

(6)可容许风险(Tolerable Risk)

根据组织确定的风险管理方针,已降至组织可接受程度的风险。

(7)风险管理(Risk Management)

是指经济单位通过对风险的识别和衡量,采用必要且可行的经济手段和技术措施加以处理,以一定的成本实现最大的安全保障的一种管理活动。风险管理包括一般包括风险识别、风险衡量、风险处理和风险管理效果评价四个阶段。风险管理目标必须与企业的经营目标相一致,还与企业所处的宏观环境、行业背景、企业自身的市场地位等因素密切相关,其中企业目标是最基本的。

1.4 风险的特征

风险特征是风险内涵的反映。

(1)风险的客观性

风险是由客观存在的自然现象和社会现象引起的,它本身是一种不以人的意志为转移的客观实在。风险无时无处不在。

(2)风险的偶然性

从社会看,风险是一种客观实在,是普遍的,风险事故的发生具有必然性,但对个体而言,风险事故的发生是偶然的,具体表现为风险事故发生与否不确定、风险事故何时发生不确定、风险事故将如何发生、损失后果如何不确定等方面。

(3)风险的可测性

是指在大量统计资料的前提下,风险是可以衡量的。准确估计和衡量风险不仅受相关的风险资料影响,而且还与人的主观判断、采用的衡量方法有关。

2 风险管理知识介绍

风险管理的核心是对风险进行识别和处理,其根本目标是确保组织经营的稳

定、持续和发展。好的风险管理机制能够增加企业成功的概率,降低失败的可能。

风险管理是动态的,始终贯穿于组织战略的制订和执行,风险管理为组织的经营者提供可靠的方法来对付组织面临的风险,包括过去、现在和将来的风险,尤其是为决策者提供作为或不作为的依据。

风险管理必须同组织的经营文化密切结合,并需要最高管理层的全力支持。

2.1　风险管理的功能和目标

风险管理的功能:

(1)给组织未来的经营活动提供框架性指导;

(2)促进组织决策、规划的科学性;

(3)提高组织的经营免疫力;

(4)促进组织资源的最优配置;

(5)保护组织的资产和形象;

(6)提高组织的运营效率;

(7)实现组织社会责任目标。

风险管理的目标:

(1)最低目标:确保组织的生存;

(2)中间目标:促进组织的发展;

(3)最高目标:实现组织的社会责任。

2.2　风险管理的流程

简单地讲,风险管理就是组织对面临的各种风险进行识别、评估,确定恰当的处理办法并予以实施,以可确定的管理成本替代不确定的风险成本,以最低经济代价获得最大现实保障的整个活动。

风险管理包括一般包括风险识别、风险衡量(分析和评价)、风险处理和风险管理效果评价四个阶段。

(1)风险的识别

识别风险是风险管理第一步而且是最重要的一步。因为下面所有的过程都依赖于它。它必须是全面而准确的,它将是基础,要尽量现场实际观察。但危险的识别不是很容易的,不是第一次出现就能识别的,只有保证整个过程是系统性的,才能取得完整和准确的效果。

风险识别一般包括感知风险和分析风险两个阶段。一方面,通过感性认识和历史经验来判断风险因素;另一方面,通过对各种客观的经营管理资料和风险事故记录进行分析、归纳和整理,寻找风险和损失的一般规律。

风险识别阶段需要全面分析企业的业务活动、资产分布和人员构成，分析人、财、物及业务活动中所存在的风险因素，判断风险事故的可能性；分析企业所面临的风险可能造成的损失及其形态，包括人员伤亡、财产损毁、业务中断、民事责任、金融资产贬值等。风险识别是一项持续性和系统性的工作，必须制度化和程序化，以确保组织的所有主要活动及其风险都被囊括近来，并进行有效的分类。

从企业风险管理的范畴讲，任何可能造成企业价值减少的因素都是企业的风险，分析企业经营中面临的主要风险包括战略风险、金融风险、运作风险和灾害性风险。

①战略风险，又称决策风险

是指因高级管理层的重大决策（如兼并与收购、市场进入和退出、新业务的开发等）失误而导致损失的风险，而这些决策失误往往是经济、政治环境等基础环境发生变更而造成。具体的战略风险还包括资本的可获得性、政治风险、法律和政策变更、声誉、竞争态势等等。

②金融风险，又称财务风险

主要包括市场风险、信用风险和流动性风险。

市场风险又称价格风险，是指资产的市场价格的波动导致企业现金流的不确定性。如商品价格风险风险、汇率风险和利率风险。

信用风险又称违约风险，是指交易对手不能或不愿履行合同规定的义务而导致损失的可能性。

资产流动性风险是指该资产按其实际价值或接近实际价值出售的难易程度。

③运作风险，又称运营风险

运作风险是企业在经营过程中可能遇到的任何中断或冲击，该风险主要与员工失误、系统故障、程序和控制失当有关。企业运作风险大致可以包括以下几类：

财产风险：由于物理损毁、灭失、贬值、被政府没收而导致的企业价值减少的风险，包括信息安全风险；

人身风险：因员工死亡、生病、伤残而丧失工作能力和收入能力、根据企业制定的员工福利计划，给予员工约定补偿的风险，还包括养老金及其他退休计划对员工承诺的责任和义务，包括健康及安全风险；

责任风险：指因侵权行为而产生的法律责任使侵权行为人的现有或将来收入遭受损失的可能性。如环境风险等；

其他风险：主要包括法律风险（管制风险）、商誉风险等；

信誉风险：是一个企业或其员工采取的任何行为对其外部市场地位产生的消极影响。

灾害性风险:指自然灾害或意外事故给公司带来的各种经济损失。

组织所面对的内部和外部风险的简单示意图如图1所示。

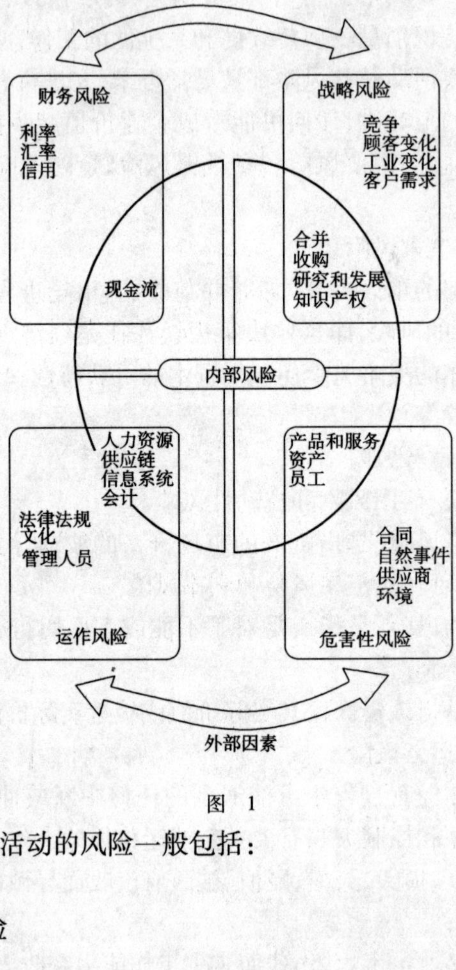

图 1

涉及船公司各项活动的风险一般包括:

- 决策风险
- 信息安全风险
- 法律风险
- 运营风险
- 安全风险
- 供应链风险
- 客户及合作伙伴的风险
- 人力资源风险
- 职业安全健康风险
- 商务风险

- 船舶操作风险
- 船舶修理风险
- 船舶建造风险
- 市场的风险
- 财务风险
- 信用风险
- 现金流风险
- 合理理财风险

对风险进行识别的具体方法包括头脑风暴法、风险清单法/标准调查表法、财务报表法、业务流程分析法、风险因素分析法、事故树分析法、损失统计记录法和现场调查法。

对风险进行有效的识别后应形成一个风险清单，列明组织所面临的各种主要风险。对每一个风险，可使用表格的形式对风险的特征进行精确的描述。

(2)风险的分析和评估

任何风险最后都需要用数字或精确的文字描述来表述，否则无法被大多数人正确认识。与各种危险相关的风险是用可能的危害和潜在的后果等术语进行分析评估的，这样能够使组织机构建立优先顺序，去决定用最少的资源产生最大的结果。可能性和后果的结合常常用表1所示来说明。

表1

风险估计量	轻微有害(低)	有害(中)	非常有害(高)
非常不可能	微小风险	可容许风险	中度风险
不可能	可容许风险	中度风险	实质风险
很可能	中度风险	实质风险	不可容许风险

在对风险进行分析和评估过程中，需对风险的上述两个维度进行量化，量化可通过矩阵分析来进行，矩阵数列越多，量化得越精密。具体分析举例如表2～表4所示。

关于发生频率的分析——损失 表2

量化估计	描　述	重要迹象
高 很可能发生	每年都可能发生，或者发生概率高于0.25	10年内已多次发生； 最近3年内发生过。
中 有可能发生	每10年发生一次，或发生概率小于0.25	10年内发生超过一次； 历史上曾经发生过。
低 不太可能发生	10年内不太可能发生，或发生概率小于0.02	从来没有发生过； 根据掌握的知识认为不太可能发生。

关于发生频率的分析——收益

表3

量化估计	描述	重要迹象
高 很可能发生	一年内可取得最好预期成果,或成功概率大于0.75。	短期内依靠现有体制并有明确机会取得确定性成果。
中 有可能发生	一年内可取得合理的预期成果,或成功概率在案0.25到0.75之间。	短期内按照预定计划并在现有体制内无法取得成果,但采取恰当措施则有可能。
低 不太可能发生	一年内不太可能获得预期成果,成功概率小于0.25。	短期内按照预定计划并在现有体制内无法取得成果,管理层暂时也没有恰当的办法。

关于后果严重性的分析——损失和收益

表4

高	- 对组织财务状况的冲击巨大; - 对组织战略和经营活动造成重大影响; - 引起各关系方的高度关注。
中	- 对组织财务状况的冲击较大; - 对组织战略和经营活动造成较大影响; - 引起各关系方的较多关注。
低	- 对组织财务状况的冲击较小(在心理承受线以下); - 对组织战略和经营活动没什么影响; - 各关系方不会有很多关注。

①对风险两个维度进行分析的方法

对正面风险(有可能造成收益的风险)的分析方法有:市场调研;研究和发展;冲击力分析;前景预测;实验性营销。

对负面风险(只有可能造成损失的风险)的分析方法有:威胁分析;失误树分析;失败模式与效果分析。

其他分析方法:统计分析与推论等等。

建议的响应措施如表5所示。

表5

轻微风险	不需要采取措施
可容许风险	不需附加控制,须监控以确保控制的保持
中度风险	需努力减少风险,须在特定的时间采取控制
严重风险	直到风险减少新工作才能开始,如果工作在进行中,须采取应急措施,可以要求更多的资源
不容许风险	直到风险减少工作才能开始或继续工作,如果不可能减少必须禁止活动

②ALARP(As Low As Reasonable Practical)概念(图2)

• 风险必须尽量减少到一个合理可行的低水平(ALARP);

• 如果一个"可容许"的风险水平,可以进一步减少,而只要需要一个合理的花费和较少的努力,那么就必须去做,当一个事故发生后,可容许的标准需比之前更严格。

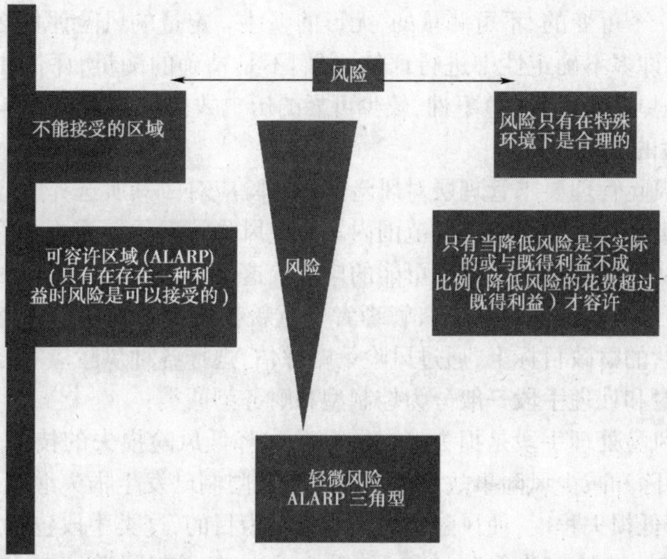

图 2

进行完风险识别和分析评价后,可以风险剖面图的形式列出风险的种类、性质、分析(频率和后果)、参与方和关系方以及提议的处理方法,以探求对任何识别的风险的处理途径。

对风险进行分析和评价最终应达到的效果:即任何风险都要有明确的归属,风险的承担者可以是组织本身及内部的各个构成,也可以谁与组织有契约关系的其他组织。

③确保评估的持续性和灵活性

• 如果要达到真正意义上促进安全、防止污染,风险管理必须做到持续、灵活。

• 风险评估必须从经验角度定期进行评审。

• 正式的风险评估运用只是许多促进风险管理的一种,重要的是对动态的环境及其危险要有灵活性和响应性。

• 相关组织者必须确信对内审、常规报告、公司和船长的评审、事故报告等信号是敏感的,反应要及时有效。

④人员的影响

• 因为人员经历、培训和性格的不同,对不同风险的观点也会不同。

• 从事该项活动的人员的判断可能与评估人员不一样,但重要的是具体操作的员工要涉及于整个评估过程中。

风险是一个可变的、不可测量的、无形的整体。定量的风险评估必须理解为在特定时间,在许多不确定性中进行评估,它们不是精确的测量,评估往往基于更稀少的(常常是更多灾难性的)事件、较少可靠的历史数据。

(3)风险的应对和处理

有效的风险管理要求管理层对风险选择风险应对。其所选择的应对必须使风险可能性和影响落入公司的允许范围内。企业风险管理的实施要求管理层对每个重大的风险从各种类范围来考虑可能的应对。这给管理层提供了应对深度和对现状挑战。对已经选定的风险应对,管理者要重新校核剩余风险。在考虑公司的短期和长期运营的财政目标上,通过风险策略评估,选择各种风险应对方法。

风险应对和处理手段一般分为控制型和财务型两类:

控制型风险处理手段是损失形成前预防和降低风险损失的技术性措施,可以通过避免、消除和减少风险事故发生的概率以及限制已发生损失继续扩大,以减少损失概率、降低损失程度,使风险损失达到最小为目的,这类手段包括风险回避、损失预防和抑制、控制型非保险转移,其重点是改变引起风险事故和扩大损失的条件。

财务型风险处理手段是通过事先的财务计划筹集资金,以便对风险事故造成的经济损失进行及时而充分的补偿,其核心是将消除和减少风险的代价均匀地分摊在一定时期内,以减少巨灾损失的冲击,稳定财务支出和盈利水平。具体包括保留和承担、财务型非保险转移、保险等。

一般的风险控制处理策略见表6。

表6

风险控制策略	说明
承受风险(自留)	与公司风险偏好相适应
转移风险(财务处理)	转移风险责任,如参加保险
消除风险(避免)	采用退出计划
缓解风险(控制和弱化)	加强内部控制
分担风险(契约方转移)	减轻潜在的负担,比如合作企业
规避风险(控制和弱化)	减少或取消产生风险的活动

风险处理手段选择原则有：

①避免；

②自留；

③控制和弱化；

④转移；

⑤财务处理。

成熟的组织应首先考虑前端处理手段，然后按顺序考虑中、后端处理方法，处理越靠前端，处理成本就越好控制。

风险处理系统应至少达到下列目标：

①确保组织运营的效率；

②确保有效的内部控制；

③确保组织的合法、合规经营。

特别应注意：任何风险的处理都是有经济代价的，判断风险处理的方法是否得当是比较风险自身的成本和对风险处理的成本，后者小于前者是最低标准。另外，对某一特定风险进行处理在多数情况下会带来新的风险。一旦新的风险被识别出来，则应进行相应的分析和评估。

(4)风险管理评价——监控、改进

风险管理评价是对风险管理手段适用性和效益性进行分析、检查、修正和评估，它是一个动态过程，主要针对全面风险管理规划和公司的目标对一个公司部门的职能以及表现给予评估的过程。一般包括监控、改进和报告。

监控可用两种方式完成：

①通过正在进行的活动；

②定期单独的评估。

第一种形式的监控溶于公司风险管理的正常的、循环操作活动中。这种监控形式是基于实时、对变化条件的动态反馈来实施的。它贯穿在公司的风险管理文化之中。对第二种形式的监控，其定期评估的时间间隔由组织视企业常规而定。

监控和评价的考察重点应主要集中在以下事项：

①风险管理系统是否达到预期效果；

②风险管理程序是否合理；

③风险信息及其采集方法是否有效；

④是否有新的风险管理知识、技术或方法产生。

(5)风险管理评价—报告机制

为确保这套机制能及时地获取所需要的信息，还应考虑“早期预警机制”，预警机制是一套事前的报告流程,它使管理人员,并使董事会通过它们对潜在的问题有所警觉,这样,在这些问题发展成危机之前就能将其遏制住。

①内部汇报渠道

优秀的风险管理体制应确保向不同级别的机构和人员提供不同的信息。

董事会及成员应当:

• 知道组织面临的最主要战略风险;
• 知道组织实际经营效果与各方预期之间的差异及其后果;
• 确保组织内各级机构及员工都有恰当的风险意识;
• 知道组织应当如何进行危机处理;
• 意识到股东对组织信心与信任的重要性;
• 知道如何管理与投资机构的沟通;
• 知道风险管理系统是否在有效运行;
• 公布组织的风险管理政策、哲学和使命。

各营业机构或职能部门应:

• 知道各自工作范围内的主要风险以及对其工作业绩的影响;
• 设立明确的运营指标作为基准,以定期考察实际经营效果与预期之间的差异,并改进建议;
• 向高级管理层随时或定期汇报新出现的风险,或当前体制中存在的风险控制缺陷。

基层员工应当:

• 了解组织风险管理系统的基本要求;
• 了解自己工作职责内的主要风险;
• 知道应当如何持续改进其各自工作范围内的风险管理;
• 意识到个人风险管理和风险管理对组织的重要性;
• 向上级随时或定期汇报新出现的风险,或当前体制中存在的风险控制漏洞。

②外部汇报渠道

任何组织都需要向其投资人或主管部门定期汇报风险管理政策及其实施的有效性,随着时代的不断进步,越来越多的投资人、社会公众和主管部门会对组织的非财务性经营成果表示关注,如环保、安全、社会形象等等,所以对组织向外通报其风险管理政策与效果提出了新的要求。

出色的风险管理体制应提供操作性很强的方法,以达到保障组织的生存、促进其发展、保护投资人和社会公众利益的最终目的。

3 公司风险管理体系的建立

3.1 风险模型的建立(图 3)

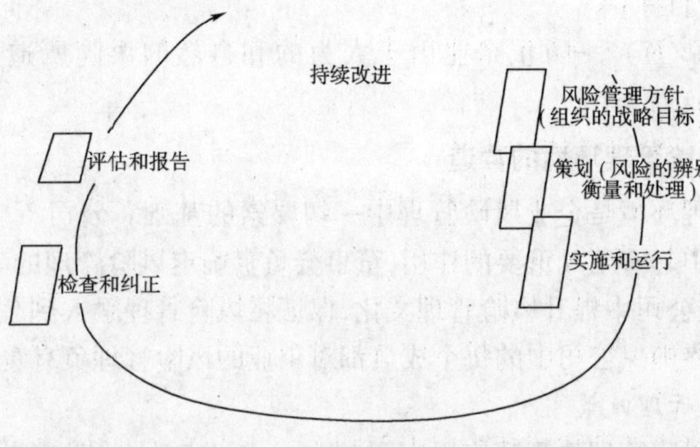

图 3

风险模型是指营造一个集中、灵活的流程,使确认、管理和监控那些能够影响公司的主要风险的办法正规化,同时明确公司内部构建风险模型的收益。

历史经验表明,缺乏正规化的风险确认以及风险管理制度几乎是所有公司遭遇失败和遇到危机的深层次原因。建立和实施适当的风险管理模型可以取得下面收益:

- 实现公司商业目标;
- 股东利益增加,市场信任增强;
- 容易以低成本获得投资;
- 得到潜在问题的早期预告;
- 获得竞争优势;
- 资源得到更有效的使用;
- 缓解公司危机。

3.2 公司风险管理模型的构建(图 4)

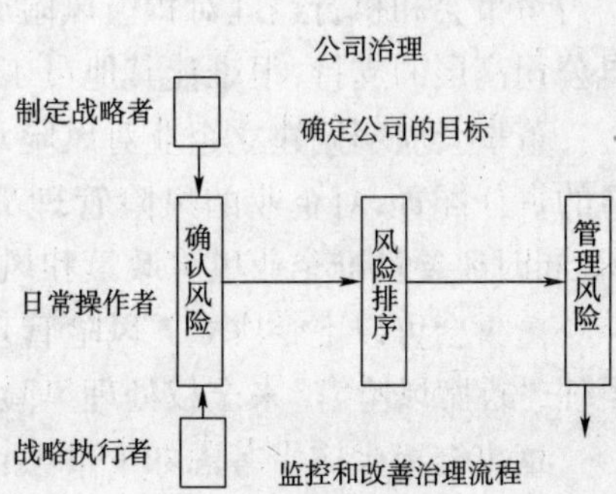

图 4

3.3 目标的设定

从已建立的公司宗旨角度,管理层建立战略目标、选择发展战略并设定相关目标,下传至企业,使其运作与发展战略保持一致。在管理层能够找出可能影响目标实现的因素之前,目标必须存在。公司应通过识别公司发展的关键目标,并将这些关键目标融入到全盘风险管理中。企业的目标可以规划为如下两类:

(1)战略性的—与高层次目标相关联,与企业的宗旨/远景目标相联系并支持企业的宗旨/远景目标;

(2)保护资源/资产—防止企业由于人为的和自然的风险所造成的资产源损失。

3.4 公司风险管理环境的营造

公司风险管理环境是企业风险管理中一切要素的基础。公司董事会在有效、全面的风险管理中起着至关重要的作用,董事会负责确定风险管理的宗旨,建立公司的风险方针,在公司中提升风险管理文化,保证将风险管理融入到公司的近期和远期规划中。最终确保公司中的每个成员都对企业的风险管理负有责任。

3.4.1 风险管理政策

任何组织的风险管理政策都应以书面的方式予以表达,并明确提出组织对风险的认识和管理思路(即“风险文化”),该政策应当对风险管理职责在组织内的分配作出清楚的分工。风险管理政策应当尽可能多援引组织所处法律和政策环境的要求。

组织的最高决策者对组织的风险管理政策的制订负全面责任。

风险管理政策应当提出针对组织运营特点的风险识别、分析和评估方法,以便组织各级机构掌握。

风险管理政策的表现形式为风险管理政策说明书。

3.4.2 风险管理组织机构及主要岗位职能

典型的风险管理组织机构如图5所示。

(1)董事会的主要职能

董事会和执行经理对积极风险管理毫无保留的支持是很重要的,如果没有来自公司高层的支持,很难让其他员工相信风险管理的重要性。

董事会应明确建立企业对风险承担的态度、对风险的偏好以及承担和控制风险的责任配置,对企业的风险管理战略应明确,并对公司希望的目标有清晰的认识,同时还要批准企业风险政策和风险权限系统。

董事会可以下令成立“风险管理委员会”,由组织内高级管理人员组成;也可委任“首席风险官”来全权处理风险管理事务。

董事会至少应当考虑如下事项:

➢ 组织承担负面风险的极限;

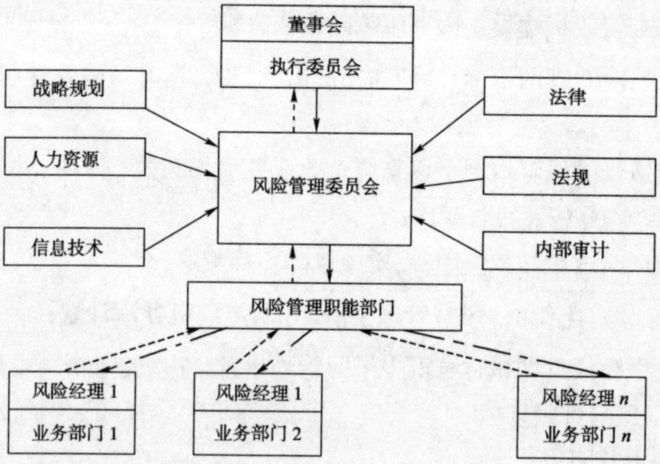

图 5

➢ 这些负面风险一旦发生,组织的命运如何;

➢ 如何对这些风险进行主动管理;

➢ 主动管理这些负面风险的能力极限;

➢ 主动管理这些负面风险的成本极限;

➢ 主动管理这些负面风险的预期效果;

➢ 主动管理这些负面风险的决策。

(2)首席执行官

首席执行官对风险管理负有首要职责并对风险管理方案持有"拥有权",首席执行官通过对高级经理们的领导及审查他们管理业务的方式来实施这项职责,高级经理们必须将企业的风险政策贯彻到日常工作中,向每个职能部门的负责人指定建立具体风险管理方针和实施方法的责任。

(3)首席风险官(风险管理职能部门)

首席风险官和其他风险经理们一起在其负责的领域内建立并维护有效的风险管理。其主要职责包括:

➢ 受董事会委托,具体制定组织的风险管理战略和政策;

➢ 在组织内推行组织的风险文化,提高全员风险意识,促进企业员工的经验交流和信息共享;

➢ 向每个内部机构提供风险管理培训;

➢ 给每个营业机构设立内部风险政策和目标；

➢ 建立风险管理的目标、计划和关键措施，整合所有风险管理职能、政策和组织机构；

➢ 通过适当的风险控制手段支持企业业务增长和盈利水平，并研制企业范围的风险管理措施、分析和报告程序；

➢ 贯彻风险政策和风险限额，实施风险转移策略；

➢ 编制、修订组织的《风险管理手册》并制定危机处理计划；

➢ 向董事会或首席执行官汇报风险管理事务，并接受董事会委托向组织外部有关方面通报风险管理事项。

(4)内部审计的角色

内部审计的功能和角色因组织的具体情况而有很多不同，但在风险管理上，至少应承担以下任务：

➢ 审核组织风险管理政策在各机构的执行情况；

➢ 向风险管理专门机构(首席风险官)提供评估报告；

➢ 普及并提高内部审计人员的风险意识。

(5)人力资源部的角色

➢ 在工作描述中明确各职位的风险管理功能；

➢ 配合风险管理专门部门对组织全体成员提供风险管理培训。

(6)其他各营业机构或职能部门

组织内各营业机构或职能部门至少应考虑如下事项：

➢ 各自领域内主要风险是否在日常工作中得到了有效管理；

➢ 如何在各自机构内提高风险意识；

➢ 从事的特定项目是否在不同阶段都有相应的风险管理措施；

➢ 是否有定期对各自领域内的风险进行审核的机制。

(7)公司雇员

公司雇员负责公司各项控制制度的日常运作，公司雇员应：

➢ 了解公司、公司的经营目标、公司所处的行业和市场以及所面临的风险；

➢ 了解公司风险管理系统的基本要求；

➢ 了解自己工作职责内的主要风险；

➢ 知道应当如何持续改进其各自工作范围内的风险管理；

➢ 意识到个人风险管理和风险管理对组织的重要性；

➢ 向上级管理层随时或定期汇报新出现的风险，或当前体制中存在的风险管理缺陷。

公司最高层应将公司采用的风险管理流程融入到公司的日常经营管理中去，应改变其商业文化使风险管理观念变得直观，成为公司日常商业运作很自然的一部分。只有在这种观念在公司上下都得到充分交流，并且得到最高层的支持和不断强化的情况下才有可能变成现实。

公司最高层可通过向员工阐明风险管理的重要性、员工在管理流程中的角色、公司的整体政策以及行动准则来启动风险管理流程。必要时还可采取培训或强调沟通渠道等方式来强化风险管理流程。

3.4.3 典型风险管理手册的内容构成

(1)风险管理政策简要的陈述；

(2)风险处理策略包括理财方法摘要叙述；

(3)详细列出损失发生时应采取的步骤；

(4)资产价值重大变更的通知；

(5)重大风险变动的通知；

(6)风险成本分摊的会计程序；

(7)保险注意事项；

(8)风险管理守则；

(9)损害防阻的权责部门；

(10)损害防阻守则与相关资讯；

(11)风险各相关负责人及其通信联络信息。

4 结束语

最近一段时期以来，从墨西哥湾漏油事件到大连“7.16”污染事故，还有吉林化学品污染松花江等事件的发生，向所有企业敲响了风险警钟，作为素以高风险著称的航运企业，对事故更好的防范是一个真正的安全文化——对所有相关活动有安全的意识和一定的警觉性，把安全文化的建立作为组织者决策的持久和固有的特性。随着企业运作的大型化、国际化，会有越来越多的风险因素不断出现，这就需要航运企业对风险控制的投入有更大的人力、物力保障，真正做到所有风险处于可控状态。

作者简介

孙占廷,男,1973 年 10 月 3 日生,1998 年大连海事大学轮机管理专业毕业,工作单位:大连海事局执法支队,从事船舶 PSC 检查工作,工程师,研究领域:船舶、企业系统安全管理,通信地址:大连市中山区长江路 29 号,办公电话: 0411-82626103,手机:13942099060,传真:0411-82626071,电子邮箱:sunzhanting1003@hotmail.com。

不当船舶保安措施对船舶安全的影响

韩晓宝　杨兴忠
（天津海事局船舶安全监督站，天津，300456）

摘　要：SOLAS 74 公约第 XI-2 章和 ISPS 规则，要求船舶在不同的保安等级下采取不同的船舶保安措施，以防止船舶保安事件的发生。船舶在实际执行过程中采取的保安措施，会与船舶安全产生抵触，危及船舶及船员的安全。本文通过对船舶在履行 ISPS 规则过程中不当保安措施对船舶安全造成的影响进行分析，在此基础上提出应对该影响的措施。

关键词：ISPS 规则；船舶保安；船舶安全；海上人命安全；消防救生

1　前言

当今世界，“反恐”已成为全球性的、不分贸易区域的安全问题，而海事安全也成为国际反恐行动中的一个重要组成部分。国际海事组织（IMO）清醒地认识到船舶所面临的保安威胁和反恐的重要性，为此，IMO 通过了海上保安强化规则，即 2002 年 12 月 12 日通过了 SOLAS 公约“第 XI-2 章加强海上保安的特别措施”和《国际船舶和港口设施保安规则》（以下简称为《规则》），并于 2004 年 7 月 1 日生效。

在《规则》中要求船舶根据其自身的保安等级采取相应的保安措施。在保安等级 1 时采取最低限度的适当防范性措施，保安等级 2 时在保安等级 1 的基础上采取适当的附加防范性保安措施，保安等级 3 时在保安等级 1 和 2 的基础上采取进一步的特定防范性保安措施。《规则》的 A 部分及 B 部分给出了上述保安措施的原则要求及实施指导内容，具体见表 1。

上述保安措施可归纳为以下三方面，①操作性措施：值班、巡逻、搜查、标识；②技术性措施：保安设备、监视系统等；③结构性措施：门及其锁闭装置、栅栏或类似设施。

船舶在实施上述保安措施时，特别是关于对进入限制区域予以限制这一条款时，考虑问题过于片面，没有注意这些保安措施与船舶安全、人员救生、灭火行动是否，造成了船舶一旦遭遇紧急情况，救生、消防系统和程序不能立即有效地运行，使船舶和人员同时陷入危险的境地。

不同保安等级下船舶的基本保安措施[1] 表1

保安等级1时的保安措施	(1)确保履行船舶的所有保安职责; (2)对登船予以控制; (3)控制人员及其物品上船; (4)监控限制区域确保只有经过授权的人员才能进入; (5)监控甲板区域和船舶周围区域; (6)监督货物和船舶备品装卸; (7)确保随时可进行保安通信。
保安等级2时对等级1的附加保安措施	(1)安排人员进行甲板巡逻以防止人员擅自登船; (2)限制船舶的通道,标明需关闭的通道; (3)通过与港口设施联系对船舶附近水域进行巡逻等以控制靠近船舶的水上通道; (4)与港方联合建立船舶靠近码头附近的受限区域; (5)加强船上人员行李和车辆搜索频次和力度; (6)陪同船上的来访者; (7)对船舶进行全面或部分搜查。
保安等级3时对等级1和2的附加保安措施	(1)仅开放一个受控通道; (2)只向负责应对保安事件或威胁的人员开放通道; (3)停止无关人员上下船及装卸货物交付物料等; (4)撤离船舶; (5)对船舶进行全面或部分的检查。

另外,为了应对船舶面临的日益严重的海上安全威胁,船舶使用了一些《规则》没有明确要求的保安措施,如设置船舶安全室、在易受攻击位置堆积沙袋和在船舶两舷布设安全网等屏蔽物等措施,这些措施的使用无疑提高了船舶在抗击来自海上的恐怖武力袭击时的安全性,但是如果设置不当也会造成对船舶及船员安全的不利影响。

本文通过对《规则》和SOLAS公约中涉及船舶及船员安全的系统和程序的比较,以及船舶采取的不当保安措施对船舶及船员安全的不利影响的相关问题进行分析,在此基础上提出若干协调方案,以利于船舶在采取保安措施时参考,在确保船舶的航行安全和船员的生命安全的前提下,进一步加强船舶防范保安事件能力。

2 不当保安措施对船舶及船员安全的影响

《规则》中提出的是原则性的要求,并未就特定船舶的具体保安措施给出规定,仅仅在B部分给出了的指导性意见。鉴于此,船舶在执行保安计划时,由于对公约规则的理解不深,会存在一定的偏差性,实施的个别保安措施就会不适当,对船舶安全造成一定的不良影响。这些矛盾主要体现在限制区域的锁闭、对船舶甲板两舷区域的限制装置及《规则》未明确的保安措施等几个方面。

2.1 限制区域的锁闭

船员在对限制区域进行控制时，将所有标识为限制区域的通道进行锁闭，如对驾驶台、机舱区域、舵机间等处加装密码锁、外部梯口架设铁栅、通往登乘甲板的门或被铁丝绑死或在内部加装铁栓等，没有充分考虑到与船舶原有救生、消防系统的协调，造成了上述措施与 SOLAS 公约中第 CⅡ-2 及 CⅢ章对消防、救生系统和程序的要求不相符。

2.1.1 典型案例

2010 年 4 月，PSCO 在对某外籍大型集装箱班轮（2010 年下水，150000GT）进行世博保安专项检查时发现该轮存在以下不当保安措施：

（1）进出生活区的门上的锁闭装置为密码锁（图 1），虽然增加了安全性，同时也增加了操作的复杂性；

（2）通往登乘甲板的门或被铁丝绑死或在内部加装铁栓（图 2）；

（3）在上下甲板间的通道梯口处加装铁栅，且只有部分船员持有上述锁闭装置的钥匙（图 3）；

（4）限制区域门的锁闭装置为两端用螺母紧固的钢板（图 4），且其上没有任何显著标志（检查中发现此种现象大量存在于新造船中）；

（5）在整个航行过程中，将消防装备处所和设施及救生艇上锁。

图 1 限制区域门上的密码锁

图 2 加装铁栓的限制区域门

2.1.2 案例分析

上述所采取的保安措施与 SOLAS 公约对于船舶消防救生系统的要求存在着冲突。由于船舶发生火灾及其他紧急情况后，消防设备应保持随时可用，SOLAS 公约第 CⅡ-2 章和第Ⅲ章对消防系统和救生方面都提出了详细和具体的要求（表 2）。特别考虑到应急处置时间的宝贵，对上述系统布置可能导致救生、消防设备立即可用性受到限制。

图3　加装了铁栅的梯道口

图4　限制区域门的锁闭装置

SOLAS 公约对消防系统立即可用性的相关要求[2]　　　　表2

有关消防救生的公约条款	相关要求
SOLAS 公约 CⅡ-2 第 13 条 脱险通道	应提供安全的脱险通道;脱险通道应保持安全状况,无障碍物;其梯道和梯子的布置应提供到达救生艇和救生筏登乘甲板的随时可用的脱险通道。
SOLAS 公约 CⅡ-2 第 14 条 随时可操作状态和维护保养	灭火系统和设备应保持良好的工作状态并即时可用。
SOLAS 公约 CⅢ第 20 条 使用准备状态、维护保养与检查	在船舶离港前及在整个航行时间内,所有救生设备应处于工作状态,并立即可用。

该船不当保安措施均对消防系统和救生设备的立即可用性的要求产生了限制。

首先,通往限制区域门的锁闭装置为门内侧的两端用螺母紧固的钢板,且其上没有任何显著标志,船舶一旦发生火灾,烟雾弥漫到整个生活区空间,头戴 EEBD 的人员视野受到很大的限制,将无法在很短的时间内找到并打开该装置获得逃生机会;对于在门内部加装的插销,加装位置太高,不便于快速开启。

其次,限制区域门的锁闭装置为密码锁,增加了操作的繁复性,而且当船舶内部发生火灾,需要岸上协助时,将增加不必要的障碍,耽误宝贵的时间,更重要的是该装置对于防止武装海盗没有明显的作用,很显然在暴力袭击下,密码锁并不能成为可靠的防线。

第三,在整个航行过程中,将消防控制站和消防设施及救生艇上锁,并在进入救生艇甲板的通道梯口处加装了铁栅,且只有部分船员持有该锁闭装置的钥匙。船上一旦发生火灾,消防控制站和消防器材将无法立即投入使用,最终耽误灭火措施的实施,容易造成火势蔓延。由于救生艇被锁闭,导致船员不能在立即登艇,耽误宝贵的求生时间。

2.1.3　改进措施

(1)可在限制区域的门上安装只有用专用工具能够打开的锁闭装置,而后给每名船员配备专用工具,而不是用铁丝或螺母将门从内部锁闭。也可以在门上加装易于从内部打开的插销。此外,必须在锁闭工具处加装反光标志,以便在烟雾弥漫时易于被逃生者发现。

(2)采取给每名本船船员配备锁闭装置钥匙等方式,保证上下甲板梯口处加装的铁栅在锁闭状态下可由任何本船船员快速开启。

(3)在安全海域或在保安等级1的港口停泊时,不要将消防器材及救生艇锁闭。在特殊情况下,消防器材处所需要锁闭以防止丢失,必须给每名船员配备该装置的钥匙或在附近提供备用钥匙。

2.2　对船舶甲板两舷区域的限制装置

在经过高风险等级的海域或停泊在高风险海域的港口时,部分船舶为了保持对船舶甲板区域登船点的控制,在舷侧加装加了高压电铁丝网、铁板或栅栏等障碍物。

2.2.1　典型案例

2010年5月,PSCO在对某外籍2000总吨杂货船进行安全检查时发现,该轮系2009年下水的新造船,主要航线为中国—马六甲海峡—苏伊士运河—欧洲,因为该船需航经安全形势较差的索马里海域,所以该船在舷侧加装了铁丝网和栅栏等障碍物,并在救生甲板、驾驶台甲板两翼堆砌了沙袋,用来防止人员擅自接近船舶及轻武器的袭击。类似的保安措施在其他船舶上也有发现(图5)。

2.2.2　案例分析

上述保安措施与SOLAS公约对救生系统立即可用性的相关要求(表3)存在冲突。

SOLAS公约对救生系统立即可用性的相关要求[2]　　表3

有关消防救生的公约条款	相关要求
SOLAS公约CⅢ第11条救生艇筏的集合与登乘布置	集合站与登乘站均应容易从起居处所和工作区域到达。
SOLAS公约CⅢ第12条降落站	降落站的位置应确保救生艇筏安全降落。
SOLAS公约CⅢ第15条海上撤离系统的存放	应设有保护该系统免受任何突出物影响的设施;海上撤离系统应布置在能安全降落的位置。

续上表

有关消防救生的公约条款	相关要求
SOLAS公约CⅢ第16条救生艇筏的降落与回收装置	降落与回收装置应使该设备的操作人员在救生艇筏降落期间,以及在救生艇回收期间,能随时在船上观察到救生艇筏。
SOLAS公约CⅢ第20条使用准备状态、维护保养与检查	在船舶离港前及在整个航行时间内,所有救生设备应处于工作状态,并立即可用。
SOLAS公约CⅢ第31条1.4款救生艇筏与救助艇	对于从船首最前端或船尾最末端至最靠近的救生艇筏存放地点最近一端之间的水平距离超过100m的货船,还应配备1只救生筏。该救生筏可按能用人力脱开的方式系牢,并不必为能用认可的降落设备降落的类型。

图5 船舶舷侧加装的障碍物

由表可见,虽然这种栅栏类装置对防范海上威胁是十分有效的,但如果未将救生设备的布置考虑进去,就会造成最终威胁船舶及船员安全的严重后果,其主要表现在:

(1)在救生艇筏处所外舷安装上述栅栏类装置将会造成船舶救生艇筏无法及时安全释放的后果,特别是影响船首人力脱开的方式救生筏的释放;

(2)船舷部位的障碍物将会影响引航员的登乘,给他们的人身安全带来威胁;

(3)一旦发生溢油事故,船舷部位的障碍物将会影响溢油控制的实施;

(4)一旦发生船体破损,堵漏程序无法顺利进行。

2.2.3　改进措施

(1)船舶只有在通过有海盗袭击危险的海域才可以安装上述装置,在安全海域及停靠保安等级为1的港口时,不要安防栅栏类设施;

(2)不要在救生艇筏存放位置附近安装妨碍其安全释放的栅栏类装置,即使安装也要求可以随时快速拆卸;

(3)设置了上述防范设施的船舶,在进行火灾、救生、溢油演习时,应加入相关的演习内容,以便船员熟练地掌握在船舶采用上述保安措施的情况下的标准程序。

2.3　其他《规则》未明确的保安措施

在2010年5月12日至5月21日在英国伦敦召开的国际海事组织(IMO)海上安全委员会(MSC)第87届会议上,土耳其建议IMO制定相应的指南,以指导船员在船舶受到攻击后将主机停掉,到一个安全的房间寻求保护[3],实践证明这也是一个行之有效的方法。

虽然《规则》中没有明确规定船舶在遭遇袭击后,提供安全庇护所,但是目前,一些船舶在隐蔽位置设置了安全室,而且其中不乏成功抗击海盗、保护船员生命安全的案例。

2.3.1　典型案例

在亚丁湾海域被劫持的俄罗斯油轮"莫斯科大学"号,遭遇海盗后,所有23名俄罗斯船员躲进船舶舵机间内并反锁(图6),使得海盗劫船后20多个小时内一直无法抓到一名船员作为人质,为俄罗斯海军的后续解救行动赢得了主动权,最终该轮被成功解救,船员无一伤亡。

图6　可用作安全室的舵机间

2.3.2　案例分析

安全室不愧为保证船员免受海盗生命威胁的一个好办法,船舶在遭到武装劫持,局面无法控制时,船员可以立即逃到隐蔽的安全室中,并将入口锁闭,在其中坚守待援,由于海盗手中失去了人质这一重要砝码,使得后续的救援工作可以顺利展开,而没有投鼠忌器的困难。但是如果安全室设置不当,不但起不到应有的作用,

还会对船员的生命安全造成影响,最重要的是以下几个方面:

(1)安全室中没有紧急通信设备,不能与外界进行通信,给后续的救援工作带来困难;

(2)安全室内没有食、水等微生物品和通风设施,即使躲入安全室,船员的生命安全也得不到保证;

(3)安全室中没有主机和舵机的遥控装置,海盗一旦控制船舶势必将船舶驶入其控制的危险水域,使后续的救援行动无法进行。

2.3.3 改进措施

一般船舶上的舵机间是安全室的最佳选择,因为该处所一般为位于船尾甲板下的独立舱室,其中设有为船员进行紧急操舵准备应急照明和通风系统,并且船员还可在此处操舵,实际控制船舶的航向。另外,如果船舶布置了安全室,其内应储有食物、饮水和通信设备,而且室门需经过特殊处理,只能从内部打开。如有可能,应在安全室内安装遥控操舵装置和主机遥控关闭装置,以便在紧急情况下,可以遥控操纵船舶主机,防止海盗将船舶开入危险水域。

3 结论

船舶保安措施与船舶消防救生系统都与船舶、船员的安全息息相关,也都是船舶安全检查中的重点检查项目。

本文所论述的不当保安措施对船舶安全的负面影响,完全是由于船方在编制《船舶保安计划》时对《规则》理解不全面引起的。因为在《规则》A 部分已经明确提出,船舶在编制《船舶保安计划》时应考虑所有可能的薄弱环节,其中就包括船舶安全和保安措施之间的矛盾。

同时,SOLAS 公约"第 XI-2 章加强海上保安的特别措施"第 8 条"船长对船舶安全和保安的决定权"中也要求,如果依照船长的专业判断,在船舶操作中出现适用于该船的安全和保安要求之间发生冲突的情况,船长应执行为维护船舶安全所必须的要求。

可见,在公约层面已经对船舶实施不当保安措施产生的负面影响做出了一定的考虑,要求船舶予以注意。全面的理解和掌握公约的要求,最大限度的保障船舶安全,两者不可有失偏颇。在分析了不同种类不当保安措施的不当影响的基础上,本文提出了相应的协调措施,如限制区域的门的锁闭装置及上下楼甲板梯口处加装的铁栅的建议,以便于船员在紧急时逃生及禁止在救生艇筏存放位置附近安装妨碍其安全释放的栅栏类装置,即使安装也要可以随时快速拆卸等等。同时还对船舶设置安全室提出了相应的保证人命及船舶安全的要求,供船舶在实施保安措施时参考，以减少保安措施与救生、消防系统间的相互影响。

本文结合公约要求，指出了船舶在实际操作过程中出现的两者相互影响的问题，并针对上述问题提出了相应的缓解措施，希望能够抛砖引玉，引起重视，为船舶制定全面系统的安全措施提供参考。

参考文献

[1] 国际船舶和港口设施保安规则. IMO,2006

[2] 国际海上人命安全公约. IMO,2006

[3] 陈爱平，姜雪梅，谢军，宋魏. IMO 海上安全委员会第 87 届会议情况报告

作者简介

韩晓宝，男，1982 年 6 月出生，天津海事局船舶安全检查站，助理工程师，专业领域：港口国监督检查，通信地址：天津市塘沽区新民街 202 号，邮编：300456，办公电话及传真：022-66272041，手机：13652177815，电子邮箱：xiaobao123123 @ 126. com。

杨兴忠，男，1968 年 7 月出生，天津海事局船舶安全检查站，船长，高级工程师，A 类检察官，专业领域：港口国监督检查与研究工作，通信地址：天津市塘沽区新民街 202 号，邮编：300456，办公电话及传真：022-66272033；022-66272038，电子邮箱：yxzhmsa@ 163. com。

内河海事

基于模糊理论对油轮火灾爆炸事故的安全评价

高 路[1] 杨恒杰[1] 潘新祥[2]

(1. 南京海事局,南京,210011;2. 大连海事大学轮机工程学院,大连,116026)

摘 要:随着我国石油需求量和消耗量的增加,石油及成品油的运输越来越依靠海上油轮来完成,油轮在经济社会发展过程中起越来越重要的作用。但是,油类运输船接连不断发生的火灾、爆炸事故已严重危害油轮海上运输事业的健康发展。本文在对油轮火灾爆炸事故进行原因分析的基础上,绘制了油轮火灾爆炸事故鱼刺图,建立了油轮火灾爆炸事故安全评价指标体系,编制安全评价软件,运用模糊综合评判法对油轮火灾爆炸事故进行准确、合理的安全评估。

关键词:安全评价;油轮;火灾爆炸;模糊数学

中国石油的供应主要依赖进口,其中绝大部分是通过海运完成的,由于石油具有易挥发性、易燃易爆性、膨胀性、带电性、流动性大等特点,从而导致了油轮火灾爆炸事故频发,不但造成巨大的生命财产损失,而且污染了海洋环境。因此,对油轮火灾爆炸事故进行安全评估具有十分重要的现实意义。模糊综合评判法作为一种系统的安全评价方法,在交通运输领域和船舶工程领域已有广泛应用,本文尝试运用模糊综合评判法对油轮火灾爆炸事故进行安全评估。

1 模糊综合评价概述

模糊综合评价作为模糊数学的一种具体应用方法,最早是由我国学者王培庄提出的。模糊综合评价是模糊理论与实际应用相结合的产物,它是应用模糊变换原理和最大隶属度原则,考虑与被评价事物相关的各个因素,对其所作的综合评价。评价的着眼点是所要考虑的各个相关因素。

根据模糊评价模型建立的一般方法,建立模糊综合评价模型的步骤为[1]:确定评价指标体系;计算各评价指标权重;确定各评价指标隶属度;模型建立与应用;

模糊综合评价的数学模型主要有三个要素：

(1)因素集：因素集 U 是由影响评判对象的各个因素所组成的集合，可表示为：$U=\{u_1,u_2,\cdots,u_m\}$；

(2)评价集：评价集是由对评价对象可能做出的评判结果所组成的集合，可表示为：$V=\{v_1,v_2,\cdots,v_n\}$；本文的评价集为：$V=\{$优秀，良好，一般，较差，很差$\}$

(3)单因素评价集：单独从一个影响因素(指标)u_i 出发进行评价，确定对评价集元素 v_j 的隶属程度 r_{ij}，称为单因素模糊评价，这样就得出第 i 个因素 u_i 的单因素评价集：$\tilde{R}_i=(r_{i1},r_{i2},\cdots,r_{in})$；它是评价集 V 上的模糊子集。这样，m 个影响因素的评价集就构造出一个总的评价矩阵 $\tilde{R}_i$：

$$\tilde{R}=\begin{pmatrix}\tilde{R}_1\\\tilde{R}_2\\\cdots\\\tilde{R}_m\end{pmatrix}=\begin{pmatrix}r_{11}&r_{12}&\cdots&r_{1n}\\r_{21}&r_{22}&\cdots&r_{2n}\\\cdots&\cdots&\cdots&\cdots\\r_{m1}&r_{m2}&\cdots&r_{mn}\end{pmatrix}$$

因素集 U 中的各个元素在评价中具有的重要程度不同，因而必须对各个元因素 u_i 按其重要程度给出不同的权数 a_i。由各权数组成的因素权重集 $\tilde{A}$ 是因素集 U 上的模糊子集，可表示为：$\tilde{A}=(a_1,a_2,\cdots,a_m)$，其中，元素 $a_i(i=1,2,\cdots,m)$是因素 u_i 对 $\tilde{A}$ 的隶属度，即反映了各个因素在综合评价中所具有的重要程度，通常应满足归一性和非负性条件：

$$\sum_{i=1}^{m}a_i=1,\ a_i\geqslant 0$$

当因素权重 $\tilde{A}$ 和评价矩阵 $\tilde{R}_i$ 已知时，按照模糊矩阵的乘法运算，便得到模糊综合评价集 $\tilde{B}$，即：

$$\tilde{B}=\tilde{A}\cdot\tilde{R}=(a_1,a_2,\cdots,a_m)\cdot\begin{pmatrix}r_{11}&r_{12}&\cdots&r_{1n}\\r_{21}&r_{22}&\cdots&r_{2n}\\\cdots&\cdots&\cdots&\cdots\\r_{m1}&r_{m2}&\cdots&r_{mn}\end{pmatrix}=(b_1,b_2,\cdots,b_n)$$

显然，模糊综合评价集 $\tilde{B}$ 是评价集 V 上的模糊子集，$b_j(j=1,2,\cdots,n)$量化表示评判对象对评价集 V 中第 j 个元素的隶属度。再对综合评价指标 $\tilde{B}$ 进行清晰化，就可以使评价结果更加直观、容易接受。

2 油轮火灾爆炸事故原因分析

只有准确地了解油轮火灾爆炸事故的原因才能确定事故的影响因素，建立评价指标体系。本文按照火灾爆炸事故发生的处所：生活区、甲板等有油气可能飘散的区域、机舱、库房，对火灾爆炸事故原因进行逐一分析，并绘制油轮火灾爆炸事故鱼刺图[2]（图1），以便使复杂的原因系统化、条理化，同时也可以明确预防对策。

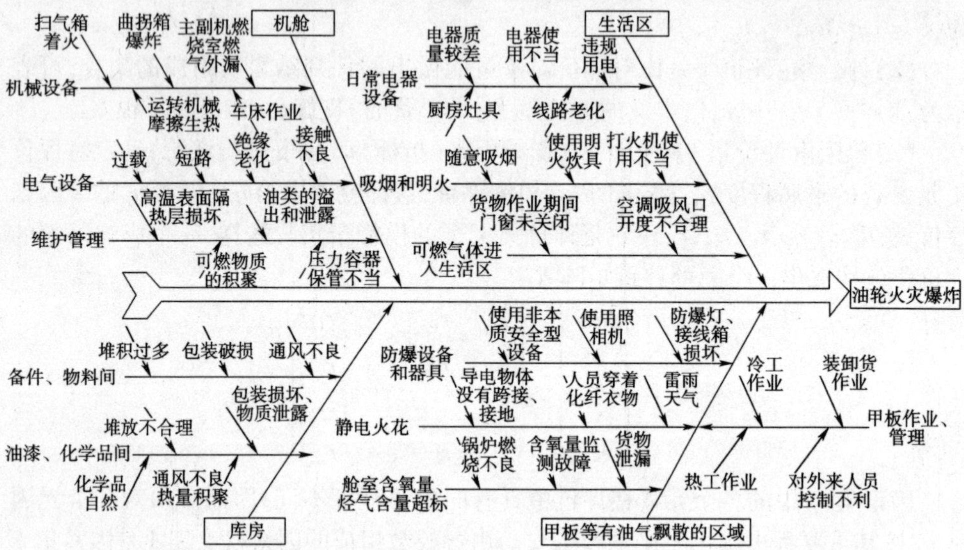

图1　油轮火灾爆炸事故鱼刺图

3　油轮火灾爆炸安全评估模型的建立与计算

3.1　安全评价指标体系的建立

通过对油轮火灾爆炸事故原因的分析以及对专家的咨询，本文主要从物的不安全状态考虑把油轮火灾爆炸事故安全评估指标体系分为火灾载荷、防火能力以及灭火能力三大类指标，建立油轮火灾爆炸事故安全评估体系，如表1所示。

3.2　权重的确定

本文采用层次分析法[3,4]（AHP）确定各评价指标的隶属度，使用1～9的比例标度来比较各评价因素的重要程度，以此建立判断矩阵。通过向发放有着丰富航海工作经验和知识的航海院校专家教授以及公司高级管理人员专家调查表，对于得到的数据资料，采用几何平均法处理，便可以建立判断矩阵，确定权重[5]。以第一层三个评价因素为例，综合各位专家的调查结果整理得到的比较判断矩阵为：

$$A = \begin{pmatrix} 1 & 1.015 & 0.607 \\ 0.886 & 1 & 0.596 \\ 1.453 & 1.573 & 1 \end{pmatrix}$$

油轮火灾爆炸事故安全评估指标体系 表1

<table>
<tr><td rowspan="14">基于模糊理论的油轮火灾爆炸事故安全评估指标体系</td><td>一级指标</td><td>二级指标</td><td>三级指标</td></tr>
<tr><td rowspan="4">火灾载荷</td><td>机械设备</td><td>高温设备供、储油设备</td></tr>
<tr><td>电气设备</td><td>船舶电气
日用电器
厨房电器</td></tr>
<tr><td>备件物料</td><td>物料堆放
保管环境</td></tr>
<tr><td>危险作业</td><td>洗舱作业
装卸油作业
冷、热工作业
测量取样作业</td></tr>
<tr><td rowspan="5">防火能力</td><td>防火结构</td><td>防火材料
防火区划
通风系统</td></tr>
<tr><td>防爆设备</td><td>使用情况
检修维护</td></tr>
<tr><td>防止静电</td><td>防静电服装
设备接地</td></tr>
<tr><td>气体检测仪</td><td>仪器配备
检测检修</td></tr>
<tr><td>消防安全管理制度</td><td>防火巡视制度
消防培训制度
消防演习制度</td></tr>
<tr><td rowspan="4">灭火能力</td><td>消防队水平</td><td>消防员业务能力
消防员装备</td></tr>
<tr><td>火警信号系统</td><td>火灾探测系统
火灾报警系统</td></tr>
<tr><td>移动式灭火器材</td><td>灭火器材的种类
灭火器材的数量
灭火器材有效性</td></tr>
<tr><td>灭火系统</td><td>惰性气体系统
二氧化碳灭火系统
泡沫灭火系统</td></tr>
</table>

(1)正规化每一列

$$\sum_{k=1}^{3} a_{k1} = 1 + 0.886 + 1.453 = 3.339; \quad \overline{a_{11}} = \frac{1}{3.339} = 0.300;$$

$$\overline{a_{21}} = \frac{0.886}{3.339} = 0.265; \quad \overline{a_{31}} = \frac{1.453}{3.339} = 0.435$$

同理:
$$\sum_{k=1}^{3} a_{k2} = 3.588; \overline{a_{12}} = 0.283; \overline{a_{22}} = 0.279; \overline{a_{32}} = 0.438$$

$$\sum_{k=1}^{3} a_{k3} = 2.203; \overline{a_{13}} = 0.276; \overline{a_{23}} = 0.271; \overline{a_{33}} = 0.454$$

则:
$$A' = \begin{pmatrix} 0.300 & 0.283 & 0.276 \\ 0.265 & 0.279 & 0.271 \\ 0.435 & 0.438 & 0.454 \end{pmatrix}$$

(2)按行相加

$$M_1 = \sum_{j=1}^{3} \overline{a_{1j}} = 0.300 + 0.283 + 0.276 = 0.859$$

$$M_2 = \sum_{j=1}^{3} \overline{a_{2j}} = 0.815; M_3 = \sum_{j=1}^{3} \overline{a_{3j}} = 1.331$$

(3)将向量 $M = (0.859, 0.815, 1.331)^T$ 正规化

$$\sum_{i=1}^{3} M_i = 0.859 + 0.815 + 1.331 = 3.005$$

$$W_1 = M_1 / \sum_{i=1}^{3} M_i = 0.859/3.005 = 0.286$$

$$W_2 = M_2 / \sum_{i=1}^{3} M_i = 0.271$$

$$W_3 = M_3 / \sum_{i=1}^{3} M_i = 0.443$$

所求特征向量为

$$W = (0.286 \quad 0.271 \quad 0.443)^T$$

(4)计算最大特征根

$$AW = \begin{pmatrix} 1 & 1.015 & 0.607 \\ 0.886 & 1 & 0.596 \\ 1.453 & 1.573 & 1 \end{pmatrix} \begin{pmatrix} 0.286 \\ 0.271 \\ 0.443 \end{pmatrix} = \begin{pmatrix} 0.830 \\ 0.788 \\ 1.285 \end{pmatrix}$$

$$\lambda_{\max} = \sum_{i=1}^{3} \frac{(AW)_i}{nW_i} = \frac{0.830}{3 \times 0.286} + \frac{0.788}{3 \times 0.271} + \frac{1.285}{3 \times 0.443} = 2.9034$$

(5)一致性检验

$$\mathrm{CI} = \frac{\lambda_{\max} - n}{n - 1} = \frac{2.9034 - 3}{3 - 1} = -0.0483$$

$$CR=\frac{-0.0483}{0.58}=-0.0833<0.1000$$

所以满足一致性指标。因此,第一层三个评价因素的权重集用模糊向量表示为:

$$W_0=\{火灾载荷,防火能力,灭火能力\}=\{0.286,0.271,0.443\}$$

依同样发放我们可以依次确定第二层次、第三层次各评价因素的权重。

3.3 隶属度的确定

采用专家调查和集值统计方法相结合来构造单因素评价矩阵,专家调查法是首先制作专家打分调查表,通过专家评价给分,即专家对每一具体评价对象的每一项指标,根据专家的经验和看法进行认定,在打分表中对应等级处做记号,再通过专家调查表的汇总,得到各个因素对应等级的频数,经过归一化处理,即可得到各个因素对应于等级的隶属度。以高温设备为例建立隶属度模糊子集表如表 2 所示,同理可以确定油轮火灾爆炸事故各因素隶属度。

高温设备隶属度模糊子集表 表 2

	安全	较安全	一般	较危险	危险
设备工况良好,维修保养得力,表面无油污	0.9	0.1			
设备维修保养不力,表面温度过高,表面无油污	0.2	0.6	0.2		
设备维修保养不力,表面温度过高,表面有油污			0.1	0.3	0.6

4 实例评估

选取调研的一艘油轮,根据获得的数据资料,选择油轮火灾爆炸事故的实际隶属度,建立各影响因素评价矩阵,计算各影响因素的评价向量如下:

机械设备的评价矩阵为:

$$R_1''=\begin{pmatrix}0.2 & 0.6 & 0.2 & 0 & 0\\ 0.8 & 0.2 & 0 & 0 & 0\end{pmatrix}$$

而 $A_1''=(0.624\quad 0.376)$,我们可以计算出机械设备的评价向量为:

$$B_1''=A_1''\circ R_1''=(0.624\quad 0.376)\cdot\begin{pmatrix}0.2 & 0.6 & 0 & 0 & 0\\ 0.8 & 0.2 & 0 & 0 & 0\end{pmatrix}$$

$$=(0.426\quad 0.450\quad 0.126\quad 0\quad 0)$$

同理可得电气设备的评价向量为:

$$B_2''=(0.404\quad 0.436\quad 0.161\quad 0\quad 0)$$

备料物料的评价向量为:

$$B''_3 = (0.478 \quad 0.369 \quad 0.107 \quad 0 \quad 0)$$

危险作业相关参数的评价向量为：

$$B''_4 = (0.585 \quad 0.301 \quad 0.115 \quad 0 \quad 0)$$

这样我们就可以得出火灾载荷评价矩阵为：

$$R'_1 = \begin{pmatrix} 0.426 & 0.450 & 0.126 & 0 & 0 \\ 0.404 & 0.436 & 0.161 & 0 & 0 \\ 0.478 & 0.369 & 0.107 & 0 & 0 \\ 0.585 & 0.301 & 0.115 & 0 & 0 \end{pmatrix}$$

而 $A'_1 = (0.286 \quad 0.264 \quad 0.138 \quad 0.312)$，可得火灾载荷评价向量为：

$$B'_1 = (0.477 \quad 0.388 \quad 0.129 \quad 0 \quad 0)$$

同理可得防火能力评价向量为：

$$B'_2 = (0.551 \quad 0.273 \quad 0.074 \quad 0.243 \quad 0.035)$$

灭火能力评价向量为：

$$B'_3 = (0.629 \quad 0.280 \quad 0.082 \quad 0 \quad 0)$$

这样本层次评价向量计算完毕，下面油轮火灾爆炸事故安全评估的最终评价向量，评价矩阵为：

$$R = \begin{pmatrix} 0.477 & 0.388 & 0.129 & 0 & 0 \\ 0.551 & 0.273 & 0.074 & 0.243 & 0.035 \\ 0.629 & 0.238 & 0.041 & 0 & 0 \end{pmatrix}$$

而 $A = (0.286 \quad 0.271 \quad 0.443)$，可得最终评价向量为：

$$B = (0.564 \quad 0.290 \quad 0.075 \quad 0.066 \quad 0.009)$$

最后，对计算出的油轮火灾爆炸事故安全评估的最终评价向量进行清晰化处理。

$$\bar{B} = B \cdot C = (0.564 \quad 0.290 \quad 0.075 \quad 0.066 \quad 0.009) \cdot \begin{pmatrix} 95 \\ 85 \\ 75 \\ 65 \\ 30 \end{pmatrix} = 88.415$$

由清晰化的结果可知，此油轮火灾爆炸安全评价的评价结果为“良好”。

5 安全评价软件的编制

为了避免繁杂的计算过程，减轻安全评价人员的工作量，特利用 VB 语言编制一个油轮火灾爆炸事故安全评价的计算机辅助软件。此软件可以进行快捷计算，节省评估时间，准确快捷的对所选油轮的火灾爆炸风险进行评估，具有较强现实意义（图2和图3）。

图2　评价软件界面

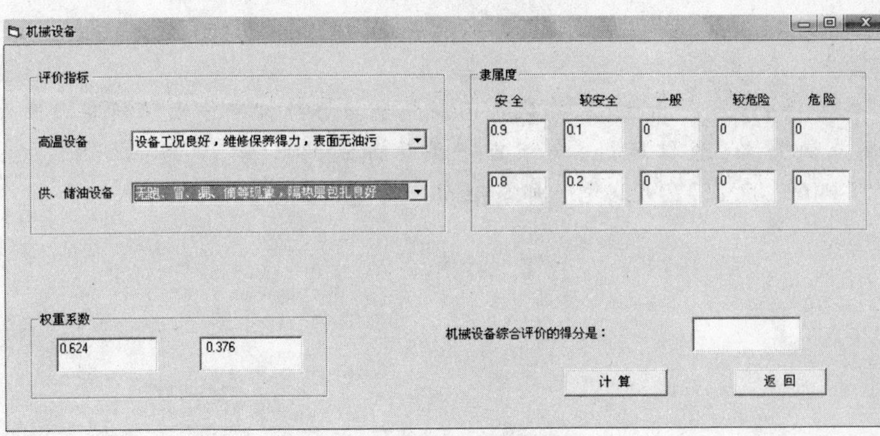

图3　机械设备评价软件界面

6　结论

模糊综合评判法应用在油轮火灾、爆炸事故安全评估中能够综合考虑影响油轮火灾、爆炸事故的各个因素进行多层次、多因素、多角度综合评定[6]，能通过数学运算最终确定油轮发生火灾、爆炸事故的风险等级，直观、明了，是别的评价方法无法替代的方法。但该方法进行专家调查时需要的专家人数较多,受人为因素影响大,建立评价指标体系时需要考虑的火灾、爆炸事故影响因素较多,难免有遗漏。相信经过科研人员的不断努力,模糊综合评判法一定会不断完善,更好的应用在安全评估之中,为油轮的安全运营提供帮助。

参 考 文 献

[1] R.-S. Lu, S.-L. Lo and J.-Y. Hu. Analysis of reservoir water quality using fuzzy synthetic evaluation. Stochastic Environmental Research and Risk Assessment (SERRA),1999,13:5

[2] 刘铁民,张兴凯,刘功智.安全评价方法应用指南.北京:化学工业出版社,2005:48-50

[3] 范春彦,韩晓明,汤伟华.AHP 中专家判断信息的提取及指标权重的综合确定法.空军工程大学学报(自然科学版),2003(2):1-4

[4] Shankar Chakraborty and Debabrata Banik. Design of a material handling equipment selection model using analytic hierarchy process. The International Journal of Advanced Manufacturing Technology,2006,28:11-12

[5] 徐国祥.统计预测和决策.上海:上海财经大学出版社,2005

[6] 杨鹍鹏,王海,王雪章,杨建,潘新祥.综合安全评估方法在船舶动力装置中的应用[J],中国航海,2007,70(1):101-104

作者简介

高路,男,1984 年出生,主要从事船舶安全与污染控制方面的研究。工作单位:南京海事局,通信地址:南京市下关区江边路 3 号,邮编:210011,电话:15051844025,02585770923,电子邮箱:gaolu12@163.com 。

修造船厂和拆解单位防污染存在的问题及对策

徐丰收　彭宏恺　梁俊杰

（安庆海事局，安庆，246003）

摘　要：修造船厂和拆解单位在生产过程产生污染物，本文介绍了应配备的防污器材，分析了船厂和拆解单位在防污染存在的问题，阐述了防止污染的方法和手段，提出了具体措施和对策。

关键词：船厂；防污染；问题；对策

修造船厂和拆解单位在生产过程中会产生各类固体、液体污染物，但由于没有统一的行业标准，各企业的配备防污染设备数量不一、种类不一，严重影响船舶修造和拆解的防污染能力，对长江水域环境构成很大的威胁。

《水污染防治法》及其实施细则等法律法规明确了企业的防污染责任，要求企业配备和完善防污染设施设备。

国务院《防治拆船污染环境管理条例》也规定了拆船单位必须配备或者设置防止拆船污染必需的拦油装置、废油接收设备、含油污水接收处理设施、废弃物回收处置场等。

修造船厂和拆船单位需要配备的常见设备有：围油栏、围油栏布放艇、生活垃圾储存装置、固体废物储存装置、有害材料临时储存装置、油污水储存装置、油污水处理设备、油污水临时储存容器、收油机、吸油材料、污水井、污物池、溢油分散剂、溢油分散剂喷洒装置和溢油应急回收船。

1　安庆海事局辖区的修造船厂和拆解单位现状

修造船厂属于劳动密集型行业，内地人员劳动力成本低，因地方政府招商引资的需求，沿海的修造船厂和拆解单位逐步向长江转移，近几年陆续一些修造船厂和拆解单位在安庆海事局辖区落户。

安庆海事局辖区的修造船厂和拆解单位17家，其中枞阳县作为安徽省造船基地，有大中型修造厂8家。

2 存在的主要问题

船舶修造和拆解带来的安全、健康与环境问题引起了社会的广泛关注。2009年,国际海事组织正式通过《国际安全与环保拆船公约》,该公约从事故的预防,有害材料的安全与环境无害化拆船及管理、应急准备与反应到工人安全与培训都进行了详细的说明和规定。该公约的规定涉及造船、航运和船舶拆解多个行业。

我国是航运大国、造船大国和拆船大国,该公约的出台及强制性实施将不可避免地对我国产生重要影响。目前我国涉及拆船的法律、法规还不完善,缺乏相关技术标准,缺乏符合公约要求的执行机制,不能满足公约要求。

修造船厂和拆解单位防污染存在以下问题:

(1)存在溢油、船舶垃圾等漂浮物污染水域等污染风险。

(2)部分修造船厂和拆解单位存在重生产、轻环保的理念。

(3)极少的修造船厂和拆解单位配备了防污染设施。

(4)修造船厂和拆解单位防污缺乏相应的事故预案。

(5)修造船厂和拆解单位应急处置能力不足。

3 修造船厂和拆解单位防污染应考虑的因素

船舶修造和拆船单位均存在溢油、船舶垃圾等漂浮物污染水域等水面的污染风险,需要在舾装作业、供受油作业、清污和拆解时布设围油栏,预防污染物扩散。修造船和拆船单位在生产作业中,加强污染管理,应考虑以下因素:

(1)废船的有害材料比较多,需要专门的拆解、运输和临时储存设备,需要小心拆解和处理。

(2)有害材料及固体废物包括石棉、纤维、油漆桶、油泥、废油布、废电池、废电气、废灯管、温度计、多氯联苯、含油木屑、铁锈、废电线电缆、废机油、油污水、氟利昂和油漆屑等。

(3)船舶拆解单位在拆解上层建筑、清污残油、接收油污水和船底拆解等作业过程中,容易造成水域污染,必须采取围油栏等防污染措施。

4 防污染具体措施

4.1 污染原因

根据大量事实表明,船坞发生事故性溢油的原因主要是:进坞维修的船舶上剩余的各种油类,包括重质油、轻质油机油润滑油等未得以回收而全部或部分溢入江中,而造成事故的原因是船只进入港口时触礁;油水分离器不能正常工作;输油管路发生泄漏;储油容器倾倒或破裂;没及时运走的附油器件被水淹没;拆解、进船坞后操作设备不当等,其中人为因素是造成事故的主要原因。如船上剩油在装卸过程中因管理和操作不当以及因设备故障等发生溢油事故。因此要避免溢油事故发生,主要是作好防范措施。

4.2 油品卸船时的措施

(1)从事卸油作业的主要作业人员应完全熟悉船舶的燃油系统,包括整个管路系统、阀门、排油口、溢流管和通气管的位置、探测管和油位指示器的位置等。

(2)到岸时要检查、关闭海底阀和所有可能把油排入水里的阀门。

油品从油舱转驳到机舱油柜的作业前要重新再检查、关闭关紧油泵的所有向船外排放的阀门,以及与作业无关的油路阀门,以免发生意外的排放。

(3)应堵塞在作业期间万一溢油时可作为排油通道的所有甲板排水孔,确保排水孔的塞子塞在原位。

(4)在抽油作业前,应检查抽油设备、接受容器和软管,确定相互匹配的抽油流速和设备管路没有溢漏和破损。

(5)抽油时可利用船上的油泵和油路把油舱中的残余油先抽到机舱油柜内,再将油柜中的油逐步放流到接受油桶内,转运上岸。

(6)在作业时,在压力下管道接头滴漏和接油桶装得过满是造成溢油的主要原因, 接油人员不得将接油桶灌满后不关闭油阀即行换桶,应逐个灌装,尚未满时即关闭油阀,并在接头软管下,安放一个较大的集油容器,换桶时将软管放入其中。

(7)准备吸油材料,如木糠、棉纱、废布等,及时清除滴漏到甲板上的少量溢油,并用容器盛好,待以后处理。不得把溢油冲洗到舱外。

(8)油桶从机舱吊运上岸时,应有汽车接应,及时转运至接受单位,不要在岸滩停留。

(9)卸油作业全程,要在坞门或澳口围上围油栏,吸油船处于待命状态,作为防范事故的准备。

4.3 拆解船舶时的措施

由于冲滩后废钢船坐位高、低,江水涨落高、低都会影响到是否产生污染。在整个拆解过程中最容易产生污染环节在拆解机舱底壳,在船舶拆解作业时参照以下环保要求执行:

(1)准备阶段:严格按科学的拆解作业工艺作业,在拆解前必须先联好接收单位。

(2)清除阶段:在拆解前要先清除船内的易燃、易爆和有毒物质(如石棉),垃圾、残油、废油、油泥等,转移到岸上车上及时运出外售或按分类处置方法运到接受单位,不应在岸滩停留更不得抛弃于岸滩和江中。

(3)上部建筑和舱室(不含机舱和带油件的设施)拆除阶段:船上拆解清理下来的各舱室内的设备等调运到岸滩上后要及时搬运入仓库,不能长期存放于岸滩。碎裂的物品和无使用价值的边角废料要用编织袋装好扎紧后方可吊运到岸滩,并及时入库或转运。

(4)机舱设备拆解阶段:此前应打通从船艏至机舱的上船汽车通道,机舱主机、含油管件、压缩机、冷冻机、油泵、减压器、阀门等机舱设备和其他含油部件要在船舱内拆解好、倒干、吹干、擦拭干油后以及污物桶由上船的汽车直接运到仓库或接受单位,不得吊运到岸滩拆解。

(5)甲板及船体吃水线以上船舷切割拆解阶段:这部分材料切割好后也要及时运至接受单位或仓库。吃水线以下船壳(含机舱油柜及其他各舱室、油舱、双层底拆解阶段:必须将船体拖到岸上,全部(包括艉部)离水。要保证吃水线以下部位以及船舱顶盖的完整性,以免进水和积水。全船几个舱室就分成几个单元,保持相互的水密性。

(6)机舱油柜、油舱、双层底拆解前要确保油品及油污已经清除干净。要密切注意气象预报,拆解时间要安排在连续的晴天作业,切割完后要及时将板材运离现场至接受单位。要准备足够的雨遮布以备临时降雨时把附油器件和船板遮盖起来。

(7)每日要及时清理岸滩和场地的卫生,避免雨天冲刷流失入江。

(8)切割机舱时为了防止污染,切割机舱时要注意江水的涨落,避免涨水期进行,切割后的机舱吊运到岸上作业,如有密封的隔舱壁可分二次完成。

(9)岸上作业:部件拆解应全部在岸上作业,这样可以大大减少污染的机会。

5　强化防污染管理对策

拆船业与造船业需明确船舶修造和拆解单位防污染设施设备的配备要求,防止船舶修造和拆解污染环境,提高企业主动防污染的意识和防污染能力,促进企业履行国内法规的要求,以有利于增强修造船、拆船企业在市场上的竞争力和实现拆船业的可持续发展。

5.1　船舶修造厂和拆解单位防污染设施配备原则

(1)明确责任主体,实现同步建设。

企业为防污染的责任主体。在企业的建设中,防污染设备实现“三同时”,同步建设和同时投入使用。

(2)实行分级管理,风险配备相当。

船舶修造和拆解单位的规模能力不同、作业的种类不同造成污染的风险不同。采用分级管理可以体现高风险、高投入、高配备和高处置能力的特点,使风险与防污染能力匹配。

(3)量化配备要求,提高可操作性。

根据企业的情况确定配备量,便于政府相关部门开展监管。充分发挥标准促进经济社会发展、规范船舶修造和拆解单位防污染设施设备配备的目的。

5.2 船舶修造厂和拆解单位防污染设施设备配备一般要求

(1)船舶修造和拆解单位应配备与其修造、拆解能力相适应的满足国内法规要求的船舶污染物接收设施和防污染设施设备。

(2)船舶修造和拆解单可自行无害化处理油污水,也可委托有资质及处置能力的单位对接收的其他污染物进行无害化处理。

(3)防污染设施设备应选择技术先进、节能高效、使用方便的产品。

(4)防污染设施设备应妥为储存和维护,存放在具有良好的通风、散热、防潮、隔热等功能场所内,保持良好可用状态。

(5)配备防污染设施设备应同时配齐相应的配套辅助设备。配套设备包括围油栏的附件、辅助设备和与码头、岸边设施浮动连接的装置等。

5.3 针对不同对象,侧重点有所区别,做到有的放矢

造船业面对油污染风险较低及产生污染物数量相对较少,要求相对低。修船业,特别是浮船坞修船(属于水上漂浮类),油污染风险较高及产生污染物数量相对较多,防污染要求相对高。拆船时油污染风险高及产生污染物数量多风险大,污染物容易被雨水带进水域,要求最高。

5.4 制定船舶修造和拆解单位防污染设备配备的行业标准

目前国内没有船舶修造和拆解单位防污染设备配备的行业标准,迫切需要尽早制定。

5.5 建立应急反应预案

船舶修造和拆解单位应建立污染、医疗急救等应急反应预案,并报有关主管机关备案。预案应明确、实用、易于操作,与船舶修造、拆解作业的规模和性质相适应,并定期进行评估、检查和修改。

应确保按照预案要求配备的应急反应设备已到位,并定期开展相关应急演习。

5.6 对船舶修造和拆解单位防污染能力实施备案管理

加强对修造船厂和拆解单位防污染现场监管工作,有效监控各单位产生的污染物的去向;组织开展辖区船舶修造和拆解单位防污染能力检查,对船舶修造和拆解单位防污染能力实施备案管理,确保按规定配备防污染设备,严禁在未经防污染备案或年度核查未通过的船舶修造和拆解单位生产作业。

6 结束语

作为修造船厂和拆解单位,应高度重视防污染,不断开展环境保护宣传,利用监控报警设备和24h 人员值班制度,杜绝排污现象,避免污染水域环境,确保作业过程的安全。监管部门尤其是海事管理机构,应加强辖区修造船厂和拆解单位防污染监督管理,加大防污染审核和评估力度,提高防污染备案率。

作者简介

徐丰收,男,1965 年生,安庆海事局,工程师,专业:船舶驾驶,电话:13865560002。

彭宏恺,男,1968 年出生,高工,研究方向为危管防污及船舶安全检查,电话:15623990060,电子邮箱:phkmsa@ 126. com。

梁俊杰,女,1984 年出生,专业方向:危管防污及船公司审核,电话:0556-5217270。

港口污水处理监督的进化博弈分析

张树奎　鲁子爱

（江苏海事职业技术学院，南京，211170）

摘　要：运用进化博弈理论，建立了港口污水排放单位与政府的博弈模型，分析了博弈双方长期演变发展的趋势及稳定性条件。研究表明：系统收敛于哪个均衡点与博弈发生的初始状态有关。最后根据研究结果提出了一些合理化建议来改善港口水污染状况。

关键词：进化博弈；污水排放；监督；处理；收益；成本

1　引言

近年来，我国港口建设取得了跨越式的发展，随着港口贸易量的增加和临港工业的兴起，港口面临着水环境污染越来越严重的问题，随着国家强调建设环境友好型社会和循环经济的发展，港口水污染问题越来越受到人们的关注。当前，我国针对港口水污染问题的处理主要侧重于依靠规章制度和事后处罚等手段和措施[1]，其效果主要取决于政府的惩罚和激励监督机制以及污水排放单位对污水处理的积极性，因此，政府和污水排放单位之间是一种博弈关系。

进化博弈是以有限理性为基础的博弈理论，其研究的对象是一个“种群”，而不是单个行为个体的效应分析[2]。进化博弈理论的稳定策略往往是一个长期的，不断地进行动态调整的结果[3]。本文运用进化博弈理论建立了港口污水处理过程中污水排放单位与相关政府的博弈模型，分析了进化博弈模型的稳定条件[4,5]，并根据分析结果提出了一些合理化建议，以期改善港口水污染严重的问题。

2　进化博弈模型

港口水污染主要由临港工业企业排放的污水，靠港船舶排放的污水等造成。本文将这些排放污水的企业和船舶等统称为污水排放单位，这些污水排放单位在排放之前是否对污水进行处理主要取决于政府的监督和奖惩情况。

由于是非对称性博弈，博弈双方在做决策时均不知道自己的决策是否达到了利益的最大化,因此,对政府来说,有两种策略选择:监督性污水排放策略和不监督性污水排放策略(监督和不监督);对污水排放单位来说,也有两种策略选择:排放前对污水进行处理和排放前不对污水进行处理(处理和不处理),因此,双方的博弈组合如表1所示,其博弈得益组合如表2所示。

博弈策略矩阵 表1

		污水处理单位	
		处理	不处理
政府	监督	监督处理	监督不处理
	不监督	不监督处理	不监督不处理

博弈收益矩阵 表2

		污水处理单位	
		处理	不处理
政府	监督	$-d_1-c_2$ $c_2+c_3-c_1$	$-d_1+d_2-d_3$ $-c_3+d_2$
	不监督	0 c_3-c_1	$-d_3$ $-c_3$

表2中,c_1 表示污水排放单位对污水进行处理的成本,c_2 表示政府监督到污水排放单位对污水进行处理时给予的奖金,c_3 表示污水排放单位对污水进行处理所获得的声誉收益,比如环保达成共识后,企业的品牌价值[6];d_1 表示政府对污水排放单位进行监督时花费的成本,d_2 表示政府发现污水排放单位不执行污水处理时对其的惩罚,d_3 表示污水排放单位不处理污水时政府治理港口水污染所花费的成本。

现在假设:污水排放单位选择对污水进行处理的比例为 X,污水排放单位选择不对污水进行处理的比例为 $1-X$;政府选择对污水排放单位进行监督的比例为 Y,政府选择不对污水排放单位进行监督的比例为 $1-Y$,则有污水排放单位对污水进行处理的期望收益为:

$$E_{11}=Y(c_2+c_3-c_1)+(1-Y)(c_3-c_1) \tag{1}$$

污水排放单位不对污水进行处理的期望收益为:

$$E_{12}=Y(-c_3-d_2)+(1-Y)(-c_3) \tag{2}$$

污水排放单位群体的平均期望收益为:

$$E_1=XE_{11}+(1-X)E_{12} \tag{3}$$

污水排放单位的复制动态方程为:

$$F(X)=\frac{\mathrm{d}X}{\mathrm{d}t}=X(E_{11}-E_1)=X(X-1)[Y(-c_2+d_2)-2c_3+c_1] \tag{4}$$

对方程(4)求导得：

$$F'(X)=(2X-1)[Y(-c_2+d_2)-2c_3+c_1] \tag{5}$$

同理，政府对污水排放单位进行监督的收益为：

$$E_{21}=X(-d_1-c_2)+(1-X)(-d_1+d_2-d_3) \tag{6}$$

政府不对污水排放单位进行监督的收益为：

$$E_{22}=-(1-X)d_3 \tag{7}$$

政府群体的平均收益为：

$$E_2=YE_{21}+(1-Y)E_{22} \tag{8}$$

政府的复制动态方程为：

$$G(Y)=\frac{\mathrm{d}Y}{\mathrm{d}t}=Y(E_{21}-E_2)=Y(Y-1)[X(c_2+d_2)-d_2+d_1] \tag{9}$$

对方程(9)求导得：

$$G'(Y)=(2Y-1)[X(c_2+d_2)-d_2+d_1] \tag{10}$$

3 进化博弈模型分析及结果[7-10]

3.1 污水排放单位群体

对于污水排放单位的复制动态方程(4)有：

(1)当 $Y=\frac{-c_1+2c_3}{-c_2+d_2}$ 时，$F(X)\equiv 0$，说明所有的 X 都是稳定状态。

(2)当 $Y\neq\frac{-c_1+2c_3}{-c_2+d_2}$ 时，令 $F(X)=0$，得 $X=0$ 和 $X=1$ 是两个稳定点，对于 $-c_2-d_2$，有三种情况：

①$\frac{-c_1+2c_3}{-c_2+d_2}<0$，则 $Y>\frac{-c_1+2c_3}{-c_2+d_2}$，$F'(X)(X=0)<0$，$F'(X)(X=1)>0$，所以 $X=0$ 是进化稳定策略(简称 ESS)。

②$\frac{-c_1+2c_3}{-c_2+d_2}>1$，则 $Y<\frac{-c_1+2c_3}{-c_2+d_2}$，$F'(X)(X=0)>0$，$F'(X)(X=1)<0$，所以 $X=1$ 是 ESS。

③$0<\frac{-c_1+2c_3}{-c_2+d_2}<1$，又有两种情况：

当 $Y>\frac{-c_1+2c_3}{-c_2+d_2}$ 时，$X=0$ 和 $X=1$ 是 X 的两个稳定点，由于 $F'(X)(X=0)$

<0 , $F'(X)(X=1)>0$, 所以 $X=0$ 是进化稳定策略(简称 ESS)。

当 $Y<\frac{-c_1+2c_3}{-c_2+d_2}$ 时, $X=0$ 和 $X=1$ 也是 X 的两个稳定点,由于 $F'(X)(X=0)>0$, $F'(X)(X=1)<0$, 所以 $X=1$ 是 ESS。

3.2 政府群体

对于政府的复制动态方程(9)有:

(1)当 $X=\frac{d_2-d_1}{c_2+d_2}$ 时, $G(Y)=0$ 说明所有的 Y 都是稳定状态。

(2)当 $X\neq\frac{d_2-d_1}{c_2+d_2}$ 时,令 $G(Y)=0$,得 $Y=0$ 和 $Y=1$ 是两个稳定点,对于 d_2-d_1 ,有三种情况:

① $\frac{d_2-d_1}{c_2+d_2}<0$, 则 $X>\frac{d_2-d_1}{c_2+d_2}$, $G'(Y)(Y=0)<0$, $G'(Y)(Y=1)>0$, 所以 $Y=0$ 是 ESS。

② $\frac{d_2-d_1}{c_2+d_2}>1$,则 $X<\frac{d_2-d_1}{c_2+d_2}$, $G'(Y)(Y=0)>0$, $G'(Y)(Y=1)<0$, 所以 $Y=1$ 是 ESS。

③ $0<\frac{d_2-d_1}{c_2+d_2}<1$,也有两种情况:

当 $X>\frac{d_2-d_1}{c_2+d_2}$ 时, $Y=0$ 和 $Y=1$ 是 Y 的两个稳定点,由于 $G'(Y)(Y=0)<0$, $G'(Y)(Y=1)>0$, 所以 $Y=0$ 是暂时均衡点。

当 $X<\frac{d_2-d_1}{c_2+d_2}$ 时, $Y=0$ 和 $Y=1$ 也是 Y 的两个稳定点,由于 $G'(Y)(Y=0)>0$, $G'(Y)(Y=1)<0$, 所以 $Y=1$ 是暂时均衡点。

3.3 进化博弈结果

通过上述分析,可以得出政府和污水排放单位博弈的动态演化趋势,如图 1 所示。

由图 1 可知,在四个均衡点 $A(0,0)$, $B(0,1)$, $C(1,0)$ 和 $D(1,1)$ 中, $A(0,0)$ 点和 $D(1,1)$ 点是博弈的进化稳定策略(ESS), $B(0,1)$ 和 $C(1,0)$ 点是暂时均衡点,但系统最终收敛到哪一个策略取决于系统的初始状态。

当初始状态落在区域Ⅰ中时,系统将会收敛到最劣均衡点(0,0),也就是污水排放单位选择不对污水进行处理,政府选择不对污水排放单位进行监督;当初始状态落在区域Ⅲ中时，系统将会收敛到最优均衡点(1,1)，也就是污水排放单位选择对污水进行处理，政府选择对污水排放单位进行监督；当初始状态落在Ⅱ中时，系统进化的方向有三种可能：可能进入Ⅲ区域从而收敛到(1,1)，可能进入Ⅰ区域从而收敛到(0,0)，也可能在Ⅱ区域内并收敛到(1,0)；当初始状态落在区域Ⅳ中时，系统进化的方向也有三种可能：可能进入Ⅲ区域从而收敛到(1,1)，可能进入Ⅰ区域从而收敛到(0,0)，也可能在Ⅳ区域内并收敛到(0,1)。

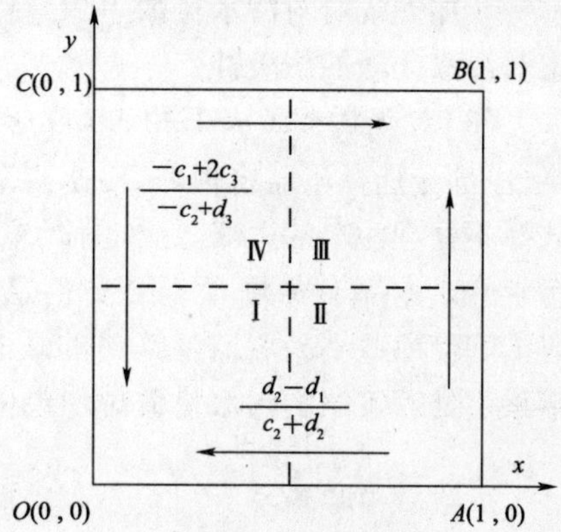

图1　群体进化博弈趋势

4　结论及对策

(1)对于 $Y=0$ 这种情况(即政府选择不对污水排放单位进行监督)，原因可能是政府监督成本太大，大于由于污水排放单位不处理污水而受到的惩罚($d_2-d_1<0$)，也可能是政府监督到污水排放单位对污水进行处理时给予的奖金大于政府发现污水排放单位不执行污水处理时对其的惩罚($0<\frac{d_2-d_1}{c_2+d_2}<1$)，结果政府选择不监督，这一策略不利于港口水污染的改善，同时对政府的形象也会产生不良影响，为了改变这种状况，应采取措施使政府趋向于选择监督策略，具体方法是：

①加强信息化管理，降低监督成本。

②增加群众参与政府执政水平的考核，对政府形成压力。

③加强对污水排放单位由于不采取污水处理措施的惩罚。

(2)对于 $X=0$ 这种情况(即污水排放单位选择不对污水进行处理的策略)，原因可能是政府不采取监督措施($Y=0$)，或者是污水处理的成本太大，大于由于处理污水而获得的政府奖励和政府发现污水排放单位不执行污水处理时对其的惩罚以及污水排放单位对污水进行处理所获得的声誉收益(比如环保达成共识后，企业的品牌价值)和($\frac{-c_1+2c_3}{-c_2+d_2}>1$)，结果污水排放单位选择不处理策略。这一策略会进一步恶化港口的水资源环境，与国家建设环境友好型社会背道而驰，为了改变这种状况，应采取措施使污水排放单位趋向于选择处理策略，具体方法为：

①采用先进的污水处理技术，降低污水处理成本。

②增加媒体对污水不处理单位的报道力度，减少其声誉收益。

③加大政府对污水排放单位进行污水处理的奖励力度,从而提高污水排放单位对污水处理的积极性。

(3)对于$0 < X < 1$和$0 < Y < 1$这两种情况,即政府中有一部分选择监督策略,一部分选择不监督策略,污水排放单位中一部分选择处理污水的策略,一部分选择不处理污水的策略,这种情况主要发生在政府监督成本和污水排放单位处理污水的成本都不太大,而且双方信息不对称的情况下,为了改变这种状况一是应采取措施使那些不采用监督策略的政府趋向于选择监督策略,二是采取措施使那些不采用处理策略的污水排放单位趋向于选择处理策略。

参 考 文 献

[1] 李南.生态型港航系统的概念框架与实现途径[J].水运工程,2008(2)92-95

[2] 王永平,孟卫东.供应链企业合作竞争机制的演化博弈分析[J].管理工程学报,2004,18(2)96-98

[3] 徐雯,刘幸.建筑节能激励政策的演化博弈分析[J].武汉理工大学学报(交通科学与工程版),2009,33(1)184-187

[4] CRESSMAN. R. Evolutionary game theory with two group of individual[J] Games and Economic Behavior 1995 11(4) 237—253

[5] KANDORIM. Evolutionary game theory in economics[C] // Advances in Economics and Econometrics: Theory and Application Cambridge: Cambridge University Press 1997,71-79

[6] 谢识予.有限理性条件下的进化博弈理论[J].上海财经大学学报,2001 (10)309

[7] 代应,王旭,等.报废汽车回收监督的进化博弈分析[J].西南交通大学学报,2009,44(3)421-425

[8] 周鑫,季建华.港口竞争合作策略的演化博弈分析[J].中国航海,2008,31(3)293-297

[9] 施欣.港口合作的博弈分析[J].上海交通大学学报,2001,35(6)943-946

[10] 张欣,施欣.基于合作对策的江苏沿江港口合作竞争研究[J],中国航海,2007,72(3)69-72

作者简介

张树奎,1973年1月出生,江苏海事职业技术学院,讲师,博士生,研究方向:港口,海岸与近海工程,通信地址:南京江宁区格致路309号江苏海事职业技术学院航海系,邮编:211170,电话:13952018093,电子邮箱:zhangshkfy@ yahoo. com. cn。

从危险品火灾事故谈液货船消防安全

裴　伟　彭宏恺　陈少平

（安庆海事局，安庆，246003）

摘　要：液货船具有所载货物危险性大、空间狭窄、装卸设备密集、热源分布复杂、开口多等特点，其火源增多、火灾预警复杂、火灾扑救困难，在消防安全上存在较多隐患，本文通过危险品火灾事故分析，提出加强液货船消防安全的措施，以及强化液货船消防安全管理的建议。

关键词：液货船 消防；安全；管理

液货船一直是水上交通安全监督管理的重点，随着载运各种易燃油类和化学品液货船舶大量增加，火灾、爆炸燃烧、触礁沉没及碰撞泄漏等事故时有发生，给国家财产、人民生命和水域环境造成了严重损害。液货船舶在结构防火、设备选用、管路与阀件安装和消防救生设备安全方面应达到较高的技术要求。但目前液货船安全基础较薄弱，有效的安全管理机制尚未完全形成，且船体结构方面存在的问题整改难度大等问题，液货船的消防安全状况仍不容乐观。

2009年7月18日"赣天宜化046"在湖南岳阳石化码头装卸环已烷时，发生火灾事故，现将事故有关情况介绍如下。

1　事故经过

2009年7月4日，"赣天宜化046"轮在南通装载环已烷1080t，于当日1530时启航，目的港是湖南岳阳岳化码头。

该轮于7月12日1735时开始在岳阳岳化码头卸货。当日2010时左右，在卸下约100t环已烷后，因货泵发生故障，即停止卸货。经检查，发现货泵的连接法兰破裂。

7月18日0800时，该船开启喷淋降温系统，继续卸货。1134时，船长手提货泵机油盖罩，经左舷到船首进泵舱。在沿扶梯下舱的过程中不慎滑倒，手中所提货泵机油盖罩掉落泵舱，货泵机油盖罩与铁板碰撞产生火花，引燃泵舱内可燃气体。1135时，货泵舱发生闪燃爆炸，随后引发船首1、2号货舱起火爆裂。约1136时，被烧伤的船长从船首大火中逃出下船,火灾造成一人重伤,船舶及货物受损。

2 应急救助

事故发生后,长江海事迅速启动应急预案,采取三项救助抢险措施:

(1)迅速指令现场人员关闭货舱阀门,码头打开所有消防水雾和消防栓对船体进行隔离和冷却降温,调遣两艘海巡艇赶到现场控制上、下水船舶,不间断发布航行警告;

(2)立即组织"长江 62035"等二艘油拖轮对紧靠现场的 2 艘 3500t 分节驳船紧急拖带出现场;

(3)火速调集"长炼 1002"专业消防轮赶到现场增援。"长炼 1002"轮赶到事故现场后,海事部门指挥"长炼 1002"轮打开泡沫炮,配合岸上消防力量向着火点发起总攻,明火于 1400 时被控制,1420 时被扑灭。灭火时铺设了围油栏,公司环保部门随时监测水域污染情况。

施救结束后,没有发生泄漏,经化验没有发现水体污染。

3 事故损失

本次事故造成"赣天宜化 046"轮货泵舱甲板炸开,隔离舱右舷炸开,1#、2#货舱炸开,3#货舱凸鼓,4#货舱成对角线不同程度变形及相关附材损坏,船员二度及三度烧伤,货物损失 100t。估计直接经济损失约 260 万元。

4 事故原因

(1)船长没有遵守进入货舱前强制通风等相关规定,麻痹大意,擅自进入泵舱,在沿扶梯下舱的过程中不慎滑倒,手中所提货泵机油盖罩掉落舱中砸到铁板上引起火花,是导致起火爆炸的直接原因;

(2)泵舱强制排风系统排风不良,导致舱内泄漏环己烷挥发的蒸气不能有效排出,是事故发生的主要原因;

(3)公司安全管理体系未能有效运行,船员安全意识不强是事故发生的次要原因。

5 液货船火灾的特殊性

(1)所载运的货物大多具有易燃易爆、有毒有害等特性,容易导致火灾事故的发生;

(2)船舶是一个相对独立的流动场所, 发生火灾后自身消防能力有限,获得外界救援的时间较长，难度较大；

(3)液货船的水密性特点导致火灾产生的热烟气在船舱中蔓延很快，在加速火灾发展的同时还对人员安全造成很大威胁；

(4)由于自身功能的限制，船舶内部空间狭小，设备集中环境复杂，发生火灾后人员疏散和火灾扑救困难；

(5)船舱中电器设备众多，还有大量的燃油、润滑油等易燃易爆物品，导致船舶的火灾荷载很高，火灾隐患众多。

6 液货船消防安全措施及建议

为减少液货船火灾造成的经济损失和提高船舶火灾防治的有效性，必须加强液货船火灾的发生、发展和防治规律的研究，进一步提高液货船火灾防治措施的有效性。

通过大量的实验模拟和理论分析，对液货船机舱油品泄漏与着火机理进行了细致的研究，提出了防止燃油和滑油管系泄漏雾化的方案、高温物体及管路相对空间布置要求、隔热防护及油料泄漏雾化防止着火等机舱消防措施和对策。这些研究为进一步开展船舶火灾灭火新技术以及船舶火灾消防安全评估理论的研究，打下了坚实的理论和实验基础，对船舶机舱防火设计和消防管理具有重要的应用价值，大大地推动了船舶消防技术的发展。

由于液货船具有空间狭窄、机械设备密集、热源分布复杂及火灾荷载密度高等特点，导致其火源增多、火灾预警困难，一旦发生火灾，扑救十分困难，对设备和人员的安全威胁很大。从我国船舶火灾的统计数据来看，失控船舶造成的损失约占船舶火灾总损失的90%，这表明：火灾初期的扑救是船舶消防的关键。

为改变目前液货船消防安全现状，使液货船火灾安全管理步上新的台阶，更好地为航运经济建设服务，应尽快展开以下几方面的工作。

6.1 加强对电气设备的检查维护

船舶设备尤其是船舶电气设备安全是一项综合技术，既有工程技术的要求，又有组织管理的要求，它包括绝缘防护、屏蔽防护、安全间距防护、防雷接地防护、漏电防护、自动控制等设备。油船、化学品船任何危险区域或处所的电器设备必须是船检部门认可的船用防爆型电器设备、防爆型和空气驱动型照明灯具；电缆必须穿管敷设，日常应当加强检查，防止被腐蚀和外力损伤。危险品码头大都安装了流量计、自控设施、电加热设施，这些电器元件在码头暴露野外，易老化，为此，除安装选型时要求防爆外，日常要加强维护检查，不出现由于电器元件老化、短路等现象，引起火灾事故。

6.2 加强消防等设备的检查,督促责任人定期维护保养

严格按照相关标准配备相关消防设备、应急反应器材和防污染设施,督促责任人加强对安全与防污染设备的维护保养,对液货管线、靠泊设施、静电消除装置、接地装置、消防器材等进行定期检查,确保处于良好状态。

6.3 消防和防污染设施的配备与应急演练

船岸接卸区域通常周围比较空旷,码头罐区间距较近,一旦出现火灾,其火情容易扩大,形成连锁反应,造成水域严重污染。因此液货船和危险品码头必须按照防火设计规范和相关标准配备消防设施和灭火器材。同时为了防止泄漏扩大,污染水域和火灾的蔓延扩大,要配备一定数量的围油栏、消油剂、吸附材料等。

此外按照相关法律规定,液货船和码头都应当制定切实可行的应急反应预案,开展人员培训,定期进行演练。

6.4 建立辖区事故应急反应体系

(1)推进辖区船舶事故应急反应体系的制定实施。修改其中不科学、操作性不强的部分,推动当地政府颁布并实施港口级的船舶事故应急计划,督促码头指定事故应急预案,通过以上措施,制定相对组织严密、制度齐全、人员固定、实施畅通的应急反应机制,确保应急反应体系能够反应迅速、运转高效。

(2)加大投入,推动辖区应急反应装备的建设。发挥企业的主导作用,建设企业联合的应急反应设备库。

(3)建立应急反应队伍。在现有的应急队伍的基础上,进行整合,促进其改进装备、人员,使其发展成为专业化的应急队伍。

(4) 加强液货船火灾初期的基本特点的研究, 船舶机舱内火灾发生特点与抑制技术的研究。

(5)开展大液货船火灾烟气成分分析, 机舱内火灾烟气探测与可燃气体预警探测技术。

(6)积极推进液货船火灾综合防治技术与消防器材的研究与开发利用。

(7)研究液货船火灾危险性评估方法, 提出船舶防火性能化设计方法, 建立船舶火灾虚拟环境, 并在性能化设计和火灾管理与消防人员训练中得到应用。

7 结束语

目前对液货船火灾的认识和研究还处于宏观和经验阶段,必须在吸收船舶火灾安全工程研究最新科技成果, 加快液货船火灾特点的船舶安全工程研究。

液货船消防安全与人民财产安全和防止水域污染息息相关。作为船舶的设

计、制造，特别是船舶初次检验和日常安检的海事执法人员，必须认真对照各种法律法规、技术规范，从源头抓起，严格把关，保证液货船消防硬件设施、软件管理都处于良好的效用状态。

液货船消防安全是综合性的全方位的事物，涉及到船员素质、船舶技术状况、航行环境、船检部门、海事部门监管等多种因素，加强和完善液货船消防安全监督与管理任重而道远。

作者简介

裴伟，男，1964 年 7 月，安庆海事局副局长，从事专业：海事管理，电话：0556-5217302。

彭宏恺，男，1968 年 11 月，安庆海事局高工，从事专业：危管防污及船舶安全检查。电话：15623990060，电子邮箱：phkmasa@126.com。

陈少平，男，1974 年 8 月，安庆海事局，从事专业：水上搜救，电话：15609668046。

广西内河船员发展的现状和改变内河船员发展现状的几点建议

何冬娜

（南宁海事局，南宁，530031）

摘　要：内河船员队伍作为内河航运业的重要组成部分和特殊群体，在推动内河航运发展和拉动地方经济增长中发挥了至关重要的作用，也是水上交通安全和防止船舶污染水域的保障者。本文从分析广西内河船员发展的现状、存在问题等方面入手，探索改变广西内河船员紧缺、综合素质不高的现状以及内河船员发展措施，进而促进广西内河航运发展和内河交通安全稳定。

关键词：内河船员；现状；建议

1　广西内河船员发展现状和存在问题

1.1　船员发展现状

我区内河水域较为发达。据不完全统计，全区通航河流200多条，通航里程为9000多公里；全区共有登记在册各类内河船舶14295艘，其中：货船9062艘，客船3853艘，顶推船、拖船39艘，驳船42艘，非运输船46艘。而截至目前，全区内河船员近32019名，其中：一等内河船员432名，持有一等内河船长证书286名、大副证书46名、二副证书40名、三副证书49名；二等内河船员5442名，持有二等内河船长证书2463名、大副证书725名、二副证书551名、三副证书228名，二等内河轮机长证书1158名、大管轮证书112名、二管轮证书167名、三管轮证书38名；三等船员12271名，持有三等船长证书4790名、轮机长证书3086名。这反映出我区高等级内河船员（特别船长和轮机长）的紧缺程度，而且内河船员由于工资低、待遇差、发展慢，同时等升职时限、学历要求以及培训机构等限制，跟不上内河航运发展的需求。高等级内河船员紧缺，导致目前我区内河船舶的安全配员工作长期处于尴尬境地。

1.2　目前存在的问题

（1）内河船员来源复杂。

来源之一:船民世家。这些内河船员以船为家,操作技能较高,航行经验丰富,但长期生活在船上,疏于学习,文化水平普遍不高,大部分人无法达到高等级内河船员对文化程度的要求甚至无法通过理论考试。

来源之二:失地农民。这类船员文化水平较低,水上资历不足,安全意识也较为淡薄。

来源之三:外来务工人员。这类船员虽然年龄较轻,文化水平稍高,但缺少水上实际操作经验,操作技能普遍不高。

来源之四:民营个体船舶所有人。这类船员文化水平较高,但缺少实际操作经验,且因直接面对自身利益,常常无法正确处理好安全与效益的关系,冒险违章航行现象时有发生。

(2)内河船员培训未能较好的结合辖区特点,船员素质难以提高。我区内河船员的来源复杂,大多数的内河船员文化水平较低和认知能力普遍不高,而目前的培训教材内容较为枯燥,实用性的、贴近实际的知识较少,特别是辖区的主要危险航段情况及相应驾驶操作注意事项等方面内容还有待增加,还有目前大多数的培训机构照本宣科,未能针对船员实际开展培训,导致船员学习的兴致不高,培训未达到理想的效果,船员的综合素质没有明显的提高。

(3)我区内河船员职业吸引力不足,船员队伍整体素质难以提高。我区内河高级船员的补充主渠道是航运中专毕业生,但由于我区内河运输效益较低,内河船员工资收入水平普遍不高,特别是其收入水平与海船船员相比,差距较大,对人员缺乏吸引力,而且由于经济危机的影响,企业经济效益下降,不可避免地对我区内河船员已有收入水平形成影响,所以越来越多的航运中专毕业生纷纷参加海证考试或转而从事其他行业,寻找新的发展机会。

(4)内河航运企业对内河船员管理流于形式,船员服务于航运企业的积极性不高。近年来,民营个体船舶和航运企业以其灵活经营的优势得到较快的发展,但受资本限制,大多民营航运企业中的船舶所有权由个人所有,船公司和船舶(船主)仅仅通过委托经营联系在一起,难以谋求发展壮大,造成目前多数企业规模偏小,缺乏高素质的专业管理人才,特别是没有固定的内河船员队伍,内河船员聘任主要由个体船舶所有人自行负责,船公司对内河船员的管理主要是由代替委托经营管理的船舶上的船员直接到海事部门办理相关手续,而公司对船员未履行义务,或未直接管理或投入较少,尤其是对内河船员安全教育和职业道德教育处于空白,船员缺乏对航运企业的认同感和归属感,造成了船员服务于航运企业的积极性不高。

(5)内河船员服务资历登记失实、流动无序。受民营个体航运企业及船舶的所有权结构影响,目前广西内河船员多为临时招聘,大多未签订劳动合同。随着流动性不断增强,内河船员对船公司及所服务的船舶依赖性不断减弱,而且由于专业内河船员服务机构的缺失,导致了内河船员的无序流动,内河船员的诚信和职业操守不断下降,致使内河船员得不到及时有效的系统安全教育,安全意识淡薄,对所服务的船舶设施不熟悉、操作不熟练,遇紧急情况极易造成操作失误。甚至在内河船员服务资历和船上培训登记上弄虚作假,直接影响到海事机构对内河船员适任评价的准确性。

2 改变内河船员现状和发展的几点建议

一是出台扶持政策,促进我区内河船员培训工作顺利开展。内河船员在推动内河航运发展和拉动地方经济增长中发挥了重要作用,并且其中有一部分还是由农民工转行而来,为此,应按照扶持农民工政策一样,制定扶持其培训的相关政策,提高社会培训机构参与内河船员培训工作积极性。建议一是出台内河船员教育和培训优惠政策。对从事内河船员教育和培训的社会培训机构给予税费减免等政策扶持,对参与培训的学生给予适当学费减免等政策扶持。二是适当降低内河船员培训机构资质要求。从师资、设施设备配备上,允许其边开展边完善,确保内河船员培训工作顺利开展,真正实现考培分离。

二是完善内河船员培训、考试管理体系。首先,要调整教学内容,强化实际操作培训。根据内河船员大多文化和认知能力低的特点,教材内容要以船舶基础知识,船体、轮机、电器、消防、救生等基本常识为重点,使培训教材工作贴近、吸引内河船员,在实践中指导船员;必须把教学重点调整到实际操作培训上来,在实践性强的课程中再加强实践教学,实现向"以技能为基础"的转变,切实提高船员的技术素质和安全操作技能;允许各地结合各辖区内河水域的实际,增添实用性知识,特别是将辖区内主要的危险航段情况及相应驾驶操作注意事项加入到教学内容之中,提高上岗操作能力和应急处置能力。其次,要建立有特色的内河考试评估体系。可以以内河船舶基础知识和辖区实用操作常识为主要内容,建立特色理论试题库;以内河船员个人适任性评估为重点,加强实际操作评估工作,严把内河船员适任关。

三是稳定船员队伍。高级船员流失的首要原因是待遇,我区内河高级船员流失的原因是其待遇与海船船员比较起来相差太大。因此留住高级船员的首要措施是提高待遇。用人单位要完善薪酬分配制度,引进市场机制,建立市场化工资结构,积极探索新型工资分配模式,与市场价格接轨,提高高级船员待遇。在效益允许的条件下,尽可能减小我区内河船员与海船船员之间的收入差距,让我区内河船员能安心工作。

四是建立以政府为主导的公益性内河船员服务机构。这是我区内河船员总量少、分布散、收入低、流动性强等特点直接影响民营资本参与设立内河船员服务机构积极性的情形下,内河船员服务管理工作的主要选择。为此,要依托劳动保障等有关部门成立公益性内河船员服务机构,将全部内河船员纳入管理,解决劳动纠纷,保障内河船员和企业的利益,促进内河船员充分就业;赋予内河船员服务机构内河船员派遣和工资代收和发放职责,切断内河船员与服务船舶经济联系,杜绝船舶经营人、所有人强令内河船员违章操作行为发生;建立和完善内河船员流动市场的监督管理机制,以确保市场的公平有序竞争和流动。

五是监管部门要充分发挥指导和监督作用。

(1)根据内河船员管理实际情况,因地制宜建立一套切合实际的内河船员管理质量体系,规范内河船员管理各项制度,统一配发内河船员管理软件,为内河船员管理工作顺利开展创造基础。

(2)加大监管力度,监督用人单位严格执行《船员条例》等法规。船员条例中关于带薪年休假的制度规定是符合社会发展的规律的,也是关心船员的政策体现,与国际劳工公约的主旨是保持一致的,这项政策规定虽然一方面会增加船员用人单位的负担,但另一方面由于增加了船员的收入,又会保障船员队伍的稳定。只要用人单位切实执行有关规定,一定能得到船员的认可,成为船员心目中受欢迎的用人单位。监管部门应加大监管力度,保护船员利益,督促用人单位遵纪守法,保证市场的公平性和法律法规的严肃性。

(3)修改《船员违法记分管理(试行)办法》,使违法记分值与《内河交通安全管理条例》规定罚款额度相对应,避免"一记就满"现象,切实强化内河船员动态监管,确保船员违法记分工作顺利开展,为实现内河航行更安全、水域更清洁做出应有的努力。

作者简介

何冬娜,南宁海事局监管处,助理工程师,通信地址:南宁市五一中路5~8号,南宁海事局,邮编:530031,电话:13737941871。

船闸管理

船闸机电应急保障系统

余向阳　王希强

（京杭运河苏北航务管理处，淮安，223002）

摘　要：随着水运的快速发展，船闸的通过量不断递增，重大突发机电故障直接影响社会效益。船闸机电应急保障系统是针对苏北运河船闸机电设备突发性故障的应急管理而专门研究的，系统采用计算机管理、短信调度平台、备品备件解决404km的航道区段内26座船闸的突发故障应急处置问题，提高苏北运河船闸通航保障能力，确保苏北运河特殊情况下，国家电煤及重点物资的及时通过。

关键字：船闸；机电；保障；系统

1　背景

1.1　引言

苏北运河长404km，10个船闸管理所，26座船闸（不包括在建船闸），常年通航。通过它，可以源源不断地将砂石、煤炭、各种建材等物资运送到经济发达的长三角地区，它又被称为"苏北运河—黄金水道"。但任何船闸的机电设备一旦发生短期内无法排除的突发故障，均将增加苏北运河沿线的其他各船闸的通航压力，导致苏北运河严重堵塞，甚至断航，影响经济社会效益的发挥。

1.2　现状

1.2.1　国外现状

目前国外运河的船闸没有对应急处置进行过专门研究，特别是长线航道内船闸的应急集中管理，也没有将船闸机电维修养护采用计算机系统管理。

1.2.2　国内现状

国内船闸也没有对突发性故障情况下的应急处置能力和机电日常维修养护采

用计算机系统管理做专门研究,像三峡大型船闸到目前也没有进行过这方面的专门研究。

1.2.3 存在的问题

苏北运河船闸通过多年的实践,对机电发生故障时应急保障已有了一定的基础。当确认突发机电设备故障事件发生时,船闸管理所立即组织调度本单位人员与物资进行故障处理工作。需要向处汇报并请求支援的,立即用电话向苏北航务管理处进行汇报。苏北航务管理处得到汇报后,在尽可能短的时间内派出相关人员赶赴现场,会同船闸管理所进行现场故障分析判断,提出处理办法。如需借用其他单位的人员与物资时,由处派出人员与相关单位联系,做出借用决定,并由船闸管理所组织将物资运到现场。

在防治突发故障的过程中,既积累了一些宝贵的实践经验,也或多或少出现了以下几个方面的问题:一是采取应急措施时往往不是依照规定,缺乏科学的评估机制和预警机制;二是应急处置信息的报告、通报和公布的过程常发生信息阻滞;三是应急措施的采取往往过分依靠临场发挥等。

1.3 目的及意义

要提高苏北处的船闸故障管理水平,减少应急处理时间,提高故障处理效率以确保船闸不停航并保持运输通道的畅通,就必须进行船闸机电应急保障系统的研究。通过船闸机电应急保障系统,能建立健全较为完整的应对突发机电设备故障事件的防范、指挥、处置机制;确定不同等级突发机电设备故障事件的启动程序;明确机电应急保障预案中各级职责;以先进成熟的计算机和网络通信技术为主要手段,建成一个覆盖全处的“船闸应急保障决策系统”,提供处机关与各船闸的机电故障的信息交换和信息共享;建立高质量、高效率的机电应急保障网络体系,实现故障诊断、故障处理现代化、故障信息资源化、传输网络化和决策科学化;提高苏北运河船闸通航保障能力,确保苏北运河特殊情况下,国家电煤及重点物资的及时通过。

2 方案

2.1 总体方案

必须研究制定突发故障的应急预案和维修、抢险预案,对船闸今后可能发生的突发事故检修方案认真研究,以便出现问题及时处理,尽快恢复船闸的正常生产生活秩序,减少碍航、断航时间,从而保障国家电煤及重点物资的快速通过。船闸机电应急保障系统研究的主要内容是:船闸供电系统,闸阀门启闭系统,船闸电气控制系统，以及这三部分的软件系统。

2.2 硬件方案

如何解决船闸机电突发事件，是船闸能否连续运行的一个关键问题。为保证苏北运河船闸连续运行，必须有健全的管理体系和一套快速替换的硬件设备。制作一套什么样的设备，怎样制作这套设备，这些问题就是《船闸机电应急保障系统》硬件所研究的主要问题，包括机械和电气两个方面。

2.2.1 船闸机械

根据目前船闸机械状况，对可能发生重大问题的情形进行综合分析，找出突发问题的关键设备，对这些关键设备采用备品备件是比较科学合理的方法。利用备品备件在发生问题的时候进行置换处理或独立工作是最为快捷的一种做法。通过系统研究，机械部分备品备件主要有：液压阀件；活塞杆；油泵电机组；多点润滑泵；减速箱；油缸密封件；移动电站。移动电站是当船闸供电系统彻底瘫痪时的备用应急设备。

2.2.2 船闸电气

船闸电气系统是保障船闸正常运行的一个重要环节。根据船闸机械的种类特点，研制了一套适应全线10个船闸管理所的所有船闸在发生重特大电气事故的情况下能通过切换的施工办法进行应急处置，达到暂时解决故障的目的，然后再进一步系统全面解决故障问题。这套电气系统主要由两台控制柜组成。内部设备采用高档PLC等先进设备，利用光纤以太网将两台分设在上下游控制柜构成一个可靠的先进系统，达到单独控制一座船闸闸、阀门的目的。

2.3 软件方案

船闸机电应急保障系统软件通过目前苏北处现成的网络系统进行科学管理。由本软件启动应急系统和对应急解决工作过程进行科学管理。主要由以下几方面的内容：基础信息管理、备品备件管理、预案管理、应急管理。

2.4 应急预案

根据多年来船闸实际运行情况以及对将来可能发生的故障情况进行科学总结提炼，形成两级故障分析处理纲要，指导在发生故障的情况下进行有效、快捷的处理。

3 实施效果

机电应急保障系统是针对苏北运河船闸机电应急保障的实际需要，在深入研究船闸机电系统故障原因及处置策略的基础上，提出了一套行之有效的应急保障方案,同时研制开发了船闸机电应急保障和机电日常维护管理软件和船闸电气应急设备,还为应急保障处置配备了船闸机械备件以及船闸应急移动电站。

系统软件界面友好、易于使用,硬件配置合理,可有效保障机电系统突发事件下船闸的快速复航,对提高船闸机电维护和应急保障的工作效率具有重要意义和作用。

自 2008 年系统投入运行后,船闸机电设备故障停航时间显著缩短,货物通过量和征收的闸费显著增加,社会效益明显。2008 年度与 2007 年度相比,故障抢修时间缩短了 298.4 小时,全线通过量增加了 4031.38 万吨,征收闸费增加 1241.34 万元;2009 年度与 2007 年度相比,故障抢修时间缩短了 308.9 小时,全线通过量增加了 4199.95 万吨,征收闸费增加 1328.27 万元。具体数据见表 1。

机电应急保障系统使用效益对照表 表 1

项目总投资额	83.4 万元		
栏目 / 年份	设备故障停航时间(小时)	通过量增加(万吨)	征收闸费增加(万元)
2007 年度	426.7		
2008 年度	128.3	4031.38	1241.34
2009 年度	117.8	4199.95	1328.27

4 结论

在 404km 的区段内实现几十座船闸应急快速响应,采用系统内部网络和计算机管理加以解决应该说是非常科学和现代的一种方法,也只有这样才能解决这个比较复杂难题。在计算机管理的基础上使用短信平台的方法实现船闸机电突发问题的快速解决更是一个好的做法。这种做法不但是首创,而且对国内同行业在这个问题上有着指引性的作用。

应急预案是解决问题的一般做法,但怎样实时自动地随着突发问题发生同时给出预案,通过对船闸目前机电设备的现状,参考船闸历史上有记录的故障情况,利用综合科学分析的方法得出重大机电故障的应急预案,指导排除故障。

目前国内同行业对机电维修养护一般都在人工管理的层面上,尚无一家使用在较大范围内采用计算机对机电维修养护进行科学有效的管理。机电应急保障系统中设备养护管理模块对设备使用有着极其重要的实际意义,科学管理可提高了设备使用寿命。

参考文献

[1] 江苏省科技查新咨询中心. 船闸机电应急保障系统—科技查新报告. 2007 年 6 月 12 日

[2] 江苏省交通厅. 船闸机电应急保障系统—科技成果鉴定证书. 2007 年 12 月 8 日
[3] 苏北航务管理处. 船闸机电应急保障系统—执行合同. 2005 年 12 月

作者简介

余向阳,男,1978 年 11 月出生,现在京杭运河江苏省交通厅苏北航务管理处养护科工作,主要从事船闸电气管理,机电应急保障系统管理等,联系电话:13365171998,0517-83530022,电子邮箱:83206466@ qq. com。

王希强,男,1980 年 12 月出生,现在京杭运河江苏省交通厅苏北航务管理处养护科工作,主要从事船闸机械管理等,联系电话:15861789382,0517-83530021,电子邮箱:subeichuwxq@ 163. com。

浅谈三峡船闸输水阀门运行参数优化

谢　凯

（长江三峡通航管理局，宜昌，443133）

概　述：三峡船闸为连续五级船闸，工作水头高，同时两线船闸相邻，船闸与升船机共用下游引航道，使船闸水力学问题的难度超过了世界上已建的船闸工程，是船闸设计的关键技术问题之一。根据科研成果，采用合理的船闸输水系统布置方式和三峡船闸阀门运行方式，比较成功地解决了三峡船闸复杂的水力学问题。

关键词：三峡船闸；输水阀门；调试；优化

1　三峡船闸输水系统的设计

1.1　水级划分

按三峡工程工期安排，船闸上游运行水位分围堰发电期 135 ~ 139 m，初期运行期 145 ~ 156m，正常运行期 145 ~ 175m；下游水位为 62 ~ 73.8m。设计各级船闸水位组合见图 1。

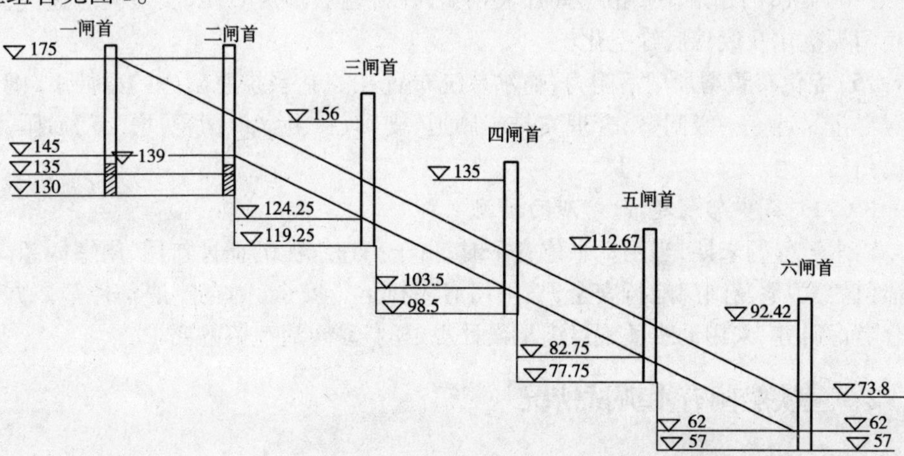

图 1　三峡船闸水位组合图

1.2 补溢水方式

根据不同的运行水位组合,船闸存在需要补水或溢水的工况,考虑水力学、工程布置、工程量和运行管理方便等确定只补不溢的方案。

1.3 输水系统布置

船闸采用正向进水侧向泄水、两侧对称布置主廊道、逐级依次进行充泄水和直接控制阀门进行补水、闸室4区段等惯性出水加消能盖板的型式;在六闸首设平衡闸门前后水位的短廊道输水系统。

1.4 船闸输水时间及最大输水量

船闸输水时间可控制在12min内,采取1min快速开启阀门,双边运行最大输水流量为550m^3/s,闸室最大充(泄)水量23.7万立方米 。

1.5 闸室停泊条件

设计允许系缆力纵向为50kN,横向30kN。

1.6 解决三峡船闸水力学问题采取的措施

1.6.1 防止输水廊道阀门段及充泄水阀门发生空化、空蚀和危害性振动的措施

(1)降低阀门段廊道高程,增大淹没水深。

(2)优化阀门后廊道体型,采用顶扩和底扩相结合的措施。在阀门后采用1:10的坡顶扩,顶扩长度12m,扩大高度1.3m,同时在廊道阀门底部向下扩大3m。

(3)采用2min快速开启阀门开门防止空化效果明显。

(4)通气,门楣采用扩散型并加设挑槛,在挑槛后形成负压,实现自然通气,能防止门楣空化及改善底缘空化。

(5)优化布置增加门后阻力,输水系统布置在控制系统总阻力的条件下,阀门位置尽量靠近上一级闸室,合理安排主廊道、支廊道、出水口面积,增大门后阻力,提高门后压力。

1.6.2 减少船闸超灌、超泄的措施

输水过程的末期,当闸室水位齐平时,由于高速水流的惯性作用,闸室内超灌、超泄值较大,危及闸门运行安全,从闸门启闭机运行安全、闸室停泊条件等多方面综合考虑研究,采用动水关阀可满足设计规定的超灌、超泄值的要求。

2 三峡船闸有水调试情况

2.1 调试确定的阀门运行方式及运行工况

(1)调试确定的阀门运行方式

经过有水调试整定后的船闸中间级阀门运行方式：双边阀门以 $t_v=2\text{min}$ 速率开启至全开位，在剩余水头6m 时以 $t_v=3\text{min}$ 速率动水关阀至 $n=0.2$ 开度，至水位齐平，在人字门全开后再以相同速率关至下滑位。如图2所示。

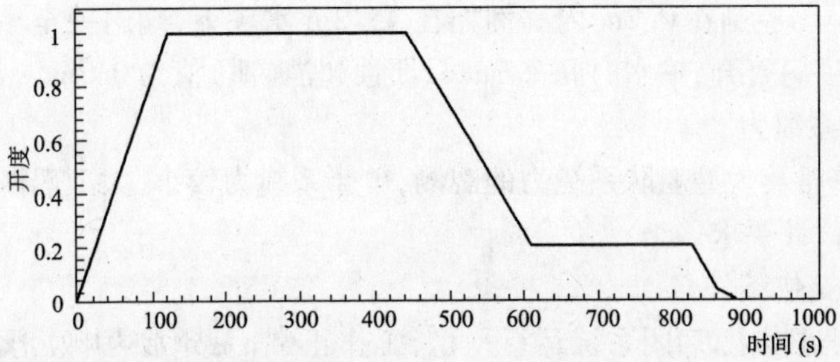

图2　三峡船闸调试确定的阀门运行方式

二闸首作为首级阀门运行方式：二闸首阀门开启方式为 $t_v=2\text{min}$ 开启至 $n=0.6$开度停机输水，动水关阀水头1.0m。

(2)闸室输水水力特性

在有水调试阶段各闸首最大工作水头下实测的闸室最大水面上升(下降)速度可达4.04m/min，平均水面上升(下降)速度最大值为2.36 m/min，输水系统最大流量700m^3/s。各闸首输水时间均不超过10min，小于设计要求。四闸首实测的闸室输水系统流量过程线见图3。

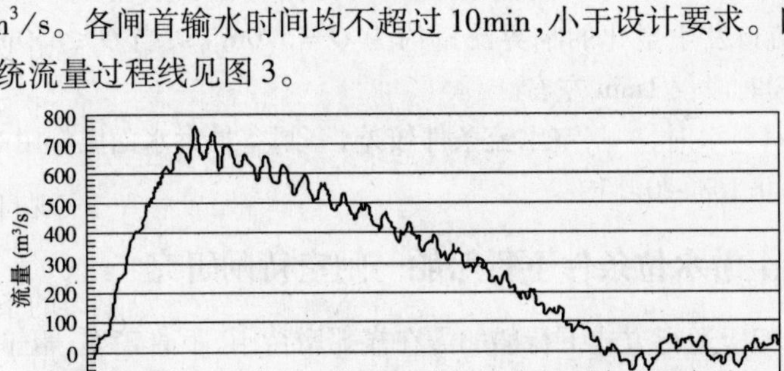

图3　输水系统流量过程线

(3)闸室水面流态

观测结果表明，各闸首输水系统运行正常，闸室充泄水过程水面流态平稳；各区段出水均匀，无明显的纵横向水流流动趋势，水面波动较小。在阀门全开流量最大时段，闸室水面有一些较弱的涌泡，以靠近闸墙处涌泡强度稍大，在闸室中心线附近可见微弱漩涡。

(4)解决超灌超泄的措施

通过对动水关阀的参数进行的整定和优化,确定了较优的减小双边输水过程闸室超灌(泄)的措施,即:在剩余水头6m时动水关阀至$n=0.2$开度、关阀的时间控制在2分30秒~2分50秒之间、水位齐平时开启人字门的闸阀门联动方式。闸室的超灌(泄)均控制在0.2m内。例如在45.2m水头下,阀门关至小开度时水位正好齐平,人字门打开,输水时间9.7min,惯性超灌(泄)值为0.2m。

(5)船舶系缆力

通过对单船及大型船队系缆力的观测,单船系缆力较小,大型船队系缆力接近设计值,满足设计要求。

(6)阀门工作条件

阀门启闭过程中,启闭系统运行平稳,工作正常,无异常声响。阀门开启过程阀门段廊道无明显空化现象,阀门及吊杆未发生明显振动,各闸首门楣通气管在开门后能稳定进气,最大通气量可达$0.41m^3/s$。采取的防空化措施较好地解决了高水头船闸阀门空化这一关键性技术难题。

2.2 存在的问题

(1)中间级最大流量达$700m^3/s$,大于模型试验值$150m^3/s$。

(2)在阀门全开附近时段,泄水闸室第一分流口存在空化,历时约2min,通过分析,第一分流口发生空化的临界流量约为$Q=570m^3/s$,当$Q\leqslant 650m^3/s$,分流口空化较弱,持续时段仅1min左右。

(3)二闸室充水时,一闸室水流条件较差,一闸室最大水面波幅由0.98m,平均纵向水面比降0.1%~0.15%。

3 不同上游水位条件下行船舶一闸室待闸研究

针对船闸四级运行方式下行船舶需在靠船墩待闸,距离较远、船舶进入二闸室时间较长的实际问题,在原确定的阀门运行方式下,一闸室水流条件不具备船舶待闸条件,通过原型调试研究,提出了优化二闸首阀门运行方式的措施,以改善一闸室水流条件,可实现下行船舶在一闸室等待过闸,缩短过闸时间,提高船闸通过能力。

3.1 上游139m水位一闸室待船舶待闸船闸输水优化原型调试

通过调整二闸首输水阀门运行参数,采取间隙开阀方式,可改善一闸室水流条件,满足船舶在一闸室待闸要求。原型调试成果表明:

(1)在二闸首阀门开启方式为$t_v=6min$开启至$n=0.6$开度停机输水,动水关阀水头0.6m的操作方式下,二闸室充水时,一闸室平均纵向水面比降由原操作方式的0.1% ~0.15%降至0.035% ~0.05%，一闸室最大水面波幅由0.98m降至0.46m，一闸首缩窄断面及一闸室1#系船柱最大纵向流速由1.46m/s和1.20m/s分别降至0.82m/s和0.65m/s，输水时间变化不大。

(2)在三闸室充水工况下，二闸首阀门补水，阀门以 $t_v = 2\text{min}$ 速率开启至 $n = 0.5$ 开度停机，补水量满足要求后动水关阀，一闸室最大水面波幅为0.66m，平均纵向水面比降为0.075% ~0.1%，一闸首缩窄断面及1#系船柱最大流速分别为0.86m/s和0.69m/s。根据水面流态、一闸室纵向水面比降、一闸首口门区及一闸室1#系船柱纵向流速等资料的综合分析，调整阀门开启方式后在三闸室及二闸室充水工况下，一闸室的水流条件可以满足船舶待闸的要求。

(3)实船试验观测成果表明：

①在二闸室充水过程中，除排水量7000t左右的大型船队外，其他船舶在一闸室待闸的船舶停泊条件可满足设计要求，具备在一闸室停泊待闸的条件。

②在三闸室补水工况下，检验了船舶进入一闸室待闸的航行条件。由于在充水3 ~8.5min时段，自一闸首口门区至一闸室4#系船柱范围，最大流速可达0.8 ~1.1m/s；随后又在1#浮式导航墙至一闸室5#系船柱范围出现约2min的逆流，最大逆流流速为0.6m/s，为确保进闸船舶及船闸的安全，确定三闸室充水过程船舶不得驶入一闸室。

③南北两线船闸运行相互影响研究成果表明，北线三闸室充水工况较易引起一闸室水流波动叠加，最不利的运行方式是北线三闸室充水运行7 ~10min后，南线三闸室充水，导致南线一闸室水位波动增强，波幅增大。北线二闸室充水对南线运行影响较小，且有利于抑制南线一闸室的水位波动。在最不利的运行方式下，一闸室最大瞬时纵向比降为0.12%，单船和中型船队的停泊条件仍可以满足规范要求。

3.2 上游144 ~156m水位一闸室待船舶待闸船闸输水优化原型调试

三峡船闸上游水位由139m抬高到156m，二闸首阀门的运行水头、一闸室的水深也相应增加。二闸首输水工艺如果仍维持原来139m时的输水工艺，则二闸室充水时间可能会延长至20min左右。因此，在上游水位升高后，需要通过试验确定一种合理的二闸首输水工艺，缩短二闸首输水时间，同时确保一闸室的水力学条件符合下行船舶一闸室待闸的需要。通过不同条件的调试与优化，二闸首最终阀门运行方式为：

双边输水：按照6min的开阀速率开启二闸首阀门至50%开度，暂停4min后开启二闸首阀门至全开位，当二闸室水头差1.8m时按照4min的关阀速率动水关闭二闸首阀门至30%开度，二闸室与一闸室水平时开启二闸首人字门，人字门开终锁定后,继续关闭二闸首阀门至关终。输水时间控制在16min内。见图4。

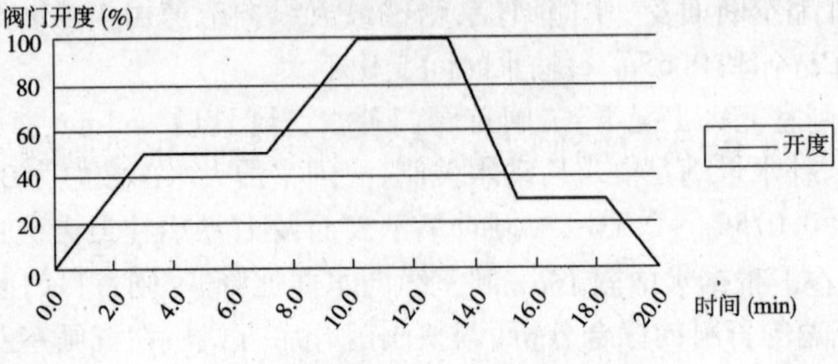

图4　二闸首阀门间歇开启双边输水过程图

单边输水:按照6min的开阀速率开启二闸首阀门至70%开度,暂停3min后开启二闸首阀门至全开位,当二闸室水头差1.0m时按照4min的关阀速率动水关闭二闸首阀门至30%开度,二闸室与一闸室水平时开启二闸首人字门,人字门开终锁定后,继续关闭二闸首阀门至关终。输水时间控制在26min内。见图5。

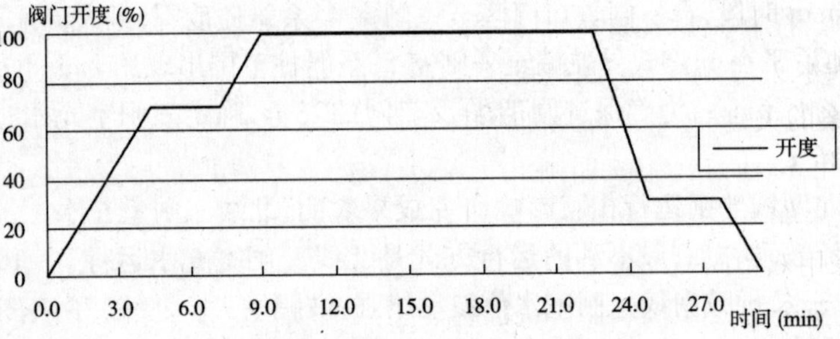

图5　二闸首阀门间歇开启单边输水过程图

试验分析表明,这一阀门开启方式可适用于船闸的采用四级运行的所有水位变化工况,有利于船闸的运行管理。

通过调整二闸首输水工艺等措施,浮式导航墙和一闸室水力学特性有了较为明显的改善,基本具备船舶进入一闸室内待闸的停泊条件,144~156m一闸室水力学条件总体较139m要好。通过组织不同类型船舶(队)在一闸室不同部位的实船试验,船舶的稳定性较好,未出现不良状态;在二闸室充水工况下船舶可以实现在一闸室停泊待闸。

实测资料表明,二闸首阀门采用此间歇开启方式,二闸室的充水时间在上游水位144.76m时约为14.56min;最大流量及一闸首人字门处最大流速各出现两个峰值,分别为330m^3/s、320m^3/s及1.22m/s和1.03m/s;一闸室最大水面波动及最大水面纵向比降分别为0.15m和0.22‰,这些水力特征值接近船闸完建前的相应值,说明一闸室水流条件符合安全待闸要求。

一闸室实船待闸试验表明，在测试的大型单船及船队条件下，在一闸室各停靠位置，船舶停泊稳定性良好，实测系缆力脉冲峰值较少，最大系缆力小于35kN，全闸室船舶停泊安全。

4　上游156 m水位船闸五级改四级运行优化船闸输水优化原型调试

按设计，在上游蓄水位到156m时，船闸将采用五级运行，一闸首需利用船闸上游事故检修门作为工作闸门，而事故检修门开启和关闭一个周期耗时达35～40min，不仅运行管理较为困难，而且将大大影响船闸通航效率，导致船闸通航闸次减少，通过能力降低。尤其在完建施工期，船闸单线运行，其通过能力仅为双线的40%，五级运行方案将给航运带来巨大压力。

上游水位156m情况下，船闸采用四级运行时，在下游最低水位62m条件下，中间级闸首最大水头为47m，超过设计值1.8m；6闸首最大水头为23.5m，超过设计值0.9m。若下游水位为63m，中间级闸首最大水头为46.5m，超过设计值1.3m；6闸首最大水头为23.25m，超过设计值0.65m。船闸水力学问题及解决措施是四级运行方案的关键。

2006年3～4月在三峡船闸北三闸室进行了40～47m水头原型调试研究观测，调试成果如下：

(1)采用双边阀门间歇开启方式，采用2min开阀，停机开度为0.65、停机时间3min，再开至全开，在剩余水头6m时以t_v=3min速率动水关阀至n=0.2开度，至水位齐平，在人字门全开后再以相同速率关至下滑位。

(2)单侧廊道运行工况，采用2min开阀，停机开度为0.65，停机时间7min再开至全开，在剩余水头6m时以t_v=3min速率动水关阀至n=0.2开度，至水位齐平，在人字门全开后再以相同速率关至下滑位。此方式可显著改善输水系统及阀门工作条件。

(3)中间级闸首调试成果表明：

①47m工作水头下，中间级闸首阀门在原阀门运行方式下，双边连续开启运行工况，船闸运行总体正常，与45.2m设计条件相比，输水系统水力性能及阀门工作条件接近。

存在的主要问题是第一分流口在阀门全开附近时段有3min左右较强空化，空化溃灭形成的冲击波导致各门井水流压力波动、活塞杆窜动、门体振动及启门力脉动增大，长期按此方式运行可能引起阀门支铰螺栓松动及液压元件损坏，对液压启闭系统影响更大。

②通过大量研究,采用双边阀门间歇开启方式,闸室流态平稳,输水系统水力学条件较优,可减弱及消除第一分流口空化。阀门在开启及停机过程,运行平稳,闸顶无异常声响。与连续开启方式相比,活塞杆窜动量、各门井水流压力脉动、启门力脉动、阀门振动都较小,阀门工作条件较好。

(4)单侧廊道运行工况,采用间歇开启(开度为0.65停机,停机时间7min)方式可显著改善输水系统及阀门工作条件。

(5)在156m水位下,通过2闸首阀门开启方式优化,控制输水系统最大流量小于500m³/s,一闸室水流条件可以满足船舶待闸要求,而阀门段廊道及闸室分流口不会发生空化,阀门工作条件满足要求。

(6)通过分析,在156~62m这一最不利的四级运行水位组合下,预期六闸首输水系统及阀门工作条件可以满足要求。

(7)通过现阶段中间级闸首水力学原型调试研究及首末级船闸水力特性分析,可以认为156m水位下,从水力学角度,船闸采用四级运行方式是可行的。

5 结语

(1)三峡船闸运行实践表明,解决三峡船闸高水的水力学措施是有效的,较好地解决了阀门空化及阀门段气蚀等问题,在设计输水时间内,闸室水动力条件满足船舶停泊要求。

(2)在上游135~156m水位四级运行时,通过改变阀门运行方式,优化了一闸室及口门区的水力学统计,实现了下行船舶在一闸室待闸。缩短进闸时间约17min、闸次间隔时间16min,南线船闸下行闸次每日提高约2个闸次,有效提高了船闸运行效率。

(3)提高了船闸的运行工作水头,实现了上游156m水位五级运行改四级运行,中间级最大工作水头可达47m,实际水头达46m,超过了设计45.2m的最大值。为解决高水船闸水力学问题提供了新的思路。在船闸完建施工单线运行期,采用定时换向的运行方式,换向周期一般为24小时。在此期间,平均每天运行15.13闸次,通过船舶102.40艘次,通过货物10.43万吨。与双线运行比较(以2005年同期数据比较),每日运行闸次数相当于双线运行的66.26%,每日通过货物数相当于双线运行的115.63%,有效提高了船闸的通过量。

(4)改善了船闸输水系统运行条件,减少了最大输水流量,有效减少了输水系统的空蚀。在检修运行约16个月,并经过7个月的五级运行,最大工作水头达44m后,2009年6月9日对南线船闸输水系统进行了全面检查,检查结果问题比以前两次检查的情况要好,仅二、三闸室第一分流口出现个别蚀坑,深度小于1cm。

原因一是对船闸输水阀门运行方式进行了优化,减小了最大输水流量,相应减小了输水廊道流速;二是在完建期对该部位缺陷采用S188喷射混凝土进行了全面的处理,处理质量较好。

参考资料

[1] 三峡工程永久通航建筑物研究. 长江水利委员会,1997年10月

[2] 三峡工程水力学研究. 三峡开发总公司,1992年4月

[3] 三峡永久船闸原型调试北线船闸水动力关键技术研究. 南京水利科学研究院, 2005年5月

[4] 三峡船闸(139m水位)一闸室船舶待闸实船试验测试报告. 南京水利科学研究院、长江三峡通航管理局,2005年1月

[5] 三峡永久船闸闸室第一分流口水力学大比尺局部模型试验研究报告. 长江科学院,2004年9月

[6] 三峡枢纽156m水位船闸四级运行方式原型调试研究. 南京水利科学研究院,2006年6月

[7] 提高144~145m蓄水位三峡船闸通过能力措施研究. 南京水利科学研究院,2007年10月

作者简介

谢凯,男,1964年10月出生,长江三峡通航管理局教授级高工,从事船闸水工建筑物研究、运行维护,湖北宜昌市长江三峡通航管理局,邮编:443001,电话:13607203070,电子邮箱:XIEKAI030@SINA.COM。

京杭运河邵伯三线船闸平面布置难点及对策

陈　璐　王　辉

（江苏省交通规划设计院有限公司，南京，210005）

摘　要：介绍京杭运河邵伯三线船闸在平面布置设计中的难点、对策及模型试验对设计效果的预测。

关键词：复杂水域；船闸；平面布置

1　概述

京杭运河北连我国煤炭能源基地鲁西南煤田、徐州煤田，南接我国经济最发达的苏南、沪浙地区，是我国南北向水上运输的大动脉和北煤南运的黄金水道。邵伯船闸是京杭运河苏北段十大重要通航梯级之一。随着京杭运河货运量的持续增长和皂河至淮安航段6个三线船闸的相继建成，邵伯船闸现有的一、二线船闸面临巨大的航运压力，增建邵伯三线船闸势在必行。

邵伯船闸座落在扬州市邵伯镇西侧约1km处，东与南水北调的送水通道——高水河相邻并连通，西与淮河入江水道邵伯湖仅一堤之隔，此堤为入江水道的一级防洪大堤。邵伯船闸上游航道既是京杭运河泄洪通道，又兼具南水北调的送水功能，并与盐邵河交汇，是船舶出入邵伯船闸和盐邵船闸的必经之地，船闸下游航道则与邵伯湖相通连，是淮河入江通道，闸址位置非常特殊，所处水域极为复杂。因此，如何进行拟建邵伯三线船闸的平面布置，切实保证航运安全和枢纽的水利功能，尽可能减少工程实施过程对居民正常生活秩序的干扰，是设计中非常重要的课题。

邵伯三线船闸设计针对枢纽的现状条件，结合数值模拟计算和物理模型试验，经比选优化确定闸位和整体的平面布置方案，经对工程实施后水域条件的模拟预测研究，所拟定的设计方案合理可行。

2　闸位的布置

拟建邵伯三线船闸为Ⅱ级船闸，设计最大船舶等级为2000吨级船舶，船闸尺度为23×260×5(m)（口门宽×闸室长×槛上水深）。

2.1 难点分析

邵伯船闸所处邵伯枢纽是个集防洪、排灌、航运、调水为一体的综合性水利枢纽，包含邵伯一、二线船闸和邵伯节制闸，为统一调度管理，三线船闸必须就近选址。

作为南水北调东线工程送水通道的高水河北侧起点就在邵伯一线船闸上游引航道东侧，二者之间仅隔一条宽40余米的分水堤，而高水河东岸有成片密集的民居，航道护岸为邵伯镇重点保护文物—古御码头，如在一线闸东侧建三线闸，由于陆域狭小，即便闸身结构采用造价昂贵、施工难度极大的特殊结构，闸身仍将占用南水北调的送水断面，所采取的断面补偿措施又将引起东岸沿线大面积的拆迁，且几乎无法保全古御码头护岸。

邵伯一、二线船闸中心线相距仅103m，如将三线船闸安插于一、二线闸之间，则三线闸主体建筑物外轮廓线与一、二线闸之间的距离最窄处不足5m，不具备大开挖的施工条件，尤其闸首的施工将会危及一、二线船闸的分离式的闸室结构的安全，施工期将不得不对一、二线闸实施断航管制，造成北煤南运的黄金水道——京杭运河局部断航达一年以上。

邵伯二线船闸西侧与邵伯湖隔堤相望，此堤为淮河入江水道的一级防洪大堤。邵伯湖上承高邮湖来水，西纳丘陵地区区间径流，下经六闸注入长江，是淮河入江水道的重要组成部分。淮河入江水道上起洪泽湖三河闸，下至三江营，全长158km，是淮河最大的泄洪道，行洪标准为12000m^3/s。如将三线闸建在二线闸西侧，则势必导致此防洪堤线西移，闸身及新堤占用入江水道的行洪滩地。

综上，邵伯枢纽中已难觅建闸空间。

2.2 对策

预可行性研究阶段分别将三线船闸、闸位平行布置在一线闸东侧、二线闸西侧及一、二线闸之间，形成东、西、中三个方案，经从水利、航运、征地拆迁、工程投资以及实施难易等方面进行定量和定性的综合比较，确定推荐西闸位方案[1]，即：三线船闸平行布置在二线船闸的西侧，两闸中心距约90m，闸体占用少量行洪滩地，运河与邵伯湖之间的防洪堤局部略向西迁。为保证淮河入江水道行洪不受影响，设计提出在邵伯湖花园墩浅滩进行切滩补偿行洪断面，具体方案根据船闸整体数值模拟计算确定。

工可阶段在预可所推荐的闸位方案基础上，新增了一个距离二线闸更近的西方案，即三线船闸闸位平行布置在二线船闸的西侧、中心线与二线船闸中心线相距85m。经比较及数学模型初步验证，该方案与原西闸位方案相比对行洪的影响程度相差甚微，但工程造价、运行管理和施工难度均有较大增长，故仍然推荐两闸中心距 90m 的布置方案[2](图 1)。

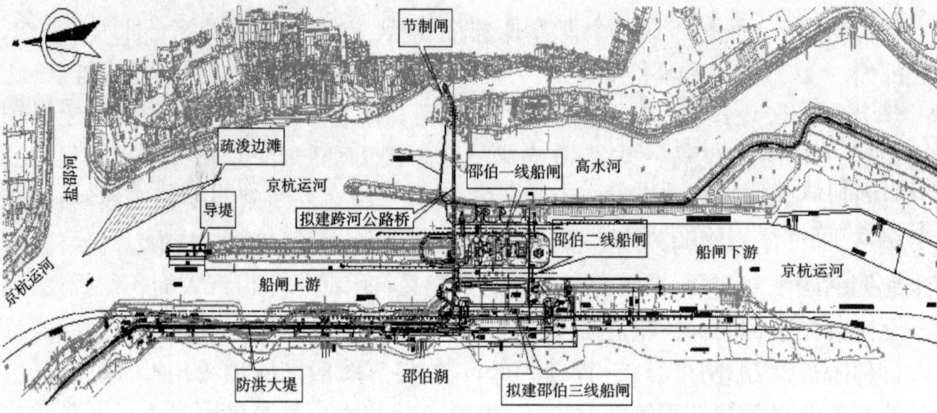

图 1　船闸平面布置示意图

2.3　数值模拟

江苏省水利工程科技咨询有限公司针对入江水道邵伯湖的河床特点及水流特性,采用平面二维水流数学模型计算了三线闸建成前后船闸整体范围内的流速和水位。

数模计算主要结论[6]:设计将三线船闸闸位布置在邵伯二线闸西侧、与邵伯二线船闸中心线间距 90m 的方案是合理可行的,工程总体布局对河势影响不大,占用行洪区水域内的体积为 40.2 万立方米,行洪期最大水位抬高值为 1.8cm,在湖区的花园墩浅滩局部切滩至滩面高程达 3.15m(土方开挖量为 56.5 万立方米)作为对行洪水域的补偿后,将使得三线闸建成后不导致邵伯湖行洪水位发生雍高。切滩具体位置见图 2。

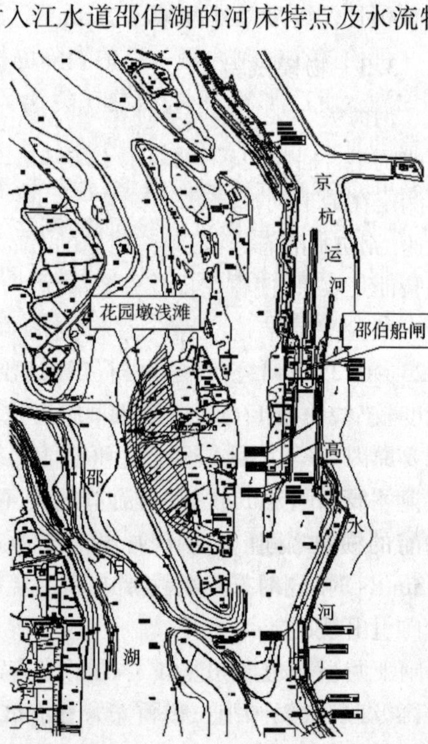

图 2　切滩补偿方案示意图

3　上游引航道的布置

3.1　难点分析

邵伯船闸上游引航道因口门处在盐邵

河、高水河及邵伯一、二线船闸的交汇口，航线众多、水流条件非常复杂，是海损事故多发区，遇邵伯湖泄洪、船闸停航时待闸船舶绵延数千米，航道秩序的维持相当困难。

邵伯三线船闸建成后，船闸上游将有邵伯一、二、三线船闸及高水河四条航线并存，加上盐邵河方向的船舶，最繁忙时可能形成十线船队上下纵横的局面，同时邵伯船闸和盐邵船闸分别进行灌水和泄水作业，水流情况也将更加复杂，设计如处理不当将导致枢纽上游水域的通航条件进一步恶化。

3.2 对策

设计结合船闸上游引航道河段定床模型试验，分析确定了引航道区域的整治措施。具体布置方案为[3,4]：上游引航道与二线船闸共用，宽度采用113m，船队进出方式为直进曲出；航道右侧岸线顺着导航段向上游呈直线延伸至1号汛棚南侧止；在二线船闸上游加设120m长的分隔导堤，导堤堤根与二线船闸上游分隔堤相连并向北延伸；对上游引航道左岸边滩进行疏浚；引航道导航段长70m，靠船段长约400m，直线段以外以半径750m圆弧与主航道中心线相衔接。

3.3 物模试验

河海大学采用定床物理模型，首先研究在现有条件下，在各种水位流量组合下，各船闸组合启闭时，邵伯船闸上游区域的流速、流向和流态，寻找事故多发的原因；然后测定在最不利水位组合条件下，三线船闸建成后，各船闸组合启闭时，闸上水域的流速、流向和流态，确定整治措施的必要性；最后与设计单位共同研究提出改善措施，并验证其效果，使得在推荐方案情况下，试验河段的水流条件满足规范要求。

试验主要结论[5]：在三线闸未建的现状条件下，上游引航道出口横向流速为0.23～0.25m/s之间，虽未超过规范要求，但也具有相当的量值；同时主流带水域宽度较窄，约为136m，适航水域宽度仅为110m，船队周转困难，上述是造成海事的主要原因。

三线船闸建成后，在大流量超过400m^3/s时，同时开启的两个船闸，引航道出口前的横向流速均达不到规范要求。在设计最低通航水位5.83m、调水流量433m^3/s时，同时开启的两闸在引航道口门形成回流；当盐邵船闸灌泄水时，盐邵河口也出现回流。另外，高水河北送水流从左岸汇入邵伯枢纽上游，出口进入一线船闸上游引航道的拓宽段，深泓向右偏，左岸滩坡高陡，且有码头将主流向右挑，对船行极为不利。为此，必须采取整治措施。

设计最终采取的上游引航道布置方式和整治措施（包括在二、三线船闸上游引航道隔堤端部增设120m延长导堤、调整上游引航道右岸岸线以减小河面向右展宽、对左岸位于二线船闸分隔堤出口处边滩进行疏浚以减小高滩导流作用、扩大适航水域)对改善水流条件是有效的,通过上述工程措施,上游引航道横向流速将小于0.22m/s,流线平顺,偏角不大于9°。

4 结语

(1)针对邵伯船闸所处的特殊地理位置及枢纽现状,拟建三线闸的闸位选择考虑众多制约因素,推荐闸位布置在二线闸以西,闸体占用少量滩地,为保证淮河入江水道行洪不受影响,设计提出对行洪水域进行切滩补偿过水断面的措施,较好地协调了水利与航运的矛盾,设计思路可供借鉴。

(2)三线船闸上游航道为多航线、多支流汇聚区域,设计结合模型试验研究采取多项措施进行综合治理,改善了整个枢纽的航行条件,保证船舶进出闸的安全,体现了以人为本、方便使用、利于管理的建设理念。

(3)航运的发展促使枢纽中的单线或复线船闸向多线船闸转变。增建多线船闸的平面布置方案受到水利工程、航运规划、征地拆迁、工程投资以及实施难易等众多因素制约,设计必须综合全面考虑,进行深入细致的调研与论证,对于水域复杂的区域必要时要采取数值计算、模型试验等手段对设计效果进行预测,以达到工程建设的最佳效果。

参考文献

[1] 江苏省交通规划设计院有限公司.京杭运河船闸扩容工程邵伯三线船闸工程预可行性研究报告[R].2006

[2] 江苏省交通规划设计院有限公司.京杭运河船闸扩容工程邵伯三线船闸工程工程可行性研究报告[R].2007

[3] 江苏省交通规划设计院有限公司.京杭运河船闸扩容工程邵伯三线船闸工程初步设计[R].2008

[4] 江苏省交通规划设计院有限公司.京杭运河船闸扩容工程邵伯三线船闸工程施工图设计[R].2008

[5] 河海大学.邵伯船闸上游引航道河段定床模型试验报告[R].2007

[6] 江苏省水利工程科技咨询有限公司.京杭运河船闸扩容工程邵伯三线船闸工程平面二维水流数值模拟分析研究[R].2007年

作者简介

陈璐,高级工程师,主要从事港航工程设计研究工作。

集装箱运输

我国集装箱在韩国港口中转态势分析

贾大山　韩京伟

1　前言

20 世纪 90 年代后期,我国外贸集装箱在境外港口中转一度是业内十分关心的问题,在我国经贸快速发展、集装箱化率不断提高以及贸易结构和运输结构调整三大因素的共同推动下,我国港口集装箱运输需求迅速增长。同时,在码头大型化、专业化、管理水平和作业效率等方面均取得显著进展,5 万吨以上专业化泊位达到 170 个,作业效率达到世界最先进水平。这些因素有力推动我国港口集装箱吞吐量快速增长,2000 ~ 2008 年年均增长 23.6%,2008 年吞吐量达到 1.28 亿 TEU,从北到南形成了大连港、天津港、青岛港、上海港、宁波港、厦门港、广州港和深圳港 8 个集装箱干线港,在世界集装箱吞吐量 20 大港口中,上海港、和深圳港集装箱吞吐量超过 2000 万 TEU,列世界第 2 和第 4 位,广州港、宁波港和青岛港集装箱吞吐量超过 1000 万 TEU,列世界第 7、8 和第 10 位,天津港集装箱吞吐超过 850 万 TEU,列世界第 14 位。集装箱干线港的发展,扭转了我国外贸集装箱大量境外中转的局面,同时国际竞争力快速提高,国际中转量快速增长,2008 年我国港口达到约 640 万 TEU,形成了与周边港口互为中转的格局。

近两年来,由于我国外贸增速减缓、集装箱吞吐量规模基数大,吞吐量增速有所减缓,集装箱境外中转,特别是到韩国港口中转的问题再次由部分码头公司和专家提出,引起政府和媒体的高度重视。在广泛调查研究的基础上,本文对我国外贸集装箱到韩国中转的状况进行了分析,对提高我国港口集装箱国际转运竞争力提出了建议。

2　班轮公司选择韩国港口的因素分析

为了提高在全球的竞争力和企业效益,班轮公司选择部分港口作为其转运的基本港,通过综合对比分析,我国港口在码头设施硬件、作业效率、吞吐量规模、劳务性收费等方面不次于韩国港口,差距主要表现在口岸环境和收费水平等方面。

2.1 影响班轮公司选择中转港口的因素

航运公司选择中转港的目的就是降低成本,提高经济效益。为此,根据其承运集装箱运输的起始点和目的地,通过综合优化,确定转运港口、布置航线。影响班轮公司选择中转港的因素包括港口基本条件、地理位置、收费水平和口岸软环境等四个方面:

港口基本条件:一是港口基础设施,能够满足船舶便捷进出港的需要,包括航道、码头和自然环境等(如水深、潮汐、风浪、恶劣气候);二是码头作业效率,能够在要求的时间内完成船舶作业,适应集装箱运输 JIT 的特点。这是班轮选择中转港口的必要条件。

港口的地理位置:是班轮公司选择中转港时考虑的最主要因素之一,具体包括港口的自然地理位置和经济地理位置两个方面。自然地理位置直接影响航行运输距离、时间等,地理位置优越是港口位于国际航线咽喉要道(如位于马六甲海峡的新加坡港)、主要河流河海转运连接点(如鹿特丹港、上海港);经济地理位置主要是指港口是否位于国际贸易的中心城市。这些中心城市意味着大规模的运输需求,往往是班轮公司服务客户、箱源集聚地,客观上可用集装箱运输需求表示。中心城市一般均具有发达的基础设施,以及金融、物料供应和信息等方面的综合优势。

港口的收费水平:主要包括劳务性收费和政府规定收费。是班轮公司选择中转港时考虑的另一最主要的因素,这与航运公司经营成本直接相关。劳务性收费主要包括集装箱装卸费、堆存费、移泊费、拖轮费、过驳费、系解缆费、开关舱费、起货机工力费等项目。政府规定收费是指港口管理当局按有关规定向船方或货方征收的港口非劳务费,包括船舶港务费、货物港务费、港口建设费、引航费等项目。

口岸软环境:主要是指口岸管理政策和综合服务水平,便于班轮公司船舶以及承运的集装箱快捷的进行操作、调运、集疏运和货主全程服务。国际中转港一般均实行自由港政策,例如釜山港、香港港、新加坡港、鹿特丹港实行的都是自由港政策。

根据对国内外班轮公司调研,上述四个方面对选择集装箱转运港的影响因素超过 80%。班轮公司是否在码头具有股份一度是考虑的主要因素,近年来,随着内部体制改革,具有班轮公司背景的码头公司不断向独立经营公共服务商转变,在码头是否有股份对班轮公司选择中转港影响很小。

2.2 我国港口与韩国港口在国际转运的差距

通过近十几年来发展,我国港口在国际集装箱中转运输上与韩国港口差距在缩小,在硬件设施、吞吐量规模上甚至具有一定优势,但在综合费收水平和口岸政策环境上仍有差距。首先是在基础设施、运营管理和操作效率等方面与韩国港口不存在差别,在效率上甚至具有一定优势。经过长期努力,我国港口集装箱运输水平取得了显著进步,8 大集装箱干线港建成了一批大型化、专业化集装箱码头,基础设施得到改善,适应了船舶大型化的需要。在消化吸收世界先进码头公司管理经验的基础上,通过创新提高,码头作业效率、服务水平等达到世界领先水平;其次从地理位置上看,在自然地理位置上,我国港口与韩国港口相当,均没有类似新加坡港位于航运咽喉要道的港口。从经济地理位置上看,我国港口与韩国港口差距明显缩小,随着 5 个吞吐量 1000 万 TEU 以上港口的形成,在集装箱运输需求规模上,和韩国港口整体上已经没有差别,特别是上海港国际航线集装箱吞吐量已经突破 2100 万 TEU 的规模,在规模上已经处于优势地位;三是从港口费收水平上看,仍然处于劣势。一方面是我国大型集装箱码头作业公司进本是合资企业,长期以来享有劳务性收费是自行定价政策,实际收费水平与韩国码头公司相当。另一方面是政府规费,我国规费包括港务费、港口建设费、引航费等项目,分别制定了相关收费标准。船舶港务费按净吨(拖轮按功率)以次数计收,进港和出港分别计算,外贸船舶的港务费费收标准是 0.71 元/t,集装箱货物港务费 40 英尺每箱 80 元,20 英尺箱每箱 40 元。外贸集装箱港口建设费 40 英尺每箱 120 元,20 英尺箱每箱 80 元。引航费按照 0.5 元/净吨的标准向进出港船舶收费。我国港口的规费费收水平高于韩国港口。同时韩国政府一直大力扶持釜山、光阳港口增加中转货源,例如,自 2004 年起政府每年对中转箱量 30000TEU 以上,且年增加 3% 以上的航运公司给予现金回赠奖励,每年金额在 1000 万美元左右,并豁免中转箱量的码头费。自 2007 年又设立了 500 万美元的基金,对中转箱量超过 5000TEU 的船公司均提供现金回赠奖励,且只要箱量超过上年数字,每个新增箱均可得到 10 美元资助。综合劳务性收费、规费以及政府鼓励措施等因素,班轮公司在釜山港和光阳港的中转成本低于我国港口;四是从口岸环境看,韩国的釜山港和光阳港均实行的自由港政策,而我国目前实行的是保税港政策,和韩国在政策有差距。从口岸出口退税政策看,启运港退税政策具体操作方案尚在探索之中,外贸出口集装箱选择我国港口转运不如到韩国港口中转更快得到退税。从集装箱调运看,韩国允许集装箱班轮公司进行捎带运输,我国允许外轮进行空箱捎带运输。

3 我国集装箱在韩国港口中转态势分析

我国港口集装箱运输的发展扭转了外贸集装箱运输大量在韩国中转的局面,中转比重出现逐步下降趋势,绝对中转量由上升转为徘徊,中转方式由支线运输为主转向支线运输与大船捎带并重。

3.1 相关内涵以及调查

我国外贸集装箱在韩国中转没有明确的定义,这里将内涵界定为:通过集装箱运输的我国外贸进出口货物,通过韩国港口转运到其他地区港口的集装箱重箱。既不包括空箱在中国和韩国之间的调运,也不包括通过韩国进行纸面转运而不在港口装卸的集装箱重箱。

由于统计指标设计的原因,我国没有港口集装箱中转的统计口径,为此,通过三个方面进行调查:一是对我国大型码头公司的抽样调查,二是韩国海关以及港口相关统计,三是黄海协会相关统计以及我国对中韩航线集装箱吞吐量的统计。收集数据表明,韩国港口、海关对集装箱运输相关统计完整,且与我国中韩航线集装箱运量相关统计吻合(两者误差较小,可以接受),数据可信。黄海协会长期对会员单位运量进行统计,数据完整、可信,但未包括非会员单位承运量,主要是大船捎带运输。我国码头公司由于缺乏对此方面统计,抽样所得数据与韩国相关港口数据、与我国有关统计存在较大误差。因此,以下分析中,对于我国外贸集装箱在韩中转,采用我国以及韩国相关港口、海关统计数据,并以我国统计数据为主[1]。

3.2 外贸集装箱在韩国中转态势分析

根据韩国海关统计资料显示,随着我国港口集装箱运输的发展,我国外贸进出口集装箱在韩国中转量占中韩航线比重出现逐年下降趋势(图1),2007年下降到约35%的水平。同时,绝对中转量到2005年一度保持快速上升趋势,2006年后进入徘徊阶段,受到多种因素影响,呈现波动、徘徊趋势,2007年为178万TEU(约20万TEU含空箱以及纸面中转箱量)。中韩之间集装箱运输由黄海协会会员和非会员两部分,其中会员承运两国贸易箱比重较为稳定,10年来基本维持在八成以上水平,而中转集装箱承运比重出现下降趋势,由约六成逐步下降为四成水平。根据我国相关统计和课题组的调查分析,2007年中韩之间运量为488万TEU,其中空箱127万TEU;中韩贸易重箱量为227万TEU,黄海协会会员企业和通过大船捎带量

1 考虑有关专家、媒体关心和所提问题,数据为2007年。

分别为192万TEU和35万TEU;我国外贸集装箱通过韩国港口转运重箱量为134万TEU[1],黄海协会会员企业和通过大船捎带量分别为65万TEU和69万TEU,如图2所示。

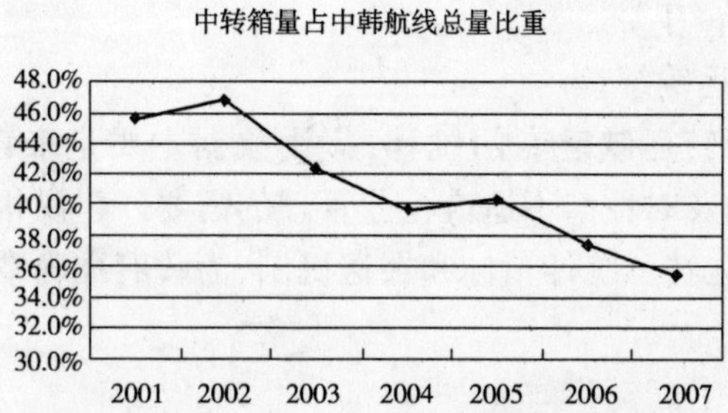

图1　我国外贸集装箱在韩国中转箱量以及比重

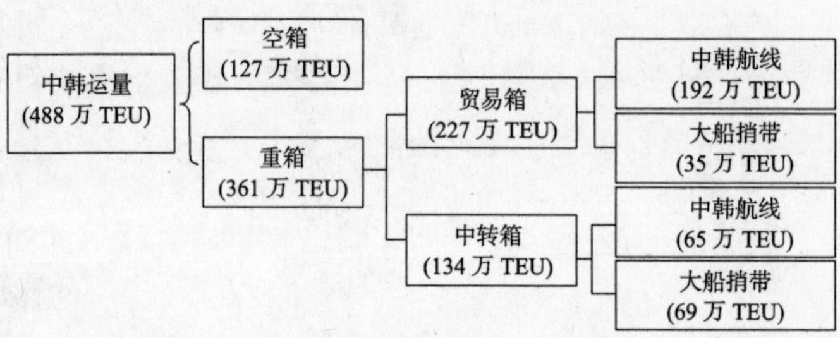

图2　2007年中韩运量以及构成

4　主要结论及建议

4.1　主要结论

(1)随着我国港口集装箱运输的发展和竞争力的提高,扭转了大量外贸集装箱在韩国中转的局面,在韩国中转比重呈现下降,2006年后绝对量也呈现波动、徘徊态势。

(2)当前韩国港口优于我国港口的主要表现为自由港政策,综合费收水平低。

4.2　建议

(1)加快制定相关政策,提高港口国际集装箱中转竞争力

集装箱中转港的选择是运输组织经济性、便捷性的结果。为了提高港口集装箱转运竞争力,国际集装箱中转大港(新加坡、香港、鹿特丹和釜山)全部实行了自

[1] 134万TEU比韩国方面数据低,韩国方面数据约160万TEU。欢迎各位读者提出更为详细的数据。

由港政策,建议我国在现行保税港政策的基础上,实质性推进启动港退税政策,择点试行"境内关外"的自由港政策,提高港口集装箱运输国际竞争力,提升港口国际采购、国际加工和国际配送功能。同时,通过土地和税收政策优惠,降低港口综合费用,提高国际竞争力。

(2)加强集装箱运输统计

我国有关集装箱转运缺乏专门统计,应用数据主要是来自于调查、测算和估计,权威性、准确性和及时性都不适应行业管理的需要。建议相关部门在现行统计指标基础上,加快建立转运统计指标和报送机制,为政府准确掌握集装箱运输实际情况奠定基础。

船舶载运危险货物集装箱的基本要求及现场检查思考

员锡涛

（大连海事局大窑湾海事处，大连，116001）

摘　要：本文以船舶载运危险货物集装箱的基本技术要求为指导，结合当前船舶载运危险货物集装箱的实际情况和日常监管工作，对于船舶相关证书和单证、船舶相关设备、载运危险货物积载和隔离情况、集装箱系固设备、船舶公司体系要求所记录的文件和演习，以及船舶和所载运危险货物集装箱外观情况等方面，集中思考有关执法人员在现场检查应注意的问题。

关键词：船舶；危险货物集装箱；现场检查

目前，我国水运危险货物运输量已占水路货物总运量的20%以上，从事集装箱危险货物运输的船舶也呈快速增加的趋势，而且日趋大型化。由于危险货物多具有易燃性、毒性、腐蚀性、爆炸性、挥发性等特点，且不同种类的危险货物对船舶和载运集装箱的要求各有不同。因此，作为承担我国海上安全监管职责的海事管理机构应按照我国相关法律法规、国际公约和规则的要求，切实做好对载运危险货物船舶和集装箱的安全监管工作，提高现场安全检查的针对性和目的性。

1　载运危险货物集装箱船舶的基本技术要求

危险货物装于集装箱内运输，可视为包装单元。《国际海上人命安全公约》（以下简称SOLAS公约）规定装有危险货物的集装箱当放在露天甲板上或甲板下的货舱内进行运输时，其在船舶结构和消防设备方面的技术要求亦不相同。

1.1　装有危险货物的集装箱放在露天甲板上运输

当装有危险货物的集装箱放在露天甲板上运输时，其技术要求较低，船舶应满足以下要求：

（1）水消防系统

通过固定加压或用适当位置的遥控装置起动消防泵，向消防总管供给符合要求的消防水；保证四支水枪能同时射到装货处所的任何部位。

(2)对人员的保护

额外配备四套抗化学侵蚀的全面防护服装,这些防化服应罩没全部皮肤,使身体所有部位受到保护。因为危险货物爆炸、失火时会释放出有毒或腐蚀性物质,灭火时必须穿防化服。额外配备两套自给式呼吸器,用于危险货物失火的扑救。

应注意,如果船舶仅装运1.4S类和1.1~1.6类危险货物,则该条不要求。

(3)装货处所与机器处所的隔离

装货区域与A类机器处所之间的界限面甲板应隔热达到A-60级标准。例如,危险货物集装箱装在机舱上面,它们之间的甲板必须保证SOLAS公约规定的A-60级隔热标准。

1.2 装有危险货物的集装箱放在甲板下货舱内运输

当装有危险货物的集装箱放在甲板下货舱内运输时,其技术要求要比放在甲板上高,必须在船舶结构、稳性、消防设备、防爆、货舱通风等诸方面达到标准。具体要求如下:

(1)水消防系统

除了上述在露天甲板上要求设置的水消防系统外,对装运1.1~1.6类危险货物的货舱应设有固定水雾喷枪设备或用水浸没货舱的设施,以便用大量的水有效冷却货舱,但由此而造成的自由液面使船舶稳性受到影响,以及重量的增加,还应满足IMO A.123《关于特种处所的固定式灭火系统的建议案》的要求。

(2)电气设备

对装运第1.1~1.6类、第2.1类及闭杯试验闪点低于23℃的液态危险货物,其电气设备和电线不应安装在货舱内。如必要,电气设备必须是认可的防爆型设备。电缆穿过的甲板或舱壁应予以密封以防止可燃气体或油气通过,并且电缆应得到有效的防护以免碰损。

(3)探测系统

货舱内应装设固定式探火和失火报警系统,以便随时监测货舱内是否失火或有可燃气体存在。

(4)通风系统

装设机械通风,通风量应保证每小时至少对空的货舱换气6次。通风机的出入口处装设适当的金属网保护,防止可燃气体着火的可能性。

(5)舱底水系统

对装运液态的危险货物,应单独设置舱底水管系及舱底泵,以防止货物一旦泄露到舱内,不会由于疏忽而将所载运的液体危险货物输往机器处所的管系和泵,造成危险。

(6)对人员的保护

与露天甲板上装运的要求完全一致。

(7)手提灭火器

货舱额外配备总量至少12kg干粉灭火器,专门用于扑灭危险货物的失火。

(8)货舱与机器处所的隔离

货舱与A类机器处所之间的界限面舱壁应隔热A-60级标准或装有危险货物的集装箱的堆放离开这种舱壁的水平距离至少3m。这两种处所的其他界限面应隔热到A-60标准。此要求即是一旦机舱等A类机器处所失火,它们与货舱的耐火分隔必须达到SOLAS公约规定的A-60级标准。

2 载运危险货物集装箱船舶的现场检查

2.1 对船舶相关证书和单证的检查

(1) 对危险货物适装证书的检查

危险货物适装证书是船级社根据每艘船舶的结构及设备情况签发的危险货物"符合证明",形式上分《船载危险货物符合证明》或《船舶载运危险货物适装证书》。在每艘船舶的"符合证明"中标明了每个船舱或甲板允许载运的危险货物种类,并对某些货物的特殊要求予以备注。

因此,海事管理机构在实施现场安全检查时,应首先审核该"符合证明"的有效性,看船舶所持的证明是否在有效期内;其次详细审核证明的附件,了解附件注明船舶允许装载的危险货物的种类和具体的积载位置,是否有其他的特殊要求等。比如,对于航行国际的船舶,第5.2类有机过氧化物只允许装载在甲板上。

(2) 对其他单证的检查

对在国内装运出港的载运危险货物的船舶而言,一般涉及的单证有:危险货物安全适运申报单、集装箱装运危险货物装箱证明书、船舶载运危险货物申报单、危险货物舱单。

对在国外装运进港的载运危险货物的船舶而言,一般有两种单证:Packing certificate for dangerous goods 或 Transport document for dangerous goods 或 IMO Dangerous goods declaration 或 Declaration for dangerous goods(以上各种单证虽称谓不同,但内容相同)和 Dangerous goods manifest。

《危险货物安全适运申报单》一般是由货主或其代理人负责填写。该单证详细描述了危险货物的名称(包括中文、英文)、危险种类、联合国编号、包装类、毛重、净重、闪点、是否具有海洋污染,以及在应急情况下的电话联系号码等信息。其中,危险货物的名称是指国际上认可的运输名称,而不是货物的俗称、化学名称或其他的名称。因此,在安全检查中,应校对现场危险货物与申报单中货物信息是否一致。

《集装箱装运危险货物装箱证明书》(Container Packing Certificate)是由海事部门认可的装箱检查人员签发,它主要是用以证明装箱检查人员已根据《国际海运危险货物规则》(以下简称《国际危规》)的要求,对集装箱和箱内所装危险货物及货物在箱内的积载情况进行了检查,检查结果满足要求。因此,检查证明书时应注意审核装箱员适任资格的有效性和证书签名的真实性,并按照《船舶载运危险货物申报与集装箱装箱诚信管理办法》进一步核查装箱员的诚信记录。但对在国外装箱的危险货物除外。

需要注意的是,集装箱装箱证明书对罐式集装箱不作要求。

根据《船舶载运危险货物安全监督管理规定》(10 号令)第二十三条的规定:船舶载运危险货物进、出港口,或者在港口过境、停留,应当在进、出港口之前提前24小时,直接或者通过代理人向海事管理机构办理申报手续,经海事管理机构批准后,方可进、出港口。《船舶载运危险货物申报单》一般是由船舶代理人填写,经过海事管理机构批准后送达船方持有。因此,现场安全检查时应确认单证是否送达船方,并且按照船方的危险货物清单(Dangerous Cargo Manifest),核对是否有漏报或者申报不实的情况。如果属于放射性物质、感染性物质、新的有机过氧化物、自反应物质或《国际危规》中的“未另列明”的物品,是否提供了有关的货物特性资料。

2.2 对船舶相关安全设备的检查

(1)检查船舶的消防泵,应急消防泵以及其遥控启动装置(若有),确保在应急情况下能保证立即供应消防水。检查水枪的出水压力情况,保证船上能提供4 支水枪同时射到装货处所的任何部位。货舱配备的固定水雾喷枪设备或用水浸没货舱的设施是否能在应急情况下立即启动。

(2)检查抗化学侵蚀全面防护服装外表是否有破损、服装大小是否适合船员使用、装备是否齐全、保护面罩是否清晰、自给式呼吸器气瓶的压力是否满足要求、低压报警是否好用、船上是否配备了足够的备用气瓶等。尤其应确保面具能够随时正确佩带,也可以进行实际操作检查。

(3)检查货舱内装设的固定式探火和失火报警系统是否正常工作,测试其警报和误报警情况。

(4)检查船舶的货舱通风装置和污水泵情况,确保能立即使用。通风机的出入口处应装设适当的金属网保护。

(5)检查船上干粉灭火器的数量是否满足 SOLAS 公约的要求,灭火器能否立即使用、船员是否能够熟练地使用灭火器、灭火器的日常保养是否有相关的记录等。

2.3　对船舶载运危险货物积载情况的检查

检查时应对照危险货物集装箱清单，核对每个危险货物集装箱的积载及积载位置是否满足《船舶载运危险货物符合证明》和《国际危规》的要求。

（1）低闪点危险货物的积载

对第3.1类、6.1类和8类的液体货物应关注是否有闪点的记录，这些记录很重要，决定这些货物是否能装入舱内。例如，有的船舶危险货物适装证书明确规定，闪点在23℃以下的危险货物严禁装入舱内，以确保安全。

（2）只可舱面积载的危险货物

要求经常查看的货物；特殊要求要接近查看的货物；有形成爆炸性混合气体的货物；产生剧毒蒸气的或对船舶有无形腐蚀作用的货物。

（3）积载要考虑与生活居住处所避开的危险货物：

易挥发的有毒物质；易挥发的腐蚀性物质；遇潮湿空气产生有毒或腐蚀性蒸气的物质；释放强烈麻醉性蒸气的物质；第2类易燃气体。

（4）其他

在积载检查中还必须特别注意：在舱内积载时，装有容易产生易燃挥发气体的集装箱不能与可能提供火源的冷藏或加热集装箱装在同一舱室中；舱面积载时，装有容易产生容易挥发气体的集装箱在纵向和横向都应与可能提供火源的冷藏或加热集装箱远离4.80m以上。

2.4　对集装箱系固设备的检查

在检查集装箱的系固设备时，应对照船舶配备的《设备和系固手册》有关系固设备的配备要求，到装货区域检查集装箱的系固设备，查看系固设备的数量是否充足，集装箱的系固是否正确、有效。如果系固设备数量不足或者老化失效，应要求船方马上更换。需要注意的是，一般甲板上的集装箱，只有处于82层的集装箱用钢拉索固定在货舱盖板上（有的集装箱船舶甲板上有2到3层用于固定集装箱的格栅，装载于格栅内的集装箱也有拉索固定装置），84、86等以上的集装箱不需用钢拉索固定，而是用4个转锁将上层的集装箱堆码、固定在下层集装箱上。因此，检查时要注意检查上下层集装箱之间是否用4个转锁进行固定，如果转锁的数量少于4，应要求船方和码头方立即整改，保证上层集装箱固定的牢靠性。

2.5　对船舶公司体系要求所记录的文件和演习情况的检查

基本上所有正规的集装箱船舶公司或船舶管理公司在各自的体系文件中规定

了对船舶载运危险货物的要求和需要填写完成的表格。因此,海事执法人员在登轮检查时,可以要求大副提供船上关于载运危险货物的体系文件,检查船员是否按照公司体系文件的要求完成各项内容和相关表格。检查船上关于载运危险货物方面的应急演习,通过对应急演习的检查,了解是否每个船员都清楚在紧急情况下各自的岗位职责和应急设备的操作方法以及演习采取的措施是否得当,反应是否及时迅速、效果是否明显、相关干部船员能否熟练地使用相关的图书资料等。

2.6 对船舶和所载运危险货物集装箱外观情况的检查

危险货物集装箱外观检查的内容主要包括危险货物集装箱是否正确张贴了危险货物标志;集装箱外观是否有变形、破损,箱门铅封是否完整;关闭是否紧密;箱门的防雨胶条是否水密等。对于危险货物集装箱而言,须在集装箱的四个侧面各张贴危险货物标牌(标牌显示危险货物危险类别),且要处于显而易见的位置,标牌的尺寸一般应不小于250mm×250mm,并且应与集装箱内危险货物标志相同。标牌应持久耐用,能够在海水中浸泡3个月后,仍能够清晰可辨。检查中,需要特别注意的是,在IMDG CODE明细表中已标明的,具有副危险性物质集装箱的标牌的检查,是否张贴了副危险性标牌,并且检查副危险性标牌是否标出了类别号(根据规定副危险性的标牌不显示类别号)。如果副危险性标牌显示了类别号,必须责令船方马上纠正,或做出进一步的处理。如果属于海洋污染物的货物集装箱需张贴海洋污染物标牌,处于熏蒸状态的集装箱还需张贴熏蒸警告牌等。

当船舶载运危险货物集装箱时,船舶应按规定显示相应的号灯、号型。即白天悬挂B旗,晚上点一盏红灯。甲板上严禁吸烟,无论是本船船员还是上船工作的装卸工人以及其他人员都应严格遵守。“NO SMOKING”的标志要张贴于舷梯的入口处以提醒船员和登轮人员。危险货物周围应严禁明火作业,应急情况下的明火作业,应报海事局申请,待海事局批准后才允许作业。在明火作业时要安排专人看火,并布置好消防器材。明火作业结束后,要对周围进行检查,并要求专人继续留守一段时间,以确保安全。在进行危险货物装卸货期间,严禁船舶进行加油和污油回收作业。

3 结束语

如今,随着越来越多的危险货物通过集装箱来运输,无论是岸上人员还是船员都应给予足够的重视。主管机关不但要确保载运危险货物集装箱的船舶从结构上满足相关的技术要求,还要从船舶积载、隔离、系固,以及船员应急反应等各个方面进行检查,确保危险货物运输的安全。

参考文献

[1] 杜刚,邱文昌.舱面集装箱移位、倒塌和坠海事故对策.集装箱化,2007.08(16)

[2] 沈欣中.危险品集装箱的积载与管理.航海技术,2007.05(26)

[3] 李璐.船舶装运危险物集装箱的基本要求.中国船检,2008(43)

[4] 包建新.船载危险品集装箱事故的特点、原因和防范.水运管理,2007.05(33)

[5] 李光伟.谈大型集装箱船上危险品货物的管理.航海技术,2007.04(30)

[6] 徐冠军.危险货物集装箱运输的优越性与装运事项.航海技术,2001.02(20)

[7] 刘成斌.浅谈载运危险货物集装箱船舶的现场检查.中国航海学会危险货物运输专业委员会论文集,2007(57)

[8] 罗薇.船舶载运危险货物适装条件的监督管理.世界海运,2007.05(34)

[9] 兰龙珍.危险品适装检验过程分析.中国船检,2000.05(62)

[10] 国际海上人命安全公约(2004 版)

[11] 国际海运危险货物规则(2004 版)

作者简介

员锡涛,男,1980 年4 月出生,大连海事局大窑湾海事处,工程师/大副,从事海事管理工作,通信地址:大连海事局 大连市中山区长江路29 号,邮编:116001,电话:0411-87597460,传真:0411-87597552,电子邮箱:yunxitao1980@ hotmail. com。

船舶危险货物运输

危险货物集装箱港口作业风险分析与防范研究

魏国兴　刘　婷

（广州港集团有限公司，广州，510100）

摘　要：由于危险货物本身具有爆炸、易燃、毒害、感染、腐蚀、放射性等危险特性，危险货物集装箱港口作业过程中发生事故不但可能造成严重的人员伤亡和环境污染，影响港口的安全生产和船舶的安全，而且会造成重大经济损失和灾难性的后果。因此，对危险货物集装箱港口作业的安全管理和风险控制成为政府部门和港口企业日益关注的热点。

本文在分析危险货物集装箱港口作业风险分析结果的基础上，进行危险货物集装箱港口作业安全防范对策研究，并得出结论：危险货物集装箱港口作业安全管理规范，安全性、可靠性高，采取有针对性的预防措施后，可以有效降低发生事故的风险。本文对政府部门和港口企业进一步加强危险货物集装箱港口作业安全管理，防范生产安全事故，保障港口正常的生产经营秩序，有一定的实际意义。

关键词：危险货物集装箱；港口作业；风险分析

Abstract: Dangerous cargoes are explosive, flammable, poisonous, infective, erosive and radioactive. Accidents occurring during dangerous cargo operation may cause casualties and pollution, threaten the safety of the port and the ships, result in big economic loss or even influence the whole industry. That's why government and port enterprises keep an eye on the security management and risk control of dangerous cargo operation.

On the basis of risk evaluation, I made research on management and measures to prevent from operation risk, and come to a conclusion: the standard, secure and reliable port operation will reduce risks to a large extent. The thesis could also give some advice for the government and port enterprises to make more safety control on dangerous cargo operation, to prevent accidents and to ensure an orderly operation environment.

Key words: Dangerous cargo container; Port loading & discharging; Quantitative risk analysis

我国加入WTO后，国内市场开放程度加深，对外贸易的国际环境改善，我国参与国际市场交换的产业扩大，使贸易进出口货物不断增加，化工产业和港口集装箱运输的迅猛发展，集装箱船舶载运危险货物的数量急剧上升，危险货物集装箱港口作业量也呈现快速增长的趋势。这对港口企业及政府监管部门提出了越来越高的要求，因此加强对危险货物集装箱港口作业的安全监督管理已成为一个日益重要的问题。

1 危险货物集装箱港口作业安全研究的重要意义

1.1 国内港口危险货物集装箱运输现状

随着国内经济和对外贸易货量的快速增长，造就了我国集装箱港口吞吐量的迅速发展，从2002年起我国港口集装箱吞吐量连续7年世界第一。2009年全球集装箱港口按吞吐量排名，我国港口在前10名中占了6个，集装箱量超过1000万TEU国内港口有上海、深圳、宁波—舟山、广州与青岛港五个。根据交通运输部的规划，2010年中国港口集装箱量将达到1.5亿TEU，2020年将达到3亿TEU。

利用集装箱装运危险货物具有货损少、安全系数高、危险及污染少、经济效益高等优点，国际上的包件危险货物大多数采用集装箱运输，所占份额在80%左右。越来越多的危险货物运输采用了集装箱形式，使得危险货物集装箱的运量不断增长，导致危险货物集装箱港口作业量也呈现逐年递增的发展趋势。1990年上海港危险货物集装箱吞吐量约为1.8万TUE，1999年增长到6.3万TUE，2008年危险货物集装箱进口达到200045TEU，出口达到235401TEU，其中1类烟花爆竹集装箱出口达到30300TEU。常见的通过集装箱运输的危险货物涵盖了第1至第9类，大约有200多种，而且在不断增多。

目前，我国多数集装箱码头都有一定数量的危险货物集装箱港口作业（装卸、储存、拆装箱等），见表1，据对全国各主要沿海集装箱码头的调查信息显示，在各港口内外贸集装箱吞吐总量中，外贸危险货物集装箱约占外贸集装箱吞吐量的3%左右，而内贸危险货物集装箱占内贸集装箱吞吐量的比例平均不到0.3%（比例最高的港口为0.9%，最低的不到0.1%）。

大连港、广州港危险货物集装箱港口作业量统计　　表1

	2005 年	2006 年	2007 年	2008 年	2009 年
大连港	22577TEU	22837TEU	29800TEU	38487TEU	
广州港	17551TEU	22194TEU	28998TEU	18406TEU	

1.2　危险货物集装箱事故时有发生

在现代化学工业高速发展的同时,从事化学品储运的企业及载运工具给周围环境造成一种严重的潜在威胁。化学工业的许多产品、中间体、原料大多属于易燃、易爆、有毒的危险化学品,一旦发生事故,危害范围大,损害程度深,同时货物本身价值高,船舶造价和码头工程投资额大,财产分布密集,事故发生后不但可能造成严重人员伤亡和环境污染损害,而且会造成重大经济损失,大型危险品事故的后果可能是灾难性的,甚至会对整个行业造成毁灭性的打击。如,2007 年 7 月 2 日,停靠在盐田港 9 号泊位的法国籍集装箱班轮"CMACGMFIDELIO"(达飞费德里奥)轮发生危险货物集装箱泄漏爆炸事故。2003 年 10 月 16 号,新加坡籍的集装箱货轮"大通完美"号在天津港在卸货时一个集装箱出现破损,易燃易爆液态危险品乙烷发生了泄漏。2008 年 3 月 13 日,在广州市黄埔区广深公路原南岗洗车场通道上,两辆集装箱拖挂车在装运货物时发生爆炸并引起火灾,造成 7 人死,36 人受伤。

1.3　加强港口危险货物集装箱安全管理确有必要

虽然危险货物集装箱减少了作业人员与危险货物直接接触的机会,实现了人、货分离,但集装箱本身并不具备为危险货物提供所需安全的外部环境条件。由于危险货物本身具有爆炸、易燃、毒害、感染、腐蚀、放射性等危险特性,危险货物集装箱的安全问题同样会出现在港口作业的每个环节中,由于船舶造价、码头工程及大型装卸机械的投资额巨大,财产分布密集,危险货物集装箱港口作业过程中发生事故不但可能造成严重的人员伤亡和环境污染,影响港口的安全生产和船舶的安全,而且可能会造成重大经济损失和灾难性的后果,甚至会影响一个产业的生存与发展。

随着我国安全生产法律、法规的不断健全和完善,国家建立了严密而严厉的生产安全事故责任追究体系,危险货物集装箱港口作业安全日益受到港口企业和有关政府主管部门的重视,是当前港口安全生产领域的一个热门话题和敏感话题。

虽然,我国沿海主要港口至今尚无危险货物集装箱在港口作业中发生大型泄漏、火灾、爆炸事故的先例。但是,由于危险货物本身固有的特殊潜在危险性,相对于其他货物容易发生事故,且事故的危害和损失严重。因此,应用安全系统工程的技术、方法对日益增长的危险货物集装箱港口作业的安全性进行系统而全面的风险分析,准确、科学地找出危险货物集装箱港口作业过程中可能导致生产安全事故的原因,提出相应的安全对策措施,对于加强危险货物集装箱港口作业的安全管理,防范生产安全事故,保障港口正常的生产经营秩序,有其特殊的意义。

2 危险货物集装箱港口作业存在问题

2.1 危险货物集装箱港口作业系统特征分析

集装箱运输已是目前世界上发展最快且又较为广泛的运输形式之一。在保证货物安全、简化包装和理货手续、提高运输效率、降低运输成本及改善运输劳动条件等方面,都有重要作用与明显效果。同时,危险货物集装箱港口作业与件杂货物港口作业、散货港口作业相比,有其独特的特征。

(1)港口机械设备大型化、作业机械化

集装箱港口装卸设备根据其在港口装卸工艺流程中所发挥的作用,主要分为码头前沿装卸设备、堆场装卸设备和连接码头前沿和堆场的水平运输设备三部分。为了适应船舶大型化的趋势要求和提高装卸效率,国内港口集装箱码头机械设备的配置不断地向科学化、大型化发展。

码头前沿装卸设备,承担着连接水陆运输的装卸作业,作为集装箱专用码头的前沿装卸关键设备岸边集装箱起重机(岸桥),由于其具有适应船型能力强、装卸效率高、安全、可靠等诸多优点而被广泛应用。

堆场装卸设备用于堆场集装箱的堆取作业,设备品种较多,如轮胎式集装箱门式起重机、轨道式集装箱门式起重机、正面吊、叉车等。我国集装箱码头堆场采用最多的是轮胎式集装箱门式起重机。

水平运输设备主要承担码头前沿与堆场内不同箱区之间的集装箱水平拖运,我国大多数港口的水平运输是采用回转半径小、机动灵活的集装箱牵引车拖半挂车。随着自动化装卸工艺水平的提高,AGV 自动转运车等也相继被应用。另外,集装箱跨运车、叉车和正面吊等设备作为堆场装卸和水平运输多用途设备也被有些码头用于连接码头前沿和堆场的水平运输作业。

(2)集装箱是标准化运载工具,作业效率高

集装箱运输采用专门装载货物集装箱,通过海、河、铁路、公路等运输方式进行门到门的一种联合运输,是物质装备基础较强、技术较先进的现代化运输型式,在装卸、运输与中转全过程中全部实行机械化、标准化、系列化与专业化。

集装箱运输是以集装箱作为运输单位进行货物运输的一种最先进的现代化运

输方式,将多种多样的杂货集装于具有统一长、宽、高规格的箱体内进行运输,有利于减少运输环节,可以通过综合利用铁路、公路、水路和航空等各种运输方式,进行多式联运,有利于机械化操作和提高装卸效率,消除繁重体力劳动,减少货物损失,简化繁杂的手续,加快车船周转,降低运输成本。同时,集装箱运输可做到从发货人的仓库直接送到收货人的仓库,不必利用中转仓库,实行"门到门"的运输服务。

(3)港口作业工艺流程相对简单(表2)

危险货物集装箱港口作业工艺流程　　表2

操作过程	工艺流程
集装箱船←→堆场	集装箱船←→岸桥←→拖挂车←→场桥←→危险货物集装箱堆场
堆场←→货主	危险货物集装箱堆场←→场桥←→拖挂车←→货主
集装箱船←→货主	集装箱船←→岸桥←→拖挂车←→货主

2.2　集装箱港口作业的安全管理特征

(1)整体性。港口作业按照舱底、高空、库场构成三维一体的作业方式,各个系统要素,如人员、车辆、船舶、机械、设备、货物按调度指挥信息有序生产,形成一个整体。

(2)层次性。现代化港口装卸作业组织方式,按照大系统递阶分解原理进行。如以具有法人资格的公司为例,有公司、部室、中队、班组、个人,调度子系统有调度室、计划组、值班调度、现场指导员等。

(3)目的性。港口装卸作业安全控制指标如死亡率、重伤率、轻伤率、火灾事故、船舶交道事故、辖内机动车事故、机损事故等皆有明确的量化,安全管理所要达到的指标非常明确。

(4)协调性。港口企业建立各种规章制度、标准化作业体系,使得安全装卸从无序到有序自我组织,从而发挥系统较高功效。

(5)动态性。港口生产采用24小时轮班制,作业地点有码头前沿、箱顶、堆场、仓库、车卡、驳船等。安全生产的好坏很大程度取决于作业人员的安全意识、业务水平、心理素质、思想情绪、体力状况等,港口作业的连续性要求作业人员不断根据生产的需要,调节自身的生物节律,同时也要求港口安全管理人员,认真研究生物节律特性,合理安排作业人员的倒班轮换。

2.3　危险货物集装箱港口作业存在的问题分析

2.3.1　危险货物的分类

根据《港口危险货物管理规定》,危险货物集装箱港口作业的危险货物范围是指列入《危险货物品名表》(GB 12268)和国际海事组织制定的《国际海运危险货物规则》中,具有爆炸、易燃、毒害、腐蚀、放射性等特性,在水路运输、港口装卸和储存等过程中,容易造成人身伤亡和财产损毁而需要特别防护的货物。危险货物本身所具有的危险特性决定了危险货物集装箱在港口作业中的潜在危险和危害,若受到某些因素的影响及处置不当,就可能造成人身伤亡、财产毁损、环境污染等事故。危险货物品种繁多,各种危险货物对外界条件有不同要求。因此,有必要根据危险货物的主要特性,对其进行分类。国家标准《危险货物分类和品名编号》(GB 6944—2005)规定了危险货物品名表的一般规定和结构,以及危险货物的编号、名称和说明、英文名称、类别和项别、次要危险性及包装类别等,适用于危险货物运输、储存、生产、经营、使用和处置,列入了运输、储存、生产、经营、使用和处置等过程中最常见的危险货物。其有关技术内容与联合国《关于危险货物运输的建议书规章范本》(第13修订版第3部分:危险货物一览表和有限数量例外)完全一致。

在国家标准《危险货物分类和品名编号》(GB 6944—2005)按照危险货物具有的危险性和最主要的危险性将危险货物分为9类。危险货物分类、港口常见危险货物及其危险特性见表3。

危险货物分类、港口常见危险货物及其危险特性 表3

分类	港口常见的危险货物	危险特性
第1类 爆炸品	主要是1.3项(信号弹等)和1.4项(烟花爆竹等)。	遇明火或高温、撞击、摩擦、强氧化剂等有发生爆炸危险,并可能发生殉爆。
第2类 气体	主要有压缩氢、压缩氧、液化氢、液化氧、液化丙烷、液化乙烯、LPG等。	主要运输以罐式集装箱运输,具有高度易燃、易爆、易泄漏、易扩散、助燃等危险特性。
第3类 易燃液体	主要是价值昂贵、纯度较高的液体化工品(苯类、醚类、酮类、醛类等)。	多以罐式集装箱运输,普遍具有易燃、易爆、有毒等危险特性。
第4类 易燃固体、易于自燃的物质、遇水放出易燃气体的物质	主要有赤磷、硫磺(固态)、铝粉、镁合金、安全火柴、亚麻等。	易燃固体具有易燃、毒害、刺激、爆炸等特性,对热、撞击、摩擦敏感;燃点低,易点燃,散发有毒烟雾或气体。 易于自燃物品自燃点低,易发生氧化反应,放出热量自行燃烧。 遇水放出易燃气体的物质能与水发生剧烈反应,放出热和易燃气体;放出的易燃气体与空气混合后能燃烧或爆炸,部分燃烧产物具有毒性。

续上表

分 类	港口常见的危险货物	危 险 特 性
第5类 氧化性物质和有机过氧化物	主要有高锰酸钾、双氧水、硝酸钾等。	氧化性物质易分解放出氧和热量,遇可燃物或还原性物质发生剧烈反应,引起燃烧或爆炸,与粉末状可燃物混合可形成爆炸性混合物,对热、震动或摩擦敏感;部分物质遇高热分解,放出有毒气体,遇酸生成有毒气体。 有机过氧化物易燃易爆,在正常或升高温度时易发生热分解;有些会产生爆炸性分解;对热、震动或摩擦极为敏感。
第6类 毒性物质和感染性物质	主要有氰化物、黄磷、农药、杀虫剂、灭鼠药、石棉、蓖麻籽等,其中部分货物属于剧毒品。	大多数毒性物质遇酸、受热分解都可放出有毒气体或烟雾,其中有机毒性物质具有可燃性,遇明火、热源或氧化剂会着火燃烧,同时放出有毒气体。液态毒性物质还易于挥发、渗漏和污染环境。 感染性物质含有使人或动物致病的活性微生物质,能引起病态,甚至致人、畜死亡。
第7类 放射性物质	放射性物质集装箱在港口作业中很少见。绝大部分的港口不进行这类货物的装卸,只有少数的港口以车船直装、直取的方式进行港口作业。	放射性物品的危险危害性很大,大多具有放射性、毒害性、不可抑制性、易燃性、氧化性等多重危险。
第8类 腐蚀性物质	主要有硫酸、硝酸、盐酸、冰醋酸、氢氧化钠等,大多采用罐式集装箱方式进行运输。	部分物质除具有腐蚀性外,还具有可燃、有毒等特性。
第9类 杂项危险物质和物品	主要为危害环境物质,常见物质多数为海洋污染物。	污染环境、破坏生态平衡。

危险货物集装箱按结构和货物装载形式,大致分为两大类:第一类是罐式集装箱,主要适用于压缩或液化气体、可燃液体等;第二类是箱内有包装的普通集装箱,主要适用于第1类、第4~7类危险货物。对于第二类危险货物集装箱,货物通常都不是直接堆放在集装箱内的,而是在装箱前,按照国家或国际上有关标准、规范的要求,进行包装(袋装、瓶装、桶装或木箱、纸箱装),然后再按照有关配载隔离要求集中码放在集装箱内。合格的包装加上集装箱箱体的保护,有助于防止危险货物直接遭受外部撞击、冲击和来自人工或机械的损坏,从而避免或减少危险物质泄

漏、撒漏，同时有助于危险货物的隔离、隔热和防水等，有利于危险货物装卸、堆存及运输的安全。

危险货物集装箱的危险特性主要取决于箱内危险货物。不过，危险货物集装箱的危险特性和危险货物本身的危险特性还是有区别的，不能完全等同。当危险货物经过包装并采用集装箱进行装卸、堆存及运输时，事故危险性比不采用集装箱有所降低，安全性得到提高。

2.3.2　危险货物集装箱港口作业事故分析

在集装箱港口作业过程中，客观上存在着不安全因素，在一定条件下会引发事故，对收集到的集装箱港口作业坠箱、甩箱事故进行整理及分类统计，见表4。

集装箱港口作业箱损事故　　表4

机械	事故类型	事 故 原 因	宗数
岸桥	坠箱	岸桥司机违反安全操作规程；作业人员解锁不到位； 岸桥司机违反安全操作规程未转换双箱吊具； 违反安全操作规程，解锁与起升吊具同时进行。	13宗
场桥	坠箱	拖车未解锁；场桥司机违反安全操作规程，盲目求快。	3宗
拖车	甩箱	违反安全操作规程，转弯时超过限速，转弯半径小；违反交通规则，忽视瞭望、观察。	7宗

在集装箱港口作业过程中发生坠箱、甩箱事故的主要原因是作业人员操作违反安全操作规程和操作失误等人为因素；坠箱和甩箱事故对集装箱及箱内货物的破坏最大，会导致集装箱及箱内装载的货物破损严重。

据统计，危险货物发生的各种事故中以危险货物泄漏事故最多。根据表4可知，在进行危险货物集装箱港口作业时，如果作业人员违反安全操作规程或操作失误，也极有可能发生危险货物集装箱坠箱、甩箱事故，并导致危险货物集装箱破损或箱内装载的危险货物包装损坏，进而发生危险物质泄漏事故。如果发生可燃性气体、液体泄漏，与空气混合可形成爆炸性混合物，在一定条件下可引发火灾爆炸事故。

通过以上分析，可知：危险货物集装箱港口作业中发生的坠箱、甩箱事故的后果是严重的，可以使危险货物泄漏，导致人员中毒事故、火灾、爆炸事故、环境污染事故等。

因此，本文仅对危险货物集装箱港口作业过程中，因坠箱、甩箱事故而引发的危险物质泄漏风险分析与防范研究，危险货物集装箱港口作业泄漏事故分析见表5。

危险货物集装箱港口作业泄漏事故分析 表5

<table>
<tr><th>泄漏物质</th><th>事故后果</th><th>事 故 原 因</th></tr>
<tr><td>1. 非粉末状固体危险货物</td><td>泄漏物在箱内,只要未出现性质相抵触的物质相互接触,对安全的影响不大</td><td rowspan="5">1. 包装物破损或密封不严而泄漏或撒漏。包装质量(材质、强度、密封性能等指标)达不到标准规范的要求,在装箱或运输、装卸、存放过程中破损。罐式集装箱的罐体或其附属设备出现裂缝、破损或故障而导致危险货物泄漏。
2. 装卸设备质量缺陷或故障。装卸危险货物集装箱的岸桥、场桥等设备及工属具存在缺陷或发生故障,导致集装箱掉落或倾翻,箱内包装或罐体破损,危险货物泄漏。
3. 人的不安全行为:
①岸桥、场桥等司机不严格按照危险货物集装箱安全技术操作规程进行作业,猛拉快提,造成危险货物箱在起吊、移动过程中摔落或与船上、堆场上的其他集装箱发生撞击,导致箱内包装或罐体破损、危险货物泄漏;
②运输车辆(集卡)的司机在港区内超过限定速度行驶,在急转弯时危险货物集装箱被甩落或者连同集卡一起侧翻,造成危险货物泄漏或其他事故。
③极少数集卡司机不熟悉港区内路线或疲劳驾驶等,导致集卡与其他车辆或堆场上的集装箱发生碰撞,造成危险货物箱遭受强烈冲撞,引发泄漏或其他事故;
④拆装箱作业人员或开箱检查人员违章操作,导致箱内包装物破损、危险货物泄漏。
4. 其他原因:
①港区道路不平整或路滑、缺少必要道路交通信号标志,危险货物拖车行驶颠簸、急转弯等,箱内包装物破损或危险货物集装箱被摔落;
②高温天气导致危险货物容器(钢瓶、罐、桶等)受热膨胀破裂,引起泄漏及其他事故;
③台风、突发性强阵风吹落危险货物集装箱,危险货物泄漏;
④人为蓄意破坏,等。</td></tr>
<tr><td>2. 可燃性气体、液体或粉末状固体</td><td>产生可燃、爆炸或有毒物质,特定条件下引发火灾爆炸、中毒等事故</td></tr>
<tr><td>3. 自燃及遇湿易燃物品、氧化剂等</td><td>外部高温烘烤、强烈震动、遇水或降雨等情况下,箱内发生火灾</td></tr>
<tr><td>4. 有毒物质</td><td>造成人员中毒</td></tr>
<tr><td>5. 腐蚀性液体</td><td>对货物以及箱体造成严重腐蚀,引发火灾爆炸、化学灼伤等事故</td></tr>
</table>

2.3.3 危险货物集装箱港口作业存在的问题

(1)港口作业人员安全意识和安全操作技能的差异性。目前,港口企业的现场操作人员大部分以农民轮换工为主,安全知识贫乏,安全操作技能参差不齐,劳动纪律性和安全意识相对薄弱。尤其是人员流动性大,影响了其工作技能和安全操作技能的提高。同时,港口生产安全管理中,各部门之间的配合不协调,现场管理整体意识薄弱,安全教育培训及宣传力度不够,致使港口作业过程中因人的因素而引发的各类问题更为突出。

(2)危险货物港口作业的硬件设施有待完善。目前,国内港口从事危险货物集装箱作业的企业较多,码头、机械设备、危险货物集装箱专用堆场分布较广,经济成分繁多,安全设施和安全管理水平差别较大。安全管理薄弱、安全设施、消防设施不过关的情况突出,港区监控及事故应急救援设备设施配备不完善,港口应急反应及处置能力有限。

(3)危险货物集装箱的全封闭性造成港口企业对箱内的货物不了解。以门到门运输方式为主的集装箱运输,因其快捷、高效已越来越成为航运的主流,但其在运输过程中全封闭性特点,给港口作业安全管理带来了一定的困难。目前,各集装箱港口以危险货物集装箱整箱操作为主,基本上不进行危险货物集装箱拆装箱作业,难以掌握集装箱内装载危险货物的实际情况。因此,在危险货物集装箱装卸、运输、储存及采取安全防范措施方面缺乏针对性。

(4)港口安全管理法制不健全。近几年,国家陆续颁布了《安全生产法》、《港口法》、《危险化学品安全管理条例》、《港口危险货物管理规定》等法律法规,形成了比较完善的安全管理法规体系。但是,对于危险货物装卸作业规范缺乏统一的标准,特别是油品、散散液体化学品、液化石油气等危险货物的装卸及储运的安全管理法规和制度缺位较多。法规不健全、安全管理缺位导致危险货物集装箱谎报、瞒报等违法行为无法得到根治,对危险货物集装箱港口作业带来了极大的风险。国内不少港口都发生过因谎报、瞒报而引发危险货物泄漏等事故。

(5)港口安全管理机制仍需完善。危险货物集装箱运输过程中涉及的当事方众多,包括发货人、货代公司、承运人、收货人等,而行政管理部门监督的主要对港口和船方,没有形成一个层层负责、相互制约的安全管理机制。

3　危险货物集装箱港口作业风险分析与防范

3.1　危险货物集装箱港口作业风险评价方法的确定

目前,风险评价的方法很多,但每一种评价方法都有其适用的范围和条件,所以在风险评价中依据评价目标、评价、系统的特点、规模、复杂程度、工艺类型、工艺特征、危险性、危害性等相关要求和范围的不同,选择最为合理的评价方法。在识别危险分析方面,定性和半定量的评价是非常有价值的,但是这些方法仅是定性的,不能提供足够的定量化,在这种情况下,必须能够提供完全的定量的计算和评价。

故障树分析法(FTA)是一种逻辑演绎的系统分析方法,能辨识和评价系统的各种危险性,以系统中的事故形态作为分析目标,将其与导致事故的各种因素做成逻辑关系图(即故障树),用以进行系统的安全问题或系统的运行功能问题分析,并为判别事故发生的可能性和必然性之间提供一种简明、形象的表达形式,能对各种系统的危险性进行辨识和评价,不仅能分析出事故的直接原因,而且能深入地揭示出事故的潜在原因,事故因果关系直观、明了,思路清晰,逻辑性强,既可定性分析,又可定量分析。

根据风险评价方法的选择原则、准则和危险货物集装箱港口作业系统的特征分析,本文采用故障树分析法。

3.2 危险货物集装箱港口作业风险分析

3.2.1 故障树各事件的确定

(1)顶上事件的确定

据统计,危险货物发生的各种事故中以危险货物泄漏事故居多。通过整理、分析收集到的35件集装箱港口作业事故案例,集装箱坠箱、甩箱事故有23件,约占事故总数的66%,这说明在集装箱港口作业过程中多发、常见的事故为集装箱坠箱、甩箱事故;从事故的后果来看,集装箱坠箱、甩箱事故对集装箱及箱内货物的破坏作用最大,可以使集装箱及箱内装载的货物严重破损,说明集装箱坠箱、甩箱事故的后果较严重。

同样,在进行危险货物集装箱港口作业时,也存在发生集装箱坠箱、甩箱事故的可能性,并极可能因坠箱、甩箱导致危险货物集装箱破损、箱内装载的危险货物包装损坏,发生危险货物泄漏事故。如果发生可燃性气体、液体泄漏,与空气混合可形成爆炸性混合物,在一定条件下可引发火灾爆炸事故,可见危险物质泄漏是发生火灾爆炸事故的前提。

因此,将危险货物集装箱泄漏作为危险货物集装箱港口作业风险评价的顶上事件,对危险货物集装箱港口作业过程中,因坠箱、甩箱事故而引发的危险物质泄漏风险分析。

(2)基本事件的确定

从顶上事件开始,按演绎推理的方法,一层一层地找出事故原因,直到找出导致顶上事件发生的各个基本事件。见表6。

3.2.2 故障树的编制

根据调查分析得到的资料,从顶上事件开始,按演绎推理的方法,一层一层地找出事故原因,直到所要分析的深度。最后,根据各种事件的逻辑关系用相应事件符号和适当的逻辑门符号连接上下层事件,层层向下,直到基本事件,就构成了故障树,见图1。

基　本　事　件　　表6

符号	基本事件	符号	基本事件
X_1	未发现箱型变化	X_8	载荷接近吊具额定负荷
X_2	指挥手指挥不当	X_9	载负荷超过吊具额定负荷
X_3	司机操作失误	X_{10}	解除超载(偏载)限位开关
X_4	起吊后未在0.3～0.5m处停顿	X_{11}	双箱重量差距大
X_5	吊具转锁未到位便快速起吊	X_{12}	拖车超限速行驶
X_6	违规使用旁通开关	X_{13}	拖车转弯半径过小
X_7	司机起吊速度过快		

3.3 危险货物集装箱泄漏故障树的定性分析

3.3.1 布尔代数简化

$$
\begin{aligned}
T_0 &= M_1 + M_{11} = M_2 + M_3 + X_{12}X_{13} = M_4X_4 + M_6 + M_7 + M_{10} + X_{12}X_{13} \\
&= (M_5 + X_3)X_4 + X_5X_6 + M_8X_{10} + X_4X_{10}X_{11} + X_{12}X_{13} \\
&= (X_1 + X_2 + X_3)X_4 + X_5X_6 + (M_9 + X_9)X_{10} + X_4X_{10}X_{11} + X_{12}X_{13} \\
&= (X_1 + X_2 + X_3)X_4 + X_5X_6 + (X_7X_8 + X_9)X_{10} + X_4X_{10}X_{11} + X_{12}X_{13} \\
&= X_1X_4 + X_2X_4 + X_3X_4 + X_5X_6 + X_9X_{10} + X_{12}X_{13} + X_4X_{10}X_{11} + X_7X_8X_{10}
\end{aligned}
$$

3.3.2 最小割集

通过布尔代数化简危险货物集装箱泄漏故障树，得出危险货物集装箱泄漏故障树的最小割集有8个，见表7。

最　小　割　集　　表7

序号	最小割集	序号	最小割集
1	$\{X_1, X_4\}$	5	$\{X_9, X_{10}\}$
2	$\{X_2, X_4\}$	6	$\{X_{12}, X_{13}\}$
3	$\{X_3, X_4\}$	7	$\{X_4, X_{10}, X_{11}\}$
4	$\{X_5, X_6\}$	8	$\{X_7, X_8, X_{10}\}$

根据最小割集对危险货物集装箱泄漏事故进行分析：

最小割集：能够引起顶上事件发生的最低限度的基本事件的集合。

(1)最小割集表示系统的危险性，预示顶上事件发生的可能途径。

危险货物集装箱泄漏故障树有8个最小割集，表示在集装箱港口作业中有8种可能的途径导致发生危险货物集装箱泄漏事故。

(2)最小割集的个数越少越安全。最小割集中的基本事件越多越有利，基本事件少的最小割集是系统的薄弱环节。

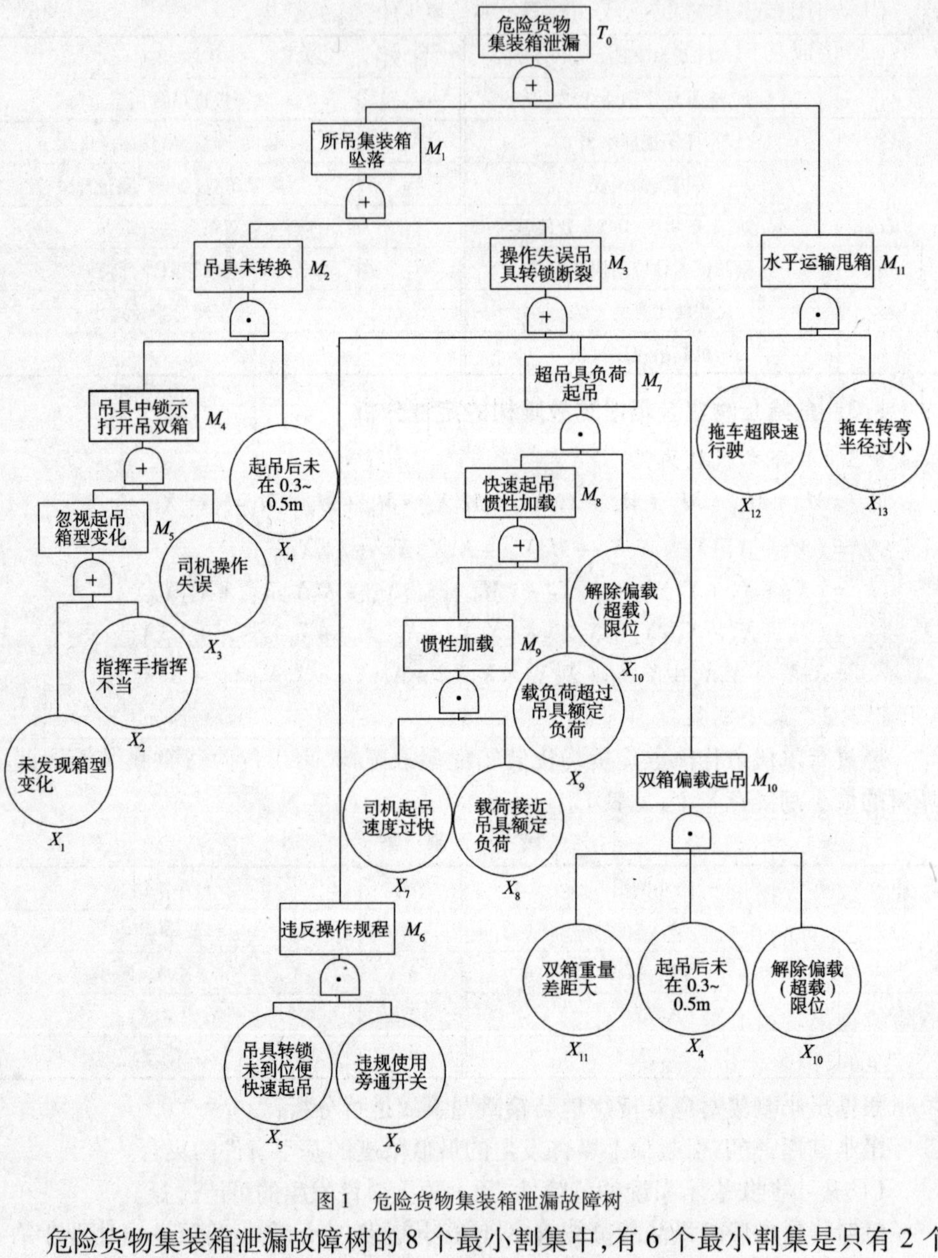

图1 危险货物集装箱泄漏故障树

危险货物集装箱泄漏故障树的8个最小割集中,有6个最小割集是只有2个基本事件的集合,说明这6个最小割集是薄弱环节,需要重点监控。

3.3.3 最小径集

危险货物集装箱泄漏故障树的最小径集求解过程:

(1)利用布尔代数简化成功树,求出成功树的最小割集;

(2)将成功树的最小割集变换为故障树的最小径集,见表8。

最 小 径 集 表8

序号	最小径集	序号	最小径集
1	$\{X_1,X_{12},X_5,X_7,X_{11},X_9,X_3,X_2\}$	13	$\{X_4,X_{12},X_6,X_{10}\}$
2	$\{X_1,X_{13},X_5,X_7,X_{11},X_3,X_9,X_2\}$	14	$\{X_4,X_{13},X_6,X_{10}\}$
3	$\{X_1,X_{12},X_5,X_{10},X_3,X_2\}$	15	$\{X_1,X_{12},X_6,X_7,X_{11},X_3,X_9,X_2\}$
4	$\{X_4,X_{12},X_5,X_7,X_9\}$	16	$\{X_1,X_{13},X_6,X_7,X_{11},X_3,X_2,X_9\}$
5	$\{X_4,X_{13},X_5,X_7,X_9\}$	17	$\{X_4,X_{12},X_5,X_8,X_9\}$
6	$\{X_1,X_{13},X_5,X_{10},X_3,X_2\}$	18	$\{X_4,X_{13},X_5,X_8,X_9\}$
7	$\{X_4,X_{12},X_5,X_{10}\}$	19	$\{X_4,X_{12},X_6,X_8,X_9\}$
8	$\{X_1,X_{12},X_6,X_{10},X_3,X_2\}$	20	$\{X_4,X_{13},X_6,X_8,X_9\}$
9	$\{X_4,X_{12},X_6,X_7,X_9\}$	21	$\{X_1,X_{12},X_5,X_8,X_{11},X_9,X_3,X_2\}$
10	$\{X_4,X_{13},X_5,X_{10}\}$	22	$\{X_1,X_{13},X_5,X_8,X_{11},X_3,X_9,X_2\}$
11	$\{X_4,X_{13},X_6,X_7,X_9\}$	23	$\{X_1,X_{12},X_6,X_8,X_{11},X_3,X_9,X_2\}$
12	$\{X_1,X_{13},X_6,X_{10},X_3,X_2\}$	24	$\{X_1,X_{13},X_6,X_8,X_{11},X_3,X_2,X_9\}$

根据最小径集对危险货物集装箱泄漏事故进行分析:

最小径集:顶上事件不发生所需的最低限度的基本事件的集合。

(1)最小径集表示系统的安全性,提供预防顶上事件发生的最经济、最省事的方案。危险货物集装箱泄漏故障树有24个最小径集,表示在进行危险货物港口作业中有24种防止发生危险货物集装箱泄漏事故的控制方案。

(2)最小径集的个数越多越安全,基本事件多的最小径集是系统的薄弱环节。危险货物集装箱泄漏故障树有24个最小径集,表示危险货物集装箱港口作业是比较安全的,但8个最小径集含有8个基本事件,说明这8个最小径集是危险货物集装箱港口作业的薄弱环节,比用最小割集显示的6个薄弱环节增加了2个,需要在港口作业过程中重点监管。

3.3.4 结构重要度分析

根据计算可得出各基本事件的结构重要度系数,见表9。

结构重要度顺序为:

$I(4)>I(10)>I(12)=I(13)=I(5)=I(6)=I(1)=I(9)=I(3)=I(2)>I(7)=I(8)=I(11)$

各基本事件的结构重要度系数　　表9

基本事件	结构重要度系数	基本事件	结构重要度系数
X_1	0.50	X_8	0.25
X_2	0.50	X_9	0.50
X_3	0.50	X_{10}	0.81
X_4	0.91	X_{11}	0.25
X_5	0.50	X_{12}	0.50
X_6	0.50	X_{13}	0.50
X_7	0.25		

根据结构重要度对危险货物集装箱泄漏事故进行分析:

(1)结构重要度是分析各基本事件对顶上事件的影响程度,即从故障树结构上入手分析各基本事件的重要程度,判断各基本事件的结构重要顺序。从结构上了解各基本事件对顶上事件的发生影响程度如何,为改进系统安全性提供信息,以便按结构重要顺序采取相应的防护措施,加强控制,也可以依此顺序编写安全检查表。

(2)从危险货物集装箱泄漏故障树各基本事件的结构重要度排序可知,在危险货物集装箱港口过程中,各基本事件在故障树中所占的地位:

①基本事件X_4(起吊后未在0.3~0.5m处停顿)最重要;

②其次是基本事件X_{10}(解除超载、偏载限位开关)次之;

③基本事件X_{12}(拖车超限速行驶)、X_{13}(拖车转弯半径过小)、X_5(吊具转锁未到位便快速起吊)、X_6(违规使用旁通开关)、X_1(未发现箱型变化)、X_9(载负荷超过吊具额定负荷)、X_3(司机操作失误)再次之;

④基本事件X_7(司机起吊速度过快)、X_8(载荷接近吊具额定负荷)、X_{11}(双箱重量差距大)不重要。

因此,按结构重要度的排序,对危险货物集装箱港口作业进行监控时,应优先对基本事件X_4(起吊后未在0.3~0.5m处停顿)、X_{10}(解除超载、偏载限位开关)进行重点监控;其次是监控基本事件X_{12}(拖车超限速行驶)、X_{13}(拖车转弯半径过小)、X_5(吊具转锁未到位便快速起吊)、X_6(违规使用旁通开关)、X_1(未发现箱型变化)、X_9(载负荷超过吊具额定负荷)、X_3(司机操作失误);再次是监控基本事件X_7(司机起吊速度过快)、X_8(载荷接近吊具额定负荷)、X_{11}(双箱重量差距大)。

3.4　危险货物集装箱泄漏故障树定量分析

3.4.1　顶上事件的发生概率

根据国内港口的统计资料及故障率数据库、人失误概率,确定各基本事件的发生概率，见表10。

各基本事件的发生概率　　表10

基本事件	概　率	基本事件	概　率
X_1	0.0222	X_8	0.0222
X_2	0.0667	X_9	0.0222
X_3	0.0444	X_{10}	0.0667
X_4	0.0667	X_{11}	0.0222
X_5	0.0667	X_{12}	0.0667
X_6	0.0667	X_{13}	0.0667
X_7	0.0444		

根据计算可得出顶上事件的发生概率为0.0193。说明在危险货物集装箱港口作业过程中，发生危险货物集装箱泄漏事故的基本概率是比较低的，若通过采取安全防范措施降低基本事件的发生概率，则顶上事件的发生概率会进一步降低，能够满足安全作业的要求。

3.4.2　概率重要度分析

根据计算可得出各基本事件的概率重要系数，见表11。

各基本事件的概率重要系数　　表11

基本事件	概率重要系数	基本事件	概率重要系数
X_1	0.0667	X_8	0.0030
X_2	0.0667	X_9	0.0667
X_3	0.0667	X_{10}	0.0246
X_4	0.1292	X_{11}	0.0044
X_5	0.0667	X_{12}	0.0667
X_6	0.0667	X_{13}	0.0667
X_7	0.0015		

概率重要度顺序为：

$I_g(4) > I_g(2) = I_g(3) = I_g(1) = I_g(5) = I_g(6) = I_g(9) = I_g(12) = I_g(13) > I_g(10) > I_g(11) > I_g(8) > I_g(7)$

根据概率重要度对危险货物集装箱泄漏事故进行分析：

在求出各基本事件概率重要系数后，就可以知道基本事件发生概率的增减对顶上事件发生概率影响的敏感度，若降低概率重要系数大的基本事件的发生概率，可有效地降低顶上事件的发生概率。

根据概率重要度计算结果,基本事件 X_4(起吊后未在0.3~0.5m处停顿)的概率重要系数最大,对各基本事件可按以下顺序对各基本事件采取相应的措施:

首先重点监控基本事件 X_4(起吊后未在0.3~0.5m处停顿),减少基本事件 X_4 的发生概率能使顶上事件的发生概率以最快速度下降;

其次是基本事件 X_2(指挥手指挥不当)、X_3(司机操作失误)、X_1(未发现箱型变化)、X_5(吊具转锁未到位便快速起吊)、X_6(违规使用旁通开关)、X_9(载负荷超过吊具额定负荷)、X_{12}(拖车超限速行驶)、X_{13}(拖车转弯半径过小);

再次是基本事件 X_{10}(解除超载/偏载限位开关);

最不敏感的是基本事件 X_7(司机起吊速度过快)。

3.4.3 临界重要度分析

根据计算可得出各基本事件的临界重要度系数,见表12。

各基本事件的临界重要度系数 表12

基本事件	临界重要度系数	基本事件	临界重要度系数
X_1	0.0768	X_8	0.0034
X_2	0.2307	X_9	0.0768
X_3	0.1535	X_{10}	0.0851
X_4	0.4470	X_{11}	0.0051
X_5	0.2307	X_{12}	0.2307
X_6	0.2307	X_{13}	0.2307
X_7	0.0034		

临界重要度系数顺序为:

$C_g(4) > C_g(2) = C_g(5) = C_g(6) = C_g(12) = C_g(13) > C_g(3) > C_g(10) > C_g(9) = C_g(1) > C_g(11) > C_g(8) = C_g(7)$

根据临界重要度对危险货物集装箱泄漏事故进行分析:

(1)一般情况下,改善发生概率大的基本事件比改善发生概率小的基本条件容易,而概率重要系数并未反映这一事实,它不是从本质上反映各基本事件在故障树中的重要程度。因此,从系统安全的角度考虑,引入临界重要度系数,用基本事件发生概率的相对变化率与顶上事件发生概率的相对变化率之比来表示基本事件的重要度,即从敏感度和自身发生概率的双重角度衡量各基本事件的重要度标准。

(2)根据临界重要度系数大小对危险货物集装箱泄漏事故分析,可知:

基本事件 X_4(起吊后未在0.3~0.5m处停顿)的临界重要度最大,减少 X_4 的发生概率,可以大大降低顶上事件的发生概率;

其次是基本事件 X_2(指挥手指挥不当)、X_5(吊具转锁未到位便快速起吊)、X_6

（违规使用旁通开关）、X_{12}（拖车超限速行驶）；

再次是基本事件 X_3（司机操作失误）。

3.4.4 故障树分析结果

对危险货物集装箱泄漏故障树进行定性和定量分析，计算得出故障树顶上事件的发生概率为0.0193，说明在危险货物集装箱港口作业过程中，发生危险货物集装箱泄漏事故的基本概率是比较低的。对基本事件采取安全措施后，可以降低基本事件的发生概率，则顶上事件的发生概率会进一步降低，能够满足港口作业的安全要求。

对故障树各基本事件的三种重要度进行计算和分析，三种重要度系数分别从不同角度反映了基本事件的重要程度，计算出各基本事件的重要度系数，按重要度系数大小进行排列，进行系统安全设计或风险分析时应综合三种重要系数，以便安排采取措施的优先次序，重点要降低重要系数大的基本事件的故障概率，提高其可靠性，避免措施的盲目性。

根据三种重要度系数的计算，可知确定对基本事件采取措施的优先次序：

（1）基本事件 X_4（起吊后未在0.3~0.5m 处停顿）的三种重要度系数均最大，说明基本事件 X_4 是引发集装箱坠箱事故的主要因素，应优先采取措施，有效降低基本事件 X_4 的发生概率，可以使顶上事件的发生概率以最快速度下降；

（2）基本事件 X_2（指挥手指挥不当）、X_5（吊具转锁未到位便快速起吊）、X_6（违规使用旁通开关）、X_{12}（拖车超限速行驶）、X_{13}（拖车转弯半径过小）的三种重要度系数较大，同样，降低基本事件 X_2、X_5、X_6、X_{12}、X_{13} 的发生概率，也可以使顶上事件的发生概率明显下降。

因此，为了提高危险货物集装箱港口作业的安全性，应优先针对基本事件 X_4（起吊后未在0.3~0.5m 处停顿）采取安全措施，同时，也应对基本事件 X_2（指挥手指挥不当）、X_5（吊具转锁未到位便快速起吊）、X_6（违规使用旁通开关）、X_{12}（拖车超限速行驶）、X_{13}（拖车转弯半径过小）采取相应的安全控制措施，以从整体上提高危险货物集装箱港口作业系统的安全性。

4 防范对策措施

故障树分析表明，对基本事件 X_4（起吊后未在0.3~0.5m 处停顿）、X_2（指挥手指挥不当）、X_5（吊具转锁未到位便快速起吊）、X_6（违规使用旁通开关）、X_{12}（拖车超限速行驶）、X_{13}（拖车转弯半径过小）采取相应的防范对策措施，可以有效降低危险货物集装箱泄漏事故的发生。

4.1 集装箱港口作业标准

由于集装箱港口作业具有很强的专业特点和自身的作业规律，近几年，国家相继颁布了有关集装箱港口装卸作业的国家标准和业标准，有力地促进集装箱港口作业的规范、统一，有效提高了集装箱港口作业的安全性。因此，各集装箱港口企业应以有关的国家标准和行业标准为依据，结合装卸工艺流程和港口生产作业实际，制定相应的集装箱港口装卸工艺规程以及各类大型集装箱机械安全操作规程，形成完整的集装箱港口作业操作标准体系，实现集装箱港口作业标准化。在制定集装箱港口装卸工艺规程以及机械安全操作规程时，应做到：

(1)全面考虑安全操作要领，使安全始终贯穿于工艺流程和操作规程的各个环节。不断总结装卸实践中切实可行的先进操作方法，充分吸取曾经发生过的事故教训，运用安全系统工程的有关原理和方法，对整个工艺流程的每个操作环节进行风险分析，并在标准中全面阐述作业全过程各个环节的操作要求和安全要求，确保作业人员、作业机械的安全。

(2)基本事件 X_4(起吊后未在 0.3 ~0.5m 处停顿)的防范对策措施：要求司机在操作时，应做到：在起吊时应做到“二二一二”操作，即二次确认(起吊前确认吊具闭锁，到位后确认吊具开锁)，二次起吊(缓慢起吊至 0.3 ~0.5m 后稍微暂停，确认无误后再起吊)，一次位移(起升至安全高度，确认已无障碍后，由慢渐快，平衡位移)，两次就位(就位前，先减速，稍微停顿，再就位)。

(3)基本事件 X_5(吊具转锁未到位便快速起吊)的防范对策措施：吊箱时，吊具在集装箱上就位后，司机应首先观察开闭锁指示灯或指示标志是否正确，当确认吊具旋锁与集装箱角件挂牢后，才能低速起动后逐渐加速起升。放箱时，反之操作。

(4)基本事件 X_6(违规使用旁通开关)的防范对策措施：集装箱作业机械配备的旁通开关、限位开关及吊具自动检测等安全装置有效地保障了机械和司机在作业过程中的安全，一旦这些安全装置被人为地解除或失效，作业安全就失去了最基本的保障。虽然，在一些特殊的情况下经技术人员允许可以解除，但只要完成了特殊作业就要恢复安全装置。所以，应严令禁止司机未经许可擅自解除作业机械上的安全装置，技术人员应加强对机械设备安全装置的检查，使得安全装置始终处于良好的技术状况。

(5)基本事件 X_2(指挥手指挥不当)的防范对策措施：指挥手应佩带指挥袖章，站位应在便于看清作业面的安全位置上，并能与机械司机相互看清，禁止远距离指挥；指挥手应正确使用指挥信号，指挥手势应明确、规范。

(6)基本事件 X_{12}(拖车超限速行驶)的防范对策措施：拖挂车司机应遵守港区道路交通规则，按规定的路线、方向和车速行驶，有限速标志的路段应以不高于限速的速度行驶。无限速度标志的,拖挂车行驶速度应按以下速度行驶:主干道直线行驶时不大于30km/h,支干道及堆场内直线行驶不大于20km/h,进出箱区、交叉路口、转弯、会车应“一慢二看三通过”,车速不大于10km/h。

(7)基本事件X_{13}(拖车转弯半径过小)的防范对策措施:载重15~25t集装箱拖挂车路面内边缘最小转弯半径不小于15m;载重40~60t集装箱拖挂车路面内边缘最小转弯半径不小于18m。

4.2 安全教育培训

现场管理人员和作业人员是安全工作的主体,作业的安全取决于他们在作业过程中能否时刻保持安全意识、自觉遵守和执行各项安全管理规章制度。员工的安全意识和综合素质是港口企业安全生产的决定性因素,提高员工安全生产意识和安全操作技能的最有效的方法就是及时、不断地对相关人员进行安全教育和培训。

通过安全教育培训,使员工熟悉集装箱港口作业安全的基础知识,如有关的安全管理规章制度和安全技术操作规程等;认识并掌握集装箱港口作业过程中危险危害因素和生产安全事故的发生规律,懂得应该什么,如何去做,提高员工的自我保护意识,逐渐养成遵章守纪的良好工作习惯。

科学策划安全教育培训工作以提高整体安全培训效果,根据培训对象及其工种、岗位的具体安全工作的特点和薄弱环节,讲授安全法规、操作规程、典型事故案例及有关安全知识、常识和紧急状态时处置措施等。对从事危险货物作业的人员必须了解危险货物的危险特性、安全注意事项和意外情况的应急处置。

4.3 现场安全监控

现场安全监督管理是港口企业安全管理工作中最关键的环节,也是安全管理规章制度和各项规程能否得到贯彻落实的保证。根据有关调查统计资料表明:由于人的不安全行为导致的事故占事故总量的70%~80%。由此可见,要减少事故的发生,控制人的不安全行为是关键。

鉴于作业人员的“三违”行为是导致事故的最主要原因,应将现场安全监督管理的重点放在反“三违”。对集装箱港口作业现场的安全监管方式以视频监控和现场管理人员的监控相关结合,确保能够实现全程监控,及时发现和制止“三违”行为,并以严厉的手段和措施处理“三违”行为,达到有效防范事故的目的。

5 结论

本文结合安全系统工程学、风险分析理论、故障树分析法等安全基本理论和安全工程技术方法,构建了以危险货物集装箱泄漏事故为顶上事件的故障树模型,进行了定性和定量的风险分析。根据风险分析的结果,对危险货物集装箱港口作业的安全防范对策措施进行了研究和探讨,并得出以下结论:

(1)坠箱和甩箱事故是危险货物集装箱港口作业中可能发生的主要事故类型,并且会引发危险物质泄漏事故。

(2)危险货物集装箱港口作业安全管理规范,安全性、可靠性高,危险物质泄漏事故的发生概率低。

(3)在危险货物集装箱港口作业中,采取有针对性的防范对策措施后,可以进一步降低危险物质泄漏事故的发生概率。

参考文献

[1] 潘友全. 国际集装箱运输发展趋势. 集装箱化,2007.8

[2] 程军,朱云海. 南沙港区在珠三角港口群集装箱运输中的功能定位探讨. 珠江水运,2005.3

[3] 真虹. 物流与供应链的安全问题初探. 交通运输系统工程与信息,2006.4

[4] 沈斐敏. 安全系统工程理论与应用. 北京:煤炭工业出版社,2001.6

[5] 张景林,崔国璋. 安全系统工程. 北京:煤炭工业出版社,2002.8

[6] 王凯全,邵辉. 事故理论与分析技术. 北京:化学工业出版社,2004

[7] 吴宗之,高进东,魏利军. 危险性评价方法及其应用. 北京:冶金工业出版社,2002.5

[8] 徐冠军. 危险货物集装箱运输的优越性与装运事项. 航海技术,2001,2

[9] 褚家成,俞维纫,许义. 港口安全管理体系研究. 中国职业安全健康协会2005年学术年会论文集,2005.5

[10] 孙国庆. 港口安全管理现状分析及对策研究. 中国安全科学学报,2005.7

[11] 国家安全生产管理监督局,安全评价(第3版)[M]. 北京:煤炭工业出版社,2005.

[12] 包建新. 船载危险品集装箱事故的原因和防范. 航海技术,2007.4

[13] 叶进,孙珽. 对危险品集装箱管理中一个值得重视的问题. 航海技术,2007.2

[14] 孙猛,吴宗之,张宏元. 危险化学品公路运输事故原因分析与对策. 中国安全科学学报,2003.8

[15] 常双君. 爆炸危险品运输中的安全问题. 安防科技 · 安全经理人,2004.8

[16] 魏国,杨志峰,李玉红. 非爆炸品类危险化学品事故统计及对策. 北京师范大学学报(自然科学版),2005.4

[17] 刘小春,周荣义. 国内化学危险品重特大典型事故分析及其预防措施. 中国安全科学学报,2004.6

[18] 潘雪琴. 论港口危险货物运输装卸作业安全问题. 上海化工,2004.10

[19] 吴宗之,孙猛. 200起危险化学品公路运输事故的统计分析及对策研究. 中国安全生产

科学技术,2006.4

[20] 汤广官,沈国良.夏季危险化学品储存的安全措施.劳动保护,2005.6

作者简介

魏国兴,广州港集团有限公司劳安部,注册安全工程师,工程硕士学位,广州市沿江东路406号21楼2102房,邮编:510100,电话:13829738028。

刘婷,广州港务局安全监督保卫处,注册安全工程师,法学硕士学位,广州市沿江东路406号15楼1515房,邮编:510100,电话:13622823111。

长江危险品运输市场准入问题和对策

肖克平
（交通运输部水运科学研究院，北京，100088）

摘　要：通过对建江油3号轮燃爆的原因分析，综合阐述了我国水路危险品运输市场准入的管理和流程，从而进一步分析长江危险品运输市场准入方面的问题，并提出了解决对策。

关键词：建江油3号轮；长江危险品运输；市场准入

1　建江油3号轮事故及原因分析

2004年2月7日17时30分，江苏省建湖县辛庄航运有限公司所属的“建江油3号”轮在武汉市新洲区阳逻镇天发油气码头卸载油品过程中，机舱发生起火爆炸，造成2人死亡、1人失踪、6人受伤的重大事故。

事故原因分析如下：

（1）建江油3号存在暗油舱，且爆炸起火点就在暗油舱。通过相关部门对该船的勘察，该船机舱后部与尾舱之间有较小油舱，该油舱不符合油船建造规范，且在该船设计图中无该舱室位置标示。同时该舱无呼吸阀、无透气孔、无进油口、无管系连接主机油柜，仅有唯一圆形舱口位于船舶生活区一层杂物间，舱口无盖，只用木格板罩于其上。此油舱一直在使用，经常存在一定量（5t左右）的燃油，但从未装满过。

爆炸的直接原因为，因不规范暗油舱里可燃液体受气温升高影响，蒸气加大，无呼吸阀，油气不能正常排出，并沿油舱口与空气逐渐混合达到爆炸极限，遇到生活区明火发生爆炸。

（2）油船在日常生活中有使用明火和高温燃具行为。根据现场勘查情况，该船电磁炉控制开关呈开启状态，正面凹形发热铁板中心有褐黄色锈斑，使用电磁炉时温度可达2000℃以上，且在暗油舱口附近发现一个煤气罐，并煤气罐阀呈使用开启状态，可以证实该船具有使用明火和高温燃具行为。

（3）该船船主擅自改变船体结构，带来安全隐患。该船艏舱有发电机组，通过发电机组带动船艏油泵泵油，按照《内河船舶法定检验技术规则》（2004）的相关要求,货油船前舱不允许设置发电机组,因此,该船的船艏油泵从客观上改变了船体结构,给安全带来隐患。

(4)该船未配备足够的适任船员。按照《内河船舶最低配员证书》要求,该船应配备最低船员数量为8人,而该船上9人中有2人为2岁以下儿童,没有能力履行船员义务。从船员持证情况看,所缺船员应为该船驾驶员。

(5)该船船员多数不具备危险品船舶船员适任资格。该船5名持证船员中,除大管轮外,其余4人证书中均无危险品船舶专项培训记录,表明该船大部分船员未经过危险品船舶专项培训,不具备危险品船舶船员适任资格。

(6)该船为典型的家族式船舶。该船的船长和轮机长为一对老夫妻,其长子和长媳分别为二等大副和三等二管轮,次子和次媳均为水手,另聘用1人为三等大管轮,还为2人为长孙和次孙。此次事故中死亡的是老妻和次孙,长孙失踪,其他6人受伤。

(7)该船为挂靠船舶,安全管理不到位。该船的船籍港为江苏盐城,船主为季某,挂靠在江苏省建湖县辛庄航运有限公司。该船为季某筹款自建船舶,通过地方船检检验合格。由于我国相关法规规定,危险品船舶不允许个人私有私营,为此,季某托人找到辛庄航运公司,要求挂靠该船并从事危险品运输。为顺利办理有关证件,季某与辛庄航运公司协商,将该船所有权益以买卖形式进行转换,并通过公证处办理了所有权登记,但在手续办完后,双方又重新签订了产权归属合同,船舶的所有权、经营权仍然属于船主季某个人。在随后的生产经营中,辛庄航运公司并未对该船实行管理,公司的安全生产责任及管理并未落实到该船上,该船只需每年向辛庄航运公司缴纳1500元的管理费。由此可以看出,公司并未实施对船舶的管理,造成该船的安全处于无监督状态。

2 我国危险品运输船舶市场准入条件

建江油3号发生如此严重的事故,是综合原因造成的,包括船员资质和配备问题、船员素质和培训问题、船舶结构问题、船舶挂靠问题等,而造成这些问题的根源又在哪里?我们不妨先从危险货物运输的市场准入谈起。

新出台的《国内水路运输经营资质管理规定》(交通运输部令2008年第2号),从事国内水路液体散货危险品运输的企业必须具备的经营资质为:拥有与经营区域范围、经营业务相适应的自有并经营的适航船舶,且运力规模满足要求;有满足安全管理要求的海务、机务、船员管理等组织机构,且专职管理人员数量和从业经历满足相应要求;有健全的安全生产责任制度、安全生产规章制度和操作规程以及生产安全事故应急救援预案,并按照《中华人民共和国航运公司安全与防污染管理规定》的要求建立安全管理体系。航运企业要持有《水路运输许可证》和《船舶营业运输证》。

根据《国内水路运输经营资质管理规定》(交通运输部令 2008 年第 2 号),经营国内水路运输的船舶应当持有配发的《船舶营业运输证》,并持有有效的《船舶所有权登记证书》、《船舶国籍证书》、《船舶检验证书》或者《船舶入级证书》、《船舶最低安全配员证书》。《中华人民共和国航运公司安全与防污染管理规定》适用范围内的船舶还应当持有有效的"安全管理证书"或者"临时安全管理证书"。

交通部《水路运输管理条例实施细则》第十五条规定,取得运输许可证或运输服务许可证的单位和个人,应在开业前按照《工商企业登记管理条例》的规定,持许可证向工商行政管理机关申请登记,经核准领取营业执照,方可营业。领取营业执照的水路运输企业和其他从事营业性运输的单位和个人,应持营业执照向原签发运输许可证的机关,按照拥有的船舶的艘数领取单船长期或临时《船舶营业运输证》。运输船舶市场准入要求及流程见图 1。

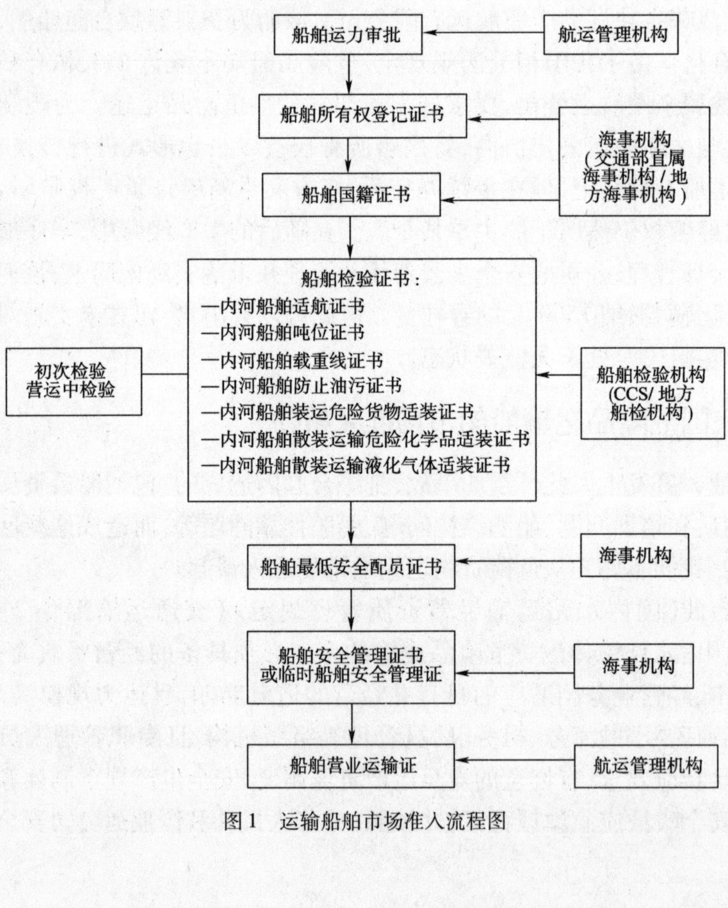

图 1　运输船舶市场准入流程图

对运输船舶市场准入的管理涉及到航运管理部门、海事和船舶检验机构，易出现问题的是船舶检验环节和船舶配员环节。由于我国目前的管理体制是交通运输部直属海事机构和地方海事机构并存，中国船级社（CCS）和地方船检机构并存，因此造成了两级船舶检验机构在船舶检验的把握尺度上不同，直属海事机构和地方海事机构在船员证书的发放与船员培训及监管上不统一。

3 目前长江危险品运输船舶的安全态势

随着长江沿岸地区石油、化工、能源、城镇燃气以及交通等行业发展迅猛，经由长江干线运输的危险货物运输量也大幅增长。据长江水系航运统计资料数据，2008 年长江水系石油、天然气及制品的货运量 2.12 亿吨（比上年增长 31.4%），占长江水系货运总量的 10.29%；货物周转量 3049 亿吨公里（比上年减少 10.2%），占长江水系总货物周转量的 10.4%，为长江水系货物运输的第 3 大货类，短途运输大幅增加。

截至 2008 年底，长江水系省（市）拥有省际内河散装液体危险货物（包括散装油类、散装化学品和散装液化气）运输企业为 330 家，与上年持平；拥有船舶 5818 艘，同比增加 3.4%；载重吨 277.27 万吨，同比增加 5.8%。其中经营长江水系省际油品运输的船舶 3343 艘，同比增加 3.6%，是 2003 年的 0.97 倍；载重吨 1789 万吨，同比增加 4.5%，是 2003 年的 0.93 倍。其中具有川江及三峡库区经营资质的油品运输船舶 167 艘、载重吨 18.8 万吨，分别占省际内河油品船舶和净载重吨的 5% 和 10.5%，其他船舶均经营长江中下游干线及支流省际航线。经营长江省际散装化学品运输的船舶 2442 艘，同比增加 2.3%，是 2003 年的 1.76 倍；净载重吨 98.08万吨，同比增加 7.6%，是 2003 年的 2.93 倍。其中具有川江及三峡库区经营资质的散装化学品运输船舶 122 艘，净载重吨 23.85 万吨，分别占省级内河散装化学品运输船舶和载重吨的 5% 和 24.3%。经营长江水系省级液化气运输的船舶 12 艘，载气量 15284m^3，均与上年持平，液化气运输船舶均在长江中下游干线及支流省级运输。

长江水系危险货物运输品种有原油、成品油和多种化学品。散装液体危险化学品有 60 多种，主要包括苯、甲苯、二甲苯、甲醇、液碱、冰醋酸、苯乙烯、苯酚、苯胺、醋酸、甲醛、硫酸、液体硫磺、二氯甲烷、四氯化碳、环己酮、丙烯酸、异丙醇、异辛酸等。

建江油 3 号事故的原因可以说是长江危险品运输船舶存在问题的一个缩影，比较综合地反映了目前长江危险品运输的主要问题。

长期以来，长江危险货物运输船舶普遍在地方船舶检验机构检验，并在地方海事机构登记。多数小型液体危险品运输船舶在船体结构、舱室布置、电气设备、消防、透气和通风系统等方面存在大量缺陷,而且这些缺陷具有一定的普遍性。这些船舶多数不能完全符合建造及检验规范的要求,不能满足必要的安全和防污染规范,但是通过了地方船舶检验机构的检验,从而使不符合规范要求危险品运输船舶投入长江干线运输。长江危险货物运输船舶普遍存在船员素质较低、文化水平不高的现象。

4 长江危险品运输船舶安全问题原因分析

造成长江危险货物运输安全隐患很多是市场准入方面的问题,包括运输企业的市场准入、运输船舶的市场准入和从业人员的市场准入问题等。

4.1 运输企业的市场准入问题

个体船舶挂靠现象存在

根据我国国内水路运输经营资质管理的有关规定,个体船舶不能从事水路危险品运输。交通部从2001年发布文件(交水发[2001]360号)“关于整顿和规范个体运输船舶经营管理的通知”,开始就对船舶挂靠严重扰乱运输市场秩序,影响运输安全的现象进行了专项整治,并于2006年又发布交通部文件(交水发[2006]年91号)“关于进一步加强国内船舶运输经营资质管理的通知”,严禁船舶运输经营人接受船舶挂靠。而目前个体船舶(家族船、夫妻船等)挂靠现象仍然存在,而且具有一定的数量,个体船舶所有人每年仅向挂靠的公司交纳1500~3000元的管理费,而船舶经营管理公司缺乏对这些挂靠船舶的有效管理,实际上相当于部分个体船舶在从事水路危险品运输,从而带来运输安全隐患。

4.2 运输船舶的市场准入问题

(1)现行的管理体制造成了对危险品运输船舶检验的把关不严

由于中国船级社(CCS)和地方船舶检验机构并存,地方船舶检验基本上实行自收自支的财务体制,船舶检验费是地方船检机构的主要经济来源,必须要有一定的船舶检验数量才能维持生存。如果某地的船检机构提高船舶检验标准,必定会使一些船舶流入到检验标准相对较低的某地的船舶检验机构,从而流失部分船东客户,因此,地方船舶检验机构不愿意失掉让这些船舶的检验权。

同时,由于有些地方船舶检验机构验船师数量少,要检验的船舶数量多,年度检验基本上是书面检验,很难做到上船检验,对船舶质量不能真正把关。

地方政府从地方经济发展和人员就业的考虑,进行地方保护,不愿意这些船舶流失到其他船舶检验机构检验。

(2)船舶检验中存在有法不依行为

1993年国务院出台的《中华人民共和国船舶和海上设施检验条例》(国务院令109号,1993年2月)规定,载重量1000t以上的油船;液化气体运输船和散装化学品运输船必须向中国船级社申请入级检验,除了液化气船基本上由CCS检验以外,长江危险品运输船在实际中并没有执行。

目前新造危险品船舶基本上由CCS入级检验,但对于现有大量长江危险品运输船舶,由于这些船舶的设计、建造事先未经CCS审定,CCS也难以对这些船舶进行检验。这些不符合规范要求的危险品运输船舶安全隐患大。

4.3 从业人员的市场准入问题

长江危险品运输船员存在不适任现象,由于危险品运输相关知识缺乏、船舶操作技能欠缺、航道及航行路线不熟悉、法制意识淡薄等,导致危险品运输船舶事故发生及存在大量的安全隐患。

(1)船员流动频繁,船公司对船员的培训管理不到位

由于某些长江船公司效益差,船员待遇普遍较低,与沿海危险品运输船舶船员待遇相差几倍,造成学历高、素质高的船员都流向了沿海船舶。随着危险货物船舶的大量增加,技术船员供不应求,船员流动频繁。

据某船公司反映,流动船员每年约占公司船员总数的30%左右,船公司对聘任船员未经过严格审核,新聘人员又得不到及时的培训,船舶航行中船员不适任的情况时有发生。

由于船员队伍不够稳定,业务水平高的船员比较缺乏,船员聘用、考核任职及上岗前培训管理比较松懈,导致船员安全责任制难以落实到位,加上这类船员法制意识淡薄,违章航行、违章作业屡见不鲜,造成险情和事故屡有发生。

(2)船员管理方面存在发证与监管脱节现象

目前航行于长江干线的危险货物船舶船员的考试、发证工作部分由地方海事部门负责,而这些船舶基本上常年在长江干线航行作业,实际上的日常监管由长江各海事部门负责,地方海事部门发证后,对这些船员缺乏有效监管,船员发证和监管脱节。

还有存在部分小型危险品船舶船员花钱买证想象。

5 危险货物运输船舶安全管理市场准入对策

要提高长江危险品船舶运输的安全,尽量避免船舶危险品运输事故的发生,消除事故隐患,必须从危险品运输市场准入抓起。

5.1 对新造油船、散化船必须进行入级检验

严格执行1993年国务院令第109号《中华人民共和国船舶和海上设施检验条例》,载重量1000t以上油船、液化气体船和散装化学品运输船必须向中国船级社申请入级检验。同时,按照交通运输部的要求,所有新造油船、液化气船和散装化学品船必须通过入级检验。

5.2 整顿现有低质量的散装危险品运输船,建立淘汰和退出机制

责成有关部门或研究机构对现有大量低质量的油船和散装化学品船进行调查摸底,全面掌握长江危险品运输船舶的现状,对存在的主要问题进行研究并制订清理整改方案,分水域、分船型、在不同时间段内全面治理低质量长江危险品运输船舶,对长江危险品运输船舶进行分类管理,建立淘汰和退出机制。

5.3 研究适合长江运输的危险品运输船舶建造和检验规范

研究制定符合我国实际情况的内河船舶建造和检验规范,对散装油船和化学品船要制定单独的规范,根据不同的吨位和航区采用不同的双壳标准。

5.4 开展建立淘汰补偿机制的专题研究

建议开展建立淘汰补偿机制的专题研究,对退出危险品运输市场的低质量船舶给予一定的补偿。一方面鼓励船主尽快淘汰低质量危险品运输船舶,一方面鼓励船舶改建成符合要求的船舶或其他类型船舶。

5.5 进一步清理整顿挂靠船舶

交通运输部门要制定有关规定,禁止新的挂靠船舶发生,一旦发现航运企业接受新的挂靠船舶,航运管理部门对其进行行政和经济上的处罚。对目前所有经营长江危险品运输的航运企业进行摸底,掌握现有航运企业挂靠船舶的情况,以及该公司对挂靠船舶的安全管理情况,责成航运企业对挂靠其的船舶负起安全管理责任,一旦发生安全事故,将追究该航运企业的管理责任。

5.6 加大对船员素质的培训,加强考试发证监管

通过加强宣传工作,提高危险货物船舶船员的安全防范意识,同时加强船员的业务素质培训,不断提升其专业技能和素质,通过不断培训和学习提高船员素质。研究建立内河船员培训、考试和发证质量跟踪机制、后评估制度和责任追究制度,船员考试实行责任制,谁发证谁负责,增强源头管理的责任意识。

5.7 加强对船员的专业培训和日常监管

虽然大部分船员持有特殊培训证,但实际操作能力明显不能满足要求,应注重对危险货物的特性、危险性、装运注意事项等知识的培训,适当调整培训方式,不断

增加危险品船舶实际操作以及应急应变能力的培训课程,提高船员的整体安全操作能力;同时在日常检查、安全检查中注意加强在岗持证船员操作性检查,特别是驾驶人员对所装运货物特性的了解情况,以及对关键性设备操作、应急能力的掌握情况等方面的测试。

参考文献

[1] 武汉海事局. 建江油3号轮燃爆沉没事故调查报告

[2] 交通运输部水运科学研究院. 长江危险货物运输安全管理保障措施研究报告. 2008. 12

作者简介

肖克平,女,1963年出生,交通运输部水运科学研究院,研究员,主要从事水路运输及相关行业研究咨询工作,兼任中国航海学会危险货物运输专业委员会秘书长。通信地址:北京市海淀区西土城路8号,100088,电话:010-62079603,13691001372,电子邮箱:xiaokp@ wti. ac. cn。

内河运输危险化学品船舶应急响应信息系统研究与开发

甘少炜
（中国船级社武汉规范研究所，武汉，430022）

摘　要：内河水运在危险化学品运输市场中占有较高比例，危险化学品船舶布置复杂，设备众多，加上化学品常常具有燃爆性、毒性或腐蚀性，所以危化船舶一旦发生泄漏，造成的污染和危害极大。本文在充分考虑国内外相关系统的基础上，结合我国内河运输化学品实际，研究并开发了针对性和可操作性较强的内河运输危险化学品船舶应急响应信息系统。

关键词：危险化学品；船舶；应急响应信息系统

Abstract: Inland water transportation of dangerous chemicals has an important role in the chemicals transportation market. Due to the complexity of chemical tanker and the flammability, explosivity, toxicity and corrosivity of the chemicals, the pollution and damage caused by the spill of chemicals is hard to assess. Based on the research of some similar ERIS abroad and the practice of chemicals transportation in our country, the paper developed the ERIS of ships carrying dangerous chemicals in inland river, which is easy to operate.

Key words: Dangerous chemicals; Ship; Emergency response; Information system (ERIS)

1　引言

美国墨西哥湾原油泄漏事件再次给人类敲响了海洋污染的警钟，这场至今尚未完全解决的事故带来了难以估量的生态灾难。而不久前发生的大连新港储油罐区输油管道起火爆炸事故，也导致了大面积海水污染并造成了重大财产损失，初步查明该事故系油轮卸货过程中操作不当引发的爆炸。由于事故本身的难以预测性，所以在一桩桩事故发生之后，人们愈发认识到事后应急响应的极端重要性。

内河是人民的生命之源,内河污染事故更应全力避免和尽快处理。随着我国经济的高速发展,内河化学品运输市场逐年繁荣。化学品的危险性和内河,尤其是三峡库区的敏感性,决定了安全在内河化学品运输中的极端重要性。在采取各种措施尽量减少事故发生的同时,必须做好各项应急响应准备,本系统正是基于此考虑,为内河化学品船提供应急响应信息服务。

危险化学品运输事故通常是指在通过公路或铁路、水路等完成危险化学品输转过程中发生的泄漏、火灾、爆炸、中毒、翻车等事故或紧急情况[1]。危险化学品常常具有燃爆性、毒性或腐蚀性等危害特性,危险化学品事故也常具有发展迅猛、复杂多样、危害范围广、破坏性大等特点,加之化学品运输属于"流动危险源"、救援工作专业性强,世界各国历来都非常重视危险化学品事故应急救援管理。

2 国内外化学品运输 ERIS 简介

2.1 国外化学品运输应急响应系统

(1)美国:1971 年,成立了化学品运输应急中心(Chemical Transportation Emergency Center,CHEMTREC),在化学灾害事故应急救援活动中,主要向应急处理人员、运输公司、医疗人员等提供信息、技术、医学等方面的技术支持。此外,按照美国运输部的危险化学品运输规定,运输商承运过程中必须备有 24 小时应急电话,CHEMTREC 通过其应急电话也向运输商们提供收费服务。此外,美国海岸警备队(US Coast Guard)研发了化学品危害应急信息系统(Chemical Hazards Response Information System,CHRIS)。

(2)欧洲:运输应急卡(TREMCARD)由欧洲化工协会针对具体化学品或性质类似化学品统一编制,在整个欧洲各国推行,是运输司机或现场救援人员获得应急信息的重要参考文档。它的内容主要包括 6 个部分:①货物危险性;②泄漏处置;③消防措施;④个体防护;⑤司机行动;⑥医疗急救。该卡有专门针对水运化学品泄漏(marine chemical spill)的应急指导。

(3)加拿大:1979 年设立了加拿大运输应急中心(Canadian Transport Emergency Center,CANUTEC),隶属于加拿大危险货物运输指导处,主要向危险货物紧急情况处理人员提供信息支持。该中心已开发了"Emergency Response Guidebook"系统,收录了 1966 种化学品的应急响应信息[2]。

(4)英国:国家化学品应急中心(National Chemical Emergency Center,NCEC)是英国的化学事故应急咨询中心,24 小时向消防、医疗、警察等公共服务机构提供化学事故应急处理援助。

2.2 我国的化学品运输应急响应系统

(1)国际化学品安全卡(International Chemical Safety Cards,ICSC)。由北京化工研究院环境保护所开发,系统包括化学品标识、危害/接触类型、急性危害/症状、预防、急救/消防、泄漏处置、包装与标志、应急响应、储存、重要数据、物理性质、环境数据、注解和附加资料14个项目。

(2)各地化学品应急技术中心,如沈阳、北京化学品应急中心。可以从相应的网站上查询常见的应急知识。

我国目前尚没有专门针对内河化学品运输的应急响应信息系统,而ICSC提供的内容,尤其是应急响应的内容较为简单,且只具普遍性,对船舶没有针对性。

3 建立危化船舶ERIS的必要性

内河不仅是船舶载体,更是人民的生命之源,一旦发生船舶泄露污染,特别是油类和化学品污染,将严重影响人民群众生活和社会稳定。

随着经济的发展,船舶运输越来越频繁,船舶的类型、尺寸和数量也发生着巨大的变化。与此同时,各种海损事故频繁发生,据统计,我国水上交通险情主要集中在沿海和内河干流,在全部险情中,内河干流占30.8%(在内河干流的水上交通险情总量中,长江干线的占64.8%)。这些海损事故对生命、财产、海洋及河流环境带来巨大的破坏。国际海事界和各港口国对海损事故越来越重视,一些公约和法规随之纷纷出台。

在我国,船舶应急响应服务是水路交通突发公共事件应急响应的一个组成部分,可以为事故船舶提供科学的脱险技术服务。危化船舶的ERIS是船舶应急响应的重要组成部分,通过系统全面、完善的数据库、知识库和分析评估功能,不仅能够提供化学品的基本信息、装运要求、应急预案等多项“防患于未然”的信息,还能对船舶发生泄漏后的救生、消防、堵漏等提供全面、可行的处置方案,并进行快速危害评估,达到科学决策的目的。

因此,危化船舶ERIS的实施,为避免重大人员财产损失以及可能的环境危害发挥了重要作用,是非常有必要的。它充分体现了信息技术支持在应急响应服务中的决定性作用。

4 系统研究与开发

化学品船舶一旦发生泄漏,造成的污染和危害不可估量。为全面、准确地为泄漏船舶提供应急响应信息,本系统从化学品查询查询、化学品知识库、应急信息服务和化学品危害评估四个方面进行设计,采用VB语言和ACCESS数据库相结合,使用方便，内容全面，具有较强的针对性和操作性。

4.1 查询功能

输入化学品名称或 UN 编号，可快速查找化学品，并给出化学品的水反应性和吸入有害性等基本信息，如图 1 所示。

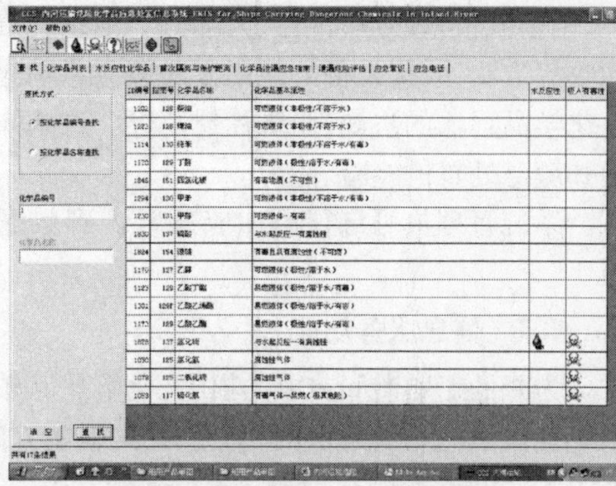

图 1　化学品查询及其基本信息

4.2 知识库功能

系统包含了化学品的详细信息（理化特性、毒理学资料、生态学资料等）、应急对策（消防措施、人员保护、泄漏应急处理等）以及信息服务（相关法规内容、化学品应采用何种船型何种舱型运输等）等内容。

(1) 首次隔离与防护距离

系统给出了各种气态化学品或挥发性化学品在白天或夜晚发生泄漏后的初次隔离与防护距离，便于有关部门在化学品发生泄漏时，按隔离与防护距离疏散人员，见图 2。

(2) 应急响应指南

结合我国内河运输化学品船舶的特点和实际，给出各化学品的理化性质、毒性等信息，从灭火剂的选择、人员防护和急救、堵漏方法、溢出化学品的处理等方面给出应急响应对策，见图 3。

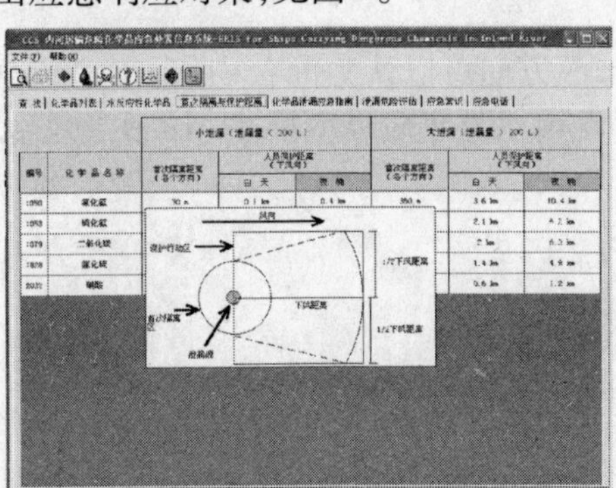

图 2　首次隔离与防护距离

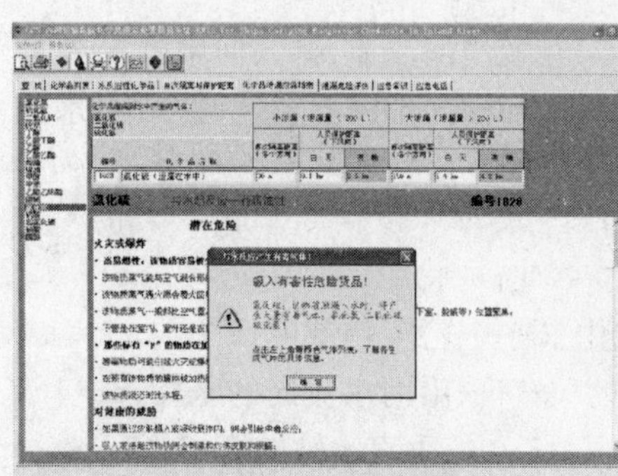

图 3　应急指南

(3) 应急常识

在紧急事件发生后，如果船上人员掌握了一定的应急常识或者准备了应急预案,则事故带来的危害可大大降低。本系统给出应急预案编制方法和示例、常用漏油收集方法、收集设备的使用方法等应急响应方面的常识信息,还包括国家关于危险化学品运输的法规、船级社规范等。这些知识可供船员平时学习,积累化学品运输和应急处置的经验、能力。

系统管理员可自行添加应急常识到数据库中,不断丰富应急知识的内容,见图4。

4.3 信息服务功能

为降低船舶泄漏造成的损失,化学品船舶应做好应急预案,做到未雨绸缪。本系统提供了应急预案示例和应急预案编制方法、各地海事主管机关的联系方式等,见图5。

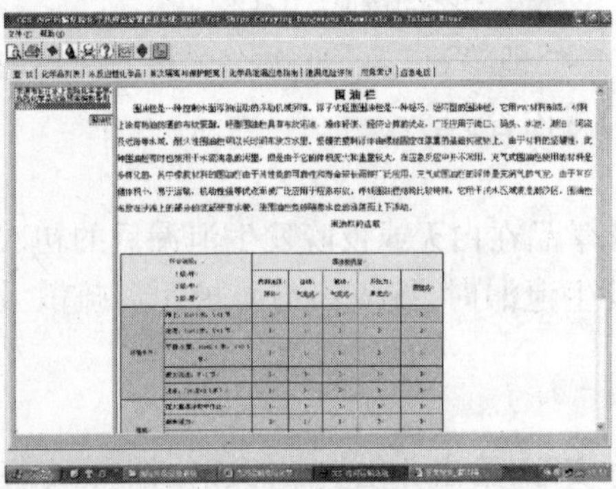

图4 应急常识

图5 应急电话服务

4.4 危险评估功能

在宽浅河流上,排入河中的污染物,在水深方向可以认为混合均匀,在水平面的纵向和横向形成混合区,这时河水的水质需用二维水质模型描述[3]。在稳态情况下二维水质模型基本方程为:

$$u\frac{\partial C}{\partial x}+v\frac{\partial C}{\partial z}=E_x\frac{\partial^2 C}{\partial x^2}+E_z\frac{\partial^2 C}{\partial z^2}-KC$$

式中:C——污染物浓度,g/m^3;

x——沿河水流向的坐标,m;

z——垂直 x 轴的横向坐标,m;

u——河水纵向流速,m/s;

v——河水横向流速,m/s;

E_x、E_z——纵向和横向扩散系数,m^2/s;

K——污染物衰减系数。

对无限边界点源模型，离泄露源轴向 x 米、垂向 z 米处下游某点的浓度模型为：

$$C(x,z) = \frac{2m}{u\sqrt{4\pi E_z \frac{x}{u}}} e^{\left(\frac{-uz^2}{4E_z x} - K\frac{x}{u}\right)}$$

式中：m——垂向单位长度平均分布的污染物质量，$m = \frac{W}{h}$，W 为污染物排放总量，kg，h 为水深，m。

在有限宽的河道上，两岸的影响可用影像法求浓度的分布。设河道宽度为 B，对难降解污染物，下游浓度分布模型可写为：

$$C(x,z) = \frac{2m}{u\sqrt{4\pi E_z \frac{x}{u}}}\left[e^{\left(\frac{-uz^2}{4E_z x}\right)} + e^{\left(\frac{-u(z-2B)^2}{4E_z x}\right)} \right]$$

式中各参数意义同上。

根据上述模型，本系统开发了两种浓度计算模型，用户可根据实际情况，输入相关数据后，可迅速计算泄露源至其下游任一点之间的污染物浓度，见图6。

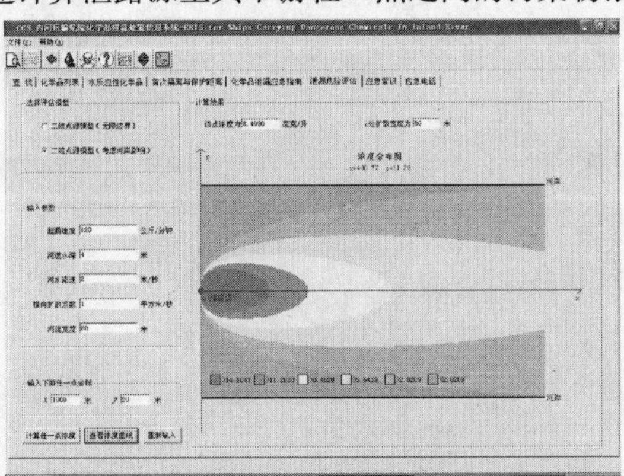

图6　危险评估

5　结束语

随着我国内河航道条件的不断改善，内河化学品运输市场必将持续繁荣，安全、环保永远是化学品运输的主题。开发化学品船舶应急响应信息系统，有利于提高船舶营运者的应急能力，降低化学品泄漏造成的危害，通过不断丰富、完善系统知识库和信息服务库，应急响应信息系统必将为保证化学品运输安全发挥更大作用。

参考文献

[1] 中国船级社.内河散装运输危险化学品船舶构造和设备规范.北京:人民交通出版社,2008

[2] 加拿大运输应急中心(CANUTEC).应急响应手册,2004

[3]方子云.《水资源保护工作手册.南京:河海大学出版社,1988

作者简介

甘少炜,男,1981年10月出生,中国船级社武汉规范研究所规范法规处,工程师,从事内河运输危险化学品船舶规范标准研究工作。通信地址:武汉市桥口区新路128号中国船级社武汉规范研究所,邮编:430022,电话:027-85865154,传真:027-85865165,电子邮箱:swgan@ccs.org.cn。

对我国水运危险货物管理现状的思考

邱锦疆
(湛江海事局,湛江,524001)

摘　要:2004 年我国港口法生效后,水运危险货物管理发生了很大变化,本文根据管理实际情况和对相关法规的分析,指出危险货物管理存在的主要问题并提出建议。

关键词:水运;危险货物;管理;分析

1　前言

我国经济贸易活动中大部分危险货物是通过水上运输来完成的,由于危险货物的特性加之航运本身的自有风险,世界各国和国际组织对危险货物运输制定了技术和法律上的规定,以提高危险货物运输的安全性。

当今世界化学品年产量达 4 亿吨,已为人知的有 300 ~ 700 万种,每年至少有 1000 多种具有爆炸、易燃、毒害、腐蚀、放射性、污染等性质的新品问世,因化学事故或危害损失超过 4000 亿人民币,我国已能生产化工产品 45000 多种,这类货物一旦交付水上运输,即构成巨大的安全和环境风险。

水运危险货物安全直接关系到到船舶、船员、货物、港口安全,甚至会产生很大的社会效应。水运危险货物管理,是在危险货物生产、运输、储存和产品加工使用一系列安全管理链条的一个重要环节,相比危险货物的陆路运输,水路运输的外部环境条件更恶劣,因此并非所有的危险货物都是可以进行水上运输。2004 年中华人民共和国港口法生效后,在港口的装卸、过驳等环节授予了港口行政管理部门行政许可和监督的职权,危险货物的申报模式、监管方式发生了重要改变,水运危险货物的主管部门增加了,涉及的管理环节、职责交叉增多了。

2　水运危险货物范畴

2.1　危险货物运输形式

在没有阐述危险货物定义前,有必要先评价危险货物的运输形式,因为运输形式直接影响危险货物的定义范围。对水运危险货物,即船舶运输而言,危险货物的运输形式有包装、液体散装、气体散装、固体散装四种。根据 SOLAS 74 公约第Ⅶ章的规定,包括包装危险货物、固体散装危险货物、散装危险液体化学品、散装液化气体的运输,适用不同的规定。船舶载运某种货物,在某一种运输形式下属于危险货物,但在另一种运输形式下,可能不属于危险货物。撇开运输形式,认为危险货物就是 IMDG CODE 所列出的物质是片面的,IMDG CODE 只是对包装危险货物运输形式的规则,此外还有固体散装危险货物、散装危险液体化学品、散装液化气体,都属于危险货物。

2.2 危险货物定义

不同的法律文献对危险货物的定义并非一致,SOLAS 74、《中华人民共和国海上交通安全法》、《中华人民共和国港口法》、《中华人民共和国防止船舶污染海域管理条例》、《中华人民共和国内河交通安全管理条例》都提及了"危险货物",《中华人民共和国海洋环境保护法》提及了"污染危害性货物",国务院《危险化学品安全管理条例》提及了"危险化学品",《重大危险源辨识》(GB 18218—2000)提及了"危险物质"。

我国一些行政法规及交通部部门规章对危险货物都做出了界定,就国内法规体系而言,根据《危险化学品安全管理条例》的定义,"危险货物"是指危险化学品,即"危险化学品列入以国家标准公布的《危险货物品名表》(GB 12268);剧毒化学品目录和未列入《危险货物品名表》的其他危险化学品,由国务院经济贸易综合管理部门会同国务院公安、环境保护、卫生、质检、交通部门确定并公布。"国家标准《危险货物分类和品名编号》(GB 6944—86)给出的定义是:"凡具有爆炸、易燃、毒害、腐蚀、放射性等性质,在运输、装卸和储存保管过程中,容易造成人身伤亡和财产损毁而需要特别防护的货物,均属危险货物。"

《港口危险货物管理规定》(9 号令)第 3 条规定:"危险货物,是指列入国家标准《危险货物品名表》(GB 12268)和国际海事组织制定的《国际海运危险货物规则》,具有爆炸、易燃、毒害、腐蚀、放射性等特性,在水路运输、港口装卸和储存等过程中,容易造成人身伤亡和财产毁损而需要特别防护的货物。"《船舶载运危险货物安全监督管理规定》(10 号令)第 36 条规定:"危险货物系指具有爆炸、易燃、毒害、腐蚀、放射性、污染危害性等特性,在船舶载运过程中,容易造成人身伤害、财产损失或者环境污染而需要特别防护的物品。9 号令、10 号令都是交通部于 2004 年《中华人民共和国港口法》生效后颁布的行政规章,对于危险货物的定义有一点不同,10 号令的定义多了"污染危害性",而 9 号令定义没有"污染危害性"和"环境污染"的描述,由此必须评价"污染危害性"的内涵。

《中华人民共和国海洋环境保护法》中出现了污染危害性货物，虽然没有具体的定义，但是规定“载运具有污染危害性货物进出港口的船舶，其承运人、货物所有人或者代理人，必须事先向海事行政主管部门申报。经批准后，方可进出港口、过境停留或者装卸作业。”。《中华人民共和国防治船舶污染内河水域环境管理规定》明确解释了污染危害性货物，是指直接或者间接地进入水域，会产生损害生物资源、危害人体健康、妨害渔业和其他合法活动、损害水体使用素质和减损环境质量等有害影响的货物。包括《经1978年议定书修订的1973年国际防止船舶造成污染公约》(MARPOL 73/78)附则I“油类物质名单”、附则II“散载运输的有毒液体物质清单”所列明的物质以及按照附则Ⅲ“包装形式有害物质的鉴别导则”的鉴别标准确定的有害物质。

船舶载运的各种运输形式的危险货物范围，大于《港口危险货物管理规定》(9号令)危险货物和《危险化学品安全管理条例》危险化学品定义物质的范围，根据《港口危险货物管理规定》(9号令)对危险货物的定义范围是列入《危险货物品名表》(GB 12268)和《国际海运危险货物规则》(IMDG CODE)的货物，这只是船舶载运的包装危险货物，除此之外，还有没列入的散装运输的固体、液体等危险货物，包括SOLAS 74公约第Ⅶ章A-1、B部分的货物，MARPOL 73/78附则Ⅰ油类清单所列出的油类物质，MARPOL 73/78附则Ⅱ散装有毒液体物质清单X、Y、Z类物质。海事局前身中华人民共和国港务监督局1994年1月1日实施的《船舶载运外贸危险货物申报规定》，对危险货物定义“系指《1974年国际海上人命安全公约》第Ⅶ章和《经1978年议定书修订的1973年国际防止船舶造成污染公约》附则Ⅰ、附则Ⅱ、附则Ⅲ以及我国已加入的其他国际公约与规则中规定的危险有害物质与物品。”是一个具有操作性、严密性的定义。

2.3 需要澄清的几个概念

(1)固体散装危险货物，是指按照SOLAS 74公约第Ⅶ章A-1部分《国际海运危险货物规则》中所述的除液体或气体以外由粒子、颗粒或较大碎片组成的任何物质，成分通常一致，并直接进入船舶货物处所而无需任何中间维护形式，包括载驳船上的驳船内的此类物资。

(2)散装液体危险化学品，指除石油和类似的易燃品以外的散装液体危险化学品，在温度为37.8℃时，其蒸气压不超过2.8×10^5Pa的液体物质。这类散装液体货物具有重大火灾危险性、对人体健康损害危险性和对环境污染损害性及反应性的非包装运输的液态化工品。

(3)散装有毒液体物质，系指在《国际散装运输危险液体化学品船舶的构造和设备规则》第17或18章中列入污染类别栏、或现行MEPC.2(海洋环境保护会)/

Circular 规定的被列为 X、Y 或 Z 类的物质。

(4)海洋污染物,《国际危险货物运输规则》(2004 版)第 2.10 章定义是指由于其在海洋食物中的潜在生物积聚,或者由于其对水生物的高度毒性而受 MARPOL 73/78 公约附则Ⅲ及其修正案规定管束的物质。

(5)散装有毒液体物质区别于海洋污染物

凡是列入《国际散装运输危险液体化学品船舶的构造和设备规则》第 17 章最低要求一览表中的货物,d 列"污染类别"中注 P 或 S/P,这些有毒液体物质均为污染危害性货物。同时在 IBC Code 第 18 章"不适用本规则的货品名单"中污染类为"Z"的货物也应视作污染危害性货物,并需要满足 MARPOL 73/78 公约附则 II 的相关要求。其中 P:表示该货物由于其污染方面的危害而适用于该规则;S:表示该货物由于其安全方面的危害而适用于该规则;S/P:表示该货物由于其包含安全和污染两方面的危害而适用于该规则。

海洋污染物是指包装的危险货物具有污染危害特性的物质,在《国际危险货物运输规则》第 2 分册的"危险货物一览表"中,其副危险一栏标示 P 或 PP,P 表示海洋污染物,PP 表示严重海洋污染物,不属于散装液体危险化学品或散装有毒液体物质。

3　水运危险货物的管理依据

据不完全统计,关于涉及到船舶载运危险货物方面的管理依据从国际公约、法律、行政法规、到部门规章有 10 多部。

3.1　相关国际公约

(1)《1974 年国际海上人命安全公约》,该公约是关于船舶安全的国际公约,第七章是针对危险货物运输的内容,规定了船舶载运危险货物必须具备的最低技术条件和防护措施。其中,对包装类危险货物,公约规定船舶必须按照《国际海运危险货物规则》部分的规定进行海上运输。对于固体散装危险货物,必须按照 A-1 部分规定装运。对于散装运输危险液体化学品、散装运输液化气体船舶,分别按照 B、C 部分规定。

(2)《经 1978 年议定书修订的 1973 年国际防止船舶造成污染公约》,是关于船舶防污染方面的公约,其中的附则Ⅰ、附则Ⅱ、附则Ⅲ分别从控制油类污染、散装有毒液体物质污染、包装类危险货物污染三个方面,对船舶可能造成的污染危害进行了全面的规范。

3.2　国家法律

《中华人民共和国海上交通安全法》、《中华人民共和国海洋环境保护法》、《中华人民共和国海商法》、《中华人民共和国港口法》、《中华人民共和国进出口商品检验法》。

3.3 国家行政法规

《危险化学品安全管理条例》、《中华人民共和国防止船舶污染海域管理条例》、《中华人民共和国内河交通安全管理条例》。

3.4 行政规章

《水路危险货物运输规则》、《港口危险货物管理规定》、《船舶载运危险货物管理规则》、《中华人民共和国港务监督局船舶载运外贸危险货物申报规定》。

4 水运危险货物管理现状分析

4.1 海事部门监管的范围与港口管理部门不一致

纵观危险货物的范畴和管理依据，特别突出的是海事管理机构所管理的危险货物，除了《危险化学品安全管理条例》中的危险化学品和《港口危险货物管理规定》中的“危险货物”外，还有未列入危险化学品名单和 GB 12268《危险货物品名表》的部分固体散装危险货物、散装油类物质、散装液体危险化学品和散装有毒液体物质，即没有联合国编号的固体散装危险货物、散装油类物质、散装液体危险化学品和散装有毒液体物质。

《港口危险货物管理规定》界定的危险货物，不包括未列入危险化学品名单和 GB 12268《危险货物品名表》的固体散装危险货物、散装油类物质、散装液体危险化学品和散装有毒液体物质，从危险货物定义的比较，可以明显看出，海事管理机构的危险货物监督管理涉及安全管理和防止污染，职责要广泛得多。

4.2 海事部门与港口管理部门对于水运危险货物信息通报效果不好

根据《港口法》的有关规定，港口所在地人民政府设置的港口行政管理部门，具体负责该港口的危险货物在港口装卸、过驳、储存、包装、集装箱装拆箱等项作业管理工作。中华人民共和国海事局负责船舶载运危险货物的安全监督管理工作，危险货物装卸作业企业应在作业前 24 小时向港口行政管理部门报告，港口行政管理部门及时将有关信息通报海事管理机构。但现今，在很多地方两主管部门之间尚未达成协调一致，信息畅通尚不能保证。

4.3 水运包装危险货物的瞒报、谎报、漏报问题是管理的最大难题

瞒报一般是托运人的行为，船方特别是大型的班轮运输公司是不会瞒报的，瞒报对实际承运人来说并没有经济利益可图，因为危险货物运费比普通货要高。托

运人瞒报一般基于以下原因:一是为减少成本,追求利润,想方设法赚取危险货物和普通货运输差价;二是为少办手续,加快出口速度,回避危险货物比普通货物复杂的出运程序;三是部分货物托运人存在疏忽大意,在未了解危险货物性质的情况下就以普通货物出运;四是从业人员危险货物专业知识不足;五是部分船公司管理不严,对承运的货物不认真审核。某些船公司拒载危险货物导致部分航线无正规的危险货物运输渠道,也从一定程度上造成瞒报危险货物现象屡禁不止。

4.4 危险货物适运监督责权不清导致对危险货物托运人这一环节的监管失控

许多水运包装危险货物事故都是由于托运人的谎报、瞒报、漏报问题等引起,托运人是在运输过程中最熟悉危险货物的性质及特征的当事人,也是使水上危险货物运输开始的最初主体,而承运人或其代理不掌握实际货物情况,是无辜受害者。

港口法生效后,船舶载运危险货物管理规则只对船舶及其代理人提出了申报规定,未提及托运人的适运申报,港口危险货物管理规定作业委托人应当向从事危险货物港口作业的企业提供正确的危险货物名称、国家或联合国编号、适用包装、危害、应急措施等资料,并保证资料正确、完整。港口作业的企业在作业前,按规定将作业委托人提供的资料向港口行政管理部门报批,信息通报不畅的问题,导致海事管理机构得不到依据港口法第三十五条规定的通报,中华人民共和国海上海事行政处罚规定对违反《危险化学品安全管理条例》、《海上交通安全法》的行为,没有对危险货物托运人(或称作业委托人)有处罚规定,对危险货物托运人这一环节的监管处于失控状态。

4.5 海事行政部门对水运包装危险货物缺乏有效监管手段

由于船上积载的特殊性,集装箱或其他包装危险货物上船后或抵港卸船前就基本不可能再被打开检查。海事部门对集装箱或其他包装危险货物上船前的现场检查法律依据不足,对后抵港卸船后的集装箱或其他包装危险货物监管,失去了确保航行安全的意义。海事行政部门不能掌握危险货物资料和信息,缺乏对堆场储存、包装阶段危险货物有效监管措施,缺乏查堵出危险货物的可靠手段。

另外,船舶载运危险货物管理规则规定船舶在进、出港 24 小时前向海事部门办理危险货物申报,而不是装卸货 24 小时前办理危险货物申报,这就意味着如果船舶在装货前甚至装货过程中没有办理危险货物申报,而没有进、出港情节就不属于违法,对于不属于违法的行为当然也就不能做出任何处罚。在危险货物现场监管中,经常会遇到船方或托运人未按规定申报的情况,但不能对诸如托运人、货主等做出任何处罚决定。

5 水运危险货物管理的主要问题

5.1 港口行政管理部门与海事行政管理部门对管理危险货物范围有差异

(1)危险货物港口作业认可证的作业范围留下真空

根据有关规定,港口经营人向港口行政管理部门申请危险货物港口作业资质认定,港口行政管理部门在"危险货物港口作业认可证"上核定的危险货物港口作业范围,缺少未列入危险化学品名单和 GB 12268《危险货物品名表》的固体散装危险货物、散装油类物质、散装液体危险化学品和散装有毒液体物质,这些在国际公约和我国法律法规规定属于危险货物的物质,是否可以不按危险货物来管理呢?港口不必按规定条件取得这些危险货物的作业资质进行相关专业,海事行政管理部门对这些危险货物申报审批时,如何把握安全作业条件是否符合法定要求?某港口出现过因此而扯皮的事件,船舶装载散装植物油申报审批时,港口行政管理部门和海事行政管理部门为是否办理危险货物手续而出现的不同意见。港口行政管理部门认为植物油不属于危险货物,不必办理作业认可证;海事部门认为属于危险货物,办理作业认可证后才能按规定申报批准手续,造成承运人无所适从。

(2)危险货物申报管理执行的标准不一致

两个主管部门实施管理的危险货物范围的差异,将直接影响到相互通报,造成某些危险货物托运人认为不属于危险货物,不办理申报手续现象,使海事行政管理部门在查处瞒报谎报的违法行为时,货物承运人或其代理受到处罚,显得极不公平。

(3)事故应急预案管理方面,码头与船舶的内容存在差异

作为未列入危险化学品名单和 GB 12268《危险货物品名表》的散装油类物质、散装液体危险化学品和散装有毒液体物质,船舶必须制定油污应急计划或海洋污染应急计划。码头的事故应急预案是极其重要的,对船舶发生事故时采取应急反应行动提供充足的岸基资源,然而,码头因不必制定事故应急预案,留下了很大的管理漏洞。

5.2 政出多门影响执法效能

虽然港口法规定了危险货物作业、进出港,两个主管部门要相互通报,但若不进行相互通报,没有相关的法律责任。托运人的适运申报、承运人的适装申报、码头的安全和防污染作业条件等监管内容,由单一部门执法演变为两个部门执法,管理效果和效率不会提高。两个主管部门在各自职责范围内各司其职、各负其责。但在实践中,也容易出现相互之间职责交叉扯皮、工作关系不顺,因而难以形成监

管和执法的合力,这在一定程度上削弱了水运危险货物管理的执法力度。

5.3 对污染危害性货物的管理职责由海事部门承担

从目前的法律法规看,没有明确规定港口行政部门负责港口水域污染的防治。港口行政管理部门与海事部门船/岸界面的职能分工是危险货物的安全监督管理,未涉及防治水域污染范畴。因此,依据《中华人民共和国海洋环境保护法》、《中华人民共和国防治船舶污染内河水域环境管理规定》对港口、码头、装卸站及港口经营单位从事船舶相关作业活动,履行管理职能是海事部门的职责。

6 建议

6.1 健全完善我国水运危险货物管理的立法,尽快修订《海上交通安全法》

修订《海上交通安全法》有关海上危险货物运输管理的内容,明确危险货物的定义(以《船舶载运外贸危险货物申报规定》第三条的定义为准,制定相关管理条例,细化管理规定,在《海上交通安全法》中特设规定,将 IMDG、BC、IBC、IGC 等规则"并入"海上交通安全法律体系中。在"并入"的同时通过明确"《海上交通安全法》与中华人民共和国批准或者加入的国际公约的规定有不同规定的,或者本法未做规定但中华人民共和国政府批准或者加入的国际公约有相应规定的,应当适用国际公约的规定。"

6.2 进一步明确海事管理机构和港口部门等其他部门之间的权限,确立海事机构在水运危险货物管理中的主体地位

将水运危险货物安全管理职能统一到海事部门,对危险货物管理除了考虑安全方面因素外,不能忽视防止污染环境方面的因素,对于没列入的散装运输的固体、液体等危险货物,包括 1974 年 SOLAS 公约第Ⅶ章 A-1、B 部分的货物;MARPOL 73/78 附则Ⅰ油类清单所列出的油类物质,MARPOL 73/78 附则Ⅱ散装有毒液体物质清单 X、Y、Z 类物质,建立危险货物港口作业认可评估制度,港口经营人从事这类货物的经营,须经过海事管理机构进行评审,因为代表我国政府履行国际公约,不能留下法律真空。

6.3 改革当前水上危险货物管理的申报制度,实行托运人申报制、承运人备案制

目前的水上危险货物申报制度,职责交叉,手续繁杂,效率低下等问题严重影响了危险货物管理的科学发展。强化托运人对危险货物申报的法律义务,的明确托运人在水上危险货物运输中一的义务要求,比如"应充分了解承运人资格状况,向具有危险货物运输经营能力的运输人办理托运;应在托运单上填写清楚危险货

物品名、规格、件重、件数、包装方法、应急和急救、起运日期、收发货人详细地址及运输过程中的注意事项,对有特殊要求或凭证运输的危险货物还必须附有相关单证,并在托运单备注栏内注明,向海事管理机构申报批准;承运人将申报批准的资料在进出口查验或签证时,报备海事管理机构。

6.4 提高效率,改进水上危险货物监管手段

利用电脑系统对水上危险货物运输进行监管,将各监管因素组织在一个数据库里,会提高监管的效率。我国水上危险货物运输监管中的信息化程度十分落后,在具体的监管中,大部分部门和单位依靠经验进行管理,远远不能适应形势发展的需要。只能通过事前的审核批准进行监管,出现事故后各部门之间缺乏彼此联系和事前准备,造成效率低下,事故控制和处理的应变能力差。因此,必须在实践中逐步加强监管手段,通过信息化工程等科学进步,提高监管效率,保证整个水上危险货物运输的安全。

参考文献

[1] 张硕慧. 水上危险品安全运输管理. 大连:大连海事大学出版社,2003

[2] 国际海事条例汇编编委会. 国际海事条约汇编. 大连:大连海事大学出版社,第6-10卷

[3] 季远军,韩光民. 10号令颁布后危险货物运输管理的变化及对策探讨. 航海技术,2004,3:22-23

[4] 大连危险货物运输研究中心,译. 国际海运危险货物规则(2004年版). 2005.

[5] 庄洪程. 海事在危险货物安全监管的定位. 中国水运,2006, 2:17.

[6] 我国危险货物运输标准体系与国际接轨的探讨. 水运科学研究,2007, 4:6-12

[7] 胡泽江. 船载危险货物的污染危害性探讨. 中国水运,2007,5(12):8-10

[8] 罗薇. 危险货物管理体系及思考. 中国海事,2009(2)

作者简介

邱锦疆,男,1966年10月生,湛江海事局监管二处处长,高级工程师,从事船舶危险货物和防污染管理,通信地址:广东湛江市人民东一路12号,邮编:524001,电话:13828250227,传真:(0759)2316055,电子邮箱:13828250227@139.com。

船舶防污染

散装化学品船舶洗舱水处置防污染监管研究

郭志强　周金坤　李文霆　庄洪程

（泉州海事局，泉州，362200）

摘　要：随着我国经济的发展，海上散装化学品（有毒液体物质）运输量的增多，防止船舶载运化学品（有毒液体物质）污染问题日益受到各级政府乃至整个国际社会的高度重视。近年来，海事机构作为船舶安全与防污染主管机关，对船舶载运有毒液体物质的认识、管理和服务水平都得到普遍提高，对防治危险化学品船舶污染海洋环境起到了明显的监管效果。但不可否认，目前在船载化学品防污染监管工作中仍存在诸多不足，因此加强对载运化学品船舶洗舱水的管理，防止船舶向水域非法排放有毒化学品造成污染有很强的现实意义。本文从我局散化船舶洗舱水防污染监管现状及成效、国际公约的要求、散化船舶洗舱水监管存在的问题等方面着手，提出加强散化船舶洗舱水监管的对策和建议。

关键词：散化船；洗舱水；监管

1　前言

随着我国经济的快速发展，社会进步和人民生活水平显著提高，我国对各类化工产品的需求迅猛增加，海上散装运输液体化学品随之剧增，散装液体化学品船舶是对海上安全和海洋环境威胁最大的船舶类型之一，其排放的洗舱水和压载水中含有有毒有害物质，当这些有毒有害物质超过海洋自身的净化能力时，就会破坏生态平衡，使大量的海洋生物遭受严重污染，甚至大量死亡。当人类从海洋生物中摄取必要营养时，蓄积在这些海洋生物中的有毒物质会通过食物链的过程转移到高层次的生物中浓缩，最后进入人体并蓄积于人体内，从而严重危害人类的健康。船舶载运有毒液体物质洗舱水的非法排放，虽然一次性泄漏量小，但由于其发生频率高，隐蔽性强，对海洋环境往往造成长期的实质性的影响，是船舶载运散装有毒液体物质造成海洋环境污染的主要途径之一,也是海事管理机构日常监管的重点和难点。

2 泉州辖区散化船洗舱水处置防污染监管现状及成效

2.1 泉州辖区散化船运输现状

泉州港是福建省散装化学品运输集散地,湄洲湾南岸是我国六大石化基地之一。随着港口建设和经济快速发展,散化码头和散化品的种类、数量逐年增加,2008 年和 2009 年泉州港散化吞吐量分别为 88 万吨和 165 万吨。目前泉州海事局辖区共有液货作业码头散装液体危险货物码头 21 个泊位。散装液体化学品码头中专用泊位 17 个(化学品)、兼用泊位 4 个(杂货、散货),作业货种主要有液体石油化工产品、无机化学制品(氢氧化钠溶液等)、动植物油,覆盖范围 X、Y、Z、OS 四大类货种,达几十种之多(如:邻苯二甲酸二辛酯(DOP),乙二醇、丙醇、丁醇、辛醇、二甘醇等醇类,甲苯、二甲苯、苯乙烯、甲基丙烯酸甲酯、乙酸乙酯、乙酸丁酯、丙酮、丁酮、环己酮、苯酚、二甲基甲酰胺等),详见表 1。

泉州辖区化学品码头通航、靠泊能力及主要装卸货物一览表　　表 1

序号	码头名称	泊位名称	靠泊能力及通航标准	主要散化货物
1	福建联合石化鲤鱼尾油、化工码头	1 号	10 万吨级	液化气、丙烯、甲醇
2		2 号	5000 吨级	
3		3 号	3000 吨级	
4		4 号	1000 吨级	
5		5 号	5000 吨级	苯、PX,丁二烯、乙烯
6		6 号	5000 吨级	苯、PX,丁二烯、乙烯
7		7 号	3000 吨级	苯、PX,丁二烯、乙烯
8		8 号	3000 吨级	苯、PX,丁二烯、乙烯
9	肖厝港务码头	1 号/散货	万吨级	氯碱、棕榈油、大豆色拉油、沥青
10	三梅码头	1 号	5 万吨级	植物油
11	泰山石化	液体化工码头	5000 吨级	丙酮、四氢呋喃、环己烷、乙醛(醋醛)、乙醚、1,1-二氧乙烷、苯、甲基苯、甲醇、乙醇、正丙醇、2-丙醇、2-丁酮、4-甲基-2-戊酮、甲基叔丁基醚、醋酸甲酯、乙酸乙酯、乙酸丁酯、乙酸乙烯酯、丙烯酸甲酯、丙烯酸乙酯、甲基丙烯酸甲酯、异氰酸异丙酯、对二甲苯、间二甲苯、环氧乙烷、1,2-环氧丙烷、乙丙醇、邻二甲苯、2-甲基丙醇、煤油、甲缩醛、石脑油、碳酸二甲酯、二氯丙烷、异丙醚、乙苯、苯酚、沥青、固体化工品(聚乙烯、聚丙烯、聚苯乙烯)及乙类危险货物(除爆炸品、放射性、国家禁止通过水上运输的危险货物)

续上表

序号	码头名称	泊位名称	靠泊能力及通航标准	主要散化货物
12	中油海洋码头	1号	3000吨级	甲苯、醋酸乙酯
13	东石石化码头	1号/石化	1000吨级	丁酮、丙酮、甲缩醛、醋酸乙酯、醋酸丁酯、丙烯酸、丙烯酸甲酯、丙烯酸乙酯、丙烯酸丁酯、二氯甲烷、二氯乙烷、甲苯、二甲苯、纯苯、环己酮、乙二醇、二乙二醇、异丙醇、混丙醇、溶剂、石油混合苯、液碱、二辛酯、二丁酯、增塑剂、苯乙烯、甲醇、混合芳烃、正丁醇、聚醚多元醇、DMF、乙醇
14	后渚粮转码头（斯兰）	6号/散杂货	5000吨级	乙二醇、二甘醇、苯乙烯、二丁酯、柴油、燃料油、煤油、润滑油、二甲基甲酰胺、甲基丙烯酸甲酯、二辛酯、沥青、丙烯酸丁酯(抑制了的)、环烷基橡胶油,沥青
15	后渚港丰码头	1号/石化	3000吨级	溶剂油、甲苯、二甲苯、苯乙烯、丁酮、丙酮、甲醇、二甲基甲酰胺、甲基叔丁基醚、醋酸乙酯、聚醚、丙烯酸丁酯、甲酚、冰醋酸、苯酚、二氯乙烷、环己酮、乙醇、异丙醇、苯、甲缩醛及乙类化工品的装卸,乙酸甲酯,乙酸乙烯酯、液碱
16	长城石化码头	1号/石化、LPG	3000吨级	液碱、甲苯、二甲苯、丁酮、苯、甲醇、乙醇、液碱(氢氧化钠)
17	深沪港务码头	1号/杂货	5000吨级	植物油、乙二醇
18	福建中油码头	1号	10000吨级	对二甲苯
19		2号	3000吨级	
20		3号	1000吨级	
21	梅林码头	1号	5000吨级	液碱、棕榈油

2.2 散化船洗舱水接收处理的现状

(1)到港船舶有毒液体残余及洗舱水排放需求多。目前泉州辖区的化学品中,属于X类的有邻苯二甲酸二辛酯等;高粘度Y类物质有豆油、菜子油、棕榈油、葵花籽油、花生油、椰子油、芝麻油等植物油及其他物质,这些货物要求在卸货后进行强制预洗。另外,有些船舶无法满足有效扫舱要求,其所装的非高粘度或凝固性Y、Z类物质或由于换装货物等原因都有洗舱需求。

(2)有毒液体物质接收处理设施建设滞后。与港口化学品码头和散化品种和吞吐量发展速度相比,辖区港口有毒液体物质接收处理设施建设比较滞后。根据附则II要求,从事散装化学品作业码头设有接收处理设施以满足到港船舶有毒液体物质残余物和洗舱水排放要求。目前辖区已设置接收处理设施的码头仅有泉州泰山石化码头公司,其他港口、码头均未按规定设置。就目前来说,泉州辖区的有毒液体物质接收处理设施尚无法完全满足到港船舶有毒液体物质残余物和洗舱水排放要求。

2.3 我局防污染监管采取的主要措施

为解决上述矛盾,我局在现有国际公约和国内法律法规框架下,从辖区的实际情况出发,以有效监管为前提,采取灵活措施,出台了一系列监督管理措施,规范了内部监管程序,统一了执法标准和尺度,同时开展了"船载散装化学品防污染专项检查活动",规范船舶洗舱作业程序,强化辖区到港的散化船洗舱水处理的监管,有效控制和减少了船舶的违章排放。具体措施如下。

2.3.1 从严把好船载散装化学品申报关

(1)从申报的第一手资料上把关。首先,要求各海事处在办理有关散装化学品安全适运申报以及船舶载运危险货物申报时,应核对申报单中的"污染类别"栏是否按填写正确;要求载运散装化学品船舶在"船舶载运危险货物申报单"上的"备注"栏注明上一航次所装载的货物名称、是否洗舱、洗舱水处理情况(包括接收证明)等,为有针对性开展现场检查,提供了第一手资料。这样海事处现场检查起来具有针对性、操作性强,效果好,对船舶也有很好的威慑、促进作用。其次,是专门对辖区所作业的散装液体化学品的性质进行了系统的分类,哪些品种需要洗舱、哪些品种可以用通风形式及通风时间的长短,一一对号入座。通过系统的分类,检查时既有说服力又能提高效率。在资料把关的基础上,执法人员加大现场力度,结合对《货物记录簿》和《程序与布置手册》的检查,更加有效查处船舶违章排放洗舱水的行为。

(2)从货物的预申报把关。因办理进口岸申请和危险货物申报时限不一致,为加强船舶洗舱水管理,同时又便利船舶,要求载运外贸散装液态化学品进港,其货物所有人或代理人应在办理进口岸申请前,到所在海事处办理货物适运预申报,并持已通过审批的申报单到局政务中心办理进口岸手续。

(3)从货物资料上把好关。对载运Y、Z类散装液态化学品进港卸货,在办理船舶载运危险货物申报或预申报时,要求提交粘度和有效扫舱资料,以便确定是否需要强制预洗。对卸货温度(一般为20℃)时的粘度大于等于50mPa·s的Y类物质,要求实施强制预洗;对非高粘度的Y类和Z类物质,应核对《程序和布置手册》中的扫舱效率,"扫舱量"大于附则Ⅱ第12条允许的液货残余量的货舱也要求实施强制预洗。

2.3.2 切实加强散化码头洗舱水接收处理的监管

(1)坚持有效监管与服务并重的原则。根据附则Ⅱ的要求,从事散装化学品作业码头应设有接收处理设施以满足到港船舶有毒液体物质残余物和洗舱水排放要求。针对目前辖区除仅有个别化工品码头设置了接收处理设施,其他散化码头均未满足接收处理条件的现状,为服务港口经济发展,给船舶洗舱水的排放提供有一个安全便利的回收途径,在散化码头未设置接收处理设施前,允许采取其他临时性措施或由外地区具备洗舱水接收处理能力的单位进行接收处理。

(2)把好洗舱水接收处理单位的资质条件关。实施洗舱水接收处理单位备案管理,要求必须具备相应的接收处理能力、经环保部门认可,并由海事局备案公布后,方可从事辖区毒液体物质残余物和洗舱水接收作业。

(3)加强对未具备洗舱水接收条件的散化码头管理。要求船舶(或其代理人)或货主事先与上述具备洗舱水接收处理能力的单位签订洗舱水预接收协议或采取其他临时措施。各海事处在受理船载危险货物申报(内贸)或预申报(外贸)时,应要求提交该协议。对未签订洗舱水预接收协议的,要求将采取的其他临时措施报我局监管处审核,经审核满足条件的,方可批准船舶进港卸货。对于不具备条件、也未采取措施的码头,禁止载运须洗舱的化学品船舶进港作业。

2.3.3 严格规范化学品洗舱作业及洗舱水接收作业程序

(1)载运需强制预洗液态化学品进港卸货,要求船舶或代理人在办理船舶载运危险货物进港申报手续的同时,提交洗舱作业的预申请,并在洗舱作业前由船舶或其代理向海事处提交《防污作业申请书》,申请在港洗舱作业,并提交《泉州海事局政务公开指南》要求的相关材料及本次洗舱的舱位、舱容、预计产生的洗舱水的吨数及计算方式。

(2)要求海事处现场监督人员按照船舶《程序与布置手册》的要求,查验作业人员资质证书、使用设备的清单和相关检验合格证明,现场监督洗舱作业。

(3)洗舱水接收单位向海事处提交《防污作业申请书》,申请在港接收洗舱水,并提供下列材料:

①污染物种类、数量、接收设施、方式、设备和地点;

②船舶(或代理)或货主与接收单位签定的预接收协议。

(4)按照附则Ⅱ附录6提供的公式(见《散装化学品船舶国际公约和指南汇编》),海事处人员估算洗舱水的最少数量,与实际接收的数量进行对比。如实际数量比估算的最少数量还小,说明洗舱作业不满足强制预洗要求。

(5)洗舱作业完毕,可由有资质的检验单位出具空舱证明,以证明作业满足预洗要求。

(6)洗舱水接收作业完毕,由接收单位向船舶出具一份说明洗舱水处理数量、日期和时间等内容的接收凭证。该凭证的复印件交一份给海事处。

(7)检查员核查,认为符合要求的,由检查员(对外轮和中国籍国际航行船舶,由PSC检查官)在该船的《货物记录簿》J项签署本次作业相关的内容。或者在船舶《货物记录簿》上盖防污染专用章以予确认,同意办理船舶出口岸手续或出港签证。

2.3.4　建立完整的散化船舶档案

通过建立完整的散化船舶档案,对全面掌握辖区的散化船舶的防污染状况,有效开展防污染检查,打击违法排放洗舱水行为,具有重要意义。为此,要求各海事处对每一艘船舶建立档案,内容包括申报审批、有关船舶证书及文书情况、装卸货情况等。装卸货情况主要是卸货,具体有:

(1)该船洗舱作业申请表及其附送材料;

(2)该船洗舱水接收作业申请表及其附送材料;洗舱水接收收据或证明的复印件;空舱证明;

(3)《货物记录簿》上关于本船货舱平面图,本次卸货、洗舱、洗舱水接收作业记录和检查员确认等内容的页面的复印件。

3　MARPOL 73/78公约附则Ⅱ(2004年修正案)关于有毒液体物质洗舱水监管的要求

泉州局在加强散装化学品船舶洗舱水处置的监管上取得了一定的成效,但随着整个国民社会环境保护意识的增强,以及MARPOL 73/78公约修正案的生效和新《防污条例》的实施,散化船洗舱水处置的监管越来越到人们的重视,进一步研究公约有关规定,认真贯彻实施新《防污条例》,切实履行好海事防污染监管职责是当前的工作重点。

MARPOL 73/78公约附则Ⅱ(2004年修正案)于2007年1月1日起对我国正式生效,该修正案是对载运有毒液体物质船舶的货物洗舱和排放进行规范性要求的一个国际公约,也是我们海事监管的重要依据。附则Ⅱ于对原有的化学品的污染分类体系进行了较大修正,将有毒液体物质由原来的五种分类系统(A、B、C、D及其他类)变更为新的四种分类体系(X、Y、Z、OS),并对每种化学品污染类别进行重新评估,新的分类系统重新制定,使得在五类分类系统基础上建立起来的现有控制有毒液体物质污染规则的构架发生了根本的变化。在排放控制方面,根据《73/78防污公约》附则II修正案新分类体系要求,强制预洗物质由原先的A类物质、高粘度或凝固性B、C类物质以及不能满足有效扫舱要求的非高粘度或凝固性B、C

类物质修正为X类物质、高粘度或凝固性Y类物质以及不能满足有效扫舱要求的非高粘度或凝固性Y、Z类物质。

MARPOL 73/78附则Ⅱ关于散化船洗舱水管理的主要措施有:

3.1 强制预洗

下列船舶应在离开卸货港前对装载有毒液体物质的货舱进行预洗,其所产生的残余物洗舱水应排入港口接收设备:

(1)装载X类物质的货舱;

(2)未按照《程序与布置手册》卸货的装载Y、Z类物质的货舱;

(3)装载Y类高粘度或凝固物质的货舱。

3.2 强制预洗的免除

应船长申请,船舶满足下列条件的,接收方政府可以免除强制预洗要求:

(1)卸完货的液货舱再次装运同样的物质或与前一种物质相容的另一种物质,且该货舱在装下一单货之前,既不清洗也不用于压载;或

(2)卸完货的液货舱在海上既没有清洗也不需要压载并按本条适用的条款在其他港口进行预洗和洗舱水接收,但必须有书面确认"该港有接受设施而且足以用于此种接收"的证明;或

(3)按照附则Ⅱ附录7的规定,以主管机关批准的通风程序清除了货物残留物。

3.3 洗舱水在本港接收的免除

应船长申请,接收方政府可允许载运Y、Z类物质的船舶将液货舱预洗所产生的洗舱水载到另一个港口接收。条件是必须有书面确认"该港有接受设施而且足以用于此种接收"的证明。

X类物质的洗舱水不准随船带走,即必须将洗舱水排到预洗港的接收设备。

3.4 洗舱水排入港口接收设备的要求

上述化学品船舶在离开卸货港前预洗产生的洗舱水应排入港口接收设备。对载运X类物质的船舶,经过预洗排入接收设备的洗舱水中该物资的浓度重量应不大于0.1%,此浓度应由缔约国政府指定或授权的检查员抽样分析确定。预洗作业应记录在该船的《货物记录簿》内,并由检查员签注。

3.5 港口接收设备的要求

公约要求,各缔约国政府应保证:货物卸货港配备足够的接收设施,以接收船舶残余物和含有残余物的混合物;应确定接收设备的设备型号并上报国际海事组

织;提供扫舱设备,以便船舶进行扫舱作业。

4 监管中存在的主要问题及原因分析

国际公约的有关规定,对海事管理机构加强有毒液体物质洗舱水的监管提供了法律依据,但在实践中,仍然存在一些薄弱环节,制约着海事机构对化学品船舶洗舱水的有效监管。

4.1 港口接收设施严重不足

目前,我国大多数散化码头并未配备有毒液体物质的残余物和混合物接收设备,即使部分码头单位建有污水处理设施,也是为满足环保部门对储罐清洗废水进行处理的要求而设计的,并不适用于接收和处理船舶有毒液体物质的残余物和混合物。导致该问题的原因,一是在新的《防治船舶污染海洋环境管理条例》出台实施前,我国诸多法律法规对码头单位应配备的处理船舶污染物、废弃物的接收设施仅仅做了原则性的规定,如《中华人民共和国海洋环境保护法》第六十九条规定"港口、码头、装卸站和船舶修造厂必须按照有关规定备有足够的用于处理船舶污染物、废弃物的接收设施,并使该设施处于良好状态",但是由于没有明确的接收设备配备标准及具体监管细则,也未规定对码头防污染设施进行专项验收等,导致主管部门难以对其进行有效监管;二是《中华人民共和国港口法》规定,港口码头的管理职能由港口行政管理部门履行,但该法未规定港口行政主管部门具有对港口码头的船舶污染物、废弃物接收设施进行监督管理的职能;三是海事部门在参与码头新、改、扩建环境影响评价时提出防污染配套设施的建设未引起建设单位和相关部门的重视也是导致港口接收设施不足的原因。上述原因导致对船舶污染物、废弃物接收设施管理形成监管真空,使得船舶预洗并排放洗舱水及洗舱水最终得以有效处理这一整体行为无法由单个管理部门统一进行监管。接收设备的缺乏使载运有毒液体物质船舶的洗舱水无法在卸货港接收,最终结果是导致大量的洗舱水在海上非法排放。

4.2 船舶无法满足有效扫舱要求,达不到有效扫舱效果

船舶有效扫舱能力是船舶在标准状态下(标准浮态、标准背压等)经过水试验测定的最少卸货残留量。实际上,由于船舶卸货系统设备老化、船舶横倾和纵倾及背压达不到要求等原因,一些船舶往往难以达到水试验时的扫舱效果,导致船舶洗舱作业不彻底,难达到公约的要求。

4.3 缺乏相应的现场抽样分析设备

对预洗作业洗舱水进行现场抽样分析检测是现场监管最直接有效的手段之

一。通过现场检测,符合浓度条件的洗舱水可直接排放至接收设备;不符合浓度条件的,应再次洗舱至满足条件方可排放。但是,目前由于技术等原因,国内绝大多数的海事管理机构未配备现场抽样分析仪器。

4.4 主管机关签注未开展

MARPOL 73/78 附则Ⅱ第 16 条规定,载运有毒液体物资船舶在卸货港免除预洗应经缔约国执法授权的检查员实行监控,当检查员确认船上的操作是意见手册进行或允许预洗程序免除,检查员必须在《货物记录簿》上签注。但是,我国尚未开展对这一工作的检查员进行明确的授权,主管机关签署制度没有得到很好地落实;同时"书面确认"的签署及形式要求也缺乏统一要求。该项制度未开展直接导致船方利用公约相关条款逃避监管,如:船舶以"下航次不更换货种"或"到另一港口排放洗舱水"逃避监管,实际上在航行途中违法进行洗舱和排放。

4.5 各监管部门联控管理机制未建立

按照国家法律,海事管理机构和环境保护部门对船舶洗舱水处置均有监督管理权,以船岸为界各自管理,海事管理机构对洗舱水处置的监督管理,主要针对预洗作业,洗舱水上岸后的监管由环保部门负责。但各地海事管理机构与环境保护部门间的联合管控机制尚未建立,相互之间缺乏有效沟通,洗舱水后续处理监管成为盲区。

5 管理的对策及建议

5.1 完善相应法规,制定管理依据

建议以新《防治船舶污染海洋环境管理条例》实施为契机,加快对港口接收设施规范性文件的制定步伐,明确港口码头接收设施的配备要求或相关技术配备标准,明确不同类型港口配备接收设备的类型和容量,并通过对港口码头污染接收设备配备情况的专项验收等形式,确保港口接收设施建设满足管理的要求。

5.2 做好防污染配套设施建设的统筹规划

为加强监管,建议港口所在的地方政府应统筹规划防污染配套设施建设,建立与港口发展相适应,布局科学合理、功能完善的专门的散化船舶洗舱水处理集控区,加强对散化船洗舱水处理和管理,规划建设过程中要主动与海事、港口、安监、海洋、环保等部门合作,征求和听取各有关部门的意见和建议,使防污染配套设施建设具有针对性。

5.3 建立对船舶洗舱水跟踪监管的内、外部机制

船舶预洗及洗舱水的排放往往不仅涉及装货港和卸货港等多个海事主管机关

的监督管理，还涉及海事部门与港口行政部门、环保部门的联合管控。因此，要加强对船舶洗舱水排放监管，必须建立起建立对船舶洗舱水跟踪监管的内、外部联系与协作机制。内部联合协作机制包括：一是严格"免除"条件，要求申请到他港预洗和排放洗舱水的船舶，须提供由对方港口的主管机关签发的书面证明，并在船舶《货物记录簿》做相应签署；在对方港口签发此类证明的原件无法有效送达时，卸货港主管机关应主动通知对方港口的主管机关。二是规范主管机关签署制度。卸货港主管机关对船舶免除强制预洗或到他港进行洗舱水接收的情况，要及时在船舶《货物记录簿》中签署，以便装货港主管机关据以对船舶洗舱水的处理及去向进行监管。外部联控机制及措施包括建立各部门定期通报及走访制度等。

5.4 船舶应严格执行预洗作业的规定

船舶作为防污染安全的第一责任人，应严格执行公约的相关要求，加强学习和培训，熟练掌握预洗作业相关要求，严格按照《程序与布置手册》落实预洗操作程序，确保预洗作业的有效实施。

5.5 海事管理机构应加强对船舶预洗作业的现场监督管理

海事执法人员在现场检查过程中应加强对预洗作业过程的有效监管。一是核查《程序与布置手册》中标明的有效扫舱条件是否达到水试验时的要求，如船舶横倾、纵倾、背压等；二是核实船舶卸货残余量是否超标；三是注意检查船舶卸货设备及扫舱设备运行记录，必要情况下对扫舱系统进行实质性检查，确保扫舱系统有效。四是核对有关有毒液体物质是否装在 COF 或 NLS 证书指定的舱内，如不是，则有可能无法达到公约关于卸货最少残余量的要求。

参考文献

[1] 中华人民共和国海事局. 散装化学品船舶国际公约和指南汇编

[2] 孔玉祥，华柏忠，何文彬，孙剑，石博，顾文娟. 国际散装化学品船舶强制预洗履约现状及对策

[3] 盖华鹏. 浅谈 MARPOL 73/78 公约附则Ⅱ的 2004 年修正案及其在我国的实施

作者简介

郭志强，男，1963 年 1 月 1 日出生，现就职于泉州海事局，轮机管理专业，高级工程师。联系电话：13859752919，0595-28080868，传真：0595-28080800 ，电子邮箱：guozhiqiang@ fjmsa. gov. cn，通信地址：福建省泉州晋江市泉安南路海事大厦，邮

编:362200。

周金坤,男,1964年11月3日出生,现就职于泉州海事局,海洋化学专业,高级工程师。联系电话:15959521879,0595-28080826,传真:0595-28080830,电子邮箱:qzmsazjk@ sina. com,通信地址:福建省泉州晋江市泉安南路海事大厦,邮编:362200。

李文霆,男,1974年11月8日出生,现就职于泉州海事局,化工工艺专业,高级工程师。联系电话:0595-22828877,0595-28080829,传真:0595-28080830,电子邮箱:jo_march@ 21CN. com,通信地址:福建省泉州晋江市泉安南路海事大厦,邮编:362200。

庄洪程,男,现就职于莆田海事局,船舶驾驶专业,高级工程师。联系电话:0594-2512199,通信地址:福建省莆田市城厢区南门后巷南路,邮编:351100。

海上溢油浮标跟踪定位及动态监控技术研究

赵　平　鲍金玲　李　涛　俞　沅
（交通运输部水运科学研究所，北京，100088）

摘　要：通过对国内外溢油应急技术的分析研究，开发出了我国海上浮标溢油跟踪定位技术，研制出溢油跟踪浮标及溢油监控软件组成的溢油跟踪浮标系统。浮标终端直接投放到水上后，接收GPS微型的定位信号，并将解析过的实时位置信息（位置、速度、时间等）通过无线通信系统（卫星网络或GSM网络）传送至监控平台。监控软件可以在电子海图上直观地显示浮标，可对受控浮标实时的发送定位、更新、改变传输时间间隔等指令，并可设置敏感资源、应急资源分布等内容。

系统具有全天候实时动态海上溢油跟踪定位功能，能够监控溢油的扩散范围和动态漂移的实时情况，及时、准确掌握溢油事故发生的时间和地点，为有关部门迅速采取应急和救援措施提供可靠依据，提高了我国溢油应急能力水平。

关键词：溢油跟踪定位浮标；海事卫星；GPS定位；实时动态跟踪监控

Abstract: Through to the domestic oil spill response technical analysis, developed in offshore oil spill buoy tracking technology, develop oil spill tracking buoys and oil spill surveillance software component of the oil spill tracking buoy system. To buoy terminal directly after water, GPS positioning signal, and micro will be parsed real-time location information (position, speed, time, etc.) through wireless communication system (satellite networks or GSM network) to monitor the platform. Monitoring software can in electronic chart intuitive to display buoy, send the real-time controlled buoy position, updating, and change the transmission time interval, such instructions can be modified and set of electronic chart sensitive resources, emergency resource distribution, etc.

All-weather real-time dynamic system has the function of offshore oil spill tracking, the spread of oil spill surveillance and the real-time dynamic drift, timely, accurately grasp the oil spill accident happened at the time and place for relevant departments, quickly take emergency and rescue measures to provide reliable basis, promote the oil spill response ability level.

Key words: Oil spill tracking buoys; Maritime satellite; GPS positioning; Real-time dynamic tracking control

1 概述

海上溢油属突发性海洋污染事故,需要人们进行快速应急反应,调用方方面面的应急技术装备及资源,尽可能对事故予以控制、减少所造成的环境污染等各种损害和不良影响。

国内外支持溢油应急快速反应行动的相关技术主要用于以下方面:对海上溢油漂移的动态进行空中监视、浮标跟踪和模拟预测;对受威胁敏感资源发出污染预警,并采取必要措施加以保护;通过应急决策支持系统和溢油清污系统对海上溢油实施有效控制,采用适宜的回收设备进行清污。

2 国内外技术研究现状分析

我国海上溢油事故快速反应能力呈现相对不足的态势,尤其是在溢油跟踪等方面的软硬件设备落后,整体技术水平与发达国家有较大差距。本研究对溢油跟踪浮标的国内外技术研究现状进行分析和比较。

2004 年 4 月,国家 863 项目成果“小型多参数海洋环境监测浮标”在青岛近海海域进行海上布放和试验,该浮标在海上成功布放两小时后,数据中心收到了浮标经卫星发回的第一批数据,标志着浮标的性能通过了考验,试验取得圆满成功。但该浮标属于锚定类浮标,体积很大,主要用于海洋环境参数的定点监测,不适用于海上溢油的跟踪。

我国海事系统,如广东海事局、深圳海事局以及中石化集团等港口企业都提出了有关这方面的需求,同时也引起了一些有关学者的注意,并陆续发表了两篇有探索性的论文(如《溢油追踪报警器可行性研究》)。有关学者认为目前中国对海面溢油的实时追踪和监测手段十分缺乏,现场肉眼观察由于受到距离和天气条件的限制,卫星遥感虽可以用于探测海面溢油,但受到卫星经过时间和天气的制约比较大、反应滞后、实时性不强,同时雷达探测和航空遥感等也容易受到气候因素的影响,相关仪器也十分昂贵,因此急需一种准确、实时,并能对海面溢油进行全天候和全程监测的手段,供溢油指挥决策使用。

目前国外浮标[1,2]产品技术种类较多,尤其集中于加拿大和美国,如目前技术比较先进的 ARGO 剖面浮标,是用于建立全球海洋实时观测网的一种专用测量设备,是一项新的海洋高新观测技术。PALACE、APEX、PROVOR 和 SOLO 型的剖面浮标是各国在实施 ARGO 计划中应用较为广泛的 4 种颇具代表性的 ARGO 浮标，以 APEX 和 PROVOR 型浮标投放数量最多，并被国际 ARGO 科学组推荐各国使用。这种浮标投放在海洋中的某个区域后，它会潜入 2000m 深处的等密度层上，随深层海流保持中性漂浮，到达预定时间（约 10 天）后，它又会根据需要上浮，并在上升过程中利用自身携带的各种传感器进行连续剖面测量。当浮标到达海面后，通过卫星定位与数据传输系统将测量数据传送到指定的卫星地面接收站，经信号转换处理后发送给浮标投放者。

尽管国外海上浮标的技术产品种类较多，但只有少数几个国家（美国、法国和加拿大）有能力生产 ARGO 浮标，并且，国外浮标产品主要集中在加拿大和美国用于建立全球海洋实时观测网的一种专用测量设备[3,4]，用于溢油跟踪的浮标也很少。

直接与溢油有关的浮标技术产品以加拿大为例，曾有用于夜间对水上溢油跟踪的实验浮标，当溢油事故发生时，在白天一般可用可见光观测，但到夜间事故发生时可借助此种浮标来进行辅助观测。原理是将此浮标投放在溢油的水域，通过浮标上的无线电发送装置，将信号传送回控制中心，其作用距离在 7 英里以内，此种装置是早期对跟踪溢油轨迹研究实验辅助设备[5,6]，其跟踪溢油的准确性和信号传输的可靠性较低，处于研究实验阶段，也没有正式产品。经对比国外文献，未见关于海事卫星、铱星等卫星通信技术在溢油跟踪浮标系统上的应用研究等文献报道。

3 系统开发

3.1 系统组成

整个系统主要由监控平台、数据链、浮标终端三大部分组成，每个部分又可分别作为一个子系统，系统构成如图 1 所示。

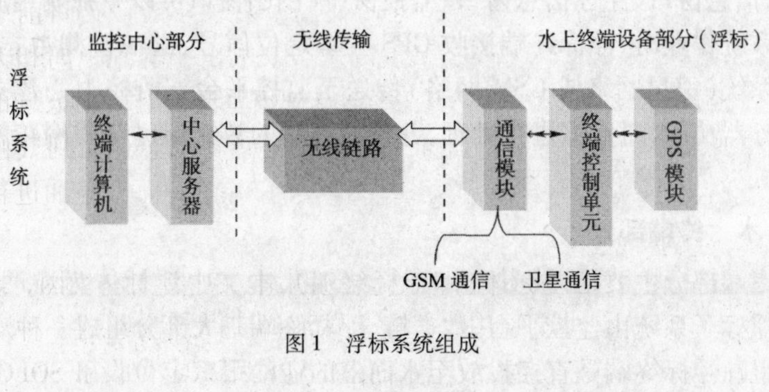

图 1 浮标系统组成

(1)水上终端部分

浮标终端是直接投放到水上的设备,它主要包括内置的卫星定位模块、通信模块、检测模块、控制模块、传感设备和配套的附件系统组成[7]。

在终端控制单元的控制下,溢油检测信息、GPS卫星定位信息等相关数据,将通过通信模块传输至浮标外。定位接收模块采用GPS,因为该系统是全免费的实时定位系统,精度较高、稳定性好,商业化程度高、技术较为成熟,可以选择的组件范围广。

(2)无线传输部分(通信系统)

采用卫星和GPRS网络[8]两种通信模式。两种无线传输模式各有优劣,互为补充。浮标终端接收GPS微型的定位信号,并将解析过的实时位置信息(位置、速度、时间等)通过无线通信系统(卫星网络或GSM网络[9])传送至监控平台。

(3)监控中心部分

监控中心设置相应的协议,通过无线通信系统(卫星网络或GSM网络)接受浮标信息。监控中心建立强大的数据处理及网络服务器功能,对数据进行处理,并将处理后的数据通过互联网传输到终端用户[10]。

浮标终端和服务器之间的信号传输是双向的。终端用户可以在计算机上对浮标的响应时间进行设置,并对浮标进行定位跟踪,还可以在计算机上对历史数据进行调用和分析。

监控软件可以在电子海图上直观地显示浮标。可分析浮标速度、方位并回放漂移轨迹。监控终端软件可对受控浮标实时的发送定位、更新、改变传输时间间隔等指令。监控终端软件可修改电子海图,并可设置敏感资源、超范围报警区域、应急资源分布等内容。

监控终端包括终端计算机,计算机上显示的监控软件界面友好,全部采用图标、按钮及下拉菜单选择,操作方便。整个界面分为五个窗口:浮标管理窗口、鹰眼窗口、通信信息窗口、浮标信息窗口、监控窗口(制图窗口可以单独调出),见图2。

整个系统作业时,浮标终端接收GPS卫星定位信号、溢油检测数据信号,通过无线通信系统(卫星网络或GSM网络)传送至监控平台。监控中心建立数据处理及网络服务器功能,对数据进行处理,并将处理后的数据通过互联网传输到终端用户的计算机。

3.2 水上终端部分

水上终端部分主要指浮标体(即浮标终端),本文中浮标体为溢油跟踪浮标,溢油跟踪浮标子系统由监控平台、数据链、浮标终端三大部分组成。

溢油跟踪浮标终端是直接投放至水面上的溢油跟踪定位设备——溢油跟踪浮

标，它主要由内置的卫星定位模块、通信模块、终端控制模块和配套辅助系统（包括壳体和供电设备等）组成，溢油跟踪浮标外观见图3。

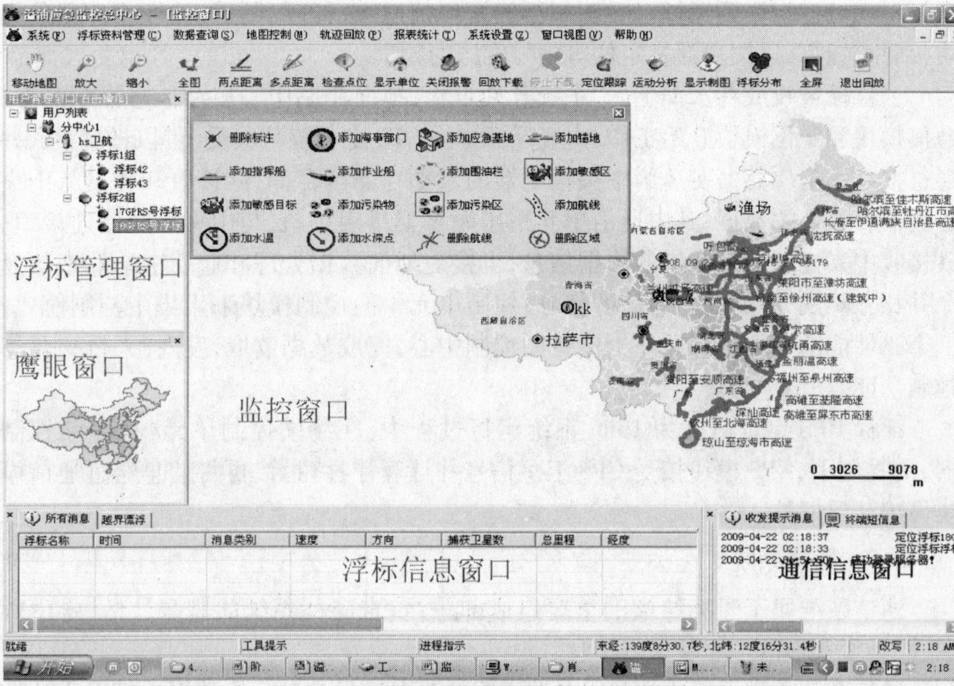

图2　终端软件

溢油跟踪浮标内部由设备组件和磁控开关组成；该设备组件由通信控制定位装置、集成板、电源、通信天线、定位天线组成，见图4。

图3　溢油跟踪浮标外观图

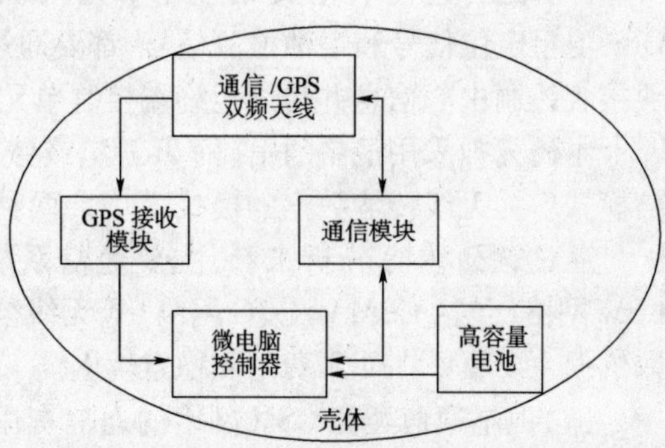

图4　浮标构架

当溢油跟踪浮标需要工作时，将浮标上的磁控开关打开，并投放到水中，系统开始自检，浮标内部的通信控制定位装置开始工作，通过通信控制定位装置内的

GPS 定位模块计算出浮标所在位置的经纬度,并通过通信控制定位装置的通信模块(海事卫星通信)发送到数据处理和监控中心,同时数据处理和监控中心可通过通信设备发送指令到浮标,如:控制浮标发送信息的时间间隔等,浮标内的通信模块接收该指令,以改变浮标定位等信号发送的频率。

当浮标被投放在水面上后,系统开始自检,地面控制中心启动信号控制命令,通信模块和定位模块开始工作,内置浮标中的 GPS 定位模块接受卫星定位信号,并通过接口将定位数据发送给中央控制器的数据存储区存储,并接收和转发从中央控制器发送来的数据;其中通信单元采用海事卫星模块,它与中央控制器连接,它既接收中央控制器发送来的数据信息,也接受地面数据处理和监控中心发来的命令并相互转发,完成双向通信的任务;控制单元中的控制模块采用集中控制模式,一个高性能的中央控制器作为设备的控制中心,完成数据读取,发送,人机交互等控制功能。

浮标 GPS 定位精度为 10m,系统运行过程中,在终端控制单元(微电脑控制器)的控制下,GPS 模块接受 GPS 卫星信号并计算浮标位置,再将信息通过通信模块传输至浮标外。

3.3 通信系统

通信系统属于浮标终端的重要组成部分,负责浮标系统的监测数据、定位数据、控制指令等信号的发送与接收。

通信系统负责浮标终端和服务器之间的双向信号传输。终端用户可以在计算机上对浮标的响应时间进行设置,并对浮标进行定位跟踪,还可以在计算机上对历史数据进行调用和分析。

浮标运行过程中,在终端控制单元(微电脑控制器)的控制下,GPS 模块接受 GPS 卫星定位信号和溢油检测信号,都要通过通信模块传输至浮标外;同时通信模块接收控制中心信息并传送至终端控制单元,由其作出响应。

本研究拟采用卫星通信(海事卫星或铱星)和 GSM 网络(GPRS 通信)两种通信模式作为无线传输数据的模式[11,12]。两种无线传输模式各有优劣,互为补充。

通过调研内容分析来看,主要通信系统[13]可以分为两大类,卫星通信类和 GSM 网络(包括 CDMA 及 3G 网络)等无线公共运营通信类。对这两类的对比、选取依据主要集中在使用费用和稳定性上。

(1)卫星通信类和 GSM 网络的通信费用相比较,一般卫星通信类的使用费远远大于 GSM 网络传输的费用。GSM 网络传输的费用相对较为低廉。不过应急行动为非常规性行动,使用周期相对集中,并且时间较短,卫星通信产生的费用在应急行动中并不突出,同时跟踪浮标运动范围广,海域辽阔,故跟踪浮标使用卫星通信较为合适。

(2)在通信信号的稳定性上,两类有所区别在于,GSM 网络依靠基站传输数据,在大多是陆域和近海区域信号较好,但在外海信号质量下降较快;卫星信号(以海事卫星为例)由于是通过卫星传输通信信息,信号覆盖范围广,能实现全球覆盖,但抗干扰性较差,适合于海洋和沙漠等开阔区域,在港区内的信号强度较弱。

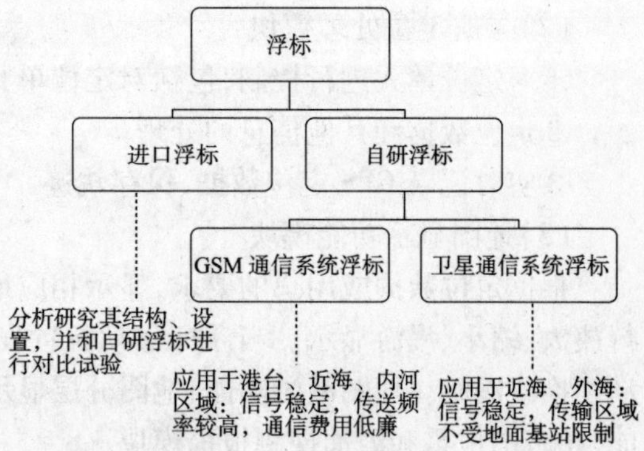

图 5　通信系统分析

故综合比较,见图 5,本研究中的溢油跟踪浮标采用海事卫星通信模块。

3.4　监控软件

系统的软件由主控程序调用各功能模块,完成包括浮标定位处理、地图显示、地图维护、指令信息与报位信息处理、超范围自动报警、历史轨迹管理与回放等功能。

软件系统的组成模块如图 6 所示。

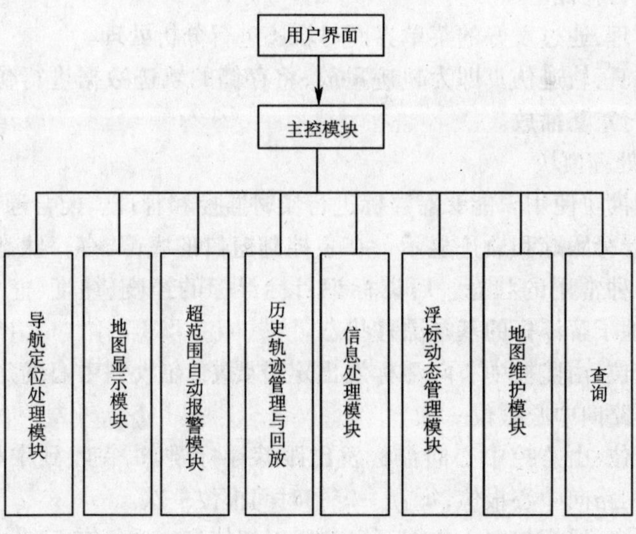

图 6　软件系统的组成模块

(1)主控功能

主控功能是对接收用户从鼠标、键盘输入的命令,按照不同的命令要求调度各个功能模块完成相应的功能。

(2)导航定位处理模块

①对定位单元进行控制,包括对定位单元进行初始化,接收定位数据等。

②定位数据和其他信息的处理。

③实时记录 GPS 定位数据,保存轨迹。

(3)地图显示功能模块

根据定位数据或用户的要求,显示相应地区的数字地图,并做到对数字地图进行放大、缩小、漫游显示。当浮标移动位置发生变化时,相映的地图显示也能够自动切换或漫游。地图漫游功能、地图分层显示、地图的放大缩小、鹰眼功能、量算功能、超范围报警和溢油探测报警模块。

跟踪浮标:可以在地图上设置报警范围,对于报警区域及性质进行控制,通过在地图上显示报警区域的形状,对报警进行直观的监视和控制。当浮标移除该范围监控终端软件即报警。

(4)历史轨迹管理与回放模块

支持对多条轨迹的存储、管理和回放功能,方便地作为事后分析之用。

①轨迹存储,将浮标漂移过程中接收到的 GPS 信号转变为软件系统可以识别的文件格式进行存储。

②轨迹管理,通过友好的菜单界面对轨迹进行分析处理。

③轨迹仿真,轨迹仿真即为轨迹重放,将存储的轨迹数据进行仿真处理,将以前的轨迹,进行重新播放。

(5)信息处理模块

信息处理模块使用户能够对浮标进行实时监控和管理。配合通信网路可以进行浮标定位、浮标跟踪和轨迹显示。在主控制窗口的底部,有一状态栏,该栏可以标识浮标的各种常用的状态。可以标识目标浮标的经度、纬度、速度和方向等参数,可以精确地了解浮标的基本漂移状态。

①浮标定位:由监控中心向浮标发出定位要求,在收到中心的定位要求后,浮标通过通信网路向中心报位一次。

②连续报位:由监控中心向浮标发出跟踪浮标要求,在收到中心的报位要求后,通过通信网路向中心报位,每隔一定的时间报位一次。

③发送信息:浮标与中心之间可以利用发送信息来进行交互。

(6)浮标动态管理

该模块主要完成对浮标的跟踪和管理,对已经储存的轨迹数据进行分析。可分析浮标速度、方位并回放漂移轨迹,对浮标未来走向进行大致判断。

(7)地图维护模块

地图维护模块的主要功能是针对地图进行诸如添加、删除、设置报警显示等操作,并将操作修改的结果予以保存。由于这些操作均涉及到对"层"中"对象"的进行修改。如果要修改必须调出相应的层。应此地图维护模块还涉及到地图"层"的维护。

4 系统实验测试

2010 年 3 月 22 ~ 23 日,广东海事局对我国自行研发的海上溢油浮标产品进行了海上投放及回收试验。

4.1 测试条件

时间:2010 年 3 月 23 日上午 ~ 24 日下午

地点:珠江口高栏岛附近海域

气象条件:晴朗、风力 1.8 ~ 3.6m/s,风向 S

投放当时气象条件:水温:22.1℃,气温 25℃,湿度 85%

试验浮标:T008 号浮标,跟踪测试浮标,进口浮标

浮标对照物:泡沫漂流板

试验设备设施:海巡船、激光测距望远镜、风速仪、气温计、湿度计、笔记本电脑、无线网卡、摄像机

4.2 测试过程

2010 年 3 月 23 日上午 10:30 时。使用海事巡逻艇运送人员及试验设备设施,从高栏岛海事应急基地出发。向珠江口海域 ES 方向行驶。到达高栏东侧海域的试验地点(东经 113°16′ 9.0″,北纬 21°51′41.0″海域)。船关闭发动机,抛锚等待实验进行。上午 11:15 试验开始。将浮标和泡沫浮板同时从甲板抛出入海中。共投放了 2 个自研溢油跟踪浮标和 1 个进口浮标。投放完成后,试验人员通过无线网络及溢油浮标系统技术中的监控软件平台,在计算机上对投放的自研浮标(由于进口浮标的当日信息只能第二天才能收到,因此进口浮标信息处于失效状态)进行运动轨迹的实时跟踪监视、调整软件设置使浮标定时反馈采集的数据信息。设置自研浮标数据反馈频率为 3min/次。

试验开始后的 1 小时间,自研浮标、进口浮标依次投入海面间隔在 20m 左右,均向 EES 方向漂移,速度为 4 ~ 6km/h。12:20 海巡船返航,并调整浮标数据反馈频率为 15min/次。

测试试验开始后第二日(2010 年 3 月 24 日)下午进行浮标打捞作业。定位浮

标在上川岛附近海域。在上川岛附近租船进行回收作业。24 日 16:59,于东经 112°53′41″,北纬 21°47′23.6″海域将浮标打捞上船。关闭浮标电源,乘船返航,试验结束。试验照片和浮标轨迹如图 7 所示。

a) 浮标投放

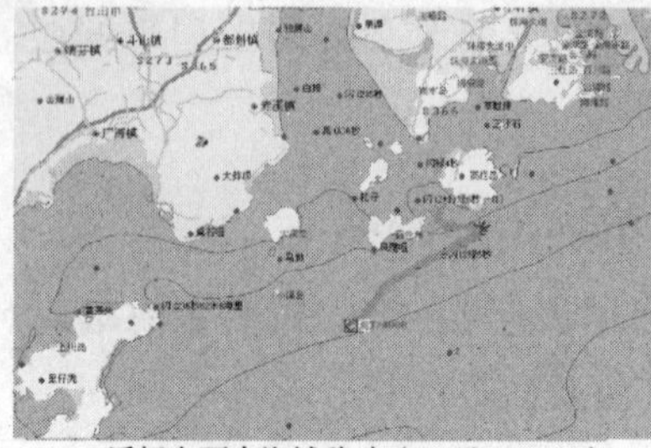

b) 浮标向西南海域移动(23 日 21:45)

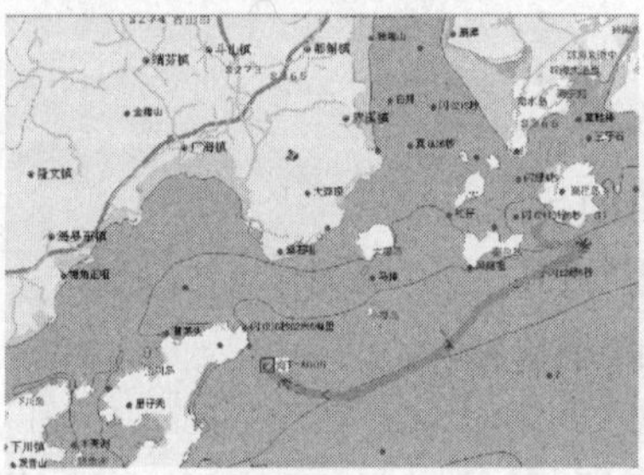

c) 试验结束时的浮标轨迹

d) 打捞浮标

图 7

4.3 测试结果

在 28 小时 44 分钟的试验时间内,浮标完成了漂移距离 49.1km,平均漂移速率为 1.7km/h。在珠江海域,自研制浮标的网络通信效果良好,定位准确,软件使用正常,能准确方便地进行浮标回收作业。

浮标结构合理,防水性能、通信控制性能等软硬件基础性能良好。浮标电池电力充足,维持时间能够满足海事应急要求。

经过约 30 个小时,40km 的浮标漂移实验,浮标打捞时,进口浮标与自研浮标间隔 20~30m,说明进口浮标与自研浮标的方向、漂移速度等完全相同,但自研浮标得信息监控功能远远高于进口浮标。整体来看,跟踪浮标在准确性、稳定性和可操作性等方面达到了系统设计的要求。

5 结论

本文通过对国内外溢油应急技术的分析研究,开发出了我国海上溢油浮标跟踪定位技术,研制出溢油跟踪浮标及溢油监控软件组成的溢油浮标系统。浮标系统具有全天候实时动态海上溢油跟踪定位功能，能够监控溢油的扩散范围和动态漂移的实时情况，及时、准确掌握溢油事故发生的时间和地点，为有关部门迅速采取应急和救援措施提供可靠依据，提高了我国溢油应急能力水平。

在我国国内首次创新性的研究开发出了"溢油浮标监控系统软件"，具有浮标定位及动态管理等功能，首次将海图和沿海陆域地图转换成同一格式，应用于同一软件系统中。该浮标技术及设备的研发与应用对促进我国海上溢油事故预测预警及应急能力的提升起到了积极的推动作用，为《防治船舶污染海洋环境管理条例》的实施及防治船舶污染海洋环境的国际公约的履行提供了有力的技术支持。

参考文献

[1] DRIFT BUOY . Inventor: MIYAZAKI YASUYOSHI; YAMAGISHI MITSUYOSH. Applicant: TOYO COMMUN EQUIP CO LTD. Application No.: 10-208606 [JP 98208606]. Filed: July 08, 1998 (19980708)

[2] Drift buoy. Publication No. JP 4183803 B2 (Update 200902 E). Publication Date: 20081119. Assignee: KENWOOD CORP; JP (TRIR). Application: JP 1998208606 A 19980708

[3] A new generation of TABS II buoy for the Texas Automated Buoy System. Author(s) Walpert, JN; Guinasso, NL; Lamonte, K. Source OCEANS 2005, VOLS 1-32716-2721 2005. Conference Title Oceans 2005 Conference, Washington, DC, SEP 17-23, 2005

[4] Tracking buoy for monitoring and indicating direction and speed of water contaminants | has tracking buoy retainer/release mechanism operatively disposed to its selectively retain and release . with elongated vertically disposed element contg first retainer. Patent Number(s) US5654692-A. Assignee(s) BAILEY D F; BAXTER J F. Inventor(s) BAXTER J F; BAILEY D F. 1997

[5] Tracking buoys for oil spills. Goodman, Ron H. 1; Simecek-Beatty, Debra2; Hodgins, Don3 Source: 2005 International Oil Spill Conference, IOSC 2005, p 8523-8534, 2005. 2005 International Oil Spill Conference, IOSC 2005, May 15, 2005-May 19, 2005

[6] Operational use of ocean surface drifters for tracking spilled oil. Aamo, OM; Jensen, H. PROCEEDINGS OF THE TWENTIETH ARCTIC AND MARINE OILSPILL PROGRAM (AMOP) TECHNICAL SEMINAR, VOLS 1 AND 21023-1030 1997

[7] 溢油跟踪定位浮标装置. 申请号: 200820123906.2. 申请日: 2008.11.25. 申请(专利权)人: 赵平. 发明(设计)人: 赵平,俞沅, 乔冰, 李涛, 肖峰

[8] 汪渝,熊德琪. 基于 GPRS/GPS 的海上溢油远程无线监测系统. 大连海事大学环境科学与工程学院. 信息与电子工程,2007,5(2)

[9] 金永福, 熊德琪, 严世强. GPS/GSM/GIS 海上溢油跟踪监测系统的研究. 交通环保,

2003,24(6):6-8

[10] Spilled oil detection apparatus and system using buoy for transmitting alarm message in various ways when spilled oil is detected. Patent Number(s) KR756926-B1. Assignee(s) KOREA OCEAN RES & DEV INST. Inventor(s) LEE M J; LEE H J; KANG C G. 2008

[11] 李连健. 导师:张芝涛. 珠江口水域溢油信息系统的研究. 硕士论文. 大连海事大学,2002

[12] 廖国祥. 导师:熊德琪. 基于的海上溢油应急信息系统研究. 硕士论文. 大连海事大学,2005

[13] 姜独祎. 导师:穆斌,袁时金. 海洋溢油应急信息系统的设计与实现. 硕士论文. 同济大学软件学院,2007

作者简介

赵平,男,1958 年 3 月出生,交通运输部水运科学研究所,副研究员,电信专业。通信地址:北京海淀区西土城路 8 号,100088, 办公电话:010-62079453,传真:010-62364733,电子邮箱:zhaoping@ wti. ac. cn。

鲍金玲,女,1983 年 2 月出生,交通运输部水运科学研究所,实习研究员,安全工程专业。通信地址:北京海淀区西土城路 8 号,100088, 办公电话:010-62079493,传真:010-62364733 电子邮箱:baojl@ wti. ac. cn。

李涛,男,1981 年 5 月出生,交通运输部水运科学研究所,助理研究员,环境科学专业。通信地址:北京海淀区西土城路 8 号,100088, 办公电话:010-62079252,传真:010-62364733 电子邮箱:litao@ wti. ac. cn。

俞沅,男,1951 年 5 月出生,交通运输部水运科学研究所,副研究员,环境检测专业。通信地址:北京海淀区西土城路 8 号,100088, 办公电话:010-62079829,传真:010-62364733 电子邮箱:yuyuan@ wti. ac. cn。

海运法规

我国船舶油污责任限制法律适用研究

陈远达

（交通运输部广州打捞局法律事务室，广州，510260）

摘　要：目前，调整船舶油污赔偿责任限制的国际公约有《1969年国际船舶油污损害民事责任公约》（CLC 1969）、《1992年国际船舶油污损害民事责任公约》（CLC 1992）。我国虽然已经先后加入了这两个公约，但至今仍未对船舶油污赔偿责任限制进行立法，我国对于国际公约在国内的适用方式没有规定，实践做法也不一致。当遇到船舶油污案件时，法院对于船舶油污赔偿责任限制的法律适用问题，往往因为缺乏法律依据而导致判案成例引起学界的争议。本文采用案例分析的研究方法，通过阐述我国船舶油污责任限制的法律适用状况，对船舶油污责任限制法律适用的问题及其原因进行分析，然后对我国船舶油污责任限制法律适用的理论基础进行研究，探讨解决法律适用问题的途径，最后对我国船舶油污责任限制的法律适用提出立法建议。

关键词：船舶油污；赔偿；责任；限制

Abstract: By now, two international conventions, named "1969 International Convention on Civil Liability for Oil Pollution Damage" (CLC 1969), "1992 International Convention on Civil Liability for Oil Pollution Damage" (CLC 1992) adjust the limitation of liability for marine oil pollution. Whereas being a member of the two conventions above, China has no civil laws to adjust the limitation of liability for marine oil pollution. And there is no uniform method for application of international conventions in China, the matters of application of laws on limitation of liability for marine oil pollution have caused dispute among the scholars, for lack of laws. This article uses the positivism study method. By way of describing the status of application of laws on limitation of liability for marine oil pollution in China, analyzing the reasons and the problem related with application of laws on limitation of liability for marine oil pollution, and studying the theoretical base, so as to find the resolving methods and provide legal advices for application of laws on limitation of liability for marine oil pollution in China.

1 我国船舶油污责任限制法律适用存在的问题

在未加入 CLC 1969 前,我国船舶油污赔偿责任限制的法律适用只有国内的法律;但在加入公约之后,法律适用就有了国内法和国际公约两种模式的选择,但对于什么情况下适用国内法,什么情况下适用国际公约,怎样适用公约等问题,我国在实践中的案例可谓五花八门、各不相同,理论界和实务界对这些问题的争议很大,观点虽多,但都没有非常有力的理据。总的来说,我国船舶油污责任限制的法律适用在立法、司法和理论方面都存在一定问题。

1.1 立法上的问题

1.1.1 对《民法通则》第 142 条的理解不同

该条规定:涉外民事关系的法律适用,“中华人民共和国缔结或者参加的国际条约同中华人民共和国的民事法律有不同规定的,适用国际条约的规定,但中华人民共和国声明保留的条款除外”。

对此规定,一种理解是由于国内案件不具有涉外因素,因此不能适用 CLC 公约的规定;另一理解是涉外因素只是我国优先适用国际公约的条件,而并非表示国内案件不能适用 CLC 公约。

1.1.2 对《海洋环境保护法》第 97 条的理解不同

该条规定:“中华人民共和国缔结或者参加的与海洋环境保护有关的国际条约与本法有不同规定的,适用国际条约的规定”。

与《民法通则》和《海商法》不同,《海环法》第 97 条并不规定在涉外法律关系中。对此规定,有两种不同的理解:一种理解是 CLC 公约是与海洋环境保护有关的国际公约,在这种意见中,对于涉外因素对我国适用国际公约的影响又有不同理解:其一认为根据《民法通则》和《海商法》的有关规定,只有存在涉外因素时才适用我国“缔结或者参加的与海洋环境保护有关的国际条约”;其二认为无论是否存在涉外因素都应适用我国“缔结或者参加的与海洋环境保护有关的国际条约”。另一种理解认为 CLC 公约不是与海洋环境保护有关的国际公约,理由是 CLC 公约的目的并不是保护海洋环境,而只是规定在发生油污时应如何进行赔偿,因此不应适用公约的责任限制,而应当适用国内法关于责任限制的规定。

1.1.3 《海商法》有关条文的规定不够严谨

(1)该法第208条第2款规定:本章规定(指海事赔偿责任限制的规定,笔者注)不适用于"中华人民共和国参加的国际油污损害民事责任公约规定的油污损害的赔偿请求",第268条规定:在调整涉外法律关系中,"中华人民共和国缔结或者参加的国际条约同本法有不同规定的,适用国际条约的规定"。

对上述两条规定,一种理解认为由于第268条将适用国际条约的规定放在具有涉外因素的法律关系中,因此国内油轮油污损害的赔偿责任限制应适用《海商法》第207条的规定。另一种理解则认为,由于《海商法》第208条第2款已经明确将船舶油污的责任限制排除在《海商法》第9章的适用范围外,第268条的规定只能证明涉外因素是优先适用国际公约的前提,而不能证明它是必须适用国际公约的条件,因此国内油轮油污损害的赔偿责任限制应适用CLC公约。

(2)该法第210条第5款规定:"总吨位不满300总吨船舶,从事中华人民共和国港口之间的运输的船舶,以及从事沿海作业的船舶,其赔偿限额由国务院主管部门制定,报国务院批准后施行"。

对于该款规定,一种理解认为,结合《海商法》第210条第5款对沿海运输油轮的特别规定和第268条对涉外法律关系法律适用的规定,表明没有涉外因素的船舶油污责任限制是由法律另行作出规定的,沿海运输的油轮没有涉外因素,因此其造成油污损害的责任限制应适用《交通部关于不满300总吨及沿海运输、沿海作业船舶海事赔偿限额的规定》。另一种理解认为,《海商法》第210条第5款只是对沿海运输油轮的海事赔偿责任限制作出的特别规定,但并不表示沿海运输油轮的船舶油污责任限制也同样适用该款规定;而且第208条第2款已经明确规定我国加入的CLC公约规定的船舶油污责任限制不适用《海商法》第11章的规定,当然也包括不适用第210条第5款的"另外立法"的规定。

1.1.4 《海商法》第265条的规定与《海事诉讼特别程序法》第112条的规定不一致

《海商法》第265条规定,"有关船舶发生油污损害的请求权,时效期间为3年,自损害发生之日起计算;但是,在任何情况下时效期间不得超过从造成损害的事故发生之日起6年"。《海事诉讼特别程序法》第112条规定,"海事法院受理设立海事赔偿责任限制基金的公告发布后,债权人应当在公告期间就与特定场合发生的海事事故有关的债权申请登记。公告期间届满不登记的,视为放弃债权"。通过比较可以看出,船舶油污赔偿的诉讼时效为3年,而在船舶油污责任限制程序中,债权人在公告期间不登记视为放弃债权,可见该公告期间是一种除斥期间,与债权人可以行使诉权期间的规定不一致。

1.1.5　其他规范性文件的法律效力问题

最高人民法院于2005年12月26日印发了《第二次全国涉外商事海事审判工作会议纪要》作为法院系统内部实施的审判规范,通知各级法院在船舶油污赔偿纠纷案件中按会议纪要的规定进行规范审理。[1] 该纪要第141条规定:"我国加入的《1992年国际油污损害民事责任公约》(以下简称1992年油污公约)适用于具有涉外因素的缔约国船舶油污损害赔偿纠纷,包括航行于国际航线的我国船舶在我国海域造成的油污损害赔偿纠纷。非航行于国际航线的我国船舶在我国海域造成的油污损害赔偿纠纷不适用该公约的规定",第142条规定:"对于不受1992年油污公约调整的船舶油污损害赔偿纠纷,适用《中华人民共和国海商法》、《中华人民共和国海洋环境保护法》以及相关行政法规的规定确定当事人的责任。油污责任人亦可以依据《中华人民共和国海商法》第十一章的规定享有海事赔偿责任限制"。

从法理上讲,这种会议纪要既不是立法也不是司法解释,而更像是一种指导性文件,但它却能起到直接影响法院审理案件时适用法律的作用,笔者在此只能称之为规范性文件,其法律地位如何有待进一步研究,但至少现阶段还不能把它作为判决的法律依据。本文把它一并列为立法问题,目的是想说明在我国的司法领域的确存在这样一种独特的做法:在法律没有明确规定时,最高人民法院以内部指导性文件的形式来规范法院系统适用法律的行为。

1.2　司法实践的问题

司法实践中,我国法院对于船舶油污责任限制案件的法律适用存在不同的判决,具体有以下三种不同的情况:

1.2.1　适用《民法通则》的情况

山东省高级人民法院(1997)鲁高经终字第32号民事判决书中认为《防止船舶污染条例》第13条规定:"航行国际航线、载运2000t以上的散装货油的船舶,除执行本条例规定外,并适用于我国参加的CLC 1969的规定"。该规定未明确国内沿海运输船舶也适用该公约,因此沿海运输的船舶不能按CLC 1969申请责任限制,判决被告按《民法通则》的规定承担责任。[2]

1.2.2　适用《民法通则》和《海洋环境保护法》的情况

在1994年8月成山头发生的"烟救油2"号事故中,青岛海事法院在山东省荣成市龙须岛渔业公司诉交通部烟台海上救助打捞局油污损害案一审审理未准许被

[1] 万鄂湘主编:涉外商事海事审判指导,人民法院出版社,2005年第2辑,第44-46页。

[2] 参见山东省高级法院民事判决书(1997)鲁高经终字第32号。

告提出的依据CLC 1969设立船舶油污责任限制的申请,而依据我国《民法通则》和《海洋环境保护法》判令被告赔偿损失。[1]

1.2.3 适用《CLC1969》的情况

广州海事法院在1999年审理从事沿海运输的"闽燃供2"号轮污染一案中认为,CLC 1969第一条规定:船舶是指装运散装油类货物的任何类型的海上船舶和海上船艇。没有对船舶吨位大小予以区别,因此应认为该公约适用于所有从事海洋运输,装运散装油类货物的船舶。而且该公约第二条规定:本公约适用于在缔约国领土和领海上发生的污染损害和为防止或减轻这种损害而采取的预防措施。我国在加入该公约时,没有对任何条款作出保留。同时,我国《海商法》第208条明确指出:中华人民共和国参加的国际油污损害民事责任公约规定的船舶油污损害的赔偿请求不适用于本章的海事赔偿责任限制规定。因此裁定责任方可以按照CLC 1969规定申请油污赔偿责任限制并设立船舶油污损害赔偿责任限制基金。[2]

1.3 理论上的问题

在学术界,学者们对船舶油污责任限制法律适用的观点也不一致,主要有以下三种不同意见:

1.3.1 适用《民法通则》的观点

有学者认为:船舶油污损害不是一般的海事损害赔偿,《海商法》只是针对一般海损事故,所以我国《海商法》第208条规定船舶油污损害的赔偿请求不适用《海商法》第11章规定的海事赔偿的法律制度。同样,交通部根据《海商法》制定的《关于不满300总吨船舶及沿海运输、沿海作业船舶海事赔偿限额的规定》也不适用于船舶油污损害赔偿。因此,只有《民法通则》中关于侵权民事责任的规定和民法中的公平责任原则才是处理这类案件的法律依据。[3]

1.3.2 适用《海商法》的观点

有学者认为,对于具备涉外因素的案件,只要国家没有保留规定,国际公约优先于国内法适用。但是对于没有涉外因素的案件,国内法应优先于国际公约适用。根据这一主张,中国当事人之间在中国沿海发生的船舶油污损害的索赔,属于一般的海事请求,应适用《海商法》第207条第1款"在船上发生的或者与船舶营运、救助作业直接相关的人身伤亡或财产的损失、损坏等"的规定,责任人应按照《海商

1 万鄂湘主编:中国涉外商事海事审判指导与研究,人民法院出版社,2002年第2卷,第307页。

2 万鄂湘主编:涉外商事海事审判指导,人民法院出版社,2004年,第122页。

3 刘正江:论载重2000吨以下航行在国内航线上的油船造成污染损害赔偿时的法律适用,载《中国海商法协会通讯》,1997年第12期,第16页。

法》第11章的规定,申请设立海事赔偿责任限制基金。[1]

1.3.3 适用《交通部关于不满300总吨船舶及沿海运输、沿海作业船舶海事赔偿限额的规定》的观点

有学者认为,我国不满300总吨船舶及沿海运输、沿海作业船舶不具有涉外因素不能适用CLC公约的规定,由于《海商法》该法第210条规定:"总吨位不满300吨的船舶,从事中华人民共和国港口之间的运输的船舶,以及从事沿海作业的船舶,其赔偿限额由国务院交通主管部门制定,报国务院批准后施行",因此对于此类船舶的油污责任限制应适用上述交通部的规定。[2]

1.4 产生问题的原因

1.4.1 国内法律的不完善

我国现行的国内法并未对船舶油污赔偿责任限制作出直接规定,有关船舶油污的责任限制在司法实践中缺乏可供直接援引的法律条文,导致法院适用法律上的困惑,审理案件时显得无可适从,有的是套用《民法通则》等一般法,有的是套用《海洋环境保护法》等行政性法律。而且,从国内的相关法律法规来看,与船舶油污责任限制有关联的法律条文要么仅仅是一些抽象的原则性规定,实践中可操作性很差;要么就是规定的十分含糊,用来作为定纷止争的法律依据就显得过于牵强,缺乏足够的说服力。

1.4.2 对国际公约在国内的适用方式认识不一致

条约必须遵守(Pacta Sunt Servanda)是一项古老的、公认的国际法原则。如果不遵守这一原则,那么缔结条约的意义就会荡然无存。然而事实上,各国在处理国际条约与国内法的关系问题时,存在着"一元论"和"二元论"的不同学说与做法。按照"一元论"的观点,一国参加的国际条约自然成为国内法,组成国内法律体系的一部分,约束国家与个人。按照"二元论"的观点,国际条约与国内法是截然不同的两种法律秩序,必须经过二次立法,否则不能直接适用。[3]

我国法律对国际公约在国内的适用方式尚未作明确规定,既不属于"二元立法模式",也不属于"一元立法模式"。在审判实践中,对于发生在我国境内的无涉外因素船舶碰撞造成的油污损害的责任限制大多数是适用《民法通则》、《海商法》、

---

1 徐庆岳,关于海事赔偿责任限额规定之评述,载《中国海商法年刊(1994)》,大连海事大学出版社,第339页。

2 司玉琢:沿海运输船舶油污损害赔偿法律适用问题研究,载大连海事大学学报(社会科学版),2002年6月第1-2期。

3 司玉琢:有关海事国际公约与国内法关系的立法建议,载《中国海商法年刊》,大连海事大学出版社,1999年,第3页。

《海洋环境保护法》等国内法律的规定，但也有适用我国已加入的 CLC 公约的案例。

2 我国船舶油污责任限制法律适用问题的解决途径

2.1 建立船舶油污损害赔偿法可以解决我国船舶油污责任限制法律适用问题

船舶油污损害赔偿是一种比较复杂的、特殊的海事纠纷，世界上主要的海运国家如美国、加拿大、英国、日本等都以专门的法律来规范船舶油污损害的赔偿问题。在 CLC 公约的成员国当中，英国、挪威、芬兰、希腊是将公约转化为国内立法，加拿大则是同时运行国内法和公约两套机制。鉴于我国法律对国际公约在国内的适用方式没有规定，以及司法界和学术界对 CLC 公约的认可程度不一致的特殊国情，笔者认为我国可以参照加拿大的立法模式，在目前国内清污和索赔水平较低，又无法律依据，赔偿不规范的情形下，先建立国内机制，取得经验，再逐步与国际接轨是一个比较切实可行的办法。笔者认为国家应根据 CLC 公约所确立的规则和精神，在公约的框架内进行船舶油污损害赔偿的立法，对船舶油污责任限制的法律适用进行统一规定，这样不但有助于解决长期困扰我国司法界和学术界的船舶油污责任限制法律适用问题，而且对其他诸如船舶油污赔偿责任原则等问题也可以得到很好的解决。

2.2 建立船舶油污损害赔偿法的理论和实践分析

2.2.1 法理上国际公约和国内立法可以共存的理由

(1)从国际法层面来看，按照条约法理论，公约内容转化为国内立法是缔约国执行公约义务的一种方式，因此我国通过建立船舶油污损害赔偿法来执行 CLC 公约是可行的。

(2)从国内法层面来看，首先，我国现有的法律没有对船舶油污损害赔偿作出规定，新建立的船舶油污损害赔偿法不会与现行法律发生冲突；其次，立法者在制定《海商法》第 208 条第 2 款时已经为将来对船舶油污责任限制另行立法预留了空间；再次，《海洋环境保护法》第 66 条的规定为建立我国船舶油污损害赔偿法奠定了法理基础；最后，《海事诉讼特别程序法》对船舶油污责任限制程序的规定不明确，我国可以通过建立船舶油污损害赔偿法弥补程序法的不足。

2.2.2 我国石油运输业的现状需要建立船舶油污损害赔偿法

我国自加入 CLC 1969 以来，目前中国籍载运 2000t 以上散装货油的国际航行船舶，已全部按照公约要求，进行了强制保险。但与国际航线船舶相比，我国沿海运输船舶的技术和管理水平还较低，特点是小船多，老旧船舶多，事故率高，发生事故后由于赔偿能力差,清污部门的积极性难以提高,进而影响到环境污染的状况越来越恶化。因此,通过建立船舶油污损害赔偿法,采取公约规定的责任限制和强制保险等措施,将有助于促使这类船舶的经营人努力改善船舶状况,减少油污事故的发生,这也符合加强环境保护的国际和国内立法趋势。

2.2.3 国际先进经验对我国立法产生良好的示范作用

国际油污赔偿机制运行30多年来,已被实践证明是科学和行之有效的,并得到了世界上越来越多国家的认可。我国船舶油污损害赔偿机制从起步开始,就不断加强了与国际海事组织、国际油污基金组织等国际组织的交流与合作,并且早在1980年就加入了CLC 1969。国际油污损害赔偿机制的成功经验和成熟做法,对我国船舶油污损害赔偿法的建立实施起到了积极的推动作用。

2.2.4 有关部门对建立船舶油污损害赔偿机制的调查研究为立法部门提供了决策依据

根据《海洋环境保护法》第66条规定:"国家完善并实施船舶油污损害民事赔偿责任制度;按照船舶油污损害赔偿责任由船东和货主共同承担风险的原则,建立船舶油污保险、油污损害赔偿基金制度。实施船舶油污保险、油污损害赔偿基金制度的具体办法由国务院规定"。为实施该法的规定,从1997年开始,我国有关部门已经对如何实施船舶油污损害民事赔偿责任制度进行研究并取得了一定的成果。

(1)交通部对建立油污损害赔偿机制的可行性研究

根据国际油污赔偿的实践和交通部对我国建立油污赔偿机制的可行性研究,可以说在我国建立一个符合我国国情的赔偿机制是切实可行的。由交通部科学研究院主持的《建立我国船舶油污损害赔偿机制实施办法的研究》项目,课题组已在北京、武汉、南京、大连、深圳、广州、上海、杭州、宁波等地进行了调研,召开座谈会11次,有93个单位参加了会议。单独走访了24个相关单位和部门,收集统计了176家航运公司1091艘油轮(尚不包括广东、上海、浙江的补充资料)和232家石油货主的资料,收回征求意见表96份。目前,有关"船舶油污强制保险"和"设立油污基金"制度的有关管理办法或条例,已由交通部及有关部委联合起草,正报国务院批准。

(2)政协代表的提案和有关部门的支持意见

2001年,9位全国政协委员联名提交了题为"关于加速建立我国油污损害赔偿机制案"的第2528号提案。在交通部征询各相关部委的意见的联合答复中,国家环保总局、农业部、财政部等部门均认为建立该机制是海洋环保所必需的,并表示积极支持此项工作。其一,国家环保总局提函[2001]16号文,主要意见为:"建立船舶油污损害赔偿机制……是海洋环境保护工作的一个重要组成部分，十分必要。船舶油污损害赔偿机制的建立，……涉及政府部门、法律、保险、石油公司等方面……有关部门应积极支持，尽快推动此项工作的开展”。其二，农业部办公厅农办渔[2001]39号文，主要意见为：“我部支持尽快起草建立我国油污损害赔偿机制的实施办法，并将尽力协助有关部门做好相关工作”。

2.3 我国船舶油污损害赔偿法的立法建议

2.3.1 实体方面

(1)无论船舶油污是否具有涉外因素，凡国际油污损害民事责任公约缔约国的船舶在我国领域发生油污损害的，其责任限制适用该缔约国已经加入并在该国生效的国际油污损害民事责任公约的规定。

(2)不同船旗的船舶发生油污，且漏油船舶的船旗国不属于国际油污损害民事责任公约缔约国，但船舶油污损害发生在我国领域的，其责任限制适用我国已加入的国际油污损害民事责任公约的规定。

(3)同一船旗的船舶发生油污，且船旗国不属于国际油污损害民事责任公约缔约国的，其责任限制适用船旗国法。

2.3.2 程序方面

(1)海事法院受理设立船舶油污赔偿责任限制基金的公告期间为3个月。公告发布后，债权人应当在公告期间就与特定场合发生的油污事故有关的债权申请登记。公告期间届满不登记的，视为放弃对船舶油污赔偿责任限制基金提出异议的权利，债权人仅可就基金分配后的余款进行分配。

(2)债权人向海事法院申请登记债权的，应当提交书面申请，并提供有关债权证据。债权证据，包括证明债权的具有法律效力的判决书、裁定书、调解书、仲裁裁决书和公证债权文书，以及其他证明具有海事请求的证据材料。

(3)在进行债权登记时，海事法院应当对债权人的申请进行表面合法性审查，实质性审查在开庭后进行。对提供债权证据的，裁定准予登记；对不提供债权证据的，裁定驳回申请，债权人可以另行提起诉讼。

(4)其他程序规定适用《海事诉讼特别程序法》第九章的规定。

2.3.3 制定船舶油污损害赔偿法后需要对现行法律作出的修订或补充

(1)《海商法》第208条第2款补充：本章规定不适用于下列各项“(二)中华人民共和国参加的国际油污损害民事责任公约规定的油污损害的赔偿请求；有关油污损害的赔偿请求适用‘船舶油污损害赔偿法’的规定”。

(2)《海商法》第210条第5款修改为：“总吨位不满300总吨船舶，从事中华人民共和国港口之间的运输的船舶，以及从事沿海作业的船舶，其海事赔偿责任限额由国务院主管部门制定,报国务院批准后施行;其油污赔偿责任限额适用'船舶油污损害赔偿法'的规定"。

(3)《海事诉讼特别程序法》第 101 条第 2 款修改为:"船舶造成油污损害的,船舶所有人及其责任保险人或者提供财务保证的其他人为取得法律规定的责任限制的权利,应当向海事法院设立油污损害的船舶油污赔偿责任限制基金。船舶油污赔偿责任限制程序适用'船舶油污损害赔偿法'的规定"。

3 结束语

本文采用案例分析的研究方法。首先,通过对我国船舶油污责任限制的法律适用情况进行回顾和总结,分析出现的问题及其原因。其次,对我国船舶油污责任限制法律适用问题提出解决途径和立法建议。最后,本文得出的结论是:第一,涉外因素并非我国适用国际公约的必要条件,我国区分涉外和国内案件分别适用国际公约和国内法律的习惯做法,不符合世界贸易组织规则的要求和《维也纳条约法公约》的规定;第二,CLC 公约作为国际统一实体规则,其在缔约国的适用并没有是否具有涉外因素的条件限制,只要船舶油污的特征符合公约的规定,公约就应当在缔约国得到适用,至于案件是否具有涉外因素,则在所不问;第三,鉴于我国法律对国际公约在国内的适用方式没有规定,以及学术界和司法界对 CLC 公约的认可程度不一致的特殊国情,笔者认为,在目前国内清污和索赔水平较低,又无法律依据,赔偿不规范的情形下,先建立国内机制对船舶油污责任限制的法律适用作出统一规定,待取得经验再逐步与国际接轨是一个比较切实可行的办法。

参考文献

[1] 北京大学法学院海商法研究中心. 海商法研究. 北京:法律出版社,2001 年第 1 辑

[2] 侯军,吕建. 当代国际海事法. 北京:人民交通出版社,1992 年

[3] 金正佳,翁子明. 中国海事审判的理论与实践. 深圳:海天出版社,1993 年

[4] 金正佳. 中国海事审判年刊. 北京:人民交通出版社,2000 年

[5] 梁慧星. 民法总论. 北京:法律出版社,1996 年

[6] 李浩培. 条约法概论. 北京:法律出版社,2003 年

[7] 司玉琢. 国际海事法趋势及对策研究. 北京:法律出版社,2002 年

[8] 司玉琢. 中国海商法年刊. 大连:大连海事大学出版社,2001 年

[9] 沈木珠. 海商法比较研究. 北京:中国政法大学出版社,1998 年

[10] [英国]R. P. 格兰姆. 李林,等译. 简明海商法. 上海翻译出版公司,1986 年

[11] 万鄂湘. 涉外商事海事审判指导. 北京:人民法院出版社,2004 年

[12] 肖永平. 国际私法原理. 北京:法律出版社,2003 年

[13] Andree Kirchner. International Marine Environmental Law. KIUWER LAW INTERNATIONAL,2003

[14] Xia Chen. Limitation of Liability for Marine Claims. KIUWER LAW INTERNATIONAL,2001

作者简介

陈远达,交通运输部广州打捞局法律事务室,通信地址:广州市沿江东路536号,邮编:510260,电话:020-34062262,13826411908(手机),电子邮箱:yuandachen@sohu.com。

论《航道法》立法的新思路
——从公物立法的角度出发

周　辉
（交通运输部水运科学研究所，北京：100088）

摘　要：本文立足于当前《航道法》起草工作的大背景，针对《航道法》与《航运法》合并立法这一阻碍《航道法》单独出台的问题，从公物立法的角度，通过勾勒出《航道法》新的立法框架，在论证其引入公物立法模式可行性的同时，在集中展现其本身作为公物行政法的特色制度的基础上，指出与作为市场秩序法的《航运法》有着根本的差异，从而为《航道法》立法工作的独立展开提供一个有力的理由。

关键词：航道；航道法；公物；公物法

Abstract: In this paper, we considered the background of the draft of the Waterway Law, especially focused on the topic whether the Waterway Law should be incorporated in the Shipping Law, which is the obstacle against the Waterway Law's independent enaction. Through the perspective from the public property legislation, we described a new legislation frame of the Waterway Law, demonstrate the probability of the introduction of the public property legislation, and concentrated on the characteristic of itself as an administrative law of the public property, in order to point out that it is throughly different from the Shipping Law which is a law on market order. This paper can be seen as a strong argument for the independent carrying out of legislative work of the Waterway Law.

1　引言

《航道法》自1995年启动立法工作以来，至今已经有15个年头。在此期间，交通运输部（原交通部）也先后形成多个版本的《航道法》草案，针对《航道法》也展开了大量调研，提炼、解决了不少理论和实践问题。至2010年，在立法过程中若干重大问题基本形成共识的基础上，受益于高层推动[1]，《航道法》正式列入国务院法制办工作计划[2]，《航道法》立法工作进入新的阶段。但是，有一个问题始终徘徊在《航道法》的起草过程中，近期又再次浮现，可能给《航道法》的立法工作带来新的变故。这就是从节约立法资源的角度出发，将《航道法》与正在起草的《航运法》合并立法。面对这一问题，当前各项研究成果并不能够提供一个有力的解决方案。如果不能给出一个《航道法》单独立法的合理理由，似乎制定一部涵及《航道法》相关内容的“大”《航运法》也未尝不可。但是，本文认为，从行政法学上公物这一概念出发，将航道作为典型公物来看的话，《航道法》则是典型的公物法，《航道法》所应规范调整的航道这一公物的建设、管理等行政法律关系，与《航运法》这一市场秩序法所规范调整的航运市场关系有根本的不同。二者一属行政法，一属经济法，勉强合并一起必会造成所调整的法律关系错乱、内容体例编排失序的困境。这样的《航运法》不要也罢。换而言之，本文认为《航道法》的立法框架应当充分体现其公物法特征，惟其如此才有《航道法》的独立性，惟其如此才能越过这一“变故”使得《航道法》下一步的立法工作更加顺利的展开。

因此，本文将从航道的公物属性出发，依托公物法的理论框架推导出《航道法》的立法框架，提供一个《航道法》立法的新思路；同时也通过这一新思路的可行性，为《航道法》立法工作的独立展开提供一个有力的理由。

2 公物概述

公物是典型的行政法学上的概念。行政活动的展开至少有赖于四种手段的存在，即法律手段（用以保证行政活动合法展开）、人的手段（行政活动展开所使用的人员）、物的手段和财政手段（一般属于财政学的研究范畴，不在此说明）。其中，法律手段对应的行政法学概念是行政行为，人员手段对应行政法学概念是行政人员及其组成的行政机构，物质手段对应的行政法学概念就是公物。[3] 可见，任何行政活动的展开都离不开公物。因此，任何完整的行政法学体系也不能忽略公物这一基本概念。事实上，各国行政法学虽然名称略有差别，但都有涉及。

---

1 2009年12月9日至12日，国务院副总理张德江考察调研长江和内河航运时提出，要加快《航道法》立法工作。详见：张德江副总理调研考察长江航运，http://www.moc.gov.cn/zizhan/zhishujigou/changhangju/guanlipindao/gongzuodongtai/200912/t20091214_643202.html

2 详见：《航道法》列入国务院法制办今年工作计划，http://www.chinanews.com.cn/gn/news/2010/01-08/2061610.shtml

3 王名扬：法国行政法，北京大学出版社2007年版，第12-13页。

2.1 大陆法系行政法学中公物的概念

首先,在行政法的母国——法国,行政法学界最早提出了公产这一概念。其所指内容就是公物所指内容。法国是典型的大陆法系国家,其法律体系有严格的公法与私法的界分。具体到行政主体的财产领域,也有相应的划分。法国行政法一般将行政主体的财产区分为公产和私产,前者受行政法的支配和行政法院管辖,后者受私法的支配和普通法院管辖。法国学者通常从比较的意义上把握公产的概念。19 世纪时,法院认为只有供公共直接使用的财产,如交通大道、可通航的河流才是公产。20 世纪初,奥里乌和狄骥提出除公众直接使用的财产外,供公务使用的财产也是公产。法国这种区分公产与私产的做法保障了公众自由、平等、安全、免费(或低费)利用公众用公物的权利,提高了公物的利用效率,对整个大陆法系国家行政主体的财产管理制度产生了深远影响,并使公物法成为大陆法系国家行政法的重要组成部分。[1]

在德国行政法学上,公物是指经由提供公用、直接用以达成特定公目的,适用行政法特别规则,而受行政公权力支配的物。这些公物常常冠以公共设施之名,以达成社会、文化和经济方面的目的,可分为广义上的公物和狭义上的公物。广义上的公物指国家或自治团体直接或间接供行政目的使用的物,包括财政财产、行政财产和共用财产。狭义上的公物则指上述行政财产和共用财产,不包括财政财产在内。[2]

日本的公物法理论与公物法法制是受到作为公所有权学说代表的法国法和作为私所有权学说代表的德国法的影响而发展起来的。[3] 在日本行政法学中,将应该作为服务于行政的推行而存在的物称为公物,将关于公物的法称为公物法,视为行政法的一个领域。[4] 在日本行政法学界,一般将国家或者公共团体直接为了公共目的而提供使用的有体物界定为公物。

在同样承袭大陆法系学说的我国台湾地区,公物也是行政法学的重要研究对象。在台湾著名公法学者翁岳生主编的《行政法学》一书专列一章,阐述"公物"的相关内容。根据台湾学界通说,行政机关遂行行政任务所提供的公物,包括直接供一般人民通常利用或特别利用之公共用财产。[5]

在上述大陆法系国家和地区,有关公物的概念,均存在所谓的最广义、广义与

---

1 王名扬:法国行政法,北京大学出版社 2007 年版,第 236-242 页。

2 [德]汉斯 · J. 沃尔夫,奥托 · 巴霍夫,罗尔夫 · 施托贝尔:行政法(第二卷),高家伟译,商务印书馆 2002 年版,第 455-459 页。

3 [日]大桥洋一:行政法学的结构性变革,吕艳滨译,中国人民大学出版社 2008 年版,第 192 页。

4 [日]盐野宏:行政法Ⅲ[第三版]行政组织法,杨建顺译,北京大学出版社 2008 年版,第 235 页。

5 李惠宗:公物法,翁岳生:行政法,中国法制出版社 2009 年版,第 423-424 页。

狭义的区别。最广义的公物包括行政主体的行政活动的展开所必要的一切财产，具体括财政财产、行政财产以及公共使用的财产三类。广义的公物指的是为行政主体展开行政活动所直接需要的财产，包括前述的行政财产与公共使用财产。狭义的公物指的是直接供公共使用的财产。

2.2 英美法系中有关公物的类似理论

英美国家没有类似法国和德国那样的公物或公产概念，但是其自然资源公共信托理论（Public Trust Doctrine，简称 PTD）在对公园、河流、湖泊等的管理上发挥了类似公物理论的作用。公共信托理论作为一个普通法财产概念，作为一项法律规则，其首要功能是明确了某些土地和水资源，包括潮间地和可航水域及其下方土地，都属于公共信托财产，只能供公共利益支用，从而与那些由政府拥有的其他财产（私产）相区别。根据美国各州的公共信托理论，公共信托土地、水域和野生动植物资源，都是以信托的方式为了人们的利益而由州加以控制，州在法律上享有对信托资源的所有权，而人们则可以为航行、钓鱼、商业娱乐等公共目的而使用这些资源。也就是说，州对信托资源的所有权是受到限制的，州不能为了私人利益（无论是政府的，还是个人的）而处置这些财产。因此，公共信托理论是作为保护某些有限的环境的利益的工具而出现的，如为了公共利益而保护沿海航道和渔区。[1]

2.3 公物的构成要件与判断原则

尽管各国学者对公物的界定存有异议，对公物的范围大小也存有不同观点，但总体来看，有一点是共通的，即公物存在的目的都是服务于公共利益，公物都是以存在公共利用为前提。但并非服务于公共利益的物都是公物，一项财产构成公物必须要具备两个要件：实体要件和程序要件。[2] 实体要件是公共利益功能和适用公法规则，这种公法规则最典型的表现是公物是“不可转让且不受时效约束的”[3]。程序要件是行政主体通过附加的形式上的意思表示和该财产被投入使用，即行政命名行为。公物命名行为，即是行政主体对财产作出开始公共使用

---

1 肖泽晟：公物法研究，法律出版社 2009 年版，第 75 页。

2 肖泽晟：公物法研究，法律出版社 2009 年版，第 24-25 页。

3 这是经典公法学的理论原则，但是随着政府管制模式的发展，现在已经有了例外性的突破，尤其表现在以 BOT 形式设置公物的案例中。一般的 BOT 案例中，政府在保有公物所有权的前提下，通过在一定期间内转让公物使用权或者股权或者特许经营权的方式吸引社会资本的投资。更为特殊的，在 BOOT（Build-Own-Operate-Transfer）这一 BOT 异化形式下，公物建成后所有权由项目公司取得。此时公物的所有权已经发生变更。但整体来看，这还是比较少的例外，并不影响前述经典理论原则的“原则性效力”。

的意思表示,使其成为法律意义上的公物的行为。[1] 可见,单有实体要件而没有程序要件,是不能充分解释公物的法律地位的。因此,对于那些属于私人所有的公园或者博物馆,尽管私人也可以将其提供给公众使用,但如果行政主体没有通过行政行为或者合同的方式在这种财产上设立供公共使用的使命,那么这种财产也不能称为公物。

综上可见,如果对公物做体系化的界定,即在大陆法系概念法学的模式与英美法学的普通法模式间选择前者的话,可以将公物简单的描述为:服务于公共利益+适用公法规则+行政命名行为。就现实可观察性而言,"适用公法规"则往往是不可触摸的,因此,一般情况下,可以通过是否"服务于公共利益"和是否存在"行政命名行为"这两点来判断公物的构成与否。进一步地,我们可以得出这样的推论:如何确保公物更好地"服务于公共利用"和合法、合理实施"行政命名行为"也是公物法的核心制度内容。

3　航道的公物属性

在我国大陆地区,公物仍然是一个学术意义上的概念,而非实定法上的用语。但事实上,我国存在着不少有关公物的立法,如《港口法》、《公路法》、《铁路法》、《土地管理法》、《煤炭法》、《电力法》、《邮政法》、《城市规划法》等等。事实上,《航道管理条例》也恰属于公物法的范畴,即针对航道这一公物进行规范的行政法规。

下面将根据上文所述的公物判断原则,对航道的公物属性进行论证。

3.1　有关法规、规章、规范性文件对于航道的定义

3.1.1　《航道管理条例》中航道的定义

《航道管理条例》中对航道的定义,是我国已有的法律法规中,迄今为止最早对航道进行的明确定义。

《航道管理条例》在正文第四条中明确提及了"航道事业"这一概念,并在附则中对"航道"做了具体界定:"航道"是指中华人民共和国沿海、江河、湖泊、运河内船舶、排筏可以通航的水域。同时也对国家航道、专用航道、地方航道的含义作了如下解释:

"国家航道"是指:(1)构成国家航道网、可以通航500吨级以上船舶的内河干线航道;(2)跨省、自治区、直辖市,可以常年通航300吨级以上船舶的内河干线航

---

1 [德]汉斯·J.沃尔夫、奥托·巴霍夫、罗尔夫·施托贝尔:行政法(第二卷),高家伟译,商务印书馆2002年版,第464页。

道;(3)沿海干线航道和主要海港航道;(4)国家指定的重要航道。

"专用航道"是指由军事、水利电力、林业、水产等部门以及其他企业事业单位自行建设、使用的航道。

"地方航道"是指国家航道和专用航道以外的航道。

3.1.2 《航道管理条例实施细则》中航道的定义

《航道管理条例实施细则》第四条明确指出"航道是重要的水运交通基础设施"。并在《航道管理条例》的基础上对国家航道、地方航道作了如下解释:

国家航道是指:

(1)构成国家航道网、可以通航500吨级以上船舶的内河干线航道;

(2)跨省、自治区、直辖市,可以常年(不包括封冻期)通航300吨级以上(含300吨)船舶的内河干线航道;

(3)可通航3000t以上(含3000t)海船的沿海干线航道;

(4)对外开放的海港航道;

(5)国家指定的重要航道。

地方航道是指:

(1)可以常年通航300吨级以下(含不跨省可通航300吨级)船舶的内河航道;

(2)可通航3000吨级以下的沿海航道及地方沿海中小港口间的短程航道;

(3)非对外开放的海港航道;

(4)其他属于地方航道主管部门管理的航道。

3.1.3 《航道工程基本术语标准》中有关航道的定义

原交通部在制定《航道技术政策》时,将航道划分为国家航道、地方航道和专用航道。后来国家颁布《航道管理条例》,又正式肯定了这一划分办法,并明确了划分标准。其后,交通部组织制定《航道工程基本术语标准》时,沿用上述办法和标准,将三类航道的含义作了如下表述:

(1)国家航道:系指构成国家航道网、可通航500吨级以上船舶的内河干线航道,跨省、自治区、直辖市可常年通航300吨级以上船舶的内河干线航道,可通航3000吨级以上的海船的沿海干线航道,以及对外开放的海港航道和国家指定的重要航道。

(2)地方航道:系指可以常年通航300吨级以下船舶的内河航道,可通航3000吨级以下海船的沿海航道,地方沿海中小港口间的短程航道,非对外开放的海港航道,以及其他属于地方航道主管理部门管理的航道。

(3)专用航道:系指由军事、水利水电、林业、水产等部门以及其他企事业单位自行建设和使用的航道。

3.2 作为《航道法》调整对象的航道

从现有规定来看,《航道法》调整的航道有三类,即国家航道、地方航道和专用航道。相对于专用航道而言,国家航道、地方航道均属于公用航道。也就是说,存在部分专用航道系仅供其建设单位使用的情形。[1] 但是,从立法技术的角度来看,《航道法》的调整对象核心是国家航道和地方航道,专用航道并非其着力点和着眼点。另外,一旦专用航道产生其建设单位以外的公共性问题,应当是准用《航道法》有关国家航道和地方航道的规定的。这也是为什么在《航道管理条例》中,会在多处专门针对专用航道的作出规范。即:

专用航道发展规划由专用航道管理部门会同同级交通主管部门编制,报同级人民政府批准后实施。

在沿海和通航河流上设置专用标志必须经交通主管部门同意;设置渔标和军用标,必须报交通主管部门备案。

这也进一步说明,虽然现有航道法规范涉及到了专用航道,但是,部分专用航道并非公用航道这一事实并不会影响"《航道法》主要是规范公用航道的法律"这一判断。

3.3 航道的等级划分

在我国,内河航道等级由高到低分为7级,即Ⅰ级航道、Ⅱ级航道、Ⅲ级航道、Ⅳ级航道、Ⅴ级航道、Ⅵ级航道、Ⅶ级航道,这7级航道均可称为等级航道。通航标准低于Ⅶ级航道可称为等外级航道。在我国航运比较发达的平原省区,等外级航道的作用也不可忽视。沿海航道目前没有明确的等级划分,只是沿海进港航道按照码头泊位的大小或所能航行的船舶吨位大小,划分了航道级别。

对此,《航道管理条例》和《航道管理条例实施细则》均作了相关规定:

《航道管理条例》第十条:

航道应当划分技术等级。航道技术等级的划分,由省、自治区、直辖市交通主管部门或交通部派驻水系的管理机构根据通航标准提出方案。一至四级航道由交通部会同水利电力部及其他有关部门研究批准,报国务院备案;四级以下的航道,由省、自治区、直辖市人民政府批准,报交通部备案。

《航道管理条例实施细则》第十四条:

航道的技术等级,是确定跨河桥梁、过船建筑物和航道建设标准的依据。内河

1 一些航道虽然仅供本单位使用,但并不能认定其无公共价值。比如军事航道,虽然排斥非军事目的使用,但其本身所附带的军事、国防价值就是典型的公共价值。

航道技术等级的划分,应当根据国家规定的全国内河通航标准,经过技术经济论证,充分考虑航运远期发展需要后确定。一至四级航道由省、自治区、直辖市交通运输主管部门或者交通运输部派驻水系的管理机构提出方案,由交通运输部会同水利部及其他有关部门研究批准,报国务院备案。五至七级航道由省、自治区、直辖市航道主管部门提出方案,经省级交通运输主管部门同意,报省、自治区、直辖市人民政府批准,并报交通运输部备案;其中五至七级跨省、自治区、直辖市的航道技术等级由有关省、自治区、直辖市航道主管部门共同提出方案,经有关省级交通运输主管部门同意,报有关省、自治区、直辖市人民政府联合审批,并报交通运输部备案。七级以下的航道技术等级,按省、自治区、直辖市人民政府颁布的内河通航标准规定的审批权限办理。

已经批准的航道技术等级不得随意变更,如确需变更,必须报原批准机关核准。

3.4 航道的公物属性判断

由上可见,除部分专用航道以外,航道的建设是为公共事业,航道本身是重要的基础设施。航道作为向公众提供通航服务的物质载体,显然是服务于公共利益的。

航道的公共属性比较容易认知,也比较容易达成共识。但是从公物的程序要件对航道进行比对判断,就需要借助有关航道等级划分这一环节才能展开。在通常情况下,航道的建设应当以航道规划为前提,即航道应当在航道规划的范围展开建设。而在航道规划中,有一点是必须明确的,即规划建设什么样的航道,用规范化的术语来说,就是规划建设什么等级的航道。一旦确定建设某特定等级的航道,就确定了该航道提供通航服务的能力和水平。而这也恰就是其提供公共服务的实质内容。换而言之,当确定航道的等级时,也就在确定其提供公共服务的同时,确定了其提供公共服务的具体内容。因此,航道的等级确定行为就是一个间接的行政命名行为。

由此可以得出,公用航道建设一般是同时具备了“服务于公共利益”和存在“行政命名行为”两项要件的。进一步地,公用航道的公物属性这一结论就可以自动得出。

3.5 小结

直观地判断,航道是公物这一命题并不是一件难事,甚至这可能就构不成一个问题。本文对此做上述推演的目的并不在于能够证成这一明显成立的命题,而是通过勾勒航道作为公物的基本构成要件,揭示出通过公物法的理论立法框架构建航道法立法框架的可能性。具体言之,即如果能够在航道法中找出对应公物法的核心基本制度的内容,也就从操作上解决了航道立法采取公物立法模式的可行性。从现有航道法律规范中,我们不难看出,其确系围绕航道作为公物的公共服务(通航)展开的;另外,航道的等级划分制度的存在,也从侧面印证了引入公物命名行为的可能性。因此,航道法是完全有可能参考公物法的立法框架开展相关立法工作的。

4 公物立法框架简析

从公物成立至公物消灭的客观逻辑出发,公物立法应依次建构公物建设前的准备——公物规划制度、公物的具体建设——公物建设制度、公物开始公用——公物命名制度、公用过程中公物管理制度、公物公用过程中的公物致害赔偿制度、公物公用过程中的公物保护制度、公物消灭制度。据此,我们可以简单地推导得出以下公物立法框架。

4.1 公物规划制度

公物的建设有其特殊性。公物的建设必须合法、科学。这是由其公共属性决定的。公物的建设涉及到公权力的运用和公共财产的投入,应当有严格的程序予以规范。而规范公物建设的起点就是公物的规划。从宏观上制定较长期间内的公物建设规划,通过规划的框架限定和规范公物的建设。这里的限定就是指公物建设的总体数量和总体布局;这里的规范指的则是公物的建设应当与其他相关公物建设或者公物的其他功能发挥相衔接、相协调,以增加公物的正面社会效益、降低公物的负面社会效益。

4.2 公物建设制度

公物建设制度是确保公物能够发挥其拟定社会公共功能的关键。具体来说,公物建设制度包括公物建设负担主体的确定制度、公物建设资金来源制度、公物建设程序和公物建设标准制度。

4.3 公物命名制度——公物的等级划分及种类划分

公物命名是指有权国家机构对已经由政府控制的财产作出开始公用的意思表示的行为。公物命名可以是通过法律、法规、规章直接加以规定,也可以采取让公众明确公用意思表示的具体行政行为、合同等其他形式。

公物命名的客体是经命名机构或其依法委托的专门机构验收合格,确认已经达到国家规定的技术与安全标准的财产。

公物的命名同时可能涉及公物的等级划分和种类划分,以进一步明确公物的具体公共用途。[1]

---

1 肖泽晟:公物法研究,法律出版社 2009 年版,第 346 页。

4.4 公物管理制度

公物管理制度主要涉及以下具体内容：

(1)公物管理机构的确定，即确立公物管理体制；

(2)公物范围的确定制度，即划定公物保护范围；

(3)公物的维持、修缮制度，即确立公物养护制度、确定养护费用来源；

(4)公物使用规范，这包括公物的一般使用（符合公物设置目的的使用）和特别使用（超出公物公共用途范围的使用），可能涉及到公物使用相关的许可制度；

(5)对于公物邻接区域的规制，即为防止对公物用途发挥造成障碍而确立的公物保护范围内的行为规则。

4.5 公物多元用途冲突协调制度

公物往往本身有两种甚至以上的社会功能，承载了不止一种社会利益。对于公物使用上的多元利益冲突，应尽可能由各方利益主体或其代表通过协商的方式解决。但对于不同行政机关间就其职责范围内的公物使用争议，国际上主要有三种途径：一是议会途径，即由议会或宪法法院来解决管辖权争议，如英国和西班牙；二是司法途径，如日本《行政事件诉讼法》第6条规定的“机关诉讼”；三是行政途径，即由争议机关之间协商或由共同的上级行政机关裁决权限争议，这是为多数国家确立的主要解决途径。

4.6 公物致害赔偿制度

公民在依法使用公物过程中，因公物的物理瑕疵或者公物管理机关的管理瑕疵而受到人身或财产损坏的，有权要求国家赔偿。

在公物命名所确定的公共用途范围内，公民、法人或者其他组织在使用公物中发生的损害，既不能归责于公物管理机关和公物使用人，也不能归责于第三人的，有权依法要求国家补偿。

4.7 公物保护制度

任何公民未经许可而实施损害公物公用目的活动的，公物管理机构可以责令其停止违法行为，对公物造成损失的，可以责令其赔偿损失，拒不停止违法行为的，可采取强制措施。

4.8 公物消灭制度

因其他公物建设等公共利益的需要，确需取消公物命名的，应依法通过一定的程序取消公物命名，以正式废止公物的使用。

5 航道立法框架

根据前述公物立法框架,我们结合航道相关制度,可以得出如下航道立法框架。

5.1 航道规划制度

在对航道进行定义的基础上,结合现有行政规划法律的规定,确定航道规划制度。尤其是在现有《航道管理条例》基础上,做好与相关综合性规划和专项规划的衔接、协调。

5.2 航道建设制度

确定航道建设的负担主体和航道建设的资金来源的制度;确定航道建设基本程序和航道建设标准制度。

5.3 航道命名制度

航道应当由法定机关(航道管理机关或者其他适格主体)划定[1]并公布,即为航道命名制度。为了进一步明确航道的管理主体及其具体公共用途,在航道命名的同时明确航道的具体种类、级别。航道一经命名为公用航道,即应按照其设定的通航能力投入公共使用。

5.4 航道管理、养护制度

航道管理、管理制度主要涉及以下具体内容:

(1)航道管理机构的确定,即确立航道管理体制,从最有效地发挥航道公物资源作用的角度出发,本着充分调动各方积极性的原则,合理配置中央与地方管理事权;

(2)航道保护范围的确定制度;

(3)建立航道养护制度并确定养护费用来源;

(4)航道使用规范,包括公物的一般使用(符合公物设置目的的使用)和特别使用(超出公物公共用途范围的使用),可能涉及到公物使用相关的许可制度;

(5)对于航道邻接区域的规制,即为防止航道的侵占、破坏和损害而确立的航道保护范围内的行为规则。

5.5 航道与水资源其他多元用途冲突协调制度

考虑到我国的行政体制,对于航道与水源其他多元用途的冲突,能够以法律明确规定的,应在《航道法》中予以解决;对于不能解决的,可在做模糊规定的基础上

---

1 对于自然航道,只需要由相应命名主体进行划定并公布即可。

强化各级政府的协调职能,通过实际操作中的内部行政协调予以解决。

5.6 航道使用中的国家赔偿和国家补偿制度

考虑到我国的立法体系和国家赔偿制度、国家赔偿制度发展现状,鉴于该制度在公物单行法中规定难度非常大,可暂不予以考虑。

5.7 航道保护制度

任何公民未经许可而实施损害航道的活动的,公物管理机构可以责令其停止违法行为,对航道造成损失的,可以责令其赔偿损失,拒不停止违法行为的,可采取强制措施(包括代履行)。同时,为了加强航道的动态保护,建立航道监督检查制度。

5.8 航道废止制度

因其他公物建设等公共利益的需要,或受到地理环境的客观影响,确需取消航道命名的,应通过依法取消航道命名,废止航道的使用。否则,不能终止航道养护机关的养护责任。

6 余论

本文通过将公物理论具体到航道领域得出了新的《航道法》立法框架。这一立法框架仅仅只是框架,并不能解决框架内制度具体构建的细节问题,但是它的价值在于,集中反映了《航道法》作为一部公物法的特色。而这样的公物立法特色是不可能通过《航运法》的立法体例表现出来的,因为《航运法》作为一部市场秩序法也注定是不能体现公物部门行政法规范特色的。而这一点正是本文提出航道立法新思路的主要所指。

从“富城”轮船员被起诉案件谈海上意外事故中的船员权益保护

王晓娟　毛学升

(山东海事局,青岛,266002)

摘　要:本文通过对近几年国际上发生的海上意外事故中船员被判刑案件的介绍,根据类似案例的不同结果,通过梳理国际公约和法律的相关规定,分析事故发生国起诉船员行为的原因及起诉船员与公约和法律规定之间的矛盾与冲突,从国际、国家、行业、船员四个层面展望海上意外事故中的船员权益如何受到保障。

关键词:“富域”轮案件;海上事故;船员权益

航海这个职业的性质使得船员在政治、法律和经济上成为社会中的弱势群体[1]。近年来,国际社会上已发生多起船员在海上意外事故中遭到长期滞留、被提起刑事诉讼甚至判刑的案例,如河北精神轮韩国溢油事件,中远釜山号美国撞桥油污事件等,越来越多的船员受到不公平待遇,船员的权益保护已经引起国际上多方面的热切关注。2004 年 6 月国际海事委员会(CMI)在加拿大温哥华举行会议,对“船员被判有罪”议题进行讨论,引起国际社会及各国的广泛重视。国际海事组织于 2005 年 11 月底第 24 次大会中采纳《在海上意外事故中公平对待船员准则》决议案。

国际运输工人联合会总干事科克罗夫特认为,海员犯罪是国际海运发展史上极为丑恶的一面。海上意外事故发生后,当事船员受到事故发生国拘禁及罚款甚至判刑的惩处究竟是否合理一直存有争论,各国做法也大相径庭,如何保障船员的合法权益实现公平对待船员是目前急需解决而又困扰业界的一大问题。

1　中远“富城”轮事件简述

2009 年 7 月 30 日深夜,中远香港航运有限公司管理的巴拿马籍货船“富城”轮在挪威遭遇夏季风暴,主机出现故障,锚链断裂后搁浅,主机燃料舱出现裂洞。23 名中国船员中,16 人在挪威海岸救援队的帮助下乘直升机撤离,剩余 7 人(包括船长)坚守船上协助挪威技术小组阻止漏油,最终约 200t 燃油(共装载 1120t 燃油)泄漏。

挪威警方8月3日宣布,船长和三副的身份从证人转为犯罪嫌疑人。后来,当地上诉法院曾决定批准二人取回护照保释回国,但10月15日又推翻此判决,继续扣押。他们被软禁在当地一家旅馆,12月曾获准暂时返回中国。

2010年5月,当地法庭判船长违反污染管理及船舶安全与保安条例罪,入狱6个月,缓刑4个月;三副违反污染管理条例罪,入狱2个月,缓刑5星期,两人均需被感化两年。被告代表律师认为事故属不幸巧合,法庭对海员的判刑过重,表明会提出上诉。

2　近几年国际上影响较大的船员遭起诉案例介绍

2.1　2007年“河北精神”号溢油事件

2007年12月7日,载有约26万吨原油的中国香港籍大型油轮“河北精神号”在韩国西锚泊期间,被韩国籍失控浮吊船三星1号擦碰,左舷三个货油舱受损,溢油10500t,酿成了严重的环境灾难。

韩国一审法院宣判“河北精神”号印度籍船长和值班大副无罪。二审以破坏财产罪判决船长监禁1年6个月及罚金;大副监禁8个月及罚金。2009年4月23日,在国际舆论的呼吁下,韩国最高法院裁定二人破坏财产罪不成立,但没给出明确的判决结果。6月11日,韩国大田法院裁定,二人破坏财产罪不成立,但早前已裁定的疏忽和违反防污染法的罪名成立,二人需要缴纳相应罚款。两名船员于13日回国。

2.2　2007年“中远釜山”美国撞桥污染事件

2007年11月7日上午,“中远釜山”号由美国引航员科塔领航,在雾中撞上海湾大桥桥墩,漏油5.3万加仑。包括船长在内的6名中国籍船员被安排在一家旅馆,配合当地法院的调查和出庭。

在泄油事件满周年当天,法院同意让2名船员可于当月返回中国,其他船员仍滞留美国。2009年7月17日当地法院以疏忽影响海湾和杀害候鸟两项罪名判处引航员10个月刑期,中国籍船员无罪释放。

2.3　2003年“塔斯曼精灵”号巴基斯坦溢油事故

2003年8月12日“塔斯曼精灵”号进入卡拉奇港航道时发生搁浅事故,13日不幸翻沉,28000t原油溢出海面。船长、6位船员及救难船长被以协助港务局进行初步调查为由被滞留,后全被起诉,滞留9个月,最后证明搁浅的主要原因是海图更新与资料错误,判决他们无罪。

2.4　2002年“威望”号溢油事故

2002年11月13日,装载有7.7万吨燃料油的悬挂巴哈马国旗的希腊油轮“威望”号航行到西班牙海域时,恶劣气象使得这艘26年的老船触礁搁浅,35m长的裂口使燃油大量外泄。西班牙政府将27名船员救到安全地带,担心无人驾驶的船只沉没在西班牙近海引起更严重的污染,派4艘拖船将其拖到公海。19日该船在公海上断为两截,沉入海底,大量漏出的黑原油造成广泛的污染,包含西班牙、葡萄牙和法国海岸。目前仍有原油溢出。

船长上岸后被逮捕,并被监禁83天后获保释,但禁止离开西班牙,并从事件发生后每天需向地方警局报到。至2004年,改为每周访谈一次。最后,巴哈马海事局长达265页的报告证明船长没有任何过失,法院判定船长及船员无罪。

3 事故发生国滞留/起诉船员的原因分析

航海自古就是一项极具风险的活动,直至今天海上事故仍然频频发生,其中不乏造成严重人员和财产损失的重大海难事故。尤其是随着船舶吨位的不断升级,海难事故造成的后果越来越严重,对环境致命性污染就是其突出问题之一。近年来,重大海上意外事故(主要是重大污染事故)发生后,许多事故发生国对船员起诉甚至判刑,在发达国家,这种情况尤为严重。事故发生国滞留/起诉船员是因为这么做符合其利益诉求,主要有以下几点:

3.1 事故发生国为了方便事故调查和案件审判而滞留船员

事故发生后,事故调查是不可缺少的,而且必须得到船员的配合才能够完成。对于这一点,当事船员能够理解,一般情况下也比较配合。但是,对于重大船舶污染事故,尤其是事故发生国决定要提起诉讼时,就可能会强势扣留船员,禁止船员出境,如保证当局取证时随叫随到。然而,事故调查或取证的进展速度往往超乎外界的想象,法律程序也变得非常缓慢且效率低下,即使最终被判无罪或处以罚金,船员被留置一年半载已是司空见惯的事情。

在类似的船员被扣留案件中,河北精神号事件两名船员滞留韩国的经历较具代表性,即不管最后的判决结果、赔偿结果如何,事故发生国总会以各种各样的理由如接受调查、审问、出庭作证等拒绝船员的出境要求,其中不乏没收护照、限制人身自由等行为。长时间的滞留,对任何人来说,都是对其精神的摧残,而事故发生国常常对这一事实忽视不管,身在异国他乡的当事船员只能继续忍受着低效率的法庭程序的煎熬。

3.2 事故发生国为了方便后续求偿而扣留船员

海运业曾被许多人认为是世界上环保功能最强的运输模式,可是,这种说法越来越受到置疑。英国伦敦2007年12月出版的《国际集装箱化》报道说,海洋环境污染中有35%的污染为船舶污染,其中最主要是油类物质。据估计,每年由于石油运输活动,排放到海洋中的石油高达100多万吨,是人类其他活动泄入海洋石油量的10倍,船舶污染已使海洋环境难以承受。

随着船舶吨位的不断升级,海难事故尤其是重大船舶污染事故发生的风险加剧,造成的后果也越来越严重,给事故发生国带来巨大损失,巨额赔偿金往往令人瞠目结舌,赔偿数额动辄上千万甚至几亿、几十亿美元。因为事故所造成的损失不止是一艘船、一些油,而是整片海域以及海域内的海洋生态、海产养殖、沿海旅游业甚至是人的生命健康等全面损失。

在世界航运史上,记录在案的油污染事故往往造成严重后果和巨额损失。1989年3月,“埃克逊·瓦尔德兹”号油轮在加拿大西海岸搁浅,漏油约3.6万吨,事故涉及的污染损害赔偿费用、清污费用和罚款等高达80亿美元。“河北精神”号溢油事故共溢油1.05万吨,是韩国史上最严重的一次。官方估计经济损失为1.04亿美元,总索赔金额达3~5亿美元。

目前国际上的溢油赔偿机制大致可分为3种。一种是按照《国际油污损害民事责任公约》的要求,船东安排保赔险,油污事故发生后,核定船东的责任限制进行赔偿。另一种是以国家的名义加入《国际油污损害赔偿基金公约》,由货主负责支付基金,船东责任限制赔付满之后不足部分,由国际油污基金弥补。此外,还有一种是美国、加拿大、日本等少数国家自己制定的本土油污保障体系,往往比国际公约更加苛刻严格,如美国油污法(OPA)规定了船东的无限责任条款。

目前还有部分国家如中国未加入国际油污损害赔偿基金公约,即使全部国家加入,随着天价赔偿金额出现概率的增加,船东保赔险和基金赔偿后,仍可能损失不能完全受偿。美国既然制定了严格的国内法律,在执行过程中肯定不会“手软”,其他国家为了后续求偿过程的顺利进行及赔偿金额尽可能多地获得,亦会想尽各种办法,如扣留船舶,而当事故船舶无经济价值时,扣留船员则成了首选,此时的船员实际上被当成了人质,实现以刑事逼民事而获得更多赔偿金额的意图。

3.3 起诉船员是事故发生国法律的规定及政治上的需要

在许多国家,国内法律都规定船员因为执行职务中的过失造成重大海上事故要承担刑事责任,因而适用国内法律判定船员刑事责任的案例越来越多。另外,当海难发生后,因巨大经济损失常常会使受害者异常悲痛、愤怒甚至失去理智,强烈谴责当事船员并要求无条件赔偿损失,社会舆论的介入使原本单纯的海事案件染上政治色彩,使得普通老百姓要求对当事船员施加刑事责任的呼声越来越高,为了缓解国内百姓和舆论压力,使其获得心理安慰,当地政府往往会不顾国际法及人权的规定,适用国内法对船员采取严格责任,使船员变成政府的替罪羊。CMI秘书长

Mitropoulos 先生曾指出,诉讼的主要目的是维系海上安全,并兼顾合理要求,并非找人替罪,希望各国政府不要将船员视为替罪羔羊。

3.4 事故发生国借起诉船员之机对其他船员起到一定的震慑作用

刑事责任作为保证船员履行职责的手段在国外被广泛使用,尤其是经济发达国家,凭借其在世界经济的优势地位,起诉船员在国际舆论、该国船舶在国外接受严格安检、港口货物吞吐量等方面产生的负面影响他们并不惧怕,反而能够借此机会对其他船员起到一定的震慑作用,成为迫使其他船员尽责的有效手段之一,使船舶经过该国时能够最大限度地谨慎驾驶,尽量不发生海上意外事故,进而确保该国的经济利益不受损失。

4 起诉船员与公约和法律规定之间的矛盾与冲突

国际公约和相关法律等从不同角度在海上事故发生后公平对待船员权益问题上有着比较一致的规定,概括起来主要有:海上事故发生后对船员适用的处罚方式,获得适当法律程序保护的法定权利,事后处理程序中船员基本人权的尊重和保障,海上事故原因的迅速调查,追究犯罪者刑事责任的过程中防止国家权力被滥用,实现司法公正。下文结合案例分析起诉船员与相关规定之间的矛盾与冲突。

4.1 起诉船员未遵守相关法律规定的条件

近年来,海上意外事故发生后,船员被起诉甚至判刑的几率在增加,那么,相关国际公约是如何规定的,在什么情况下船员才能被处以刑事处罚呢?

《联合国海洋法公约》第 230 条“罚款和对被告的公认权利的尊重”前两款[2]明确了发生海上污染事故后船员被起诉的条件,外国船只违反海洋环境污染相关法律法规等行为,在领海以外只能罚款,而在领海以内,除非同时具备了“故意”和“严重污染”两个条件,否则也只能处以罚款,不能够擅自进行其他司法惩处如刑事处罚。

MARPOL 73/78 附则 I 防止油类污染规则第 11 条“例外”条款[3]也可以看出,当船员尽可能地预防损害的发生,或尽早发现与预防污染物溢出,或已采取了一切合理的预防措施尽可能地减轻污染时,MARPOL 73/78 的强制责任条款将不再适用,除非船东或船长知道损害会发生,是故意而为,且不在乎损害发生的结果。

“富城”轮漏油事故中,船舶在强风的吹袭下主机故障和锚链断裂而搁浅,本身属于不可抗力,在挪威救援人员到达之前,在船长的带领下,船员采取相应技术手段防止漏油扩大,16 人已撤离后,剩余 7 人依然坚守船上协助挪威技术小组阻止漏油。可见,污染的造成首先排除了船员是“故意”而为,挪威对船长和大副起诉直至判决是有悖《联合国海洋法公约》第 230 条本意的，也违反了 MARPOL 73/78 的例外条款。

4.2　刑事诉讼中船员基本权益未得到充分尊重

《联合国海洋法公约》第 230 条第三款"对于外国船只所犯这种违反行为进行可能对其加以处罚的司法程序时，应尊重被告的公认权利"蕴含着对船员基本人权和自由的保护。

另外，《联合国海洋法公约》第 292 条船只和船员的迅速释放条款规定，提供合理的保证书或其他财政担保经后，由船旗国或以该国名义提出释放申请，扣留国应毫不迟延地释放船只或船员，以案件的任何情况为借口拖延释放或不释放都是与公约背道而驰的。

作为构成《国际人权公约》三个人权法律文件之一的《公民权利和政治权利国际公约》中，涉及刑事诉讼的内容在整个公约中占有很大比重，目的是防止国家追究犯罪者刑事责任的过程中滥用权力，实现司法公正。

2006 年海事劳工公约强调遵纪守法措施和强制执行措施，以保证为船员提供适当的工作条件，被称为全球船员的"权利法案"。其中，导则 B4.4.6"在外国港口的船员"对保护发生海上意外事故后的船员权益保护提出了具体要求。

然而，实际情况是，无论有罪无罪，只要进入司法程序，船员就成为任人宰割的羔羊，很难获得人道待遇和人格的尊重，更别提享受到公认的权利。重大海难发生后，海事调查取证过程及法庭程序相当繁琐，以所谓的事故调查和法庭审判时须保证随时作证为借口限制了涉事船员的自由，当保释请求不被接受时，为了配合调查，船员必须还押，实际上是被监禁。即使其他未被起诉的船员，也必须滞留当地，配合法庭调查与作证，而调查期间可能长达数月、数年，船员因不工作而失去收入，并且不能保证船东是否会支付诉讼期间船员的工资，关心他们的生活，更不可回国与亲人团聚，对船员来说，增加了经济上的负担和精神上的沉重压力。即使保释被核准，一般情况下保释金额较大，船员本人难以负担，则又是还押。当船员被判决有罪，可能被监禁，也可能被处以罚款。如果被判无罪，也没有人支付其因诉讼所造成的损失与赔偿。

下面用典型案件中船员所享受到的"待遇"来证明船员基本权益被侵害的事实："塔斯曼精灵"号溢油事故中，虽然船员最后无罪，但被滞留 9 个月；"富城"轮船员除了很短的一段时间回国外，长达 9 个月的时间被软禁在当地；"河北精神"号船员在被滞留韩国 550 多天，并曾入狱 35 天；"威望"号溢油事故船长上岸后被逮捕，并被监禁 83 天后获保释，但禁止离开西班牙，将近两年后才被判无罪。

船员被滞留及扣押的时间，少则数月，多则达 2 年多，联合国有关法律文件中

“有权获得律师的帮助,有权在合理期间内接受审判”的规定似乎不存在。如此做法对人精神的折磨是常人难以忍受的,失去自由,承担压力,合法权益被侵害,国际人权被践踏,而且得不到赔偿,事故发生国为了自身利益而忽视国际人权和自由的做法对于公约的规定能否严格执行是一种挑战,同时更加折射出船员群体在政治、法律上的弱势地位。

5 船员权益保障前景展望

船员被判刑将导致一些不良后果:第一,保护自我权益的本能将使得他们不愿配合海难事故调查业务,海事调查会进展不顺;第二,海上意外事故中船员被判刑,会使越来越多的优秀高级船员不愿从事船员这个职业,高级船员的缺口会越来越大;第三,优秀高级船员的减少势必让经验不足的年轻船员晋升并担当驾驶、管理船舶的重任,将造成更多的安全问题[4]。因此,如何使船员的合法权益受到应有的尊重和保护成为航运界近年来关注的焦点问题。

(1)从国际层面来说,国际海事组织(IMO)尽快制定保障船员权益的公约法律,国际劳工组织(ILO)等国际组织应积极促进保障体面劳动公约的生效。

IMO 于 2005 年 1 月底第 24 次大会中采纳了由 IMO 与 ILO 成员的联合工作小组起草的《在海上意外事故中公平对待船员指南》决议案。该指南反映了国际海事界对公平对待船员的关切,是国际上关于公平对待船员的第一份、也是目前唯一一份法律文件,具有很强的导向性作用和影响。虽然指南强调整个海事行业对公平对待船员问题的关注,但由于不是强制性文件,对各国执行的效力不具有约束力,所以强烈呼吁国际海事组织尽快组织制定并通过能够强制各国执行的相关法律规定。

为了使 2006 年海事劳工公约尽快生效,ILO 应采取有力措施为公约在各国国内的实施提供保障,并加强与国际组织和其他组织的合作,使公约得到多数国家的批准,为船员职业创造良好的环境,从而使船员进行体面劳动,吸引更多的优秀青年加入到船员队伍中。

(2)从国家层面来看,公平对待船员,是事故发生国、方便旗船旗国、船员和船东国籍国的责任, IMO 及 ILO 亦呼吁各国政府提出公平对待船员的解决办法。

公平对待船员,事故发生国首当其冲,因其做法受到全世界的关注。当前世界上普遍弥漫着一股“谴责文化”,海难发生后,受害者强烈要求赔偿损失并惩处当事船员,事故发生国为了给他们一个交代,亦会对船员比较苛责,以严格责任判定船员负刑事责任。

为了使船员职业继续拥有吸引力,未来船员招聘不出现较大数量的缺口,每个国家都有义务给全球海员提供一个公平、友好、宽松的工作环境,任何国家起诉犯罪者,必须符合国际法相关规定,而不能一味地适用国内法律严判,应以更宽容的心对待船员过失,因为处理一个案件,目的是从错误与灾难中学习,而判定违法经常于事无补,况且无法促使船员积极配合查清事件原委。2008 年底希腊法庭就非常大度,承认他们对一条克罗地亚船的船长执行了一个错误的不公平的刑事判决,对于各国动辄对船员判刑的做法,是一个比较好的引导和倾向。

另外,为了保护船员权益,方便旗船旗国、船员和船东国籍国亦应积极作为,切实负起责任。如"威望"号溢油事故中,巴哈马(方便旗船旗国)海事局为船长的无罪辩护做了很大努力,长达 265 页的报告证明船长没有任何过失,促成当地法庭作出无罪判决。

(3)从行业组织层面看,作为服务社会的组织,对不合理、不公正的处理船员方式应发挥其行业组织的作用,尽力减少海运业的不公平,让船员有一定的归属感。

在"河北精神"轮溢油事故中,当一审法院宣判涉事船员无罪但仍将继续被扣留后,圆桌会议成员(BIMCO,ICS,ISF,INTERCARGO,INTERRANKO,ITF,IG,香港船东协会)发布了一份强烈的联合声明,抗议韩国对两名船员的持续的、不公正的、不合理的扣留。二审以破坏财产罪判决他们刑期及罚款后,在多个国际航运组织强大的舆论呼吁下,韩国最高法院裁定该罪名不成立。可见国际行业组织的力量在保护船员权益方面在适当的时机能够发挥较大的作用。

(4)从船员自身层面看,加强培训,提高管理和操作船舶的技能和水平,将有助于在紧急情况下,临危不惧,按照业界正确和习惯的做法处理紧迫局面,在事件处理过程中被安插罪名时手握有力的证据,也能得到船旗国、船员和船东的国籍国、国际行业组织等的强力支持,保护好自己的尊严和权益。

参考文献

[1] 美国向海事组织/劳工组织关于在发生海上事故时船员的公平待遇问题联合特设专家工作组第五届会议提交的文件,海事组织文件 IMO/ILO/WGFTS 1/6/3

[2]《联合国海洋法公约》第 230 条"罚款和对被告的公认权利的尊重"前两款:1. 对外国船只在领海以外所犯违反关于防止、减少和控制海洋环境污染的国内法律和规章或可适用的国际规则和标准的行为,仅可处以罚款。2. 对外国船只在领海内所犯违反关于防止、减少和控制海洋环境污染的国内法律和规章或可适用的国际规则和标准的行为,仅可处以罚款,但在领海内故意和严重地造成污染的行为除外

[3] MARPOL 73/78 附则 I 防止油类污染规则第 11 条:本附则第 9 条和 10 条的规定不适用于下述情况:(a) 将油类或油性混合物排放入海,系为保障船舶安全或救护海上人命

所必需者;或(b) 将油类或油性混合物排放入海,系由于船舶或其设备遭到损坏的缘故:(1)但须在发生损坏或发现排放后,为防止排放或使排放减至最低限度,已采取了一切合理的预防措施;和(2)但是,如果船东或船长是故意地造成损坏,或轻率行事而又知道可能会招致损坏,则不在此例;或(c) 将经主管机关批准的含油物质排入海中,用以与特殊的污染事故作斗争,以便使污染损害减至最低限度。但任何这种排放,均需经拟进行排放所在地区的管辖政府批准

[4] 方福梁,刘祥得.海难事故船员被判有罪之探讨.台湾第三届十校联盟航运学术研讨会论文

作者简介

王晓娟,女,1976 年 5 月出生,上海海事大学国际企业管理(国际航运)专业毕业,大学本科,山东海事局,航政管理工程师,主要研究方向为海事管理。通信地址:山东省青岛市市南区巫峡路 21 号,山东海事局研究中心,邮编:266002,电子邮箱:wangxiaojuan765@ gmail. com,电话:13061336612。

毛学升,男,1976 年 2 月出生,大连海事大学航政管理专业毕业,大学本科,青岛海事局,航政管理工程师。

互有过失船舶碰撞损害赔偿归责原则的博弈分析

汪 炜 靖 博

（武汉理工大学文法学院，武汉，430070）

摘　要：互有过失船舶碰撞损害赔偿适用不同的归责原则，对当事人利益产生直接的影响。通过博弈分析的方法，可以得出平分过失和比例过失原则对当事人预防碰撞事故发生均有激励作用。在此基础上，对两个原则在具体案件的处理过程中的适用效率进行了比较。

关键词：船舶碰撞；损害赔偿；归责原则；博弈分析

Abstract: It will have a obvious impact on benefits to the litigants if the different imputation principle were applied to the liability for compensation of the colliding ships in fault. A conclusion may be obtained through game analysis that both the equal and the proportion principle will give the litigants an incentive to prevent from collision of ships. Then, the efficiency of two principles is compared in the specific cases.

Key words: Collision of Ships Compensation for Damage Imputation Principle Game Analysis

《船舶碰撞损害赔偿的里斯本规则》规定，船舶碰撞是指在两船或多船之间发生的（即使没有实际接触）导致灭失或损坏的任何事故。船舶碰撞既可能造成船舶及其所载货物的损毁、人身伤亡及环境污染，也可能对运输、保险等关系产生影响，其综合性、复杂性的特征决定了船舶碰撞事故的处理，几乎涉及到海事法中的每一项制度。

船舶碰撞损害赔偿是事故处理中的重要内容，其归责原则不但是确定当事人责任的根据和标准，也是贯穿于整个责任制度并对责任规范起着统驭作用的指导思想。适当的归责原则对利害关系人之间的利益平衡具有重要价值。

从博弈的角度而言，法律以何种归责原则处理某一类权利冲突，是侵权或违约事件当事人、国家三方博弈的结果。当事人的策略选择依据是个体利益最大化，国家的策略选择标准则是社会整体利益的最大化。然而，判定社会整体利益最大化的因素在不同国家、不同时期有所不同，影响整体利益的不同因素因外界环境的变化对利益的影响也存在较大差距,由此决定了归责原则的历史属性和社会属性,表现在不同时期、不同国家、不同行为中存在的差异。在某一个特定的时点,判断归责原则是否恰当,主要看能否对当事双方为积极减少损害产生激励作用。

传统海商法认为"过失责任制"是确定船舶碰撞损害赔偿的唯一合理的归责原则,任何其他归责原则都会导致不合理的结果[1],国际条约和各国立法反映了这种理念。在单方过失、双方无过失以及过失比例无法判定情形下,船舶碰撞归责原则在立法上保持了高度的一致性,然而在互有过失的船舶碰撞责任承担方面,却存在着平分过失和比例过失原则的不同选择。

1　平分过失原则和比例过失原则

1.1　平分过失原则

平分过失原则是指在船舶碰撞发生后,存在过失的碰撞双方不论过失大小,均须承担50%损害赔偿责任的原则。该原则由美国联邦最高法院在1855年审理"凯瑟琳轮诉迪金森"一案中确立的[2],曾在英、美等国具有广泛影响,成为当时确定互有过失船舶碰撞损害赔偿责任承担的主导原则。然而,该原则因忽略过失大小的"先天缺陷",背离了公平理念勃兴的社会潮流,逐渐被多数国家所放弃。英国因加入《1910年碰撞公约》,实现了平分过失原则向比例过失原则的转变;美国虽未通过制定国内法或加入国际条约的方式明确放弃平分过失原则,但在司法实践中已经表现出松动的迹象。1975年,美国最高法院在"美国诉可靠转运公司案"一案中驳回了地区法院和联邦上诉法院第二巡回审判庭根据"平分过失原则" 作出的判决,第一次在船舶互有过失碰撞中确立了比例过失原则[2]。

1.2　比例过失原则

比例过失原则是指在船舶碰撞发生后,存在过失的碰撞双方根据过失的大小承担相应比例的损害赔偿责任的原则。《1910年碰撞公约》在国际条约的层面首先确立了该原则,公约第4条的规定,如果(碰撞是由于)两艘或两艘以上船舶犯有过失,各船应按其所犯过失程度,按比例分担责任。这种将过失量化以确定过失方的责任程度,体现了过失程度与损害赔偿责任的关联性,满足了社会对公平的追求,得到了国际社会的积极响应。随着绝大多数重要的海运国家批准或加入该公约,该原则已经成为处理互有过失船舶碰撞责任划分的主流原则。

我国在《海商法》颁布时尚未加入《1910年碰撞公约》,但该法第169条规定:"碰撞的船舶互有过失的,各船按照过失程度的比例负赔偿责任"、"互有过失的船舶,对碰撞造成的船舶以及船上货物和其他财产的损失,依照(过失程度的)比例负赔偿责任。碰撞造成第三人财产损失的,各船的赔偿责任均不应超过其应当承担的比例。”“互有过失的船舶,对造成第三人的人身伤亡,负连带赔偿责任。一船连带支付的赔偿超过规定的比例的,有权向他方有过失的船舶追偿。”这些规定表明我国在互有过失船舶碰撞的责任划分立法上,一开始就确认了比例过失原则。

对于同一案件,适用比例过失原则或平分过失原则,结果有较大的区别。如:甲、乙两船互有过失碰撞,造成甲船货损 50 万,乙船货损 20 万。假定甲船过失为 20%,乙船过失为 80%,按照比例过失原则,甲船须赔付乙船货损 4 万,乙船须赔付甲船货损 40 万;而按照平分过失原则,甲船须赔付乙船货损 10 万,乙船须赔付甲船货损 25 万。但正是存在这种差异性的法律规定,为从事比较研究提供了素材,为不同国家的法律完善路径提供了选择空间。问题的关键是我们以何种标准、方法判定某种法律规定的合理性,本文借助博弈分析的方法,对平分过失原则或比例过失原则的合理性进行比较研判。

2 平分过失原则和比例过失原则的博弈分析

博弈论伴随法律经济学的兴起不可避免的进入法学领域。法律的经济分析认为效率是法律的首要价值,即法律的首要功能是保证效率,也就是如何使社会成本最小[3]。船舶碰撞一旦发生,则社会成本就已经付出,因此从效率的角度讲,关于船舶碰撞的侵权法律规则的构建不应只关注事故发生后损害的公平承担,而更应关注事故发生前的预防。一般来讲,船舶碰撞发生的概率和事故带来的损害大小是由碰撞各方的行为共同决定的。因此有效率的船舶碰撞侵权法律规则应能给当事人提供一个激励机制,激励双方当事人都采取最优的预防,从而使碰撞事故发生的概率最小、社会成本最低。

本文以正规形式博弈模型来分析互有过失船舶碰撞中,采用平分过失原则和比例过失原则处理损害赔偿时当事人之间的相互作用。正规形式博弈包括三个要素,即博弈的参与人(players)、参与人可能的策略(strategies)和不同策略组合下参与人的收益(payoff)。在船舶碰撞的场合下,博弈参与人是碰撞船舶的所有人或其他承担碰撞损害责任的主体(文中以 A 船、B 船代替),参与人对避免碰撞的主观态度和客观措施对碰撞发生的概率有直接的影响,因而预防的程度成为参与人的策略选择的基础。若法律原则的设计能够激励参与人积极采取预防策略,则该种设计即为有效的设计。

2.1 平分过失原则下的博弈分析

假设 A 船、B 船各有两个可选策略,即适度预防和不预防。C_1、C_2 分别是 A 船、B 船适度预防的成本,适度预防的一方在碰撞事故发生后没有过失;不预防的一方无需支付预防成本,但在事故发生后当然存在过失。如果发生了碰撞事故,A船和B船的损失各为S_1、S_2,总损失$S=S_1+S_2$。除非参与人都保持适度预防,否则事故就会发生;双方当事人都保持适度预防,事故的发生概率是λ。双方均无过失、均有过失时,各承担1/2的损害赔偿责任。表1表示平分过失原则下A船、B船在选择不同策略时的收益情况。

博弈矩阵中没有使用具体的数字而是采取符号表示收益情况,虽然无法很直观地发现纳什均衡,但却增加了分析的可信度。根据假设,当B船采取适度预防策略时,A船选择适度预防和不预防策略的收益为$-(C_1+\lambda S/2)$和$-S$;当B船采取不预防的策略时,A船选择适度预防和不预防策略的收益为$-C_1$和$-S/2$。若$C_1+\lambda S/2<S$, $C_1<S/2$两个不等式均成立,适度预防策略就是A船的"严格占优策略",即A船的策略选择不受B船的策略选择影响。由于$0\leqslant\lambda<1$,则只要$C_1<S/2$;$C_1+\lambda S/2<S$恒成立。

平分过失原则下的博弈 表1

		B船	
		适度预防	不预防
A船	适度预防	$-(C_1+\lambda S/2), -(C_2+\lambda S/2)$	$-C_1, -S$
	不预防	$-S, -C_2$	$-S/2, -S/2$

船舶碰撞责任中判定船舶所有人及其受雇人是否存在过错的基础性标准是船舶侵害方是否具有合理的技术与谨慎,即船舶所有人是否依法使船舶适航并在每一个航次中保持有效的安全状态。保持船舶适航需要配置一定的设备、船员是法律的强制要求,所需投入是不可减少的;遵守航行规则基本不增加费用,只是要求船员保持责任心。若法律要求的投入不作为适度预防的成本,C_1可视为0;若C_1为法律要求以外的投入,C_1的大小可以由船舶所有人或承租人控制,并作为经营成本予以摊销。而S作为船舶碰撞造成的损失,在事故发生前无法预测,其数值往往达到数十万、数百万。如:2002年11月发生的芜湖江海轮船公司所属浦海集1号轮与肯普莱迪轮在上海港区的碰撞事故,法院在确认"30%:70%"的责任后,判赔金额达40万元[4];2000年4月发生的"健裕"轮与"海友"轮碰撞事件中,"健裕"轮事后的修理费用即达80万美元[5]。若是考虑碰撞后对营运的影响,则损失更大。上述两个案件尚不属于严重的碰撞事例,但可以说明一旦发生船舶碰撞事故,损失是十分惊人的。从实践的角度考虑,$C_1<S/2$是当然成立的,适度预防策略是A船的"严格占优策略"。

同样,对B船的策略选择进行分析,适度预防策略也是B船的"严格占优策略"。这样,纳什均衡即是(适度预防,适度预防)这一策略组合,表明在参与人理性并以收益最大化作为判定策略标准时,平分过失原则可以激励双方当事人都采取适度预防措施避免碰撞事故发生。

2.2 比例过失原则下的博弈分析

适用平分过失原则处理船舶碰撞的损失承担时,无须考虑双方的过失程度,因而采用两策略即可做出分析。但采用比例过失原则,我们须区分碰撞事件中两船过失程度的不同,才能确定两船应按照何种比例承担责任,因而须在适度预防和不预防之间增加一种“有些预防”的策略,“有些预防”的船舶在船舶碰撞中存在一定的过失。

假设A船和B船的策略有:适度预防、有些预防和不预防三种。C_{11}、C_{12}、C_{21}、C_{22}表示A船、B船适度预防、有些预防的成本,$C_{11}>C_{12}>0$,$C_{21}>C_{22}>0$;S_1、S_2表示发生碰撞事件后A船、B船的损失,总损失$S=S_1+S_2$;除非参与人都保持适度预防,否则事故就会发生;双方当事人都保持适度预防,事故的发生概率是λ。β表示互有过失情况下有些预防的船舶承担的责任比例,$\beta<50\%$,$1-\beta$表示不预防船舶承担的责任比例。表2表示比例过失原则下A船、B船在选择不同策略时的收益情况。

比例过失原则下的博弈 表2

		B船		
		适度预防	有些预防	不预防
A船	适度预防	$-(C_{11}+\lambda S/2)$, $-(C_{21}+\lambda S/2)$	$-C_{11}$, $-(C_{22}+S)$	$-C_{11}$, $-S$
	有些预防	$-(C_{12}+S)$, $-C_{21}$	$-(C_{12}+S/2)$, $-(C_{22}+S/2)$	$-(C_{12}+\beta S)$, $-(1-\beta)S$
	不预防	$-S$, $-C_{21}$	$-(1-\beta)S$, $-(C_{22}+\beta S)$	$-S/2$, $-S/2$

当B船采取适度预防策略时,A船选择适度预防、有些预防和不预防策略的收益为$-(C_{11}+\lambda S/2)$、$-(C_{12}+S)$和$-S$;根据前面的分析,确认$C_{11}<S/2$,则$(C_{11}+\lambda S/2)<S<(C_{12}+S)$,因而A船应选择适度预防的策略。

当B船采取有些预防策略时,A船选择适度预防、有些预防和不预防策略的收益为$-C_{11}$、$-(C_{12}+S/2)$、$-(1-\beta)S$;根据$\beta<50\%$的假设,$1-\beta>50\%$,得出$C_{11}<(C_{12}+S/2)$,$C_{11}<(1-\beta)S$,因而A船也应选择适度预防的策略。

当B船采取不预防策略时,基于$C_{11}<S/2$,A船的策略选择中应首先剔除不预防策略。当β值足够小时,$C_{11}>C_{12}+\beta S$,A船选择有些预防策略会优于适度预防策略;当β值达到一定数值时,$C_{11}<C_{12}+\beta S$,A船应选择适度预防策略;同时,可能出现$C_{11}=C_{12}+\beta S$的情况,A船可任意选择适度预防和有些预防策略。由此可知,在比例过失原则下,A船不存在“严格占优策略”,A船的策略选择受B船策略选

择的影响。

用同样的方法,可以分析 A 船策略选择一定时,B 船也不存在“严格占优策略”。运用划线法,可以得出该博弈存在一个纳什均衡,即(适度预防,适度预防)这一策略组合。这表明在参与人理性并以收益最大化作为判定策略选择标准时,比例过失原则同样可以激励双方当事人都采取适度预防措施避免碰撞事故发生。

3 平分过失原则和比例过失原则的效率比较

比例过失原则和平分过失原则对当事人预防碰撞事故发生均是有效的原则,两者的适用具有同向的效果。然而,在具体案件的处理过程中,两种原则的效率存在着一定的差异。

3.1 证明难度不同

在平分过失原则下,当事人和法院只需证明或确认对方或双方存在过失即可;在比例过失原则下,除证明对方或双方存在过失外,法院尚需根据双方提交的证据、专业机构或人员的鉴定,确认双方的责任比例,不但增加了工作难度和工作量,也增加了工作成本。同时,责任比例的确定本身是一个无法精准的问题,对法官、鉴定人员及外界环境均有更高的要求。

3.2 激励强度不同

在平分过失原则下,双方当事人均存在严格占优的策略,即不管对方当事人采取何种策略,选择适度预防策略都是本方的最优反应。在比例过失原则下,虽然(适度预防,适度预防)是博弈中的纳什均衡,但任何一方均不存在严格占优策略,一方不但要保证本方的理性选择,同时也要确认对方同样理性选择;若一方偏离理性选择的结果,则对方也可能选择非“适度预防”的策略。虽然吉尔摩和布莱克在其《海商法》一书中有这样的评论:“损害赔偿平均分担的原则会比其他惩处过失的原则更能引导人们小心谨慎行事,确实难以理解[6]”,但通过博弈分析,我们可以较容易地理解“平均分担的原则”所存在的“引导”价值。

上述两点表明平分过失原则在适用中较比例过失原则的效率更高,然而现实中比例过失原则却在互有过失的船舶碰撞处理中占据主导地位。这种反差告诉我们:(1)公平价值是法律的更高追求。在现代科技手段的适用可以有效地降低船舶碰撞的风险、法治环境的改善可以有效地防止过失程度认定者的道德风险的情况下,以公平标准替代效率标准更能顺应时代发展的要求,而为更多的人所接受。(2)经济分析结果不是立法的唯一依据。经济分析可以为制定有效率的法律提供有价值的参考,但社会问题的复杂性决定了法律制定必须综合考虑多方面的因素。

从发展的角度而言,“公平与效率兼顾、公平优先”将成为处理法律问题的基准原则,因而,比例过失原则将最终完全取代平分过失原则成为处理互有过失船舶碰撞损害赔偿的唯一原则。

参考文献

[1] 王益烽. 船舶碰撞损害赔偿研究[D]. 上海:上海海事大学,2004

[2] 郭丽军. 美国船舶碰撞法及海上货物运输保险中“货方偿还船方损失”条款之分析[J]. 内蒙古保险,1999.(3):45-46

[3] 张维迎. 信息、信任与法律[M]. 北京:三联书店,2003. 65-66

[4] 倪湧.“浦海集1号轮”与“肯普莱迪轮”碰撞损害赔偿纠纷案分析[J]. 中国海事,2006.(3):22-23

[5] 倪湧. 操纵不当造成船舶碰撞应负主要责任[J]. 航海,2005.(2):30-32

[6] [美]G. 吉尔摩,C. L. 布莱克. 杨召南,等译,海商法[M]. 北京:中国大百科全书出版社,2000. 700

作者简介

汪炜,男,1965年出生,武汉理工大学文法学院法学系副教授,博士,主要从事经济法、交通法研究,通信地址:武汉理工大学文法学院法学系,邮编:430070,电话:13871420659,电子邮箱:weiw65@sina.com。

靖博,女,1973年出生,武汉理工大学文法学院08级经济法研究生,主要从事经济法、交通法研究,通信地址:武汉理工大学文法学院,邮编:430070,电话:02763733455,电子邮箱:lnjzjingbo@126.com。

生态驳岸在航道整治工程中的应用

马虎阳
（扬州市航道管理处，扬州，225003）

摘　要：随着京杭运河徐扬段续建二期工程的开工建设，笔者参加了扬州段工程的建设与管理，对生态驳岸技术在工程中的应用进行初步小结，以期对航道整治工程生态保护有所启发。

关键词：生态；驳岸；应用

京杭运河徐扬段续建二期工程扬州段工程整治长度为44.71km，其中高邮至邵伯段31.63km、槐泗至施桥船闸段13.08km，整治项目主要包括：拓宽疏浚、护坡护岸，工程投资经费总额约4.5亿元。工程于2006年开工建设，2009年交工验收，工程质量评定为优良。

工程办公室动员技术人员开展技术攻关、动员设计人员进行优化设计，通过理论联系实际、完善和推广，实现在完成整治护岸工程的同时与打造扬州段沿岸生态环境相结合的目标——生态驳岸！生态驳岸是指恢复后的自然河岸或具有自然河岸“可渗透性”的人工驳岸，它可充分保证河岸与河流水体之间的水分交换和调节功能，同时具有一定抗洪强度，并对河流水文过程、生物过程具有多种调节作用。包括增强水体的自净作用；把滨水区植被与堤内植被连成一体，构成一个完整的河流生态系统等。

1　生态驳岸的施工要求

工程技术攻关小组在生态保护观念的指引下，大力开展生态驳岸课题的研究，把保护生态、环境作为重点工作之一。驳岸的材质并非完全是钢筋混凝土，有的驳岸斜坡采用花砖拼接留出空隙，填上泥土后还能种草，树、草、泥土还能对水体起到自然净化的作用。工程实施的过程中，为了防止驳岸种草极易被河水冲走情况的发生,运用了无砂混凝土(生态混凝土)技术,使草穿透而出但又能防止水土流失。

生态混凝土结构形式如图 1 所示。

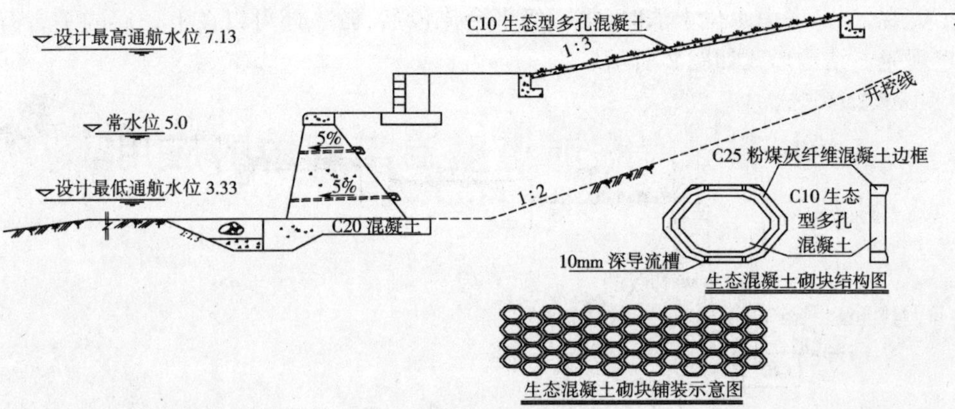

图 1

2 生态混凝土结构形式

(1)生态混凝土砌块外框 C25 粉煤灰纤维混凝土;

(2)生态混凝土砌块内芯为 C10 生态型多孔混凝土;

(3)生态型多孔混凝土的碱环境 pH 值为 8 ~9;

(4)草坪草种为多年生黑麦草和狗牙根混播;

(5)草坪基肥采用复合缓释肥;

(6)草坪形成后盖度要求达到 80% ~90%,草坪生长高度超过 10cm;

(7)草坪的适宜种草时间为每年 4 月初至 11 月中旬;

(8)生态混凝土护坡使用专利号为 ZL2004 2 0026068.9 的专利技术或相当于该专利的生态混凝土护坡;

(9)帮坡填土需采用种植土。

3 生态驳岸结构形式

3.1 13 种 17km 生态驳岸打造生态长廊

根据航道断面所处位置不同,或新建驳岸,或改造老护砌,或利用原有岸线稍加整理,京杭运河续建工程扬州段共形成多种驳岸方案,驳岸由低到高大致分三层,其中在最接近河道的一层种上了柳树和巴根草,既节省了造价又凸现出生态效果。

(1)一级墙 + 绿化带 + 人行踏步 + 绿化带。这一形式的驳岸,主要位于扬州大桥北面。三条人行踏步构成的亲水平台,有两条由鹅卵石铺成,非常少见。这是借鉴了园林设计的形式,表现卵石小径的美感。另外,三条道路形成层次,一是为了美观,二是考虑水位上涨时,第一级平台淹没后,游人还可以在上一层的平台行走观光。结构形式如图 2 所示。

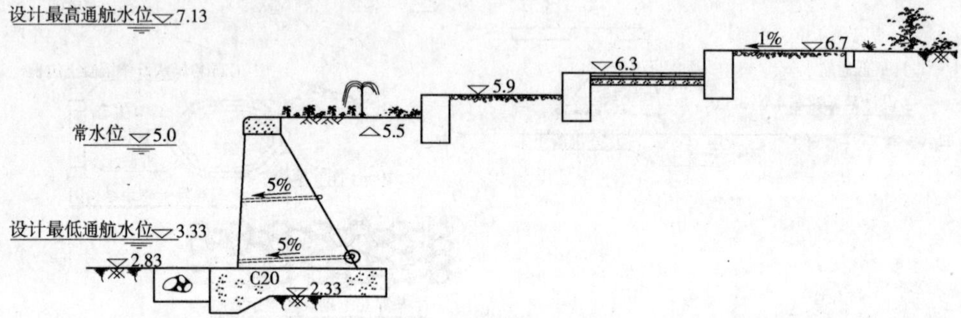

图 2

(2)一级墙 + 平台 + 斜坡 + 绿化带 + 人行道 + 绿化带。这一种驳岸,在斜坡建设过程中使用了连锁块,是出于绿化的考虑。春夏之际,绿草会从连锁块的孔隙中生产出来,与之后的绿化带连接起来,形成一片翠绿色的梯形体。为了避免重复,在这种形式的驳岸中,部分斜坡的构建以空心六角块代替了连锁块。这种驳岸中,斜坡孔隙中的泥土上加盖一层无沙混凝土,既能巩固泥土,又可以使草穿透而出,避免了水土流失。结构形式如图 3 所示。

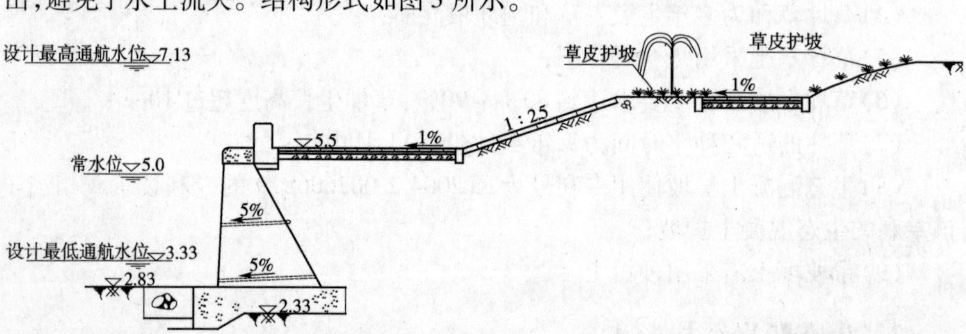

图 3

(3)一级墙 + 亲水平台 + 小花坛 + 二级墙。这里借鉴了市政道路建设中“绿岛”样式,在一级墙与二级墙之间,建造了一种类似城市道路中“绿岛”的小花坛。靠近花坛的二级墙不使用混凝土,而是使用黄石,显示出古色古香的美感,或是使用空心预制块,如同古城墙一般。这一种驳岸,在色彩上体现了京杭大运河的历史感。结构形式如图 4 所示。

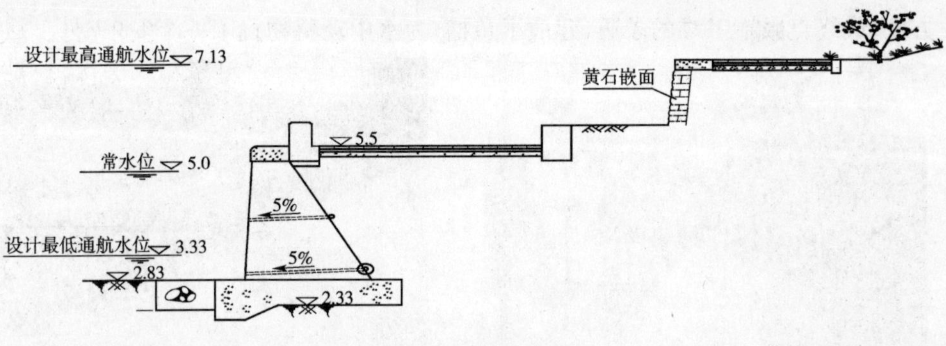

图 4

(4)一级墙+亲水平台+覆盖草皮的土坡。这是一种体现大运河自然特色的驳岸,平台后的绿化土坡线条暖和,给人以温和的视觉感受。结构形式如图5所示。

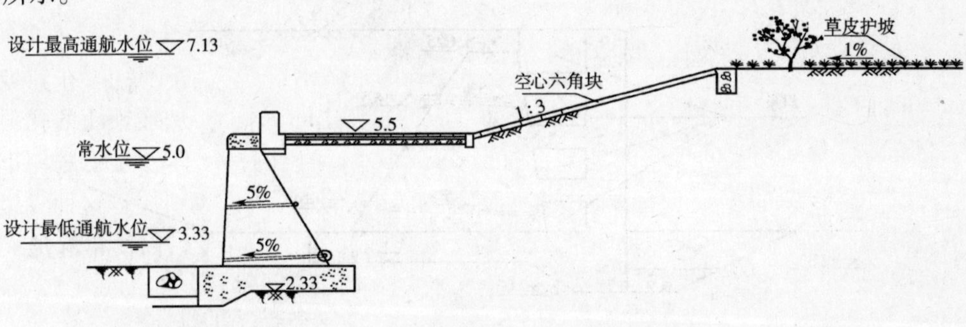

图 5

3.2 40种3万平方米植被守护生态驳岸

新建的驳岸还种植了各式各样的绿化植物,此次加入驳岸绿化行列的植物有40余种,按照它们的耐水性,由一级墙开始,由近及远栽种在驳岸上。除了垂柳、女贞等常见绿化草木外,在离水最远的绿化带还种植了香樟、榉树、茶花等名贵树种。连种植的草皮也采用了马尼拉草皮,耐寒性和抗旱能力都很强,且耐瘠薄和践踏,病虫害少,观赏价值高(图6)。

3.3 500m鱼槽设计为动植物安家

系列生态驳岸技术,也充分考虑到了各种动物、微生物的"感受":采用有空隙的设计,在驳岸底端留下很多大大小小的洞眼——鱼槽,给爱钻水草的鱼儿留下活动空间。鱼槽的施工是十分的麻烦,立模、浇筑、拆模等都是极为不便,增加了很大的施工难度,施工单位一度想放弃,想请我工程办变更设计取消鱼槽(图7),但我们本着保护生态环境的角度出发,及时组织技术人员进行技术攻关,细致讨论施工方案,最终克服施工难的矛盾,建成了鱼槽,为水中动植物找了一个安乐窝!

图6 驳岸现场绿化成果

图7 驳岸墙身预留的鱼槽洞

鱼槽结构断面如图8所示。

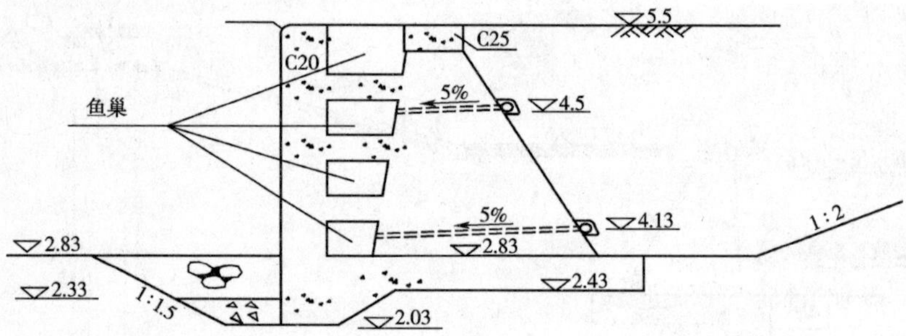

图 8

3.4 1500m 黄石驳岸增添靓景

在施工中,还一改航道工程传统的混凝土色,用黄石等材料作为面石使驳岸变得色彩丰富。黄石施工是我们航道部门第一次使用的新工艺,没有现成的经验可寻,怎么办?我们动脑筋、想办法,采用走出去学习,请进来指导的方法。一方面到园林绿化部门的建设工地进行实地参观学习,他们具有成熟的黄石施工工艺,值得借鉴;另一方面请黄石砌筑专家现场进行施工指导,手把手地教(图9)。

3.5 6000m² 芦苇保留原始生态

原部分航道边坡长有天然芦苇,按照原初步设计需对边坡进行土方疏浚,这样一来鸟儿安家的乐园必将破坏。我们细细核对图纸、适当调整方案,没有完全对航道两侧天然的芦苇进行清除,而是在确保达到二级航道整治标准和来往船舶通行安全的前提下,经过"裁减"进行了保留,鸟儿的歌声依旧荡漾在芦苇丛中,一幅自然、和谐、生态的画面展现在我们面前,使其成为工程中一道景观(图10)。

图9　黄石镶面驳岸

图10　成片的芦苇与驳岸浑然一体

通过生态驳岸在京杭运河续建二期工程扬州段工程建设中的应用，既使得生态驳岸建设成为该航道整治工程中亮点之一，又使得驳岸工程与扬州市沿河广陵新城规划、周围环境、生态相协调，树立"不破坏就是最大的保护"的理念，坚持最大限度地保护，最小程度地破坏，最大力度地恢复，最合理科学地营造自然生态环境，实现驳岸与自然环境、人文景观的和谐统一！

参考文献

[1] 江苏省交通规划设计院有限公司. 京杭运河徐扬段续建二期工程槐泗河口—施桥船闸段航道整治工程施工图设计. 2006

作者简介

马虎阳，1974 年 9 月出生，现担任扬州航道处综合计划科副科长，专业为交通工程，工程师职称。通信地址：扬州市江都路 596 号，邮编：225003，电话：15952704388，电子邮箱：yzmahy@ 163. com。

基于 AHP 的港口环境资源生态性模糊评判方法研究

张树奎　鲁子爱

（江苏海事职业技术学院，南京，210098）

摘　要：针对目前我国港口环境资源生态性的现状，从系统工程角度，采用层次分析法的基本原理，建立了港口环境资源生态性分析模型，并运用模糊数学构建了隶属函数，求得港口环境资源生态性的模糊评判矩阵，通过模糊评判获得了港口环境资源生态性综合分数，再通过实例进行计算，结果表明，该评判方法能够科学合理地综合评价港口环境资源的生态性状况，为有关港口部门改善港口环境资源生态性提供决策依据。

关键词：环境资源；生态性；AHP；模糊评判

近年来，我国港口建设取得了跨越式发展，但也出现了一些问题：由于没有采取必要的环保措施，运营时也没有重视环保监控，造成了对港口环境的污染和破坏。特别是占港口环境较大权重的环境资源，其生态性破坏非常大。随着国家强调建设资源节约型，环境友好型社会的发展，港口环境资源的生态性越来越受到人们的重视。

目前，国内外针对港口环境资源的生态性保护主要侧重于依靠规章制度和事后处理等手段和措施[1]，对港口环境资源的生态性评判研究较少，基于此，笔者对港口环境资源的生态性进行了研究，从系统工程的角度，综合考察了影响港口环境资源生态性的各种因素，在层次分析法和模糊数学相结合的基础上，确立了影响港口环境资源生态性的评判指标体系，并对港口环境资源生态性状况进行了模糊综合评判，力求能比较客观正确地反映港口环境资源的生态性状况。

1　层次分析法和模糊综合评判原理[2,3]

1.1　层次分析法基本原理

层次分析法就是对实际问题所涉及的因素进行分类，构造一个各因素之间相互联结的层次结构模型，然后在各层次之间进行两两比较，判断其相对重要性，再进行单层次权数确定及一致性检验，从而得到各层次因素对上一层次的权重的分析方法。

1.2 模糊综合评判原理

模糊综合评判是利用模糊数学的有关知识对某一事物或现象进行总的评价，具体方法是利用模糊数学的基本原理——相对隶属度将影响该事物或现象的多个模糊因素信息定量化，通过对影响因素合理选取数值区间，利用数学方法对影响因素进行定量评价，从而得出比较科学的评价结论的一种方法。

2 港口环境资源生态性评判模型及评价流程

2.1 影响生态性的模糊因素

影响港口环境资源生态性的模糊因素构建关键在于其因素概念模型的确定，因素的选取是否合理，直接影响到评价结果的正确与否。为了保证评价结果的准确性和客观性，因素选取必须遵循如下基本原则：科学简明性，针对性，可操作性和可比性[4]。基于此，笔者对港口环境资源进行了系统分析，并结合国家环保总局关于环境影响评价技术导则的有关内容，优化整合了有关港口环境资源生态性评判因素，运用层次分析法原理构建了由水资源、能源、土地资源、岸线资源和生态资源6个一级因素以及14个二级因素构成的层次模型来建立港口环境资源生态性评判指标体系[5,6]。如图1所示。

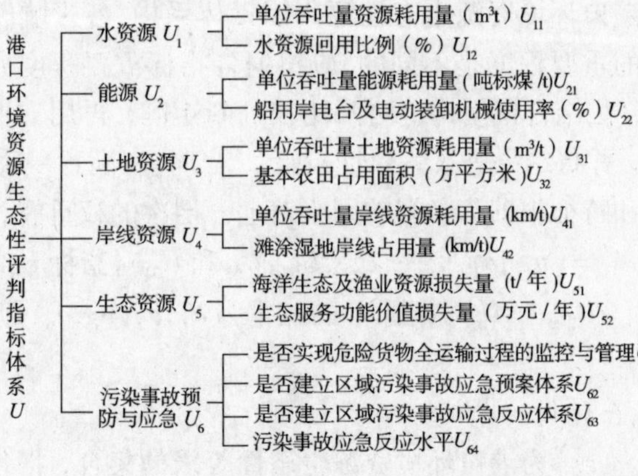

图1 港口环境资源生态性评判指标体系

2.2 港口环境资源生态性规划目标

港口环境资源生态性规划是指在规划阶段就有针对性地考虑避免或减缓不利于环境资源的对策措施，从而避免项目评估阶段环境资源保护工作被动，低效的困难局面;同时也为了后来的生态性评价提供了理论参考。本文作者根据国家环保总局工程评价中心关于环境影响评价技术导则与标准以及大连港总体规划环境保护规则目标的有关内容,作了一些适当的修改和补充[7]。补充后的环境资源生态性规划目标如图2所示。

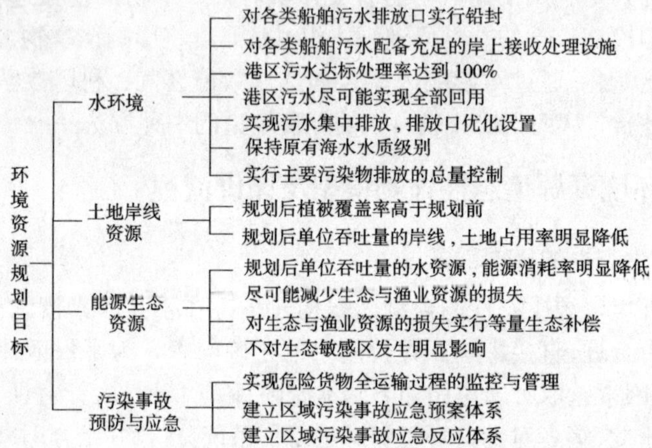

图2　补充后的环境资源生态性规划目标

2.3　评价流程

2.3.1　各评价影响因素权重的确定

在图1列出的港口环境资源生态性评判因素体系中,各影响因素对港口环境资源生态性的作用的重要程度是不同的,应根据各指标重要程度分别赋予不同的权重, 采用专家打分法结合模型构造两两比较判断矩阵, 再用方根法求解矩阵的特征向量和特征根, 并将结果进行一致性检验, 得到具有满意一致性的判断矩阵,其对应的特征向量和特征根即为各影响因素对上一层次的权重[8], 记 U_{11}和 U_{12}对指标 U_1的权重向量$A_1=[a_{11},a_{12}],\cdots,U_{61},U_{62},U_{63}$和 U_{64}对指标 U_6的权重向量$A_6=[a_{61},a_{62},a_{63},a_{64}]$;$U_1,U_2,\cdots,U_6$对指标 U 的权重为 $a_1,a_2,\cdots,a_6$,即有权重向量$A=[a_1,a_2,\cdots,a_6]$

2.3.2　模糊综合评判

设 $V=\{v_1,v_2,\cdots,v_m\}$为港口环境资源生态性等级的集合, 将各二级影响因素的生态性等级分为4级,此处我们给出4个等级的评价集合,$V=\{v_1,v_2,v_3,v_4\}=\{$优 良 中 差$\}$,对应的值域分别为85~95, 75~85, 65~75, 65~55。其定值可取中间数, 分别为90, 80, 70, 60。假设港口环境资源生态性影响因素接近规划目标的程度具有评判分值 $x([0,100])$,值越大,表示越接近于目标, 则可构造隶属

函数 $f_{v1}(x)$, $f_{v2}(x)$, $f_{v3}(x)$, $f_{v4}(x)$, 其中[9]

$$f_{v1}(x)=\begin{cases}0 & 0\leqslant x<85\\ \left(\dfrac{x-85}{10}\right)^2 & 85\leqslant x\leqslant 95\\ 1 & 95<x\leqslant 100\end{cases} \tag{1}$$

$$f_{v2}(x)=\begin{cases}0 & 0\leqslant x<65\\ \left(\dfrac{x-65}{10}\right)^2 & 65\leqslant x<75\\ 1 & 75\leqslant x<85\\ \left(\dfrac{95-x}{10}\right)^2 & 85\leqslant x<95\\ 0 & 95\leqslant x\leqslant 100\end{cases} \tag{2}$$

$$f_{v3}(x)=\begin{cases}0 & 0\leqslant x<55\\ \left(\dfrac{x-55}{10}\right)^2 & 55\leqslant x<65\\ 1 & 65\leqslant x<75\\ \left(\dfrac{85-x}{10}\right)^2 & 75\leqslant x<85\\ 0 & 85\leqslant x\leqslant 100\end{cases} \tag{3}$$

$$f_{v4}(x)=\begin{cases}1 & 0\leqslant x<55\\ \left(\dfrac{65-x}{10}\right)^2 & 55\leqslant x\leqslant 65\\ 0 & 65<x\leqslant 100\end{cases} \tag{4}$$

请专家对影响港口环境资源生态性的各二级因素分别给出评分值，记为 $D=\{d_{11},d_{12},\cdots,d_{64}\}$，然后根据以上隶属函数确定每个影响因素分别对于 4 个评判等级的隶属度，就得到各模糊关系矩阵 $R_1=\{R_{11},R_{12}\}^T$, $R_2=\{R_{21},R_{22}\}^T$, $\cdots$, $R_6=\{R_{61},R_{62},R_{63},R_{64}\}^T$。模糊综合评判过程分三步进行：

Step 1：利用上述各模糊关系矩阵通过模糊矩阵合成对第一级各因素进行单因素模糊评价，即确定 $U_1,U_2,\cdots,U_6$ 对评判等级 V 的隶属矩阵，方法为

令：

$$T_i=A_i\cdot R_i, i=1,2,\cdots,6 \tag{5}$$

则：

$$T=[T_1,T_2,\cdots,T_6]^T \tag{6}$$

即为 $U_1,U_2,\cdots,U_6$ 对评判等级 V 的隶属矩阵。

Step 2:再通过模糊矩阵合成，确定 U 对评价集合 V 的隶属向量，方法为令:

$$B = A \cdot T \tag{7}$$

则 B 即为 U 对评价集合 V 的隶属向量。

Step 3:根据评判等级各元素的具体分数得出港口环境资源生态性综合分数，方法为:

$$G = B \cdot V^T \tag{8}$$

G 的值越大，表明生态性越好。本文评判等级:

$$V = [90,80,70,60] \tag{9}$$

3 实例

笔者以问卷调查的方式请有关专家对广东某港口环境资源生态性进行评价，对调查得出的数据进行汇总，计算，分别确定二级影响因素权重集 A_i:

$$A_1 = [0.51,0.49], A_2 = [0.52,0.48], A_3 = [0.57,0.43], A_4 = [0.55,0.45],$$
$$A_5 = [0.52,0.48], A_6 = [0.31,0.18,0.19,0.32]$$

一级影响因素集 A:

$$A = [0.18,0.15,0.18,0.15,0.16,0.18]$$

专家对影响港口环境资源生态性的各二级因素给出的评分值为:

$$D = \{62,56,73,81,74,72,64,68,80,70,86,84,81,67\}$$

根据式(1)~(4)隶属函数确定每个影响因素分别对于4个评判等级的隶属度，得出各模糊关系矩阵:

$$R_1 = \begin{bmatrix} 0 & 0 & 0.49 & 1 \\ 0 & 0 & 0.01 & 0.09 \end{bmatrix} \quad R_2 = \begin{bmatrix} 0 & 0.064 & 1 & 0 \\ 0 & 1 & 0.16 & 0 \end{bmatrix}$$

$$R_3 = \begin{bmatrix} 0 & 0.81 & 1 & 0 \\ 0 & 0.49 & 1 & 0 \end{bmatrix} \quad R_4 = \begin{bmatrix} 0 & 0 & 0.81 & 0.01 \\ 0 & 0.09 & 1 & 0 \end{bmatrix}$$

$$R_5 = \begin{bmatrix} 0 & 1 & 0.25 & 0 \\ 0 & 0.25 & 1 & 0 \end{bmatrix} \quad R_6 = \begin{bmatrix} 0.01 & 0.81 & 0 & 0 \\ 0 & 1 & 0.01 & 0 \\ 0 & 1 & 0.16 & 0 \\ 0 & 0.04 & 1 & 0 \end{bmatrix}$$

再根据式(5)~(7)确定 U 对评价集合 V 的隶属向量 B:

$$B = [0 \quad 0.47 \quad 0.61 \quad 0.10] \tag{10}$$

由于向量 B 的各分量之和不等于1，对向量 B 进行归一化处理，得到:

$$B = [0 \quad 0.36 \quad 0.52 \quad 0.12] \tag{11}$$

由式(8)、式(9)和式(11)可得出港口环境资源生态性综合分数:

$$G = 72.4$$

从评价结果可知,该港口环境资源生态性处于中等水平,应采取有效措施来提高环境资源的生态性问题,特别是一级指标水资源和岸线资源的各二级因素评分值较低,今后应提高水资源利用率和岸线资源的开发使用效率;港口部门虽然制定了污染事故预防与应急预案,但实际应急反应水平较差.另外,该港口的14个二级影响因素有13个都没有达到优等级,相对于优等级的隶属度均为0。

4 结论

对于港口环境资源生态性这样的结构层次众多的复杂系统,应用层次分析法具有全面性,客观性,系统性和灵活性等优点;而模糊综合评价方法又有很强的适用性,既能用于主观因素综合评价,又能用于客观因素综合评价,因此,采用模糊综合评判法,效果比较理想。

参考文献

[1] 李南.生态型港航系统的概念框架与实现途径[J].北京:水运工程,2008(2)92-95

[2] 廖江,周直,颜鑫.工程风险的模糊层次综合评价[J].重庆交通学院学报,2005,24(3)109-111

[3] 范周田.模糊矩阵理论与应用[M].北京:科学出版社,2006

[4] 卞华,肖慎.港口规划方案技术评价方法研究[J].北京:水运工程,2008(7)71-76

[5] 乔冰,等.大连港总体规划环境影响评价[J].大连:水运科学研究,2008(1)14-17

[6] 予咋.港口规划环境影响评价与生态规划的技术思路探讨[J].天津:海洋通报,2008(1)99-101

[7] 国家环保总局环境工程评价中心.环境影响评价技术导则与标准汇编[M].北京:中国环境科学出版社,2005

[8] 贾宏,周波.基于层次分析法的风险模型优势分析[J].成都:西南交通大学学报,2009,44(1) 72-76

[9] 王开凤,张谢东,等.高速公路施工安全状况模糊综合评判方法的研究[J].武汉:武汉理工大学学报,交通科学与工程版 2008,32(6) 1110-1112

作者简介

张树奎,1973年1月出生,江苏海事职业技术学院,讲师,博士生,研究方向:港口,海岸与近海工程,通信地址:南京江宁区格致路309号江苏海事职业技术学院航海系,邮编:211170,电话:13952018093,电子邮箱: zhangshkfy@ yahoo. com. cn。

航海心理学研究

培养与提高我国船员安全意识浅析

孙　琳

（天津海事局，天津，300456）

摘　要：影响船员安全意识的因素主要包括船员个体因素（内在因素）和外在环境因素，本文主要结合船员个体因素，外在环境因素，分析船员安全意识的现状及提高措施。

关键词：船员；安全意识；教育；提高

Abstract: The factors that affect the safety awareness of seafarers mainly include the individual factor (internal factor) and the external factor. Largely combining the seafarer's individual factor, and the external circumstantial factor, the paper analyzes the status quo and the improving measures for the seafarer's safety awareness.

1　引言

随着经济的高度发展，航海业已成为人类社会不可或缺的行业。从事航海业的船员面临高的行业风险和特点，如大风浪、环境恶劣、劳动条件差、背井离乡、生活不稳定等，更主要的是大部分时间不能及时得到岸基人员的支持。对于这些高风险对于每一个船员都是一种考验，自身良好的安全意识，对于及早发现各种危险与安全隐患，及时避开危险或采取安全措施，可有效地减少事故的发生，挽救对生命与财产的损失。

国际组织通过大量的调查统计，得出的结论表明：80% 以上的安全事故是由于人为因素所造成的。就水上安全事故方面的统计和分析也表明，人为因素造成直接或间接的船舶安全和污染事故超过事故总量的 80%。如果船员平时对安全问题有足够的重视，一切按规定操作，在紧急情况下正确处置，很多事故是可以避免或减少损失的。

2　安全意识的重要性

安全生产是企业生存发展过程中的主题,是职工身心健康、安全和效益的保障。随着社会的进步和经济的发展,安全问题正愈来愈多的受到整个社会的关注与重视,“安全为天”是公司领导对广大职工生命安全尊重和关怀的基本要求。作为航运企业和船员,安全就是形象,安全就是发展,安全就是效益,搞好安全生产工作,保证广大船员生命和财产安全,是实现航运企业经济可持续发展的前提和保障,是提高和改善船员家庭生活质量,促进和谐稳定发展的基础。从多年的现场实践中我们认识到,要搞好安全工作,首要的前提与任务,就是要不断的提高管理人员和船员的安全意识。

意识是人脑的机能,是对客观现实的反映,意识的存在会对事物发展进程起到巨大的促进抑或阻碍作用。安全管理工作就必须以“预防为主、预防为上”的方针进行,即在事故发生之前,就需要及时发现、并采取解决措施、进行有效防范或制止,不能坐等事故的发生,再就事论事的进行认识、教育。也就是说,为了实现安全,首先要培养和提高船员的安全意识,才会有他们的安全行为;有了他们的安全行为,才能保证航海运输的安全进行。在安全管理当中,提高安全意识,使船员具有对航运安全的自觉能动性,就变得尤为重要。常言道:没有规矩无以成方圆。航运主管部门和航运公司颁布的各项规章制度,就是保证安全生产的“规矩”,有了规矩就要严格执行。

据国际海事组织1991年的权威统计,人为因素原因导致的船舶事故比例为:搁浅90%,火灾爆炸70%,碰撞96%,触碰70%。这促使海事界将控制人为因素提到了前所未有的高度。人为因素涉及人、机、环境、管理的各个方面。人为因素通常按对象、内容、过程、系统等进行分类,如图1所示。

控制人为因素就必须提高人员安全意识,航海历来就是高风险职业,对船员历来有着较高的安全素质要求,实践证明,没有良好的安全素质,船岸人员就不可能有良好的安全响应,也就不可能有良好的船上安全管理效果。因此,提高船员的安全意识,是对生命的尊重,更是对社会的负责。

3　当前我国船员的安全意识

当前船员的安全意识比较淡薄,很多船员具有麻痹思想,抱有侥幸心理,对公司的管理规章制度不认真遵守。缺乏一定的敬业精神与服从意识。

船员的安全意识是船员素质的综合体现,受船员的工作态度、业务素质、安全管理水平息息相关。

人为因素						
人				机（物）	环境	管理
个体			群体			
认识能力差疏忽大意，绪波动，外界干扰，过度疲劳，身体疾病，个性因素，航海知识不足	预测不准，经验不足，直觉错误，速度过快，信号有误，缺乏警觉，贪图方便，逞能冒险，应变能力差	技能差，紧张，判断错误，酒后工作，打瞌睡，离开岗位，自我控制能力差	部分间配合差，缺乏凝聚力，协同能力差，人际关系紧张，信息传递误差，技术训练差	船舶不适航，机器保养不良，不熟悉机器性能，缺乏经验，缺乏警觉，违反操作规程，不了解货物性能，危险货物，积载错误，货物未予系固，超载航行，忽视当时环境	错误估计自然力，不了解气象情况，对环境判断失误，忽视操纵环境，船位判断错误，交通秩序差，忽视交通环境，船内工作环境差，船员生活环境差	领导不重视安全，安全投入少，安全规章不健全，有章不循，岗位职责不明，安全控制能力差，岸、船人员素质差，教育培训不力，船技管理不善，船岸联络不畅，调度不当，船、岸人员配伍不当，赏罚不明，忽视应急管理

图 1

3.1 工作态度有待改正

航海是一种高风险的职业,船员的工作态度的好坏会直接影响船舶的安全,对能否搞好船舶正常的安全生产工作,完成公司下达的各项任务有着密切的关系。从一些海事事故案例分析表明,大多数事故的发生都因船员的工作疏忽,安全意识不强而造成的。我国船员敬业精神和服务意识相对比较薄弱,有的船员思想道德素质较差,份内工作马马虎虎,不认真做;份外事没有报酬绝不肯干;有的船员不服从指挥,处处讲条件。跟国外船员相比,最大的一个缺点就是船员对工作热情不够。在工作中,本该发现的危险和安全隐患,没有发现,本该可以避免的事故,因为工作的马虎,而没有避免。

根据国际海事组织及国内海事主管部门的要求,各个公司都有相应的管理规章制度,同时公司都要求船员严格遵守,保证安全。然而很多时候,船员认为制度繁琐,浪费时间,工作中只想偷工取巧,从而酿成事故。其实各种管理规章制度及安全规定都是前人的经验总结,更有些是前人的经验教训。遵守职责,端正态度,按规则做事,照制度行为,只有这样才能促使我们的船员队伍进入到一个良性状态。

3.2 业务水平有待提高

随着科学技术的发展,船舶的自动化程度越来越高,机器设备的科技含量越来越大,无疑这也增大了船员做好安全工作的难度,若船员没有较高的知识水平,就难以使用大量的船舶设备,甚至不会使用,更无法及时发现设备的安全隐患,无法意识到设备可能造成的危险。随着 ISM 规则的实施,人为因素成为船舶人命财产安全,海洋污染的重要控制目标,船员的安全、环保知识和意识成为国内外航运企业关注的焦点之一。我国船员的安全意识较差,应急处理能力也有待进一步提高。知识水平的提高,有助于提高船员的安全意识;有助于安全经验的积累;有助于危险和安全隐患的及时发现。

据海事部门统计,我国各海运院校单项数据统计调查如表 1 所示。

各校单项平均及总分平均数据统计 表 1

	专业		团队		事业心		发展			
	技能	英文	服从意识	人际关系	责任心	敬业精神	履行合同	思想牢固性	创新性	总分
大连海事大学	8.8	8.6	7.3	7.6	7.6	7.5	7.4	7.4	8.2	70.4
武汉理工大学	7.8	7.4	7.2	7.4	7.3	7.3	7.2	7.2	7.5	66.3
上海海事大学	8.5	8.3	7.2	7.5	7.4	7.2	7.1	7.5	7.8	68.4
青岛船员学院	7.9	7.4	7.5	7.5	7.3	7.5	7.5	7.9	7.3	68.0
集美大学	8.2	7.7	7.4	7.2	7.5	7.1	7.3	7.6	7.6	67.8
上海海事职业技术学院	7.1	6.6	7.0	7.0	6.8	6.7	6.6	7.0	6.7	61.6
天津理工大学	7.6	7.4	7.7	7.4	7.4	7.5	7.3	7.4	7.1	66.8
天津海员学校	7.6	6.6	8.2	7.7	7.8	7.8	8.1	8.3	6.7	68.7
河北交通职业技术学院	7.0	6.6	7.6	7.3	7.1	7.5	7.4	7.2	6.9	64.5
宁波大学	7.3	7.2	7.5	7.4	7.4	6.9	6.9	7.3	7.3	64.3
湛江大学	6.9	6.8	7.0	7.0	6.9	6.8	6.6	6.8	7.0	61.7
武汉交通职业技术学院	7.3	6.6	7.3	7.3	7.3	7.1	7.3	7.4	6.6	64.2
浙江交通职业技术学院	7.4	6.8	6.8	6.7	6.6	6.6	6.0	7.6	7.2	61.6
南通航校	7.1	6.8	7.4	7.2	7.3	7.0	7.0	7.4	6.7	63.9
南京海校	7.6	6.8	7.7	7.6	7.4	7.4	7.1	7.9	7.2	66.6
各校平均数据	7.6	7.2	7.4	7.3	7.3	7.2	7.1	7.5	7.2	65.7

从表 1 数据可以看出学校培养航运人才要充分标榜优秀学校的管理模式以及

经验,着手从根层抓起,从基础打起,为航运业顺利健康的发展作出贡献。专业的培训,团队精神的培养,事业心的培育,创新精神的创造,这势必影响着新一代船员的优秀程度及优越程度的必要性。因此,发展海运学校文化,培育跟随时代步伐发展的队伍,就必须着手根部建设,这同时更是硬道理。

3.3 安全管理素质

安全管理是一个全过程的管理,如果没有严格的管理,就不可能使生产过程中的每项工作、每个环节按照规定做得细、做得实、做得有成效,就不能有效控制设备和人身的安全,员工思想就会松懈,员工的安全意识就无法提高。这就是安全管理素质。在实际行动中切实把"安全第一"放在首位,明确阐明"安全第一,质量第二,进度第三",能够做到"不保证安全不开工、不解决安全问题不放过",把安全问题当作头等大事来抓。当前公司对安全有足够的重视,安全在一定程度上决定着公司的经济效益。然而有的公司对安全的重视只是流与形式,空喊口号,在与经济效益发生冲突时马上让路,这是安全管理者抱有侥幸心理,没有真正重视安全。

1999 年 11 月 24 日,山东烟台"大舜"号客货船,因火灾翻沉于烟台附近海域,船上 302 位旅客船员,只有 22 人生还,直接经济损失 9000 多万元。事故原因最重要的是,所载货车没有进行绑扎,恶劣气象海况情况下开航。很明显,安全管理人员没有严格管理,只想缩短船舶在港时间,赢取最大效益。结果酿成了新中国成立以来最大的海难事故。

4 我国船员安全意识的培养与提高

4.1 加强安全教育

首先是抓好新老船员的安全教育。良好的安全教育会在新老船员头脑中留下最深刻的印象,在今后的工作中会对安全生产有足够的重视,做到时刻想到安全。安全管理工作的重点是,提高安全意识,重视安全,本身也是每一名船员的职责。在实际当中,每一名船员都应该很好的履行自己的安全职责,积极提高自己的安全意识。同时我们也必须加大思想教育的震撼力和渗透力,深入开展"三突出三消除"教育活动,即突出事故的危害性,消除麻痹思想;突出预防事故的重要性,消除与己无关思想;突出事故防范的科学性,消除船舶事故难免思想,切实增强船员"安全第一"的意识。

突出事故的危害性,消除麻痹思想。这就要求我们针对船员队伍中存在的对船舶安全工作重要性认识不足、安全防范意识淡薄等诸多麻痹思想和侥幸心理开展针对性的思想教育。我们应注重用典型的事故案例来教育船员,用血的教训,惨痛的事实警示船员,用“有防则安,无防则险;警惕安全在,麻痹事故来;小心能驶平安船,大意易遭灾祸来”的深刻道理来引导启发船员,从而提高广大船员的职业安全意识,增强做好岗位安全工作的积极性和主动性,真正从思想上筑起安全防线;突出预防事故的重要性,消除与己无关思想。这就要求我们不断扩大教育的范围,把每一个船员都作为预防安全事故的主体。在教育中,我们要联系广大船员的切身利益讲预防安全事故的重要性,启发船员认识到在船舶工作生活,无论是作业生产过程,还是业余休闲活动,无时无刻都离不开安全,任何一次疏忽、一次侥幸、一次违章,比如乱扔一个烟头,都有可能酿成事故,甚至造成生命财产毁于一旦的惨痛后果,给个人、家庭、集体、国家带来不幸。我们要通过教育,促使大家深刻认识预防安全事故的发生不仅是各级领导的事,同时也是与我们每一个船员切身利益密切相关的大事,必须树立起“我要安全”、“我会安全”的思想,做到人人重视,事事小心,处处警惕,时时预防,把事故苗子消灭在萌芽之中;突出事故防范的科学性,消除船舶安全事故难免思想。这就要求我们教育船员要尊重科学,以科学的态度认识船舶安全,讲清绝大多数船舶发生事故都是由于思想麻痹,责任心不强,规章制度不落实,防范措施不到位等因素造成,让大家明白,通过我们的努力事故是可以预防、避免的道理,从而提高船员对船舶安全工作的认识,增强严格执行体系文件、按规章制度操作、确保一方平安的自觉性。

其次,每月安全活动要如期进行。安全活动是提高船员安全意识的手段。安全活动的内容主要是学习公司有关安全生产的文件,针对近期的工作重点学习规程的有关部分,对每月的工作、安全情况进行分析、总结。要想保证安全活动的有效开展,首先必须从管理入手,必须监督检查到位,严格要求。一要有明确的规定,二要做细致的检查,促使正常开展活动,三是必须发挥好管理者的作用。在安全活动的开展上,要求对活动要有周密的组织,对存在的不安全因素有全面的了解,并能总结的好,讲的清楚,使参加船员既能通过学习了解安全生产形势,又能提高自身的安全意识。在船舶一线工作中,水手长和机匠长作为安全监督员,与船员接触最多,了解的情况最详细,掌握的各种风险因素也最全面,对如何提高安全意识,是最有发言权的。因此,加强水手长和机匠长的安全责任培养尤为重要。

再次,加强安全生产的宣传力度。安全生产的宣传是多方面的,宣传部门应及时对生产中的好人好事进行报道。2010 年6 月4 日,为迎接世博会,上海海事局精心组织了安全教育讲座,授课人员详细地介绍了世博园区水域的通航特点,航经白莲泾弯头、龙华弯头等水域时应该注意的事项,通过世博园区水域时要特别注意“世博客渡船”和游览船的动态，做到主动避让。授课人员针对环卫运输船舶存在的问题，提出海事监管安全建议。这就是一个宣传安全的好实例。要不断地对安全生产情况进行分析总结，要让广大船员认识到安全不仅是企业的事，也是自己的事，好的会受到表彰，不好就会受到制度的约束，从而在工作中做到自觉注意安全。

4.2 开展业务培训，增强安全意识

业务素质是员工对自己所从事的工作，能否全面正确地掌握其安全要求、技术要求，能否胜任自己的工作。员工的业务素质，决定了工作过程的安全性。业务素质不高、知识掌握不全面，就很可能出现各种违反规程的偶然性违章及工作标准不高的问题，而且一旦发生了危害就很大，人身安全就会受到威胁，设备的安全运行就得不到保障。

船员的工作是综合性很强的工作，要求掌握自然、操船、社会、法律、安全等各方面知识，任何方面知识的欠缺，都可能无法令船员提前意识到安全问题，甚或出现安全事故。应该经常组织船员开展业务培训，增强各方面的知识与能力，提高安全意识。

4.3 坚持严格管理

只有坚持严格管理，才能保证船员的安全意识不会松懈，使船员思想上时刻有紧迫感、压力感，特别安全意识不高的船员，应加强对其安全生产的教育，才能将安全纪录保持长久。关键的问题，就是要在每个船员当中建立起安全意识，能够较好的理解安全规则，并自觉地去遵守安全规则。这一层面，最基本的手段就是安全生产教育。我们可以采取诱导的方式，通过一些安全事例和安全事故发生的后果描述等，从对危险源的认识开始，让每一人员从感性的认识上升到理性的认识，让他们从机械的执行规章制度，认识到执行这些规章制度的必要性。从而在工作的过程中，极大地提高安全管理的科学性。

我们要克服“船员干惯了、领导看惯了、大家习惯了”的思想，提高安全意识，自觉遵守规章制度去营造一个良好的生产、生活环境，促进船员安全意识培养和提高，确保生产、营运安全顺利运行。

5 结束语

船员工作充满了挑战，培养与提高船员安全意识，是保证航海业安全的首要。本文仅从几个方面针对当前船员的安全意识较淡薄及其影响因素，简单分析讨论，希望能够抛砖引玉与大家共同讨论，从而提高船员的安全意识，共同促进航海业的

安全健康发展。

作者简介

孙琳,女,1975年10月出生,天津海事局船员考试中心从事船员管理工作,工程师,通信地址:天津保税区航运中心天津海事局船员考试中心,邮编:300456,电话:66272438,电子邮箱:sunlin119@ sina. com。

试论我国引航员技术与心理素质的培训与提升

鲍冯军

(宁波引航站,宁波,315020)

摘　要:引航工作是航运作业链中非常特殊的一个环节,在我国,作为一门职业,引航员肩负主权行使与技术服务两项重要职责,只有具备了过硬的技术水平与过强的心理素质,才能安全、优质、高效地完成各项引航任务,港口软实力也因此能在引航员身上得到充分的展现。如何有效地培训与提升引航员的技术与心理素质,目前在业内尚无系统的研究与结论,在总结多年来引航员教育培训的经验基础上,本文试对此进行一些分析与讨论,希望能为我国塑造国际一流的引航队伍工作提供有益的思路与借鉴。

关键词:引航;心理素质;服务;心理选拔;咨询

1　引言

引航,亦称引水,领港,带水或领江,它是一门非常特殊的职业,因此对于就业者有特殊要求,引航员既是一种专业技术人员,如同经济社会普通从业者一般,为某些领域提供相应的服务;在特殊规定要求与涉外引领时又体现着国家主权与安全的政府行为人性质。西方航运发达国家,如德国,在其《海上引航法》中,明确定义了海上引航员的概念:"……经政府当局批准后……作为熟悉当地水情和通晓航海业务的专家为海船的安全航行提供引航咨询的人员……"。我国目前暂无专门的引航法,交通部颁发的(80)交港监字 780 号《海港引航工作条例(试行)》中,对引航工作有相关的职业性质描述,如"海港引航工作是航海技术在港口水域内的具体运用,涉及到船舶操纵、航海领港、航行规章、气象潮汐以及现代化的导航仪器等多门学科";"引航员的任务是:引领国际、国内船舶安全地进出港口和在港内移泊,以及特殊情况下的海上引航业务。因此,引航员必须具有高度的政治责任心,熟练的船舶操纵技能,丰富的航海领港经验以及一定的航海理论基础知识,熟悉航道情况和有关章则法令,具有一定的英语水平";"引航员的职责……对外国籍船舶和国内船舶的进出港口和移泊进行安全引航……";交通部 2001 年颁发的《船舶引航管理规定》则明确定义:“船舶引航是指引领船舶航行、靠泊、离泊、移泊的活动”;“引航员是指持有有效引航员适任证书,在某一引航机构从事引航工作的人员”;在《中国引航史》一书中,编著者有较为详细解释:“引航……是指在一定的港口,运河,江河入海口,难航海峡或内河水域内,专门性的从业人员登上某船舶(他并不属该船船员),并就该船舶驶抵目的地的有关安全航行问题,为船长提供建议和忠告,或者在不解除船长对于全船驾驶责任的情况下,代替船长实际操纵该船舶。从事这种工作的专业人员,就是引航员”。综上,如果单纯从职业角度来看,(1)引航员是专家,专业人员;(2)引航员要为也只为船舶的安全航行提供咨询,建议等等帮助;我国《海商法》第三十九条和“海港引航工作规定”的第六条都明确规定,船长管理和驾驶船舶的责任,不因引航员引领船舶而解除,即引航员不承担船舶的驾驶责任,这也是为绝大多数国家接受并立入法律条文的国际通用做法。而从引航行为的性质来说,引航权是一个国家主权的体现,它对国防安全,国土水域环境,航行秩序,港口运作等都起着重要的保障作用。从某种意义上说,作为第一个上船与外方接触的中方人员,他的行为修养折射出国人的素质,一个气质风度高雅,技术水平出色的引航员会赢得每一位船员的尊敬,并影响到他对我们国家的印象。

2　我国引航员的技术、素质现状

2008年中国大陆沿海港口引航员人数统计见表1。

表1

级别	高级	一级	二级	三级	助理	学习	总计
人数	309	237	292	393	243	92	1556

资料来源:中国引航协会。

在世界引航业界,中国引航员的平均年龄可以说是最年轻的。我们的亚洲同行中,日本的引航员年龄最大,平均年龄在58岁以上,其余各国也较少有低于38岁的。我国引航员的平均年龄约为36.8岁,40岁以下的青年引航员占据比例大于50%。中国引航业这样特殊的年龄结构是行业发展的历史环境因素决定的(限于篇幅,有关原因本文在此不作剖析,可参见他文)。

从世界范围说来,发达国家引航员的平均技术业务素质比较高,这与其本身职业要求比较高(如需要多年的船长资历,需通过严格的考试与评估,语言交流有优势等等),加上配套的法规较为完善,海上交通运输管理与设施先进,海上交通秩序优良等客观因素有关,但其主观上的因素也不容忽视,如当今许多发达国家在对引航员的培养中更注重其心理素质的考验与培养,并进一步到改善与治疗。许多调节运动员的比赛心理手段,培养飞行员与空管人员的职业心理方式被运用到对引航员的测试与培训中;从遵章守法意识上来比较,发达国家引航员的行事习惯方式也较第三世界国家的同行来得更完善。

我国引航员的素质现状具有以下特点:(1)年轻化;目前国内各大港的主力引航员绝大部分是从航海院校毕业后直接从事引航工作的中青年。尤其是随着我国海运业务的兴旺,许多港口引航人才的储备捉襟见肘,近几年开始大量吸收航海类毕业生与中青年高级船员。(2)社会经验与工作经历单纯化;由于直接从院校走向引航业,也很少再有机会接触体验其他行业,引航相对又是一个独立,关系单纯化的技术职业,因此对社会现实与遭遇到的困难心理准备不足。另外,由于没有丰富的船上工作经验,许多海上业务与应变手段没有了解掌握。(3)人员素质水平参差不齐;有些中老年引航员技术水平较高,但受当时大环境影响,外语水平会有缺陷;一些青年引航员可能课本知识与理论学得较好,但工作时眼高手低,不适应紧张的引航工作环境;另外,随着我国经济的高速发展,择业机遇越来越多,择业限制也在减少,航海院校的优秀毕业生不再紧盯着引航等少数几个职业,高素质的引航后备人才需要引航部门主动去选择引进。(4)社会原因;随着经济发展,一些原来封闭的港口对外开放了,港口规模也都在扩大,许多因素造成了引航员的短缺;有些港口的引航员原来只操纵几千吨的小船,一夜间要开始操纵几万吨的大船。他承受的压力超过其工作能力。(5)其他:例如,新一代青年的家庭生活条件普遍好于往常,独生子女比例极高,心理脆弱,困难危机的承受性与应变性差,以个人为中心,安全意识,大局意识欠缺,这已是个社会普遍现象。

由于上述的众多原因,我国引航员的总体水平与发达国家尚有差距,也存在一些问题,这是我们必须勇于承认与面对的。体现在引航工作中:(1)不做引航作业准备与计划,作业前没有一个既定方案,临阵磨枪,手忙脚乱。(2)作业准备不完善,考虑不周全,操纵船舶时随心所欲,没有余地,也无应急措施。(3)自以为是,上船后不虚心仔细核实船舶性能状况,对船长的提醒忠告不以为然,本末倒置,在船长出于安全职责善意纠正时不虚心,甚至横加指责。(4)外语水平欠缺,造成双方沟通困难甚至引起误解,或因此不敢与船长交流,无法获取事关引航安全的更多信息。(5)理论学习与掌握新知识进度与现代科技发展脱节,表现为新式设备的不会了解使用,新式操纵手段的不愿理解应用,不勇于创新突破。(6)受生活环境或家庭因素影响 ,工作精力被分散,心理生理疲惫烦躁,作业带情绪化。(7)在有挫折或发生引航事故后,心理调节欠佳,不能很快从阴影中解脱而成功投入工作。(8)在保持良好的政治素质与礼仪修养上尚有欠缺,表现为涉外举止粗俗,不良习惯时有显露,基本礼节未完全掌握,甚至刁难卡要船方。对船方有违规失礼的行为无动于衷，不知所措。

3 我国引航员的技术培训与提升

中国港口普遍受季风、台风影响，而且雾季较长，加之复杂的潮流与水深状况，可以说整体上气象、水文条件复杂，而各港还有地方特殊的情况。而且，无论是在新中国成立初期的恢复发展阶段还是在改革开放以来高速发展阶段，前辈引航员所承受的工作压力、职业风险都是在世界引航业中罕见的。在港口“软件”“硬件”都未到位的情况下(各种助航设施、港口设施还未完全配套，港口生产管理、航行秩序管理尚未完善)，引航员的技术能力、职业道德素养、个人意志力就成了这些不足的重要补充。在这样纷繁复杂的条件下，我们的前辈们因地制宜、因时制宜，总结和完善了船舶操纵技术，这是中国引航业宝贵的财富。同时，在第二代引航员到第三代引航员适逢中国船舶运输业整体的提升，从单一的万吨级杂货船到船舶种类多样化、船舶吨位巨大化，这对引航业提出了全新的技术要求。可以说，在船舶操纵技术方面，前辈们已经给我们留下了完善的理论与实操体系，这是当代引航员应当继承的。

当代引航员应当适应社会发展的形势，在引航服务上体现出鲜明的时代特征。引航工作归根结底是一个技术服务行业，“服务”是引航这个行业的关键词，是引航员的安身立命之地！伴随着时代的发展，每一代引航员的服务工作都带有鲜明的时代背景，第一代是新中国成立和恢复，第二代是经济建设为中心，那么这一代的时代背景就是为了中华民族的伟大复兴。目前引航员所处的时代是一个立足点更高、视野更开阔的大时代，对这一代引航员的服务能力、服务水平也有相应的要求。一方面，新的电航仪器、助航设备不断引入生产实践，如何善加利用、开发功能，是引航员在服务领域面临的新问题。这要求新一代引航员发挥院校专业培训的知识特长、学习能力、语言能力，在最短时间内掌握使用要领，根据引航生产实际需要开发新的功能。比如各个引航站推广使用实时监控系统的过程中，引航员包括一些青年引航员都发挥了重要的作用，提供了很好的意见和构想，这是新一代引航员的知识特长、技术特长。另一方面，引航业的服务领域已经不是提供船舶航行靠离泊操作的单一领域，而是涉及到水上设施建设设计、航道水域安全管理、环境保护等公共服务领域。在我们的一些国外同行中，这部分公共服务功能已经在日常引航工作以外独立占据了很多份额，比较典型的有荷兰引航业、澳大利亚引航业等等。在这些新的服务领域中，引航专业对当地气象水文、通航情况的熟识是很重要的决策依据。但是，这些咨询服务、规划服务既要有很好的经验技术基础，也要有理论研究和阐述的能力。这对当代引航员的理论水平、知识底蕴都有较高的要求,而且新一代引航员在这方面也有比较好的基础。新一代引航员应该有信心、有决心在继承前辈船舶操纵技术、气象水文知识的基础上,加强自身理论修养——争取既能干,又能想,而且能写。以此成为未来的水上工程公共服务决策中的骨干力量。综合航海新技能和公共领域技术服务的新需要,这一代引航员势必要向复合型人才、知识型人才发展,走综合素质提高之路,这才能在新时代里提供最优质的服务。

年轻引航员的求知欲强烈、思维活跃,他们大多是从航运本科院校招收,他们有扎实的英语基础,在校学习阶段接受了最新理论的系统学习,这些都为其胜任引航工作打下坚实的基础。但是现在高科技技术飞速发展,难免有些新的设备他们没用使用过,有些最前沿的引航理论没有接触过,因此年轻引航员在工作过程中绝不能在思想上松懈,要继续加强理论知识学习,充分利用好年轻的资本。同时,船舶引航是实践性特别强的技术工作,年轻引航员必须在工作中注重自己经验的积累和综合能力的提高。事实告诉我们,聪明的引航员不仅仅是通过自己的工作实践来积累经验和教训的,他们更多的是吸取了其他人的经验或从其他人发生事故的教训中来提高自己的技术业务水平。引航员在工作过程中一定要向老一辈资深引航员多取经,吸取他们宝贵的工作经验。

由于工作的性质,引航员每天引领着不同的船舶,而每一艘船舶又有不同的操纵性能,如:主机启动的快慢、压缩空气所能启动主机的次数、主机换向的快慢、舵效特性和船舶停车冲程等都会有所差异,而这些对船舶的安全引领和靠泊至关重要。引航员在船上短短几个小时不可能都掌握,而船长由于长期在这艘船上工作,对这些性能了如指掌,所以引航员要向船长多询问。除了向船长询问这些船舶性能外,引航员也要主动向船长介绍港口情况、此时的风流要素以及我们本次的靠泊计划,并征求船长对本次靠泊计划的意见,如有不同可以协商,拿出双方满意的靠泊计划。通过这些协商沟通,一方面可以掌握对我们执行引航任务非常重要的一些船舶性能;另一方面,通过引航员积极主动的沟通和靠泊计划的介绍,让船长明了引航员的引领方案,消除船长的疑虑,赢得船长的信赖,让船长感觉“这个引航员不简单”。

引航员在每次参加引航工作时,认真对待每次机会。从中体会总结,吸取好的经验分析不足的方面,从而使自己不断的提高,经常与资深引航员交流,虚心请教,让自己逐渐地成熟健康的发展。助理引航员在跟师傅学习的时候,尽早的熟悉引航业务。并在跟船学习期间认真思考,听从师傅的教导,对于每一艘船舶认真做好笔记,总结出需要注意的问题。对于每一个引领过的船舶数据尽可能记于心,尤其是该船存在的弊端和严重影响安全的方面,在下一次操作时有意的去克服,做到心中有数得心应手。引航工作复杂性的另一个重要表现就是突发事件的随机发生。遇到突发事件或事故时如何冷静地处理问题,避免发生事故或将损失减小到最小,是引航员应积极训练的,平日里多与经验丰富的高级引航员进行交流、切磋,熟悉常见安全事故处理过程,将每次工作中的险兆仔细进行分析,从中吸取经验。

4 我国引航员的心理素质培训与提升

素质是人的活动的主观条件与内在依据,从一定意义上讲,是一个人的质量或品质的待名词;职业素质,是从事专门工作的人自身所必须具备的条件;心理素质是人的认识,情感,意志过程与个性心理,倾向的具体特征。不同的职业对于人的要求是不同的。现代社会越进步,对于从业者的心理素质要求就越高,哈佛大学国际事务研究中心的专家们提出了"现代人"素质分析模型,已为学界广为接受,现代人应具备的素质有:(1)愿意接受新事物,思想上倾向于革新和变化;(2)乐于发表意见;(3)时间观念强;(4)对自身能力较有信心;(5)计划性较强;(6)普遍的信任感,对他人亦有信心;(7)信奉并愿意遵循公平待人的原则;(8)对新式教育感兴趣;(9)比较尊重他人。

引航工作是一项风险性的职业,相对大多数职业来说,它要经受风浪袭击,烈日曝晒,寒冷煎熬,上下船有生命危险,工作时有事故威胁,空气污染,生物钟的无序,饮食规律的混乱等等独有特征,而且还具政治风险,因为涉外引航时是代表着国家主权进行工作,引航员的言行反射出国人的素质水平,出现重大事故会给国家带来极大极差的影响。因此从职业心理素质的角度出发,要求引航员必须达到较高的水准:思维敏捷,行事果断,考虑周密,团队协调意识浓,在困绝境时意志坚定,镇定自若,不患得患失,遵章安全意识强烈,有自知之明,对风险困难有预见性,对高新科技善于接受领悟,等等。事实上,心理素质能完全达到如上要求是不现实的,人正是由于有各种性格与优缺点才构成了丰富多彩的世界。引航职业要求现代引航员拥有强烈的奉献精神,创新精神,协作精神和求实精神,其基础是引航员具有良好,健康的心理,因此,一名合格的引航员必须能充分认识到自己心理素质上存有的缺陷,并且学会用各种手段方法去调节、提高,完善自己的心理素质。每个人都有他独特的心理特征与性格气质,通俗地说也就是性情、脾气。按照众所周知的分类,人常可分为多血质、胆汁质、粘液质、抑郁质四种气质类型,它们主要由感受性、耐受性、反应敏捷性、可塑性、情绪兴奋性等多种主要特征不同组合而成。完全属于哪一种类型的人现实生活中很少,大多数人都是拥有几种气质类型特征的中间型。俗话说"江山易移,本性难改",可见要从本质上去改变一个人的心理特征是很困难的,但现代科学观点认为心理气质类型是职业选择的主要依据之一,尤其是对于一些特殊行业,其中某种心理气质特征对于人们来说是从事某种工作的有利条件,引航工作就是如此。对于各类气质类型的详细特点此处不做详解,但职业心理选拔在现代人事管理中越来越受到重视却是一个不争的事实。如相关资料表明,实行心理选拔前每培养100名合格飞行员,需要对397名学员进行培训,采用心理选拔后只需预先培养156名预备学员就足够了,在培养费用上就可以节省约5000万元;德国的公路运输管理部门做过统计,经过心理选拔的货运汽车司机在肇事和伤亡数量上,比未经选拔的司机减少了73%,而事故率也正是劳动效率的主要指标之一;根据IMO的一项统计表明,发生海上事故的80%是人为因素,IMO秘书长奥尼尔曾总结过"几年来,海运界逐渐明白,科技只是其中一半,另一半是人。人具有创造力和防止灾难发生的技能,但是人在意志薄弱,能力不足或精力不集中时都能导致事故的发生"。因此,在引航员的招收引进培养中,把职业心理选拔作为其中一项重要的衡量标准是有百益而无一害的,它可以增进人岗匹配,加强引航员的职业适应性,提高一个引航单位的工作活动效率和职业培训效率,减少资源损耗,大大地提升引航作业的安全性。而这一点目前往往被国内绝大多数引航单位所忽视了。

与其他特殊职业的心理选拔一样,引航职业心理选拔的出发点和归宿都是承认人是有个体差异的,这些差异的来源可能是源于遗传素质或神经类型上的差异,也可能是由于个体所受的文化教育和从事的活动性质等社会因素的不同。我们可以从以下三方面入手,对个人的心理品质作全面的考察:(1)生理心理方面,如针对引航职业特点,对人的神经系统的强度的测定,对颜色速度方向感的辨别力等,这一点可通过相关医学行业或专家协助完成;(2)个性特征方面,如智力,气质,性格等,可通过被选拔者的学习生活档案,接触了解印象,关系密切者的评价及必要的现场测试等途径完成;(3)社会心理方面,如成就动机,挫折动机,社会态度,竞争意识,合作倾向,领导能力和人际关系等,通过与个性特征相类似的途径,以及面试,可初步有所结果。

现场的引航员心理选拔可同过笔试、面试,引航专家领导评估等多方面手段来进行,尤其是面试,研究表明,在面试中,仅从面试者面部表情中获得的信息量即可达50%以上,面试的特点、内容、类型、技巧,本文限于篇幅不做详解。

心理气质也非绝对的一成不变,它可以在生活条件和教育影响下被掩盖,使之符合社会实践的要求。在职业选择中,个体选择从事的职业要与其许多特质匹配,未必恰好符合他的心理气质类型。这时,就需要对其进行控制和引导,可以通过改善自己可塑性较大的心理气质使其服从于引航职业的要求,即职业心理素质的培养。

引航员的生理遗传及以往的社会，生活经历历史是无法改变的，但我们可以在现实生活中注意培养自己良好健康的心理习惯与方式。单位集体应该倡导优良的引航文化氛围，领导上级多关心引航员的工作生活学习方面的困难，关心其家庭困难对引航员心理的微妙影响，注意信息沟通，采用上行，下行，平行，越级沟通等现代管理学方式，使引航员有较强的团队作战精神与集体荣誉意识，让他感觉到是引航工作中重要的一员而未被忽视，从而在引航工作中保持放松，自信，积极奉献的良好心态；有奖有惩，公平对待，从而培养个人的平衡与向上心态；引航员个人应多培养良好的生活习惯和兴趣爱好：优雅动听的音乐，整洁清新的生活环境，和睦欢乐的家庭氛围，一杯咖啡或香茗，一场球赛或电影，适当的运动或娱乐，朋友适时小聚交流，等等。这些都可以陶冶培养个人健康乐观的心理，为引航工作提供安全前提。

从敬业的角度讲，引航员个人感到心理疲惫烦躁，或有些疙瘩无法自力解开时，应当适当的接受一些心理咨询或辅导。“咨询”这一概念的最基本含义就是“帮助”，其范围非常广泛，职业心理咨询是针对职业人群的特殊服务项目，它是以语言为主要沟通方式，协助当事人自我了解，分析澄清问题，找寻解决方法与技巧，并最终达到解决，增加心理适应，促进心理健康的助人方式。在国外，这一方式已被普遍接受与采用，接受心理咨询或辅导是很正常的现象，就如同生病时需要打针吃药一样。在国内，这一方式正在逐渐普及与被接受被采用。最典型的例子就是曾经的云南大学马加爵杀人案例，从专家学者及广大群众的分析反响来说，心理咨询辅导的作用非同一般。事实上，我们以前常在说的做思想工作，谈心等等也就是心理咨询辅导的一种或一部分变通方式。目前，很多大型医院有专门的心理咨询辅导医生可提供帮助，引航员个人应该有这方面的自我保护意识。咨询是一种特殊的人际关系，解决得好，它在引航工作中能起到意想不到的“维护保养”作用，从而确保引航工作的顺利与安全。

5 结论

中国引航业的发展历程是特殊的，形成了一代代引航员肩负时代使命的行业传统。作为优秀的引航员，既要有尊重同行、前辈，学习经验，继承传统的自觉，也要有继往开来，百尺竿头的自信。

科学的培训方法与机制是有效提升引航员的技术与心理素质的唯一途径。在港口生产中，引航是第一个环节，也是最后一个环节，具备维护主权、保障安全、提供服务，促进航海技术发展四大功能，引航强则港口强，港口兴则引航兴，建设培养一支优秀的引航队伍正是目前我国各大港口在努力打造的重要目标之一。

参考文献

[1] 徐万民,李恭忠.中国引航史.北京:人民交通出版社,2001,第一版

[2] 首届中国青年引航论坛论文集.2009年

作者简介

鲍冯军,男,1970年11月出生,宁波引航站工会主席,高级引航员,通信地址:浙江省宁波市槐树路36号16楼,邮编:315020,办公电话:0574-27691772,传真:0574-27691794,电子邮箱:baofj@ nbport. com. cn。

深圳海上突发公共事件应急体系建设的研究

任大伟　葛志远　陈　宇

（深圳海事局，深圳，518032）

摘　要：为改进和完善深圳海上突发公共事件应急体系建设，提高深圳海上应急能力，本文在分析海上搜救与溢油应急工作的特殊性和意义的基础上，对深圳海上搜救与溢油应急工作现状进行评估，并针对应急建设中存在的问题，提出适合深圳的海上突发公共事件应急体系建设框架和建设重点。

关键词：海上突发公共事件；搜救；溢油；应急体系建设

1　引言

安全是人的基本需求，是社会经济发展的保障。海上安全更是一种公共安全。海上公共突发事件主要是船舶、设施在海上发生火灾、爆炸、碰撞、搁浅、沉没、油类物质或化学品泄漏以及民用航空器海上遇险造成或可能造成人员伤亡、财产损失的事件。涉及的应急行动主要包括由于船舶、民用航空器事故引发的人命救助以及船舶溢油污染事故的应急处置。

海上安全事故的特点在于易造成群死群伤、（国际）社会负面影响大、经济损失巨大、后果极为严重、影响持续时间长；其特殊性在于事故发生地远离陆地，发生地点分散，突发性强，往往与恶劣天气海况有关，应急处置风险大、难度高。有关研究表明，在水温10～15℃的情况下，人在水中生存时间少于6小时。深圳海域地处我国南方海区，其冬季水温低于15℃，这就对海上搜救的应急反应时限提出了更高要求。

海上应急工作的特殊性还表现在，由于缺乏通用公共通信网络覆盖，一些诸如遇险信息传递、遇险位置确定等在陆地轻而易举之事均变得极为困难。尤为突出的是，一些遇险船舶或人员往往无法提供准确的位置信息。即使有了遇险位置信息,由于海上风浪作用,遇险船舶或航空器位置总在不断变动之中,考虑到各种误差因素,常常会远离报警位置。缺少准确、动态的遇险位置,使搜寻工作真正如大海捞针一般,难度大大增加。因此,及时有效的搜寻是海上搜救成功的关键。

此外,能否及时核实报警的真实性也至关重要。由于海上通信障碍,搜救指挥中心往往无法与遇险方建立直接的通信联系,许多遇险报警在发生后就失去后续联系(如手机报警后关机)。海上遇险救助的时限性要求,在不明报警真实性的核实阶段,仍需按照真实遇险来准备实施救援。利用飞机或船舶在海上进行搜寻、核实报警仍是海上搜救工作不可或缺的手段。目前,我国海上误报警比例高达受警总数的50%以上,遇险报警核实工作给海上搜救带来了巨大的成本消耗或工作难度。

海上活动具有极强的流动性、社会性和国际性。每一个国家和地区都有义务,在其国际公约划定的责任区内,对任何遇险人员提供及时有效的安全和救助服务,这也完全符合就近实施救援的通用原则。深圳地处珠江口,北邻广州,东合潮汕,南接香港,西邻澳门和珠海,是来往船舶的必经通道,海上过往交通流密集,其中国际航行船舶、外省籍船舶众多。深圳也有许多船舶从事省际、国际航运、渔业捕捞等活动。做好深圳海上公共突发事件应急工作,及时对深圳沿海水域遇险的船舶、航空器和人命财产实施有效救助,不仅是贯彻落实科学发展观、构建和谐社会,履行国际公约、展示负责任政府的需要,也是开展和加强辖区间搜救和国际搜救合作的需要。同时,及时处置海上船舶事故造成的油类污染,则是防止或减轻污染损害,特别是减轻外来污染源可能对深圳沿海水域和生态环境造成严重危害的必要措施。

海上活动的高风险性决定了海难事故难以避免,而海难事故的高危害性又决定了要减少海难事故损失,就必须加强应急能力建设。海上搜救和溢油应急则是应对突发性事件,最大限度降低事故损失的最重要手段。因为海上搜救与溢油应急需要与自然较量,与时间竞赛,阻止恶劣的自然环境对人命和海洋资源造成重大损害,需要有先进和完善的装备与设施相支撑。分析我国近年来损失严重的重大海难事故,如烟台“11.24”海难死亡282人,珠江口“3.24”溢油事故污染300km^{2}水域等,都与救助能力不足,应急反应迟缓有直接关系。尤其是近期墨西哥湾油井事故,更唤起了民众对海洋安全、科学发展的重视,这样的事故如果始终缺乏合理的应急手段,那么它对人类的损害是致命的,对海洋环境的危害是致命的。因此,进一步加强海上搜救与溢油应急工作对于提高深圳市应对海上突发公共事件的应急防范能力,对于维护国家主权、树立负责任大国形象,以及对于促进沿海地区社会经济尤其是海洋经济的可持续发展等众多方面都具有十分重要的意义,这也是各发达国家历来都普遍高度重视的工作。

2 深圳海上搜救与溢油应急工作现状

2.1 海上搜救与溢油应急工作发展水平

2.1.1 机构设置

目前深圳设有市级海上搜救中心,负责辖区海域内的海上搜救和应急反应工作。作为政府的一个海上应急专门机构,在市政府领导下负责本地的"三防一救"工作。搜救中心主任由分管副市长担任,成员单位一般包括各市(区)政府(管委)、军队、交通、港航、海洋与渔业、公安、卫生、民政、气象、环保等单位。搜救中心办公室设在深圳海事局,主要承担着24小时应急值班,接收、处理海上各类突发事件信息,协调指挥应急行动,开展应急处置后评估等日常工作职责。市海洋与渔业局也有24小时值班机制,主要负责对渔业船舶险情的救助指挥。

2.1.2 搜救应急预案情况

目前,交通部已经颁布了《国家海上搜救应急预案》,深圳政府也陆续颁布了《深圳沿海重大船舶污染事故应急预案》、《深圳水路交通突发公共事件应急预案》、《深圳特大生产安全事故应急救援预案(试行)》(包括《深圳沿海海上交通与渔业特大事故应急救援预案》等10个专项预案)等。深圳市政府结合本市海上搜救中心的建设情况,也出台了深圳海上搜救应急预案。

2.1.3 主要海上搜救力量状况

(1)海上监测预警系统

目前,深圳市海上监测预警系统主要有船舶交通管理系统(VTS)、船舶自动识别系统(AIS)、工业电视监控系统(CCTV)、海上溢油监测系统、海洋水文气象监测系统、海事卫星通信系统(Inmarsat)、地面无线电数选值班系统(DSC)、陆上搜救协调通信网、搜救指挥可视电话系统、海事信息网络等手段。

(2)海上安全通信系统

海上安全通信系统主要是为海上航行的船舶提供安全通信服务,确保海上应急通信畅通。目前深圳辖区内开放的业务有窄带直接印字电路(NBDP)、单边带无线电话(SSB)、数选遇险报警值班电路(DSC)、高频单边带无线电话(SSB J3E)、甚高频无线电话等,担负中短波话务通信、VHF安全通信及DSC遇险报警值守职责,2处MF DSC国际数选值班台基本覆盖了A2海区。

深圳海洋渔业通信体系主要包括:短波通信网、超短波通信网、渔业船舶船位监测网、公众移动通信网等。深圳市渔政机构均配备了相应的渔业电信管理人员。到目前为止,绝大多数渔船上均有手机用户(多数为没有定位功能的移动手机),20马力以上渔船多数安装了渔业超短波无线电话机和GPS卫星定位仪,70%以上的钢壳船安装单边带电台。另外,“近海超短波渔业安全救助通信网”是农业部2005年为农(渔)民办的15件实事之一,在深圳市也设立了基站。

(3)海上应急反应队伍

①海上搜救应急反应装备

作为我国三大专业救助力量之一的交通部南海救助局设在广州。目前在深圳沿海水域布有5艘专业救助(包括2艘快艇)船舶,其中3艘救助拖轮,都设于西部港区。交通部南海救助飞行队在珠海建设了救助直升机场,可在白天执行110n mile为半径的人命救助任务。

深圳军区、南海舰队、公安边防、海警、深圳海事局、市海洋与渔业局、深圳海关等军队和部门也都拥有一些舰船、公务船舰船或飞机,中海直升机公司也拥有多架轻型直升机。主要港口的港务公司、友联船厂也都拥有一些辅助生产的港作拖轮。这些军舰、船艇或拖轮也具备不同程度的救助能力。

此外,在沿海航行的过往船舶,包括渔船也是海上可用于海上救助的重要资源。

②海上溢油应急反应设备设施

目前深圳境内由政府国家投资建设的危防事故应急救援项目主要有深圳溢油应急技术中心溢油设备库。配备充气式海洋型围油栏、固体浮子式围油栏、防火围油栏,应急卸载泵,各类撇油器,岸滩清除装置,船用消油剂喷洒装置,手持消油剂喷洒装置,临时储油设施及叉车、汽车吊等应急设备。

此外,社会力量也是海上溢油应急反应的重要力量。中海油深圳应急分中心是一支集海上消防与溢油应急的专业机构,拥有专业化的海上溢油清除设备和应急队伍。深圳沿海的一些码头及船舶污染物接收单位也配置了部分溢油应急反应设备。

2.2 深圳市海上搜救与溢油应急体系建设存在的主要问题

目前,深圳市海上搜救与溢油应急体系建设仍存在诸多问题,无法完全适应区域海洋经济迅速发展,海上活动大幅增多的实际形势。

2.2.1 总体搜救力量薄弱,布局不够合理

深圳海上救助力量总体上呈“两差一小一低”趋势,即远距离救助能力和恶劣天气救助能力非常差,有效救助覆盖范围小,快速反应能力低。目前专业救助力量只能顾及西部辖区和东部港区等重点水域或事故高发水域,整体救助能力与实际需求存在巨大差距。

专业救助力量严重不足,有效覆盖范围小,远距离反应能力弱。交通部南海救助局在深圳沿海没有专业救助拖轮,其他救助船艇功率较小、船龄老旧、航速慢、抗

风等级不高,远海快速反应能力和应对恶劣天气下的救助能力也无法满足日益增长的海上救助需求。南海救助飞行队的直升机只能覆盖珠江口周边水域,单机救助能力低,只能在白天作业,其飞行能力还受制于风、雷雨、雾等低能见度等天气。

社会救助资源救助能力有限,难以胜任中、远距离或恶劣海况的救助任务。深圳可用于救助的社会救助力量多是公务船、港作拖轮。公务普遍存在船型小,航速慢,抗风等级低等问题,港作拖轮只适用于港口及附近水域航行作业,抗风等级多为7级风以下,续航能力差,难以完成中、远距离救助任务或恶劣天气下的救助任务。这些船舶还都存在着缺乏专用救助装备、通信装备等问题,船员缺乏专业救助知识和相关技能,制约了其救助作用。

社会救助力量应急反应能力差。一是船舶启动需要一定的准备时间。大型船舶不同于汽车,不能立即点火启动,通常备车需要较长的时间,从1小时到几个小时不等。二是社会力量应急反应速度慢。由于政府公务船只、港作拖轮等,在不执行生产或执法任务时仅需配备值班人员即可,不需要全体船员在船。在工作时间之外执行应急任务,往往需要临时召集船员,需要较长的反应时间。如果没有相应的应急程序或经过演练,所需时间更长。

2.2.2 溢油应急装备严重缺乏,保护环境安全形势严峻

海上船舶溢油事故危害极为重大,是海洋环境安全领域关注的重点。及时有效控制污染,不仅需要科学的决策,还需要储备数量充足的可供快速调动的防污设备。2005年松花江苯乙烯污染水域的教训是深刻的,不仅给哈尔滨市民生活带来重大影响,也产生了不良的国际影响。目前,深圳辖区的防止水域污染的处置能力十分有限,虽然建立了各类防污染应急预案,但应急防污设备设施的储备仍然严重不足,应对较大海上污染事件的能力较弱。尤其是在溢油风险较高的友联船厂、妈湾对开和盐田港附近水域,政府部门没有足够的物资储备。

2.2.3 应急工作资金不足,抑制了社会力量参与积极性

海上搜救是社会公益行为,是政府保障社会公共安全的一项重要工作,同时又是一项风险高、消耗大的工作,需要投入大量的人力物力。在我国目前专业救助力量不足的情况下,搜救任务经常要依靠军用舰船和商船、渔船等社会力量。由于参加救助行动不仅会造成生产延误、燃油、物料大量消耗,还存在较高风险,而目前又没有海上搜救救专项资金,无法给予参与救助船舶适当经济补偿和奖励,必然会抑制社会力量参与搜救的积极性。有些单位出于以上考虑,以不能保障自身安全等各种理由婉拒协调指令,使搜救工作不能及时进行,贻误时机。即使是一些具备救助能力,并愿意参与海上人命救助的社会力量,也难以经常性地独自消化此类费用,这也使搜救中心在协调指挥中捉襟见肘。溢油应急资金保障方面的情况也与

此类似,溢油应急资金主要靠参加溢油应急的单位临时垫付,赔偿资金支付周期漫长,并且所垫付的资金往往得不到足够的赔偿或根本得不到赔偿。

2.2.4　海上多种通信制式存在沟通壁垒,恶劣气象海况预警及监测能力不足

由于公共无线通信在海上覆盖范围非常有限,手机在海上距岸稍远的距离基本无法使用。虽然联通公司正在沿海布网,以期形成在距岸12.5km水域内的手机信号覆盖,对于深圳东部广阔的海域而言是远远不够的。此外,手机由于受信号覆盖、电池等因素影响,也无法提供稳定通信保障。目前商船、渔船、军队舰船和航空器均使用不同的通信系统,由于通信频率不同,不能相互沟通。并且有相当一些船舶,特别是渔船不守听规定的公共遇险频道,使搜救中心难以与遇险船舶或其周边的船舶取得直接联系,这已经成为影响海上搜救行动成功率的主要障碍之一。另一方面,在进行海上搜救的过程中,救助飞机、船舶、其他公务船艇、社会船舶、部队船只之间,以及与搜救中心等之间的通信联系也存在不畅的问题,影响了搜救和应急工作正常开展。此外,海上活动受恶劣天气影响非常大,恶劣天气下的事故风险远高于常规海况。目前,海上低能见度、强风等恶劣气象预报、小范围短时天气趋势分析以及海上实时监测能力还远不能满足更好地开展公共预警和搜救科学决策需求。

2.2.5　公众海上交通安全意识、风险意识和法律意识薄弱

一些从事海上生产、运输、开发活动以及休闲体育运动的人员安全意识和风险意识薄弱,对海上活动固有的高风险意识不足,存在侥幸心理和麻痹思想,漠视生命,忽视公众安全,不能自觉遵守海上安全的相关法律法规和安全操作规程,特别是一些小型船舶、个体船舶或外省籍渔船,冒险超航区航行、超抗风等级航行,甚至是驾驶"三无"船舶、雇佣无证船员,不断造成的安全事故或海上险情。此外,公众对海上航行或活动的高风险缺乏基本认知,盲目参与海上旅游、休闲娱乐活动也是造成近来海上险情多发的一个原因。

3　深圳市海上搜救与溢油应急体系设想

笔者认为,针对深圳市海上搜救与溢油应急建设存在的问题,下一步应重点抓好以下八方面建设:组织体系建设、法规体系建设、海上监测预警系统建设、海上应急信息与指挥系统建设、海上安全通信系统建设、海上应急反应队伍建设、物资保障能力建设、恢复重建能力建设、科技支撑体系建设以及培训与演练体系建设。

3.1　组织体系建设

3.1.1　搜救指挥协调机构

目前,深圳已建立起由市政府牵头负责,交通厅、气象局、海洋与渔业局、海事

局、救助打捞单位等相关部门共同参与的海上搜救应急反应体系，在深圳应急办的业务指导下，全面协调指挥海上搜救与溢油应急体系的运行。深圳海上搜救中心作为深圳市海上搜救应急的领导机构，全面负责深圳的"三防一救"工作，统一领导全市海上应急反应工作。

此外，笔者还认为，应在深圳海上搜救中心架构下建立咨询机构，包括海上搜救专家组和其他相关咨询机构。

(1)深圳海上搜救专家组

成立深圳海上搜救专家组，由航运、航空、消防、医疗卫生、海洋环保、石油化工、海洋工程、海洋地质、气象、安全管理、通信等行业专家、专业技术人员组成，负责提供海上搜救技术咨询。专家组成员经深圳市海上搜救中心通知有关部门，由有关部门推荐，深圳市海上搜救中心聘任。

(2)其他相关咨询机构

其他咨询机构应深圳海上搜救中心要求，提供相关的海上搜救咨询服务。深圳海上搜救中心与其他咨询机构之间可就提供技术咨询事项达成协议。相关行业咨询服务机构包括律师事务所、公关组织、保险公司等社会组织。

3.1.2　海上应急救助力量

海上救助力量可能包括各级政府部门投资建设的专业救助力量，军队、武警救助力量，政府部门所属公务救助力量，其他可投入救助行动的企事业单位、社会团体、个人等社会人力和物力资源。搜救与溢油应急行动中，应充分利用上述资源，发挥其最大效应，形成合力，为社会公共安全提供保障。

深圳市海上搜救中心应根据深圳海上搜救责任区域情况，将以下几方面的力量指定为搜救力量：

(1)专业部门：交通部南海救助局所属专业救助船舶、飞机及人员；地方人民政府投资建设的用于社会防灾救灾的可用于海上人命救助的设施及人员。

(2)公安边防部门：边防和海警等部门船舶，包括值班待命点的船舶及人员。

(3)军队部门：驻深南海舰队、深圳市军区等可用于搜救的船舶(飞机)，包括值班待命点的船舶(飞机)及人员。

(4)政府部门：搜救中心成员单位所属船舶、航空器及其他可用于搜救应急行动的海洋、气象、医疗、民政等陆地救助设施及人员。

(5)社会力量：航运公司、港务局、渔业、海洋石油公司、直升机公司及个人等可用于指定搜救力量的船舶、飞机，包括值班待命点的船舶、飞机及人员。

参加深圳市海上搜救行动的各种力量应该履行应急预案规定的各项职责，包括：服从搜救中心的协调、指挥，及时出动参加海上应急行动；参加应急行动时，保持与搜救中心和现场指挥的联系,及时报告动态;搜救行动结束后,向负责搜救行动的搜救中心提交总结报告;参加搜救中心组织的应急演习。

深圳市海上搜救应急体系的各组成部门和应急力量应当针对搜救活动各个具体环节的业务特点和相关法律法规要求,明确各自在海上搜救业务的开展过程中所必须承担的责任和义务,以形成全面覆盖深圳市海上搜救应急反应工作的各个环节的相互间密切配合、协调的组织管理体系。

3.2 法规体系建设

海难事故救助成功与否的关键是有效协调搜救力量,有效协调搜救力量的保证是搜救法律、法规。

目前我国海上搜救工作无法可依的局面,缺少能够指导开展海上搜救应急工作的相关法律法规,而渔业的船舶管理法律法规体系也很不健全,因此国家应当进一步研究、制定并通过与我国海上搜救和船舶污染应急处置相关的法律、法规,尽快颁布《国家海上搜救条例》,并出台一些渔业救助法律法规,以指导地方海上搜救立法工作,以法律的形式确定搜救中心在海上搜救应急工作中的领导地位,明确各有关部门在搜救工作中的职责和义务,指明相关部门在平时的业务训练中与海上搜救有关的方向,提高各部门参与海上搜救的意识,加快海上搜救立法建设步伐。

在国家相关搜救法规未出台前,深圳市应当建立适合本市实际情况的"搜救管理条例",并以地方法规的形式给予颁布,加快促进健全的搜救应急法律法规体系建设,出台规范搜救应急工作的地方性法律法规,以明确深圳搜救中心的责任和权力,规定各相关单位的责任义务,使深圳海上搜救工作纳入法制化轨道。

要保证整个搜救应急业务的正常开展,还必须编制相关的预案体系文件,更好的规范海上应急管理的各个方面,指导搜救指挥机构和救助力量单位开展搜救与溢油应急的业务活动。

目前,国家已颁布了《国家海上搜救应急预案》,同时要求各省编制省级海上搜救应急预案。因此,深圳市应尽快完善市级海上搜救与溢油应急预案的编制工作,并以此为基础,指导区级搜救中心、救助力量单位编制相关分预案,形成"横向到边、纵向到底"的完善应急预案体系。

对于深圳市海上搜救与溢油应急预案,除要覆盖国家规定的应急管理的各项要素和满足国际公约的要求外,还要适合本地搜救机构所辖水域的特点和专业救助力量的实际情况。具体内容应涉及 8 个方面的要素:

(1)明确应急处置指挥机构的组成和相关部门的职责;

(2)检测和预警手段;

(3)信息的收集、分析、报告和通告流程;

(4)分级和应急处置的工作方案,包括协调指挥、人员撤离、紧急避难场所、医疗救治、疫情控制、新闻发布等等;

(5)预防、现场控制、应急设施设备及其他物质和技术的储备和调度;

(6)通信、交通、技术、治安、医疗和社会动员保障等;

(7)应急处置专业队伍的建设和培训、演练;

(8)公共突发事件的评估、善后恢复等。

为保证深圳海上搜救应急预案的可操作性,还需相关搜救成员单位编制"职责类、程序类和须知类"三种文件预案作为支撑。其中:

职责类:要将搜救应急指挥体系内的各成员单位的职责落实到岗位、到人。职责要覆盖搜救协调指挥机构和专业救助部门的各个岗位。

程序类:明确在搜救业务的各个具体环节,如何进行具体的操作和指挥。如预警信息的获取和发布程序、各类报警的处理程序、信息上报程序、人员培训程序等等。

须知类:主要是对各种关键性设备的操作须知,包括专业救助部门的所有关键性设备以及搜救指挥机构的各项现代化设备的操作须知。

3.3 指挥体系建设

深圳海上搜救与溢油应急的指挥体系主要包括监测预警系统、应急指挥信息系统和海上安全通信系统三大系统组成。其中指挥海上监测预警能力是从源头控制险情、避免或降低海上应急事件发生的必备条件,是海上搜救应急体系中最重要的技术手段之一;海上应急信息与指挥系统可以实现对海上险情的预警、过程监控和评估,提供科学的应急预案,统一调度各种应急资源,对应急行动进行联动指挥;在海上发生突发事件时,可靠的安全通信系统是确保应急反应力量快速响应、海上人命财产及海洋环境得到有效救助和保护的关键。

3.3.1 海上监测预警系统

(1)船舶交通管理系统(VTS)

深圳随着港口规模的扩展和功能布局的调整,将根据需要建设内伶仃岛、大三门岛等处雷达站,形成"六站一中心"的 VTS 架构,对深圳沿海海域和港口、航道的完整覆盖。

(2)船舶自动识别系统(AIS)

深圳要统筹考虑辖区内 AIS 基站信息管理中心的分布建设,实现辖区 AIS 信息与 VTS 信息、综合业务管理信息系统的数据共享,为应急行动提供信息支持。在全市海上执法船舶及旅游船、施工船等不满 500 总吨的小型船舶上推行安装 AIS

船载设备，扩大船舶动态监控范围。

(3)海上溢油监测系统

对海上溢油初期发现的时间早晚，直接决定了防污力量应急反应的速度和现场处置及后续处理的难易程度。深圳海上溢油监测系统的建设主要包括：

➢ 建立溢油应急技术中心，建设溢油事故卫星遥感功能，适度完善溢油监测功能。

➢ 充分利用 VTS 站点，开展溢油雷达监视系统建设，监视辖区高风险水域的港区和航道可能发生的溢油事故，对可能发生的溢油险情提早预警。

➢ 借助救助飞机等的建设，购置溢油航空遥感监测装备，实现重点海域溢油事故监视能力的提高。

➢ 建设深圳沿海主要运输油品和燃油的油指纹库，主要水运化学品理化特性数据库，为污染事故应急反应提供技术支撑。

(4)海洋水文气象预警系统

海洋的水文气象条件的变化直接影响到海上航行的船舶的通航环境安全状况。应建设深圳海上气象水文预警系统，对威胁航行的气象水文变化提前做出预警，防患于未然。

(5)海上应急指挥语音系统

初步建立海上应急指挥语音调度系统，实现深圳市海上搜救中心与中国海上搜救中心及其他省级海上搜救中心、救助船舶、遇险船舶、协调单位间的通信指挥调度。利用大型巡视船上的 VSAT 系统采集的事故现场图像信息，直接传送到海上搜救中心；通过无线扩频技术，实现铜鼓水道、大铲、妈湾对开水域、盐田港 30km 以内的事故现场图像信息采集和传送，提高应急指挥效率。

3.3.2 海上应急指挥信息系统

(1)建设海上交通监控与应急指挥系统

充分依托海事部门、海洋和渔业部门、气象部门的数据信息资源和已建应用信息系统，有效整合船舶、船员、水文、气象、通航水域、船舶动态定位监管系统等数据信息，建设基于 GIS 平台的可视化的交通组织及搜救指挥系统，提高海上搜救指挥的精确性和有效性，不断完善深圳海上交通监控与应急指挥系统，使之更好地为深圳海上搜救应急工作服务，协助做出科学合理的应急反应决策和行动。

(2)完善深圳沿海污染事故应急反应决策支持系统

建设深圳沿海溢油应急指挥决策支持系统，借助先进的信息化手段，实现对大型海上溢油事故应急反应的组织指挥，并为各海上搜救应急指挥中心提供信息服务、技术支持和人员培训。

(3)加快推进深圳渔业应急救援中心平台建设

建设渔业应急救援中心平台与通信信息网络,形成连接市渔业应急救援中心平台、深圳市海洋与渔业局、渔政中心站、渔港监督局及其分局的应急救援信息网络。

3.3.3　海上安全通信系统建设

建成深圳沿海 VHF 安全通信系统,实现对辖区沿海近岸水域的海上安全通信链状全面覆盖,进一步提高 A1 海区遇险报警、信息处理、搜救协调通信、救助现场通信的能力。

建设渔船遇险通信系统,实现渔业安全通信系统和交通海上安全通信系统之间的有、无线转接,开通渔业协调通信电路实现信息共享,提高接收渔船报警和后续通信的能力。

协调统一渔船与巡航搜救船舶、商船与军队船只以及船舶与参与救助的飞机之间的安全通信接口和格式,进一步提高不同搜救力量和设施之间的安全通信的可靠畅通。

借助小型船载 GPS 以及 3G 技术手段,建设内河船舶以及游艇等小型船舶的动态跟踪系统,并利用 GSM,GPS 等技术手段,对深圳辖区内的渔船进行定位监控,从而实时掌握深圳辖区内河船舶以及游艇、渔船等动态,为及时确定船只遇险位置和组织参与搜救行动提供支持。

3.4　海上应急反应能力建设

深圳海上应急反应队伍的建设包括海上搜救应急救援专业队伍的人员和装备设施建设,同时更要重视对社会搜救和应急力量的组织和管理。深圳辖区内的国家专业救助力量重点满足中远距离和恶劣海况下的海上搜救与溢油应急,社会力量作为大中型港口及其附近水域海上搜救与应急工作的重要力量,而深圳政府则应投资建设一批应急装备,重点解决远海水域搜救力量薄弱的突出问题,最终逐步形成多方参与,互为补充,紧密协调的海上搜救与溢油应急力量建设格局。

3.4.1　专业搜救与溢油应急力量建设

相对于深圳岸线长,辖区安全形势复杂,在目前海上搜救安全监管力量和人员不足的情况下,应重点加强应急反应基地和区级指挥中心建设,并配置相应的事故应急指挥车和设备设施。

应新建多艘大功率救助船,配布在风险程度较高的东部港区,满足恶劣海况下中远距离的重大海难救助的需求;应建造抗风能力 9 级的渔业应急救援船舶,配置于渔业应急救援中心救援基地,重点用于周边沿海应急救援工作。与溢油设备库相配套,建造 500t 综合溢油应急处置船多艘,为辖区各重点港口和重点水域溢油污染控制清除提供应急储备。飞机是快速反应的最有效工具,应增加配置固定翼飞机、中型直升机、轻型直升机若干,并配备相应的监控、遥感等装备,实现海上搜救应急及溢油监视等功能。

3.4.2 社会搜救与溢油应急力量建设

针对深圳沿海海岸线长、辖区面积大和海难事故发生偶然性强,地点分散的特点,应当尽快建立专业力量和社会力量相结合的搜救与溢油应急队伍。社会力量包括在事故地点附近作业的商船、渔船和游艇,志愿者等,他们分布面广,对于提高搜救时效具有重要作用。应采取多种措施鼓励各种力量参与海上搜救和溢油应急工作,建立社会力量参加搜救行动后的资金补偿渠道。在搜救与溢油应急基地内建设培训教室,购置培训设施,加强对海事、救捞、渔业、环保、卫生、民政等部门参与应急反应的人员队伍的教育和培训,并且组织针对军队、社会志愿者、渔民、船员等其他社会业余力量的应急知识和能力培训。

沿海各级政府的民政、医疗、公安部门也应根据各自职责,储备一定数量的海上搜救与溢油应急相关物资,包括紧急抢救、保暖衣物、海上救生、生化防护、应急运输等方面,并做好与专业救助力量的衔接,以达到在搜救与溢油应急行动中多方密切配合,最大程度降低生命财产与生态环境损失的目的。

3.4.3 溢油控制清除设施配备

应联合各方力量建设大规模应急清污设备库,使其具备应对近岸海域1000t溢油事故的能力,配备综合溢油处置船,并适当兼顾化学品泄漏事故处置需要。

3.5 技术支撑体系建设

3.5.1 开展相关技术研发

发达国家及地区都非常注重海上搜救应急反应系统的硬、软件建设,不断将新技术引进海上搜救应急管理工作中。深圳应当借鉴国外发展和建设海上搜救应急反应系统的做法,应结合自身的实际情况,设立专项资金,组织相关院校和专家学者有针对性的就加强海上搜救组织管理体系、搜救与溢油应急关键技术等问题立项开展研究。一方面要逐步探索适合我国国情和深圳自身特点的海上搜救应急反应组织管理模式和系统运行机制,另一方面还应开展海上搜救与溢油应急等相关关键技术研究,主要包括:海上搜救立法研究、海上搜救和溢油公共赔偿基金研究、沿海水域风险评估与事故分布规律研究、恶劣气象条件下海上搜救与溢油应急适用技术研究、基于信息共享的海上搜救辅助决策技术研究、多种海上通信手段的无缝融合技术研究等,为深圳的海上搜救应急反应工作提供技术支撑。

3.5.2 培训与演练体系建设

(1)海上搜救应急反应力量的培训

深圳海上搜救中心要加强对海上搜救应急反应力量培训的领导,建立健全由各级地方政府投入资金、搜救中心成员单位积极参与的培训工作机制。深圳海上搜救中心应当依托深圳配套建设的搜救基地培训设施,加强对参与海上搜救应急反应的社会力量的培训指导,并充分利用新闻媒体广泛开展群众性宣传,强化公众特别是企业的公共安全意识和主动预防突发事件的意识,争取社会各界对海上搜救、溢油应急等公共安全行动的关注和支持,扩大海上搜救和溢油应急的社会影响。

搜救中心各成员单位要定期对参与海上搜救应急行动的人员进行专业知识培训和技能培训,增强责任意识和协作意识,提高搜救工作效率。

大功率渔船在海上搜寻救助工作中扮演重要的角色,是海上搜救应急专业力量的重要补充。但渔船船员在参与海上搜救应急行动中,因操船能力和协同配合能力不足,影响渔船搜救作用的充分发挥。深圳海上搜救中心和渔政渔业监督部门要加强对渔民操船技术技能培训,提高专业素质,增强渔民的协同搜救能力和面临突发事件的自救能力。要针对渔船事故的救助特点,加强对渔民的安全和风险教育,提高安全意识,减少渔业事故发生。

(2)海上搜救应急反应力量的演练

深圳海上搜救中心负责海上搜救应急演练的组织和领导,要建立海上搜救和溢油应急反应定期演习制度,制定海上搜救和溢油应急预案,定期组织开展跨行业、跨部门的联合搜救演练。要通过联合搜救演习检验并提高对海上突发事件的应急指挥能力,提高协同搜救水平,增进各搜救力量之间的配合,整合海上搜救和溢油应急行动中的通信联络方式和通信程序,并加强对海上搜救和溢油应急力量建设情况的交流。

各搜救成员单位应按照搜救中心的统一要求,积极参与搜救演练,增强对突发事件的应急处置能力,提高救助保障能力。

深圳市人民政府应在每年的财政预算中考虑列支海上搜救与溢油应急演习的相关费用。

4 结束语

加快推进深圳海上突发公共事件应急体系建设,完善深圳海上搜救与溢油应急体系,提高深圳应对海上突发公共事件的应急防范能力,最大限度降低人命和财产损失,不仅有利于维护国家主权、进一步彰显负责任大国形象;也有利于航运企业降低经营风险,促进沿海地区社会经济尤其是海洋经济的科学可持续发展。

作者简介

任大伟,男,1981年11月出生,深圳海事局,副主任科员、工程师,航政管理,通信地址:广东省深圳市滨河大道229号海安中心22楼,邮编:518032,电话:0755-83797042/15107556529,0755-83797076,电子邮箱:tiantil@ sina. com。

葛志远,男,1980年11月出生,深圳海事局,副主任科员、工程师,航政管理,通信地址:广东省深圳市滨河大道229号海安中心20楼,邮编:518032,电话:0755-83797091,0755-83797092。

陈宇,男,1983年10月出生,深圳海事局,科员、助理工程师,航政管理,通信地址:广东省深圳市滨河大道229号海安中心22楼,邮编:518032,电话:0755-83797042,0755-83797076,电子邮箱:chenyu1983@ hotmail. com。

浅析海底管道的挖沟保护设计方法

陈海龙
（中国船级社天津分社，天津，300457）

摘　要：本文考虑了海底管道在设计、营运、健康安全和环保等多方因素，对渔业活动影响管道的各种载荷工况进行分析，给出了海底管道在拖网载荷作用下挖沟保护设计方法。

关键词：海底管道；渔业活动；拖网载荷；挖沟保护；设计方法

Abstract: This article introduces simple analysis methods for submarine pipeline trenching protection design methods under fishing gear loads based on elements of Design/Operation/HSE factors.

Key words: Simple analysis methods; Trenching protection design; Fishing gears loads; Design/operation/HSE

1　引言

对海底管道进行挖沟和埋设处理，是为了增加海底管道的在位座底稳定性，同时为海底管道在渔业拖网等活动下提供保护。在一些海域，比如渤海湾，海况不是太恶劣，因此由于海底管道在位座底稳定性的原因而需要挖沟的情况不多；但是该海域渔业活动相对较多，故在大多数情况下，对海底管道挖沟的主要目的还是对其进行保护。对于未做挖沟埋设处理的海底管道，相关渔业活动的拖网载荷对管道的影响等还是相当显著地。

拖网载荷对海底管道的影响，目前国内还没有强制规范做出相关要求。国外规范和标准对这部分也只是泛泛的要求，粗略列举如下：

（1）API RP 1111 第7.3节指出挖沟是基于管道座底稳定性的要求

（2）ASME B 31.8，A843节指出挖沟是保持管道稳定性的方法……对于近岸区域管道应挖沟处理……以防止冲刷、悬跨或稳定性问题。

（3）DNV-OS-F101 第5章指出挖沟可满足管道稳定性要求，同时管道应避免受到诸如落物、渔业拖网、船舶、抛锚等因素而产生的管道受损……。

(4)US. Department of Transportation CFR Title 49, Part 192: 水深小于12英尺(3.7m)的海底管道应至少埋深36英寸(0.9m);水深在12英尺(3.7m)到200英尺(61m)的海底管道,除具有锚固点或配重层外,应使管顶低于自然海床。

(5)US Corp of Engineers也有要求:处在船舶航道上的管道应挖沟至自然海床面以下16英尺(4.9m)。

传统上,人们在界定管道能够承受拖网载荷能力时,唯一根据是管径。在1974年到1980年期间,海底管道业界通过大量资料收集和研究认为:管径不小于16英寸的海底管道能够承受拖网载荷,故无需进行挖沟保护。该16英寸法则就变成了海底管道挖沟与否的通用做法,并已被多年的海底管道操作经验所证实。但随着海上油气开发逐步向深海推进,高温高压油藏条件,使更多小管径海底管道逐步得以应用,故有考虑对小管径管道进行挖沟保护研究的必要。本文将浅谈一种新的海底管道挖沟保护的设计方法,对管道在拖网载荷作用下的后果进行评估,从而研究管径更小(小于16英寸)的海底管道,在安全保证和成本可行并有效的情况下,不进行挖沟埋设处理的可能性。

2 设计方法概述

2.1 适用范围

本文给出了海底管道在拖网载荷作用下的设计方法,设计模型和接受标准,其适用范围包括了刚性钢质海底管道、未粘合的柔性管道和捎带捆绑式管道,此外,其他与管道(挖沟或埋设状态)相关的设计考虑,例如:稳定性、热膨胀载荷和隆起屈曲,本文不详述,但设计人员应在设计中给予考虑。

2.2 方法

(1)模型VS公式

最简单的做法就是运用该设计方法中现成的一系列公式和图表开展相关设计工作。然而,拖网运动和管道响应都非常复杂,需要诸多输入参数。为使用简便,本文采用保守假设并简化这些参数,从而生成数据和图表。但同时也允许设计者从其单独的工况中获得相关载荷。

(2)应对工况的变化

拖网载荷和渔业活动总是变化不定的。因此本方法需要处理设计载荷的变化情况。首先,需要建立模型而不是确定设计曲线;其次,需要管道作业者对管道在生命周期中的实际载荷进行监控。

2.3 拖网与管道相互作用

(1)拖网,在渤海湾有两种主要拖网型式:梁式拖网捕鱼和其他拖网方法,如网板式拖网捕鱼法

(2)载荷,当拖网跨过管道时,作用在管道上的载荷考虑如下:

— 当拖网首先接触管道时的初始冲击载荷;

— 当拖网在管道上方拖动时的拖曳力,管道响应也许会因为热膨胀载荷而放大。

(3)后果:对于小管径管道,上述载荷潜在的后果可能为:冲击、拖曳力和钩住等。

2.4 设计方法

(1)总的设计方法(图1)

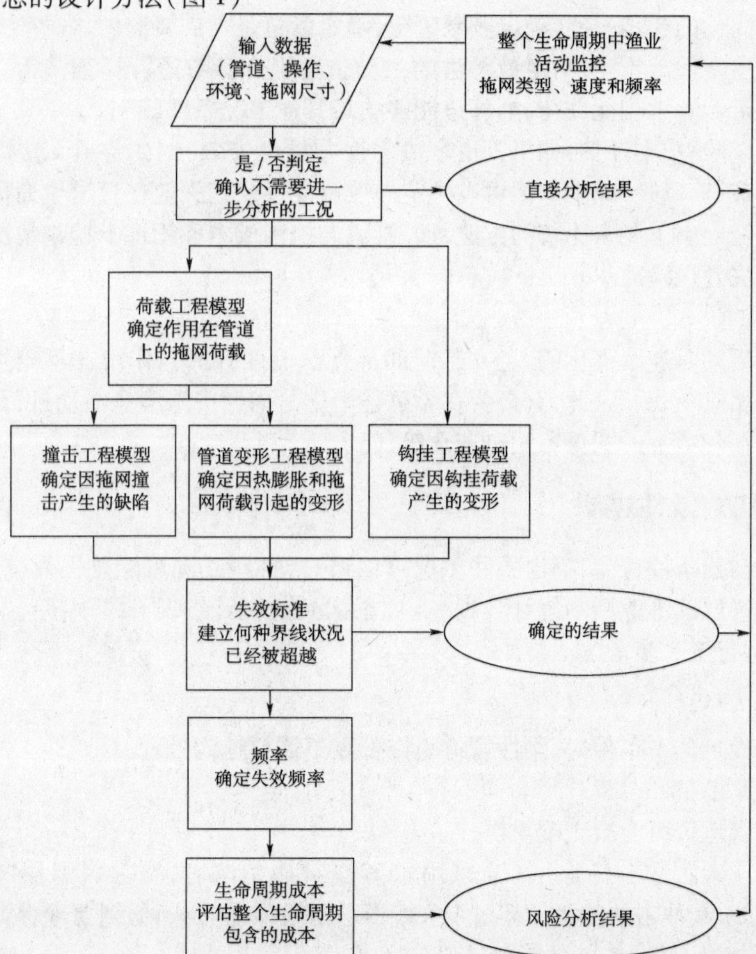

图1 总的设计方法

第一步是建立关于管道、环境和拖网的模型。建议通过对管道所在区域的渔业活动进行整体研究以获得拖网数据。首先过滤掉一些不需要进一步分析就知道结果的工况。对于剩余工况,作如下处理:

— 评估拖曳力与时间的关系,及其产生的管道弯曲;

— 评估冲击能量在管道上产生的凹痕;

— 评估由于拖网钩住时产生的载荷和弯曲后果。

为上述三种分析建立工程模型和方法,与接受标准相比较,判定各种工况是否可行。

(2)三个级别的评估

— 简化的初步过滤:确定极限工况,确定管道是否需要保护。

— 决定性分析:对给定最恶劣的工况条件组合参数进行详细分析。如果分析结果管道能够承受此载荷,则管道能够满足其他工况条件。

— 风险/成本评估:如果管道在决定性分析中失效,例如管道无法满足最恶劣的工况载荷,风险/成本评估可以决定失效可能性及该失效在管道生命周期中的成本。这就给出了成本比较的方法,即,管道的挖沟成本和管道不挖沟情况下而引起的管道失效风险成本。

(3)监控

渔业活动是连续变化的,且在长时间都无法有效预测。作用在不挖沟管道上的载荷也相应变化。因此,有必要在管道整个生命周期中队渔业活动进行监控,以确保作用在管道上的载荷不超过安全级别。

3 初始条件过滤

通过初始条件过滤,确定哪些工况可以通过,哪些工况可能要失效(数据可以参照管道区域的渔业活动统计数据)。如果遇到的设计工况与常规统计有较大出入,则需进行下一步。

3.1 通过

如果满足如下条件时,刚性管道也许可以不需要挖沟处理:

(1)满足:

— 管道带有混凝土配重层;

— 或者管道有保温层(当采用水獭拖网捕鱼法时,要求保温层厚度大于20mm,例如,其冲击的能量不超过14kN;当采用梁拖捕鱼法时,则要求保温层不小于45mm,例如,其冲击能量不超过38kN);

— 或者管道类型为管中管系统;

— 或者采用集束内管的方式。

(2)满足:

— 管径不小于16英寸名义管径;

— 或者管径在10~14英寸之间,所处区域的管道没有悬跨,该区域也不会采用梁拖捕鱼法。

(3)管道的操作温度不超过40℃。

柔性管和所有其他的刚性管的工况需要进一步评估。

3.2 不通过

对于无铠装柔性管、2~3英寸的捎带捆绑式管道,不大可能满足决定性分析的接受标准。对于此类型管道,仍然可采用风险分析方法。

4 设计参数

在管道挖沟设计中,需要考虑下列基本参数:钢管参数、管道运行策略、环境条件和海床地形、渔业活动、成本等,需要输入的数据级别取决于所作分析的深度,例如是否进行决定性分析或风险/成本评估。

钢管参数:用于定义管道的物理和力学特征,以确定管道的抗破坏能力;确定路由和管道长度,以预测渔业活动影响的范围,确定需要材料的数量,以计算成本。需要钢管数据包括:钢管直径、壁厚、腐蚀裕量、材料屈服强度、材料的韧性、涂层类型、涂层厚度、涂层材料特性、管道长度(仅用于风险/成本评估)和管道走向(仅用于风险/成本评估)。

环境因素:当管道埋入海床,或者经过一段时间后管道自埋海床时,管道受到破坏的敏感度可能会降低。同样,当在岩石、凹坑区、冲刷或者沙波运动区,引起管道自由悬跨时,管道受到破坏的敏感度可能会增加。需要的数据包括:土壤特性、管道自埋和冲刷的历史数据(仅用于风险/成本评估)和海床地貌特征。

渔业活动:在开阔海域,对管道有影响的第三方活动,最主要的就是渔业活动。需要管道所处区域的渔业活动参数为:渔具质量、和速度分布、渔业活动的密集度、拖网的方向分布(仅用于风险/成本评估)、变向拖曳能力和绞车载荷限制/刹车设定值,以及管道所处海域内,预期渔业活动发展和实际情况。

管道营运策略:针对挖沟的、埋设的和不挖沟的管道,其运行、维护和应急策略都将不同。为管道系统建立生命周期成本,以确定不挖沟管道的成本有效性,并与挖沟的或埋设的管道进行比较,确定不同的策略。

成本数据:为评估不挖沟管道成本有效性,管道系统成本应与管道破坏风险和生命周期成本相关联,下列数据仅用于风险和成本评估:工程和项目管理、材料、建造和调试活动、检测和调查、悬跨修正、应急维修、不同输送介质、溢油清理和赔偿等。

5 冲击负荷、凹痕尺寸预测

下述方法首先是找到冲击能量,得到产生凹痕的能量,然后求得凹痕尺寸。

拖网运动能量变化为:

$$\Delta E = \frac{1}{2}m_{e(tow)}u_1^2 - \left[\frac{1}{2}m_e(u_2^2 + v_2^2) + \frac{1}{2}I_g\omega^2\right]$$

其中: $m_{e(tow)}$ 是整个拖网(梁和配重),加上相关的水动力附加质量, u_1 是初始速度, u_2, v_2, ω 是最终速度, m_e, I_g 指拖网的钢梁质量,在发生撞击后,保守地忽略附加质量。

产生凹痕的能量是指被管壁吸收并产生变形的那部分能量。方法如下:

— 保守假定凹痕能量为50%的总冲击能量,求得其产生的凹痕尺寸,检查是否满足接受标准;

— 如果上述方法无法通过,则按下列步骤进行:(1) 如果有已知试验结果,则与其相比较;(2)对带涂层的钢管进行冲击试验;(3)通过详细的模拟试验确定凹痕能量。

凹痕深度 d_i 可以从 Ellinas-Walker 公式中得到:

$$d_i = \sqrt[3]{D_m\left(\frac{E}{25\sigma_y t^2}\right)}$$

其中:E 是凹痕能量,t 是管道壁厚,D_m 是平均管径, 是规定最小屈服应力。该公式给出了常压管的凹痕深度,该值可以作为接受标准。

6 拖曳负荷

可以通过有限元软件建立2维的拖网拖曳模型,模拟拖网运动及其在管道上方拖曳过程中产生的拖曳力,从而得到拖曳力—时间关系。需要考虑:管道与拖网之间的摩擦、管道的埋设深度或者悬跨时与海床的间隙值、拖网板边的几何形状,特别是其底部角的圆角半径、拖缆的连接点及拖曳角度,以及船舶运动和拖缆悬链线的刚度,以确定当拖网停止时,作用在拖缆上的力是如何变化等因素。

模型中包含如下条件:涂层质量和输送介质、浮力、轴向和侧向海床摩擦、内部压力和温度、附加质量和水动力拖曳力、水平和垂直拖曳力—时间关系。

为保证模型的真实性,需要考虑如下因素:选择合理的端部约束、允许侧向屈曲、允许多重冲击、选择输出应变。

7 钩负荷

本章节从以下方面描述了如何评估管道被钩住时的影响,包括:由初始的阻碍载荷引起的管道弯曲以及释放拖缆时,向上的拖缆作用力引起的管道弯曲。

拖网阻碍的载荷可以通过下式得到:

$$F_{snag} = v\sqrt{E_w A_w M_v / l_w}$$

其中:F_{snag} 是峰值拖网阻碍力,v 是拖网速度,E_w 是拖缆的弹性模量,A_w 是拖缆横截面的截面积,M_v 是渔船质量(包括附加质量),l_w 是拖缆长度。

对于刚性管道,为求得由于拖网阻碍而产生的应变,可以建立静态有限元分析,设定一与水平方向夹角为 θ 的力作用在管道上:

$$\theta = \arcsin\left(\frac{d}{l_w}\right)$$

其中,d 为水深,l_w 为拖缆长度。其他的输入参数与上述拖曳模型相同。

8 接受标准

本章节讨论在不同载荷工况下的可接受标准:

8.1 凹痕——冲击负荷

管道内压为常压时,管壁上的凹痕应不超过:

— 4% 当 $D/t \leqslant 18$;

— 2% 当 $18 \leqslant D/t \leqslant 30$;

如果凹痕深度值或 D/t 值超过上述范围,应用设计证明:

— 管道具有足够的疲劳寿命,需要考虑由凹痕引起的应力集中,管道运行期的压力和温度应力波动等因素。

— 凹痕应不满足管道整个生命周期中的要求。

应采用高性能而且厚度足够的涂层,以避免发生金属之间的直接撞击,从而导致击穿管壁的情况。

对于深水环境的管道,计算带有凹痕的管道的静水力压溃时,应将此凹痕当成管体椭圆度进行考虑。

8.2 拖曳负荷和侧向屈曲时,其应变应满足

$$\frac{1.3\varepsilon_b}{\varepsilon_{bc}} + \frac{P}{P_c} + \left(\frac{F_x}{F_{xc}}\right)^n \leqslant 1$$

其中：ε_b 是弯曲应变，ε_{bc} 是临界弯曲应变，P 是外部超压，P_c 是导致静水力压溃的特征压力，由下式确定：

$$\left(\left(\frac{P_c}{P_e}\right)-1\right)\cdot\left(\left(\frac{P_c}{P_y}\right)^2-1\right)=2\cdot\frac{P_c}{P_y}\cdot\left(f_0\cdot\frac{D}{t}\right)$$

$$P_e=\frac{2E}{(1-\upsilon^2)}\cdot\left(\frac{t}{D}\right)^3$$

$$P_y=2\cdot\sigma_y\cdot\frac{t}{D}$$

其中：F_x 是局部轴向压力（$F_x=0$，如果为拉力），F_{xc} 是临界轴向压力，$F_{cx}=\pi(D-t)t\sigma_y$，$n=1+300\cdot\frac{t}{D}$，D 是钢管外径，t 是名义壁厚，E 是弹性模量，υ 是泊松比，σ_y 是屈服应力，f_0 是钢管横截面初始椭圆度，轴向压力 F_x 是因拖曳力在晚去点产生局部力。

— 任何后续在同一点发生的冲击而产生的累积应变都应满足上述标准。

8.3 钩负荷

管道承受侧向屈曲和钩负荷时，其应变应满足：

$$\frac{\varepsilon_b}{\varepsilon_{bc}}+\frac{P}{P_c}+\left(\frac{F_x}{F_{xc}}\right)^n\leqslant 1$$

无需考虑在同一点有多次钩负荷产生的情况。

9 定量风险评估

9.1 应用

在进行确定性分析时，考虑最恶劣的参数组合工况。当分析表明拖网活动对管道造成的损坏可能会持续不断，则可以运用风险分析技术来确定该损坏的概率，并确定管道在生命周期的维护成本。如果风险分析结果表明拖网对管道的损坏的风险足够低，而且后续的维护成本比挖沟成本要低的情况下，则可能为管道不挖沟提供支持。

9.2 失效频率

对于前文所述的三种负荷情况下（例如，冲击、拖曳和钩负荷），对管道产生不同响应的主要参数为：拖网类型、拖网尺寸、拖网角度、管道自身的悬跨状况和入泥深度。

因此，风险评估仅仅需要考虑这些参数的分布。应对每一种负荷条件进行一系列的分析，从而能够识别每种拖网方式对管道造成临界损坏的限制条件。

将临界条件赋予这些参数分布后,通过比较这些参数,就能确定失效概率。再结合失效概率及一系列的交叉影响,可以确定失效频率。

9.3 成本

可能需要对整个生命周期的成本进行评估,以确定由于为挖沟而节省的成本是否可以补偿潜在增加的管道运行成本。

整个生命周期成本可以在每年的基础上计算,折算到下一年的现行价值,用以对比比挖沟和不挖沟设计的成本。在估算时,需要包含所有由于挖沟状态而引起的成本要素的可能变化。因此,本质上有必要同时设计挖沟和不挖沟两种选择。包括对材料、建造施工、维护、检验和监测以及管道废弃等不同情况进行考虑。

10 结论

海底管道挖沟设计只是管道整体安全性中的一环。目前针对海底管道挖沟与否的设计,还基本都是基于以往成功的工程经验。但随着海上油气开发逐步开发利用,仅限于以往的经验已经不能满足实际的工程要求,需要进行定量分析。本文所述的海底管道挖沟设计定量分析方法,目前还只是处在初步的概念和探索阶段,需要进行大量细致的收集、分析和研究工作,以逐步实现管道挖沟保护设计的数字化、系统化和规范化,从而为管道安全提供更为可靠的保障。

参考文献

[1] API RP 1111 Design, Construction, Operation and Maintenance of Offshore Hydrocarbon Pipelines (Limit State Design), July 1999. Section 7.3

[2] ASME B 31.8 Gas Transmissions and Distribution Piping Systems, 2003, Clause A843

[3] DNV-OS-F101 Submarine Pipeline Systems, October 2007, Section 5, E400

[4] US. Department of Transportation CFR Title 49

[5] DNV-RP-F107 Risk Assessment of Pipeline Protection, 2001, Section 4.3.2

作者简介

陈海龙,男,1975 年 9 月出生,中国船级社天津分社海工审图中心,验船师,工程师,专业领域:船舶工程。通信地址:天津市经济技术开发区南海路 11 号明珠园 A 座,邮编:300457,电话:022-62022888-5112,传真:022-62022018,电子邮箱:hlchen@ ccs. org. cn。

深水 Spar 平台水动力系数计算

张海燕
（中国船级社天津分社海工审图中心，天津，300457）

摘　要：采用孤立截断大圆筒分析模型，研究 Spar 平台水动力系数计算方法。理论上用半解析方法研究了孤立截断浮式 Spar 平台主体的一阶辐射问题，推导了一阶辐射速度势的计算公式，在 Matlab 平台上，开发了 Spar 平台主体水动力系数计算程序。计算了直径 40m、吃水 200m 的 Spar 平台置于 1000m 深水中主体的水动力系数，得到了平台微幅振动周期周期 4 ~ 40s 时，纵荡附加质量系数、纵荡附加阻尼系数、垂荡附加质量系数、垂荡附加阻尼系数、纵摇附加质量系数和纵摇纵荡附加阻尼系数。

关键词：Spar 平台；辐射速度势；水动力参数

Abstract: The main body of the Spar platform is simplified as an isolated truncated float circular cylinder. Calculation of hydrodynamic coefficients for Spar platform is investigated. One order radiation problem of an isolated truncated float Spar platform is in detail deduced by using semi-analytical method in theory. Calculation program is compiled using Matlab software. When the body whose diameter is 40 meters and whose draft is 200 meters vibrates at the periods between 4 seconds and 40 seconds with small amplitude, the added mass coefficients and added damping coefficients of surge, heave and pitch are obtained respectively. Comparisons between the numerical results given here and those obtained from WAMIT show excellent agreement.

Key Words: Spar platform; wave radiation velocity potential; hydrodynamic coefficients

1　引言

Spar 平台的主体为大圆筒结构，尺寸一般为：直径 20 ~ 40m、高 150 ~ 200m。

其一般的计算模型为:大尺度、深吃水、直立悬浮且受有系泊约束的刚性圆柱体。由于系泊索相对于圆柱体对称布置,Spar 平台总体运动纵荡、垂荡和纵摇发生在系泊系统对称平面内。本文研究 Spar 平台的主体大圆筒结构的辐射问题,得到作用在主体上的附加质量和附加阻尼。

文献[1~4]在理论上推导直立、截断的 TLP 平台浮式柱群的流体辐射问题,计算了辐射效应对柱群的载荷影响。在计算水动力系数时将 TLP 平台简化为浮式直立柱群,采用势流理论,得到波浪辐射速度势的半解析解。Bhatta 研究在有限水深中直立柱体的散射与辐射问题,给出了波浪载荷计算式[5]。Sarkar 研究了截断柱体的散射速度势(包括入射势和绕射势)和辐射速度势,求得了附加质量和附加阻尼[6]。Drobyshevski 在极浅海中使用渐进匹配法获得截断圆柱体平台水动力系数的解析解,由内域和外域的匹配条件研究垂荡、纵荡和纵摇运动的辐射问题[7]。Techet 给出了大直径圆筒的波浪辐射问题的边界条件及波浪力计算公式[8]。柏威等采用二阶时域理论研究了三维物体的非线性波浪载荷,对自由表面边界条件和物面边界条件进行了 Taylor 级数展开,Stokes 摄动展开用于建立相应的一阶和二阶边值问题,在时域计算波浪载荷和水动力系数[9]。本文采用势流理论详细推导了孤立截断浮式柱体的辐射速度势并得到结构物的附加质量和附加阻尼公式,给出了水动力系数计算的全部公式,同时更正了文献[1,3]中公式表达的错误。应用 Matlab 软件开发了 Spar 平台主体的一阶水动力系数的计算程序,程序对于 Spar 平台主体半径、吃水和水深等参数取值没有限制,计算得到了截断圆柱体运动周期为4 ~40s 时的附加质量和附加阻尼系数。本文程序的算例与文献[10]中 WAMIT 计算结果一致,表明理论分析和程序的可靠性。

2 Spar 平台辐射问题的数学模型及求解

Spar 平台主体置于水深为 d 的流域中,其吃水为 h 、半径为 a 。假定坐标系的 oxy 平面位于静止的自由水面上,原点为横截面圆心。oz 轴垂直向上。五个自由度运动分别为纵荡、横荡、垂荡、横摇和纵摇(图1)。

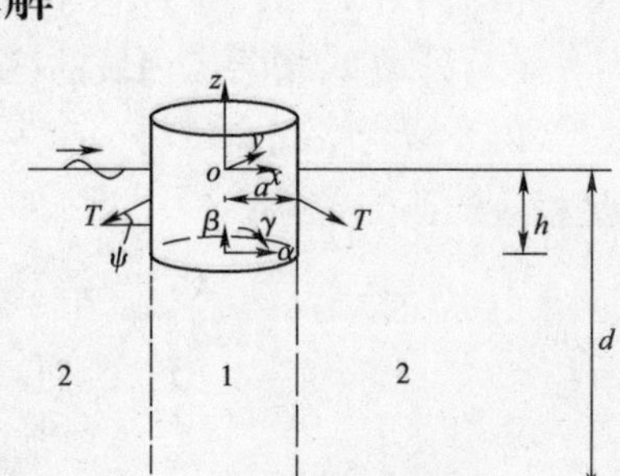

图1 Spar 柱体结构及柱体流域划分

假设主体在原点 o 具有在某一频率 ω 上六个自由度微幅周期运动的速度矢量为

$$\vec{v} = \{v_1, v_2, v_3, v_4, v_5, v_6\} \cdot e^{-i\omega t} \tag{1}$$

设流场中的总速度势为 $\Phi(x,y,z,t) = \mathrm{Re}[\varphi(x,y,z)e^{-i\omega t}]$,其中 $\varphi(x,y,z)$ 为辐射问题的空间速度势,总速度势满足 Laplace 方程、自由表面边界条件、海底边界

条件,即

$$\nabla^2 \Phi(x,y,z,t) = 0 \qquad (\text{流场中处处满足}) \tag{2}$$

$$\frac{\partial \Phi}{\partial z} = 0 \qquad (z = -d,\ \text{海底条件}) \tag{3}$$

$$\frac{\partial^2 \Phi}{\partial t^2} + g\frac{\partial \Phi}{\partial z} = 0 \qquad (z = 0,\ \text{线性自由表面条件}) \tag{4}$$

在极坐标下,浸没水中柱体表面还应满足以下物面条件:

$$\frac{\partial \varphi}{\partial r} = (v_1 - v_5 z + v_6 r\sin\theta)\cos\theta + (v_2 - v_4 z - v_6 r\cos\theta)\sin\theta \tag{5}$$

$$(r = a,\ -h \leqslant z \leqslant 0)$$

$$\frac{\partial \varphi}{\partial z} = v_3 + v_4 r\sin\theta + v_5 r\cos\theta \qquad (0 \leqslant r \leqslant a, z = -h) \tag{6}$$

无限远处应满足辐射条件:

$$\sqrt{r}\left[\frac{\partial \Phi}{\partial r} - ik_0\Phi\right] = 0 \qquad (r \to \infty) \tag{7}$$

色散关系方程为:

$$\frac{\omega^2}{g} = k_0 \tanh k_0 d \tag{8}$$

对于不同运动模态的空间速度势 $\varphi^p(p = 1,\cdots,5)$,它们都应该分别满足 Laplace 方程、线性自由表面条件、海底条件和无限远辐射条件。对于不同的运动模态,柱体湿表面 S 上的物面条件由式(5)和(6)分离得到。

流场区域分为两部分:

(1)内域 1,指位于直立浮动圆柱底部以下同直径的柱状水域;

(2)外域 2,指除了内域的柱体以外的无限水域。

内外域的空间速度势分别为 φ_1^p , φ_2^p ,则在内外域交界面处内外域速度势应满足相应的匹配条件:

$$\varphi_1^p = \varphi_2^p \qquad (r = a,\ -d \leqslant z \leqslant -h) \tag{9}$$

$$\frac{\partial \varphi_1^p}{\partial r} = \frac{\partial \varphi_2^p}{\partial r} \qquad (r = a,\ -d \leqslant z \leqslant -h) \tag{10}$$

在不同流场区域内,对应不同的控制方程和边界条件,由分离变量法将流场速度 $\varphi_l^p(r,\theta,z)\ (l = 1,2)$,展开成不同特征函数的无穷级数形式,即:

$$\varphi_l^p(r,\theta,z) = f^p \Psi_l^p(r,z)\cos\gamma(\theta - x_p) \tag{11}$$

其中, $l = 1,2$; $p = 1,\cdots,5$; $f^1 = v_1 a$; $f^2 = v_2 a$; $f^3 = v_3(d-h)$; $f^4 =$

$v_4(d-h)^2$；$f^5 = v_5(d-h)^2$；$x_1 = x_3 = x_5 = 0$；$x_2 = x_4 = \dfrac{\pi}{2}$；$\gamma = 0(p = 3)$，$\gamma = 1$（其他）。

对内域1，相应的特征函数为：

$$\Psi_1^p(r,z) = \frac{1}{2}A_0^p\left(\frac{r}{a}\right)^\gamma + \sum_{n=1}^{\infty} A_n^p \frac{I_\gamma\left(\dfrac{n\pi r}{d-h}\right)}{I_\gamma\left(\dfrac{n\pi a}{d-h}\right)}\cos\left(\frac{n\pi(z+d)}{d-h}\right) + \Lambda^p \tag{12}$$

其中，$I_\gamma(x)$ 为第一类修正的 γ 阶 Bessel 函数；Λ^p 是内域不同模态辐射波的非齐次边界条件的特解，且有：

$$\Lambda^1 = \Lambda^2 = 0$$

$$\Lambda^3 = \frac{1}{2(d-h)^2}\left[(z+d)^2 - \frac{r^2}{2}\right]$$

$$\Lambda^4 = \Lambda^5 = -\frac{r}{2(d-h)^3}\left[(z+d)^2 - \frac{r^2}{4}\right]$$

相应的，对外域2也可以运用与绕射相同的方法得到特征函数为：

$$\Psi_2^p(r,z) = B_0^p \frac{H_\gamma(k_0 r)}{[H_\gamma(k_0 a)]'}Z_0(z) + \sum_{q=1}^{\infty} B_q^p \frac{K_\gamma(k_q r)}{[K_\gamma(k_q a)]'}Z_q(z) \tag{13}$$

其中，$H_\gamma(x)$，$K_\gamma(x)$，$H'_\gamma(x)$，$K'_\gamma(x)$ 分别为第一类 γ 阶 Hankel 函数、第二类 γ 阶修正的 Bessel 函数及其他们的导函数，k_q 满足方程 $\omega^2 + gk_q\tan k_q = 0$ 的正根（$q \geqslant 1$），$Z_q(z)$ 为在区间 $[-d,0]$ 上正交化的函数，满足

$$Z_0(z) = \frac{\sqrt{2}\cosh k_0(z+d)}{\sqrt{1+\dfrac{\sin 2k_0 d}{2k_0 d}}} \qquad q = 0$$

$$Z_q(z) = \frac{\sqrt{2}\cos k_q(z+d)}{\sqrt{1+\dfrac{\sin 2k_q d}{2k_q d}}} \qquad q = 1,2,3\cdots$$

利用 Fourier 变换的三角函数的正交性，可确定系数

$$A_n^p = \frac{2}{d-h}\int_{-d}^{-h}[\Psi_1^p - \Lambda^p]\big|_{r=a} \cdot \cos\frac{n\pi(d+z)}{d-h}\mathrm{d}z \qquad (n = 0,1,2\cdots) \tag{14}$$

$$B_q^p = \frac{1}{k_q d}\int_{-d}^{0}\frac{\partial \Psi_2^p}{\partial r}\bigg|_{r=a} \cdot Z_q(z)\mathrm{d}z \qquad (q = 0,1,2,\cdots) \tag{15}$$

由前面的匹配条件式(9)和(10)得

$$A_n^P + \sum_{q=0}^{\infty} F_{nq}^p B_q^p = R_n^p \qquad (n = 0,1,2,\cdots;p = 1,\cdots,5) \tag{16}$$

和

$$B_q^P - \sum_{n=0}^{\infty} G_{qn}^p A_n^p = S_q^p \qquad (q = 0,1,2,\cdots;p = 1,\cdots,5) \tag{17}$$

将式(16)和(17)联立,可以得到关于 A_n^p, B_q^p 的无穷阶方程组($p = 1,\cdots,5;n,q = 0,1,\cdots$)。考虑各式中的 Bessel 函数的数学特性,可以在保证精度的前提下,将其适当的截断后求解有限阶的方程组。

根据式(16)和(17)求解,代入式(11)得到内外域速度势 φ_1^p,φ_2^p,可由 Bernoulli 方程确定流场中任一点压力 P_1^p,P_2^p,沿柱体湿表面 S 上积分,可分别得到柱体在第 p 模态的辐射波力和辐射波力矩。

经过数学推导可以得到不同模态下的辐射波浪力和力矩的解析表达式如下

$$F^{11} = i\rho\omega\pi a^2 e^{-i\omega t} a v_1 \{B_0^{(1)} \frac{N_0^{-\frac{1}{2}} H_1(k_0 a)}{k_0 a[H_1(k_0 a)]'} [\sinh k_0 d - \sinh k_0 (d-h)$$
$$+ \sum_{q=1}^{\infty} B_q^{(1)} \frac{N_q^{-\frac{1}{2}} K_1(k_q a)}{k_q a[K_1(k_q a)]'} [\sin k_q d - \sinh k_q (d-h)]\}$$

$$F^{33} = i\rho\omega\pi a^2 e^{-i\omega t}(d-h) v_3 \left\{\frac{1}{2} A_0^{(3)} + \frac{2(d-h)}{a\pi} \sum_{n=1}^{\infty} \frac{(-1)^n I'_1\left(\frac{n\pi a}{d-h}\right)}{n I_0\left(\frac{n\pi a}{d-h}\right)} A_n^{(3)}\right.$$
$$\left. + \frac{1}{2} - \frac{a^2}{8(d-h)^2}\right\}$$

$$M^{55} = i\rho\omega\pi a^3 e^{-i\omega t}(d-h)^2 v_5 \left\{\frac{1}{k_0^2 a^2}[k_0 h \sinh k_0 (d-h)]\right.$$
$$+ \cosh k_0 (d-h) - \cos k_0 d] \cdot \left[B_0^{(5)} \frac{H_1(k_0 a)}{[H_1(k_0 a)]'} N_0^{-\frac{1}{2}}\right]$$
$$+ \sum_{q=1}^{\infty} \frac{1}{k_q^2 a^2}[k_q h \sin k_q (d-h) + \cos k_q d - \cos k_q (d-h)]$$
$$\cdot \left[B_q^{(5)} \frac{K_1(k_q a)}{[K_1(k_q a)]'} N_q^{-\frac{1}{2}}\right] + \sum_{n=1}^{\infty} A_n^{(5)} \frac{(-1)^n (d-h)}{n a \pi I_1\left(\frac{n\pi a}{d-h}\right)} I_2\left(\frac{n\pi a}{d-h}\right)$$
$$\left. + \frac{A_0^{(5)}}{8} + \frac{a}{8(d-h)} - \frac{a^3}{48(d-h)^3}\right\}$$

将辐射波力 F^{pq} 和辐射波力矩 M^{pq} 与相应的振荡运动加速度和速度分离,则可得到附加质量系数 A^{pq} 、附加阻尼系数 B^{pq} 。它们的关系式为

$$F^{pq} = -A^{pq}\dot{v}_p - B^{pq}v_p \qquad (p = 1,\cdots,5;q = 1,2,3)$$

$$M^{pq} = -A^{pq}\dot{v}_p - B^{pq}v_p \qquad (p = 1,\cdots,5;q = 4,5)$$

进一步考虑振荡运动速度和加速度,它们具有以下的关系

$$\dot{v}_p = \frac{\mathrm{d}v_p}{\mathrm{d}t} = -i\omega\nu_p e^{-i\omega t} \qquad v_p = \nu_p e^{-i\omega t}$$

这样,附加质量可以表达为

$$A_M^{pq} = -\mathrm{Re}\left[\frac{F^{pq}}{\dot{v}_p}\right] \qquad (p = 1,\cdots,5;q = 1,2,3) \tag{18}$$

$$A_I^{pq} = -\mathrm{Re}\left[\frac{M^{pq}}{\dot{v}_p}\right] \qquad (p = 1,\cdots,5;q = 4,5) \tag{19}$$

式(18)和(19)中,A_M^{pq} 和 A_I^{pq} 分别为附加质量和附加转动惯量。

附加阻尼系数可以表达为

$$B_d^{pq} = -\mathrm{Re}\left[\frac{F^{pq}}{v_p}\right] \qquad (p = 1,\cdots,5;q = 1,2,3) \tag{20}$$

$$B_T^{pq} = -\mathrm{Re}\left[\frac{M^{pq}}{v_p}\right] \qquad (p = 1,\cdots,5;q = 4,5) \tag{21}$$

式(20)和(21)中,B_d^{pq} 和 B_T^{pq} 分别为附加阻尼系数和附加转动阻尼力矩系数。

3 Matlab 平台程序开发

本文用 Matlab 软件开发 Spar 平台水动力系数的计算程序,程序编制流程如图 2 所示。

(1)程序编写中使用了 Matlab 内建的特殊函数省去了自己编写复杂公式,并且可以保证有足够的精度(内建 Bessel 函数精度为 10^{-14})。

(2)编程中对特殊函数的导数采用了自身的递推公式,从而避免了编程误差。

(3)对迭代项数 q 和 n 的选取,通过计算发现在水深 1000m 时,q , n 的大小对纵荡与纵摇的影响较小,q , n =40 时即可保证前两位数字有效,但对于升沉的影响较大,在 q , n =50 时方可保证前两位数字有效。综合考虑计算时间和计算精度,选取 q , n =50 可以满足工程计算要求。为保证程序使用的广泛性,使用者可以自由改变 q , n 值的大小,来保证结果对精度的要求。

(4)水深对 q 和 n 的选取也有较大影响,通过计算发现水深为 2000m 时,q , n =80时可保证前纵荡与纵摇前两位数字有效,q , n =90 时可保证升沉的前两位数字有效。因此应用此程序时针对不同的水深,因选取不同的 q , n 值。

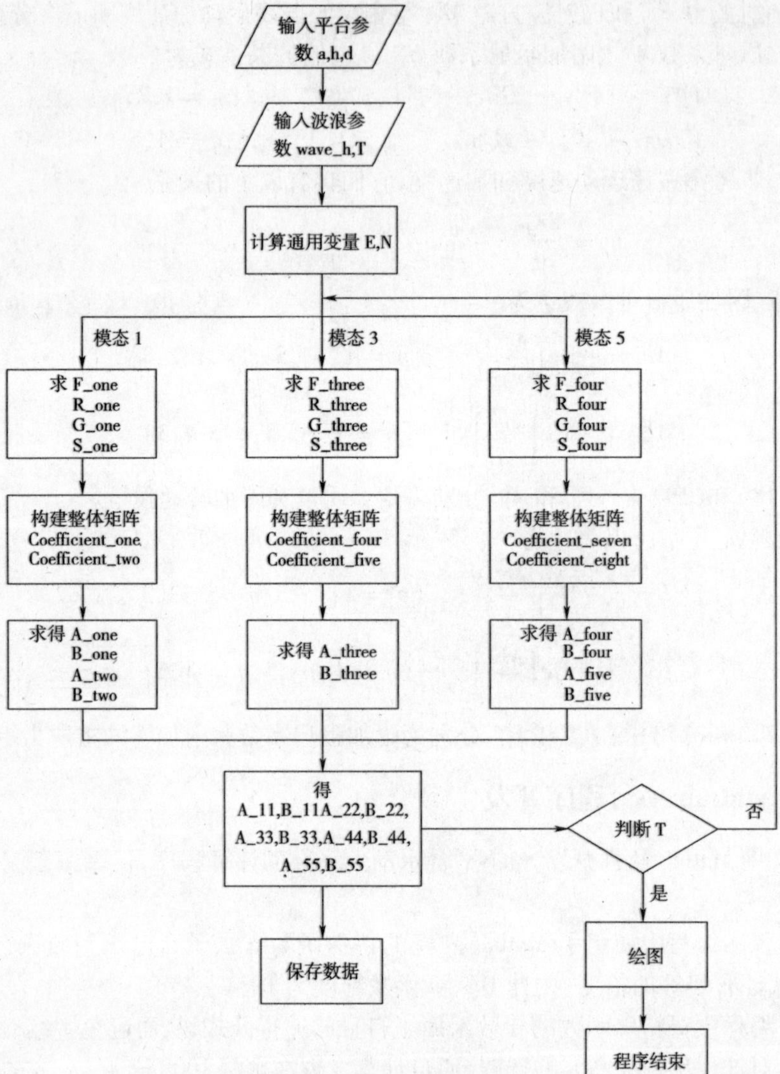

图 2　程序编制流程

4　数值计算

Spar 柱体参数为:半径 $a = 20$ m,高度 200m,吃水 $h = 200$ m;水深 $d = 1000$ m。坐标原点位于静水面。当柱体的运动周期在 4 ~40s 范围内时,得到五个自由度的附加质量系数和附加阻尼系数,由于平台刚体的对称性仅需算出三个自由度。数值结果能与文献[10]中的结果吻合。横坐标为物体运动周期，纵坐标分别为附加质量、附加转动惯量除以平台自身质量和附加阻尼系数、附加转动阻尼力矩系数除以平台自身质量。计算结果见图 3 ~ 图 8。数值计算结果与 WAMIT 软件计算结果吻合。

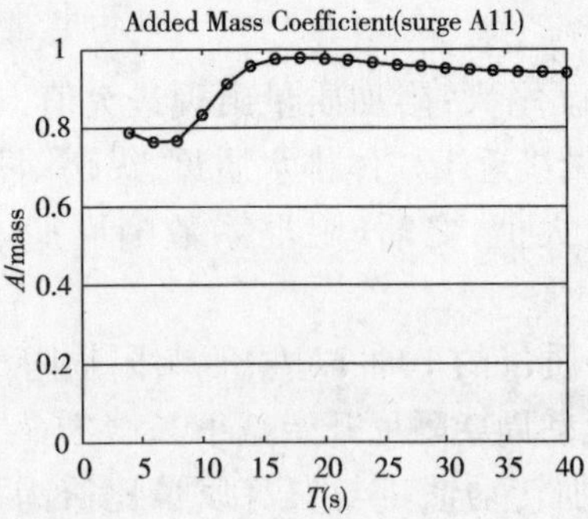

图 3

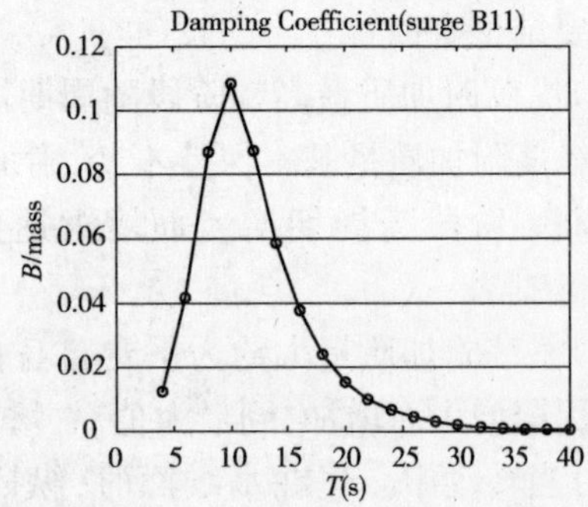

图 4

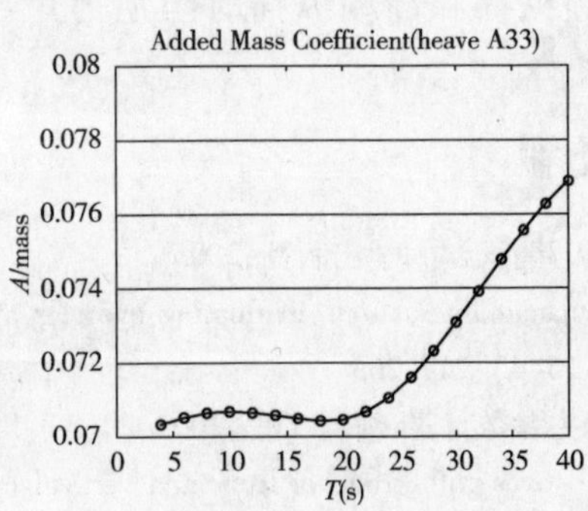

图 5

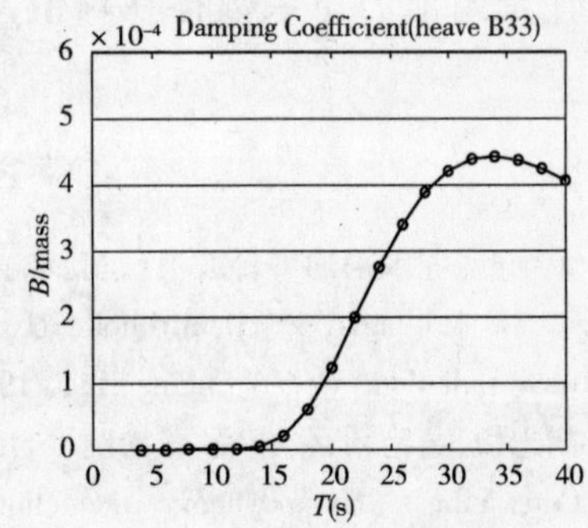

图 6

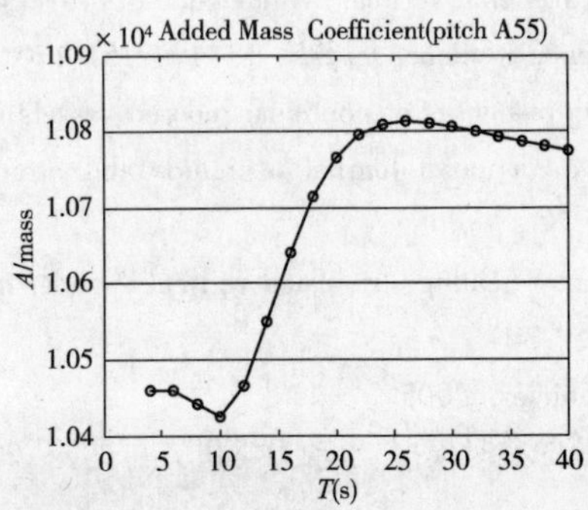

图 7

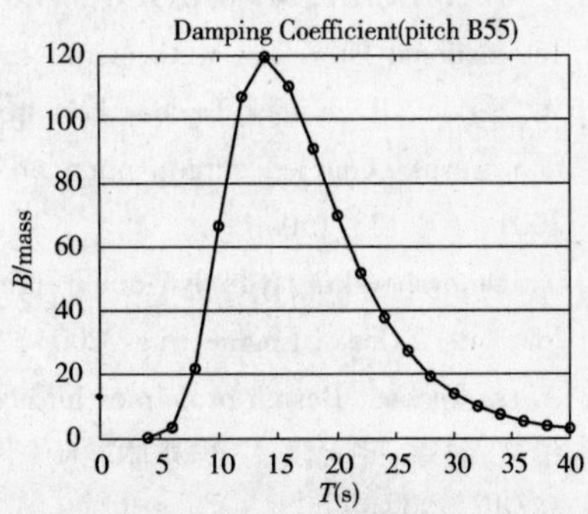

图 8

5 结论

本文详细推导了孤立截断浮式柱体的一阶水动力系数计算公式,并在 Matlab 平台上开发了相应的计算程序,数值计算结果验证了理论分析和程序编制的可靠性。主要结论有:

(1)纵荡附加质量高频阶段随周期增大而增大,附加质量出现最大值,在长周期阶段纵荡附加质量基本保持不变,附加质量接近于柱体排水质量;纵荡附加阻尼系数在高频阶段随周期增大而增大达到最大值,之后,阻尼系数随周期增大而减小。

(2)垂荡附加质量大约为平台自身排水质量的 10% 以内;垂荡附加阻尼系数随运动周期增大而增加,到最大值后,增大运动周期阻尼开始减小。

(3)当转动中心建在水线面时,纵摇附加转动惯量与自身质量比值为 10^4 量级,纵摇附加转动惯量随纵摇周期拉长而增加,长周期纵摇时附加转动惯量基本不变;纵摇附加阻尼力矩系数存在峰值,低频纵摇和高频纵摇时阻尼力矩系数均变小。

参考文献

[1] 董艳秋.深水采油平台波浪载荷及响应.天津:天津大学出版社,2005

[2] A. N. Williams, Z. Demirbilek. Hydrodynamic interactions in floating cylinder array-Ⅱ. wave radiation. Ocean Engineering, 1989, 16(3):217-263

[3] 胡志敏,董艳秋,张建民.张力腿平台水动力参数计算.海洋工程,2002,20(3):14-22

[4] Oguz Yilmaz. Hydrodynamic interactions of waves with group of truncated vertical cylinder. Journal of Waterway, Port, Coastal and Ocean Engineering, 1998:272-279

[5] D. D. BHATTA, M. RAHMAN. Wave loadings on a vertical cylinder due to heave motion. International Journal of Mathematics & Mathematic science, 1995, 18(1): 151-170

[6] A. Sarkar, R. Eatock Taylor. Low-frequency responses of nonlinear moored vessels in random waves: coupled surge, pitch and heave motions. Journal of Fluids and Structures, 2001, 15: 133-150

[7] Y. Drobyshevski. Hydrodynamic coefficients of a floating, truncated vertical cylinder in shallow water. Ocean Engineering, 2004, 31: 269-304

[8] A. H. Techet. Design principles for ocean vehicles. 2005

[9] 柏威,滕斌,邱大洪.三维浮体二阶辐射问题的实时模拟.水动力学研究与进展 ,2003A, 18(4):489-498

[10] JRME. WAMIT-MOSES Hydrodynamic Analysis Comparison Study, 2000

作者简介

张海燕,女,1978年5月出生,博士,中国船级社海工审图中心;验船师,工程师;专业领域:总体结构。通信地址:天津市经济技术开发区南海路11号明珠园A座,邮编:300457,电话:022-62022888-5110,传真:022-62022018,电子邮箱:zhanghaiyan@ccs.org.cn。

航 标 管 理

充分发挥船舶自动识别系统优势，加大使用力度，加强重点船舶监管

胡 伟[1] 杨 亮[2]

(1. 中国海事局，北京，100736；2. 广东海事局，广州，500230)

摘 要：政府部门和全社会都对在我国沿海航行的油船、危险品船等重点船舶的监管给予了高度重视。本文对监管现状和存在的问题进行了综合分析，提出了海事监管部门提高重点船舶的监管力度、保障航行安全需要解决的主要问题，进而提出充分利用已经完全覆盖我国沿海水域的船舶自动识别系统(AIS)的岸基系统为船舶监管提供技术手段的解决方案和相应措施。

关键词：船舶自动识别系统 AIS；油船；危险品船；重点船舶

1 前言

今年4月20日墨西哥湾上的“深水地平线”钻井平台发生爆炸并引发大火，之后整个钻井平台沉入海底，导致大量原油泄漏进入墨西哥湾并迅速蔓延。该事件成为美国数十年来最严重的环境灾害，造成的经济损失将以数千亿美元计，而海洋环境的损失更是不可估量。

虽然此次石油泄漏事故和油船无关，但墨西哥漏油事故引起了国际社会的广泛关注，特别是对海上石油、危险品等泄漏事故的关注，对我海事监管部门也是一个警示。目前我国是世界第二、亚洲第一大的石油进口国，90%的石油进口是通过海上船舶运输完成的，油船、危险品船等重点船舶所带来的风险在不断增大；尤其是油船、危险品船的发展日益大型化，其数量也在不断增加；任何一艘油船、危险品船出现事故，发生原油或危险品泄漏同样会引起大规模的海上污染事故，造成巨大的社会影响。作为国家水上安全监督和防止船舶污染的主管机关，为避免大规模海上污染事故的发生，中国海事局要采取必要的监管措施以保障油船、危险品船等

重点船舶的航行安全,减少事故发生概率,推进污染减排,发展绿色交通运输。

目前,我国已经建成了完全覆盖沿海水域的AIS系统,如何利用AIS对重点船舶进行监管,本文提出了具体的解决方案和措施。

2 利用AIS系统进行重点船舶监管存在的问题

AIS设备不仅是IMO对公约船强制要求安装的航行安全设备,也是中国海事局要求相应国内航行船舶安装的设备,以发挥其避碰作用、保障航行安全的租用。然而,AIS船台的安装并未取得应有的效果。在近期发生的海上碰撞事故中,经常发现事故双方的船舶都安装有AIS设备,然而并未起到避碰的作用。究其原因,除船员疏于瞭望、操作不当等人为因素以外,目前AIS船台及其使用存在一定的局限性,以及船方在如何使用和管理AIS船台上不够重视都是重要原因。

(1)船台自身的局限性

目前国际标准的AIS显示屏幕都采用"最小键盘和显示"系统(MKD),显示屏幕偏小,显示元素不够丰富,很多导助航信息、警报信息、虚拟航标信息无法直观的在MKD上显示出来,大大的降低了监管和服务的接受水平。

(2)船台设置使用的问题

船舶使用的AIS船台作为船舶AIS数据的发送者和相关信息的接收者,其管理和使用将直接影响相关监管工作的有效性。AIS数据是否规范,与AIS船台自身设置和是否及时更新密切相关。目前随着IMO对AIS船台强制安装要求的实施,以及B类船台的普及使用,由于AIS船台信息的设置和更新工作没有得到重视,越来越多的AIS船台设置不符合规范、更新不及时;更有甚者是由于B类船台的检验标准迟迟没有出台,国内B类船台的质量良莠不齐,有些B类船台不按照国际标准制造,造成局部AIS数据链路拥堵。

(3)安全意识薄弱,监管能力需进一步提高

目前,我国全民安全意识、环保意识较低的客观事实依然存在,要从源头管理的角度加强水上安全监管的任务仍然很艰巨。这要求海事监管部门进一步提高监管能力。目前海事监管部门主要依靠海巡船、海巡飞机等现场监管手段与VTS、AIS、CCTV等远程监管手段相结合,实施对船舶的海事监管。这些监管手段,在某种意义上是停留在被动监管的层面。

3 完善和利用高科技手段,提升监管水平

为解决以上船舶监管方面存在的问题,通过对现有AIS系统应用现状的分析,本文提出以下几个解决问题的方案和措施。

(1)利用具有智能化的 AIS 导航仪

具有智能化的 AIS 导航仪解决了 AIS 船台显示屏幕过小、显示信息过于单一的问题。将 AIS 与电子海图相结合(ECDIS)的智能导航仪,采用大屏幕显示,使船舶能直观清晰地了解周围的航行环境,加强船舶与船舶之间的沟通联络,清晰地显示岸台发来的助航信息、预警信息、虚拟航标等,实现了 AIS 系统、避碰报警、航线设计、实时辅助导航等功能的整合,有效降低了船舶航行风险,可大大提高油船规避危险的能力。因此,作为海事监管部门,应全国统一部署,开展专项工作,对油轮、危险品船等重点船舶的 AIS 船台进行改造,推广智能化的 AIS 导航仪的应用,同时做好船方和船员的培训工作,使得智能导航仪真正的发挥避免、辅助导航的作用。

(2)加强 AIS 船台的正确设置和及时更新的管理

AIS 船台信息的正确性和及时性直接关系到 AIS 系统能不能有效发挥监管作用。为解决这个问题,需要海事监管部门提高认识,统一部署,开展专项治理工作,采取相关措施,用 1 ~2 年时间全面纠正 A 类船台的设置及更新问题。将 AIS 船台是否正确设置、是否有相关管理制度作为船舶安全检查的一项必检内容;对于在航船舶的设置及每航次应及时更新的信息,应该由监管部门对设置不规范的船舶采取限制其进出港等措施,促使船舶规范、及时设置。而对于 B 类船台,不仅要规范其设置,还应加快其检验标准的出台,规范 B 类船台市场,减少其对 AIS 岸台网络的影响。

4 转变监管理念,提升沿岸监管能力和航海保障水平

全民安全意识的缺失要求海事监管部门转变监管理念,将监督检查和公共服务相结合,提升监管能力和航海保障水平,为船舶提供更多更好的海事公共服务产品,特别是保障油船、危险品船等重点船舶的航行安全。

4.1 着力强化海事公共服务职能,让船舶能够"感知港口"

转变海事监管理念和方式,要提升服务理念、能力和水平,利用科技手段和最新通信技术,让航海者能够获取一切其所需的、对其安全航行最有价值的港口、航路等航行相关信息,使其通过海事公共服务能"感知"港口和航路,为其在沿海航行和进出港提供服务。

(1)开放信息为公众所用

AIS 以数字化通信为基础,其带来的优势是方便高效地监控、收集、存储和处理船舶 AIS 的实时信息。而船舶的实时动态和港口最新的导助航信息一直是港口、引航、航运公司、船代等航运各方迫切想获取的信息;开放 AIS 数据,并建设各港口助航信息网站,以方便港口、引航、航运公司、船代等各方查询,使其掌握最新的船舶动态

和导助航信息。只有开放信息为公众所用,才是最有效的助航和最好的监管。

(2)自动播发助航信息

船舶的安全航行不能离开航标信息、水文气象信息、航行通警告等助航信息的支撑。通过数字化的海事监管平台,所有的航标信息、水文气象信息、航行通警告等所有助航信息,从主管部门获取、处理、播发,到船方接收、利用可实现全程数字化。

一个简单的例子就是,向航行中的油船提供全面的航标助航服务。目前中国海事局在全国沿海建设的航标遥测遥控系统,灯塔、浮标的状态能够通过遥测遥控终端实时采集。在对采集到的助航信息处理后,可以利用 AIS 系统的播发功能,采取对“所有船播发”、“指定区域播发”或“指定船舶播发”等形式向船舶播发航标动态信息。船舶通过 AIS 船台接收相关动态信息,并在智能导航仪上显示,为船舶提供导助航服务。

但是在信息的播发过程中要保证 AIS 系统的安全时隙不能收到拥挤。

4.2 努力提升沿岸监管能力

在“最好的监管就是最好的服务”理念下,提升海事监管部门的监管能力,由被动监管转向主动监管,将有助于降低船舶事故发生概率,有效防治船舶污染水域。沿岸监管部门要更高效地完成船舶实时动态监管、船舶数据统计分析、安全警报服务、工作质量监督、航标配布分析、航行信息播发等海事监管功能。以已建成的 AIS 岸台网络系统依托,在全国范围内推广建设针对海事业务专门开发 AIS 应用软件,将 AIS 应用软件列为海事监管必备工具,充分利用其软件功能,提升沿岸主管部门对油船、危险品船等重点船舶的监管能力。

(1)突出显示油船信息

按 IMO 相关规定,所有油船、危险品船等重点船舶都必须安装 AIS 船台设备。因此,AIS 网络系统能够及时全面的收到这些水域内所有装有 AIS 船台设备的船舶的动静态信息。按照相关国际技术协议对船舶信息进行解析,可以有效识别船舶类型。通过 AIS 应用软件,可将重点船舶用自定义颜色加以区别,并在使用普通三角符号表示船舶外,还可以显示该船的英文名称、对地航速等信息。通过突出显示的相关信息,方便对其进行重点监管。

(2)多窗口重点跟踪,加强避碰监管

除对重点船舶的一般跟踪外,AIS 应用软件还可以开设小窗口重点跟踪目标船舶。选择小窗口锁定目标油船后,该船将始终在小窗口的中心显示,窗口右侧显示其动静态的信息。同时,可自动生成其周围 2 海里范围内的船舶列表,并根据重点船舶当前的经纬度位置、对地速度、对地航向以及其周围船舶的经纬度位置、对地速度、对地航向等参数计算重点船舶与这些船舶的最小会遇时间和最小会遇距离,判别是否有碰撞危险。当接近或小于危险警戒值时,及时发出碰撞报警提示,同时向船舶发送短信提示注意避让。

(3)油船的安全预警

在AIS应用软件中,可以针对重点船舶航行情况进行各种预警,提醒监管人员,包括:船舶接近或进入禁航区域报警;船舶接近或进入浅滩报警;船舶接近受保护的海上设施报警;船舶超速报警:船舶超过超速报警最小值报警;船舶目标丢失报警:超过一定时间未上报船位信息报警等。

另一方面,也能够通过软件向重点船舶发出报警提示;在重点船舶抛锚时,自动判断其周围1海里范围内有哪些船舶,向重点船舶播发提示信息,告知其该片水域内船舶的密度,告知其建议的抛锚区域,提示其注意与其它船只保持足够的安全距离。通过安全预警功能,可对重点船舶的航行状态进行预警,减少其发生事故的概率,提高安全航行水平。

(4)重点船舶信息统计

AIS应用软件将所有的AIS数据存入数据库,通过对海量数据的分析,可按照不同的水域、船舶的国籍、船舶的航行状态等按照监管部门的需求进行组合统计,从而帮助我监管部门掌握相关水域内的重点船舶的类型、重点船舶的航行习惯、习惯航路等,为我监管部门提供决策辅助功能。

4.3 规范沿海航路设置

虚拟航标是基于AIS岸台网络系统而产生和发展的新型航标应用技术,通过AIS的通讯链路,在水域上没有实物助航标志的地方标识出来、并在相应的显示终端是显示出来航标。通过在实施船舶定线制的水域过AIS网络设置虚拟航标,解决由于船舶定线制警戒区水域船舶流量大,交通流复杂,设置实物航标将成为碍航物的矛盾。同时,利用虚拟航标及AIS数据,能较为清晰地展示船舶定线制分道通航的航路设置,以及监管船舶是否遵守分道通航规则航行。

5 结束语

在加快海事发展方式的转变、改进监管理念和监管方式、将被动监管向主动监管转变的过程中,海事监管部门应通过科技创新及其成果的应用来提高管理效能和监管能力,其中一项具体的措施就是充分利用AIS系统的通讯数字化、覆盖范围广、技术先进等优势,利用科技手段,提升沿岸主管部门监管能力、丰富助航信息发布手段,加大对油船、危险品船等重点船舶的监管,以保障其航行安全,避免出现大规模海上环境污染事故,真正做到和谐发展,为公众营造绿色交通运输环境。

长江干线船舶定线制条件下的航标配布探讨

傅钢　李昕

1　前言

随着长江沿江经济带的崛起,长江航运得到前所未有的发展,船舶运量、船舶密度大大增加,水上交通安全形势也随之严峻。为此,2003 年起,交通部在长江干线下游的南京以下率先实施航路改革,其主要内容是实行船舶定线制,船舶各自靠右航行,大小船分流,实行过错责任原则,规范并简化了航路。

船舶定线制的实施,改变了传统的航标配布和船舶航行方法,既下水船舶走主流,上水船舶走缓流的传统习惯,采用和公路汽车驾驶相似的办法,各自靠右行驶。这就需要航标在配布和设置上,按照航路和船舶航行要求,提供界限清晰、标志鲜明、灯光明亮的助航标志,笔者自 2003 年起,一直从事长江干线航路改革的航标配布及相关的专题研究,现将工作中的一点体会提出与大家探讨。

2　长江干线开展航路改革实施船舶定线制的概况

2.1　船舶定线制的概念

国际海事组织(IMO)在 2002 年 7 月 1 日生效的 SOLAS 公约的第 V 章第 10 条规定了船舶定线制的一般规定。船舶定线的含义是指用法规或推荐的形式指定船舶在水上某一区域航行时所遵循或采用的航线、航路或通航分道。船舶定线制的含义是指在减少水上交通事故的任何单航路或多航路制和(或)定线措施。其目的在于改善船舶在交通密集区、有限水域中活动自由受到限制、水深有限或气象不佳的区域的航行安全。

船舶定线制的一般形式包括分道通航制、沿岸通航带、环行道、警戒区、双向航路、推荐航线、推荐航路、避航区和深水航路,在具体水域中,这 9 种定线措施往往是根据当地各方面情况选择一种或几种组合起来采用。目前长江干线推进的是以分道通航制为主的船舶定线制。

2.2　长江干线实施航路改革的状况

目前长江干线已经实施航路改革的有芜湖高安圩至浏河口 451km、丰都至三峡大坝439.9km、浏河口至长江口120km,三段共1010km,占长江干线云南水富至长江口2838km河段的35.6%。长江干线尚有1828km没有实施航路改革,占航道总里程的64.4%。

2003年7月1日,在长江干线南京燕子矶至浏河口河段(简称"南浏段")颁布实施了《长江江苏段船舶定线制》:实行各自靠右航行原则,在深水航道内设置上、下行通航分道和分隔带,各占航标标示宽度的2/5、2/5、1/5;其中,对个别洪水期因水流湍急影响船队和小船上驶的上行通航分道,专门在下行通航分道的外侧开辟了供船队、小型船舶上行的特定航路。2005年10月1日,在长江干线南京长江大桥至芜湖高安圩河段(简称"芜南段")颁布实施了《长江安徽段船舶定线制》:与南浏段已实施的航路改革合理衔接,取消横驶区,重新规划航路,实行各自靠右航行原则,设置上、下行通航分道,上、下行船舶通航分道分为航标标示宽度的2/5、3/5。2006年4月1日,在长江口至浏河口河段(简称"长江口段")颁布实施了《长江上海段船舶定线制》:船舶定线制仍遵循大船小船分道、各自靠右航行以及过错责任原则。自此实现了长江干线下游芜湖高安圩至长江口共571 km黄金水道的航路改革,通过长江安徽段、江苏段与长江口段船舶定线制的有效衔接,打通了长江航运"水上高速通道"。

2004年1月1日,在长江三峡库区三峡大坝上游禁航线(不包括上游引航道)至忠县长江大桥的三峡库区段施行《长江三峡库区船舶定线制规定(试行)》,左岸一侧通航分道为上行船舶航路,右岸一侧通航分道为下行船舶航路,上、下行船舶通航分道以航道中心线为分界线。支流(汉)河口水域,河口左岸一侧为干流驶入支流(汉)河流的船舶航路,河口右岸一侧为支流(汉)河流内驶入干流的船舶的航路。

从已经实施的船舶定线制来看,目前长江采用的船舶定线制形式包括各自靠右的分道通航、各自靠右(或左)的分边通航等。见表1。

长江干线船舶定线制一般形式及实施河段 表1

序号	船舶定线制一般形式	实施河段
1	各自靠右的分道通航	南京~长江口
2	以各自靠右为主的分边通航	南京~芜湖,三峡常年库区

3 长江干线传统的航标配布

3.1 航标配布的范围及种类

长江干线航道航标配布主要执行GB 5863—93《内河助航标志》、GB 5864—93

《内河助航标志的主要外形尺寸》两项国家标准,以及交通部颁布的《航道维护技术规范》和长江航道局《航标工作规定》。

航标配布范围为宜宾~浏河口河段的干线航道和嘉陵江河口1.2km港区航道,总长2688.8km。

航标配布类别按河段分别按第一类航标配布、第二类航标配布的技术要求进行配布。

航标种类:选用国家标准《内河助航标志》中规定的航标,除导标、首尾导标、节制闸标外,其他15种标志均在长江使用。

3.2 未实施航路改革时的航标配布原则和方法

长江干线航道年最大航标设置数量近5000座,具体数量在不同水位和航道条件下有一定变化,航标的配布是按照"船舶上水走缓流下水走主流"的原则进行。

3.2.1 长江上游航标配布原则和方法

长江上游航标的配布原则是:根据所处河道自然条件、水流和航道条件等,按照上行船舶航行时所需要的航路进行航标配布。具体方法为:航标配布参考《长江上游航行参考图》中的上行船舶航线,结合航道具体情况进行配布,优先考虑配布岸标,然后考虑配布浮标。在上行船舶航线一侧锁链配布航标,标示航道界限,另一侧仅根据河道情况结合船舶驾引操作特点,重点配布航标。

3.2.2 长江中、下游航标配布原则和方法

长江中、下游航标的配布原则是:根据各河段河道、水流和航道条件,按照上行船舶的航路进行航标配布。具体配布方法是:一般是优先考虑配布岸标,然后考虑配布浮标。岸标配布时首先确定过河标或过河浮标配布,过河航道标志确定下来以后,再考虑配布沿岸标,最后考虑侧面标浮标的配布。

4 长江干线实施船舶定线制对助航设施的需求

总结长江干线已实施航路改革的特点,航路改革的原则是实现船舶各行其道、各走一边,减少交叉,推行以分道通行制为主的船舶定线制。在航路的设置上,至少要有上行和下行两个通行分道来分隔相反方向的交通流。在优良河段,每个通行分道里还应分出快行分道和慢行分道,做到大小船分流。因此航路改革对传统的航标配布提出较高要求,主要内容是:

(1)航标配布做到标位正确,视距足够,易于识别;既要准确标示航道界限,又要符合国家相关标准的规定及符合长江航道的实际条件。

(2)除执行国家标准《内河助航标志》一类航标配布的技术规定外,还要根据

船舶定线制的规定及航运发展需要,要求按同侧相邻两座航标间距不大于0.8~0.9倍航标设计视距的航标间距,在航道两侧均以一标接一标方式连续配布航标,准确标示航道界限。

(3)同侧航标连线应尽量平顺,注意引导船舶避开不正常水流。

(4)航标配布宽度应在确保航道范围内有足够维护水深前提下,扩大到船舶定线制的要求相应宽度。

(5)航标配布密度合理,疏密适当;对于通视条件良好、雾情不严重的顺直河段,设标间距可适当放宽,对于弯曲河段和控制河段或者通视条件不良的雾区河段等可适当加密。

(6)助航标志选择上,以侧面标为主,辅以示位标、左右通航标和界限标。一般不再设置沿岸标和过河标。型式上以浮标为主,少量岸标配布与浮标要有效、合理结合。

(7)在分汊河口、主要城镇港口等处设置航道指路牌、航道里程牌等航道标牌,提示过往船舶注意。

(8)采用现代科技,如电子航道图、航标遥测遥控系统、雷达应答器和雷达反射器等,保证航标功能正常发挥,便于船舶驾引人员引用,保障船舶航行安全。

5 船舶定线制条件下的航标配布方法

5.1 核查航道条件

长江干线航路改革的原则是船舶各行其道、各走一边,减少交叉,推行以分道通行制为主的船舶定线制。在航路的设置上,至少要有上行和下行两个通行分道来分隔相反方向的交通流。在优良河段,每个通行分道里还应分出快行分道和慢行分道,做到大小船分流。因此航路改革对通航尺度的要求较高。在航路改革实施船舶定线制的河段,设计航标配布方案时必须首先核查航道条件是否满足。

5.1.1 核查是否具备基本的通航尺度

根据长江下游已实行航路改革河段的通航尺度看,主航道上航路宽度原则上为500m,不足500m的以航道实际宽度为准,但不小于200m。水深和弯曲半径一般与航道尺度相一致。这是综合考虑了通航的船舶代表尺度、船舶流量和航道条件后所确定的。船型尺度的选择主要是考虑吃水应符合所调整的航道维护尺度,在此基础上取代表船舶尺度,兼顾最大船型尺度,再进行核算。航路改革上延后,随着主要代表船型、船舶流量和航道条件的变化,继续沿用500m航宽,即使上了整治工程是难以达到。因而规划中应根据航运的需求、航道条件及将来航道整治工程后的航道改善情况，合理确定航路的通航尺度标准。

5.1.2 核查是否具备一定的水流条件

实施船舶定线制除航道具备所需的通航尺度外，还要具备一定的水流条件。水流条件需考虑航道内礁石、矶头、丁坝、抛石及洲头洲尾码头等水域的水流状况。长江为天然河流，航道水文条件复杂，不同的河段、不同的季节，水流情况不一，对船舶航行的影响也不一样。长江干线主流一般是从一岸过渡到另一岸，过去“上水走缓流下水走主流的“传统”航法，也是考虑水流特点和船舶操纵性能而总结的。实施船舶定线制后，必然会有上行通行分道处于主流中，在航道尺度定下后，水流条件对船舶航行的影响(主要是上行船舶)需逐段核查。

随着水运的发展，船型变化较大，大多数船舶为单船，船舶大型化操纵性能大大提高。因而，在航路改革的航路确定时，水流的影响作为参考因素，而不作为决定因素。但仍有少数地方的水流急、紊乱、流态坏，对船舶按分道航行产生很大的阻力。尤其是对小型船舶和大型船队。这就需要在设置航路上专门推荐航路或特定航路，以减少不良水流条件的影响。

5.2 设计航标的主要技术参数

在实施船舶定线制的河段，航路的设置由海事部门根据航道条件、水流条件和船舶条件综合考虑，航道部门再根据船舶定线制提出航标的配布设计。用航标标识出清晰的航道，并根据航道条件的变化调整航标，使所标识的航道满足航行尺度。还要对实施船舶定线制后航标维护设施适应能力及需求进行测算。

航道条件核查完成后，还要对航道的历史演变和发展趋势进行分析，考察在研究水平年的期限内所核查的航道条件的稳定程度，考察研究水平年内航道整治工程对航道条件的影响，考察采砂、护岸、建桥、筑坝、建码头等人为因素对航道边界条件的影响后，再针对船舶定线制对航标的需求，核查测算航标配布的主要技术参数。主要技术参数包括：航标的种类、浮体和标体尺寸、航标灯灯质和射程、航标灯电源匹配等。

5.3 根据航道条件进行具体配布

航标配布主要是按照前述“长江干线实施船舶定线制对助航设施的需求”开展。除执行国家标准《内河助航标志》一类航标配布的技术规定外，根据船舶定线制的规定及航运发展需要，还要求航道两侧一标接一标连续配布航标，准确标示航道界限。航标配布宽度应在确保航道范围内有足够维护水深前提下，按船舶定线制的规定配布宽度。航标配布密度要合理，疏密适当；弯曲河段适当加密。同侧航标连线应尽量平顺,注意引导船舶避开不正常水流。航标配布类型要优化,航标的种类要简化,便于引用。岸标与浮标要有效、合理结合。做到标位正确,视距足够,易于识别;要保证航标功能正常发挥,便于船舶驾引人员引用,保障船舶航行安全。

5.4 航标配布方案的优化

实施船舶定线制的航标配布方案既要准确标示航道界限,又要符合国家相关标准的规定,符合长江航道的实际条件,另外还要考虑将来的维护管理问题,要做适当的优化,以降低航标职工的维护强度和航标维护成本。最终达到"灯光明亮化、标体大型化、设备现代化、管理远程化"。

由于实施航路改革后,实施双侧设标,设标宽度和间距相对固定,航标配布的密度提高,深水区布设的标位增多,船舶碰撞概率增大,给航标的设置与维护将带来新的困难,同时,对必需的航标维护设施还需进行补充完善和提高,对日常维护开支予以保障。因此,对实施船舶定线制所需要的航标维护设施和增加的维护成本也要予以核算。要大量采用现代科技,如电子航道图、航标遥测遥控系统、雷达应答器和雷达反射器等,保证航标功能正常发挥,便于船舶驾引人员引用,保障船舶航行安全。

6 结束语

在长江干线上已实施航路改革的河段,通过开展配套建设工程,完善了内河航标配布原则及内河助航标志技术标准;航标配布设计突破了传统的内河航标配布原则和方法,取消过河标、沿岸标及缓流航道,航标配布采用侧面标以浮标为主,在航行条件优良的工程范围内双侧设标,航道界限标志清晰、规范,通航分道标记明显,为船舶执行各自靠右航行提供了准确的依据,通航环境得到了较大改善,拓展了航道航标及航路改革的思路;所采用的航标新技术、新设备、新结构,运行良好,既合理利用了航道资源,又保护了航道生态环境,改善了长江航运的运行和管理模式,总结这些配套建设工程的成功经验,将为以后的工程建设提供丰富的借鉴和技术支持。

由于实施航路改革后,实施双侧设标,设标宽度和间距相对固定,航标配布的密度提高,深水区布设的标位增多,船舶碰撞概率增大,给航标的设置的维护都将带来新的困难,需要大力推广航标新材料新技术应用,做到"灯光明亮化、标体大型化、设备现代化、管理远程化",降低航标职工的维护强度和航标维护成本。同时,对必需的航标维护设施进行补充完善和提高,对日常维护开支予以保障。

参考文献

[1] 内河助航标志(GB 5863—93)

[2] 内河助航标志主要外形尺寸(GB 5864—93)

[3] 长江干线航标工作规定(长江航道局,2006 年)

[4] 长江干线航标配布研究(长江航道局,2004 年)

[5] 长江干线航标新技术新材料应用研究(长江航道规划设计研究院,2005 年)

[6] 长江干线航路改革总体规划(长江航道规划设计研究院、武汉理工大学,2007 年)

AIS 基站吞吐性能分析与仿真

侯安健[1]　马社祥[2]

(1. 天津海事局,天津,300211;2. 天津理工大学,天津,300191)

摘　要:船舶自动识别系统(AIS)的关键技术是SOTDMA,它采用时分多址,时隙动态预约的自组织方式工作。由于自组织以及信道中数据链路负载程度的不同,系统有可能会发生传输时隙的冲突,影响基站的接收性能。针对这一问题,本文对基站的接收性能进行了分析,给出了计算机仿真的方法,通过模拟不同的数据链路负载状况,研究了AIS系统自组织特性的工作状况和基站正确接收率,最后在仿真结果的基础上通过曲线拟合方法给出了一组计算不同链路负载的吞吐率、不可正确接收率和时隙浪费率的公式。

关键词:自动识别系统;自组织时分多址;信道负载;吞吐率

1　引言

AIS(船舶自动识别系统)是新一代用于海上识别、监控和通信的助航仪器。它通过GPS接收器等船载电子设备提供精确的船舶位置信息和航行数据,同时结合船舶自身特点和货物信息,经过自身的信息处理器处理后通过VHF频道每隔一段时间自动地播发,凡是在VHF作用范围内配备有AIS系统的所有船舶和AIS管理中心都能收到这一信息并显示出来。这样就保证了在航行中船与船之间的相互"识别",以及AIS管理中心对周围一定区域所有来往船舶的跟踪管理,从而有效地起到船舶避碰和航运安全监控的功能。

AIS系统的关键技术是自组织时分多址访问技术,即SOTDMA(Self-Organized Time Division Multiple Access)技术,它将时间轴分为若干个帧,每个帧又分成若干个时隙供用户使用。每个用户周期性地广播其当前的位置和航行相关的信息及对未来时隙的预约信息,从而构成了系统的时隙状态图。这个时隙状态图就是所有参与船舶对时隙动态使用的参考依据,以此实现各用户对信道时隙的自组织管理。自组织时分多址的特性对于船舶的动态识别,提高海上航行安全具有重要的意义。但是,在交通比较繁忙的区域由于各个船舶的VHF信号覆盖范围相互重叠,这时往往会发生多个船舶同时预约同一个时隙的情况,这样就有可能发生时隙的冲突,从而造成船舶之间的“互不见”,进而使系统的识别效率降低,给航行安全带来隐患。同时,AIS 岸基基站作为整个岸基网络系统中的最基本的接收单元,是对相应海域中船舶的监测、助航和服务的主体,分析基站的接收性能对于掌握该海域的交通情况以及 AIS 网络性能是至关重要的,而且通过分析现行基站的接收性能为网络优化和规划提供科学依据。

基站的接收性能主要分析在基站所覆盖范围内的船舶发送的所有信息中(以时隙为单位),基站的正确接收率,也称吞吐率。同时为了进一步分析监测容量,需要分析在不同信道负载下时隙的浪费率,即在一部分时隙上由于发生复用且基站无法接收到该时隙的数据。对吞吐率分析,理论上主要基于泊松分布来近似分析计算,时隙申请服从二项分布,取极限则为泊松分布,但由于实际时隙的有限性以及 AIS 系统中时隙复用时的复杂性,理论分析方法具有一定的局限性。传统的仿真分析方法多是根据负载将系统中的所有用户同时申请时隙来考虑,这不符合实际的情况。本文分析了不同状况下的时隙复用问题,将系统中的用户按随机超时分成 6 个组,建立仿真模型,给出了计算机仿真结果。

2　基于 SOTDMA 的 AIS 通信系统性能分析

2.1　时隙预约与冲突分析

在实际的 AIS 通信系统中,各移动用户相互独立地工作。假设系统一帧的时隙数为 N,系统一帧的时间为 T(单位:s,AIS 标准规定为 60s),系统中的活动用户或子帧(申请时隙用于发射信息,不包括正在占用时隙的用户)数为 m,第 i 个移动用户的报告周期为 T_i(s),每个发射时隙的随机超时为 t ($3 \leqslant t \leqslant 8$)(帧数),在某一时刻,每个子帧的发信成功率为 k。每个发射时隙被释放的平均释放概率 P_f 为:

$$P_f = \frac{1}{6}\sum_{t=3}^{8}\frac{1}{t} = 0.203$$

由文献[10]可知在时帧 T 内,空闲时隙数 N_k 和没有成功发射的时隙数 N_p 分别为:

$$N_k = N - k \cdot \sum_{i=1}^{m}\frac{T}{T_i} + P_f \cdot k \cdot \sum_{i=1}^{m}\frac{T}{T_i} \tag{1}$$

$$N_p = \sum_{i=1}^{m}\frac{T}{T_i} - k \cdot \sum_{i=1}^{m}\frac{T}{T_i} + P_f \cdot k \cdot \sum_{i=1}^{m}\frac{T}{T_i} \tag{2}$$

N_k 个空闲时隙上发生冲突的时隙数 N_b 与成功占用的时隙数 N_{os} 分别为:

$$N_b = \left(N - k \cdot \sum_{i=1}^{m}\frac{T}{T_i} + P_f \cdot k \cdot \sum_{i=1}^{m}\frac{T}{T_i}\right) \cdot \left(1 - (1+\lambda)e^{-\lambda}\right) \tag{3}$$

$$N_{os} = (N - k \cdot \sum_{i=1}^{m} \frac{T}{T_i} + P_f \cdot k \cdot \sum_{i=1}^{m} \frac{T}{T_i}) \cdot \lambda e^{-\lambda} \tag{4}$$

其中:

$$\lambda = \frac{N_p}{N_k} = \frac{\sum_{i=1}^{m} \frac{T}{T_i} - k \cdot \sum_{i=1}^{m} \frac{T}{T_i} + P_f \cdot k \cdot \sum_{i=1}^{m} \frac{T}{T_i}}{N - k \cdot \sum_{i=1}^{m} \frac{T}{T_i} + P_f \cdot k \cdot \sum_{i=1}^{m} \frac{T}{T_i}} \tag{5}$$

对于基站来说,若不考虑突发干扰等影响,只要发射不冲突则认为可以正确接收,但对于发生冲突的用户根据其距基站的远近,距基站较近的有一部分冲突的用户的发射时隙,基站可以正确接收。设这一部分用户所占时隙数为 N_{bi},则基站可以成功接收的时隙数为

$$N_i = N - N_k + N_{os} + N_{bi} \tag{6}$$

系统中信道利用率 P_o 为:

$$P_o = \frac{N_i}{N} \times 100\% \tag{7}$$

在 SOTDMA 系统中的吞吐量具体是指 m 个移动用户选择空闲时隙发送子帧,基站能成功接收的时隙的数目,也就是成功传送子帧的时隙数,也包括正在成功占用时隙用于发射的固定子帧数。即吞吐量应该是成功接收固定子帧数与活动子帧数之和。

$$S = N_g + N_{os} + N_{bi} \tag{8}$$

其中,N_g 为在此次申请时隙之前能够成功接收的固定子帧数,N_{os} 为当前空闲时隙中成功发送活动子帧的时隙数,N_{bi} 为时隙申请时冲突情况下成功接收时隙数。而基站的吞吐率则为正确接收的时隙数与发射时隙数之比值。

2.2 时隙冲突下的 AIS 基站接收性能分析

通用船载自动识别系统采用 TDMA 通信方式。如果两台或两台以上设备使用同一个时隙发射,就会发生通信冲突,或者称为通信碰撞。在自组织算法(SOTDMA)中,这种碰撞主要表现为时隙复用,分为无意时隙复用和有意时隙复用。无意时隙复用有两种情况:一种情况是当若干个台站在剩余空闲时隙中同时申请时隙时就有可能发生冲突,另一种情况是由于不完全自组织(在基站所覆盖范围内的台站有一部分彼此超出了各自的范围而不能发现)情况下产生,即某台站申请时隙时,由于看不到已经被占用时隙而当作空闲时隙占用发生冲突。这在完全组织状态下是不应发生的,但一旦出现了部分组织或超负载的情况,则 SOTDMA 便会自动采用时隙复用机制,从而产生通信碰撞现象。假设有两台发射机 T_{X1} 和 T_{X2},一台接收机 R_X,发射机距接收机的距离分别为 R_1 和 R_2。则在发生通信碰撞时会出现

如下三种接收状态:(1)准确接收到发射机 T_{X1} 的数据;(2)接收不到任何一台发射机的数据;(3)准确接收到发射机 T_{X2} 的数据。上述的三种状态中,第一和第三种状态均为识别状态,而第二种为混淆状态。混淆即当接收台不能接收到两个或以上的发生通信冲突的台站中的任何发射信息,识别即接受台接收到两个或以上的发生通信冲突的台站中其中一个台站的发射信息。发生识别现象时,复用的时隙仍为有效时隙;而当发生混淆现象时,复用的时隙就变成了无效时隙,也就是浪费了一个信道时隙。

根据电磁场理论可以知道,接收机是否能够接收到发射机 T_{X1} 和 T_{X2} 的发射信息,取决于它们作用在接收机上的接收功率比,由电磁波在自由空间中传播的传输损耗理论可知[11],当 $R_1/R_2 \geqslant 1.31$ 时,接收台能准确地接收到发射台 T_{X2} 的数据。通常有更加保守的结论,当 $R_1/R_2 \geqslant 2$,或 $R_2/R_1 \geqslant 2$ 时接受台能够准确地解调出近处发射台的数据。也就是说,对于时隙复用和接收站距离之差别较大的复用情况,将有助于提高 AIS 网络的吞吐性能。因此,识别现象是有益于 AIS 的网络吞吐性能的。

3 基站接收性能仿真

3.1 基站接收性能仿真系统流程图

假设系统一帧的时隙数为 N,基站所覆盖范围内的子帧(用户)总数为 M。这些用户是逐渐增加到系统中的,而且到达的时间也是随机的,系统逐渐达到一种动态平衡,即任何时刻都有一部分用户占用时隙发射信息,另一部分用户正在申请时隙,还有部分用户占用时隙达到一定超时后又释放时隙。由于每个发射时隙的随机超时范围是 3 ~8 帧,其平均超时为 5.5 帧,取整数为 6 帧。因此,将系统中子帧总数 M 平均分成 6 份,任何时刻,系统中正在占用时隙的子帧数为$\frac{5}{6}M$,包括成功占用和复用占用,在无意复用下,复用占用时用户自己是不知道的。而正在申请时隙的子帧数为$\frac{1}{6}M$。所以将基站接收性能仿真过程设计如图 1 所示。

当系统趋于稳定后,$\frac{1}{6}M$ 个正在申请时隙的子帧的申请过程可通过图 1 来仿真,图中的 R_1 和 R_2 是复用的两个台站分别距接收基站的距离,若是多个台站复用,选取距接收基站最近的两个考虑,图中“相互可见?”表示复用者是否是完全组织状态,即他们之间的距离是否超出了各自的覆盖范围。

3.2 仿真结果分析

表 1 所示的是对基站接收性能的仿真结果。

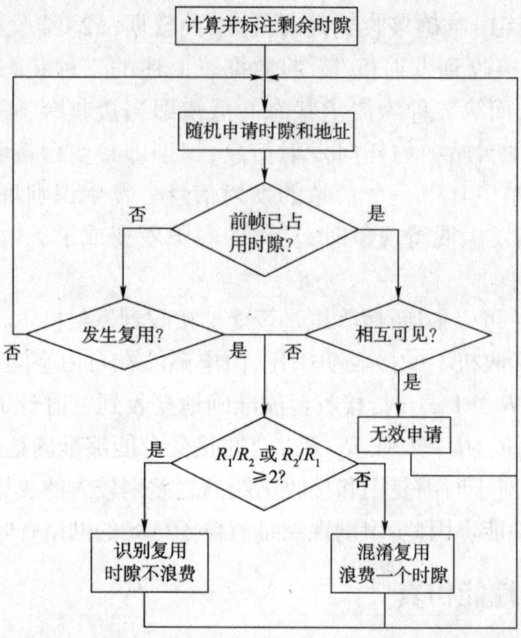

图 1　子帧分组申请时隙及其基站接收情况仿真原理图

其中,CMI 为混淆复用,但发生在同时申请时隙的子帧之间,由于其与基站的距离相当产生接收混淆使两个子帧均不被识别,这种情况下时隙损失占总子帧的比率;CME 为混淆复用,但是它发生在申请时隙时对于超出了子帧自己的范围不可见情况下,和在之前已经占用的子帧使用相同时隙,且导致两个都无法识别,这种情况下时隙损失占总子帧的比率;CM 为总的时隙损失占总子帧的比率;FR 为总的不可识别率,即由于复用导致不能正确接收的子帧占总子帧的比率;TR 为吞吐率,即可正确接收识别率。这些比率都是相对于系统中总的子帧 M 来计算的。

基站接收系统能够识别的是系统中的信道负载,即时隙占用率,而系统中的时隙浪费以及由于复用接收不到的子帧信息以及吞吐率,基站是无法知道的。从表 1、图 2、图 4 和图 6 可以看出,相对于系统中的总子帧(用户)数来说,当基站监测到的信道负载在 20% 时,由于子帧复用导致时隙浪费在 3%,不能够成功接收的子帧在 9% 以下,系统的吞吐率在 90% 以上;当信道负载为 60% 时,时隙浪费在 7%,不能够成功接收的子帧在 20% 左右,系统的吞吐率在 80% 左右;当信道负载为 90% 时,时隙浪费在 8.5%,不能够成功接收的子帧在 24% 左右,系统的吞吐率在 75% 以上。可以对图 2、图 4 和图 6 的曲线进行拟合,建立任意信道负载下的时隙浪费率、失败接收率和吞吐率模型。图 3 和图 5 是对于信道负载,混淆时隙复用和失败接收子帧数相对于系统中的总时隙数的比率。

系统中不同子帧数量下的实验结果(%)　　表1

M/N(%)	CMI	CME	CM	FR	TR	信道负载
5	0.2	0.64	0.84	2.61	97.39	4.96
10	0.38	1.27	1.65	4.86	95.14	9.84
15	0.57	1.81	2.38	7.09	92.91	14.64
20	0.73	2.21	2.94	8.77	91.23	19.41
25	0.90	2.71	3.61	10.59	89.41	24.10
30	1.01	3.11	4.12	11.96	88.04	28.76
35	1.15	3.57	4.72	13.77	86.23	33.35
40	1.28	3.87	5.15	14.90	85.10	37.94
45	1.40	4.23	5.63	16.26	83.74	42.47
50	1.50	4.49	5.99	17.21	82.79	47.01
55	1.61	4.82	6.43	18.42	81.58	51.46
60	1.68	5.04	6.72	19.25	80.75	55.97
65	1.79	5.27	7.06	20.11	79.89	60.41
70	1.81	5.44	7.25	20.61	79.39	64.93
75	1.90	5.70	7.60	21.57	78.43	69.30
80	1.98	5.87	7.85	22.16	77.84	73.72
85	2.04	6.08	8.12	22.90	77.10	78.10
90	2.09	6.14	8.23	23.22	76.78	82.59
95	2.13	6.35	8.48	23.77	76.23	86.94
100	2.18	6.41	8.59	24.19	75.81	91.41

4 结论

对于AIS系统,掌握基站的接收性能是VTS管理部门利用尽可能少的资源高效快速地为航运提供可靠准确的服务的重要依据,为网络优化和新基站建设提供理论依据。而基站接收机可以测到当前的信道负载,但无法掌握时隙浪费率以及吞吐率等信息。本文针对基站的接收性能分析系统,根据AIS系统标准,将系统中的用户分组建模仿真,给出了仿真实验结果和拟合。为进一步准确的研究基站监测容量提供了依据。

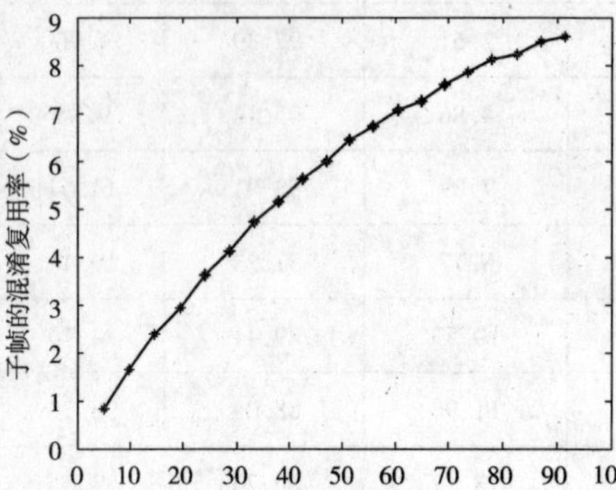

图2 混淆复用时隙占总子帧的比率

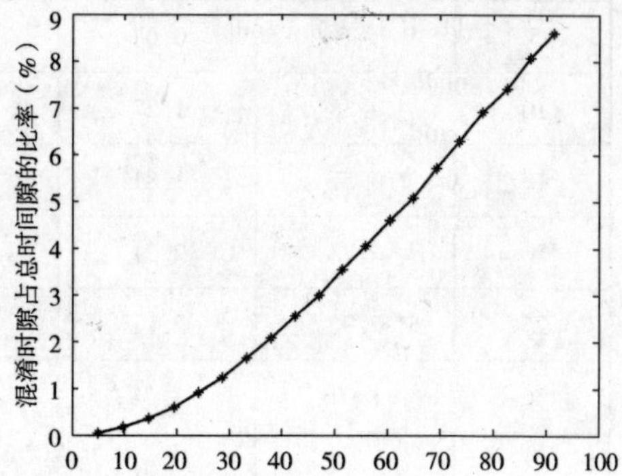

图3 混淆复用时隙占总时隙的比率

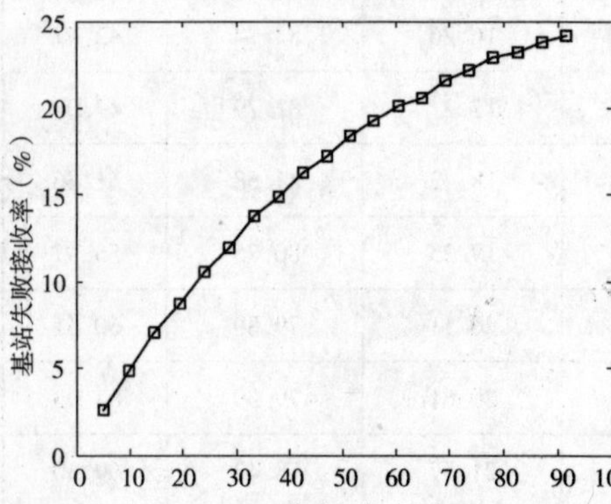

图4 基站无法接收的子帧占总子帧的比率

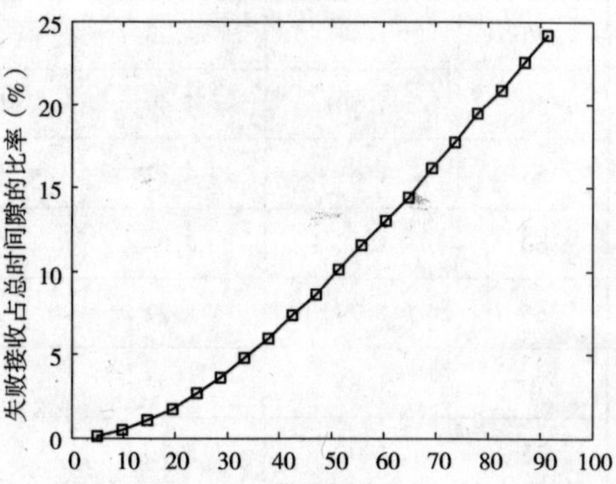

图5 基站无法接收的子帧占总时隙的比率

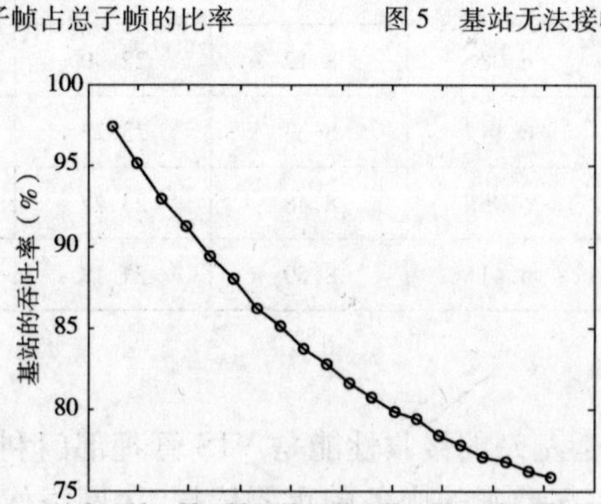

图6 基站在不同信道负载下的吞吐率

参考文献

[1] TU-R Recommendation M.1371-1. Technical characteristics for a universal shipborne automatic identification system using time division multiple access in the VHF maritime mobile band. 2001

[2] A-126 建议. AIS 在海上航标中的应用[R]. 国际航标协会(IALA),2007

[3] A-124 建议案. 自动识别系统(AIS)岸站与联网服务建议案[R]. 国际航标协会(IALA),2002

[4] 王飞舟,范成梁. 自动识别系统(AIS)性能综合评价[J]. 中国航海,2001(1): 14-17

[5] 张京娟,郝燕玲. AIS 系统时隙预约选择算法研究[J]. 哈尔滨工程大学学报,2002,23(5):52-56

[6] 王飞舟,张英俊,范成梁. 自组织时分多址接续系统的吞吐模型[J]. 大连海事大学学报,2002, 28(2): 44-47

[7] 刘人杰,刘畅,柳晓鸣. AIS 应用于 VTS 中系统容量的分析[J]. 中国航海,2002 (2): 22-24

[8] 叶刚,刘振安,田钢. STDMA 系统数据链自组织特性的仿真研究[J]. 计算机仿真,2004, 21(2):60-62

[9] 叶刚,刘振安,徐英莹. 距离延时对 STDMA 网络吞吐量影响的分析[J]. 计算机仿真, 2003,20(12):64-66

[10] 刘人杰,刘畅,凌源. AIS 通信协议——SOTDMA 性能分析及仿真[C]. 2002 年中、日、韩航海学术交流会论文集,2002:76-81

[11] 孙文力,孙文强. 船载自动识别系统[M]. 大连:大连海事大学出版社,2004

多波束测量质量控制与精度评估分析

刘东全　黄东武
(天津海事局海测大队,天津,300220)

摘　要:近年来,多波束测深系统以其高精度、高效率、全覆盖的特点广泛应用于海道测量中,特别是在疏浚施工测量及通航尺度确定中,但其质量控制及成果精度评估也是人们重点关注的内容。本文将对多波束测量实施的各阶段质量控制及成果精度进行分析,以便更好地把握多波束测量各关键环节,提高成果精度与置信度水平,真正发挥多波束测深系统的优越性。

关键词:多波束测量;扫海测量;质量控制;精度评估

1　概述

近年来,多波束测深系统以其高精度、高效率、全覆盖的优越性广泛应用于各种类型的海洋测量工程中,如航道疏浚施工测量、沉船等障碍物扫测、港口航道图确定通航尺度而实施的港池航道及锚地多波束全覆盖测量以及特殊浅点加密测量等。多波束测深技术的推广应用,加快了港口建设速度,降低了测量成本,提高了测量效率,增强了航海安全保障能力,其测量成果已逐渐被广大港航用户认可。与此同时,多波束测量成果可靠性及精度评估已成为人们重点关注的内容。与传统的"点、线"测量方式不同,多波束测量属于"面"测深,其过程实施要求严格,质量控制关键环节较多,影响成果精度的要素也较为复杂,一个环节控制不严或一个参数设置有误,可能直接降低成果的置信度,甚至否定测量成果,因此,如何进行多波束测量质量控制及其成果精度评估就显得尤为重要。

本文将从多波束测量准备、测量实施、数据处理、成果输出等四个阶段进行质量控制分析,并对测量成果精度评估进行研究,提供一种精度评估方法。为更加有效的实施多波束测量,做好关键环节质量控制,完成可靠性高、精度高的测量成果提供参考。

2　多波束测深原理

多波束测深是水声技术、计算机技术、导航定位技术和数字化传感器技术等多种技术的高度集成。其工作原理是通过发射与接收换能器阵进行声波广角度定向发射、接收,通过各种传感器对各个波束测点的空间位置归算,从而获取与航向垂直的条带式高密度水深数据,如图1所示。典型多波束系统应包括3个子系统:

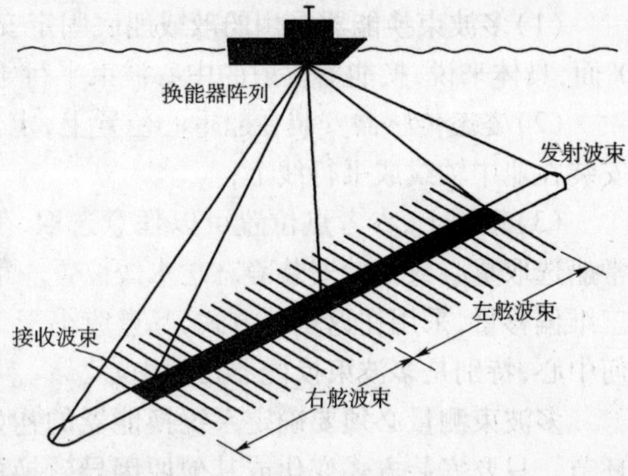

图1 多波束测深原理示意图

(1)多波束声学子系统,包括多波束发射接收换能器阵和多波束信号控制处理器;

(2)辅助传感器子系统,包括罗经、姿态传感器、GPS卫星定位系统和SVP声速剖面仪;

(3)数据采集、处理子系统,包括多波束实时采集、后处理计算机及相关软件和数据显示、输出、储存设备。

3 质量控制

3.1 测量准备阶段

首先要掌握多波束测深系统的关键技术指标,如宽深比指标、波束脚印指标、脉冲重复次数指标、分辨能力指标、波束数指标、有效宽深比指标等。对多波束系统的性能有一定的了解。然后根据测量目的选择合适的多波束系统,如疏浚施工测量不要选择相干型多波束系统;障碍物探测宜选择宽深比较大的系统,提高作业效率;通航尺度测量宜选择分辨率高的系统,提高浅点的识别能力;泊位及堤坝测量宜选用发射角度较大的系统,能安全有效的测量边坡水下地形。

在测量准备阶段要根据测量性质及多波束系统类型确定适当的有效宽深比指标,采用适当有效的宽深比是确保测深综合精度的重要前提。在海图水深大于60m海域,各多波束测深系统测量有效宽深比指标值按实际使用效果予以决定。

此外,如多波束测深系统使用年限较长,则可能导致系统硬件及部分电子元件老化。若在扫测工作中采用上述测量有效宽深比指标值导致测量结果不符合《海道测量规范》(GB 12327—1998)要求的。此时,则要对此多波束测深系统重新进行内、外符合精度比对测试检验,重新确定多波束系统测量有效宽深比指标值。

3.2 测量实施阶段

3.2.1 系统安装校准

多波束系统的安装有严格的要求:

(1)多波束换能器采用船舷或船底固定安装方式,换能器竖直方向垂直于 $X-Y$ 面,具体来说,换能器发射的中心波束平行于 Z 轴,波束剖面平行于 $Z-X$ 面;

(2)姿态传感器安装在船重心位置上,定位仪安装不能降低其接收效果,罗经安装在船中轴线或平行线上;

(3)理论上,参考点位置可以任意选取,但选取适当位置可极大方便作业,通常船选取重心或初始安装静态吃水线位置。须正确量取各传感器相对于参考点的三维偏移量,采用往返量取方式,互差应小于3cm。关键要准确确定各传感器的几何中心,特别是多波束换能器几何中心。

多波束测量必须要确定系统换能器的初始安装角度,是保障测深精度的重要环节。只要安装方式变化或其他原因导致换能器安装角度发生变化,均应重新校准。根据多波束测量所使用的设备及安装方式,含姿态传感器初始安装角度校准、罗经安装艏向校准、换能器安装初始角度角度校准、GPS 定位时延测定等。姿态传感器初始安装角度可通过仪器自身测定程序测量并设置。罗经安装艏向校准通常可与换能器安装初始角度角度校准联合实施,将其艏向偏差综合至换能器艏摇偏差中而不单独进行校准。因此,通常指出的多波束系统安装校准内容包含横摇偏差(Roll)、纵摇偏差(Pitch)、艏摇偏差(Yaw)和 GPS 时延(Time error)测定,如图2所示。

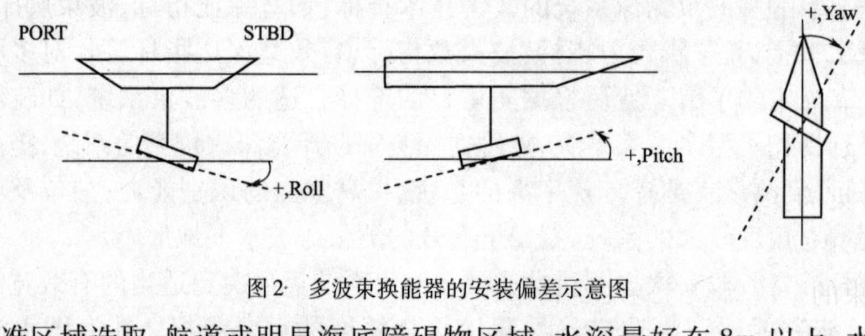

图2 多波束换能器的安装偏差示意图

校准区域选取:航道或明显海底障碍物区域,水深最好在8m以上,水深变化在3~5m以上。

为保证校准数据准确可靠,须做到:合理控制船速、合理布设测线及间距、必须有多余观测,多数情况下,校准不能一次完成,需要进行多次平均,最后取平均校准值,控制测量航迹线偏移距小于2m。校准完成后,所有校准测线的数据应基本重叠,误差不能超出规范的要求。

各校准偏差值误差精度要求:Latency 值优于 ±0.05s;Pitch 值优于 ±0.3 °;Roll 值优于 ±0.05 °;Yaw 值优于 ±0.1 °。若各角度校准值小于4°~5 °,表明系统安装质量较好。

3.2.2 测线布设

主测线布设应平行于测区等深线总趋势、航道航向、泊位码头走向。测线间距应按有效宽深比指标予以控制,同时考虑测区水深、换能器静态吃水值、潮差落差以及定位误差及船舶偏航等因素。但须保证在采用有效水深条件下,相邻测线扫宽至少重叠 20% 。

检查线垂直主测线均匀分布,应达到主测线总长度 5%,且尽可能满足每条主测线至少有一条检查线交叉通过。

综合考虑测量船舶的偏航、定位误差等因素,可用下述公式计算多波束扫测宽度 L、测线与测区边界间距 l_0 和相邻测线间距 l_1:

$$L = 2H\tan(\varphi/2 - \omega)$$

$$l_0 = L - S_0$$

$$l_1 = L - S_1$$

式中:l_0——测线与测区边界间距;

l_1——相邻测线间距;

L——扫测宽度;

φ——多波束的波束角;

ω——测船摇晃角度;

H——测区平均水深(m);

S_0——扫海趟与测区边界重叠带宽度;

S_1——两扫海趟边缘重叠带宽度。

3.2.3 测量船速

多波束为了达到全覆盖测量的要求,不仅要考虑横向上(垂直航向)的全覆盖,还要考虑纵向上的全覆盖,纵向上的全覆盖主要取决于船速控制。海道测量中,多波束的全覆盖包含两层意思,第一,多波束的探测的最小目标,取决于探测目标的大小;第二,不考虑探测目的,海底的波束脚印达到全覆盖即可,取决于多波束的更新率。

(1)根据目标大小计算船速

根据实际作业经验,每一个目标物最少被 5 个波束探测才不会被当作虚假信号剔除,据此可利用下述公式计算最大船速:

$$V = (X + 2H\tan(\theta/2)) \cdot r/5$$

$$H = H_0 + h_0 - \Delta h$$

式中:V——船速(m/s);

X——目标物的大小(m);

θ——沿航迹线方向波束角；

H——测区平均水深(m)；

H_0——换能器到水底的平均深度(m)；

h_0——平均水位(m)；

Δh——换能器吃水；

r——波束更新率(次)。

(2)根据多波束更新率计算船速

如果仅考虑多波束水底脚印的全覆盖,可用下述公式计算。

$$V = 2H\tan(\theta/2) \cdot r$$

通常,多波束测量船速控制在5~7kn,这是由多波束测深自身特点及测量性质所决定的。船速过快,导致波束脚印间距扩大、回波信号质量降低、遗漏浅点或造成数据处理可疑浅点判读困难等。

3.2.4 声速测量

多波束测深系统的声学原理和海水的不均匀性,使得声波在传播过程中发生声线的折射现象,对波束测点的最终位置的归算带来较大的误差。

平面换能器多波束在测量前必须进行表面声速测量,并及时输入控制器中(关键)。

声速测量应采用声速仪进行,测量时,应在测区适当位置测量至海底,通常采用上升通道声速值进行声速改正。

正式测量前,应提前确定声速剖面的测量地点和时间。在大区域测量时,测量前应该在测区不同位置、不同时间段进行声速测量。以选择最佳声速测量时间和地点。最好垂直于岸线在测区中部布设一条声速测量断面线,沿断面线测量每隔5km(如遇河流或岸线变化较大,要适当增加测量密度)测量一个声速剖面;同时在测区内的开阔区域,分别每隔2小时测量一次声速剖面,通过分析比较不同地点和不同时间段的声速剖面变化情况,选择最有代表意义的声速测量时间和地点。在河口区域,在测区中部布设两条分别垂直和平行河口方向的声速测量断面线,每隔2km测量一个声速剖面;同样选择最有代表意义的声速测量时间和地点。在春秋季节,由于天气变化比较剧烈,此时应该增加声速测量密度。声速采样不合理时会导致改正效果出现“哭脸”或“笑脸”现象,如图3所示。

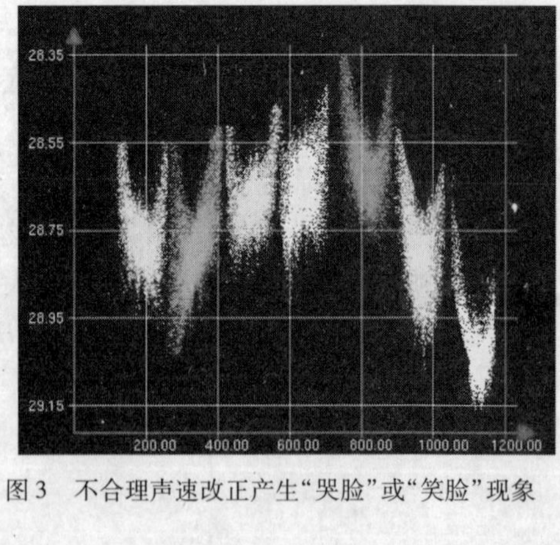

图3　不合理声速改正产生“哭脸”或“笑脸”现象

在实际测量中，声速测量通常情况下 2～3 天应重测一次，根据测区及气象变化等因素而决定。

3.2.5 航迹要求

多波束测量应避免转弯数据采用，测量时应充分考虑传感器数据稳定时间，转弯调头不可大角度转舵。

3.2.6 作业环境影响

作业环境是影响多波束测量数据质量的重要因素。测量实施过程中，受风浪影响，测量船和多波束换能器的姿态不断的发生变化。换能器发射的扇区开角有一定的角度范围限制。当测量船摆动幅度较小时，发射和接受的波束基本都覆盖在测船的正下方扇区内；当测船摆动幅度较大时，发射和接受波束的覆盖区就会相互分离，发射的某些波束将无法被换能器接受到。因此，当海况恶劣时，姿态变化幅度大，影响改正效果。通常，横向和纵向摇摆角度应小于 8°；涌浪起伏应小于 1m（极限值）。此外，疏浚施工测量时，不可紧跟施工船测量，泥浆浑水极大降低数据质量。测深杆安装不稳固及船体共振时，极易造成数据质量降低。

3.2.7 文件记录

采用随机软件进行数据采集，不可采用设置文件大小自动记录模式，应采用人工快捷键方式。实践证明，前者在测线拼接时出现漏空现象，约 1s 时间。

3.2.8 测量参数设置

设置正确的测量参数，更有助于我们提高多波束的测量成果质量。其一是量程设置，实际测量时，量程设置要大于或等于计算量程；既要保证能够接收所有回波信号，又要保证一定的发射速率。如果测量环境海况较差，尤其是横摇比较大时，要适当增大量程，保证边缘波束的接收。

其二是滤波参数设置，主要包括距离滤波和水深滤波。距离滤波主要针对扫测宽度，设置最大扫测宽度和最小扫测宽度，通常情况下只设置最大扫测宽度。水深滤波设置越贴近实际测量水深，其滤波的质量越好。但是，如果海况较差，导致边缘波束严重偏离实际水深时，就必须适当增加水深滤波值，防治将有效波束过滤掉。

其三是发射功率和接收增益设置，发射功率太大将导致中央波束区接收器饱和，增加二次回波的几率；当功率太小时不得不加大接收增益，同时将导致接收器接收到更多噪声。增益设置一般包括固定增益设置、TVG 增益设置和自动增益设置。固定增益通常只用浅水、底质单一的测量环境中。在这种测量环境中，回波时间较短，回波信号损失少，可以获得比较一致的良好回波信号。自动增益是系统根据不同测量环境的固化设置，实际测量时可根据回波信号的质量自动调整增益。

TVG 增益设置指根据回波信号的时间不同进行不同的增益,主要用于深水测量。

其四是声波脉冲宽度设置,脉冲越短,分辨率越高,损失越大,测深范围越小;脉冲越长,分辨率越低,损失越小,测深范围越大。多波束系统根据不同的测量环境应选用不同的脉冲宽度。在一级海道测量中,应选用高频系统,用最短的脉冲可获得最佳的分辨率具有较短的脉冲长度,在远海调查时,应选用低频系统,增加脉冲长度以保证足够的量程,但是太长的脉冲将给水深测量带来更多噪声,可能降低测量精度。

3.3 数据处理阶段

3.3.1 数据检查

经过数据格式转换或直接读入后处理软件的数据,必须进行数据检查,包括导航数据、姿态数据、航向数据以及测深数据等。在此项工作中,能及时发现导航数据、姿态数据、航向数等跳变及遗漏等现象,并能予以修正(部分),对保证数据的完整准确很重要。

这是检验数据质量的一个重要环节,可以检查测量船速是否过快、海况是否适合作业等。

3.3.2 数据准备

声速数据准备:编辑声速改正数据文件,保证最大深度值较测量最大水深值大,确保所有水深参与改正(关键)。

潮位数据准备:关键是多站潮位数据改正文件,必须按要求进行。

船舶下沉量及水线变化值:数据处理时必须提供此两项数据,该值直接影响水深结果。

输入正确的多波束系统安装校准参数、各传感器偏移参数、坐标系及转换参数等,建立测量船配置文件。

3.3.3 水深滤波

选取适当的滤波参数进行水深滤波,可在一定程度上减轻人工干预工作量,通常是经验值。

但控制有效扫宽是通过滤波参数设置来实现的。

通常的滤波选项有:扇面角度滤波、波束滤波、水深点倾斜角度滤波、最浅最深水深滤波及横向扫宽滤波等。

此外还有根据水深点离散度计算中误差进行滤波(通常取 2 倍)、CUBE 曲面滤波及数据质量滤波等

3.3.4 可疑浅点判读与确认

通常,单条测线上,纵向同一波束至少有 3~5 个连续水深突变点、横向至少有

2～3个波束连续水深突变(结合系统的分辨能力、现场记录资料及经验能力)。

相邻测线相同位置均有连续水深突变,产生多余观测条件。

对可疑浅点采用复测方式进行确认(必须)。

3.3.5 水深剖面叠加处理

通过水深剖面叠加处理可以检验相邻测线间是否漏空、是否满足重叠要求,还可检验数据改正是否正确、校准参数是否可靠等。

3.4 成果输出阶段

3.4.1 水深点输出

多波束测量水深成果输出时,只采取一种方式:真实位置的最浅水深。通常不采用网格化形式(平均、最浅、最深等)的水深。水深点密度须均匀,且满足规范指定的间距要求。

检查线深度点间的距离为图上3～5mm。海底地貌复杂、靠近海岸、礁石附近和狭窄航道上,深度点要密些;海底平坦或开阔水域,深度点可稀些。

输出水深位数要求:0 < 水深≤50　取至0.1m;

水深 > 50　取至整米。

水深格式输出要求通用XYZ格式和包含水深属性的制图识别数据格式的水深文件。

3.4.2 水深报告图板

采用IHO标准海图字体及样式绘制水深图,不采用工程图字体、样式。水深报告图板上须绘制等深线,具体要求按规范执行。关键问题是:多波束测深水深点较多,对图面的阅读检查有一定难度,通过绘制等深线,可发现问题,如特殊浅点水深、测深未覆盖导致等深线无法闭合、与现版海图水深拼接问题等。

3.4.3 成果资料上交

测量项目完成后,应上交全部项目成果资料。但关键要注意几个环节:

(1)测量原始记录数据必须上交;

(2)各种校准参数、偏移量参数、动吃水及水线值参数等应按现行规定表格方式上交;

(3)其他各种质量记录按现行规定填写上交;

(4)船配置文件必须唯一,且能有效识别每次校准的参数结果及使用情况;

(5)测量任务书、技术设计书(部分项目)、技术报告、质检报告应一并上交;

(6)技术报告中,对基础控制、潮位控制、测量实施重要环节应予以详细叙述,同时应有明确的测量结论及质量检验情况;

(7)涉及坐标转换的项目,应对坐标转换精度是否满足测量要求予以说明,并提供数据支持。

(8)对原始数据、过程处理数据、最终成果数据、文档数据、其他成果数据等应进行分类整理归档上交。

4 精度评估

4.1 成果质量检查

对关键环节如有效宽深比的采用、测量船速控制、声速改正效果、校准效果、可疑浅点判读与确认、相邻测线是否漏空、姿态改正、下沉量及水线变化值改正等的检查。其中,如果是涌浪(Heave)数据存在问题,表征为整个条带沿航线波浪起伏,典型原因是由于姿态传感器升沉带宽设置不合理、时间不同步所致。如果横摇(Roll)数据存在问题,表征为边缘波束波浪起伏,典型原因是由于系统时间不同步或换能器安装杆抖动所致。

出现下列数据质量问题则可以补救:

(1)系统安装位置(换能器、GPS、姿态传感器)量取有误;

(2)吃水改正、潮位改正有误;

(3)多波束校准参数值有误。

如果产生如下数据质量问题则不可补救:

(1)数据时间同步不正确;

(2)换能器安装杆抖动、各传感器震动以及共振;

(3)传感器数据漂移;

(4)缺乏合适的声速剖面。

对不可补救的数据问题出现时,必须进行重测。此外对出现下列情形应进行补测或复测:

(1)水深漏空或重叠带宽度不符合规定;

(2)水深异常、信号质量不满足要求;

(3)未按规定校准或比对精度超限;

(4)测量船速超过最大限速;

(5)水位控制不符合规范要求;

(6)主、检比对超限点数超过15%;

(7)相邻测深线拼接误差超限;

(8)可疑浅点未进行加密测量或不能确定情况。

4.2 成果可靠性检验

通过主、检测线方式进行内、外符合精度比对,应满足行业标准要求(比对点间

隔:图上 1mm):

水深 0 ~ 20m 为 0.3m

水深 20 ~ 30m 为 0.4m

水深 30 ~ 50m 为 0.5m

水深 50 ~ 100m 为 1.0m

超限点数不得超过比对点总数 15%。

通过与现版港口航道图进行比对,检查水深符合性。

4.3 成果精度评估

水深和位置误差计算公式可以由所有影响多波束测深系统精度的测量误差源得到。在某些情况下,误差源的影响是线性组合的,可以采用二次方相加计算的方法。在其他情况下,水深和位置误差组成部分必须分每个误差源单独计算。在使用小角度近似值时,水深和位置误差组成部分计算公式是简单的。

一旦所有的测量误差转换成水深误差,就可以计算出水深总的误差估算。总的水深误差估算由下面几部分组成:

(1)测深系统误差(射程、波束角测量误差及波束宽度);

(2)Roll 误差(测量值以及未校准误差);

(3)Pitch 误差(测量值、未校准以及机械稳定性误差);

(4)Heave 误差(测量值及引起的起伏误差);

(5)折射误差(射程、波束角及未正交发射波对声速的影响);

(6)动态吃水误差(draught、squat 和 load);

(7)水位误差(测量值及其变化);

(1) ~ (5)项误差是水深测量中的误差。这个误差会再次附加到下面的误差中。

而声波到海底的位置误差估算由下面几部分组成:

(1)定位系统误差;

(2)延时误差(定位系统的延时误差);

(3)换能器位置相关的误差(来源于射程及波束角的测量、折射、roll 及 pitch 测量、换能器未校准的误差);

(4)Heading 误差(来源于电罗经测量误差及未校准换能器的航偏角 Yaw 对测深点位置的影响);

(5)相对天线——换放器位置误差(来源于偏移及姿态测量误差)。

在大多数情况下,下面公式可用于估计多波束系统的最终深度和位置误差。

(1)测深系统的测深变化(射程和波束角)

$$\sigma_{d1}^2 = \cos\theta^2 \sigma_r^2 + y^2 \sigma_\theta^2$$ (水深斜距 r 和波束角 θ,横向距离 y)

(2)源于波束开角的水深变化

$$\sigma_{d2}^2 = \left\{ d\left[1 - \cos\left(\frac{\psi}{2}\right)\right]\right\}^2 \quad \text{（测量深度 } d \text{ 和波束开角 } \psi\text{）}$$

(3)Roll 变化

$$\sigma_{d3}^2 = y^2\sigma_R^2 \quad \text{（横向距离 } y\text{）}$$

(4)Pitch 变化

$$\sigma_{d4}^2 = 0$$

(5)总 Heave 变化

$$\sigma_{d5}^2 = \max(a^2, (b \cdot heave)^2) + x^2\sigma_P^2 + y^2\sigma_R^2$$

(纵向距离 x,横向距离 y,a 是一个固定的部分(m),b 是一个可变的部分(峰值到峰值起伏的%))

(6)折射变化

$$\sigma_{d6}^2 = \left\{\left(\frac{d}{v}\right)^2 + y^2\left[\left(\frac{\tan\theta}{2v}\right)^2 + \left(\frac{\tan(\theta-\delta)}{v}\right)^2\right]\right\}\sigma_v^2$$

(测量深度 d,声速值 v 和波束角 θ,折射角 δ)

(7)总深度测量误差

$$\sigma_d = \sqrt{\sigma_{d1}^2 + \sigma_{d2}^2 + \sigma_{d3}^2 + \sigma_{d4}^2 + \sigma_{d5}^2 + \sigma_{d6}^2}$$

(8)动态吃水变化

$$\sigma_{dyn\_draught}^2 = \sigma_{draught}^2 + \sigma_{squat}^2 + \sigma_{load}^2$$

式中:$\sigma_{draught}$——船静止时,换能器在水面下的深度;

σ_{squat}——随着船速改变而改变的吃水值;

σ_{load}——在测量期间随荷载变化而变化的吃水值。

(9)总的深度误差

$$\sigma_D = \sqrt{\sigma_d^2 + \sigma_{dyn\_draught}^2\sigma_{WL}^2} \quad \text{（水位误差 } \sigma_{WL}^2\text{）}$$

(10)总的位置误差

$$\sigma_p = \sqrt{\begin{array}{l} drms^2 \\ +\sin\theta\sigma_r^2 + d^2\sigma_\theta^2 + \left\{\left(\frac{y}{v}\right)^2 + d\left[\left(\frac{\tan\theta}{2v}\right)^2 + \left(\frac{\tan(\theta-\sigma)}{v}\right)^2\right]\right\}\sigma_v^2 + d^2(\sigma_R^2 + \sigma_P^2) \\ +y^2\sigma_a^2 + \sigma_x^2 + \sigma_y^2 + (x^2+y^2)\sigma_a^2 + z^2(\sigma_R^2 + \sigma_P^2) + SOG^2\sigma_\Delta^2 t \end{array}}$$

(时间偏移量(延时)Δt,船舶的速度(SOG))

上面公式的第一排包含了径向位置系统的误差 $drms = \sqrt{\sigma_y^2 + \sigma_x^2}$,第 2 排包含了全部声波系统位置误差,包括折射和方向误差。对每一波束,这一排都要进行计算。第3排（与天线到换能器位置误差相关的项）对每个多波束测量船只需要计算一次，这个值可以被二次填加到位置误差，声波系统误差和延时误差（第4排）中，实时进行计算，第3排中的 x、y 和 z 要素是换能器和定位系统天线间的位置偏差。

此外，在多波束测量数据处理软件 CARIS HIPS（v6.1 及以上）中，通过具体设定各种误差源值，可以计算出每个水深的总深度误差及对应定位点的总位置误差，在此不再详述。

5 总结

航运事业及港口建设的飞速发展，促进了海洋测绘技术的进步。多波束测深技术引进应用带来了新的研究课题，高精度的测量成果是我们永恒的目标，质量控制是我们实现目标的重要手段。本文着重研究了多波束测量关键环节质量控制及精度评估，希望促进提高多波束测深技术的应用水平与成果精度水平。

参考文献

[1] 海道测量规范（GB 12327—1998）. 北京. 中国标准出版社

[2] 沿海港口、航道测量技术规定（内部使用）. 2003年1月，中华人民共和国海事局

[3] 多波束测深系统测量技术要求（内部使用）. 2009年7月，中华人民共和国海事局

[4] 朱庆，李德仁. 多波束测深数据的误差分析与处理. 武汉测绘科技大学学报，1998，23（1）：1-4

[5] 吴自银等. 多波束测深边缘波束误差的综合校正[J]. 海洋测绘，2005，（4）：88-93

[6] 卫国兵，彭文，译. 多波束测深的水深和位置误差估算（译文），航标专业委员会学术研讨会论文集，2007

[7] 黄永军，王闰成. 多波束外业实施研究与探讨，航标专业委员会学术研讨会论文集，2006

作者简介

刘东全，男，1966年出生，重庆南川市人，高级工程师，主要从事海洋测绘管理与技术研究。

黄东武，男，1975年出生，湖北大冶市人，高级工程师，主要从事测绘技术推广应用与测绘产品质量检验。

AIS应用在航标中出现的问题及建议

陆悦铭　梅英群　陈振国

(上海港引航站,上海,200082)

摘　要:运用高新技术增进海上交通运输安全,是航海科技工作者的目标。船舶自动识别系统(以下简称AIS)是现代信息技术在航海领域应用的产物,为海上交通安全提供了一个重要技术保障。AIS用于航标,提高了航标的助航效果,为船舶安全航行的需求提供更好的服务。本文介绍了AIS应用在航标的种类、优点和局限性,对航行船舶的作用,目前出现的问题和使用、设置上的建议。

关键词:AIS;航标;优点;局限性;建议

1　前言

航标是帮助引导船舶航行、定位、标示碍航物与表示警告的人工标志。航标的作用是保证船舶航行安全,保护海洋环境和防止污染。航标信息是船舶重要的助航信息,航标系统是海上交通安全保障体系的重要组成部分[1]。目前,国际航行300总吨和沿海航行500总吨及以上的货船,无论大小在海上航行的客船均安装了A类AIS,正在开发的B类AIS也将逐步安装在渔船、小型货船和工程船等。越来越多的船舶安装AIS,这为AIS在航标领域的开发和应用提供了良好的基础。通过船载AIS即时采集到航标的信息,可以提高船舶获得航标信息的可靠性。尽管电子海图显示与信息系统(以下简称ECDIS)目前不是船舶强制安装的设备(国际海事协会第54次航海安全委员会已经规定:从2012年7月1号开始,新造的500总吨及以上的客轮将被强制要求安装ECDIS,其他相关船舶也将陆续被强制要求安装),但是越来越多的船舶安装了ECDIS,并将AIS信息融合进了ECDIS;越来越多的船用雷达也融合了AIS信息。使得应用了AIS的航标如实体航标一样可显示在ECDIS、船用雷达上(以下提及的ECDIS和船用雷达都指融合了AIS信息),因此AIS应用在航标中有着十分广阔的前景。

2　AIS在航标中应用的工作原理和分类

AIS在航标(Aid To Navigation,简称AtoN,也有称ATON或AtN等)上的应用,

为船舶提供的航标助航服务将得以进一步改善。国际航标协会(IALA)A-126 建议——AIS 在航标上的应用,为 AIS 在此领域的应用提出了一系列的建议与指南;国际电信联盟(ITU)已规定将 AIS 电文 21 专门用于航标,还有其他电文也可用于航标。AIS 在航标的应用使航海人员改变了原来只按纸质海图上的标识及依靠目视观察、雷达观察航标航行的状态,它还将提供一种在船载 AIS、船用雷达和 ECDIS 上辨识航标的可靠和全天候的方法,补充航标的现有信息。它主要有两类[2]。

2.1 在实体航标上安装 AIS

在实体航标上安装 AIS,即在实体航标上安装 AIS 发射装置(以下简称 AIS 航标)。它采用类似于船—船工作模式,当处于船舶 VHF 信号覆盖区域的船舶发出询问信号时,AIS 航标将自动发出相应的应答信号,船载 AIS 接收到 AIS 航标信息后,可显示在船载 AIS 的显示屏,也能在 ECDIS 和船用雷达上显示,使船舶即时获取该航标的信息,确保航行安全。AIS 航标主要的功能是发送航标实时位置、性质和工作状态等信息,船载 AIS、ECDIS 和船用雷达可以在较远距离,更加直观地发现 AIS 航标,读出该航标的名称、编号及性质和工作状态等信息。在船用雷达中还可以有效辨识回波是物标,还是 AIS 航标。

2.2 AIS 用于无实体的航标

AIS 用于无实体航标(以下简称虚拟航标)时,需要从附近的 AIS 基站发送相关信息。虚拟航标事实上是不存在的,它是计算机技术、卫星导航定位技术、网络技术和 AIS 等现代高新技术在航标技术中的应用。AIS 基站将虚拟航标信息发送给船载 AIS,船载 AIS 接收到该信息后通过计算机中应用软件进行相应处理,将虚拟航标显示在船载 AIS 的显示屏,船载 AIS 接收到的虚拟航标信息也能在 ECDIS 和船用雷达上显示。在船舶流量大、交通流复杂,而航道狭窄的区域,如设置实体航标会成为碍航物时,可以设置虚拟航标来代替实体航标。虚拟航标还特别适合在不容易或者不允许设置实体航标的水域,如上海崇明新桥水道 206 浮标附近水域,由于浅滩向航道中延伸,故常有船舶在航道中搁浅,因该水域内有越江的电缆线,为 2 号禁锚区,不允许抛设实体航标,后来在浅滩嘴上设置了虚拟航标 206A,通航状况大为改观。在长江口深水航道下端的实体航标 D10 浮标经常被过往的船舶触碰,轻则造成 D10 浮标灯光熄灭、移位,重则所抛设浮标的铁链缠绕在船舶螺旋桨或挂在舵叶上。撤除了实体航标改设了虚拟航标后,进、出口船不再有碰触实体航标 D10 浮标之虑,确保了船舶进出深水航道的安全。

3 AIS 航标和虚拟航标的优点和局限性

因为 AIS 航标和虚拟航标所发送的信息不受雨雪、海浪等的影响,使得驾引人员在船载 AIS、ECDIS 和船用雷达上容易找到该航标，从而有效识别出航道、锚地、孤立危险物等等。

(1)AIS 航标可使船用雷达的辨识功能得到加强，航标更容易被发现，航标显示更加清晰直观。AIS 航标可应用在一些重要的航标上，如重要转向点、进入港口的第一个航标等[3]。由于 AIS 航标可以醒目地被发现，可使船舶碰撞实体航标的概率降低[4]。对于 AIS 航标，即使航标灯光熄灭，因 AIS 仍正常工作，船载 AIS 仍能及时发现 AIS 航标的位置，避免船舶碰撞灯光熄灭的航标。船舶操作人员可以通过船载 AIS 阅读 AIS 航标是否在位等信息，从而避免因航标移位造成船舶搁浅、触礁事故的发生。对航标管理部门而言，一旦某 AIS 航标移位或者离开设定的位置一定距离，他们的系统内会出现报警，非常容易被发现，便于主管机关及时发布航行警告，并迅速安排人员将该 AIS 航标复位。

(2)因为设置虚拟航标在计算机系统内完成，所以有如下优点[5]：虚拟航标的设置、删除或更改时间非常快、成本非常低；设置时不受天气、风浪的影响；航标位置精确，导航精确度高等。当一些浅点、暗礁等碍航物被新测量到时；当因为种种不尽如人意的原因，航行船舶如遭遇大风浪、船舶之间发生碰撞等，沉没在航道中或者其附近成为碍航物时。相关部门在发布航行警告的同时，可以迅速利用计算机、卫星导航定位和网络技术设置虚拟航标[6]，航行船舶可避免搁浅、船底触损等事故的发生。

(3)AIS 航标和虚拟航标的局限性：首先是船上必须安装了船载 AIS 并正常工作，船用雷达、ECDIS 必须融合了 AIS 信息，否则不可能在船用雷达、ECDIS 中发现 AIS 航标和虚拟航标；其次是即便船用雷达、ECDIS 融合了 AIS 信息，也不是每一品牌或者型号的船用雷达、EECDIS 能够发现 AIS 航标和虚拟航标，如日本 JRC 公司比较新型的雷达 JMA－9922－6XA、JMA－9932－SA 能发现周围安装 AIS 的船舶，但是不能发现 AIS 航标和虚拟航标，某些电子海图也同样。还有部分船载 AIS，如日本 FURUNO 公司生产的通用型船舶自动识别系统(UAIS)FA－100、日本 JRC 公司生产的 AIS JHS－180 船载不能识别 AIS 航标和虚拟航标。

4 AIS 航标和虚拟航标需要关心的问题

由于国内外对 AIS 航标和虚拟航标在技术、标准和法规上不够完善，还有待改进。所以笔者认为关于 AIS 航标和虚拟航标需要关心以下问题：

(1)AIS 航标和虚拟航标的命名问题

据资料介绍，2005 年 05 月 8 日，我国设置的首座虚拟航标在辽宁海域，名称为“XIAN JIAO ISOLATED DANGER”，位于北纬 38°57′22.77″，东经 121°59′03.34″，作

为孤立危险物标使用。可是在船载 AIS 设备中读出的信息是：名称 XIAN JIAO ISOLATED，属虚拟航标，性质为孤立危险物标等。图 1 是船载 AIS 设备接收到的虚拟航标“XIAN JIAO ISOLATED DANGER”所显示的信息。

设置在上海崇明岛—长兴岛的长江大桥两端通航水域的安全水域标上安装 AIS 发射装置，成为 AIS 航标也有同样的问题。根据 2009 年 7 月 17 日，上海海事局 2009 年航标动态 069 号，该两个航标的名称分别为“CHANG JIANG DA QIAO DONG（长江大桥东）”和“CHANG JIANG DA QIAO XI（长江大桥西）”，但是在船载 AIS 中读出的名称都是：CHANG JIANG BRIDGE，图 2 是船载 AIS 设备接收到的长江大桥东 AIS 航标所显示的信息。

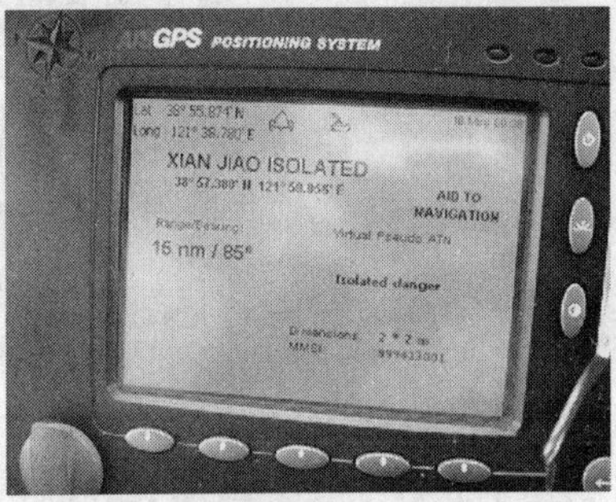

图 1　船载 AIS 设备接收到的虚拟航标“XIAN JIAO ISOLATED DANGER”所显示的信息

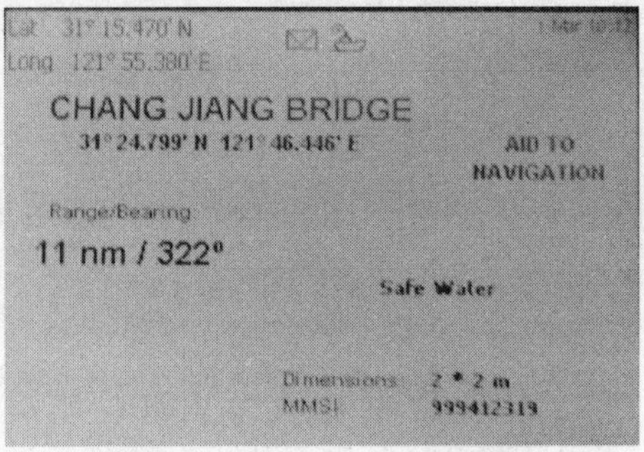

图 2　船载 AIS 设备接收到的长江大桥东 AIS 航标所显示的信息

另外由图 1 和图 2 可知，上述两例在船载 AIS 和融合了 AIS 信息的 ECDIS、船用雷达中，读出的航标名称都与主管机关发布的航行警告不一致，容易给航海者带来疑问。还有一个问题是，根据《中国海区水上助航标志》（GB 4696—1999）、《中国海区灯船和大型浮标制式》（GB 15359—94）和《中国海区可航行水域桥梁助航标志》（GB 24418—2009）的规定，航标名称中只用汉语拼音或缩写符号、代号，汉语拼音和英语是不能混在一起的，否则中国人和外国人可能阅读都困难。前者，因为航标的性质已经表明是孤立危险物标，因此没有必要显示在名称中，何况“ISOLATED DANGER”占了允许输入 20 个字符[7]中的 15 个（包括两个英文单词之间的空格），其他方面输入的信息将非常有限。

（2）AIS 航标和虚拟航标的显示及位置问题

AIS 航标能够为航海人员提供很多实用的信息。如：航标名称、性质、尺度、海上移动服务识别码、航标位置和目前位置的状况。图 3 是船载 AIS 设备接收到的 AIS 航标 D47 的信息。

图4是船载AIS设备接收到的九段AIS航标的信息。但需要指出的是显示屏上出现了Off position!(不在位)这样的警告。D25和D26这两个AIS航标也有过Off position!的警告。其实这三个航标现在都在正确的位置,只不过是AIS航标从原来的位置移动到新的位置后,航标管理部门没有及时将航标的位置信息更新。当AIS航标新的位置离开原来的位置大于设定值时,就会出现这样的警告,这对于初次来此水域的船舶操作人员会带来一定的困惑。

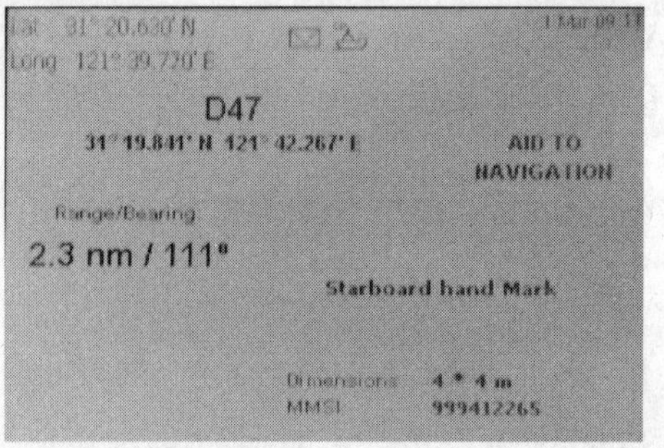

图3 船载AIS设备接收到的D47AIS航标所显示的信息

图4 船载AIS接收到的九段AIS航标所显示的信息

图5是虚拟航标A29A的在船载AIS中的显示模式,它与AIS航标的主要区别有:多了Virtual Pseudo ATN(虚拟航标)这样的显示,另外不显示航标的尺度。

图5 船载AIS设备接收到的虚拟航标A29A所显示的信息

(3)AIS航标和虚拟航标的标识问题

可能是缺少相关规定的原因,目前在船载AIS、ECDIS和船用雷达中,AIS航标和虚拟航标的标识各不相同,如FURUNO公司的(UAIS)FA-100中,对AIS航标和虚拟航标没有任何的标志,如阅读其信息,只在航行状态这一栏显示RESERVED FOR FUTURE USE(DEFAULT);而FA-150中,AIS航标和虚拟航标的标志都是"十",如阅读其信息,只有AID TO NAVIGATION这样的显示;在JRC公司的AIS JHS-180中,船舶类型和航行状态栏是空的,在CLASS栏中AIS航标和虚拟航标都用AID TO NAVIGATION表示;在SAAB船载AIS中,AIS航标和虚拟航标的标志都是"◆"。某大学制作的电子海图系统,当融合了AIS信息后,AIS航标和虚拟航标均显示象船载AIS一样的锐角等腰三角形;船商公司(TRANSAS)均显示 ;北京东方网脉科技发展有限公司分别用实线圆和虚线圆表示 AIS 航标和虚拟航标；国内一家公司都用“◎”，而另一家公司都用“○”。在 SPERRY MARINE 公司的 VISION MASTER FT 雷达中，AIS 航标用“”，虚拟航标用“”表示；在 SAM Electronics 公司的 RADARPILOT 1100 雷达中，AIS 航标和虚拟航标都用类似一个航标外面加一个圆“”表示。AIS 航标和虚拟航标标识的不统一，将会给船舶操纵人员带来使用上的困难，AIS 航标和虚拟航标也不能起到应有的作用。

(4) AIS 航标和虚拟航标的正常工作问题

根据平时工作的观察，AIS 航标“长江大桥西”、虚拟航标“D10”有不正常工作的现象，而作为一个水域内的助航标志，是应该总是正常工作的。

5 关于 AIS 航标和虚拟航标的建议

现在似乎是 AIS 使用在实体航标还是在无实体航标，均称为虚拟航标或 AIS 航标，笔者认为不区别两者不利于使用，建议前者称“AIS 航标”，后者称“虚拟航标”。区分 AIS 航标和虚拟航标对航海者是有帮助的，AIS 航标不能碰撞，而部分虚拟航标（安全水域标、侧面标、专用水域标等）是可以“碰撞”的，但作为孤立危险物标的虚拟航标还是不能“碰撞”的。另外根据上面提到的“问题”，对 AIS 航标和虚拟航标提出以下建议：

5.1 AIS 航标和虚拟航标的命名问题

对于安全水域标、侧面标、专用水域标安装 AIS 发射装置成为 AIS 航标，建议均使用汉语拼音命名，并且要注意只能输入 20 个字符（包括每两个汉字的拼音之间留的一个空格），这样可以避免航行警告中的航标名与实际的不一致。上文中提出的“XIAN JIAO ISOLATED DANGER”，建议命名为“XIAN JIAO”即可；“CHANG JIANG DA QIAO DONG”，也因为超过 20 个字符，建议命名为“CHANG JIANG QIAO DONG”或者“CHANG JIANG DA QIAO #（# 可以是英文字母，也可以是阿拉伯数字）”。

对于为沉船用虚拟航标而设置的孤立危险物标的命名，建议用沉船两个字的汉语拼音和按一定顺序编排的序列号命名，“沉船”两个字比“沉”一个字更加醒目。图 6 是船载 AIS 接收到的虚拟航标 XIN YUN SHENG 8 CHEN 所显示的信息。因为沉船

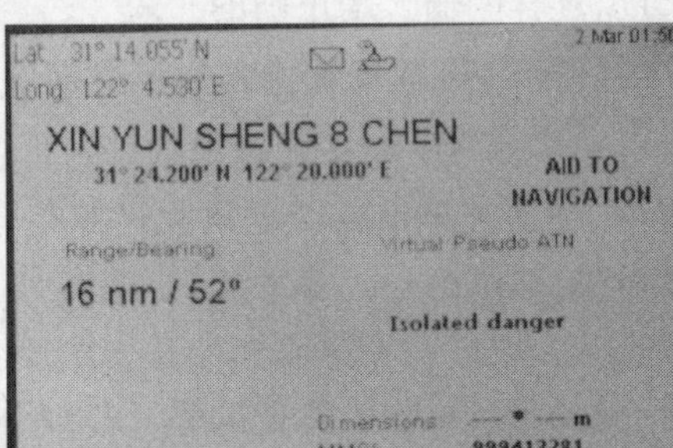

图 6 船载 AIS 设备接收到的虚拟航标 XIN YUN SHENG 8 CHEN 所显示的信息

是什么船名对航海者不是很重要的,像上面的“XIN YUN SHENG 8 CHEN”正好是20个字符,我们还有很多比其长的船名,否则可能又会出现船载AIS设备中读出的航标名称与主管机关发布的航行警告不一致;或者因为在每两个汉字的拼音之间没有空格,使得阅读困难。天津海事局在渤海湾中对部分沉船设置虚拟航标后的命名有一定的可取之处,除了沉船船名外再加沉船的英语,如“ANQUANZHOU10 WRECK”。目前似乎对于沉船的虚拟航标命名也缺少一个标准,所以建议用CHEN CHUAN/WRECK或者CHEN CHUAN(WRECK)再加按一定顺序编排的序列号命名。

5.2 AIS航标位置的更新问题

如果AIS航标人为地移位,应及时更新AIS航标的位置信息,否则会出现Off position!的警告;如果AIS航标出现Off position!这样的警告,航标又没有移位,那么应该调整允许航标新的位置离开原来位置的距离设定值,避免AIS航标经常出现Off position!的警告。

5.3 船用雷达、ECDIS的软件升级

由于种种原因,部分船载AIS、融合了AIS信息的船用雷达和ECDIS不能接收到AIS航标和虚拟航标的信号,这样设置的AIS航标和虚拟航标不仅不能起到应有的助航作用,还可能带来意想不到的结果。所以船载AIS、融合了AIS信息的船用雷达、ECDIS的软件必须升级。

5.4 AIS航标和虚拟航标的标志和尺度

AIS航标和虚拟航标的标志必须统一,AIS航标与虚拟航标的标志必须有区分。图1中的虚拟航标显示其长和宽都是2m,因为虚拟航标事实上是不存在的,所以建议虚拟航标不输入航标的尺度;图5和图6中的虚拟航标都不显示航标的尺度,这样的输入是正确的。

5.5 AIS航标和虚拟航标必须保持正常的工作状态

要保持AIS航标和虚拟航标正常的工作状态,对AIS及网络系统有非常高的要求。AIS及网络系统的可靠性是受诸多因素影响的,如电源系统、数据链路、设备质量、强电磁干扰等,所以船舶操纵人员仅依靠船载AIS、船用雷达和ECDIS去发现AIS航标和虚拟航标是有一定风险的。建议虚拟航标不要连续设置,而应该是有间隔的;对于设置在沉船、浅点或暗礁等碍航物上的虚拟航标,是主管当局在特定情况下对新危险物做出的快速反应,由于目前船载设备的局限性和培训的滞后,因此在条件允许时应设置实体航标或AIS航标代替以前设置的虚拟航标,避免部分船舶不能发现虚拟航标造成船底触损事故的发生。

6 结束语

AIS用于航标是近几年出现的新生事物,国内外都在摸索,还没有统一的、现成的模式,有这样那样的问题是可以理解的,只要我们认真对待,不断学习,不断总结,运用AIS航标和虚拟航标的水平会不断提高。AIS航标和虚拟航标的优点是明显的,在现阶段的局限性是存在的,仅仅单独安装船载AIS的船舶还是大多数,很多船舶的船用雷达、ECDIS还没有融合AIS信息或者软件没有升级,所以不能得到该水域的全景交通图像。但随着船载AIS的普及,融合了AIS信息的ECS或者ECDIS、船用雷达的日益广泛和软件的升级,AIS航标和虚拟航标的使用一定会日趋广泛。2010年1月25~28日,国际航标协会(IALA)在法国总部举办了虚拟航标研讨会,研讨虚拟航标的概念问题,制定了相关的用途及显示指南。因此国内相关机构要跟踪国际组织和研究机构的动态,及时发现并解决AIS航标和虚拟航标存在的问题,使得AIS航标和虚拟航标为船舶安全航行提供更好的服务。

参考文献

[1] 赵丽宁,赵德鹏,谷伟. AIS与现代航海技术的关系及对未来航海的影响[J]. 大连海事大学学报. 2002年第4期

[2] 魏武财,张杏谷. 基于AIS的虚拟航标信息系统[J]. 中国水运,2006年第11期

[3] 王健,刘人杰. 基于AIS的数字航标. 中国航海学会通信导航专业委员会2005年学术年会论文集

[4] 方英豪,刘世江. AIS虚拟航标的可行性[J]. 中国水运,2007年第6期

[5] 黄艳玉,张杏谷,魏武财. 虚拟航标及其应用[J]. 航海技术,2009年第4期

[6] 张杏谷,彭国均,项鹭,程鑫. 航标信息系统[J]. 大连海事大学学报,2006年第2

[7] 朱金发,孙文力,汤华. 船载自动识别系统手册[M]. 北京:人民交通出版社,2005年

作者简介

陆悦铭,男,1963年3月出生,上海港引航站,党支部副书记,高级引航员,船舶引航和操纵,通信地址:上海市东大名路908号2001室,邮编:200082,电话:02165951996(O & FAX),13918358892,电子邮箱:pilotyue@gmail.com。